普通高等教育中医药类"十三五"规划教材

全国普通高等教育中医药类精编教材

生 理 学

（第3版）

（供中医学、中西医临床医学等专业用）

主　编

张志雄　周乐全

副主编

于远望　王志宏　吉恩生

杜　联　单德红　赵蜀军

谢佐福

上海科学技术出版社

图书在版编目(CIP)数据

生理学 / 张志雄,周乐全主编. —3版. —上海:
上海科学技术出版社,2017.8(2025.8重印)
普通高等教育中医药类"十三五"规划教材 全国普
通高等教育中医药类精编教材
ISBN 978-7-5478-3627-9

Ⅰ.①生… Ⅱ.①张… ②周… Ⅲ.①人体生理学-
中医学院-教材 Ⅳ.①R33

中国版本图书馆 CIP 数据核字(2017)第 139013 号

生理学(第3版)
主编 张志雄 周乐全

上海世纪出版(集团)有限公司
上海科学技术出版社 出版、发行
(上海市闵行区号景路159弄 A座 9F-10F)
邮政编码 201101 www.sstp.cn
常熟市华顺印刷有限公司印刷
开本 787×1092 1/16 印张 21
字数 400 千字
2006 年 8 月第 1 版
2017 年 8 月第 3 版 2025 年 8 月第 27 次印刷
ISBN 978-7-5478-3627-9/R·1394
定价:35.00 元

本书如有缺页、错装或坏损等严重质量问题,请向工厂联系调换

普通高等教育中医药类"十三五"规划教材
全国普通高等教育中医药类精编教材

专家指导委员会名单

(以姓氏笔画为序)

王　平	王　键	王占波	王瑞辉	方剑乔	石　岩
冯卫生	刘　文	刘旭光	严世芸	李灿东	李金田
肖鲁伟	吴勉华	何清湖	谷晓红	宋柏林	陈　勃
周仲瑛	胡鸿毅	高秀梅	高树中	郭宏伟	唐　农
梁沛华	熊　磊	冀来喜

普通高等教育中医药类"十三五"规划教材
全国普通高等教育中医药类精编教材

编审委员会名单

名誉主任委员 洪　净

主　任　委　员 胡鸿毅

委　　　　员（以姓氏笔画为序）

王　飞　　王庆领　　李铁浪　　吴启南

何文忠　　张文风　　张宁苏　　张艳军

徐竹林　　唐梅文　　梁沛华　　蒋希成

编委会名单

主　编

张志雄　（上海中医药大学）　　　周乐全　（广州中医药大学）

副主编　（以姓氏笔画为序）

于远望　（陕西中医药大学）　　　王志宏　（山东中医药大学）
吉恩生　（河北中医学院）　　　　杜　联　（成都中医药大学）
单德红　（辽宁中医药大学）　　　赵蜀军　（安徽中医药大学）
谢佐福　（福建中医药大学）

编　委　（以姓氏笔画为序）

王冰梅　（长春中医药大学）　　　伍庆华　（江西中医药大学）
刘永平　（湖南中医药大学）　　　许　敬　（南京中医药大学）
李　杨　（甘肃中医药大学）　　　李美平　（湖北中医药大学）
周　慧　（贵州中医药大学）　　　郑　梅　（云南中医药大学）
段雪琳　（广西中医药大学）　　　饶　芳　（浙江中医药大学）
徐　颖　（上海中医药大学）　　　高治平　（山西中医药大学）
高剑峰　（河南中医药大学）　　　谭俊珍　（天津中医药大学）

普通高等教育中医药类"十三五"规划教材
全国普通高等教育中医药类精编教材

前言

新中国高等中医药教育开创至今历六十年。一甲子朝花夕拾,六十年砥砺前行,实现了长足发展,不仅健全了中医药高等教育体系,创新了中医药高等教育模式,也培养了一大批中医药人才,履行了人才培养、科技创新、社会服务、文化传承的职能和使命。高等中医药院校的教材作为中医药知识传播的重要载体,也伴随着中医药高等教育改革发展的进程,从少到多,从粗到精,一纲多本,形式多样,始终发挥着至关重要的作用。

上海科学技术出版社于1964年受国家卫生部委托出版全国中医院校试用教材迄今,肩负了半个多世纪的中医院校教材建设和出版的重任,产生了一大批学术深厚、内涵丰富、文辞隽永、具有重要影响力的优秀教材。尤其是1985年出版的全国统编高等医学院校中医教材(第五版),至今仍被誉为中医教材之经典而蜚声海内外。

2006年,上海科学技术出版社在全国中医药高等教育学会教学管理研究会的精心指导下,在全国各中医药院校的积极参与下,组织出版了供中医药院校本科生使用的"全国普通高等教育中医药类精编教材"(以下简称"精编教材"),并于2011年进行了修订和完善。这套教材融汇了历版优秀教材之精华,遵循"三基""五性""三特定"的教材编写原则,同时高度契合国家执业医师考核制度改革和国家创新型人才培养战略的要求,在组织策划、编写和出版过程中,反复论证,层层把关,使"精编教材"在内容编写、版式设计和质量控制等方面均达到了预期的要求,凸显了"精炼、创新、适用"的编写初衷,获得了全国中医药院校师生的一致好评。

2016年8月,党中央、国务院召开了新世纪以来第一次全国卫生与健康大会,印发实施《"健康中国2030"规划纲要》,并颁布了《中医药法》和《〈中国的中医药〉白皮书》,把发展中医药事业作为打造健康中国的重要内容。实施创新驱动发展、文化强国、"走出去"战略以及"一带一路"倡议,推动经济转型升级,都需要中医药发挥资源优势和核心作用。面对新时期中医药"创造性转化,创新性发展"的总体要求,中医药高等教育必须牢牢把握经济社会发展的大势,更加主动地服务和融入国家发展战略。为此,精编教材的编写将继续秉持"为院校提供服务、为行业打造精品"的工作要旨,在全国中医院校中广泛征求意见,多方听取要求,全面汲取经验,经过近一年的精心准备工作,在"十三五"开局之年启动了第三版的修订工作。

本次修订和完善将在保持"精编教材"原有特色和优势的基础上,进一步突出"经典、精炼、新颖、实用"的特点,并将贯彻习近平总书记在全国卫生与健康大会、全国高校思想政治工作会议等系列讲话精神,以及《国家中长期教育改革和发展规划纲要(2010—2020)》《中医药发展战略规划纲要(2016—2030年)》和《关于医教协同深化中医药教育改革与发展的指导意见》等文件要求,坚持高等教育立德树人这一根本任务,立足中医药教育改革发展要求,遵循我国中医药事业发展规律和中医药教育规律,深化中医药特色的人文素养和思想情操教育,从而达到以文化人、以文育人的效果。

同时,全国中医药高等教育学会教学管理研究会和上海科学技术出版社将不断深化高等中医药教材研究,在新版精编教材的编写组织中,努力将教材的编写出版工作与中医药发展的现实目标及未来方向紧密联系在一起,促进中医药人才培养与"健康中国"战略紧密结合起来,实现全程育人、全方位育人,不断完善高等中医药教材体系和丰富教材品种,创新、拓展相关课程教材,以更好地适应"十三五"时期及今后高等中医药院校的教学实践要求,从而进一步地提高我国高等中医药人才的培养能力,为建设健康中国贡献力量!

教材的编写出版需要在实践检验中不断完善,诚恳地希望广大中医药院校师生和读者在教学实践或使用中对本套教材提出宝贵意见,以敦促我们不断提高。

全国中医药高等教育学会常务理事、教学管理研究会理事长

胡鸿毅

2016年12月

编写说明

全国普通高等教育中医药类精编教材《生理学》(第2版)自2011年面世以来,至今已有6年余。第2版教材突出"精炼、创新、适用"的特点,以适应中医药教育的改革和发展;第3版教材修订以发扬中医药特色、重视传承规律为重点,突出"经典、精炼、新颖、实用"的特点,保持中医药学科的科学性、系统性和完整性。参加《生理学》第3版教材修订的编者较前两版有较大增加,编者来自全国22个省市的中医药院校,都是长期工作在教学第一线、教学经验丰富的生理学教师。

生理学是一门重要的医学基础性学科,为中医院校学生必修的基础课程,是为学习后续医学理论和临床实践课程而设置的一门医学理论课程。通过本课程的学习,学生应系统掌握生理学的基本理论、基本知识和基本技能。《生理学》第3版教材共分12章,具备系统的人体生理学知识,其中循环系统、神经系统为本教材的重点。本教材正确把握中医药本科教学内容和课程体系的改革方向,精选教材内容,尽可能使教材通俗易懂,更贴近师生教学需求,并能反映当前的最新发展。在本书的编写过程中,力求概念清楚、准确,语言精练,便于学生学习和理解,为培养新世纪新型医药学人才打下扎实的基础。在编写形式上,为了使学生明确目标、把握重点,各章前保留了导学,以便于学生预习、总结、复习之用。根据学科的新进展,本版教材在保留前版教材诸多优点的基础上在内容上有所更新。第3版与前两版相比,内容略有增多;对有些陈旧的内容作了删减。我们认为,本次修订已基本达到预定目标。本教材适用于中医、中西医结合、护理类、医学检验、中药学等相关专业使用。在保证重点内容教学的基础上,各校可根据不同专业的要求安排教学时数与教学内容。

在第3版教材的修订工作中,各位编者都非常认真和投入,配合默契,为本教材的顺利完稿和付印付出了辛勤的劳动。向所有关心和支持我们工作的同道表示深切的感谢。由于本教材编写整个过程受时间限制,不足之处在所难免,恳切希望各兄弟院校同仁及广大读者对本教材中尚存的问题和不妥之处提出批评和意见,以便将来修订完善。

《生理学》编委会
2017年6月

目录

第一章　绪论 …… 1

第一节　生理学的研究内容和任务 / 1
一、生理学的研究对象与任务 / 1
二、生理学的研究方法与研究水平 / 1

第二节　生命活动的基本特征 / 3
一、新陈代谢 / 3
二、兴奋性 / 3
三、适应性 / 3
四、生殖 / 4

第三节　机体功能的调节 / 4
一、机体功能的调节方式 / 4
二、机体功能活动的控制原理 / 5

第二章　细胞的基本功能 …… 8

第一节　细胞膜的基本结构和物质转运功能 / 8
一、细胞膜的基本结构 / 8
二、细胞膜的物质转运功能 / 10

第二节　细胞的跨膜信号转导 / 14
一、G蛋白耦联受体介导的信号转导 / 14
二、酶耦联受体介导的信号转导 / 16
三、离子通道受体介导的信号转导 / 17

第三节　细胞的生物电现象 / 17
一、细胞的生物电现象及其记录方法 / 18
二、静息电位及其产生原理 / 18
三、动作电位及其产生原理 / 20

四、组织的兴奋和兴奋性 / 24
第四节 肌细胞的收缩功能 / 25
　　一、横纹肌 / 26
　　二、平滑肌 / 32

第三章　血液 ………………………………………………………………… 35

第一节　概述 / 35
　　一、内环境与稳态 / 35
　　二、血液的组成及血量 / 36
　　三、血液的理化特性 / 39
　　四、血液的功能 / 39
第二节　血细胞生理 / 40
　　一、红细胞 / 40
　　二、白细胞 / 43
　　三、血小板 / 46
第三节　血液凝固和纤维蛋白溶解 / 49
　　一、血液凝固 / 49
　　二、纤维蛋白溶解 / 52
第四节　血型与输血 / 54
　　一、血型与红细胞凝集 / 54
　　二、红细胞血型 / 54
　　三、输血原则 / 56

第四章　血液循环 ……………………………………………………………… 58

第一节　心肌的生物电现象和生理特性 / 58
　　一、心肌细胞的生物电现象 / 59
　　二、心肌的生理特性 / 62
　　三、心电图 / 67
第二节　心脏的泵血功能 / 69
　　一、心动周期与心率 / 69
　　二、心脏泵血过程及其机制 / 70
　　三、心脏泵血功能的评价 / 71
　　四、心脏泵血功能的调节及其影响因素 / 73
　　五、心脏泵血功能的储备 / 75
　　六、心音和心音图 / 75

第三节 血管生理 / 76
　　一、各类血管的结构及功能特点 / 76
　　二、血流量、血流阻力、血压及其相互关系 / 76
　　三、动脉血压和动脉脉搏 / 79
　　四、静脉血压和静脉回心血量 / 81
　　五、微循环 / 83
　　六、组织液的生成和回流 / 85
　　七、淋巴液的生成与回流 / 86
第四节 心血管活动的调节 / 87
　　一、神经调节 / 87
　　二、体液调节 / 91
　　三、自身调节 / 93
第五节 器官循环 / 94
　　一、冠脉循环 / 94
　　二、肺循环 / 95
　　三、脑循环 / 96

第五章 呼吸 …… 98

第一节 肺通气 / 99
　　一、呼吸道的结构特征和功能 / 99
　　二、肺泡的结构与功能 / 99
　　三、肺通气原理 / 100
　　四、肺通气功能的评价 / 105
第二节 呼吸气体的交换 / 108
　　一、气体交换原理 / 108
　　二、气体在肺的交换 / 109
　　三、气体在组织的交换 / 111
第三节 气体在血液中的运输 / 111
　　一、氧和二氧化碳在血液中存在的形式 / 111
　　二、氧的运输 / 112
　　三、二氧化碳的运输 / 114
第四节 呼吸运动的调节 / 116
　　一、呼吸中枢与呼吸节律的形成 / 117
　　二、呼吸的机械反射性调节 / 119
　　三、呼吸的化学感受性调节 / 120
　　四、防御性呼吸反射 / 123

第六章 消化和吸收 … 124

第一节 概述 / 124
　　一、消化道平滑肌的生理特性 / 124
　　二、胃肠的神经支配及其作用 / 126
　　三、消化腺的分泌功能 / 127
　　四、消化道的内分泌功能 / 128

第二节 口腔内消化 / 129
　　一、唾液的分泌 / 129
　　二、咀嚼与吞咽 / 130

第三节 胃内消化 / 131
　　一、胃液的分泌 / 131
　　二、胃的运动及其控制 / 135

第四节 小肠内消化 / 137
　　一、胰液的分泌 / 137
　　二、胆汁的分泌与排出 / 139
　　三、小肠液的分泌 / 140
　　四、小肠的运动 / 141

第五节 大肠内消化 / 142
　　一、大肠液的分泌及肠内细菌的作用 / 143
　　二、大肠的运动和排便 / 143

第六节 吸收 / 144
　　一、概述 / 145
　　二、主要营养物质的吸收 / 146

第七章 能量代谢和体温 … 149

第一节 能量代谢 / 149
　　一、机体能量的来源和转化 / 149
　　二、能量代谢的测定 / 151
　　三、影响能量代谢的主要因素 / 153
　　四、基础代谢 / 154

第二节 体温及其调节 / 155
　　一、人体正常体温及其生理性波动 / 155
　　二、机体的产热与散热 / 157
　　三、体温调节 / 160

第八章 尿的生成与排出 ············ 162

第一节 肾脏的结构和血液循环特点 / 162
一、肾脏的结构特点 / 162
二、肾脏的血液循环特点 / 164

第二节 尿生成的过程 / 166
一、肾小球的滤过功能 / 166
二、肾小管和集合管的重吸收 / 170
三、肾小管和集合管的分泌排泄 / 174

第三节 尿生成的调节 / 176
一、自身调节 / 176
二、体液调节 / 176
三、神经调节 / 179

第四节 尿的浓缩与稀释 / 179
一、尿浓缩与稀释的机制 / 179
二、尿浓缩与稀释的过程 / 183

第五节 血浆清除率 / 183
一、血浆清除率的计算方法 / 183
二、测定血浆清除率的意义 / 184

第六节 尿液及其排出 / 185
一、尿液的成分与理化性质 / 185
二、尿液的排出 / 186

第九章 内分泌 ············ 188

第一节 概述 / 189
一、激素的分类 / 189
二、激素的特性 / 191
三、激素作用的机制 / 191

第二节 下丘脑与垂体 / 194
一、下丘脑调节肽 / 194
二、神经垂体激素 / 195
三、腺垂体激素 / 196

第三节 甲状腺 / 200
一、甲状腺激素的合成与代谢 / 200
二、甲状腺激素的生物学作用 / 202
三、甲状腺功能的调节 / 203

第四节 甲状旁腺、甲状腺 C 细胞及维生素 D_3 / 205
　　一、甲状旁腺激素 / 205
　　二、降钙素 / 206
　　三、维生素 D_3 / 207
第五节 肾上腺 / 207
　　一、肾上腺皮质激素 / 208
　　二、肾上腺髓质激素 / 210
第六节 胰岛 / 212
　　一、胰岛素 / 212
　　二、胰高血糖素 / 213
第七节 其他激素 / 214
　　一、前列腺素 / 214
　　二、褪黑素 / 214
　　三、瘦素 / 215
　　四、脂联素 / 215

第十章 生殖 216

第一节 男性生殖 / 216
　　一、睾丸的生精功能 / 216
　　二、睾丸的内分泌功能 / 217
　　三、睾丸功能的调节 / 218
　　四、男性的性反应 / 218
第二节 女性生殖 / 219
　　一、卵巢的生卵功能 / 219
　　二、卵巢的内分泌功能 / 219
　　三、卵巢功能的调节 / 222
　　四、月经周期 / 222
　　五、女性的性反应 / 223
第三节 妊娠与分娩 / 223
　　一、受精与着床 / 224
　　二、胎盘激素与妊娠的维持 / 224
　　三、分娩 / 225

第十一章 神经系统 226

第一节 神经系统的基本结构与功能 / 226

　　　　　一、神经元 / 226

　　　　　二、神经胶质细胞 / 228

　　第二节　神经元间的信息传递 / 229

　　　　　一、定向化学性突触传递 / 230

　　　　　二、非定向突触传递 / 234

　　　　　三、电突触 / 234

　　　　　四、神经递质与受体 / 234

　　第三节　反射中枢活动的基本规律 / 238

　　　　　一、反射活动与反射中枢 / 238

　　　　　二、中枢神经元的联系方式 / 239

　　　　　三、反射中枢内兴奋传递的特征 / 240

　　　　　四、突触传递的抑制与易化现象 / 241

　　　　　五、突触的可塑性 / 243

　　第四节　神经系统的感觉分析功能 / 243

　　　　　一、脊髓的感觉传导功能 / 243

　　　　　二、丘脑的核团及其感觉投射系统 / 244

　　　　　三、大脑皮层的感觉分析功能 / 246

　　　　　四、痛觉 / 247

　　第五节　神经系统对姿势和运动的调节 / 250

　　　　　一、脊髓对躯体运动的调节 / 250

　　　　　二、脑干对肌紧张和姿势的调节 / 253

　　　　　三、小脑对躯体运动的调节 / 255

　　　　　四、基底神经节对躯体运动的调节 / 257

　　　　　五、大脑皮层对躯体运动的调节 / 258

　　第六节　神经系统对内脏活动的调节 / 260

　　　　　一、自主神经系统的结构特征与功能特点 / 260

　　　　　二、内脏活动的中枢调节 / 264

　　第七节　脑的高级功能 / 266

　　　　　一、大脑皮层的生物电活动 / 266

　　　　　二、觉醒和睡眠 / 268

　　　　　三、学习与记忆 / 269

　　　　　四、大脑皮层功能的一侧优势和语言中枢 / 272

第十二章　感觉器官 …………………………… 274

　　第一节　概述 / 274

　　　　　一、感受器、感觉器官的定义与分类 / 274

　　　　二、感受器的一般生理特性 / 275
　第二节　视觉器官 / 275
　　　　一、眼的折光功能 / 276
　　　　二、视网膜的感光功能 / 279
　　　　三、几种视觉现象 / 281
　第三节　听觉器官 / 284
　　　　一、人耳的听阈和听域 / 284
　　　　二、外耳和中耳的传音功能 / 284
　　　　三、内耳（耳蜗）的功能 / 286
　第四节　前庭器官 / 288
　　　　一、前庭器官的感受装置与适宜刺激 / 289
　　　　二、前庭反应与眼震颤 / 290
　第五节　嗅觉与味觉 / 291
　　　　一、嗅觉 / 291
　　　　二、味觉 / 291

附　录　生理学常用术语汉英对照 ·········· 293

参考文献 ·········· 314

第一章 绪 论

> **导学**
> 1. 掌握：兴奋性；机体功能调节方式；负反馈。
> 2. 熟悉：生理学研究的三个水平；正反馈。
> 3. 了解：凡列入教学内容，除掌握、熟悉的，其余均为了解。

第一节 生理学的研究内容和任务

一、生理学的研究对象与任务

生理学(physiology)是以生物机体的各种生命活动现象及其功能活动规律为研究对象的一门科学，是生物科学的一个重要分支。按研究的对象不同，可分为动物生理学、植物生理学和人体生理学等。**人体生理学**(human physiology)是研究正常人体功能活动及其规律的科学。本教材所阐述的生理学内容是指人体生理学。

生理学既是以解剖学和组织胚胎学为基础，又是后续学习病理生理、药理学和临床科学的基础，所以它是一门承前启后的重要医学基础课程之一。生理学的任务是研究正常机体和各组成部分的功能活动规律及产生机制，内外环境变化对机体功能活动的影响，以及机体为适应环境变化和维持正常生命活动所作出的调节。中医院校的医学生掌握必要的生理学知识，可为学习其他基础医学和进行科学研究奠定基础，并为中西医临床实践提供重要的客观诊治依据和检测标准，还为研究中医药理论、继承和发扬中医药学、加速中医药现代化奠定基础。

二、生理学的研究方法与研究水平

(一) 生理学的研究方法

生理学是一门实验性很强的科学。生理学的知识主要是在实验中获得。根据实验对象的不同，生理学实验分为动物实验与人体观察。一般生理学研究皆以动物实验为主，只有在不影响机体健康的情况下，才允许对人体进行无创伤性实验观察。由于人与动物在进化程度上有很大的差异，而且动物实验是在特定条件下进行的，虽然在动物体上获得的资料与人体具有某些共性，但不能将实验结果视为人体的规律,更不能将动物实验资料不加区别地用于人体。传统上,将生理学的动物实验方法分为急性实验和慢性实验两大类。

1. **急性实验** 根据实验的目的又可分为离体实验和在体实验两类:① 离体实验是指从活的或是刚被处死的动物体中取出所要研究的器官、组织或细胞等,放置于人工控制的实验环境中进行观察,分析其功能活动规律及原理的实验。② 在体实验是指用药物先将实验动物麻醉后或破坏脑和脊髓后,施行手术暴露所需要进行实验的器官,施加各种因素进行各种预定的观察、记录等。急性实验的实验条件易于控制、观察直接、无关因素的影响少,结果易于分析等,所以实验结果比较明确。

2. **慢性实验** 通常是在无菌条件下,对动物施行手术,暴露、摘除、破坏、切除或移植某些器官,待手术创伤恢复后,动物在清醒或接近正常生活状态下,观察其功能缺损、功能紊乱表现等,以分析各器官、组织在正常状态下的功能活动规律的实验。例如,应用外科无菌手术制备各种器官的瘘管(胃瘘、肠瘘、唾液腺瘘等),观察各种因素对其分泌的影响;或摘除、破坏某些器官,观察对正常机体功能活动的影响等。慢性实验最大的优点在于实验动物处在清醒状态,各器官间保持了自然关系,其各种功能接近常态。由于此类实验可使实验动物较长时间存活下去,所以可多次、重复进行预定的同一个指标的观察、分析,所以获得的结果更接近于整体自然状态。但慢性实验方法复杂,影响因素较多。

(二) 生理学的研究水平

人体的各种功能活动是以相应的结构为基础的。在结构上,人体是由器官、系统组成,器官、系统是由组织细胞构成,细胞是由许多分子构成。所以,对机体功能活动的研究通常是在三个水平——细胞和分子水平、器官和系统水平、整体水平上进行的。

1. **细胞和分子水平** 细胞是组成人体最基本的结构与功能单位,组成细胞的基本成分是生物大分子。因此,细胞的生理特性是由构成细胞的细胞器和各种生物大分子的理化特性所决定的。细胞、分子水平的研究,主要任务是研究细胞内各亚微结构的功能和生物大分子的理化变化过程,如腺细胞的分泌、神经细胞的信息传导与传递、肌细胞收缩的分子机制等。细胞、分子水平的研究有助于对器官、系统功能的深入认识和深入揭示生命活动的本质。

2. **器官和系统水平** 主要是研究机体各器官或系统的活动规律、调节机制和内外环境变化的影响等。例如,神经系统的研究着重从神经元活动和反射活动的一般规律,到神经系统的感觉分析、对躯体运动的调节、对内脏活动的调节和脑的高级功能的认识和理解。

3. **整体水平** 以完整的机体作为研究对象,研究机体内各器官、系统之间功能活动的内在联系与规律,以及内外环境因素变化对整体功能活动的影响等。整体功能活动并非是各个器官、系统功能活动的简单总和,而是机体通过对各个器官、系统结构和功能的协调与整合,产生更复杂、更高级、适应能力更强的功能活动。因此,细胞和分子水平上的研究虽然能更深入了解机体活动规律的机制,但整体水平上的研究却比细胞和分子水平上的研究更为复杂。

要想阐明某一种生理功能的机制,必须对细胞和分子、器官和系统以及整体三个水平的研究结果加以综合分析,才能得出比较全面和整体的认识。

第二节 生命活动的基本特征

各种生物体均能够以各自特点进行多种形式的生命活动,这种活动的基本特征是新陈代谢、兴奋性、适应性与生殖。

一、新陈代谢

新陈代谢(metabolism)是指机体与环境之间不断地进行物质和能量交换,实现自我更新的过程。它包括物质代谢和能量代谢两个方面,物质代谢又分为合成代谢与分解代谢两种。

在生命活动进行过程中,机体从外界环境中获取营养物质并将它转变成自身的组成物质,同时储存。同时,机体又不断地将自己原有物质分解为代谢产物并排出体外,同时释放出能量供给机体生命活动的需要。前一过程叫合成代谢或同化作用,后一过程叫分解代谢或异化作用。在新陈代谢过程中,物质的变化与能量的转化是同一活动中的两个方面,两者是紧密联系的。物质的合成代谢是储存能量的过程,其分解代谢是释放能量的过程。新陈代谢一旦停止,生命也将结束。

二、兴奋性

各种生物体都在一定的环境中生活,其生活的内外环境不断在发生变化。活的组织、细胞或有机体能感受这些变化并产生代谢与功能活动相应的改变,以适应环境的变化。活的组织、细胞或有机体对于内外环境变化发生反应的能力或特性,称为**兴奋性**(excitability)。而这种能够引起机体产生反应的内外环境变化,称为刺激。生理学将由刺激引起机体内部代谢过程及外部活动发生相应的改变称为**反应**(reaction)。反应有两种表现形式:一种是由相对静止变为活动状态,或由活动较弱变为活动较强的过程,称为**兴奋**(excitation);另一种反应形式与兴奋相反,在接受刺激后由活动转为静止状态,或由活动较强转为活动较弱的过程,称为**抑制**(inhibition)。对活体组织或细胞进行刺激究竟引起兴奋还是抑制,既取决于刺激的质和量,也由组织、细胞的功能状态和特性来决定。

不同组织和细胞的兴奋性是不一样的,在机体中神经细胞、肌细胞和腺体细胞的兴奋性最高,因此,在生理学中将此类细胞称为**可兴奋细胞**(excitable cell)。兴奋的表现形式多种多样,如腺细胞的分泌、肌细胞的收缩、神经细胞的神经冲动等。三种可兴奋细胞虽然在兴奋时有不同的外部表现,但是它们在发生兴奋时均有一个共同的变化,即产生可传导的跨膜电位变化——动作电位,故动作电位通常被认为是可兴奋细胞发生兴奋的标志。

三、适应性

适者生存是生物进化过程中的基本规律之一。机体会根据内外环境的变化,调整其体内各部分的功能及相互关系,以保持内环境和机体生理功能的稳定,维持生命活动的正常进行,机体的这种生命活动特性称为**适应性**(adaptability)。机体的适应性是生物在进化过程中所获得的一种能力和特性。适应性又分为生理性适应和行为性适应两种。生理性适应是指身体内部的协调性反应,以体内各器官、系统的协调活动和功能变化为主。行为性适应是生物界普遍存在的本能,人类的行为性适应更具有主动性。

生物体长期生存在某一特定的环境中,在不断变化的环境影响下,能够形成一种与环境相适应的自身生存模式,并随着生物不断进化而增强。人的适应性远高于其他动物,当人体遇到各种突然而强烈的环境变化时,能够迅速产生各种适应性反应,以保护机体免受其损害。但机体的适应性是有一定限度的,如果超过限度,就会产生适应不全,甚至导致病理性损害。

四、生殖

生物体生长发育到一定阶段后,具有产生与自己相似的子代个体的功能称为**生殖**(reproduction)。由于人类及其他高等动物在进化过程中已经分化为雄性与雌性两种个体,两种性别的个体分别分化出了雄性和雌性生殖细胞,通过两性生殖细胞的结合才能产生子代个体。通过个体的生殖功能实现了种族的不断繁衍和生命活动的延续,所以生殖也是生命活动的基本特征。

近年来,随着**克隆**(clone)技术的不断成熟与发展,使人类无性繁殖成为可能。

第三节　机体功能的调节

一、机体功能的调节方式

人体由多个系统、器官、组织和细胞按一定的形式组织起来,并且机体内部各组成部分之间相互协调、密切配合,形成一个有序的整体;作为一个整体,人体又与外界环境相接触,并能对环境变化作出适应性反应。这是由于人体内存在着重要的调节装置,并能对各种生理功能进行有效的调节。

机体所处的内外环境发生改变时,体内各个器官、系统、组织细胞的功能活动会发生相应的变化,以维持内环境的相对稳定状态,这种过程称为生理功能的**调节**(regulation)。体内具有完整复杂的调节机构,通过调节使各器官、系统的功能活动在空间上和时间上严密地组织起来,相互配合、相互制约,从而达到整体功能活动的协调、统一,这称为**整合作用**(integration action)。整合作用是机体实现各种功能活动,进而适应内外环境变化的主要方式。而整合作用的实现则是通过机体内错综复杂的调节形式完成的。机体的调节方式归纳起来主要有三种,即神经调节、体液调节和自身调节。

(一) 神经调节

神经调节(nervous regulation)是指通过中枢神经系统的活动,经周围神经纤维对人体功能发挥的调节作用。神经调节的基本方式是**反射**(reflex)。反射是指机体在中枢神经系统参与下,对内外环境变化作出规律性反应。反射活动的结构基础称为**反射弧**(reflex arc)。反射弧由五个部分组成:感受器、传入神经、神经中枢(中枢神经系统)、传出神经和效应器。机体有各种各样的感受器,每一种感受器能够感受体内外环境的某种特定的变化,并将这种变化转变成一定的神经冲动,通过传入神经纤维传至相应的神经中枢,中枢对传入信息进行分析和整合,并发出指令,通过传出神经纤维改变相应的效应器官的活动,即完成一次反射活动。反射分为非条件反射与条件反射两类。

神经调节在维持正常生命活动中起着非常重要的作用,所以,在后续各章的学习中,都将会具体叙述到神经系统对机体某种功能的调节过程。这里以动脉血压的压力感受性反射调节为例予以说明,在生理情况下动脉血压是保持相对稳定的,当某种原因使动脉血压升高时,分布在动脉壁上的压力感受器就能感受这种血压的变化所致的牵拉刺激,并将其转变为一定的神经冲动,后者通过传入神经纤维到达延髓的心血管中枢,中枢对传入的神经信号进行分析,然后通过迷走神经和交感神经发出指令,调节心脏和血管的活动,使动脉血压回降,故这个反射又称降压反射(详见第四章)。可见,此反射对血压的稳定起着重要的作用。

神经调节是人体中最重要的调节形式,其特点是:反应迅速、精确,作用短暂而影响范围相对较局限。

(二) 体液调节

体液调节(humoral regulation)是指体内一些细胞产生并分泌特殊的化学物质(如激素等)通过体液到达靶组织,从而影响靶组织生理生化功能活动的一种调节方式。当内外环境发生变化时,某些内分泌腺或内分泌细胞会释放激素,这种激素通过组织液或血液循环来调节机体的新陈代谢、生长、发育、生殖等功能活动。组织细胞活动时产生的 CO_2、乳酸等代谢产物也不断地向细胞外排放,这些物质在组织液中扩散,对邻近的组织细胞的功能活动发生影响,使其发生相应的改变。通常将激素通过血液循环到全身各处发挥作用,称为全身性体液调节;而组织、细胞产生的乳酸、组胺等化学物质及代谢产物经过局部体液扩散所发挥的作用,称为局部体液调节。参与体液调节的激素分泌多数直接或间接受神经系统控制,这时体液调节实质上构成了神经调节中反射弧传出途径的一个延长部分,这类调节又称为神经-体液调节,如交感神经对肾上腺髓质分泌的调节即是其中之一。

体液调节的特点是:反应缓慢、作用广泛而持久。

(三) 自身调节

自身调节(autoregulation)是指某些组织、细胞不依赖于神经或体液因素,自身对周围环境变化所发生的适应性反应。例如,动脉血压在一定范围发生波动时,肾脏小动脉平滑肌可以相应地收缩或舒张以改变血流阻力,使肾血流量不会发生较大起落变化,以保证尿液的正常生成。

自身调节的特点是:范围和幅度都比较小,但对于局部器官、组织的生理功能调节具有重要意义。

二、机体功能活动的控制原理

人体是一个极其复杂的有机体,各种功能活动的调控多数是在无意识状态下进行的,所以体内以何种形式以及如何进行和完成这些调控活动一直被学者所关注。在运用数学和物理学的原理和方法研究各种工程技术的自动控制时发现,其原理与人体功能调节颇为相似,有着共同的规律。从控制论角度看,人体内存在着数以万计的各种控制系统,任何控制系统都由控制部分与受控部分组成,这些控制系统可分为非自动控制系统和自动控制系统两种形式。而自动控制系统又分为反馈控制系统和前馈控制系统。

(一)非自动控制系统

非自动控制系统是一种开环系统,受控部分的活动不会反过来影响控制系统,控制方式为单向式。非控制系统在人体生理调节中较少见,仅在反馈机制受到抑制时,机体才表现出非自动控制方式,如应急情况下,降压反射被抑制,应急刺激引起交感神经兴奋,导致血压升高和心输出量增加。

(二)自动控制系统

1. **反馈控制系统** 每一个自动控制系统都是一个闭合回路,即控制部分→受控部分→比较器→监测装置→控制部分,将此闭合回路联系又称为反馈联系(图1-1)。与人体的对应关系可以认为,在控制部分(反射中枢或内分泌细胞)与受控部分(效应器、靶细胞)两者之间也存在着双向联系。由控制部分发出的调节受控部分活动的信息,称为控制信息;由受控部分送回至控制部分的信息,称为反馈信息。即控制信息到达受控部分,同时受控部分也会不断地有反馈信息回输至控制部分。反馈信息在不同的控制系统中,其传递信息的形式可以不同,但主要是电信号(神经冲动)及化学信号(激素或生物活性物质)等。由受控部分将信息通过反馈联系传回到控制部分的过程称为**反馈**(feedback)。反馈又分为负反馈与正反馈。

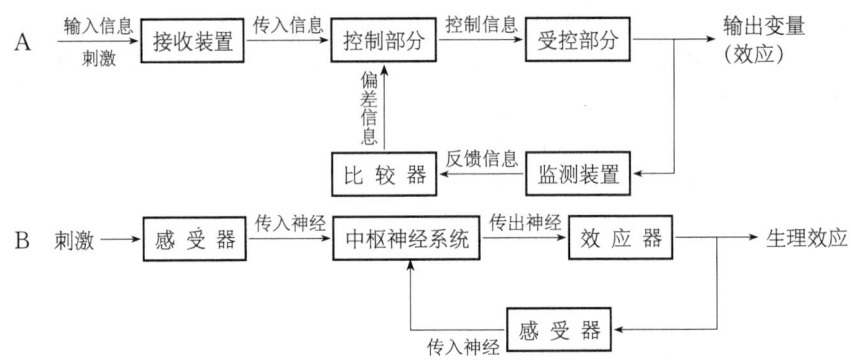

图1-1 机体反馈控制系统与工程上反馈控制系统比较
A. 工程上反馈控制系统;B. 机体反馈控制系统

(1)**负反馈**(negative feedback):是指受控部分发出的反馈信息通过反馈联系到达控制部分后,使控制部分的活动向其原活动相反方向变化。当体内某受控部分活动超出正常范围时,可通过负反馈控制机制使该活动下调或减弱,反之则可以通过负反馈控制机制使其活动增强。例如,下丘脑分泌促肾上腺皮质激素释放激素,经垂体门脉系统至腺垂体,使其促肾上腺皮质激素分泌增多,经血液运输促进肾上腺皮质激素分泌;当血液中肾上腺皮质激素达到一定水平时,则通过负反馈控制系统抑制腺垂体的活动,使其促肾上腺皮质激素分泌受到抑制,进而使肾上腺皮质激素分泌减少;由于血液中肾上腺皮质激素水平下降,通过负反馈控制系统对腺垂体活动抑制减弱,使其促肾上腺皮质激素分泌再度增多,进而再度促进肾上腺皮质激素的分泌,从而保持体内皮质激素在一定水平。

负反馈控制都有一个**调定点**(set point)。调定点是指自动控制系统所设定的一个工作点,使受控部分的活动只能在这个设定的工作点附近的一个狭小范围内变动。如正常动脉血压的调定点约为100 mmHg,当各种原因使血压偏离调定点时,即可通过上述反馈控制,使血压回到正常水平,从而维持正常血压的相对稳定。调定点并非永恒不变,而是在一定情况下可发生变动,此称为重调定。

负反馈控制系统在机体内各种调节活动中最常见,由于负反馈调节对系统、器官功能活动具有双向调节的特点,因此,它的重要作用在于维持机体内环境和生理功能的稳态。

(2) **正反馈**(positive feedback):是指受控部分发出的反馈信息,通过反馈联系到达控制部分后,促进或上调了控制部分的活动。因此,正反馈不是维持系统的稳态或平衡,而是打破原先的平衡状态,使整个调控系统处于一种不断地重复与加强状态。如排尿反射,当膀胱内尿量增多到一定量时,通过反射引起排尿,尿液在排出时刺激尿道感受器又进一步经传入神经,反射性加强排尿中枢活动,使排尿反射活动反复加强,直至尿液排完为止。血液凝固、分娩过程都属正反馈调控。但这种反馈在机体功能活动调控系统中较为少见。

2. 前馈控制系统 **前馈控制**(feed-forward control)是指控制部分发出信号,指令受控部分进行某一活动的同时,又通过另一快捷途径向受控部分发出前馈信号,及时地调控受控部分的活动,使人体在内外环境因素的不断变化中与负反馈调节一起维持各种功能的稳定。如上所述,负反馈调节中的反馈信息回输到控制部分,只有在输出变量与控制信息发生较大偏差后,才能够启动负反馈控制系统,所以其调节总是出现滞后现象,并且在纠正偏差时又常常由于矫枉过正而出现波动。通常负反馈调节越敏感则出现的波动越小,而敏感性越低,则滞后越久。因此负反馈控制往往与前馈相结合发挥调节作用,以达到互补。例如,在寒冷环境中,皮肤的温度感受器受到寒冷刺激,或者通过降温预报,信息通过非条件反射或条件反射迅速传递到中枢神经并立即发出指令增加机体产热、减少散热活动。可见,机体改变产热和散热活动并不一定是到达寒冷环境,体温降低之后发生,所以这种调节属于前馈调节。前馈调节由于临时环境条件变化也会出现失误。

前馈控制的主要意义在于在输出变量尚未出现偏差启动负反馈调节之前,已经对受控部分提前发出预见性信息,避免负反馈调节将出现的较大波动与滞后反应。

(饶 芳 吉恩生)

第二章 细胞的基本功能

导学

1. 掌握：细胞膜的物质转运功能；细胞的生物电现象及其产生原理；骨骼肌的兴奋收缩耦联。
2. 熟悉：细胞兴奋的引起和传导；肌细胞的收缩功能及影响收缩效能的因素。
3. 了解：凡列入教学内容，除掌握、熟悉的，其余均为了解。

细胞是人体最基本的结构和功能单位。体内所有的生命现象都是在细胞及其产物的物质基础上进行的。组成人体的细胞有 200 多种，形态各异，分布于机体的不同部位，执行不同的功能，但对于所有细胞而言，许多基本结构、功能活动是相同的。本章主要介绍细胞膜的基本结构与跨膜物质转运功能；细胞的跨膜信号转导功能；细胞的生物电现象和骨骼肌细胞的收缩功能。

第一节 细胞膜的基本结构和物质转运功能

机体每个细胞都被一层薄膜所包被，称为**细胞膜**（cell membrane）或**质膜**（plasma membrane）。它把细胞内容物与细胞周围的环境分隔开来，使细胞能相对地独立于环境而存在，对维持细胞正常的功能有重要作用。此外，胞内的各种细胞器也被类似细胞膜的膜性结构包被，因此，将细胞膜和细胞器膜统称为**生物膜**（biological membrane）。

一、细胞膜的基本结构

细胞膜很薄，在光学显微镜下是看不清的，只有在电子显微镜下才能真正看到一层厚约 8 nm 的膜。通过对其化学分析知道，细胞膜主要由脂质和蛋白质组成。哺乳动物细胞膜中还有一定成分的糖类，与蛋白质和脂类结合，分别形成糖蛋白和糖脂。关于细胞膜中各种物质的排列形式，目前仍采用 1972 年 Singer 和 Nicholson 提出的**液态镶嵌模型**（fluid mosaic model）。此模型认为细胞膜的基本结构特点是以液态脂质双分子层为基架，其中镶嵌有不同分子结构和功能的蛋白质（图 2-1）。

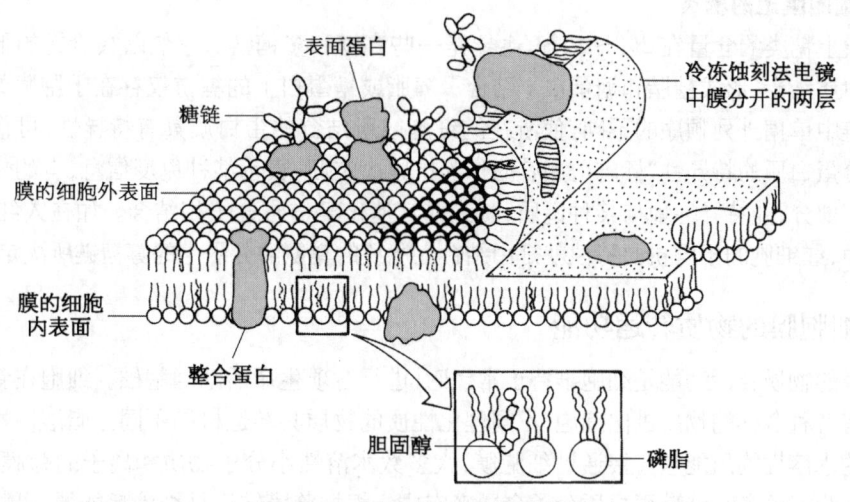

图 2-1 细胞膜的液态镶嵌模型

(一) 脂质双分子层

膜脂质主要有三类,其中,磷脂占脂质总量的 70% 以上,其次是胆固醇,含量低于 30%,糖脂不超过 10%。它们以脂质层的形式存在于细胞膜。磷脂和胆固醇都是双嗜性分子,磷脂分子中磷酸和碱基以及胆固醇分子中的羟基形成亲水性基团,它们分子中的另一端是脂肪酸烃链形成的疏水性基团。在膜中,亲水性基团都朝向膜的外表面或内表面,而脂肪酸烃链则在膜的内部两两相对。细胞膜脂质双分子层中的脂质成分呈不对称分布,含氨基酸的磷脂(磷脂酰丝氨酸、磷脂酰乙醇胺、磷脂酰肌醇)几乎全部分布在膜的靠近胞质的内层,而磷脂酰胆碱和糖脂主要分布在膜的外层。

膜脂质的熔点较低,在体温条件下呈液态,因而膜具有流动性。但是脂质双分子层的流动性仅限于脂质分子作侧向运动,分子在同一层内作"掉头"运动或作跨层运动的机会非常少。胆固醇含量增高可抑制脂质和蛋白质在膜内的移动,引起膜流动性降低。膜脂质的流动性使细胞能进行变形运动。

(二) 细胞膜蛋白质

膜结构中的蛋白质分子是以 α 螺旋或球形结构分散镶嵌在膜的脂质双分子层中,主要以**表面蛋白**(peripheral protein)和**整合蛋白**(integral protein)两种形式与膜脂质结合,前者占膜蛋白的 20%~30%,以其肽链中带电的氨基酸或基团与膜两侧的脂质极性基团相互吸引,使蛋白分子附着在膜的表面;后者占膜蛋白的 70%~80%,其肽链一次或多次反复贯穿整个脂质双分子层,两端露出在膜的两侧。

细胞膜的功能在很大程度上同上述的镶嵌蛋白质的功能密切相关。有的蛋白质与物质的跨膜转运有关,如载体蛋白、通道蛋白、离子泵等;有的与信息传递有关,如分布在膜外表面的受体蛋白,能将环境中的特异性化学物质或信号传递到胞内,引起细胞功能的相应改变;还有一类蛋白质与能量转化有关,如 ATP 酶能分解腺苷三磷酸(adenosine triphosphate,ATP)而提供生理活动所需的能量;膜内侧存在腺苷酸环化酶系统,当配体与其特异性受体结合后可被激活,将膜内胞质中的 ATP 转变为环腺苷酸(cAMP),进而引起胞内的生物效应,所以该酶系既与能量转化有关,又起到信息传递的作用。

(三) 细胞膜上的糖类

细胞膜上糖类的含量在 2%～10%,主要是一些寡糖和多糖链。它们以共价键的形式与膜的脂质或蛋白质结合,形成糖脂和糖蛋白。结合于糖脂或糖蛋白上的糖链仅存在于胞膜的外侧。由于这些糖链中单糖排列顺序的不同,使所在的细胞或所结合的蛋白质具有特异性,可作为所在细胞或所结合蛋白质的特异性"标志",如有的作为抗原决定簇,表示某种免疫信息;有的作为膜受体的"可识别"部分,能特异性地与某种递质、激素或其他化学信号分子相结合。如在人红细胞 ABO 血型系统中,红细胞的不同抗原特性就是由结合在脂质的鞘氨醇分子上的寡糖链所决定的。

二、细胞膜的物质转运功能

细胞膜的物质转运功能是细胞维持正常代谢、进行各项生命活动的基础。细胞在新陈代谢过程中不断有各种各样的物质进出细胞,不同理化性质的物质其转运机制不同。脂溶性物质和少数分子很小的水溶性物质能够直接通过细胞膜,大多数水溶性小分子物质和离子的跨膜转运,都需要靠镶嵌在膜上的各种特殊蛋白质分子介导来完成。根据跨膜转运是否消耗能量,可将其分为**被动转运**(passive transport)和**主动转运**(active transport)两大类。某些大分子物质或物质团块则通过细胞膜以囊泡转运的方式进行,根据转运方向的不同,可分为出胞和入胞,也属于耗能过程。

(一) 被动转运

物质顺浓度差或电位差,不需要消耗能量通过细胞膜进出细胞的过程,称为被动转运。根据其是否需要膜蛋白的帮助,又分为单纯扩散和易化扩散两种形式。

1. **单纯扩散**(simple diffusion) 是指脂溶性的小分子物质从细胞膜高浓度一侧向低浓度一侧移动的过程。它是一种简单的物理扩散,没有生物学的转运机制参与。扩散的方向和速度取决于膜两侧该物质的浓度差和膜对该物质的通透性,扩散的最终结果是该物质在膜两侧的浓度差消失。一般来说,脂溶性高而分子质量小的物质容易穿越脂质双分子层。例如,人体内 O_2、CO_2、NO、尿素等都属于这类物质,它们都是以单纯扩散方式进行跨膜转运的。

水的跨膜转运是由水分子在渗透压梯度的驱动下,水分子由浓度高的一侧向浓度低的一侧移动,这种扩散称为**渗透**(osmosis)。水的跨膜转运有两种方式,一种是通过膜脂质分子的简单扩散,另一种是通过**水通道**(water channel)介导的水转运。由于细胞膜是脂质双分子层组成,脂质分子间的间隙很小,对水的通透性非常低,所以在大部分细胞内外,水的跨膜转运速率非常缓慢。水通道是水分子在溶液渗透压梯度的作用下跨膜转运的主要途径,在某些组织,水能快速跨膜转运是与其胞膜上存在被称为水通道的特殊膜蛋白结构有关。水通道蛋白统称为**水孔蛋白**(aquaporin, AQP),目前已在哺乳动物中发现 10 多种 AQP 亚型。每种水通道都有不同的组织分布和功能特点,按其功能可以分为两类。第一类主要包括 AQP0、AQP1、AQP2、AQP4、AQP5 和 AQP6,它们只能通透水。第二类主要包括 AQP3、AQP7 和 AQP9,对水有高通透性,也能通透甘油、尿素和其他的小分子物质。水通道在细胞中以四聚体的形式存在,每个亚单位在功能上都可作为一个单水通道。水通道在不同的器官分布有差异,如在红细胞膜主要是 AQP1 分布,肾脏是水通道分布最多的器官,近曲小管和降支细段 AQP1 很丰富,AQP2 分布于集合管,AQP3 存在于集合管基侧质膜,AQP4 存在于髓质小血管结构中等。呼吸道、消化道等器官也有不同的 AQP 亚型分布。水通道在一定的生理条件下可以通过渗透压、激素和药物对其表达和功能产生影响。

2. **易化扩散** 体内有些物质虽不溶于脂质或在脂质中溶解度很小,不能直接跨膜转运,但它们在细胞膜特殊蛋白质的协助下,也能从膜的高浓度一侧向低浓度一侧移动扩散,这种转运形式称为**易化扩散**(facilitated diffusion)。如细胞外液中葡萄糖、氨基酸进入胞内,Na^+、K^+、Ca^{2+} 等离子的跨膜转运,转运特点是它们必须依靠膜上特殊蛋白的介导来完成。根据参与蛋白质的功能不同,易化扩散可分为由载体介导和通道介导的两种不同类型。

(1) 载体介导的易化扩散:许多重要的营养物质,如葡萄糖、氨基酸等,依据它们在脂质和水中的溶解度、分子大小和带电状况等物理特性,很难通过细胞膜,而实际上它们跨膜转运的速率比预期的要快得多,介导这一过程的膜蛋白称为载体蛋白或**载体**(carrier)。载体是一些贯穿脂质双层的整合蛋白。迄今尚不清楚它们是如何将溶质进行跨膜转运的,一般认为,载体与溶质的结合位点随构象的改变而交替暴露于膜的两侧,当它在溶质浓度较高的一侧与溶质结合后,即发生构象的改变,并在其浓度较低的一侧与溶质解离。以载体为中介的易化扩散有以下特点:① 结构特异性高:即每一种载体蛋白只能转运具有某种特定结构的物质。② 具有饱和现象:在浓度差较小的范围内载体转运某一物质的量与该物质的浓度差成正比,但当浓度差增加到某一限度时,载体转运该物质的能力不再增加,即出现饱和现象,其原因在于膜上载体和载体结合位点的数目是有限的。③ 竞争性抑制:如某一载体对 A 和 B 两种结构相似的物质都有转运能力,当提高 B 物质浓度将会减弱载体蛋白对 A 物质的转运数量,这是因为 B 物质占据了一定数量的结合位点。

(2) 通道介导的易化扩散:细胞内外液中的带电离子,如 Na^+、K^+、Ca^{2+}、Cl^- 等离子不能自由通过细胞膜的脂质双分子层,必须借助细胞膜上特殊蛋白质的帮助才能实现跨膜转运。这种能使离子跨过膜屏障转运的蛋白质又称为**离子通道**(ion channel),是一类贯穿脂质双分子层的,中央带有亲水性孔道的膜蛋白。当孔道开放时,离子可经孔道跨膜流动而无须与脂质双层相接触,从而使通透性很低的离子能以极快的速度跨越细胞膜。

离子通道的活动表现出明显的**离子选择性**(ionic selectivity),即每种通道都对一种或几种离子有较高的通透能力,其他离子则不易或不能通过。依据离子的选择性可将通道分为 Na^+ 通道、K^+ 通道、Ca^{2+} 通道、Cl^- 通道、非选择性阳离子通道等相应离子通道。例如,K^+ 通道对 K^+ 和 Na^+ 的通透性之比约为 100∶1;**乙酰胆碱**(acetylcholine,ACh)受体阳离子通道对小的阳离子都具有高度通透性,但不能通过 Cl^-。

离子通道还具有**门控**(gating)的特性,每一个通道蛋白分子有两种或三种相对稳定的分子构象。不同分子构象的转换决定离子通道是处于开放(激活)状态,还是关闭(备用或失活)状态。离子扩散的条件是离子通道必须开放。离子通道在未激活时是关闭的,在一定条件下"门"被打开,才允许离子通过,这一过程称为门控过程,时间一般都很短。门控离子通道分为三类(图 2-2):① **电压门控通道**(voltage gated channel):它们在膜去极化到一定电位时开放,因此也称为电压依

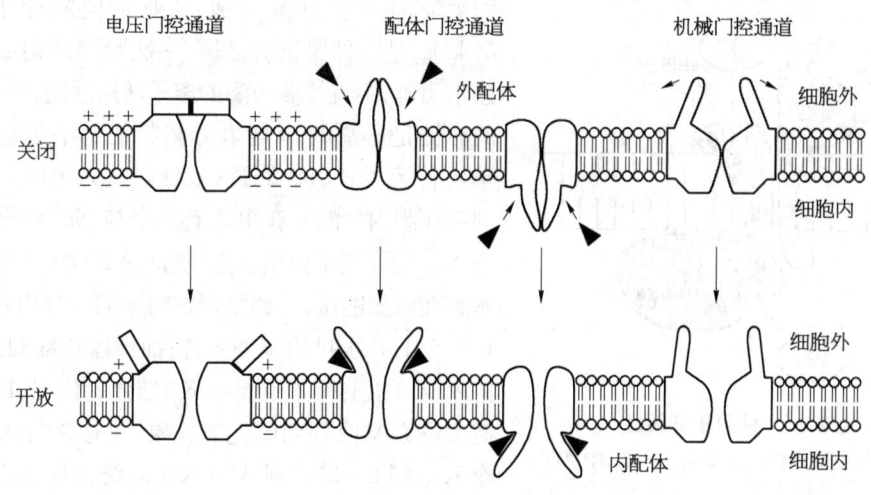

图 2-2 通道的门控性

从性通道,如神经元上的 Na^+ 通道。② **配体门控通道**(ligand gated channel)或**化学门控通道**(chemically gated channel):受膜环境中某些化学性物质的影响而开放。一般说配体来自细胞外液,如激素、递质等。已知 N_2 型 ACh 受体本身包含 Na^+、K^+ 离子通道,当 ACh 与受体结合时,通道开放,Na^+、K^+ 同时扩散转运。有些细胞内因子也能激活离子通道,如胞内 G 蛋白、环鸟苷酸(cyclic guanosine monophosphate,cGMP)、Ca^{2+} 等也可从胞内面直接与离子通道相结合,并使之激活。③ **机械门控通道**(mechanically gated channel):感受细胞膜表面的应力变化,如摩擦力、压力、牵张力、重力和剪力等,将细胞机械刺激的信号转化为电化学信号,引起细胞的反应。如触觉的神经末梢,听觉的毛细胞、血管壁上的内皮细胞以及心肌细胞等上都存有这类通道。

除上述门控离子通道外还有一类被称为"非门控"通道。"非门控"通道总是处于开放状态,外在因素对它无明显影响。这类通道在维持静息膜电位方面起重要作用。

(二) 主动转运

物质逆浓度差或电位差,消耗能量通过细胞膜进出细胞的过程,称为主动转运。介导这一过程的细胞膜蛋白称为**离子泵**(ion pump)。离子泵可将细胞内的 ATP 水解为二磷酸腺苷(adenosine diphosphate,ADP),并利用高能磷酸键储存的能量完成离子的跨膜转运。离子泵由于具有水解 ATP 的能力,所以也称作 ATP 酶。根据能量利用的形式不同,主动转运分为原发性主动转运和继发性主动转运。

1. 原发性主动转运 细胞直接利用分解 ATP 产生的能量将离子逆电化学梯度进行跨膜转运的过程,称为**原发性主动转运**(primary active transport)。在哺乳动物的细胞膜上普遍存在的离子泵就是**钠-钾泵**(sodium potassium pump),简称**钠泵**(sodium pump),也称 Na^+-K^+-ATP 酶。当细胞内 Na^+ 浓度升高或细胞外 K^+ 浓度升高时,都可激活钠泵,ATP 分解产生能量,逆浓度梯度将细胞内的 Na^+ 移至细胞外和将细胞外的 K^+ 移入细胞内,从而维持细胞膜内外 Na^+ 和 K^+ 的浓度差。由于钠泵的活动,使细胞内液 K^+ 的浓度为细胞外液中的 30 倍左右,而细胞外液中 Na^+ 的浓度为细胞内液的 10 倍左右。

用分子生物学方法已可将钠泵蛋白质克隆出来,钠泵分子包括 α 和 β 两个必需的亚单位,其最小的功能单位是 αβ 二聚体。α 亚单位是催化亚单位,肽链上有 ATP 结合位点、磷酸化位点、阳离子结合位点等。分子量约为 100 kDa,具有多次跨膜结构域。转运 Na^+、K^+ 和促使 ATP 分解的功能主要由 α 亚单位完成;β 亚单位的分子量约为 50 kDa,是一种糖蛋白,只有一次跨膜结构域,其功能还不明确,不直接参与酶的离子转运活动,但对保持酶的活性是必需的,α 与 β 分离将使酶不可逆地失活。钠泵转运 Na^+、K^+ 的过程,目前认为可能的机制是:裸露在胞内侧的 α 亚单位有三个与 Na^+ 结合的位点,当 Na^+ 与 α 亚单位结合后,激活 ATP 酶,使胞内 ATP 水解而释放能量,并使泵蛋白转入另一种构象,这就使得三个 Na^+ 被排出至细胞外;而裸露在细胞外液一侧的 α 亚单位上有 2 个能与 K^+ 结合的位点,K^+ 的结合触发钠泵又回复到原先的构象,此时它向胞内排入 2 个 K^+(图 2-3)。现认为 Na^+ 的结合与 ATP 酶的磷酸化有关;而 K^+ 的结合与其去磷酸化有关。钠泵活

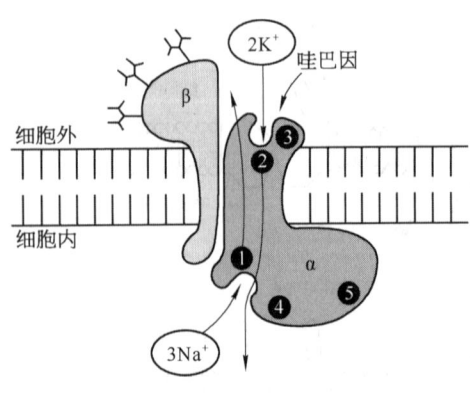

图 2-3 钠泵主动转运

α 亚单位细胞内侧:① 钠结合位点;④ ATP 磷酸化位点;⑤ ATP 结合位点。α 亚单位细胞外侧:② 钾结合位点;③ 哇巴因结合位点

动时,它泵出 Na^+ 和泵入 K^+ 两个过程是耦联在一起进行的。在一般情况下,每分解 1 分子 ATP,可泵出 3 个 Na^+,同时泵入 2 个 K^+。由于钠泵的这种活动使细胞外正离子净增而使电位升高,因此也将钠泵称为**生电钠泵**(electrogenic sodium pump)。钠泵的这种作用可被其特异性抑制剂哇巴因所阻断。

细胞代谢能量的 1/3 以上用于维持钠泵的活动,钠泵的活动具有重要的生理意义:① 钠泵活动造成的胞内高 K^+ 浓度,是胞质内许多代谢反应所必需的,例如核糖体合成蛋白质就需要高 K^+ 环境。② 钠泵活动有效地防止了胞质渗透压升高和细胞肿胀。维持了胞质渗透压和细胞容积的相对稳定。③ Na^+ 在膜两侧的浓度差也是其他许多物质继发性主动转运(如葡萄糖、氨基酸的主动吸收等)的动力。④ 钠泵活动造成的膜内外 Na^+ 和 K^+ 的浓度差,是细胞生物电活动产生的前提条件。此外,钠泵活动的生电性,可使膜内电位的负值增加,在一定程度上影响静息电位。

主动转运是人体最重要的物质转运形式,除钠泵外,目前了解较多的还有钙泵,也称 Ca^{2+}-ATP 酶,广泛分布于细胞膜、内质网膜和肌质网膜上;**质子泵**(proton pump),有 H^+-K^+-ATP 酶和 H^+-ATP 酶两种。这些泵蛋白在分子结构上和钠泵类似,都以直接分解 ATP 为能量来源,将有关离子进行逆浓度差的转运。

2. 继发性主动转运 物质在进行逆电化学梯度的跨膜转运时,所需的能量并不直接来自 ATP 的分解,而是来自 Na^+ 在膜两侧的浓度势能差,是钠泵利用分解 ATP 释放的能量建立的。这种间接利用 ATP 能量的主动转运过程称为**继发性主动转运**(secondary active transport)。此过程有一个将 Na^+ 向胞内扩散与其他物质跨膜转运相耦联起来的细胞膜载体蛋白,即**协同转运体**(cotransporter)。如果被转运的物质与 Na^+ 运动方向相同,称为**同向转运**(symport),相应的转运体也称为**同向转运体**(symporter);如果两者运动方向相反,则称为反向转运或交换,相应的转运体称为**反向转运体**(antiporter)或**交换体**(exchanger)。葡萄糖和氨基酸在小肠黏膜上皮的吸收以及在肾小管上皮细胞被重吸收的过程,神经递质在突触间隙被神经末梢重摄取的过程,甲状腺上皮细胞的聚碘过程,细胞普遍存在的 Na^+-H^+ 交换和 Na^+-Ca^{2+} 交换等过程,均属于继发性主动转运。

葡萄糖在小肠黏膜和肾小管上皮细胞的吸收是通过 **Na^+-葡萄糖同向转运体**(Na^+-glucose symporter)完成的(图 2-4)。由于上皮细胞基底侧膜 Na^+ 泵的活动,造成细胞内低 Na^+,并在顶端膜的膜内外形成 Na^+ 浓度差。顶端膜上的同向转运体则利用 Na^+ 的浓度势能,将管腔中的 Na^+ 和葡萄糖分子一起转运至上皮细胞内。这一过程中 Na^+ 的转运是顺浓度梯度,是转运过程的驱动力,而葡萄糖分子的转运是逆浓度梯度,是间接利用钠泵分解 ATP 释放的能量完成的主动转运。用药物抑制钠泵的活动后,葡萄糖的继发性主动转运也就减弱或消失。进入上皮细胞的葡萄糖分子可经基底膜上的葡萄糖载体扩散至组织液,完成葡萄糖在管腔中的吸收过程。氨基酸也是以同样的模式被吸收的。

(三) 入胞和出胞

1. 入胞 入胞(endocytosis)又称胞吞,是指细胞外

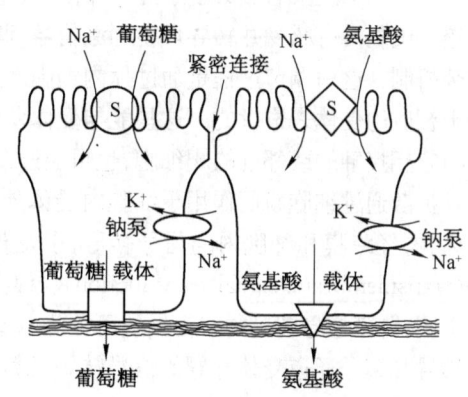

图 2-4 葡萄糖、氨基酸的继发性主动转运

S: 葡萄糖或氨基酸转运体

某些物质团块(如细菌、病毒、异物、大分子营养物质等)进入细胞的过程。入胞进行时,这些物质与细胞膜接触,引起质膜内陷,包被这些物质,形成吞噬泡或吞饮泡,最后进入细胞浆中。以吞噬泡和吞饮泡方式进入细胞的过程分别称为吞噬和吞饮。**吞噬**(phagocytosis)仅发生于一些特殊的细胞,如单核-巨噬细胞和中性粒细胞等。吞噬时细胞膜在受体和收缩蛋白等参与下,伸出伪足将团块或颗粒包裹起来,经膜融合,离断后进入细胞内,形成直径较大的囊泡,即吞噬泡。**吞饮**(pinocytosis)可发生于体内几乎所有的细胞,又可分为液相入胞和受体介导入胞两种形式。

液相入胞(fluid phase endocytosis)是指细胞外液及其所含的溶质以吞饮泡的形式连续不断地进入胞内,是细胞本身固有的活动,进入细胞的溶质量和溶质的浓度成正比。由于一部分细胞膜在入胞时形成吞饮泡,会使细胞膜表面积减小。一些特殊物质进入细胞,是通过被转运物质与膜表面的特殊**受体**(receptor)相互作用而引起的,称为**受体介导式入胞**(receptor mediated endocytosis)。受体介导式入胞是一种与细胞膜受体有关的入胞过程。许多大分子物质以这种受体介导式入胞方式入胞,如低密度脂蛋白、肽类激素等,该过程是个耗能过程。

2. **出胞** **出胞**(exocytosis)又称胞吐,是指胞质内的大分子物质以分泌囊泡的形式排出细胞的过程。出胞是与入胞方向相反的细胞活动过程,前者是细胞将要释放或分泌的物质排到细胞外面,后者是物质进入细胞的过程。出胞过程主要见于细胞的分泌活动,如轴突末梢释放神经递质、β 细胞分泌胰岛素、垂体细胞分泌肽类激素、外分泌腺分泌酶原颗粒和黏液、肥大细胞脱颗粒等。各种蛋白类大分子物质首先在粗面内质网合成,再由内质网到高尔基复合体的输送过程中,这些物质逐渐被一层膜性结构包被,形成分泌囊泡。当分泌活动开始时,囊泡逐渐向质膜内侧移动,最后囊泡膜和质膜相互接触和融合,进而融合处破裂,将囊泡内容物排出。出胞过程由膜外的特殊化学信号或膜两侧电位改变触发,使膜上 Ca^{2+} 通道开放,Ca^{2+} 内流,进而触发囊泡的移动、融合和囊泡内容物的分泌排出。

第二节 细胞的跨膜信号转导

生物细胞具有极其复杂的生命活动,这些生命活动受遗传信息和内外环境变化信息的严格调控。细胞具有感受并转导环境刺激信号,调节细胞代谢、增殖、分化等各种功能活动以及凋亡的复杂机制。这一调节过程是通过体内细胞产生和分泌的神经递质、激素、细胞因子、气体分子等作用于相应的受体来进行的。这些能与受体发生特异性结合的活性物质称为**配体**(ligand),它们作用于与它相接触的或邻近的靶细胞,也可通过血液循环作用于远距离靶细胞。这些信号分子除少数可以扩散通过细胞膜而作用于细胞内受体外,绝大多数是水溶性分子,只能作用于细胞膜表面的受体,再经跨膜和细胞内的信号转导,引发靶细胞相应的功能改变,这一过程被称为**跨膜信号转导**(transmembrane signal transduction)。根据细胞膜上感受信号物质的蛋白质分子的结构和功能的不同,跨膜信号转导的路径大致可分为 G 蛋白耦联受体介导的信号转导、酶耦联受体介导的信号转导和离子通道受体介导的信号转导三类。

一、G 蛋白耦联受体介导的信号转导

G 蛋白耦联受体(G protein-linked receptor)介导的信号转导是由膜受体、G 蛋白、G 蛋白效应

器、第二信使、**蛋白激酶**(protein kinase, PK)等存在于细胞膜、细胞质及细胞核中一系列信号分子的连锁活动来完成其信号转导。由于这类膜受体都要通过 G 蛋白才能发挥作用，故称 G 蛋白耦联受体介导的信号转导(图 2-5)。

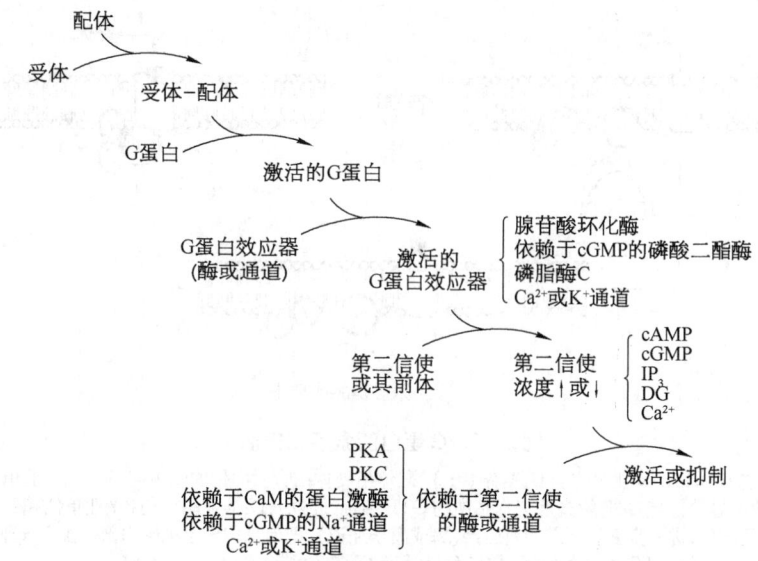

图 2-5　G 蛋白耦联受体介导的信号转导的主要过程
PKA：蛋白激酶 A；PKC：蛋白激酶 C；cAMP：环腺苷酸；
cGMP：环鸟苷酸；IP_3：三磷酸肌醇；DG：二酰甘油；CaM：钙调蛋白

　　大多数激素、神经递质和其他信息分子调节细胞的功能是通过 G 蛋白耦联受体介导的。G 蛋白是**鸟苷酸结合蛋白**(guanine nucleotide-binding regulatory protein)的简称。与 G 蛋白耦联的受体是细胞表面受体的最大家族，包括肾上腺素 α 和 β 受体、γ-氨基丁酸 B 型受体、5-HT 受体、嗅觉受体、视紫红质受体以及多数肽类激素的受体等，总数多达 1 000 种左右。这些受体由结构和功能相似的多肽链构成，每条多肽链由 7 个跨膜节段组成，其胞外侧和跨膜节段内部有配体结合位点，胞质侧有 G 蛋白结合的位点。受体与配体结合后，其分子构象发生变化，引起对 G 蛋白的结合和激活。

　　G 蛋白由 α、β 和 γ 三个亚单位组成，其中 α 亚单位具有鸟苷酸结合位点和**三磷酸鸟苷**(guanosine triphosphate, GTP)酶活性。未激活的 G 蛋白在膜内是与受体分离的，其 α 亚单位与**二磷酸鸟苷**(guanosine diphosphate, GDP)结合。当配体与受体结合后，α 亚单位与 GDP 解离而与 GTP 结合，三聚体 G 蛋白则分成两部分具有活性的 G 蛋白，即 α-GTP 复合物和 βγ 二聚体(图 2-6)，它们进一步激活膜的 G 蛋白效应器，通过第二信使完成信号转导。

　　G 蛋白效应器指催化生成或分解细胞内第二信使物质的酶和离子通道。主要的酶有**腺苷酸环化酶**(adenylyl cyclase, AC)，**磷脂酶 C**(phospholipase C, PLC)，**磷脂酶 A_2**(phospholipase A_2, PLA_2)和**磷酸二酯酶**(phosphodiesterase, PDE)等。G 蛋白通过调节酶的活性使得胞浆中第二信使的浓度增加或下降，将信号转导到细胞内。

　　第二信使是指细胞外信号物质、激素、递质(第一信使)等作用于细胞膜后产生的细胞内信号分子，它们可把细胞外的信息传递到细胞内。主要的第二信使有**环腺苷酸**(cyclic adenosine

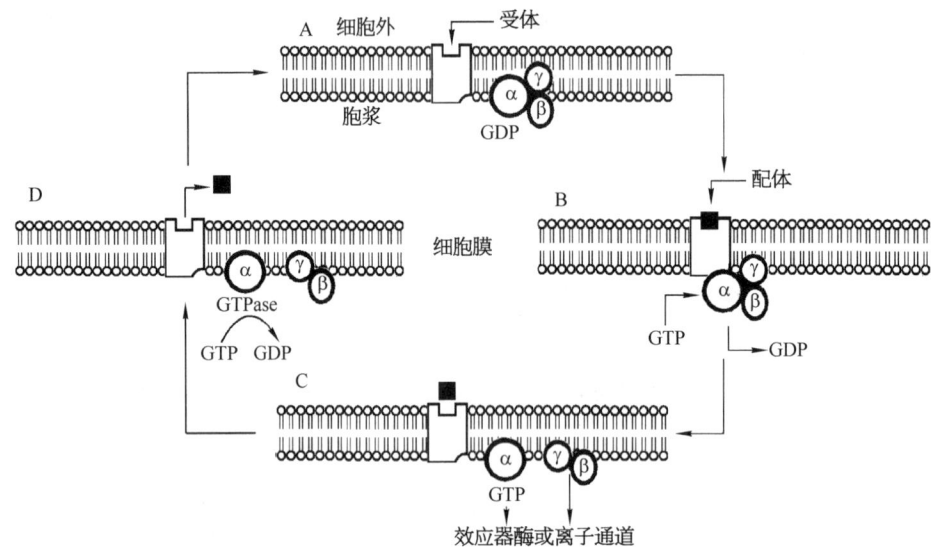

图2-6 G蛋白的激活和失活

A：失活状态G蛋白的α亚单位与GDP结合；B：配体与受体结合后活化的受体与G蛋白α亚单位结合；C：α亚单位的构象改变导致其与GDP解离而与胞浆中的GTP结合并激活；D：α亚单位与βγ亚单位和受体解离，形成α-GTP和βγ两部分，进一步激活下游的效应器(酶或离子通道)，把信息传导至细胞内部。由于α亚单位的GTP酶活性，可将与它结合的GTP水解为GDP，并与GDP和βγ亚单位结合，回到失活状态。

monophosphate，cAMP)、**肌醇三磷酸**(inositol triphosphate，IP_3)、**二酰甘油**(diacylglycerol，DG)、**环鸟苷酸**(cyclic guanosine monophosphate，cGMP)和Ca^{2+}等。

G蛋白耦联受体介导的信号转导主要有两条途径。一是受体-G蛋白-AC途径，G蛋白激活后通过cAMP含量的变化影响胞浆中蛋白激酶A的活性实现其信号转导作用；二是受体-G蛋白-PLC途径，G蛋白激活后通过IP_3和DG调节细胞内Ca^{2+}和蛋白激酶C活性实现其信号转导。G蛋白也可直接或通过第二信使调节离子通道的活动实现信号转导。

二、酶耦联受体介导的信号转导

细胞膜的酶耦联受体通常具有两个组成部分，即细胞膜外侧的与配体结合的受体部分和细胞膜内侧的具有酶功能的部分。当细胞外的配体与受体结合后能够激活酶的部分实现信号转导功能。酶耦联受体中较重要的有酪氨酸激酶受体、酪氨酸激酶结合型受体和鸟苷酸环化酶受体。

酪氨酸激酶受体通常只有一个跨膜α螺旋，其配体结合位点位于细胞外侧，而胞质侧为具有酪氨酸激酶的结构域，本身具有酶活性，即受体与酶是同一蛋白分子。大部分生长因子和一部分肽类激素都是通过酪氨酸激酶受体将信号转导至细胞核，从而引起基因转录的改变。这类受体结构简单，当细胞外信号分子与它的胞外侧位点结合时，引起胞浆侧酪氨酸激酶激活，导致受体自身或细胞内靶蛋白的磷酸化，这一过程与G蛋白无关。

酪氨酸激酶结合型受体的膜内侧没有酪氨酸激酶的结构域，但当它与配体结合而被激活，可与细胞内的酪氨酸蛋白激酶结合并激活它，并通过对自身和底物蛋白的磷酸化作用把信号转入细胞内。这类受体包括了促红细胞生成素受体、生长素和催乳素受体，以及许多细胞因子和干扰素的受体等。

鸟苷酸环化酶受体通常也只有一个跨膜α螺旋，其配体结合位点位于细胞外侧，当配体与受体结合,激活细胞浆中的**鸟苷酸环化酶**(guanylate cyclase, GC)。GC 催化 GTP 生成 cGMP,进而结合并激活 cGMP 依赖性蛋白激酶 G,使底物蛋白磷酸化,产生生理学效应。鸟苷酸环化酶受体的一个重要配体是**心房钠尿肽**(atrial natriuretic peptide, ANP)。还有一种存在于胞质中的可溶性 GC 是**一氧化氮**(nitrogen monoxide, NO)的受体。NO 是 20 世纪 80 年代后期发现的一种气体信息分子,参与神经递质引起的血管舒张反应。以后证实它广泛存在于中枢和外周神经系统中,与多种机体功能的调节有关。

三、离子通道受体介导的信号转导

离子通道受体也称**促离子型受体**(ionotropic receptor),这些受体本身就是离子通道的组成部分,由多个跨膜亚单位组成,这些亚单位围绕形成"孔道"结构。当受体激活后,蛋白质构象发生改变,使通道开放,引起跨膜离子流动,从而实现信号的跨膜转导。典型的例子就是骨骼肌的 N_2 胆碱能受体(图 2-7)。当支配骨骼肌的神经末梢释放的 ACh 与骨骼肌终板膜上 N_2 胆碱能受体结合后,导致通道发生构象变化,通道开放,Na^+ 等经通道的跨膜流动,从而实现神经向肌细胞的信号转导。这类通道,都是胞膜上的化学门控通道。由于离子通道受体直接操纵离子通道的开关,因此大多介导快速的信号转导,且路径简单。

电压门控通道和机械门控通道不称为受体,但它们是接受电信号和机械信号的另一种类型"受体",通过通道的开启、关闭以及由此造成的离子跨膜流动把信号传递到胞内。

上述内容归纳了目前了解比较清楚的三种类型的跨膜信号转导途径,但是细胞的功能及其调控机制是非常复杂的,各种信号转导之间存在复杂的相互联系。随着研究的进一步深入,新的信号转导途径及其相互之间的联系将会不断被发现。

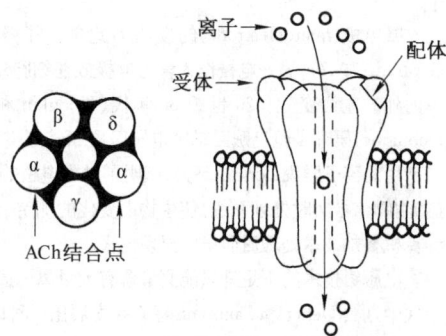

图 2-7 N_2 胆碱能受体结构模式图

左. 由五个亚单位组成的 N_2 胆碱受体;
右. 中间为离子通道,受体埋在胞膜内

第三节 细胞的生物电现象

机体所有的细胞不论在安静状态下还是在活动状态下,都具有电的变化,这种现象称为**生物电现象**(bioelectricity phenomenon)。生物电是一种普遍存在又十分重要的生命现象,机体细胞的多种活动,如腺细胞的分泌、肌肉细胞的收缩等都是以生物电活动为基础。在体表记录到的心电、脑电、肌电、视网膜电、胃肠电活动等都是生物电现象的表现。细胞生物电是细胞膜内外两侧带电离子的不均匀分布和一定形式的跨膜移动的结果。在正常情况下,细胞膜两侧存在一定的电位差,称为**膜电位**(membrane potential)。细胞的膜电位主要有两种表现形式:一种是细胞在安静状态下相对稳定的静息电位;另一种是细胞受到刺激时膜电位一过性的迅速变化的动作电位。此外,某些细胞如感受器细胞还可产生局部电位。本节将重点讨论静息电位和动作电位及其产生的离子机制。

一、细胞的生物电现象及其记录方法

19世纪中叶,人们就已知道神经纤维传导冲动时存在电的变化,早期使用电位计来观察这种电变化,但电位计常不能精确地观察、记录微弱而变化快速的生物电现象。近代电生理学研究中是用阴极射线示波器及有关附属设备(图2-8)。

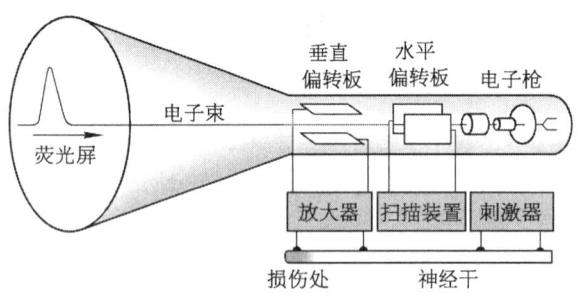

图2-8 示波器及有关设备观察生物电现象的实验布置

阴极射线示波器的工作基本原理是将从神经纤维或其他可兴奋细胞引导来的微弱生物电信号经放大器放大后接到示波器的垂直偏转板两极,由射线管右侧电子枪发射的电子束经偏转板作横向扫描和垂直移动后投射于荧光屏,这样,根据电子束在荧光屏上形成的光点轨迹,就能够比较精确地记录和测量神经细胞的电位变化。

用一条神经干记录生物电时,因为一条神经干含有成千上万根神经纤维,故所得结果是该神经干的复合动作电位。一般研究生物电现象要从细胞水平进行观察分析,故须用单一神经纤维或单一细胞记录生物电变化。**微电极**(microelectrode)的发明为此创造了条件。应用尖端直径只有1 μm或更细的微电极刺入细胞内(凌宁和Gerared, 1947),另一电极作为参考电极放在细胞外,这种称为细胞内记录的方法可以测定细胞在安静或活动(兴奋)时细胞膜内外的电位变化。20世纪50年代(Hodgkin和Huxley)应用在微电极技术上发展起来的**电压钳技术**(voltage clamp technique)研究了枪乌贼巨轴突电压门控Na^+通道和K^+通道,分析了Na^+电流和K^+电流的时间和电压依赖性,提出生物电产生的**离子学说**(ion theory),阐明了动作电位的起因。最近几十年计算机及其相关软件与电测量仪器的精密化、一体化(如生物信号实时处理系统)使生物电变化的测定、记录以及分析更精细、更客观、更方便,也使一些极微弱的生物电现象经计算机叠加技术处理后而得以显现出来。

电压钳技术的不足是只能测量含有大量离子通道的膜行为,个别离子流的特征只能从整个群体中推测出来,20世纪70年代中期由Neher和Sakmann建立并发展出一种以记录细胞膜结构中单一的离子通道蛋白分子开放和关闭也即测量单通道离子电流和电导的**膜片钳技术**(patch clamp technique)。其原理是用一尖端光洁,直径约1 μm的玻璃微电极与细胞表面在负压吸引下紧密接触,形成千兆欧封接,将吸附在微电极尖端开口处的那小片膜与周围其余部分的膜在电学上完全隔离开来,使小片膜中只包含一个或数个通道蛋白质分子,在此基础上固定电位,对这一小片膜上的离子通道的离子电流进行检测记录。膜片钳技术可测量1 pA的电流灵敏度,1 μm的空间分辨率和10 μs的时间分辨率,为从分子水平了解生物膜离子通道的开启和关闭、动力学选择性和通透性等膜信息提供了直接的手段,从而使生物电现象观察分析进入了分子水平的新阶段。

二、静息电位及其产生原理

(一) 细胞的静息电位

静息电位(resting potential, RP)是指细胞在静息状态下存在于细胞膜两侧的电位差。如图2-9所示,将一参考电极放在细胞外液中,另一微电极(测量电极)插入神经细胞内,则可测量细胞膜两侧的电位差,这种测量方法称为细胞内记录法。将细胞外的电极接地,此时记录到的电位是以细胞外为零电位的膜内电位。各种细胞的膜内电位在静息状态下是稳定的、分布均匀的负电位,范围在$-10 \sim -100$ mV,例如骨骼肌细胞的静息电位约-90 mV,神经细胞约-70 mV,平滑肌细胞约-55 mV,

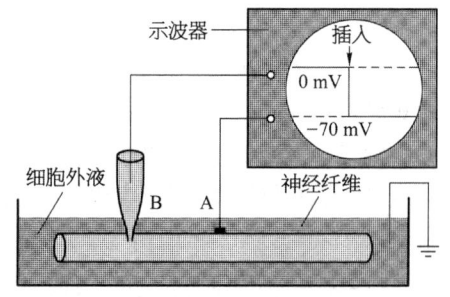

图2-9 神经纤维静息电位测定
A: 参考电极;B: 测量电极

红细胞约—10 mV。

由于在记录膜电位时是以细胞外为零电位,所以膜内负值越大,表示膜两侧的电位差越大,静息电位也就越大。人们通常把静息电位存在时细胞膜电位内负外正的状态称为**极化**(polarization);若膜电位增大称为**超极化**(hyperpolarization),如由静息电位的—70 mV 变化为—80 mV;膜电位减小称为**去极化**(depolarization),如由静息电位的—70 mV 变化为—60 mV;去极化至零电位后膜电位如进一步变为正值(内正外负),则称为反极化或称**超射**(overshoot);细胞膜去极化后再向静息电位方向恢复的过程称为**复极化**(repolarization)。

(二)静息电位产生原理

静息电位的产生与细胞膜内外两侧的离子不均衡分布及膜在不同生理条件下对各种离子的通透性不同有关。细胞膜内外离子分布很不相同,膜外有较多的 Na^+ 和 Cl^-,膜内有较多的 K^+ 和带负电的大分子有机物(表 2-1)。据测定,各类细胞 Na^+ 浓度膜外为膜内的 7～12 倍,而膜内的 K^+ 浓度为膜外的 20～40 倍。膜内外各种离子的不均衡分布为离子被动跨膜移动提供了势能储备。在不同的生理条件下,膜对不同离子的通透性是不一样的。安静状态下,膜对 K^+ 的通透性最大,对 Cl^- 次之,对 Na^+ 的通透性很小,仅为 K^+ 的 1/100～1/50,而对带负电的大分子有机物则几乎不通透。因此,静息时,K^+ 通道开放,K^+ 顺浓度差向膜外扩散,而膜内带负电的大分子有机物由于细胞膜对它几乎不通透而留在细胞内。这样,随着 K^+ 的外移,膜外正电荷数增多,电位升高,膜的两侧就产生了电位差,即膜外带正电,膜内带负电。但 K^+ 外流并不能无限制地进行下去,因为 K^+ 外流形成的外正内负的电场力会阻止 K^+ 继续外流。当浓度差(即促使 K^+ 外流的动力)和电位差(即阻止 K^+ 外流的阻力)使 K^+ 移动的效应达到平衡时,K^+ 的跨膜净通量为零。这时,K^+ 外流所造成的膜两侧的电位差也稳定于某一数值不变,这种内负外正的电位差称为 **K^+ 的平衡电位**(K^+ equilibrium potential, E_K)。根据 Nernst 公式,K^+ 平衡电位(E_K)的数值可由膜两侧原有的 K^+ 浓度算出,即:

$$E_K = \frac{RT}{ZF} \cdot \ln \frac{[K^+]_o}{[K^+]_i}$$

式中,E_K 是 K^+ 的平衡电位;R 是气体常数(8.31 Joules/Kelvin/mol);T 为绝对温度(273+T celcius);Z 是离子价数;F 是法拉第常数(96 500 C/mol);式中只有 $[K^+]_o$ 和 $[K^+]_i$ 是变数,分别代表膜外和膜内的 K^+ 浓度。若室温以 27℃计算,再把自然对数转换成常用对数,则上式可简化为:

$$E_K = 59.5 \lg \frac{[K^+]_o}{[K^+]_i} (mV)$$

由 Nernst 公式计算得到的 K^+ 平衡电位的数值,与实际测得的静息电位的数值非常接近,由此也证明,安静时膜两侧形成的静息电位主要是由 K^+ 外流所造成。为了证明这一点,在实验中人为地改变细胞外液中 K^+ 的浓度,使 $[K^+]_o/[K^+]_i$ 比值发生改变,静息电位的数值也发生相应的变化。结果与根据 Nernst 公式计算得到的预期值基本一致(图 2-10)。由此可见,细胞的静息电位主要是由细胞内 K^+ 的外流所产生。K^+ 外流的动力是细胞膜内外的浓度差,外流的条件是安静时细胞膜对 K^+ 有通透性。

通常静息电位的实际测量值要比 K^+ 平衡电位的理论值要小一些。如表 2-1 显示,枪乌贼大神经的静息电位是—60 mV,其 K^+ 平衡电位的数值为—75 mV;哺乳动物骨骼肌的静息电位是

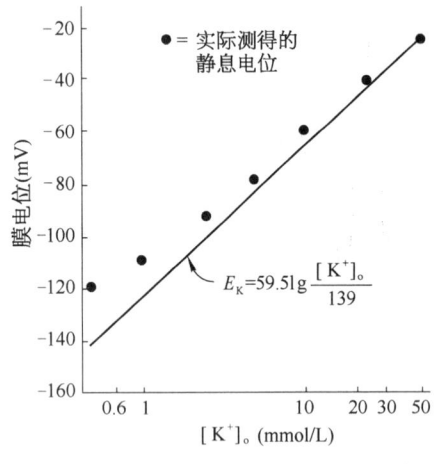

图 2-10 改变细胞外液 K^+ 的浓度对蛙缝匠肌静息电位的影响

-90 mV,K^+ 平衡电位是 -98 mV。实验已经证明,这是由于在安静时膜不仅对 K^+ 有通透性,而且对 Na^+ 也有较小的通透性,Na^+ 移入膜内将抵消一部分 K^+ 外流所造成的膜内负电位。另外,安静时细胞膜对 Cl^- 也有一定的通透性,但一般认为,细胞膜对 Cl^- 不存在原发性主动转运,因此,Cl^- 在膜两侧的分布是被动的,主要不是由它决定膜电位,而是由膜电位决定它在膜内外的分布,所以 Cl^- 平衡电位总是非常接近静息电位。

细胞膜内外的 Na^+ 和 K^+ 均处于不平衡状态,各自都有推动其通过细胞膜的化学驱动力,但在静息时,细胞膜主要对 K^+ 的通透性较高,所以细胞的静息电位就接近 K^+ 的平衡电位。

静息电位的形成,还与胞膜上钠泵对 Na^+、K^+ 不等比例的转运等其他离子转运机制有关。

表 2-1 枪乌贼大神经和哺乳类动物骨骼肌细胞内液及外液中主要离子的浓度和平衡电位

组 织	细胞外液(mmol/L)	胞质(mmol/L)	平衡电位(mV)	静息电位(mV)
枪乌贼大神经				-60
Na^+	440	50	$+50$	
K^+	20	400	-75	
Cl^-	560	52	-60	
有机负离子		385		
哺乳动物骨骼肌				-90
Na^+	145	12	$+67$	
K^+	4	155	-98	
Cl^-	120	4	-90	
有机负离子		155		

三、动作电位及其产生原理

(一) 细胞的动作电位

在静息电位的基础上,给细胞一个有效的刺激,细胞膜电位会发生一次迅速的、短暂的、可向远端传播的电位波动,称为**动作电位**(action potential, AP)。动作电位是各种可兴奋细胞发生兴奋时所具有的特征性表现,因此,常作为兴奋的标志。实验观察发现:哺乳动物的神经纤维和肌细胞在安静时,膜的外侧面带正电,内侧面带负电,其静息电位值为 $-70 \sim -90$ mV,当细胞受到适宜的刺激而发生兴奋时,膜内外的电位差迅速减小直至消失,而且可进一步出现膜两侧电位极性倒转的现象,即膜外带负电,膜内带正电,如果以膜外电位值为零,则膜内电位值为 $+20 \sim +40$ mV(图 2-11)。然而,这种膜电位极性倒转现象只是暂时的,它很快就恢复到受刺激前膜外正、膜内负的极化状态,即静息电位水平。动作电位可分为上升支和下降支。上升支又称去极相,历时很短,约 0.5 ms,包括膜电位的去极化和反极化两个过程;下降支又称复极相,即膜电位的复极化过程。动作电位的上升支和下降支形成尖锋样波形,称为**锋电位**(spike potential),在锋电位的下降支恢复到静息电位水平以前,膜电位还要经历一段微小而缓慢的波动,称为**后电位**(after potential),包括**负后电位**(nagative after potential)和**正后电位**(positive after potential)。负后电位是指快速复极化之后膜电位在接近静息电位之前的缓慢的复极化,而正后电位是指膜电位水平大于静息电位水平的电位变化。各种可兴奋细胞的动作电位均由去极相和复极相组成,但是,它们的形状、幅度和持续时间各不相同。例如,神经纤维的动作电位一般仅持续 0.5～2.0 ms,而心室肌细胞的动作电位则可持续几百毫秒。

细胞动作电位具有以下特征:① **"全或无"定律**(all or none law),当给予细胞阈下刺激时,动作电位不会出现,刺激强度达到阈值时就可引发动作电位,且动作电位的大小和形状不随刺激强度改变而变化。② 不衰减传导,动作电位产生后并不局限于受刺激部位,而是迅速向周围传播,直至整个细胞膜都依次产生动作电位,在传播过程中其幅度和波形不因传导距离的加大而改变。

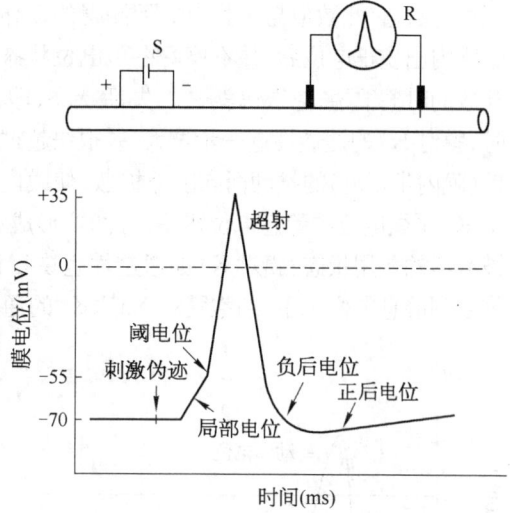

图 2-11　测量单一神经纤维膜电位的实验模式图

R: 记录仪器;S: 电刺激器

当测量电极中的一个微电极刺入轴突内部时,可发现膜内较膜外电位低 70 mV。当受到一次短促的阈上刺激时,膜内电位迅速上升到 +35 mV,经 0.5～2.0 ms 后又恢复到刺激前的状态

(二) 动作电位产生原理

细胞膜对 K^+、Na^+ 通透性的改变是静息电位和动作电位产生的关键因素。实验发现细胞膜去极化可使 Na^+ 和 K^+ 通道开放,且随去极化程度的增大而增加。但 K^+ 通道在去极化全过程保持开放,并不失活。而 Na^+ 通道的开放和关闭均比 K^+ 通道快,经历三种不同状态:① 在静息电位时,Na^+ 通道大多关闭,对 Na^+ 几乎无通透性,但能接受刺激而开放,称为备用状态。② 当细胞受到有效刺激时,Na^+ 通道开放,膜对 Na^+ 通透性大增引起 Na^+ 内流,形成动作电位的去极相,此时通道呈**激活**(activation)状态。③ 由于细胞膜去极化而引起细胞膜两侧电位差的改变,导致 Na^+ 通道关闭,此时任何强度的刺激都不能使之开放,通道处于**失活**(inactivation)状态,膜对 Na^+ 的通透性消失。上述离子通道功能状态的改变是由膜电位决定的,因此,这类通道称为电压依赖性通道。

细胞在静息时,膜大多数钠通道处于关闭状态,对 Na^+ 相对不通透。当细胞受刺激发生兴奋时,Na^+ 通道蛋白质的结构由于被激活发生变构,大量 Na^+ 通道开放,膜对 Na^+ 的通透性突然增大,并超过膜对 K^+ 的通透性,这时大量 Na^+ 迅速流入膜内,于是膜内负电位也随着正电荷的进入而迅速被抵消,进而使膜内出现正电位,形成动作电位去极相。在动作电位发生的过程中,细胞膜两侧 Na^+ 的浓度差以及由静息时 K^+ 外移造成的外正内负的电位差是 Na^+ 内流的动力,而 Na^+ 内流所造成的膜内正电位,则形成了 Na^+ 进一步内流的阻力。随着 Na^+ 内流的增加,这种阻力也不断增大,当 Na^+ 内流的动力与阻力达平衡时,膜上 Na^+ 的净通量为零,这时膜两侧的电位差达到了一个新的平衡点,即 **Na^+ 的平衡电位**(Na^+ equilibrium potential,E_{Na}),这一过程可被 Na^+ 通道的阻滞剂**河鲀毒素**(tetrodotoxin,TTX)所阻断。将膜内、外 Na^+ 的浓度代入 Nernst 公式可计算出 Na^+ 平衡电位的数值,此数值与实验中实际测得的动作电位的超射值很接近。动作电位的时程很短,当细胞膜内出现正电位后,并不停留在正电位状态,而是很快出现复极过程。这是因为膜上 Na^+ 通道开放的时间很短,它很快就进入失活状态,即 Na^+ 通道关闭,从而使膜对 Na^+ 的通透性变小。这时,膜对 K^+ 的通透性进一步增大,并很快超过对 Na^+ 的通透性,于是膜内 K^+ 又由于浓度差和电位差(膜内带正电)的推动而向膜外扩散,使膜内电位由正值向负值发展,直至回到原初安静时接近于 K^+ 平衡电位的静息电位水平。此时,形成动作电位的复极相,通道的失活状态解除,回复到可被激活的备用状态;膜对 K^+ 的通透性也恢复正常,细胞又能接受新的刺激。复极后,膜电位虽已恢复到静息电位水平,细胞膜对 Na^+、K^+ 的通透性也恢复,但是膜内、外的离子分布尚未恢复。此时细胞内 Na^+ 浓度稍增加,细胞外 K^+ 浓度也增加(据估计,神经纤维每兴奋一次,进入胞内的 Na^+ 量大约使膜内 Na^+ 浓度增加 1/80 000,逸出的 K^+ 量也近似这个数值)。这种膜内 Na^+ 增多,膜外 K^+ 增多的状态激活了细胞膜上的钠泵,使之加速运转,将细胞内多余的 Na^+ 运至细胞外,将细胞外多余的 K^+ 运回细胞内,从而使细胞膜内外的离子分布恢复到原初安静时的水平。K^+ 外流可被 K^+ 通道阻滞剂**四乙铵**(tetraethylammonium,TEA)所阻断。

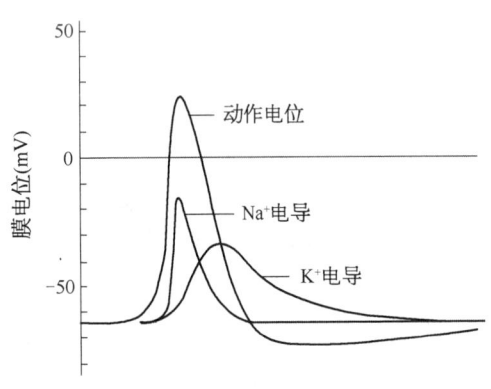

图 2-12 神经动作电位和与它有关的膜对 Na^+、K^+ 通透性(电导)改变的关系

细胞膜对离子的通透性可用膜电导(电阻的倒数)来表示,图 2-12 是表示神经动作电位的产生与细胞膜 Na^+、K^+ 电导(离子通透性)的关系。

(三) 动作电位的引起

动作电位形成的主要机制在于 Na^+ 通道的开放和 Na^+ 大量内流。当细胞膜受到较弱刺激时只产生小的去极化,称为**电紧张电位**(electrotonic potential),Na^+ 通道并未开放。如果刺激强度增大,可引起受刺激局部细胞膜的少量 Na^+ 通道被激活,膜对 Na^+ 的通透性轻度增加。少量 Na^+ 内流和电刺激造成的去极化使膜电位有所减小。由于 Na^+ 通道的开放具有电压依赖性,膜的去极化程度越大,通道的开放率和 Na^+ 内向电流越大。当增加刺激强度使膜电位去极化达到某个临界值时,细胞膜上的电压门控 Na^+ 通道快速被激活,大量 Na^+ 通道开放,使膜对 Na^+ 的通透性突然增大,Na^+ 大量内流,出现动作电位的上升支,这个临界值称为**阈电位**(threshold potential)(图 2-13)。动作电位的上升支实际上是膜的进一步去极化,而膜的这种去极化又导致更多的钠通道开放,有更多 Na^+ 的内流,这种正反馈过程使

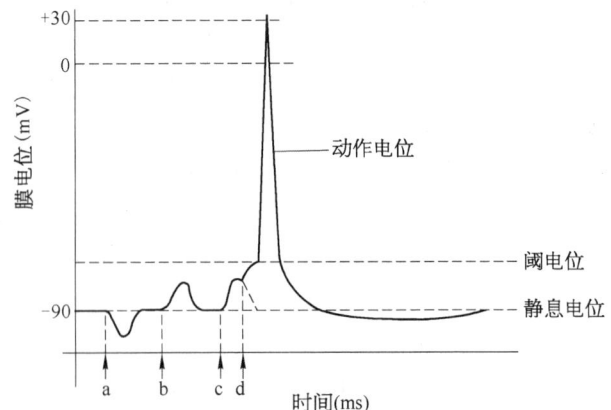

图 2-13 刺激引起膜局部超极化、去极化及局部电位在时间上的总和效应

a: 刺激引起膜局部超极化、兴奋性降低;b: 阈下刺激引起的局部去极化达不到阈电位水平,只引起局部电位;c、d: 均为阈下刺激,但 d 在 c 引起的去极化局部电位基础上给予,产生总和效应,达到阈电位引发动作电位

细胞膜迅速、自动地去极化，直至达到 Na^+ 的平衡电位数值。阈电位一般比静息电位小 10～20 mV，如神经细胞的静息电位为 -70 mV，阈电位约为 -55 mV。

如上所述，细胞膜受到刺激后会产生电紧张电位并引发 Na^+ 内流使膜去极化。如果刺激强度太小不足以引起细胞兴奋产生动作电位，则在刺激停止后膜电位又复极到静息电位水平，这样形成的膜电位波动称为**局部电位**(local potential)。去极化的局部电位是由去极化电紧张电位和少量钠通道开放 Na^+ 内流产生的电位叠加形成。局部电位具有下列的一些特点：① 以电紧张的形式扩布，其电位幅度随传播距离的增加而减小，因而不能进行远距离传播。② 在一定范围内，局部电位的幅度可随刺激的增强而增大，不具有"全或无"的特征。③ 局部电位没有不应期，可产生**时间总和**(temporal summation)和**空间总和**(spatial summation)。如果局部电位经过总和使静息电位减小到阈电位时，细胞膜便可产生一次动作电位。局部电位也是机体内常见的一种反应形式，如肌细胞的终板电位、感受器细胞的感受器电位、神经元突触处的突触后电位等均为局部电位。

(四) 动作电位的传导

动作电位一旦在细胞膜的某一点上产生，就会沿着细胞膜向周围进行不衰减的传播，直到传遍整个细胞为止，这个过程称为动作电位的传导。在神经纤维上传导的动作电位称为**神经冲动**(nerve impulse)。

动作电位传导的原理可用局部电流学说来解释。细胞膜受到刺激兴奋产生动作电位时，兴奋部位的膜电位呈内正外负的反极化状态，而邻近未兴奋部位的膜电位则是内负外正的极化状态。这样，在膜的兴奋部位与邻近未兴奋部位之间存在着电位差，因此会产生由正电位到负电位的电流流动，其流动方向是：在膜外侧，电流由未兴奋部位流向兴奋部位；在膜内侧，电流由兴奋部位流向未兴奋部位。这种在兴奋部位与未兴奋部位之间产生的电流称**局部电流**(local current)。局部电流流动的结果是使邻近未兴奋部位的膜发生去极化，膜电位减小。当膜电位减小到阈电位时，细胞膜即可爆发动作电位。于是兴奋由原先部位传导到邻近部位。这样的过程在膜上连续进行下去，从而使整个细胞膜都依次发生兴奋，这就表现为兴奋在整个细胞上传导(图 2-14)。

上述传导机制是可兴奋细胞兴奋传导的共同原理，包括骨骼肌、心肌和神经细胞。由于神经细胞具有较长的轴突，兴奋在轴突上的传导又有它自身的特点，尤其在有髓鞘的神经纤维上。这主要由于有髓鞘神经纤维的轴突外面包有高电阻的髓鞘，只有朗飞结处无髓鞘，此处轴突可以和细胞外液直接接触，允许离子作跨膜移动。因此，有髓鞘神经纤维发生兴奋时，只有朗飞结处的轴突膜出现膜内外的离子移动，局部电流只能在相邻的朗飞结处产生，这种神经兴奋的传导方式，称**跳跃式传导**

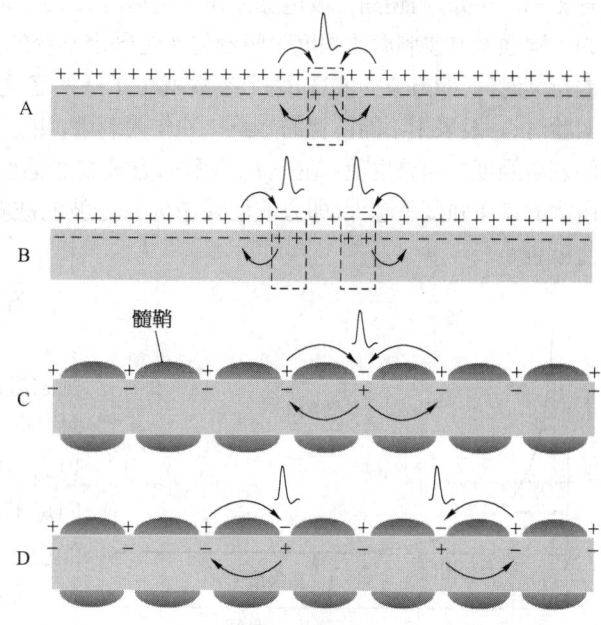

图 2-14 动作电位在神经纤维上的传导
A、B. 无髓鞘神经纤维；C、D. 有髓鞘神经纤维

(saltatory conduction)。因此,有髓鞘神经纤维的传导速度要比无髓鞘神经纤维快得多,这对于高等动物缩短对外界刺激作出反应的时间具有重要意义。由于动作电位的传导实际上是通过局部电流的刺激,不断地产生新的动作电位,故在传播过程中其幅度不会随距离的增加而减小,这就是动作电位不衰减传导的原因。

四、组织的兴奋和兴奋性

(一) 兴奋和可兴奋细胞

机体、器官、组织或细胞受到刺激时由相对静止转变为活动,或由弱的活动变为强的活动,称为兴奋。兴奋的本质是指产生动作电位的过程。并不是所有的细胞接受刺激后都能产生动作电位,只有具有电压门控 Na^+ 通道或 Ca^{2+} 通道的细胞受到适宜刺激后才能产生以这些离子通道激活为基础的动作电位过程。凡在受到适宜刺激后能产生动作电位的细胞,称为**可兴奋细胞**(excitable cell),如神经细胞、肌细胞和腺细胞等。可兴奋细胞受到刺激后产生动作电位的能力称为细胞的**兴奋性**(excitability)。

(二) 刺激引起兴奋的条件

刺激(stimulus)是指能引起细胞、组织或机体发生反应的环境变化。刺激的种类很多,有化学、机械、温度以及声、光、电等。并不是任何刺激都能引起组织细胞的兴奋,要使细胞发生兴奋,必须达到一定的刺激量。刺激量通常包括三个参数:一定的刺激强度、一定的刺激持续时间以及一定的强度时间变化率,这三个参数不是固定不变的,可以相互影响。由于电刺激操作方便,参数易于控制,而且一般能引起组织兴奋的电刺激并不造成组织损伤,可重复使用,因此在实验室中常采用各种形式的电刺激。

为了研究刺激的各参数之间的相互关系,可将其中一个参数值固定,观察其余两个参数的相互影响。例如,当使用方波电脉冲作为刺激时,由于每个方波上升支或下降支的斜率相同,故可认为不同强度方波刺激的强度时间变化率是固定不变的,只要观察刺激强度(即方波的波幅)与刺激的持续时间(即方波的波宽)两个参数就可了解两者之间的相互关系。在用神经或肌肉组织进行实验时,一般采用不同波宽的方波脉冲作为刺激,测定某一波宽条件下,各自能引起组织兴奋所需的刺激强度。结果发现:在一定范围内,方波波宽越小(即作用的持续时间越短),能引起组织兴奋所需的刺激强度就越大(即方波波幅越大);方波的波宽越大,则能引起组织兴奋所需的刺激强度值就越小。

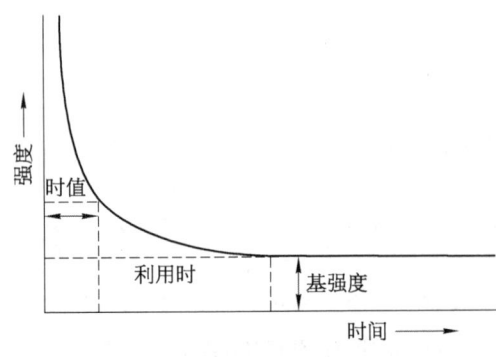

图 2-15 可兴奋组织的强度-时间曲线

图 2-15 曲线上任何一点代表一个具有一定强度和一定时程的能引起组织发生兴奋反应的最小刺激量。该曲线表明:当刺激强度低于某一临界值时,即使刺激时间无限长,也不能引起细胞兴奋,表现为曲线的右下支与横坐标平行;同样,当作用时间短于某一临界值时,即使刺激强度无限大,也不能引起细胞兴奋,表现为曲线左上支与纵坐标平行。在刺激作用时间足够长的条件下,能引起兴奋的最小刺激强度,称为基强度。用基强度作刺激要引起细胞兴奋所需的最短作用时间称为利用时。

为了比较不同组织细胞的兴奋性,从理论上可以选用基强度和利用时作为比较指标。但该两项指标均处于曲线右端,难以精确测定,故有人主张用时值作为测定兴奋性高低的指标。时值是指用二倍基强度刺激时,引起组织细胞兴奋的最短作用时间。时值的位置大体上处于曲线上曲度最明显的部位,可以较精确地反映组织细胞的兴奋性。但时值的测定较为复杂,不便于应用,最简便的方法就是采用阈值作指标。一般所指**阈值**(threshold)是强度阈值,也称**阈强度**(threshold intensity),即在刺激作用时间和强度时间变化率固定不变的条件下,能引起组织细胞兴奋所需的最小刺激强度,达到这种强度的刺激称为**阈刺激**(threshold stimulus)。阈刺激或阈强度为衡量细胞兴奋性常用的指标,阈值大,表示组织细胞的兴奋性低;阈值小,表示兴奋性高。当可兴奋细胞受到一个阈强度的刺激时,其膜电位正好达到阈电位,并引发动作电位。强度小于阈值的刺激称为**阈下刺激**(subthreshold stimulus),它不能引起组织细胞兴奋,但可以引起局部反应。

(三) 细胞兴奋后兴奋性的变化

细胞在发生一次兴奋后,其兴奋性会出现一系列变化(图2-16)。在兴奋发生的当时以及兴奋后最初的一段时间,无论施加多强的刺激也不能使细胞再次兴奋,即兴奋性降低到零,这段时间称为**绝对不应期**(absolute refractory period)。在绝对不应期之后,细胞的兴奋性逐渐恢复,在一定时间内,受刺激后可发生兴奋,但刺激强度必须大于原来的阈强度,这段时间称为**相对不应期**(relative refractory period)。相对不应期是细胞兴奋性从无到有直至接近正常的一个恢复时期。相对不应期过后,有的细胞还会出现兴奋性的波动,即轻度的高于正常水

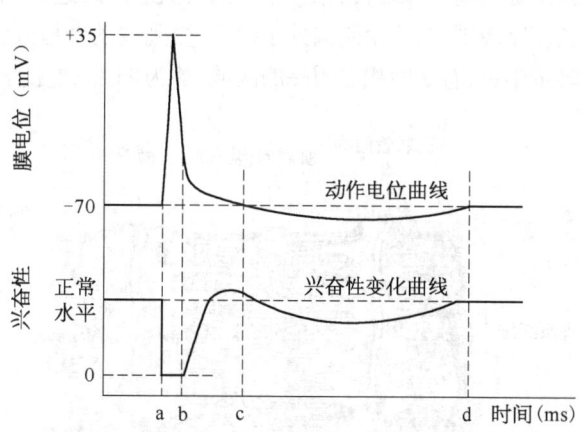

图2-16 动作电位与兴奋性变化的时间关系
ab:锋电位——绝对不应期;bc:后电位的前部分——相对不应期、超常期;cd:后电位的后部分——低常期

平或低于正常水平,分别称为**超常期**(supranormal period)和**低常期**(subnormal period)。绝对不应期大约相当于锋电位发生的时间,所以锋电位不会发生叠加,而且产生锋电位的最高频率也受到绝对不应期的限制。如果绝对不应期为2ms,则理论上锋电位的最大频率不可能超过每秒500次。相对不应期和超常期大约相当于负后电位出现的时期;低常期相当于正后电位出现的时期。

第四节 肌细胞的收缩功能

人体各种形式的运动,主要是靠肌细胞的收缩功能来完成的。例如,躯体的运动和呼吸动作由骨骼肌细胞的收缩来完成;心脏的射血活动由心肌细胞的收缩来完成;一些中空脏器如胃肠道、膀胱、子宫、血管等内脏器官的运动,则由平滑肌细胞的收缩来完成。人体的肌组织根据结构和收缩特性的不同可分为骨骼肌、心肌和平滑肌。其中骨骼肌和心肌在光学显微镜下显现明暗交替的

横纹,又称为横纹肌。不同肌细胞在功能和结构上各有特点,故舒缩的形式和特点也有差别。但从分子水平来看,各种收缩活动都与细胞内所含的收缩蛋白,主要是肌球蛋白和肌动蛋白等的相互作用有关;收缩和舒张过程的调控也有许多相似之处。

一、横纹肌

(一) 横纹肌细胞的结构特征

横纹肌细胞在结构上最突出之点,是它们含有大量的肌原纤维和高度发达的肌管系统,而且这些结构在排列上是高度规则有序的,这是肌肉进行机械活动、耗能做功的基础。

1. **肌原纤维和肌节**　每个肌细胞都含有上千条直径为 $1\sim 2~\mu m$,沿细胞长轴走行的**肌原纤维**(myofibril)。在显微镜下观察(图 2-17A),每条肌原纤维的全长都呈现规则的明、暗相间的节段,分别称为明带和暗带;相互平行的各肌原纤维之间的明带和暗带又都分布在同一水平上。暗带的长度比较固定,不论肌肉处于静止、受到被动牵拉或进行收缩时,它都保持 $1.5~\mu m$ 左右的长度;在暗带中央,有一段相对明亮的区域,称为 H 带,它的长度随肌肉所处状态的不同而有变化;在 H 带中央即整个暗带的中央,又有一条横向的暗线,称为 M 线。明带的长度是可变的,它在肌肉舒张时较长,并且在一定范围内可因肌肉受被动牵引而变长;但在肌肉因收缩而缩短时可变短。明带中央也有一条横向的暗线,称为 Z 线。肌原纤维上每一段位于两条 Z 线之间的区域,称为**肌节**(sarcomere),是肌肉收缩和舒张的最基本的结构与功能单位,它包含一个位于中间部分的暗带和两侧各 1/2 的明带。

电镜下,肌节的明带和暗带包含有更细的、纵向平行排列的丝状结构,称为肌丝。暗带中含有的肌丝较粗,直径约 10 nm,称为粗肌丝,其长度与暗带相同,实际上暗带的形成就是由于粗肌丝的存在,M 线则是把成束的粗肌丝固定在一起的结构。明带中的肌丝较细,直径约 5 nm,称为细肌丝,它们由 Z 线结构向两侧明带伸出,每侧的长度都是 $1.0~\mu m$,它的游离端在肌节总长度小于 $3.5~\mu m$ 的情况下,必然有一段要伸入暗带,和粗肌丝处于交错和重叠的状态;如果两侧 Z 线伸入暗带的细肌丝未能相遇而隔有一段距离,这就形成了较透明的 H 带。肌肉被动拉长时,细肌丝由暗带重叠区被拉出,肌节长度增大,同时有明带长度增大和 H 带的相应增宽。粗、细肌丝相互重叠时,在空间上

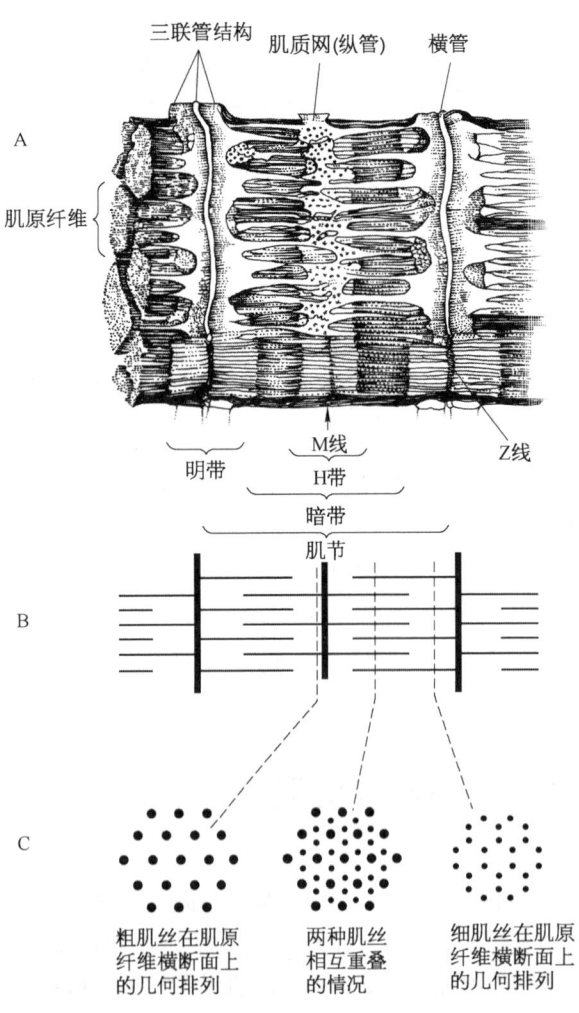

图 2-17　骨骼肌细胞的肌原纤维和肌管系统

也呈规则的排列,可从肌原纤维的横断面上看出(图2-17B、C)。

2. **肌管系统** 包绕在每一条肌原纤维周围的膜性囊管状结构称为**肌管系统**(sarcotubular system)。这些囊管状结构实际是由来源和功能都不相同的两套独立的管道系统所组成,一套是走行方向和肌原纤维相垂直的管道,称为横管或 **T管**(T tubule),是由肌细胞的表面膜向内凹入而成,凹入的部分形成闭合的管道而不与胞质相通。它们穿行在肌原纤维之间,并在Z线的附近形成环绕肌原纤维的管道;横管之间可相互交通,且内腔通过肌膜凹入处的小孔与细胞外液相通。另一套肌管系统是纵管,也称**肌质网**(sarcoplasmic reticulum, SR)或L管(L tubule);它们的走行方向和肌原纤维平行,但主要包绕每个肌节的中间部分,它们也相互沟通,但不与细胞外液或胞质沟通,只是在接近肌节两端的横管时管腔出现膨大,称为**连接肌质网**(junctional SR, JSR)或**终池**(terminal cistern),使纵管以较大的面积和横管相靠近。JSR内的Ca^{2+}浓度比肌质中高几千倍,JSR膜上有钙释放通道,也称**ryanodine受体**(ryanodine receptor, RyR),是一种非电压门控的Ca^{2+}通道。每一横管和来自两侧肌节的纵管终池,构成所谓**三联管**(triad)结构。横管和纵管的膜在三联管结构处并不接触,中间为约12 nm的胞质隔开,说明它们之间要进行某种形式的信息转导才能实现功能上的联系。横管系统的作用是将肌细胞膜兴奋时出现的电变化沿T管膜传入细胞内,肌质网和终池的作用是通过Ca^{2+}的储存、释放和再积聚,触发肌丝的滑动,使肌节收缩和舒张,而三联管结构正是把肌细胞膜的电变化和胞内的收缩过程衔接或耦联起来的关键部位。因此三联管是被认为兴奋-收缩耦联的结构基础,而Ca^{2+}被认为是兴奋-收缩耦联的因子。在骨骼肌,T管与其两侧的终池形成三联管结构,而在心肌,T管与单侧的终池相接触形成**二联管**(diad)结构,这些结构是兴奋-收缩耦联的关键部位。

(二) 横纹肌细胞的兴奋收缩耦联

当肌细胞发生兴奋时,首先在肌膜上出现动作电位,然后才发生肌丝的滑行,肌节的缩短,肌细胞的收缩反应。将肌细胞膜兴奋的电变化和肌纤维收缩联系起来的中介过程称为**兴奋收缩耦联**(excitation contraction coupling)。目前认为,这个过程至少包括以下几个主要步骤:① 电兴奋通过横管系统传向肌细胞的深处。由于横管是由肌膜向内凹陷而成,所以横管膜是肌膜的延续部分,肌膜上的动作电位通过横管系统向肌细胞的深处传导,并激活肌膜和横管膜上的L型钙通道。② 肌质网中的Ca^{2+}释放。激活的L型钙通道通过变构作用(骨骼肌)或内流的Ca^{2+}(心肌)激活终池膜上的钙释放通道,Ca^{2+}释放入胞浆,使胞浆内的Ca^{2+}浓度从静息时的$0.1\ \mu mol/L$升高至$1\sim 10\ \mu mol/L$的水平。③ 触发肌肉收缩。胞浆内Ca^{2+}浓度的升高启动肌丝滑行过程,肌肉收缩。④ Ca^{2+}的再聚积。胞浆内Ca^{2+}浓度升高的同时激活纵管膜上的钙泵,将胞浆的Ca^{2+}回收入肌质网,使得胞浆Ca^{2+}浓度降低,肌肉舒张,肌肉舒张的过程也需耗能(图2-18)。

骨骼肌的一次收缩中,肌膜和横管

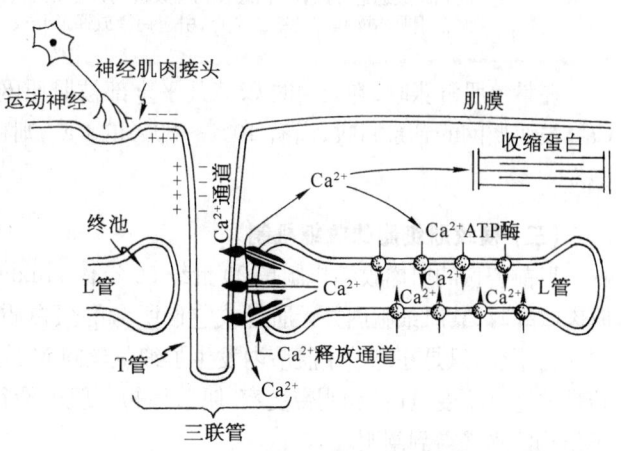

图2-18 骨骼肌的兴奋收缩耦联
T管:横管;L管:纵管

膜上的 L 型钙通道的激活几乎不引起 Ca^{2+} 内流,胞浆内增加的 Ca^{2+} 几乎 100% 来自肌质网释放;而在心肌,由肌质网释放的 Ca^{2+} 仅占 80%～90%,另有 10%～20% 的 Ca^{2+} 则有细胞外经 L 型钙通道内流而来。同时,两者释放 Ca^{2+} 的机制不同。骨骼肌横管膜上的 L 型钙通道可能对终池膜的钙释放通道的开口起堵塞作用,表现为肽链结构正好两两相对。在骨骼肌兴奋而产生动作电位时,这一电变化可沿着凹入细胞内部的横管膜传导,深入到三联管结构和每个肌节的近旁。当到达横管膜上的电信号引起该膜中的钙释放通道出现变构时,L 型 Ca^{2+} 通道的堵塞消除而使终池中的 Ca^{2+} 释放而进入胞质,触发肌丝的滑行,引起肌肉收缩;但在心肌,当去极化使 L 型钙通道激活时,内流的 Ca^{2+} 激活终池膜上钙释放通道,再引起终池内 Ca^{2+} 的释放。也就是说,心肌细胞肌质网释放 Ca^{2+} 依赖于细胞外内流的 Ca^{2+} 触发;所以在无 Ca^{2+} 溶液中,动作电位不能引起心肌细胞收缩。这种经 L 型钙通道内流的 Ca^{2+} 触发肌质网释放 Ca^{2+} 的过程,称为**钙触发钙释放**(calcium induced Ca^{2+} release,CICR)(图 2-19)。

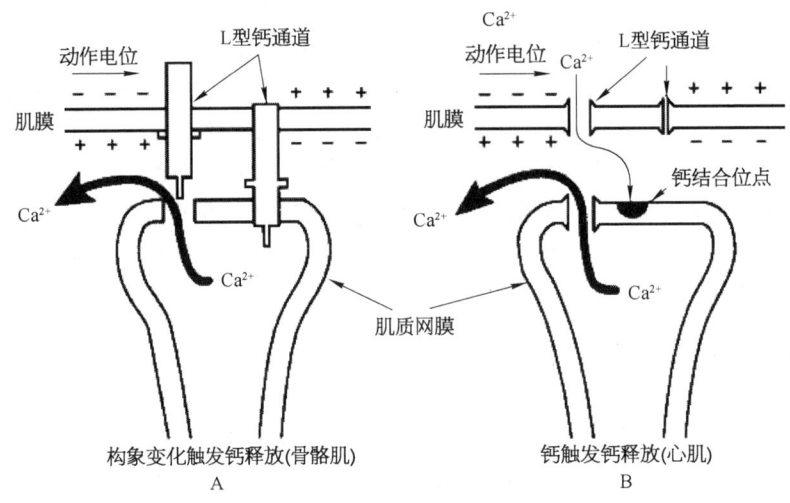

图 2-19 横纹肌肌质网 Ca^{2+} 释放机制

A. 电-机械耦联机制:肌膜的去极化引起 L 型钙通道产生"拔塞"样作用,使肌质网中的钙释放通道开放;B. 钙触发钙释放机制:肌膜去极化激活 L 型钙通道和 Ca^{2+} 内流,Ca^{2+} 结合于肌质网膜中钙结合位点,引起钙释放通道开放

在骨骼肌舒张时,胞质中的 Ca^{2+} 几乎全部被肌质网膜中的钙泵回收,而心肌胞质内的大部分 Ca^{2+} 被肌质网的钙泵回收,尚有 10%～20% 的 Ca^{2+} 则由肌膜上的 Na^+-Ca^{2+} 交换体和钙泵排出胞外。

(三)横纹肌细胞的收缩机制

目前公认的肌肉收缩机制是 20 世纪 50 年代 Huxley 等提出的肌丝滑行理论,其主要内容是:肌肉收缩时,其肌细胞内并无肌丝或它们所含的蛋白质分子结构的缩短,即粗肌丝和细肌丝的长度保持不变,只是在每一个肌节内发生了细肌丝向 M 线方向的滑行,粗细肌丝重叠程度增加,因而暗带的宽度不变,H 带和明带变窄,肌节缩短。肌丝滑行的机制已基本上从组成肌丝的蛋白质分子结构的水平得到阐明。

1. 肌丝的分子结构 粗肌丝主要由**肌球蛋白**(myosin)所组成。一条粗肌丝大约含有 200 多个肌球蛋白分子,每个肌球蛋白分子由 6 条肽链构成,包括两条重链、两条碱性轻链和两条调节轻链。两条重链呈长杆状,相互缠绕,杆的一端有两个球形状的头通过铰链部与杆部相连。在组成粗肌丝时,各杆状部朝向 M 线而聚合成束,形成粗肌丝的主干,球形的头部则有规则地裸露在 M 线两侧的粗肌丝主干的表面,形成**横桥**(cross bridge)(图 2-20),每条粗肌丝约有横桥 400 个。当肌肉舒张时,横桥与主干的方向相垂直,由粗肌丝表面突出。横桥在粗肌丝表面的分布位置也是严格有规则的,每个横桥都能分别同环绕它们的 6 条细肌丝相对,有利于它们之间的相互作用。横桥有两个主要特性:① 横桥在一定条件下可以和细肌丝上的**肌动蛋白**(actin)分子呈可逆性的结合,同时出现横桥向 M 线方向的扭动。② 横桥具有 ATP 酶的作用,可以分解 ATP 而获得能量,作为横桥扭动和做功的能量来源。

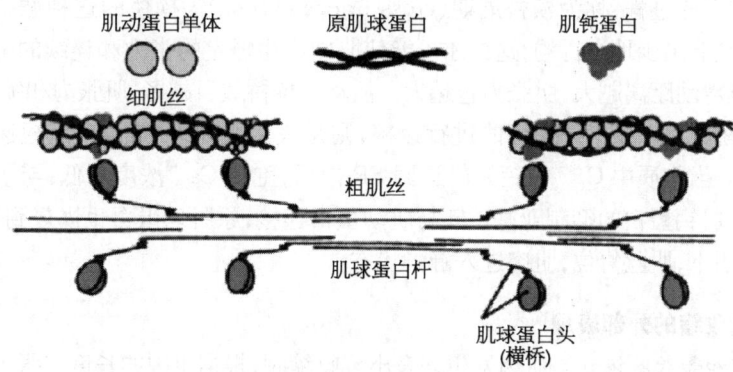

图 2-20　骨骼肌肌丝的分子结构
粗肌丝:由肌球蛋白构成;细肌丝:由肌动蛋白、原肌球蛋白和肌钙蛋白组成

细肌丝由三种蛋白质组成,其中 60% 是肌动蛋白。肌动蛋白与肌丝滑行有直接的关系,和肌球蛋白一同被称为收缩蛋白质。肌动蛋白分子单体呈球状,但它们在细肌丝中聚合成双螺旋状,成为细肌丝的主干(图 2-20)。肌丝中另外有两种蛋白质不直接参与肌丝间的相互作用,但可影响和控制收缩蛋白质之间的相互作用,故称为调节蛋白质。其中一种是**原肌球蛋白**(tropomyosin),也呈双螺旋结构,在细肌丝中和肌动蛋白双螺旋并行,但在肌肉舒张时原肌球蛋白的位置正好在肌动蛋白和横桥之间,阻碍了两者相互作用;另一种调节蛋白质称为**肌钙蛋白**(troponin),在细肌丝上不直接和肌动蛋白分子相连接,而只是以一定的间隔出现在原肌球蛋白的双螺旋结构上。肌钙蛋白的分子呈球形,含有三个亚单位,即**肌钙蛋白 T**(troponin T, TnT)、**肌钙蛋白 C**(troponin C, TnC)及**肌钙蛋白 I**(troponin I, TnI)。TnT 附着在原肌球蛋白上,TnI 附着在肌动蛋白上,TnC 在两者之间具有带双负电荷的结合位点,因而对肌质中出现的 Ca^{2+} 有很大的亲和力(图 2-21A);当它与 Ca^{2+} 结合时,可把信息传递给原肌球蛋白,引起后者发生分子构象改变,解除对肌动蛋白和横桥相互结合

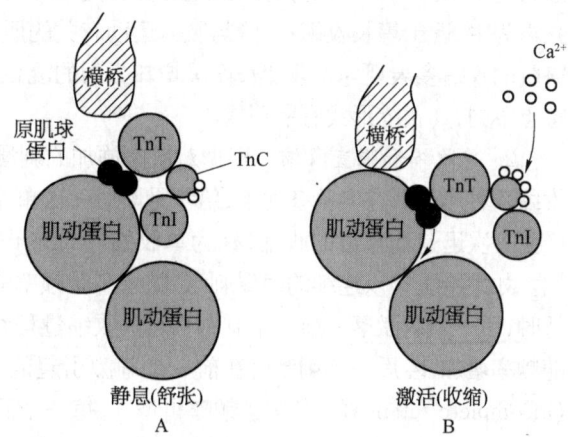

图 2-21　骨骼肌细胞内 Ca^{2+} 激活收缩蛋白
TnT: 肌钙蛋白 T 亚单位; TnC: 肌钙蛋白 C 亚单位;
TnI: 肌钙蛋白 I 亚单位

的阻碍作用(图 2-21B)。

2. **肌丝滑行的过程** 目前认为,肌肉收缩时,肌丝滑行的基本过程为:当胞质中 Ca^{2+} 浓度升高时,Ca^{2+} 迅速与 TnC 结合,引起肌钙蛋白构型发生改变,此时抑制亚基 TnI 与肌动蛋白分离,使原肌球蛋白移位,从表面移向肌动蛋白的双螺旋深部。这样,肌动蛋白分子上能与肌球蛋白横桥结合的位点暴露。横桥与肌动蛋白结合后,ATP 酶被激活,水解 ATP,释放出能量,引起横桥摆动,牵引肌动蛋白丝向粗肌丝的间隙移动 5~15 nm。ATP 分解后,原来的横桥复位,并迅速与肌动蛋白分离。在 ATP 不断补充的情况下,横桥又重新和细肌丝的位点结合,ATP 分解,横桥摆动,再次发生上述反应。如此周而复始,依次将肌动蛋白丝向 M 线方向牵拉。上述横桥与肌动蛋白结合、摆动、复位和再结合的过程,称为**横桥周期**(cross bridge cycling)。横桥的这种循环在一个肌节以至整个肌肉中都是非同步地进行的,这样才可能使肌肉产生恒定的张力和连续的缩短。在一定肌节长度内,细肌丝滑动距离越大,肌张力也越大。活动的横桥数目越多,肌张力和缩短的距离越大。能参与循环的横桥数目以及横桥循环的进行速率,则是决定肌肉缩短程度、缩短速度以及所产生张力的关键因素。当胞质中 Ca^{2+} 被钙泵转运回 SR 内后,胞质 Ca^{2+} 浓度降低,与肌钙蛋白结合的 Ca^{2+} 被解离出来,肌钙蛋白的抑制亚基重新与肌动蛋白连接,原肌球蛋白也恢复到原来位置,在肌肉弹性的被动牵引下,肌丝复位,肌肉进入舒张状态。

(四) 骨骼肌收缩的外部表现

1. **等张收缩和等长收缩** 当肌肉发生兴奋出现收缩时,根据肌肉的长度与张力的改变可分为等张收缩和等长收缩两种形式。出现何种形式取决于肌肉本身的功能状态和肌肉所遇到的负荷条件。将肌肉标本一端固定,另一端处于游离状态,电刺激引起肌肉兴奋,于是肌肉开始以一定的速度缩短,这种收缩的特点是肌肉收缩时长度明显缩短,但肌肉缩短的整个过程中张力始终不变,这种收缩形式称为**等张收缩**(isotonic contraction)。等张收缩所消耗的能量主要转变为缩短肌肉及移动负荷而完成一定的物理功。如果在实验时将肌肉两端固定,肌肉收缩时,其长度不可能缩短,但肌肉张力增大,这种收缩形式称为**等长收缩**(isometric contraction)。肌肉等长收缩消耗的能量主要转变为张力增加,并无位移和做功。在机体内,不同肌肉收缩时所遇到的负荷不同,其收缩形式也不同。一些与维持身体固定姿势和克服外力(如重力)有关的肌肉,如项肌等收缩时,以产生张力为主,近于等长收缩;一些与肢体运动有关的肌肉,则表现不同程度的等张收缩。在整体内骨骼肌的收缩多表现为既改变长度又增加张力的混合收缩形式,但由于不同部位肌肉的附着或功能特点不同,其收缩形式有所侧重。

2. **单收缩和强直收缩** 根据对肌肉施加的刺激频率不同,肌肉兴奋收缩时可呈单收缩和强直收缩两种形式。在实验条件下,给予骨骼肌一次单个电刺激,可发生一次动作电位,随后引起肌肉产生一次迅速而短暂的收缩,称为**单收缩**(single twitch)。单收缩整个过程可分为收缩期和舒张期。如果给肌肉以连续的短促刺激,随着刺激频率的不同,肌肉收缩会出现不同的形式。当频率较低时,后一个刺激落在前一个刺激引起的收缩过程结束之后,则只引起一连串各自分开的单收缩。随频率增加,若后一个刺激落在前一个刺激引起的收缩过程中的舒张期,则形成**不完全强直收缩**(incomplete tetanus)。若刺激频率再增加,每一个后面的刺激落在前一个收缩过程中的收缩期,于是各次收缩的张力变化和长度缩短完全融合或叠加起来,就形成**完全强直收缩**(complete tetanus)(图 2-22)。不完全强直收缩与完全强直收缩均称为**强直收缩**(tetanus)。骨骼肌每次受刺激而兴奋时,其绝对不应期很短,约为 1 ms,而收缩持续约几十到几百毫秒,故在肌肉舒张前肌纤维可以再次接受刺激而兴奋收缩,新的收缩可与前次尚未结束的收缩发生总和,这是强直收缩产生的基础。强直收缩较单收缩能产生更大程度的张力和缩短。在整体内,骨骼肌收缩都属于强直收缩,但其持续时间可长可短,这是由支配骨骼肌的传出神经冲动所决定的。

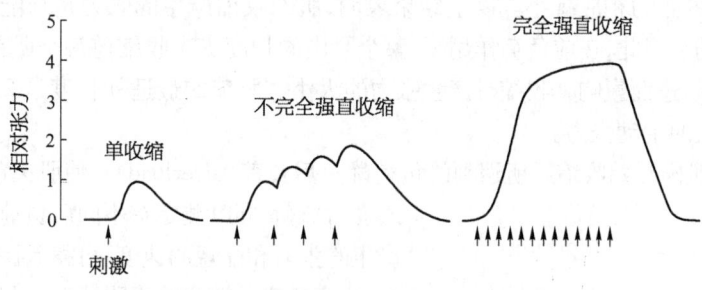

图 2-22 不同频率的刺激对肌肉收缩形式的影响

(五) 影响横纹肌收缩效能的因素

肌肉收缩效能表现为收缩时所产生的张力大小、肌肉缩短的程度,以及产生张力或肌肉缩短的速度。骨骼肌的收缩效能决定于肌肉收缩前或收缩时所承受的负荷和肌肉自身的收缩能力。

1. **前负荷** 肌肉收缩之前所承受的负荷称为**前负荷**(preload)。前负荷决定了肌肉在收缩前的长度,也即肌肉的**初长度**(initial length)。肌肉的前负荷可以用初长度来表示。在等长收缩的条件下,可以测定在不同的肌肉初长度的情况下肌肉收缩产生的张力,当把肌肉牵拉到一定长度时,会产生一定的**被动张力**(passive force,也称静息张力);在施加刺激后,又可记录到一个收缩时张力,此张力为被动张力与肌肉收缩产生的**主动张力**(active force)之和,即**总张力**(total force)。将肌肉固定于不同的初长度,然后记录在不同初长度时的静息张力和总张力,就可得到静息张力和总张力与肌肉长度的关系曲线,将这两条曲线相减,即得到主动张力与肌肉长度的关系曲线(图 2-23A)。肌肉的长度-张力关系曲线表明,存在着一个**最适初长度**(optimal initial length),在这一初长度下,肌肉收缩可以产生最大的主动张力;大于或小于这个初长度,收缩张力都会下降。肌肉长度-张力关系曲线的这一特点是与肌节长度的变化有关的。图 2-23B 是肌节初长度与主动张力的关系曲线。在曲线的 d 点,肌节的初长度最长,粗、细肌丝完全不重叠,肌肉收缩时的主动张力为

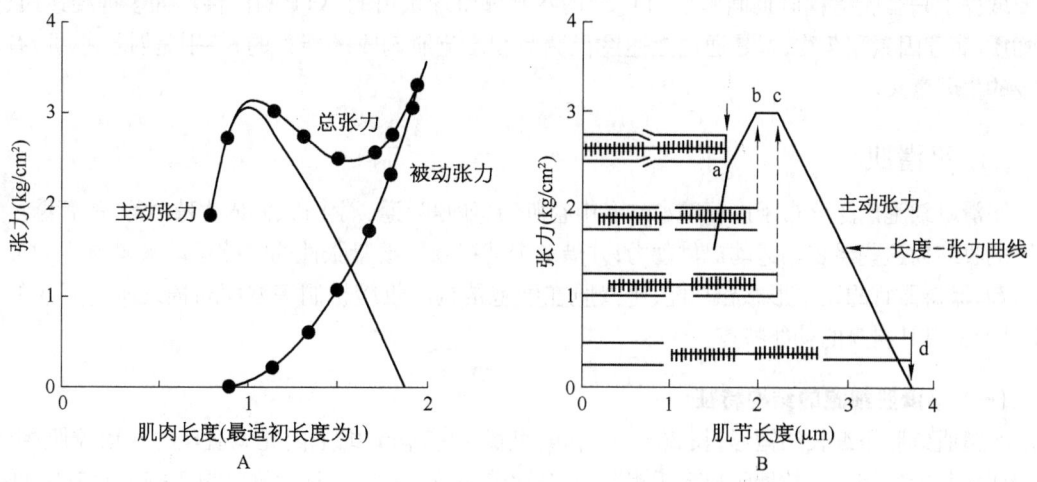

图 2-23 肌肉初长度对肌肉收缩的影响

零;在曲线的 c 点和 b 点,肌节的初长度分别为 2.2 μm 和 2.0 μm,粗、细肌丝处于最适重叠状态,即所有的横桥都能与细肌丝接触,肌肉等长收缩时的主动张力也达最大值;在曲线的 a 点,肌节长度为 1.6 μm,细肌丝穿过 M 线,造成两侧细肌丝相互重叠并发生卷曲,影响了部分横桥与细肌丝的接触,肌肉收缩产生的张力相应减小。以上结果表明,肌肉收缩产生的张力是与能和细肌丝接触的横桥数目成比例的。因此,在前负荷作用下,整个肌肉的长度决定收缩前每个肌节的长度及其粗、细肌丝的相互关系,进而影响其收缩时产生张力的大小。肌节的最适初长度是 2.0～2.5 μm,此时肌肉收缩产生最大的主动张力。

2. **后负荷** 肌肉开始收缩后所遇到的负荷称为**后负荷**(afterload)。使肌肉前负荷不变,然后改变后负荷,同时测定在不同后负荷情况下肌肉收缩产生的张力和缩短的速度,可得到图 2-24 所示的张力-速度曲线。该曲线表明,随着后负荷的增加,收缩张力增加而缩短速度减小。当后负荷增加到使肌肉不能缩短时,肌肉可产生最大等长收缩张力(P_0);当后负荷为零时,肌肉的缩短可达到最大缩短速度(V_{max})。肌肉的缩短速度取决于横桥周期的长短,而收缩张力则取决于与肌动蛋白结合的横桥的数目。横桥周期的长短决定于肌球蛋白 ATP 酶的活性和收缩时的负荷。当后负荷为零时,横桥周期最短,其周期的长短只取决于肌球蛋白 ATP 酶的活性。当有后负荷存在时,横桥头部摆动速度减慢,横桥周期变长,参与活动的横桥的数目增加,故能产生和维持较大的张力来克服负荷的阻力。

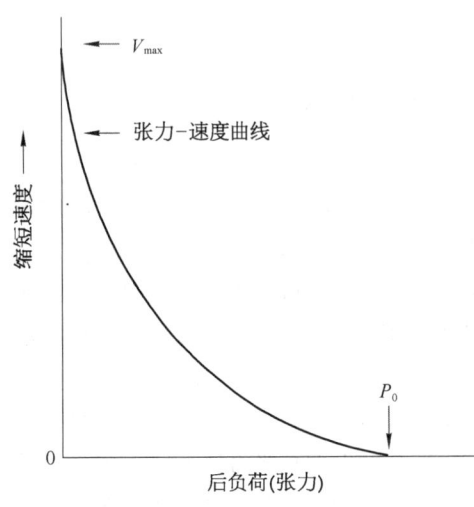

图 2-24 肌肉的张力-速度关系曲线

3. **肌肉的收缩能力** 肌肉的**收缩能力**(contractility)是指决定肌肉收缩效能的内在特性,与负荷无关,与肌肉收缩和舒张过程各环节的肌肉内部功能状态有关。肌肉收缩能力提高后,收缩时产生的张力和肌肉缩短的程度,以及产生张力和缩短的速度都会提高,表现为长度-张力曲线上移和张力-速度曲线向右上移。肌肉收缩能力降低时则发生相反的情况。肌肉这种内在的收缩特性主要取决于兴奋收缩耦联期间胞质内 Ca^{2+} 的水平和肌球蛋白的 ATP 酶活性。许多神经递质、体液物质、病理因素和药物,都是通过上述途径调节和影响肌肉收缩能力的,特别是对于心肌,有着重要的生理意义。

二、平滑肌

平滑肌细胞广泛分布于血管壁和许多中空脏器(如呼吸道、消化道、泌尿生殖器等)的管壁。平滑肌的收缩为这些器官的运动提供动力;并借助于其持续性或紧张性的收缩运动来对抗重力或外加负荷,保持器官的正常形态和功能,平滑肌在细胞结构和收缩机制等方面与横纹肌有明显的差别,从而具有其自身的功能特点。

(一)平滑肌细胞的结构特征

平滑肌细胞呈细长纺锤形,长 20～500 μm,直径 1～5 μm,细胞内充满肌丝。与横纹肌相比,平滑肌细胞内的细肌丝数量明显多于粗肌丝,其比值为(10～15):1(横纹肌为 2:1),没有肌原纤维和肌节结构,故细胞不显横纹,但粗、细肌丝保持相互平行、有序的排列,走行大致与细胞长轴一致。平滑肌细胞内没有 Z 盘,代之以胞质中的**致密体**(dense body)和胞膜内表面的**致密区**(dense area)(图 2-25),为细肌丝提供附着点并传递张力。胞内还有一种直径介于粗、细肌丝之间的中间丝,连接致密体和致密区,形成细胞的结构网架。

平滑肌的肌膜没有向内凹入的横管,而是形成一些纵向走行的袋状凹入,以增加细胞膜的表面积。由于横管系统的缺乏,肌膜上的动作电位不能迅速传播到细胞深部,这可能是平滑肌收缩缓慢的原因之一。平滑肌细胞的肌质网不发达,在肌质网膜上存在两种钙释放通道:对肌醇三磷酸敏感的 IP_3 受体和对 Ca^{2+} 敏感的 ryanodine 受体;此外,兴奋-收缩耦联期间增加的 Ca^{2+} 有相当多的部分来自细胞外,经肌膜上钙通道流入,因而平滑肌的收缩对细胞外 Ca^{2+} 依赖性很大。

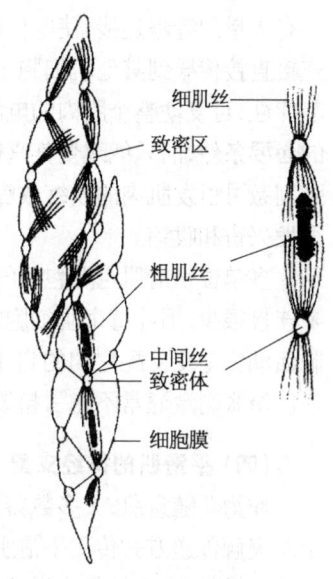

图 2-25 平滑肌细胞的结构

(二) 平滑肌细胞的收缩机制

平滑肌细胞的收缩也是由胞内 Ca^{2+} 浓度升高引起,通过粗、细肌丝相互滑动完成,但其兴奋收缩耦联机制和滑行机制与骨骼肌相比有很大不同。

平滑肌细胞兴奋时,肌膜上电压门控通道或机械门控通道开放 Ca^{2+} 内流,内流的 Ca^{2+} 和胞浆内产生的肌醇三磷酸(IP_3)又可激活肌质网膜上相应的钙释放通道,肌质网释放 Ca^{2+} 进入胞浆,共同引起兴奋收缩耦联过程中胞浆 Ca^{2+} 浓度的升高。平滑肌细胞中的粗肌丝由肌球蛋白构成,而细肌丝主要由肌动蛋白和原肌球蛋白构成,没有肌钙蛋白。目前认为,胞浆内 Ca^{2+} 浓度升高时,与钙调蛋白(CaM)结合生成复合物(Ca^{2+}-CaM),该复合物进一步与胞浆中的**肌球蛋白轻链激酶**(myosin light chain kinase, MLCK)结合并使之激活,活化的 MLCK 使**肌球蛋白轻链**(myosin light chain, MLC)磷酸化,从而引起肌球蛋白头部的构象改变,导致横桥与肌动蛋白结合,进入横桥周期,平滑肌细胞收缩产生张力和缩短。反之,当胞浆内 Ca^{2+} 浓度降低时,MLCK 失活,而磷酸化的 MLC 在胞质中**肌球蛋白轻链磷酸酶**(myosin light chain phosphatase, MLCP)的作用下去磷酸化,横桥便与肌动蛋白解离,平滑肌细胞舒张。

平滑肌舒张的过程缓慢,这一方面是由于胞浆内 Ca^{2+} 浓度下降依赖于多种机制,既有通过肌质网膜上的钙泵回收,又有通过肌膜上钙泵及 Na^+-Ca^{2+} 交换体的活动把 Ca^{2+} 转运至胞外等;另一方面是由于胞质内 Ca^{2+} 降低后,横桥与细肌丝中肌动蛋白的结合仍继续保持一段时间,这可能是由于去磷酸化的横桥 ATP 酶活性降低,使横桥扭动的速度下降,横桥周期延长的缘故。横桥周期的延长,可使每瞬间与肌动蛋白结合的横桥数目增多,因而产生较大的张力,这对平滑肌产生紧张性收缩是很有利的。

(三) 平滑肌的分类

根据兴奋传导的特征通常将平滑肌分为**单个单位平滑肌**(single-unit smooth muscle)和**多单位平滑肌**(multi-unit smooth muscle)两类,但许多平滑肌的特性介于这两者之间。

单个单位平滑肌主要包括小血管、消化道、输尿管和子宫等器官的平滑肌。这类肌肉中所有的肌细胞作为一个单位对刺激发生反应,功能活动的形式类似于合胞体。其原因是由于细胞间存在有大量的缝隙连接,使电信号在细胞间迅速传递,类似于心肌,一个肌细胞的电活动可通过缝隙连接直接传导到其他肌细胞。这类肌细胞中有少数细胞具有自动产生节律性兴奋的能力,即自动节律性,可发动整个肌肉的电活动和机械活动。因此,外来神经冲动并不是发动这类平滑肌收缩的必要条件,而只能改变其兴奋性及调节收缩强度和频率。单个单位平滑肌的另一特征是机械牵张刺激可引发肌肉的收缩效应。这是由于肌膜上机械门控钙通道开放后,Ca^{2+}内流使膜去极化,引发兴奋和收缩。

多单位平滑肌主要包括气道和大血管的平滑肌、睫状肌、虹膜肌和竖毛肌等。肌细胞间的缝隙连接很少,因此每个肌细胞的活动都是彼此独立的,类似于骨骼肌。它们一般没有自律性,肌细胞活动完全受支配它们的自主神经控制,收缩强度取决于被激活的肌纤维数目和神经冲动的频率。牵张刺激通常不能引起该类平滑肌发生收缩反应。

(四) 平滑肌的神经支配

作为非随意肌,大多数器官的平滑肌接受交感和副交感神经的双重支配,神经的兴奋通过非定向突触传递方式传到平滑肌细胞,作用比较弥散、缓慢,有兴奋和抑制作用。对于具有自律性的内脏平滑肌,自主神经的活动主要是调节其兴奋性和收缩的强度与频率;对多单位平滑肌,通常由自主神经直接控制其收缩功能。

(李 杨 赵蜀军)

第三章 血 液

导学

1. 掌握：内环境与稳态；血量；血浆渗透压；各类血细胞的生理功能；血液凝固的基本过程；ABO血型与输血。
2. 熟悉：血液的组成及生理功能；各类血细胞的正常值及生理特性；红细胞的生成与调节；抗凝与纤溶；交叉配血试验。
3. 了解：凡列入教学内容除掌握和熟悉内容以外，其余均为了解内容。

第一节 概 述

体液(body fluid)是机体内液体的总称。成人的体液约占体重的60%，其中2/3分布于细胞内，称为**细胞内液**(intracellular fluid)，1/3分布于细胞外，称为**细胞外液**(extracellular fluid)(图3-1)。细胞外液主要包括组织液(约占体重的15%)和血浆(约占体重的5%)，还有少量的淋巴液、脑脊液和房水等。

血液(blood)是一种在心血管系统内往复流动的红色流体组织，由血浆和悬浮于其中的血细胞构成。在心脏舒缩活动的推动下，在血管内循环流动，起着运输物质和调节机体各部分组织液的作用。它对于实现机体各部分生理功能正常进行和维持内环境稳态起着极其重要的作用。很多疾病可引起血液成分或性质的明显改变，故血液检查在医学诊断中具有重要的参考价值。

一、内环境与稳态

细胞外液是细胞直接接触且赖以生存的体内环境，故将细胞外液称为机体的**内环境**(internal environment)。内环境是相对于机体生存的外部自然环境而言。

在体内，细胞内液与细胞外液之间以细胞膜相隔，组

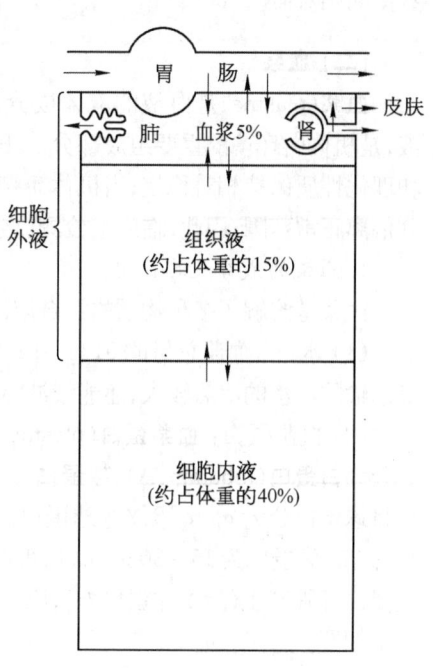

图3-1 体液分布

织液与血浆、淋巴液之间则以毛细血管壁或淋巴管壁相隔。由于细胞膜、毛细血管壁和淋巴管壁均具有一定通透性,因而各部分的体液既彼此隔开,又相互沟通。

由于细胞新陈代谢的不断进行和外界环境的影响,内环境中各种成分和理化因素会时刻发生改变,但通过呼吸系统、消化系统、泌尿系统、循环系统的活动以及神经、内分泌系统的调节,机体能维持细胞外液中各种成分的相互比例、酸碱度、温度、渗透压等方面相对稳定。内环境中各种成分和理化因素维持相对稳定的状态称为**稳态**(homeostasis)。稳态是在多种功能系统相互配合下实现的一种动态平衡。内环境的稳态是维持正常的细胞生理功能和机体生命活动的必要条件,具有重要的生理意义,稳态的破坏或失衡将会引起机体功能的紊乱而出现疾病。

二、血液的组成及血量

血液由血细胞和血浆组成。血细胞包括红细胞、白细胞和血小板,其中以红细胞数量最多,约占总数的99%,白细胞数量最少。

(一) 血细胞比容

取一定量的血液置于经抗凝处理过的比容管中混匀离心,由于密度不同,管内的血液发生分层:上层为淡黄色半透明的血浆,下层是深红色不透明的红细胞,中间有一薄层约占1%的白色不透明的白细胞和血小板(图3-2)。血细胞在血液中所占的容积百分比称为**血细胞比容**(hematocrit)。由于白细胞和血小板在血细胞中所占的容积比例很小,故可将血细胞比容近似看成红细胞比容。健康人的血细胞比容:成年男性为40%~50%,成年女性为37%~48%,新生儿约为55%。血细胞比容可反映血液中红细胞数量的相对值。

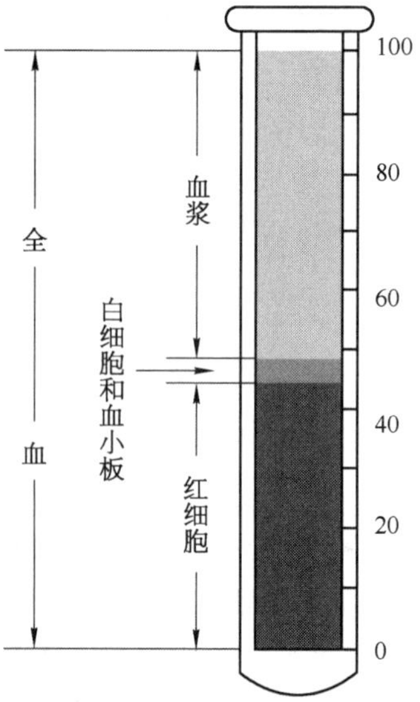

(二) 血浆

血浆(plasma)是血液的液体成分,是在血管中流动的细胞外液,是机体内环境的重要组成部分。正常情况下,血浆中各种成分和理化性质保持相对稳定;当机体患病时,可引起血浆中的某些成分偏离正常范围;因此,临床上检测血浆成分有助于某些疾病的诊断。

图3-2 血液的组成

1. 血浆的成分及其作用

血浆是溶解了多种物质的混合溶液,主要成分包括水、蛋白质、小分子有机物质和O_2、CO_2等。

(1) 水:占血浆总量的91%~92%,血浆中的营养物质、代谢产物等大多是溶解于水而通过血液运输的。水的比热较大,还能缓冲温度变化,参与体温调节。

(2) 血浆蛋白:**血浆蛋白**(plasma protein)是血浆中各种蛋白质的总称。用盐析法可将血浆蛋白分为**白蛋白**(albumin, A)、**球蛋白**(globulin, G)和**纤维蛋白原**(fibrinogen)三大类;采用电泳法又可将球蛋白分为α_1、α_2、β、γ等球蛋白。健康成人血浆蛋白总量为65~85 g/L,其中白蛋白为40~48 g/L,球蛋白为15~30 g/L,白蛋白/球蛋白(A/G)的比值为1.5~2.0,白蛋白和大多数球蛋白主要由肝脏产生(除γ球蛋白外),因此,肝脏疾病常导致血浆蛋白合成减少,出现A/G比值下降,甚至倒置。

血浆蛋白的功能主要有:① 运输功能:血浆蛋白可作为载体,运输激素、脂质、离子、药物和某些代谢产物;血浆蛋白与脂溶性物质结合成水溶性复合物,可帮助其运输;血浆蛋白可与小分子物质及某些药物可逆性结合,防止它们从肾脏丢失,以维持其在血液中浓度的相对稳定。② 营养功能:健康成人血浆总量约为 3 L,其中白蛋白约 200 g,起着营养储备的作用。人体内的某些细胞,特别是单核吞噬细胞可吞饮血浆蛋白,由胞内的酶将其分解为氨基酸并释放入血液,供其他细胞合成新蛋白质之用。③ 缓冲功能:血浆白蛋白及其钠盐组成缓冲对,保持血液 pH 的稳定。④ 形成血浆胶体渗透压:血浆蛋白,主要是白蛋白形成血浆胶体渗透压,在保持血管内、外的水平衡中起重要作用。⑤ 免疫功能:免疫球蛋白 IgG、IgA、IgM、IgE,以及一些补体均为血浆球蛋白,参与机体的体液免疫。⑥ 参与凝血、抗凝及纤溶功能:绝大多数的血浆凝血因子、生理性抗凝物质和影响纤溶的物质都是血浆蛋白。

(3) 电解质:血浆中含有多种电解质,大多数以离子形式存在。血浆中的阳离子主要有 Na^+,还有少量 K^+、Ca^{2+}、Mg^{2+};阴离子以 Cl^- 为主,还有 HCO_3^-、HPO_4^{2-}、SO_4^{2-} 等。这些离子在形成血浆晶体渗透压、维持酸碱平衡和神经肌肉的兴奋性等方面起重要作用(表 3-1)。

表 3-1 人体各部分体液中电解质的含量(mmol/L)

正离子	血浆	组织液	细胞内液	负离子	血浆	组织液	细胞内液
Na^+	142	145	12	Cl^-	104	117	4
K^+	4.3	4.4	139	HCO_3^-	24	24	12
Ca^{2+}	2.5	2.4	<0.001 [a]	$HPO_4^{2-}/H_2PO_4^-$	2	2.3	29
Mg^{2+}	1.1	1.1	1.6 [a]	蛋白质[b]	14	0.4	54
				其他	5.9	6.2	53.6
总计	149.9	152.9	152.6	总计	149.9	152.9	152.6

注:a,表示游离 Ca^{2+} 和 Mg^{2+} 浓度,是离子活性的一种量度;b,蛋白质是以当量浓度(mEq/L)表示,而不是用摩尔浓度。(引自 Greger R& Windhorst U. 1996,p.1652)

(4) 非蛋白有机物:血浆非蛋白有机物包括含氮和不含氮两类。血浆中的非蛋白含氮化合物包括氨基酸、尿素、尿酸、肌酐,均为蛋白质和核酸的代谢中间产物。临床上把非蛋白含氮化合物中所含的氮,总称为**非蛋白氮**(non-protein nitrogen,NPN)。血浆中 NPN 主要通过肾脏排出体外,故检测血浆中 NPN 或尿素氮的含量,可了解体内蛋白质代谢及肾功能状况。血浆中不含氮的有机物主要是葡萄糖,还有各种脂类、酮体、乳酸等。

(5) 其他:血浆中还有气体、激素和维生素等物质。

2. 血浆渗透压

(1) 渗透现象与渗透压的概念:渗透现象是指用半透膜隔开两种不同浓度的溶液,水分子可从低浓度溶液向高浓度溶液中扩散的现象。渗透现象发生的动力是渗透压。**渗透压**(osmotic pressure)是指溶液中溶质分子吸引水分子透过单位面积半透膜的力。溶液渗透压的高低取决于单位体积溶液中溶质的颗粒(分子或离子)数目的多少,而与溶质的种类、形状和颗粒大小无关。医学上通常用渗透浓度来表示溶液的渗透压,单位是 Osm/L(渗透摩尔)或 mOsm/L(毫渗摩尔)。

(2) 血浆渗透压的形成及数值:**血浆渗透压**(plasma osmotic pressure)由晶体渗透压和胶体渗透压两部分组成。正常情况下,血浆总渗透压约为 300 mOsm/L(相当于 5 790 mmHg,约 7.6 个大气压)。由血浆中的小分子晶体物质(主要是 NaCl)形成的渗透压,称为**晶体渗透压**(crystal osmotic pressure),约为 298.5 mOsm/L(相当于 5 764.8 mmHg)。因血浆与组织液中的晶体物质的浓度几乎相等,故两者的晶体渗透压也基本相等。另一部分是由血浆中的蛋白质形成的渗透压,称为**胶体渗透压**(colloid osmotic pressure),由于蛋白质的分子质量较大,数量相对晶体物质少,其产生的胶体渗透压很小,仅为 1.5 mOsm/L(相当于 25 mmHg),不足血浆总渗透压的 1%。在血浆蛋白中,白蛋白的分子量小,其数量远远多于球蛋白,故血浆胶体渗透压主要由白蛋白形成。

(3) 血浆渗透压的生理作用:① 血浆晶体渗透压:由于水分子易通过细胞膜,而血浆中的晶体物质大多数不易通过细胞膜。因此,血浆晶体渗透压对维持细胞内外水平衡、保持血细胞的正常形态和功能起重要作用。当血浆晶体渗透压降低时,水将进入血细胞,可引起细胞肿胀,甚至破裂。② 血浆胶体渗透压:毛细血管壁的通透性很高,但不允许血浆蛋白通过毛细血管,因此,血浆胶体渗透压对维持血管内外水平衡、保持正常血容量起重要作用(图 3-3)。

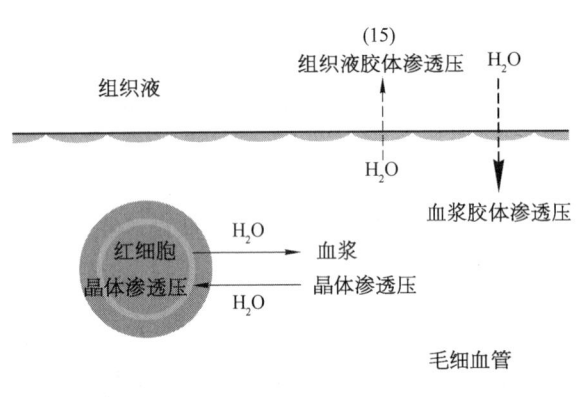

图 3-3 血浆晶体渗透压与胶体渗透压作用(单位:mmHg)

图示红细胞内与血浆晶体渗透压基本相等,可维持红细胞正常形态;而血浆胶体渗透压大于组织液胶体渗透压,可将组织液中的水转到血管内

(4) 等渗溶液与等张溶液:在生理学实验中和临床所使用的各种溶液,其渗透压与血浆渗透压相等的溶液称为**等渗溶液**(isosmotic solution),如 0.9% NaCl 溶液或 5% 的葡萄糖溶液。渗透压低于或高于血浆渗透压的溶液分别称为低渗或高渗溶液。通常把能够使悬浮于其中的红细胞保持正常形态和大小的溶液称为**等张溶液**(isotonic solution)。其实等张溶液是由不能自由透过细胞膜的颗粒所形成的等渗溶液。由于 NaCl 和葡萄糖都不易通过细胞膜,红细胞可在这些溶液中维持正常的形态和容积,因而 0.9% 的 NaCl 溶液和 5% 的葡萄糖溶液既是等渗溶液,也是等张溶液。1.9% 尿素溶液虽然也是等渗溶液,但尿素易通过细胞膜,红细胞置于其中会发生溶血,所以不是等张溶液。

(三) 血量

血量(blood volume)是指循环系统中存在的血液总量。健康成人的血液总量相当于体重的 7%~8%,即每千克体重有 70~80 ml 血液,因此,体重 60 kg 的人,其血量为 4.2~4.8 L。安静时,全身血液的大部分(约为总血量的 80%)在心血管中快速的循环流动,称为循环血量,小部分血液滞留在肺、肝、腹腔静脉和皮下静脉丛中,流动较慢,称为储备血量。这些储存血液的部位成为储血库。当人体在大失血、剧烈运动时,储备血量可补充循环血量,维持正常血压及心、脑等重要脏器的血液供应。在正常情况下,按单位体重计算的全血量,男性高于女性,幼儿高于成人,身体强壮者高于体弱者,肥胖者低于非肥胖者,女性妊娠期增多且以血浆增多为主。

血量的相对稳定对于维持正常血压及机体正常生命活动有极其重要的意义。当机体失血时,其对机体的影响受失血的数量及速度影响。如一次急性失血量不超过血液总量的 10%,可反射性引起心血管活动加强、血管收缩,使心血管内血液充盈度不发生显著变化;同时,储血库血管收缩,可使储备血量补充循环血量,而不出现明显的临床症状。血浆中丢失的水和电解质,可在 1~2 h 内由组织液进入毛细血管得以补充;丢失的蛋白质,可由肝脏加速合成,在 1~2 d 内得到补充;由于失血使组织供氧减少,肾脏产生促红细胞生成素增多,使骨髓生成红细胞加快,红细胞数量可在 1 个月左右恢复。健康成人一次失血 300 ml 以内,机体通过上述调节,各种生理功能无明显影响;但如果一次失血过快过多,失血量超过体内血液总量的 20%,则血压会显著下降,导致机体生理活动障碍而出现一系列临床症状;若失血超过总血量的 30% 就可能危及生命。因此,大量急性失血时需及时进行输血和补液治疗。

三、血液的理化特性

1. **血液的密度和黏滞性** 人全血的正常密度为 1.050～1.060,主要取决于血液中的红细胞数量;血液中红细胞数量越多,全血的密度就越大。血浆密度为 1.025～1.030,主要取决于血浆中的蛋白质含量;红细胞的密度为 1.090～1.092,主要取决于红细胞内血红蛋白含量。白细胞的密度为 1.050～1.065,淋巴细胞的密度为 1.050～1.066,中性粒细胞的密度为 1.070～1.092,血小板的密度为 1.030～1.042。利用不同血细胞及血浆密度的差异,可采用离心的方法将血液中的不同成分进行分离,可分别获得血浆、红细胞、白细胞、血小板等不同成分,也可用红细胞和血浆密度的差异进行红细胞沉降率的测定。

血液具有一定的**黏滞性**(viscosity),也称黏度,来自血液流动时内部分子或颗粒之间的摩擦。血液黏滞性通常是在体外测定血液或血浆相对于水的黏滞性。以水的黏滞性为 1,当温度为 37℃ 时,全血的相对黏滞性为 4～5,血浆为 1.6～2.4。当温度不变时,全血的黏滞性主要取决于血细胞的比容高低,血浆的黏滞性主要取决于血浆蛋白的含量。血液的黏滞性是形成血管内阻力和影响微循环灌注量的主要因素之一。在人体内,因某些疾病而使微循环处的血流速度显著减慢时,红细胞易发生叠连和聚集,血液黏滞性增高,血流阻力增大,微循环的灌注压明显降低。

2. **血浆酸碱度** 人血浆的正常 pH 为 7.35～7.45。血浆 pH 维持相对稳定,依赖于血液中缓冲系统的调节及神经、体液因素对呼吸系统、泌尿系统功能的调节。血浆中最主要的缓冲对是 $NaHCO_3/H_2CO_3$,通常两者的比值为 20∶1;此外,还有其他缓冲对参与血浆的酸碱缓冲,如 Na_2HPO_4/NaH_2PO_4、蛋白质钠盐/蛋白质,红细胞中 $KHCO_3/H_2CO_3$、K_2HPO_4/KH_2PO_4、血红蛋白钾盐/血红蛋白、氧合血红蛋白钾盐/氧合血红蛋白等。在机体代谢过程中,当各种酸性或碱性物质进入血液时,通过这些缓冲对的缓冲作用,可使 pH 变化不大;特别是肺和肾能不断排出体内过多的酸或碱,使血浆 pH 保持相对稳定。机体在特殊情况下,如血浆 pH 低于 7.35,称酸中毒;如高于 7.45,称碱中毒。血浆 pH 如低于 6.9 或高于 7.8 时都将危及生命。

四、血液的功能

血液的生理功能由其各组成成分完成,其主要功能如下。

1. **运输功能** 血液运送 O_2 和各种营养物质到组织细胞,并将代谢产物(如 CO_2、尿酸、尿素等)运送到排泄器官排出体外;血液还可运送激素到相应的靶器官和靶细胞发挥调节作用。

2. **免疫和防御功能** 血浆中含有多种免疫物质,可使机体抵御病原微生物的侵袭;白细胞对侵入机体的病原微生物有吞噬和分解、破坏作用;血小板和血浆中凝血因子有生理性止血和凝血作用。

3. **维持内环境稳态** 血液对于内环境中各种营养物质及电解质的含量、渗透压、体温、pH 值等理化因素的相对稳定起重要作用。

第二节 血细胞生理

一、红细胞

(一) 红细胞的形态和数量

血液中的**红细胞**(erythrocyte, red blood cell, RBC)绝大多数为成熟的红细胞,正常成熟的红细胞呈双凹圆盘形,边缘较厚,约 2.5 μm,中央较薄,约 1 μm,平均直径 7~8 μm,无细胞核,胞质内含有血红蛋白,因而使血液呈红色。红细胞保持双凹圆盘形需要消耗能量,成熟的红细胞无线粒体,通过糖酵解获得能量是其唯一途径。红细胞可从血浆中获取葡萄糖,通过糖酵解产生 ATP,维持细胞膜上钠泵活动,保持红细胞内外 Na^+、K^+ 的正常分布、细胞容积和双凹圆盘形态。红细胞是血液中数量最多的血细胞。通常用每升血液中的红细胞个数来表示红细胞数量。

我国健康成年男性红细胞数量为 $(4.0~5.5)×10^{12}/L$,女性为 $(3.5~5.0)×10^{12}/L$,新生儿可高达 $6.0×10^{12}/L$ 以上。红细胞内的蛋白质主要是**血红蛋白**(hemoglobin, Hb)。我国健康成年男性血红蛋白浓度为 120~160 g/L;女性为 110~150 g/L。年龄、性别和居住地的海拔高度均可影响红细胞数量和血红蛋白浓度,如新生儿的红细胞数量和血红蛋白量均较高,长期居住高原的居民红细胞数量与血红蛋白量均高于海平面的居民。若血液中的红细胞数量减少、血红蛋白含量低于正常时,称为**贫血**(anemia)。

(二) 红细胞的生理特性

1. **悬浮稳定性** 红细胞具有悬浮于血浆中不易下沉的特性,称为**悬浮稳定性**(suspension stability)。将经过抗凝处理的血液置于垂直竖立的血沉管中,红细胞因密度大于血浆而下沉,但正常时下沉速度十分缓慢。通常以红细胞在第 1 小时末下沉所出现的血浆柱的高度(mm)表示红细胞沉降的速度,称为**红细胞沉降率**(erythrocyte sedimentation rate, ESR),简称血沉。血沉的正常值(魏氏法),男性为 0~15 mm/h,女性为 0~20 mm/h。红细胞沉降率越大,表示红细胞的悬浮稳定性越小。红细胞的悬浮稳定性是因为红细胞彼此之间相同膜电荷所产生的排斥力及红细胞与血浆之间的摩擦力阻碍了红细胞的下沉。双凹圆盘形的红细胞,其表面积/容积比值大,产生的摩擦力也大,下沉就慢。临床上许多疾病可出现血沉加快,如活动性肺结核、风湿热等,检查血沉可作为辅助诊断方法之一。

血沉加快主要是由于红细胞发生**叠连**(rouleaux formation),即红细胞彼此以凹面相贴重叠在一起。发生叠连后,红细胞的表面积/容积的比值减小,血沉加快。红细胞发生叠连,主要取决于血浆成分的变化而非红细胞本身。如果将血沉加快的患者红细胞置于健康人的血浆中,红细胞的沉降速度并不加快;反之,若将健康人的红细胞置于血沉加快的患者血浆中,则红细胞较快发生叠连而沉降加快。通常血浆中白蛋白、卵磷脂增多时,血沉减慢;而血浆中球蛋白、纤维蛋白原及胆固醇增多时,血沉加快。

2. 可塑变形性 机体内正常红细胞在外力作用下具有变形的能力。红细胞在血管中循环运行,通过小于其直径的毛细血管和血窦孔隙时,通常要发生扭曲变形,通过后又恢复原状,此特性称为**可塑变形性**(deformability)(图3-4)。红细胞变形能力主要受三个因素的影响：① 表面积与体积的比值：比值越大变形能力越大。② 红细胞膜的弹性：弹性降低,变形能力减弱。③ 红细胞内的黏度：黏度越大变形能力越小。红细胞内血红蛋白浓度增高或变性,均可使黏度增大。变形能力减弱的红细胞在血液流动过程中容易破裂而发生溶血。可塑变形性是红细胞生存所需要的最重要的特性。

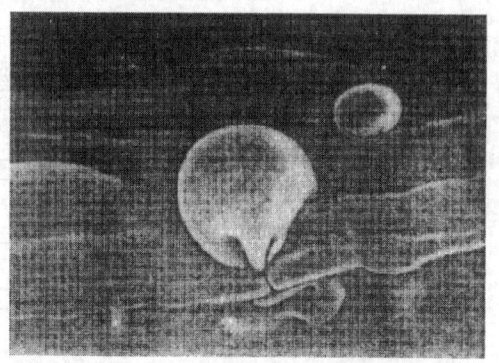

图3-4 红细胞挤过脾窦的内皮细胞裂隙过程(大鼠)

(引自 Greger R. 1996, p.1665)

3. 渗透脆性 红细胞在低渗盐溶液中发生膨胀、破裂、溶血的特性,称为**红细胞的渗透脆性**(osmotic fragility),可反映红细胞对低渗盐溶液具有的抵抗能力。若渗透脆性大,表示抵抗力小,易破裂;渗透脆性小,表示抵抗力大,不易破裂。

正常情况下,红细胞的渗透压与血浆基本相等。如果将红细胞置于不同浓度的 NaCl 溶液中可以看到,在高渗盐溶液中红细胞会皱缩;在等渗溶液中红细胞的形状和大小保持不变;将红细胞悬浮于不同浓度的低渗盐溶液中时,可见红细胞随着渗透压的降低,逐渐膨胀、变为球形,最后破裂、溶血,红细胞膜破裂,血红蛋白逸入血浆的现象称为溶血。正常成人的红细胞,一般在 0.42% 的 NaCl 溶液中开始溶血,在 0.35% 的 NaCl 溶液中完全溶血。新生的红细胞脆性小,抵抗力大,不易破裂;相反,遗传性球形红细胞增多症患者的红细胞及衰老的红细胞脆性增大,抵抗力减小,易破裂。

(三) 红细胞的功能

红细胞的主要生理功能是运输 O_2 和 CO_2,血液中 98.5% 的 O_2 是以与血红蛋白结合成氧合血红蛋白的形式存在的。红细胞运输的 O_2 大约为溶解于血浆中 O_2 的 65 倍。CO_2 在血液中主要以碳酸氢盐和氨基甲酰血红蛋白的形式存在,分别占 CO_2 运输总量的 88% 和 7%。红细胞参与下,血液运输 CO_2 的能力可提高 18 倍。红细胞的双凹圆碟形使其具有较大的气体交换面积,红细胞运输氧的功能是由血红蛋白来实现的,当红细胞破裂发生溶血时,可因血红蛋白逸出到血浆中而丧失运输氧的能力。

红细胞内有许多的缓冲对,它们缓冲体内过多的酸碱物质,在维持血浆 pH 的相对稳定中起重要作用。此外,红细胞表面还具有 I 型补体的受体(CR1),可与抗原-抗体-补体复合物相结合,促进巨噬细胞对免疫复合物吞噬,防止免疫复合物沉积于组织内而引起免疫性疾病,因此具有免疫功能。

(四) 红细胞的生成和调节

1. 红细胞的生成过程 骨髓是成年人生成红细胞的唯一场所。红骨髓中的造血干细胞首先分化成为红系定向祖细胞,再经过原红细胞、早幼红细胞、中幼红细胞、晚幼红细胞和网织红细胞的阶段,最终成为成熟的红细胞。

红细胞的生成经历以下阶段(图3-5)。

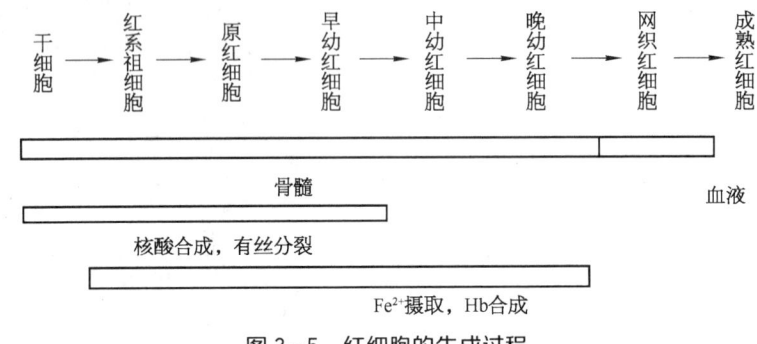

图 3-5 红细胞的生成过程

2. **红细胞生成所需物质** 蛋白质和铁是合成血红蛋白的基本物质。在红细胞的发育、成熟过程中，DNA 的合成必须有维生素 B_{12} 和叶酸作为核苷酸合成的辅助因子。此外，红细胞生成还需要氨基酸、维生素 B_6、B_2、C、E 以及微量元素铜、锰、钴、锌等。

(1) 铁：铁是合成血红蛋白必需的原料。健康成人每日需要 20～30 mg 的铁以用于红细胞生成。其中 1 mg（约 5%）从食物中吸收以补充排泄的铁，其余来自衰老红细胞破坏后释放的铁。食物中的铁多为 Fe^{3+}，必须在胃酸作用下转变为 Fe^{2+} 才能被吸收和利用，胃酸缺乏时可影响铁的吸收。衰老的红细胞被巨噬细胞吞噬后，血红蛋白被分解，释放出铁，血浆中的转铁蛋白穿行在巨噬细胞和幼红细胞之间，将铁运至红细胞，此过程称为体内铁的再利用循环。此外，巨噬细胞与幼红细胞还能通过直接接触，提供合成血红蛋白所需的铁。因造血功能增强而体内铁的供应不足或铁代谢紊乱，均可导致血红蛋白合成不足而引起低色素小细胞性贫血，又称缺铁性贫血。

(2) 维生素 B_{12} 和叶酸：维生素 B_{12} 和叶酸是红细胞合成 DNA 所需的重要辅酶。叶酸须在体内转化成四氢叶酸后，才能参与 DNA 的合成。维生素 B_{12} 促进红细胞成熟的作用主要通过增加叶酸在体内的利用率来实现。当维生素 B_{12} 缺乏时，叶酸的利用率降低，可引起叶酸的相对不足，使红细胞合成 DNA 减少，幼红细胞分裂增殖减慢，红细胞体积变大，出现巨幼红细胞性贫血，又称大细胞性贫血。

生理情况下，食物中维生素 B_{12} 的含量能满足红细胞生成的需要，但维生素 B_{12} 的吸收有赖于胃黏膜壁细胞分泌的**内因子**(intrinsic factor)与其结合，形成复合物才能在回肠末端被吸收。当萎缩性胃炎、全胃或胃大部分切除，内因子分泌减少或体内产生抗内因子抗体时，均可导致维生素 B_{12} 吸收障碍，也可导致巨幼红细胞性贫血的发生。

3. **红细胞的生成及其调节** 红细胞在生成过程中是经多种调节因子的作用逐渐完成的。红系祖细胞向红系前体细胞增殖分化是红细胞生成的关键。

红系祖细胞发育阶段分为两个亚群：① 早期红系祖细胞称为**爆式红系集落形成单位**(burst forming unit-erythroid, BFU-E)，因为它们在体外培养时能形成很大的集落，并依赖**爆式促进活性因子**(burst promoting activity, BPA)的刺激作用。研究发现：**白细胞介素-3**(interleukin-3, IL-3)和**粒-巨噬细胞集落刺激因子**(GM-CSF)具有 BPA 效应。② 晚期红系祖细胞称为**红系集落形成单位**(colony forming unit-erythroid, CFU-E)，因为它们在体外培养时能形成很小的集落。晚期红系祖细胞对 BPA 不敏感，主要受**促红细胞生成素**(erythropoietin, EPO)的调节。EPO 可促进晚期红系祖细胞的发育、增殖，它也促进早期红系祖细胞的增殖分化。

EPO 是一种分子质量为 34 kDa 的糖蛋白，主要由肾皮质肾小管周围的间质细胞合成，肝脏也可合成少量 EPO。低氧是刺激 EPO 生成的主要因素,当组织细胞低氧时,促进肾脏合成分泌 EPO 增加,刺激骨髓的红系祖细胞增殖分化,红细胞生成增加,从而缓解低氧状况。现已用分子生物学技术从肾组织细胞中提取出编码 EPO 的 mRNA,基因重组的人红细胞生成素(rhEPO)与天然的 EPO 基本相同,目前已大量应用于临床,除治疗肾性贫血外,对其他各种贫血,如恶性肿瘤所致贫血、慢性炎症或感染性贫血等均取得一定疗效。近年来有资料显示某些再生障碍性贫血可能是红系祖细胞上 EPO 受体有缺陷所致。

雄激素对红细胞生成也有促进作用,它既可促进肾脏产生 EPO,又能增加骨髓红系祖细胞的数量。所以临床上用人工合成的雄激素衍生物治疗再生障碍性贫血有一定疗效。成年男性的红细胞数量和血红蛋白含量高于女性,可能与体内雄激素的水平不同有关。

此外,生长激素、甲状腺激素、肾上腺皮质激素等均可通过提高组织对氧的需求,促进红细胞生成;而肿瘤坏死因子、转化生长因子 β、白细胞介素-1 等可抑制红系祖细胞的分化,对红细胞生成起负性调节作用。体内各种刺激因子与抑制因子相互拮抗、相互影响,共同对红细胞造血过程进行精细的调节。

(五) 红细胞的破坏

红细胞在循环血液中的平均寿命约 120 d。每日大约有 0.8% 的红细胞被破坏,基本上均为衰老的红细胞。红细胞衰老时,细胞膜脆性增加,在血流湍急处,约 10% 的衰老红细胞可因机械冲击而破裂,称为血管内破坏;当衰老的红细胞通过比它直径小的毛细血管及微小孔隙时,易停滞在脾和骨髓中被巨噬细胞所吞噬,称为血管外破坏。90% 的衰老红细胞被巨噬细胞吞噬。红细胞在血管内破坏后释放出血红蛋白,血红蛋白被网状内皮细胞吞噬后分解为珠蛋白和血红素,珠蛋白继续分解为氨基酸,后者加入全身代谢。血红素脱掉 Fe^{2+},Fe^{2+} 一部分被骨髓重新利用以合成新的红细胞,一部分以转铁蛋白的形式暂贮于网状内皮细胞,供以后利用。脱铁血红素转变为胆红素,运送至肝脏代谢。

二、白细胞

(一) 白细胞的数量和分类

1. **白细胞的数量** 白细胞(leucocyte, white blood cell, WBC)是一类不均一的无色有核血细胞。健康成人白细胞数为 $(4.0 \sim 10) \times 10^9 / L$,平均约 $7 \times 10^9 / L$。生理情况下,白细胞数目变动范围较大,新生儿高于成人,为 $(12.0 \sim 20.0) \times 10^9 / L$。进食、疼痛及情绪激动时白细胞数量均可升高;女性在月经、妊娠和分娩期,白细胞数量也有所升高;剧烈运动时白细胞数量明显升高,运动停止数小时后恢复到原来水平。

2. **白细胞的分类和分类计数** 按白细胞胞质内有无特殊颗粒,可分为颗粒细胞和无颗粒细胞。按颗粒细胞胞质颗粒的嗜色特性的不同又可分为**中性粒细胞**(neutrophil)、**嗜酸性粒细胞**(eosinophil)和**嗜碱性粒细胞**(basophil);无颗粒细胞又可分为**单核细胞**(monocyte)和**淋巴细胞**(lymphocyte)。各类白细胞的分类计数如图 3-6。

健康人白细胞的总数和分类计数保持相对稳定,但在各种急、慢性炎症、组织损伤或白血病等情况下,可发

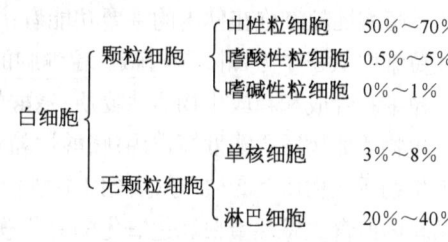

图 3-6 白细胞的分类计数

生特征性变化,在临床诊断中有重要参考价值。

(二) 白细胞的生理特性和功能

机体内各类白细胞主要通过吞噬作用和免疫功能实现防御和保护作用。白细胞所具有的变形、游走、趋化、吞噬和分泌等特性是执行防御功能的生理基础。除淋巴细胞外,其余的白细胞均能伸出伪足做变形运动,通过变形运动,白细胞可过血管壁进入组织,称为白细胞渗出。白细胞具有趋向某些化学物质游走的特性,称为**趋化性**(chemotaxis)。吸引白细胞发生定向运动的化学物质,称为**趋化因子**(chemokine)。细胞的降解产物、抗原抗体复合物、细菌毒素和细菌等都具有趋化活性。白细胞游走到细菌等异物周围,把异物包围起来并吞入胞质,称为吞噬。各类白细胞中都含有一些酶类,如蛋白酶、淀粉酶、多肽酶、酯酶和脱氧核糖核酸酶等,可破坏吞噬的异物或释放出来破坏周围的组织。在白细胞总数中,有一半以上存在于血管外的细胞间隙中,30%以上存在于骨髓中,其余的才在血液中流动。

白细胞的功能主要是参与机体的防御和免疫反应,防止病原微生物的入侵。但各类白细胞的具体生理功能又有所不同。

1. **颗粒细胞** 约有60%的白细胞胞质内具有颗粒,称为颗粒细胞。

(1) 中性粒细胞(又称多形核白细胞):血管中的中性粒细胞约有一半随血液循环,称为**循环池**,通常的白细胞计数仅反映这部分中性粒细胞的数量;另一半则滚动在小血管壁的内皮细胞上,称为**边缘池**。通常两部分的细胞可相互交换,保持动态平衡。肾上腺素可促进边缘池中性粒细胞进入**循环池**,在5~10 min内可使外周血中性粒细胞数增高50%。此外,骨髓中还储备了大量成熟的中性粒细胞,当机体需要时,边缘池和骨髓中储备的中性粒细胞均可大量进入血液循环发挥作用。中性粒细胞的变形能力、趋化性以及吞噬能力都很强,在血液的非特异性免疫中起重要作用。

中性粒细胞在血液中停留的时间平均只有6~8 h,很快穿过血管壁进入组织发挥作用。它处于机体抵抗病原微生物,尤其是化脓性细菌入侵的第一线。入侵的细菌被中性粒细胞包围在一个局部,不能在体内扩散,继而被中性粒细胞吞噬。通常1个中性粒细胞可吞噬3~20个细菌,吞噬大量的细菌或异物之后的中性粒细胞,本身也分解死亡,释放出各种溶酶体酶,能溶解周围组织形成脓肿。在感染发生后2 h,感染局部的中性粒细胞数量便明显升高,6 h左右感染局部中性粒细胞的数目达高峰,可增高10倍以上。当体内中性粒细胞的数量明显减少时,机体的抵抗力明显下降,易发生感染。此外,它还参与吞噬、清除衰老、坏死的细胞和组织碎片、抗原抗体复合物等。

(2) 嗜酸性粒细胞:血液中的嗜酸性粒细胞的数量有明显的昼夜周期性波动,一般清晨细胞数量少,午夜时细胞数量增多,两者可相差40%以上。这种周期性的波动可能与血液中肾上腺皮质激素的含量变化有关。嗜酸性粒细胞的胞质内含有过氧化物酶和碱性蛋白,缺乏溶菌酶,虽有微弱的吞噬能力,但基本上无杀菌作用。

嗜酸性粒细胞在体内的主要功能有:① 限制嗜碱性粒细胞在Ⅰ型超敏反应中的作用。嗜酸性粒细胞从三个方面限制嗜碱性粒细胞的活性:嗜酸性粒细胞可通过释放前列腺素E,抑制嗜碱性粒细胞合成和释放生物活性物质;嗜酸性粒细胞可吞噬嗜碱性粒细胞所释放的颗粒,使其所含的生物活性物质不能发挥作用;嗜酸性粒细胞能释放组胺酶,以灭活嗜碱性粒细胞所释放的组胺等生物活性物质。② 参与对蠕虫的免疫反应。嗜酸性粒细胞可黏着于蠕虫的幼虫上,并通过释放颗粒内所含的碱性蛋白和过氧化酶等损伤幼虫虫体。因此,过敏反应或某些寄生虫感染时,常伴血液中嗜酸性粒细胞数目的升高。

(3) 嗜碱性粒细胞：成熟的嗜碱性粒细胞能常存在于血液中，在机体发生炎症时受趋化因子的诱导迁移到组织中。嗜碱性粒细胞和肥大细胞功能类似，胞质中的碱性染色颗粒内含有肝素、组胺、嗜酸性粒细胞趋化因子 A 等。当嗜碱性粒细胞被活化时，可释放介质、合成白三烯(过敏性慢反应物质)和 IL-4 等细胞因子。它释放的组胺、过敏性慢反应物质可增加毛细血管壁通透性，使支气管、胃肠道等处的平滑肌收缩而引起荨麻疹、哮喘、腹痛、腹泻等过敏反应症状。嗜碱性粒细胞释放的肝素作为酯酶的辅基，可加快脂肪分解为游离脂肪酸，参与体内的脂肪代谢。此外，嗜碱性粒细胞还能释放一种被称为嗜酸性粒细胞趋化因子 A 的小肽物质，它能吸引嗜酸性粒细胞聚集于局部，减轻过敏反应。近年研究资料显示，在机体抗寄生虫免疫应答中嗜碱性粒细胞也起重要作用。

2. 无颗粒细胞

(1) 单核细胞：单核细胞体积较大，胞浆内不含有特殊颗粒，具有趋化性、变形运动和吞噬能力。血液中的单核细胞仍然是尚未成熟的细胞，在血液中停留 2~3 d 后迁移到周围组织中进一步发育成熟，成为巨噬细胞。肺泡的尘细胞、肝脏的 kupffer 细胞以及小胶质细胞等均属巨噬细胞。

与其他血细胞相比，单核巨噬细胞内含有更多非特异性酯酶，有更强的吞噬能力。巨噬细胞的主要功能是：吞噬消灭某些细胞内的病毒、疟原虫、真菌及结核分枝杆菌等；识别和杀伤肿瘤细胞；清除变性的蛋白质、衰老受损的细胞及碎片。巨噬细胞在吞噬过程中还参与激活淋巴细胞的特异性免疫功能。此外，激活的单核巨噬细胞还能合成和释放多种细胞因子，如集落刺激因子、白细胞介素(IL-1、IL-3、IL-6 等)、肿瘤坏死因子、干扰素等，这些细胞因子能调节其他细胞的生长，并在特异性免疫反应中起重要的作用。巨噬细胞还参与调节粒系和巨噬系造血，通过运送铁参与红系造血活动的调节。

(2) 淋巴细胞：淋巴细胞是机体内的免疫细胞。血液中的淋巴细胞可分为两大类：① 由骨髓生成的淋巴干细胞，在胸腺的作用下发育成熟，称为胸腺依赖淋巴细胞，简称 T 淋巴细胞。T 淋巴细胞占血液中淋巴细胞的 80%~90%，主要执行细胞免疫功能。② 在骨髓或肠道淋巴组织中发育成熟的，称为骨髓源淋巴细胞，又称为 B 淋巴细胞。B 淋巴细胞多数停留在淋巴组织内，主要执行体液免疫功能；通常在抗原的刺激下转化为浆细胞，产生抗体；其产生的抗体可以识别、凝集、破坏、沉淀体液中的抗原物质。

目前发现一类属淋巴细胞谱系的**自然杀伤细胞**(natural killer cell, NK)，是不同于 T 细胞、B 细胞的一类非特异性免疫细胞。占人外周血淋巴细胞总数的 5%~10%。NK 细胞具有多种功能，不仅与抗肿瘤、抗病毒感染和免疫调节有关，而且在某些情况下参与超敏反应和自身免疫性疾病的发生。

(三) 白细胞的生成调节与破坏

1. 白细胞的生成及其调节　白细胞与其他血细胞一样，都起源于骨髓的造血干细胞；均经历造血干细胞→定向祖细胞→可识别的白细胞前体细胞等阶段，最后生成具有各种功能的成熟白细胞。目前对淋巴细胞生成调节机制还不太了解。粒细胞的生成受**集落刺激因子**(colony stimulating factor, CSF)的调节。CSF 在体外可刺激造血细胞形成集落。研究发现，CSF 包括：粒-巨噬细胞集落刺激因子(GM-CSF)、粒细胞集落刺激因子(G-CSF)、巨噬细胞集落刺激因子(M-CSF)等。GM-CSF 由活化的淋巴细胞产生，能刺激中性粒细胞、单核细胞和嗜酸性粒细胞生成。GM-CSF 还可与骨髓基质细胞产生的干细胞因子联合作用，刺激早期造血干细胞与祖细胞的分化。G-CSF 由巨噬细胞、内皮细胞和间质细胞释放,促进粒系祖细胞和前体细胞的增殖与分化,增强成熟粒细胞的功能,动员骨髓中干细胞与祖细胞进入血液。GM-CSF 和 M-CSF 则诱导单核细胞的生成。另外,转化生长因子β、乳铁蛋白等可抑制白细胞生成并与促白细胞生成的刺激因子共同调节白细胞的正常生成。GM-CSF 和 G-CSF 已在临床用于中性粒细胞减少症的治疗。

2. **白细胞的破坏** 各种白细胞的寿命相关很大,很难准确判断。因为粒细胞和单核细胞主要是在组织中发挥作用的;一般来说,中性粒细胞在循环血液中停留 8 h 左右即进入组织,4~5 d 后即衰老死亡,或经消化道黏膜从胃肠道排出;若有细菌入侵,粒细胞在吞噬活动中可因释放出的溶酶体酶过多而发生"自我溶解",与被杀灭的细菌和组织碎片一起构成脓液。单核细胞在循环血液中 2~3 d 后进入组织,继续发育成巨噬细胞,在组织中可生存 3 个月左右。淋巴细胞一般寿命较长,它们往返于血液、组织液、淋巴液之间,而且可以在淋巴结等处增殖分化。

三、血小板

(一) 血小板的形态和数量

正常的**血小板**(platelet)呈双面微凸的圆盘状,直径 2~4 μm。在电镜下可以看到其具有相当复杂的超微结构,如致密体、α 颗粒、溶酶体、过氧化物酶体、开放小管系统、致密小管系统及微管等。这些结构均与血小板功能密切相关。血小板是骨髓中成熟的**巨核细胞**(megakaryocyte)胞质脱落而成的具有生物活性的小块胞质。健康成人的血小板数量是 $(100\sim300)\times10^9/L$,平均为 $160\times10^9/L$。正常人血小板计数可有 6%~10% 的变化,通常午后较清晨多;冬季较春季多;静脉血较末梢血多;剧烈运动后及妊娠中、晚期增多。

血小板有维护毛细血管壁完整性的功能,当血小板数量减少到 $50\times10^9/L$ 以下时,可出现异常出血现象,如皮肤、黏膜的瘀点、瘀斑,甚至大块紫癜,称为血小板减少性紫癜;若血小板的数量增加到 $1\,000\times10^9/L$ 以上时,称为血小板增多,容易形成血栓,应采取必要的防栓措施。

血小板还可释放**血管内皮生长因子**(vascular endothelial growth factor, VEGF)、**血小板源生长因子**(platelet-derived growth factor, PDGF),促进血管内皮细胞、平滑肌细胞、成纤维细胞的增殖,利于受损血管的修复。血液循环中的血小板通常处于"静止"状态,当血管损伤时,血小板被激活后在生理止血中起重要作用。

(二) 血小板的生理特性

1. **黏附** 血小板黏附是指血小板与非血小板物体表面黏着的过程。血小板不能黏附于正常内皮细胞的表面,当血管内皮细胞受损时血小板即可黏附于内皮组织。血小板黏附需要血小板膜上的**糖蛋白**(glycoprotein, GP)、内皮下成分(主要是胶原纤维)和血浆**抗血管性假血友病因子**(von Willebrand factor, vWF)的参与。血小板膜上存在多种糖蛋白,GPⅠb 是参与黏附的主要糖蛋白。当血管受损伤时,内皮下暴露胶原,vWF 首先与胶原纤维结合,引起 vWF 变构,再使血小板膜上的 GPⅠb 与变构的 vWF 结合,使血小板黏附于胶原纤维上。生理情况下,vWF 不能与 GPⅠb 结合,只有 GPⅠb 缺损、vWF 缺乏和胶原纤维变性等情况下,血小板黏附受损,可发生出血倾向。

2. **聚集** 血小板彼此黏着的现象称为**血小板聚集**(platelet aggregation),此过程需要纤维蛋白原、Ca^{2+} 和 GPⅡb/Ⅲa 参与。未受刺激的血小板,其膜上的 GPⅡb/Ⅲa 并不能与纤维蛋白原结合,当血小板黏附于血管破损处,或在致聚剂的激活作用下,使 GPⅡb/Ⅲa 分子上的纤维蛋白原受体暴露,在 Ca^{2+} 的作用下与纤维蛋白原结合,连接相邻的血小板充当聚集的桥梁,促使血小板聚集形成血小板血栓。假如血管损伤很小,血小板血栓可完全阻止血液流失,这对于微小血管损伤的封闭极为重要。

ADP 是引起血小板聚集最重要的物质。血小板聚集可分为两个时相:第一时相发生迅速,但可解聚,主要由受损组织释放的 ADP 或低浓度的外源性 ADP 引起,称为可逆性聚集。第二时相发生较慢,聚集后不能解聚,主要由血小板释放的内源性 ADP 引起,称为不可逆聚集。引起血小板聚集的因素称为致聚剂(诱导剂)。生理性的致聚剂主要有 ADP、肾上腺素、胶原、组胺、5-羟色胺(5-HT)、凝血酶、血栓烷 A_2(TXA_2)、前列腺素类物质等;病理性致聚剂有细菌、病毒、免疫复合物、药物等。血小板聚集的反应形式可因致聚剂种类和浓度的不同而出现差异。目前,致聚剂引起血小板聚集的机制并未完全阐明。已知血小板膜上存在各种致聚剂相应的受体,致聚剂与相应的受体结合后,引起血小板内第二信使浓度的变化,通过细胞内的一系列信息传递过程而导致血小板凝集。

血小板释放的 TXA_2 有强烈的聚集血小板和缩血管作用。正常情况下,血小板内并无 TXA_2 储存,当血小板受刺激被激活时,血小板内的磷脂酶 A_2 被激活,进一步裂解膜磷脂,游离出花生四烯酸,花生四烯酸可在环加氧酶作用下生成前列腺素 G_2 和 H_2(PGG_2 和 PGH_2),并在血小板内血栓烷合成酶的催化下生成 TXA_2。TXA_2 能降低血小板内 cAMP 的浓度,对血小板凝集起正反馈的调节作用。小剂量的阿司匹林可抑制环加氧酶,从而减少 TXA_2 的生成,具有抗血小板聚集的作用,可用于预防血栓形成。

3. 释放 当血小板受到刺激后,在发生黏附和聚集的同时,将储存在致密体、α 颗粒或溶酶体内的多种活性物质释放出来,此过程称为血小板的释放。血小板释放的物质包括致密体中的 ADP、ATP、5-HT、Ca^{2+},α 颗粒中的 β 血小板巨球蛋白、血小板因子 4(PF_4)、纤维蛋白原、vWF、凝血因子 V(FV)、纤溶抑制物、溶酶体中的酸性蛋白水解酶和组织水解酶等。此外,α 颗粒中还有多种生长因子,能促进伤口愈合与血管再生。血小板释放的这些物质有促进血小板聚集、血管收缩、血液凝固等多种复杂的生理功能。

4. 吸附 血小板表面能吸附血浆中多种凝血因子(如 I、V、XI、XIII 等)。当血管内皮受损时,血小板可在破损的局部黏附和聚集,使局部凝血因子的浓度升高,促进血液凝固和生理止血。

5. 收缩 血小板具有收缩功能,其收缩功能与血小板内的收缩蛋白有关。在血小板中含有与骨骼肌类似的收缩蛋白系统,如肌动蛋白、肌球蛋白、微管和微丝等,血小板活化后,胞质中的 Ca^{2+} 浓度增高引起血小板收缩反应,使血凝块回缩。血小板数量减少或功能降低时,引起血块回缩不良。因而,临床上可根据体外血块回缩试验的结果大致估计血小板的数量与功能是否正常。

(三) 血小板的生理功能

血小板的主要生理功能是参与止血、促进凝血和保持毛细血管内皮细胞的完整性。

1. **血小板在生理性止血中的作用** 小血管破损而引起的出血,在几分钟内会自然停止,这一现象称为生理性止血。临床上常用针刺破耳垂或指尖使自然出血,然后测定出血延续时间,这段时间称为出血时间。正常出血时间不超过 9 min(模板法)。在血小板减少时,出血时间延长,甚至出血不止。

生理性止血过程主要包括血管收缩、血小板栓子形成、血液凝固三个过程(图 3-7)。生理性止血首先表现为受损局部血管和邻近的小血管收缩,减少局部血流。如血管破损小,可使血管破

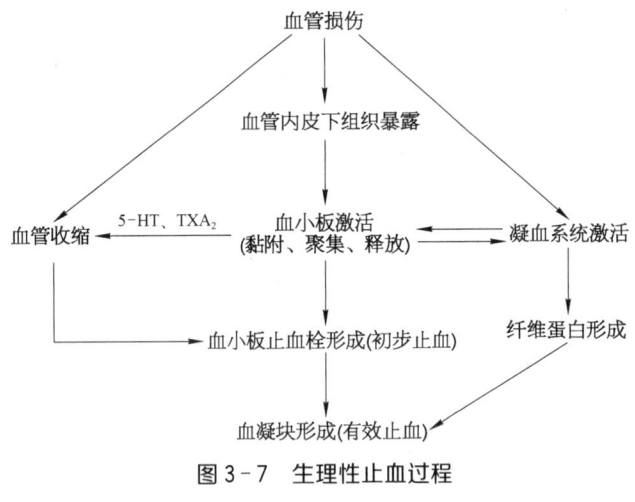

图 3-7 生理性止血过程

口封闭,达到止血的效果。引起血管收缩的主要原因有:① 损伤刺激反射性引起血管收缩。② 血管壁损伤引起局部血管平滑肌产生肌源性收缩。③ 黏附于损伤处的血小板可释放 TXA_2、5-HT 等缩血管物质,引起血管收缩。

生理性止血的第二个时相为受损伤局部血小板止血栓的形成。由于黏附和聚集,在胶原组织上的血小板迅速被激活。已激活的血小板吸引更多的血小板相互聚集,在伤口处形成较松软的血小板血栓,黏着并堵塞伤口,起到暂时止血作用。

生理性止血的第三个时相是血液凝固。激活的血小板为凝血因子反应提供磷脂表面,吸附大量凝血因子,并相继激活,极大地提高凝血酶原转变成凝血酶的速度,加速凝血过程。据估计凝血因子 Xa 与血小板结合后,凝血酶原转变成凝血酶的速度可增加 30 万倍。

2. 血小板在促进血液凝固中的作用　血小板促进血液凝固的主要环节有:① 激活的血小板提供磷脂表面,以利血液凝固反应的进行。② 血小板吸附大量凝血因子,使局部的凝血因子浓度升高,并相继激活,极大地提高凝血酶原转变成凝血酶的速度。③ 血小板 α 颗粒释放纤维蛋白原,增加纤维蛋白的形成,可加固血凝块。④ 血块中的血小板伸出伪足进入纤维蛋白网,血小板内的收缩蛋白收缩,使血块回缩形成坚实的止血栓,牢固地封闭血管破口。在血小板的参与下,血液凝固过程大大加速。

3. 血小板在保持血管内皮细胞完整性中的作用　血小板对毛细血管壁具有营养和支持作用。血小板可以融合入血管内皮细胞,而且能随时沉着于血管壁,以填补内皮细胞脱落留下的空隙。因此,血小板对保持血管内皮细胞修复起重要作用。

(四) 血小板的生成、调节与破坏

1. 血小板的生成及其调节　生成血小板的巨核细胞是从骨髓造血干细胞分化而来的。骨髓窦壁外的成熟巨核细胞胞质伸向骨髓窦腔,脱落成为血小板,进入血流,一个巨核细胞可产生 200～700 个血小板。从原始巨核细胞到释放血小板入血,需 8～10 d,进入血液的血小板,一半以上在外周血液中循环,其余的储存于脾脏。1985 年有人发现在血小板减少症患者或动物的血浆中存在着一种物质,可以促进巨核细胞发育成熟及生成血小板,被命名为**血小板生成素**(thrombopoietin, TPO)。TPO 主要由肝细胞产生,肾脏也可少量产生。TPO 为一种糖蛋白,能刺激造血干细胞向巨核系祖细胞分化,特异性地促进巨核祖细胞增殖、分化及巨核祖细胞成熟并释放血小板。TPO 促血小板生成的作用是通过其受体 Mpl(为原癌基因 c-mpl 表达产物)实现的。TPO 是体内血小板生成最重要的生理调节因子。研究发现造血干细胞、巨核细胞与血小板的胞膜上都存在 TPO 受体,提示 TPO 对血小板生成的全过程均有一定的调控作用。此外,TPO 与其他造血因子有协同作用,促进其他血细胞生成。因此,TPO 极有希望在原发性和继发性骨髓衰竭的治疗中起重要作用。目前,TPO 制剂的临床试用正在进行,对促进化疗患者血小板减少症的恢复有明显效果。

2. 血小板的破坏　血小板进入血液后,平均寿命为 7~14 d,但只有最初两日具有生理功能。衰老的血小板可被脾、肝、肺组织中被吞噬破坏;也可融入血管内皮细胞,或发生聚集、释放反应时在血管内破坏。在生理止血过程中,血小板凝集后解体并释放出全部活性物质,在发挥生理功能时消耗。

第三节　血液凝固和纤维蛋白溶解

一、血液凝固

血液凝固(blood coagulation)简称血凝,指血液由流动的溶胶状态变为不能流动的凝胶状态的过程。血凝的实质就是使血浆中可溶性的纤维蛋白原转变为不溶解的纤维蛋白多聚体,交织成网,并网罗血细胞及其他成分,形成血凝块。血凝后 1~2 h,血凝块会发生收缩,并释出淡黄色的液体,称为**血清**(serum)。血清与血浆的区别在于血清中缺少纤维蛋白原和凝血发生时消耗掉的一些凝血因子,而增添了一些血凝时由血管内皮细胞和血小板释放出的化学物质。血液凝固是一系列复杂的酶促反应的过程,需要多种物质参与。

(一) 凝血因子

血浆与组织中直接参与血液凝固的物质,统称为**凝血因子**(coagulation factor 或 clotting factor)。目前已知的凝血因子有 14 种,其中由国际凝血因子命名委员会按发现的先后顺序,以罗马数字编号的有 12 种,即凝血因子Ⅰ~ⅩⅢ(简称 FⅠ~FⅩⅢ,其中 FⅥ是血清中活化的 FⅤa,故不再视为一个独立的因子)。此外,参与凝血的还有前激肽释放酶、高分子激肽原等(表 3-2)。

表 3-2　凝血因子的某些生理特性

因子	同义名	合成部位	主要激活物	主要抑制物	主要功能
Ⅰ	纤维蛋白原	肝细胞			形成纤维蛋白
Ⅱ	凝血酶原	肝细胞(需 Vit.K)	凝血酶原酶复合物	抗凝血酶Ⅲ	凝血酶促进纤维蛋白原转变为纤维蛋白;激活 FⅤ,FⅧ,FⅪ,FⅩⅢ和血小板,正反馈促进凝血
Ⅲ	组织因子	内皮细胞和其他细胞			作为 FⅦa 的辅因子,是生理性凝血反应过程的启动物
Ⅳ	钙离子(Ca^{2+})	—			辅因子
Ⅴ	前加速素易变因子	内皮细胞和血小板	凝血酶和 FⅩa,以凝血酶为主	活化的蛋白质 C	加速 FⅩa 对凝血酶原的激活
Ⅶ	前转变素稳定因子	肝细胞(需 Vit.K)	FⅩa	组织因子途径抑制物,抗凝血酶Ⅲ	与组织因子形成Ⅶa-组织因子复合物,激活 FⅩ和 FⅪ
Ⅷ	抗血友病因子	肝细胞	凝血酶,FⅩa	不稳定,自发失活;活化的蛋白质 C	作为辅因子,加速 FⅨa 对 FⅩ的激活

续表

因子	同义名	合成部位	主要激活物	主要抑制物	主要功能
Ⅸ	血浆凝血活酶成分	肝细胞(需 Vit.K)	FⅪa,Ⅶ-组织因子复合物	抗凝血酶Ⅲ	FⅨa与Ⅷa形成因子Ⅹ酶复合物,激活FⅩ为FⅩa
Ⅹ	Stuart-Prower因子	肝细胞(需 Vit.K)	Ⅶ-组织因子复合物,FⅨa-Ⅷa复合物	抗凝血酶Ⅲ	形成凝血酶原酶复合物激活凝血酶原,FⅩa还可激活FⅦ,FⅧ和FⅤ
Ⅺ	血浆凝血活酶前质	肝细胞	FⅫ和凝血酶	α₁抗胰蛋白酶,抗凝血酶Ⅲ	激活FⅨ为FⅨa
Ⅻ	接触因子或 Hageman	肝细胞	胶原、带负电的异物表面	抗凝血酶Ⅲ	激活FⅪ为FⅪa
ⅩⅢ	纤维蛋白稳定因子	肝细胞和血小板	凝血酶		使纤维蛋白单体相互交联聚合形成纤维蛋白网
—	高分子量激肽原(HK)	肝细胞			血浆辅因子
—	前激肽释放酶(PK)	肝细胞	FⅫa	抗凝血酶Ⅲ	激活FⅫ为FⅫa

凝血因子的特点有:① 除FⅣ(Ca^{2+})外,其余的凝血因子均为蛋白质,而且多数在肝脏内合成,其中凝血因子Ⅱ、Ⅶ、Ⅸ、Ⅹ的合成过程中需要维生素 K 的参与,又称维生素 K 依赖因子。② 除FⅢ(又称**组织因子** tissue factor,TF)由组织损伤释放外,其余的凝血因子均存在于血浆中。③ 血液中具有酶特性的凝血因子都以无活性的酶原形式存在,必须通过其他酶的水解,暴露或形成活性中心后,才成为具有活性的酶。这一过程称为凝血因子的激活。习惯上在被激活的因子代号的右下角标上"a"(activated),如凝血酶原(FⅡ)激活成为凝血酶(FⅡa)。

(二) 血液凝固过程

血液凝固过程可分为三个基本阶段:① 凝血酶原酶复合物形成。② 凝血酶的激活。③ 纤维蛋白的形成(图 3-8)。

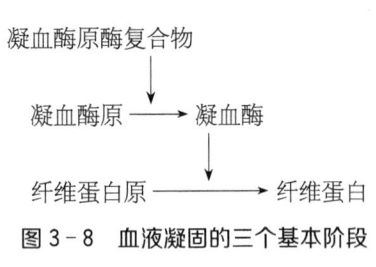

图 3-8 血液凝固的三个基本阶段

根据凝血酶原酶复合物生成的启动方式及参与的凝血因子的不同,将凝血过程分为内源性凝血途径和外源性凝血途径。

1. **内源性凝血途径**(intrinsic pathway of blood coagulation) 指参与凝血的因子全部来自血浆,由FⅫ被激活所启动。首先由FⅫ接触到异物表面而被激活成 FⅫa,FⅫa转而使 FⅪ 激活,成为 FⅪa。FⅫ在体外可由带负电的物质所激活,如玻璃、白陶土、胶原纤维等;在体内以血管内皮下胶原组织的激活作用最为重要。形成的 FⅫa 可使前激肽释放酶(PK)生成激肽释放酶(K),K 又能激活 FⅫ,以正反馈的效应形成大量的 FⅫa。FⅪa 在 Ca^{2+} 的参与下将 FⅨ 转变为 FⅨa。此外,FⅨ 还能被 FⅦa 和组织因子复合物所激活。FⅨa 再与 FⅧa、Ca^{2+}、PL 结合形成复合物,即可使 FⅩ 激活成 FⅩa。在 FⅩa 生成后,内源性和外源性凝血过程进入相同的途径。

2. **外源性凝血途径**(extrinsic pathway of blood coagulation) 是由来自血管外的组织因子启动的凝血途径,又称组织因子途径。组织因子是 FⅢ,可由受损组织释放。在 Ca^{2+} 的存在下,FⅢ 与

FⅦ形成复合物,进一步激活FⅩ成为FⅩa;另外,FⅦ和FⅢ形成的复合物还能激活FⅨ成为FⅨa,从而将内、外源性凝血联系起来,共同完成凝血过程。

通过上述两条途径生成FⅩa后,FⅩa、PL、Ca^{2+}与FⅤa形成凝血酶原酶复合物,后者进一步激活凝血酶原为凝血酶,凝血酶裂解纤维蛋白原形成纤维蛋白单体。在FⅩⅢa和Ca^{2+}的作用下,纤维蛋白单体相互聚合、交联形成纤维蛋白多聚体,组成牢固的纤维蛋白网,网罗血细胞形成血凝块(图3-9)。

(三) 生理性凝血机制

当机体内组织或器官损伤时,暴露出的组织因子和胶原蛋白虽可分别启动外源性凝血和内源性凝血两条途径,但临床观察发现,患有先天性缺乏FⅫ和前激肽释放酶或高分子量激肽原的患者,几乎无出血症状,说明这些凝血因子并不是机体生理性凝血机制的必需因子。目前认为,外源性凝血途径在生理性凝血过程的启动中起重要作用,组织因子是生理性凝血反应的启动因子。机体内凝血过程可分为启动、扩增和蔓延三个阶段,当组织因子与FⅦa结合成复合物后,又激活FⅩ成为FⅩa而启动凝血反应。

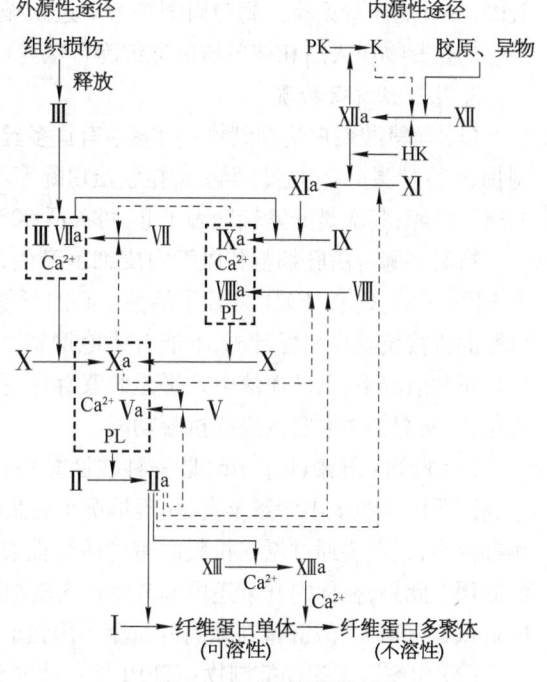

图3-9 血液凝血过程

——→:催化作用及变化方向; ----→:正反馈作用
罗马数字表示各相应的凝血因子;PL:磷脂;PK:前激肽释放酶;K:激肽释放酶;HK:高分子激肽原

在启动阶段由外源性凝血途径形成的凝血酶通过对FⅤ、FⅧ、FⅪ和血小板的激活作用产生放大效应,通过内源性凝血途径形成大量的因子Ⅹ酶复合物,激活足量的FⅩa和凝血酶,完成纤维蛋白的形成过程。

(四) 血液凝固的调控

在日常生活中人体可有轻微的血管损伤发生,体内常有凝血系统的激活,但在血管内循环的血液并不凝固。当组织损伤而发生生理性止血时,也只限于损伤部位形成止血栓,并不延及未损伤部位。这表明生理性凝血过程在空间上和时间上都受到控制,是多种因素综合作用的结果,其中血管内皮细胞在防止血液凝固反应蔓延中起重要的作用。

1. 血管内皮细胞的抗凝作用 正常的血管内皮可防止凝血因子、血小板与内皮下的成分接触,避免凝血系统的激活和血小板活化,起到屏障保护作用。血管内皮可分泌多种物质参与抗凝血和抗血小板的活动,主要包括:① 合成硫酸乙酰肝素蛋白多糖覆盖内皮细胞表面,与抗凝血酶结合后,破坏FⅡa、FⅨa等多种活化的凝血因子。② 血管内皮细胞合成、释放的前列环素(PGI_2)和一氧化氮(NO)可抑制血小板的聚集。③ 合成并在膜上表达凝血酶调节蛋白(TM),灭活FⅤa、FⅧa。④ 合成分泌组织型纤溶酶原激活物(t-PA),降解纤维蛋白,保证血管通畅。

2. 纤维蛋白的吸附、血流稀释及单核巨噬细胞的吞噬作用 纤维蛋白与凝血酶有高度亲和力,在凝血过程中形成凝血酶,其中的85%~90%可被纤维蛋白吸附,这不但可以促进其局部血液凝固,并且能够避免凝血酶向周围扩散。进入循环系统中活化的凝血因子可被血流稀释,并被血浆中的抗凝物质灭活和被单核巨噬细胞吞噬。

3. **生理性抗凝物质**

(1) 丝氨酸蛋白酶抑制物:血浆中有许多丝氨酸蛋白酶抑制物,包括蛋白酶连接抑制素、C_1抑制物、$α_2$巨球蛋白、$α_2$抗纤溶酶、$α_1$抗胰蛋白酶等。抗凝血酶是最重要的抑制物,可灭活60%~70%的凝聚血酶;其次是肝素辅助因子Ⅱ,可灭活30%的凝聚血酶。

抗凝血酶可由肝细胞和血管内皮细胞产生,能与内源性途径产生的蛋白酶如凝血酶、凝血因子FⅨa、FⅩa、FⅪa、FⅫa等分子活性中心的丝氨酸残基结合而抑制其活性。当肝素缺乏时,抗凝血酶的直接抗凝作用慢且弱,不能有效地抑制凝血,但它与肝素结合后,其抗凝作用可增强2 000倍。正常情况下,循环血液中几乎无肝素存在,抗凝血酶主要通过与内皮细胞表面的硫酸乙酰肝素结合,从而加强血管内皮的抗凝功能。

(2) 肝素:**肝素**(heparin)是一种酸性黏多糖,主要由肥大细胞和嗜碱粒细胞产生。尤以肺、心、肝、肌肉等组织中含量丰富,生理情况下血浆中含量甚微。无论在体内还是体外,肝素的抗凝作用都很强,它主要通过增强抗凝血酶的活性而发挥间接的抗凝作用,故临床上把它作为抗凝剂广泛应用。此外,在体内肝素还可刺激血管内皮细胞释放**组织因子途径抑制物**(tissue factor pathway inhibitor, TFPI),故肝素在体内的抗凝作用强于在体外的作用。

(3) 组织因子途径抑制物:TFPI是一种主要由血管内皮细胞分泌的糖蛋白,是外源性凝血途径的特异性抑制物。研究认为,TFPI是机体内主要的生理性抗凝物质。TFPI虽能与FⅩa和FⅦa-组织因子复合物结合而抑制活性,但只有结合FⅩa后才能结合FⅦa-组织因子复合物。TFPI还可与内皮细胞表面的硫酸乙酰肝素结合,注射肝素后,可引起内皮细胞结合的TFPI释放,使血浆中的TFPI水平升高数倍。

(4) 蛋白质C系统:主要包括蛋白质C、凝血酶调节蛋白、蛋白质S和蛋白质C抑制物。蛋白质C由肝脏合成,其合成需要维生素K参与,以酶原的形式存在于血浆中。当凝血酶与损伤部位脱离再与正常血管内皮细胞上的凝血酶调节蛋白结合后,可激活蛋白质C,后者可水解灭活FⅤa和FⅧa,抑制凝血酶和FⅩa的激活,避免凝血过程向周围正常血管部位扩展。蛋白质C活化后还有促进纤维蛋白溶解作用,在血浆中的蛋白质S是蛋白质C活化的辅助因子,可大大增强灭活FⅤa和FⅧa的作用。

4. **促凝和抗凝** 临床工作中通常需要采用各种措施防止血液凝固和促进血液凝固。外科手术中常用温热盐水纱布等进行压迫止血,主要是通过纱布作为异物激活FⅫ和血小板,而凝血又是一系列的酶促反应过程,适当加温可加速凝血反应;相反,降低温度或增加异物的光滑面可延缓凝血速度。在血液凝固过程中多个环节都需要Ca^{2+}的参与,如使用枸橼酸钠、草酸铵和草酸钾等除去血浆中的Ca^{2+},则可作为体外抗凝剂起到抗凝的作用。由于少量的枸橼酸钠进入血液循环后不会产生毒素,因此也常用它作为抗凝剂来处理输血用的血液。维生素K拮抗剂如华法林可抑制FⅨ、FⅡ、FⅦ、FⅩ等维生素K依赖性凝血因子的合成,在体内具有抗凝作用。

二、纤维蛋白溶解

正常情况下,机体组织损伤后所形成的止血栓在完成使命后将逐步溶解,以保证血管的畅通,也利于受损组织的修复和再生。止血栓的溶解主要依赖纤维蛋白溶解系统(简称纤溶系统)的作用。

纤维蛋白溶解(fibrinolysis)简称纤溶,是指纤维蛋白被分解液化的过程。纤溶可使止血过程中形成的纤维蛋白凝血块适时溶解、清除,纤溶系统主要包括:**纤维蛋白溶解酶原**(plasminogen,纤溶酶原)、**纤溶酶**(plasmin)、**纤溶酶原激活物**(plasminogen activator)和纤溶抑制物。

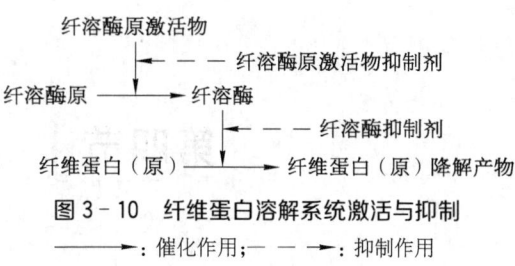

图3-10 纤维蛋白溶解系统激活与抑制
——→:催化作用;---→:抑制作用

纤溶的基本过程有两个阶段:纤溶酶原的激活和纤维蛋白的降解(图3-10)。

(一) 纤溶酶原的激活

正常情况下,血浆中的纤溶酶是以无活性的纤溶酶原形式存在的,必须在纤溶酶原激活物的作用下,才能成为有活性的酶。纤溶酶原主要由肝合成,嗜酸性粒细胞也可合成少量纤溶酶原。纤溶酶原激活物包括组织型纤溶酶原激活物(t-PA)、尿激酶型纤溶酶原激活物(u-PA)、激肽释放酶等,以前两者最为重要。t-PA和u-PA分别由血管内皮细胞和肾小管、集合管上皮细胞产生。当血液与异物表面接触而激活FⅫ时,机体一方面启动内源性凝血系统,另一方面也通过FⅫa激活激肽释放酶而激活纤溶系统,使体内纤溶与凝血相互配合,保持平衡状态。在体外循环情况下,由于循环血液大量接触带负电荷的异物表面,可使激肽释放酶成为纤溶酶原的主要激活物。

(二) 纤维蛋白降解

纤溶酶属于丝氨酸蛋白酶,它最敏感的底物是纤维蛋白和纤维蛋白原。纤维蛋白和纤维蛋白原可被纤溶酶裂解为可溶性小肽,称为纤维蛋白降解产物。这些降解产物通常不再发生凝固,其中部分还有抗凝血作用。纤溶酶是血浆中活性最强的蛋白水解酶,特异性较低,除主要降解纤维蛋白和纤维蛋白原外,对FⅡ、FⅤ、FⅧ、FⅩ、FⅫ等凝血因子也有一定的降解作用。当纤溶系统功能亢进时,血液中凝血因子大量被分解,在纤维蛋白降解产物的抗凝作用下,易产生出血倾向。

(三) 纤溶抑制物

机体内有多种物质抑制纤溶系统的活性,主要有:α_2-抗纤溶酶(α_2-AP)和**纤溶酶原激活物抑制物-1**(plasminogen activator inhibitor type-1, PAI-1)。PAI-1主要由血管内皮细胞产生,通过与t-PA和u-PA结合而使之灭活。α_2-AP主要由肝脏产生,血小板α-颗粒中也贮有少量的α_2-AP。α_2-AP可通过与纤溶酶结合成复合物而抑制纤溶酶的活性。

正常情况下,血管内皮细胞分泌的PAI-1的量是t-PA的10倍,加之α_2抗纤溶酶对纤溶酶的抑制作用,血中纤溶活性很低。当血管壁上有纤维蛋白形成时,血管内皮分泌t-PA增多。同时,因纤维蛋白对t-PA和纤溶酶原有较高的亲和力,使t-PA、纤溶酶原与纤维蛋白结合,有利于t-PA对纤溶酶原的激活,又可避免PAI-1对t-PA的灭活。结合于纤维蛋白上的纤溶酶也可避免血液中α_2抗纤溶酶对它的灭活。上述作用保证血栓形成的部位既有适度纤溶过程,又不会引起全身性纤溶亢进,以维持凝血和纤溶之间的动态平衡。

临床上常用的止血药包括氨甲苯酸、氨基己酸和氨甲环酸等,就是通过抑制纤溶系统的活动而发挥作用的。

第四节 血型与输血

一、血型与红细胞凝集

血型(blood group)通常指红细胞膜上特异性抗原的类型。若将血型不相容的两个人血液相混合,会出现红细胞彼此凝集成簇的现象,这种现象称为**红细胞凝集**(agglutination)。在补体的作用下,可引起凝集的红细胞破裂,继而发生溶血。当不相容的血液输入人体时,可在受血者的血管内发生红细胞凝集和溶血反应,严重者危及生命。为此,血型鉴定是安全输血的前提条件。

红细胞凝集的实质是红细胞膜上的**特异性抗原**(凝集原,agglutinogen)和相应的**抗体**(凝集素,agglutinin)发生的抗原-抗体反应。

白细胞和血小板除了也存在一些与红细胞相同的血型抗原外,还有其本身特有的血型抗原。白细胞上最强的同种抗原是**人类白细胞抗原**(human leukocyte antigen,HLA)系统。HLA 是一个极复杂的抗原系统,在体内分布广泛,与器官组织移植的免疫排斥反应密切相关。HLA 系统在器官移植、亲子鉴定和人类学等方面的研究中具有重要意义。人类血小板表面也有一些特异性的血小板抗原系统,如 PI、Zw、Ko 等。血小板抗原与输血后血小板减少症的发生有关。

二、红细胞血型

截至目前,已经发现并被国际输血协会(ISBT)认可的红细胞血型系统有 30 个,涉及近 300 种抗原,其中与临床关系最为密切的是 ABO 血型系统和 Rh 血型系统。

(一) ABO 血型系统

1. **ABO 血型系统分型依据** ABO 血型系统是 1901 年奥地利病理学家与免疫学家 Landsteiner 发现的第一个人类血型系统。根据红细胞膜上是否存在凝集原 A 与凝集原 B 将血液分为四种血型:红细胞膜上只含凝集原 A 的称为 A 型;只含凝集原 B 的称为 B 型;A、B 两种凝集原均有者称为 AB 型;A、B 两种凝集原均无者称为 O 型。

不同血型人的血浆或血清中含有不同的凝集素,但不含与自身红细胞所含凝集原相对抗的凝集素。即在 A 型血的血浆或血清中,只含抗 B 凝集素;B 型血的血浆或血清中只含抗 A 凝集素;AB 型血的血浆或血清中不含抗 A 和抗 B 凝集素;而 O 型血的血浆或血清中则含有抗 A 和抗 B 凝集素。

此外,ABO 血型系统还有几种亚型,其中最重要的亚型是 A 型中的 A_1 和 A_2 亚型。A_1 型红细胞上含有 A 抗原和 A_1 抗原,而 A_2 型红细胞上仅含有 A 抗原;A_1 型血的血清中只含有抗 B 凝集素,而 A_2 型血的血清中则含有抗 B 凝集素和抗 A_1 凝集素。同样,AB 型血型中也有 A_1B 和 A_2B 两种主要亚型(表 3-3)。虽然在我国汉族人中 A_2 型和 A_2B 型者分别只占 A 型和 AB 型人群的 1% 以下,但由于 A_1 型红细胞可与 A_2 型血清中的抗 A_1 凝集素发生凝集反应,而且 A_2 型和 A_2B 型红细胞比 A_1 型和 A_1B 型红细胞的抗原性弱得多,在用抗 A 凝集素作血型鉴定时,容易将 A_2 型和 A_2B 型血误定为 O 型和 B 型。因此在输血时应特别注意 A_2 和 A_2B 两种亚型的存在。

表 3-3　ABO 血型系统中的凝集原和凝集素

血　型		凝集原(红细胞)	凝集素(血清)
A 型	A_1 亚型	$A+A_1$	抗 B
	A_2 亚型	A	抗 B、抗 A_1
B 型		B	抗 A
AB 型	A_1B 亚型	$A+A_1+B$	无
	A_2B 亚型	$A+B$	抗 A_1
O 型		A、A_1、B 均无	抗 A、抗 B

2. **ABO 血型系统的抗原**　红细胞膜上存在的糖蛋白或糖脂上所含糖链的结构差异性是 ABO 血型系统不同抗原的特异性的决定因素。这些糖链都是由暴露在红细胞表面的少数糖基组成的寡糖链。A 抗原和 B 抗原的特异性就由寡糖链的组成和连接顺序所决定。A 抗原和 B 抗原都是在 H 抗原的基础上形成的。在 A 基因的控制下,细胞合成的 A 酶能使一个乙酰半乳糖胺基连接到 H 物质上,形成 A 抗原;在 B 基因控制下合成的 B 酶,能将一个半乳糖基连接到 H 物质上,形成 B 抗原。O 型红细胞膜上虽然不含有 A 抗原和 B 抗原,但有 H 抗原。实际上,H 抗原是在另一个含有四个糖基的前驱物质的基础上形成的。在 H 基因编码的岩藻糖基转移酶的作用下,使前驱物质半乳糖末端上连接岩藻糖而形成 H 抗原。当 H 基因缺损时,将缺乏岩藻糖基转移酶,则不能生成 H 抗原及 A 抗原和 B 抗原,但因为有前驱物质,其血型为孟买型。前驱物质、H、A 和 B 抗原的寡糖链结构见图 3-11。H、A 和 B 抗原不仅存在于红细胞膜上,还广泛地存在于淋巴细胞、血小板以及体内大多数上皮细胞和内皮细胞膜上。

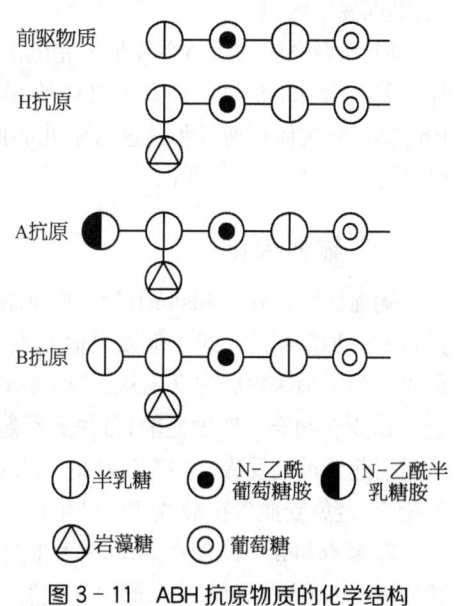

图 3-11　ABH 抗原物质的化学结构

3. **ABO 血型系统的抗体**　血型抗体分为天然抗体和免疫抗体两类。ABO 血型系统存在天然抗体。新生儿的血液中无 ABO 血型系统抗体,出生后 2~8 个月开始产生,8~10 岁时达高峰。天然抗体多属 IgM,分子量大,不能透过胎盘。因此,血型与胎儿不合的孕妇,不会使胎儿的红细胞发生凝聚集而破坏。免疫抗体是因为机体接受自身不存在的红细胞抗原刺激所产生的。免疫抗体属 IgG 抗体,分子量小,可以透过胎盘进入胎儿体内。若母亲体内因过去外源性 A 抗原或 B 抗原进入体内产生免疫性抗体时,与胎儿 ABO 血型不合的孕妇,可因母亲体内免疫性抗体进入胎儿体内而引起胎儿红细胞的破坏,发生新生儿溶血。

(二) Rh 血型系统

1. **Rh 血型系统的发现与分布**　1940 年,Landsteiner 又与维勒(Wiener)在**恒河猴**(Rhesus monkey)红细胞表面发现一类凝集原,即 Rh 抗原。这种血型系统称为 **Rh 血型系统**(Rh blood group system),它是仅次于 ABO 血型的另一重要的血型系统。我国汉族人和其他大部分民族的

Rh阳性约占99%,Rh阴性占1%。但在某些少数民族中,Rh阴性的人比例较高,如塔塔尔族约15.8%,苗族约12.3%,布依族和乌孜别克族约8.7%。在这些民族的人群中,Rh血型的问题应受到特别的重视。

2. Rh血型系统的抗原与分型　Rh血型系统中的抗原有40多种,与临床关系密切的有D、E、C、c、e五种。理论上推测有3对等位基因,即C与c、D与d、E与e控制着6种抗原。但血清中未发现单一的抗d抗体,因而认为d是"静止基因"。在5种Rh血型抗原中,其抗原性的强弱依次排列为D,E,C,c,e。其中以D抗原的抗原性最强,有重要的临床意义。通常将红细胞表面存在D抗原称为Rh阳性,无D抗原称为Rh阴性。Rh血型抗原只存在红细胞上,在出生时已发育成熟。

3. Rh血型系统的抗体　Rh血型系统与ABO血型系统不同,人的血清中不存在抗Rh的天然抗体,只有当Rh阴性者在接受Rh阳性的血液后,才会通过体液性免疫产生抗Rh抗体,在输血后2~4个月血清中的抗Rh抗体的水平达到高峰。因此,Rh阴性的受血者在首次接受Rh阳性的血液时,一般不产生明显的抗原-抗体反应,但该受血者如再次接受Rh阳性血液,就会发生凝集反应,继而发生溶血。

Rh血型系统的抗体主要是不完全抗体IgG,分子量小,可通过胎盘。因此,当Rh阴性的孕妇怀有Rh阳性的胎儿时,胎儿的红细胞因某种原因(如分娩时胎盘剥离)进入母体,使母体产生抗Rh抗体,此抗体可通过胎盘进入胎儿的血液,可使胎儿的红细胞发生溶血,引起新生儿溶血性贫血,严重时可导致胎儿死亡。

三、输血原则

输血(blood transfusion)已经成为临床治疗某些疾病、抢救伤员生命和保证一些手术得以顺利进行的一种重要的手段。但如果输血不当或发生差错,将会给患者造成严重损害,甚至发生生命危险。为了确保输血安全,必须严格遵守输血原则,输血的基本原则是**血型相合,配血相合**。

1. **血型相合**　在输血前,首先必须鉴定血型,保证ABO血型相合,因为这一系统的不相容输血常引起严重的反应。生育年龄的妇女和需要反复输血的患者,必须使供血者与受血者的Rh血型相合,避免受血者在被致敏后产生抗Rh的抗体。

2. **配血相合**　即使在ABO系统血型相同的人之间进行输血,在输血前必须进行**交叉配血试验**(cross match test)。交叉配血试验有主、次侧之分,主侧是指将供血者的红细胞与受血者的血清进行配合试验;次侧是指将受血者的红细胞与供血者的血清进行配合试验(图3-12)。若主、次侧均不发生凝集反应,则为配血相合,可以进行输血;若主侧发生凝集反应,则为配血不合,不能输血;如果主侧不发生凝集反应,而次侧发生凝集反应,则只能在紧急情况下,缓慢少量(不宜超过200 ml)输入配血基本相合的血液,且密切监视输血过程,一旦发生输血反应,必须立即停止输血。以往曾经把O型血的人称为"万能供血者",认为他们的血液可以输给其他血型的人。但目前认为这种输血是不足取的,因为,虽然O型的红细胞上没有A和B凝集原,因而不会被受血者的血浆凝集,然而O型人的血浆中的抗A和抗B凝集素能与其他血型受血者的红细胞发生凝集反应。当输入的血量较大时,供血者血浆中的凝集素未被受血者的血浆足够稀释时,受血者的红细胞会被广泛凝集。

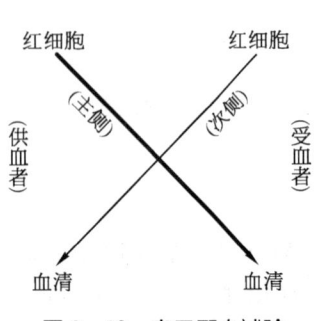

图3-12　交叉配血试验

总之,输血是一个多环节的过程,每个环节上的失误都将造成严重事故。因此,在输血时,必须严格遵守输血原则,密切注意观察;且在确实需要时才进行输血,绝不可盲目滥用。

3. 成分输血 随着医学科学技术的发展,输血疗法已从输全血发展到成分输血。成分输血是把人血中的各种不同成分,如红细胞、粒细胞、血小板及血浆,分别制备成高纯度或高浓度的制品,根据患者的不同需求进行输注。如严重贫血的患者主要是红细胞缺乏,总血量不一定减少,适合输入浓缩红细胞悬液;而大面积烧伤患者主要因创面渗出导致血浆大量丢失,适宜输入血浆或血浆代用品,对各种出血性疾病的患者,根据疾病的情况输入浓缩血小板悬液或含凝血因子的新鲜血浆,以促进凝血或止血过程。成分输血不仅针对性强、节约血源,而且因纯度大、浓度高而疗效好,还可减少不良反应,使输血更加安全,已成为目前输血的主要手段。

另外,近年来自体输血也得到迅速发展。自体输血是采用患者自身血液成分,以满足本人手术或紧急情况下需要的一种输血疗法。采用自体输血时可于术前定期采血储存或术前自体采血,然后在需要时输还患者。这种输血疗法不仅可以节约库血,减少输血反应和疾病传播,而且输血前不需要进行血型鉴定和交叉配血试验。自体输血是一种值得推广的安全输血方式。

(王冰梅 高治平)

第四章 血液循环

> **导学**
>
> 1. 掌握：心肌的生物电现象；心肌生理特性及其影响因素；心动周期与心率；心脏泵血过程及其机制；心脏泵血功能的评价；影响心输出量的因素；动脉血压的形成原理及影响因素；微循环；心血管活动的调节（降压反射、肾上腺素与去甲肾上腺素、血管紧张素）。
> 2. 熟悉：心电图各波的意义；心音的组成及第一和第二心音的意义；静脉血压及影响静脉回心血量的因素；组织液生成与回流及其影响因素；冠脉循环。
> 3. 了解：凡列入教学内容，除掌握、熟悉的，其余均为了解。

循环系统（circulatory system）包括**心血管系统**（cardiovascular system）和**淋巴系统**（lymphatic system）。心脏、血管和血液组成机体的心血管系统。**血液循环**（blood circulation）是指心脏作为动力器官，推动血液在血管中按照一定方向、周而复始地循环流动的现象。

血液循环的主要生理功能是运输物质，即运输营养物质以满足机体组织细胞新陈代谢的需要，同时在代谢终产物运输至体外的过程中也起着重要作用，从而维持机体内环境的稳态；此外，血液循环在体液调节、防御功能以及维持机体内环境稳态等方面也有重要作用，例如内分泌细胞分泌的激素通过血液运输至靶细胞并发挥体液调节的作用；血液中白细胞和抗体能够防御外来入侵的病原微生物等；而且还具有内分泌的作用，近年来发现心脏、心包、血管内皮细胞和平滑肌细胞可分泌多种生物活性物质，如心房钠尿肽、血管紧张素、血管内皮舒张因子和收缩因子等。

第一节 心肌的生物电现象和生理特性

心脏泵血功能的实现依赖于心脏节律性的收缩和舒张。心肌细胞作为可兴奋的肌细胞，当受到刺激后具有产生动作电位（兴奋）和收缩的特性。心肌细胞的动作电位是触发心肌细胞收缩和心脏泵血的始动因素。因此，掌握心肌的生物电活动的规律，对于理解心肌的生理特性及心脏收缩的规律性均有重要意义。

一、心肌细胞的生物电现象

心脏之所以能产生收缩与舒张,且四个腔室协调地工作,共同完成泵血功能,归根到底是以心肌细胞的生物电活动为基础的。与神经纤维和骨骼肌细胞相比,心肌细胞的生物电现象较为复杂,各类心肌细胞的跨膜电位及其形成机制也不尽相同(图4-1)。将心肌细胞进行适当分类,有助于对心肌电生理的理解。通常根据其组织学和电生理学等方面的特点,把心肌细胞分为普通心肌细胞和特殊心肌细胞两类。前者包括心房肌和心室肌,这类细胞具有稳定的静息电位,主要执行收缩功能,故又称**工作细胞**(working cell)。后者组成心脏的**特殊传导系统**(specialized conduction system),主要包括窦房结、房室结(也称房室交界)、房室束(也称希氏束)和浦肯野细胞;这类细胞没有稳定的静息电位,并具有产生自动节律性兴奋的特性,故又称**自律细胞**(autorhythmic cell)。

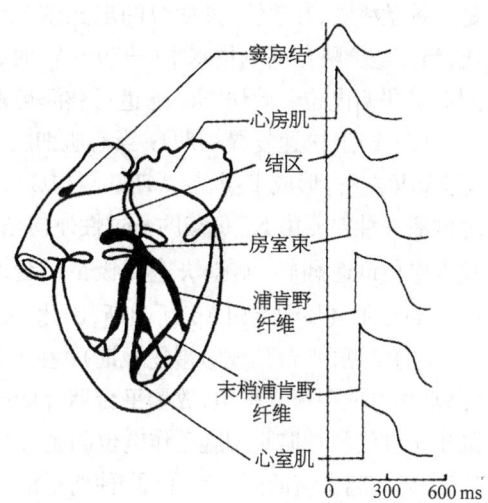

图4-1 心脏各部分心肌细胞的跨膜电位

(一)工作细胞的跨膜电位及其形成机制

工作细胞包括心房肌细胞和心室肌细胞。两者的静息电位和动作电位及其形成机制基本相同,以下着重介绍心室肌细胞的跨膜电位及其形成机制。

1. 静息电位　人和哺乳类动物的心室肌静息电位约为-90 mV,在无外来刺激时,此静息电位能持续维持于稳定状态。静息电位的形成机制与神经和骨骼肌基本相同,即在静息状态下,细胞膜对K^+的通透性较高,对其他离子通透性很低,因此,K^+顺浓度梯度向膜外扩散(K^+外流)形成的K^+平衡电位是工作细胞静息电位的主要离子基础。静息电位时的K^+外流是通过一种叫I_{K1}通道来实现的。

2. 动作电位　心室肌细胞的动作电位在形态、产生机制上与神经细胞明显不同,持续时间达数百毫秒,通常将其分为0、1、2、3、4 五个时期(图4-2)。

(1) 0期(快速去极期):是心肌细胞迅速去极过程。由起搏点下传的兴奋,或在适宜的外来刺激作用下,引起心室肌细胞的兴奋,膜电位迅速从静息状态的-90 mV上升到+30 mV左右,去极化幅度大(约120 mV),去极化速度快(最大速率V_{max}可达300 V/s左右),这个过程仅占1~2 ms。0期去极化的形成,也和神经纤维、骨骼肌一样,是由于膜上快Na^+通道开放,Na^+快速内流所致。Na^+通道

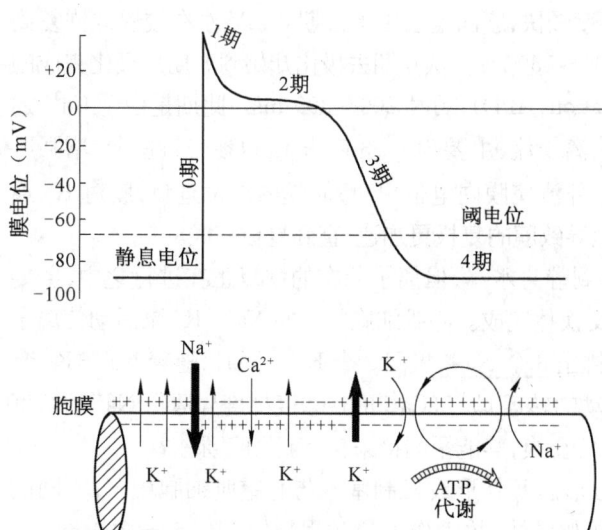

图4-2 心室肌细胞动作电位和主要离子流

是一种激活快、开放快、失活快的电压依赖性通道。开始时少量 Na^+ 通道开放,引起少量 Na^+ 内流;当膜电位降至阈电位水平(-70 mV)时,Na^+ 通道大量开放,Na^+ 大量快速内流,膜电位很快达到 Na^+ 平衡电位。此快 Na^+ 通道可被河鲀毒素选择性阻断。

(2) 1 期(快速复极初期):当心肌细胞动作电位 0 期达峰值后,膜内电位由 +30 mV 迅速下降至 0 mV 左右,形成 1 期,与 0 期共同构成锋电位。1 期占时约 10 ms,此期快 Na^+ 通道已失活,同时激活一种主要由 K^+ 负载的**一过性外向电流**(transient outward current, I_{to}),即 K^+ 外流,从而使膜内电位迅速翻转,使膜快速复极至平台水平(0 mV 左右)。I_{to} 可被 K^+ 通道的阻断剂四乙铵(TEA)和 4 氨基吡啶(4Ap)所阻断,因此,K^+ 负载的 I_{to} 是形成 1 期复极化的主要离子基础。

(3) 2 期(平台期或缓慢复极期):在 1 期复极膜电位达 0 mV 左右后,复极化过程变得非常缓慢,动作电位图形变平坦,故称**平台期**(plateau),历时 100~150 ms。平台期是心肌细胞动作电位区别于神经和骨骼肌细胞动作电位的主要特征。平台期的形成主要是由于 Ca^{2+} 的内向离子流与 K^+ 的外向离子流的同时存在,两种离子流一进一出,处于相对平衡状态,使电位稳定在零电位左右。随后,Ca^{2+} 内向离子流逐渐减弱,而 K^+ 外向离子流逐渐增强,因而使膜电位缓慢地向复极化方向转化,形成平台期的晚期。平台期的内向离子流主要是由 Ca^{2+} 和少量的 Na^+ 负载的,心室肌细胞膜上存在一种电压依赖性的长时程持续开放的钙通道,简称 L 型 Ca^{2+} 通道,在膜去极化达 -40 mV 时被激活,长时程持续开放,Ca^{2+} 缓慢内流,这种由 L 型 Ca^{2+} 通道开放,引起的 Ca^{2+} 电流,简称 I_{Ca-L}。L 型 Ca^{2+} 通道由于激活慢、失活慢,故称慢钙通道。Ca^{2+} 通道可被 Ca^{2+} 阻断剂维拉帕米等所阻断。

平台期的外向离子流主要是由 K^+ 负载的,心室肌细胞膜上存在多种钾通道,主要有 I_{K1} 和 I_K 通道。I_{K1} 通道在静息时心室肌细胞膜对 K^+ 的通透性很高,而在 0 期去极化的过程中,K^+ 的通透性大大下降,K^+ 的外流显著减少。I_{K1} 通道这种对 K^+ 的通透性因膜的去极化而降低的现象,称为**内向整流**(inward rectification),因此 I_{K1} 也被称为内向整流 K^+ 电流。在 0 期结束时,由 I_{K1} 通道引起的 K^+ 的通透性逐渐、缓慢的恢复,这是造成平台期较长的一个原因。平台期中另一个起重要作用的外向电流是随时间而逐渐加强的**延迟整流钾电流**(delayed rectifier potassium current, I_K)。I_K 通道在 +20 mV 时激活,-40~-50 mV 时去激活,其激活、去激活都很慢,故 I_K 被称为**延迟整流**(delayed rectification)K^+ 电流。尽管 I_K 通道在 0 期去极化末开始激活,但通透性增大缓慢,从而使平台期 K^+ 的外流逐渐增加,心室肌细胞膜逐渐复极化。

(4) 3 期(快速复极末期):此期复极化速度较快,膜内电位由平台期 0 mV 左右较快地恢复到 -90 mV,从而完成复极化过程。此期历时 100~150 ms。从 0 期去极化开始到 3 期复极化完成的时间,称为**动作电位时程**(action potential duration, APD),历时 200~300 ms。此期是由于 Ca^{2+} 通道失活,Ca^{2+} 内向离子流完全停止,而 K^+ 外向离子流(主要为 I_K,3 期末 I_{K1} 也参与)进一步增强所致。3 期复极化的 K^+ 外流是再生性的,即 K^+ 外流使膜内电位更负;而膜内电位越负,膜对 K^+ 通透性就越大,使 K^+ 外流加快,这一正反馈过程导致膜的复极更加速,直至复极完成。

(5) 4 期(静息期):这期膜电位虽已恢复到静息水平,但离子分布的恢复正在进行之中,主要由心肌细胞膜上的 Na^+-K^+ 泵和 Na^+-Ca^{2+} 交换体完成。心肌细胞膜上的 Na^+-K^+ 泵活动使离子主动转运增强,每消耗 1 个分子的 ATP 即可排出 3 个 Na^+,摄回 2 个 K^+。同时,随着 Na^+-K^+ 泵的活动,Na^+-Ca^{2+} 交换体也在进行继发性主动的转运 Ca^{2+}(Ca^{2+} 的逆浓度梯度外运与 Na^+ 顺浓度梯度内流相耦合进行),按 3:1 进行 Na^+-Ca^{2+} 交换,其能量间接来自 Na^+-K^+ 泵。

同属工作细胞的心房肌细胞,其跨膜电位形态及其形成机制基本与心室肌细胞相同;不同的是心房肌细胞动作电位的平台期不明显,复极化较快,故动作电位时程较短,仅 150~200 ms(图 4-3)。

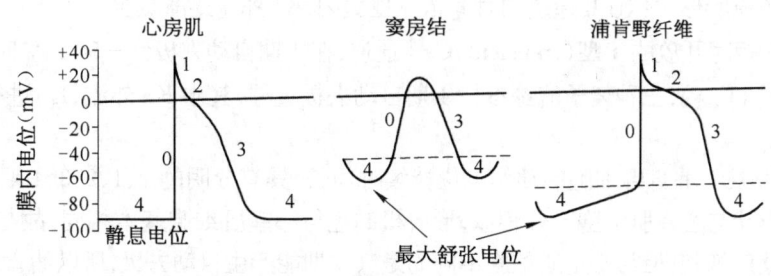

图4-3 自律细胞最大舒张电位

(二) 自律细胞的跨膜电位及其形成机制

窦房结、房室结、房室束、浦肯野细胞等特殊传导系统中的一些心肌细胞,在没有外来刺激时,能够自动地发生节律性兴奋,故将这一类心肌细胞称为自律细胞。自律细胞与非自律细胞跨膜电位最大的区别在于4期膜电位不稳定。自律细胞的动作电位在3期复极末,膜电位达到最大值处,即**最大复极电位**(maximum repolarization potential)**或最大舒张电位**(maximum diastolic potential)之后(图4-3),4期膜电位不稳定,立即开始自动去极化,当达到阈电位后,便产生下一个动作电位,如此周而复始,于是兴奋就不断产生。这种4期自动去极化又称为**起搏电位**(pacemaker potential),是自律细胞产生自动节律性兴奋的基础。各种不同的自律细胞动作电位的特征和产生机制也不完全相同,现以窦房结和浦肯野细胞为代表介绍自律细胞动作电位特征及机制。

1. 窦房结 窦房结内的自律细胞为**P细胞**(pacemaker cell),其动作电位明显不同于心室肌细胞(图4-4),具有以下特征:① 最大复极电位(-70 mV)和阈电位(-40 mV)较小。② 0期去极化速度慢(约10 V/s),时程长(约7 ms),幅度小(约70 mV)。③ 无明显的复极1期和2期。④ 4期自动去极化速度快(约0.1 V/s)。通常将其分为0、3、4三个时期,其动作电位形成机制如下。

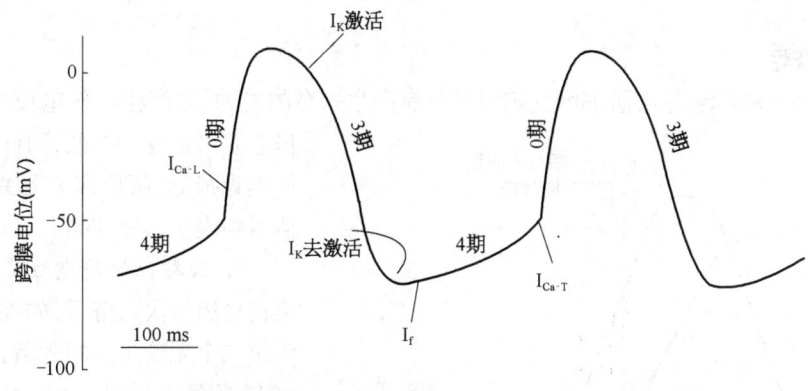

图4-4 窦房结起搏细胞4期去极化和动作电位发生

(1) 0期: 0期去极化由慢钙通道开放, Ca^{2+} 内流(I_{Ca-L})引起。当窦房结P细胞自动去极化到阈电位(-40 mV)时,L型 Ca^{2+} 通道激活, Ca^{2+} 内流,由于 Ca^{2+} 通道激活慢,0期去极慢,持续时间长。

(2) 3期: 3期复极化主要由 K^+ 外流所致,此期由于 Ca^{2+} 通道逐渐失活, Ca^{2+} 内流逐渐减少,而 I_K 通道被进一步激活, K^+ 外流进一步增强所致。

(3) 4期: 4期自动去极化的过程较复杂,有多种机制参与,一般认为主要由一种外向离子流与两种内向离子流所形成：① I_K 通道的时间依从性关闭，K^+ 外流逐渐减少。② Na^+ 负载的内向起搏电流 (I_f)。③ 短时开放的 **T型**(transient)Ca^{2+} 通道，在 4 期自动去极到 -50 mV 时被激活，引起的内向 Ca^{2+} 电流 (I_{Ca-T})，三种离子流都参与 4 期自动去极过程，其中 K^+ 外流 (I_K) 进行性衰减是其最重要的原因。

2. 浦肯野细胞　浦肯野细胞的动作电位持续时间长，具有分明的 0、1、2、3、4 期。0 期上升速率快，幅度高，形状与心室肌细胞十分相似，形成机制也与心室肌细胞基本相同，故与心房肌、心室肌细胞同属快反应细胞；但与心室肌细胞不同的是其 4 期能产生自动去极，所以浦肯野细胞也是自律细胞。其 4 期自动去极的形成机制目前认为是 4 期 K^+ 外流 (I_K) 进行性衰减与由 Na^+ 内流为主的起搏电流 (I_f) 所引起，I_f 通道的最大激活电位为 -100 mV 左右，在膜去极化水平达 -50 mV 左右时关闭。这种 Na^+ 内流与其 0 期去极化过程中的 Na^+ 内流完全不同，I_f 通道不能被 TTX 所阻断，但可被 Cs^+（铯）选择性阻断。

心房肌、心室肌、浦肯野纤维与房室束的细胞动作电位 0 期上升速率快，幅度高，是由快 Na^+ 通道开放，Na^+ 快速内流所致，因此，此类动作电位又称快反应动作电位，产生此种快反应动作电位的心肌细胞称为**快反应细胞**(fast response cell)。而窦房结与房室结处的自律细胞 0 期去极由慢钙通道开放，去极速度慢，因此，又把窦房结与房室结处的自律细胞称为**慢反应细胞**(slow response cell)。各种心肌细胞动作电位的形状及兴奋传导速度可参见图 4-1。

二、心肌的生理特性

工作细胞具有兴奋性、传导性和收缩性，但无自律性；自律细胞具有兴奋性、自律性和传导性，但无收缩性。因而，心肌细胞具有兴奋性、自律性、传导性和收缩性四种特性，前三者又称为心肌的电生理特性，后者又称为心肌的机械性特性。心肌细胞的这些生理特性决定了整个心脏活动的表现与特点。

(一) 兴奋性

兴奋性(excitability)指心肌细胞受刺激时具有产生兴奋的能力（即产生动作电位的能力）。衡量心肌兴奋性的高低，同样可以采用阈值作为指标，阈值高表示兴奋性低，阈值低则表示兴奋性高。

1. 兴奋性的周期性变化　心肌细胞在经历一次兴奋后，如果紧接着再给予第二个无论多大的刺激，都不会引起兴奋，须经一段时间后，才能再接受刺激而再次兴奋。在这段时间里，心肌细胞的兴奋性经历了一系列的周期性变化过程，此过程可分为以下几个时期（图 4-5）。

(1) 有效不应期：从 0 期去极开始到复极 3 期膜电位恢复到 -55 mV 这段时间内，不论施加多强的刺激，心肌

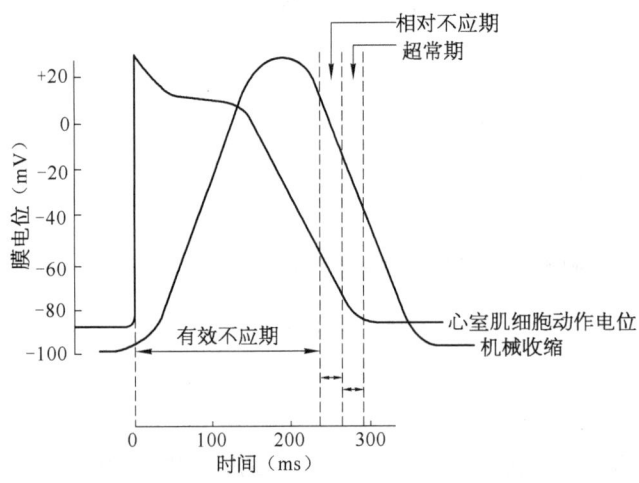

图 4-5　心室肌细胞的动作电位、心室肌机械收缩曲线与兴奋性变化的关系

细胞都不会发生任何程度的去极化,故称此时期为**绝对不应期**(absolute refractory period,ARP)。从-55 mV 到-60 mV 这段时间内,如果给予阈上刺激可发生局部兴奋,但仍不能引起新的动作电位(图 4-6 中 a、b),这一时期称局部反应期,因此将绝对不应期加上局部反应期(即去极化开始至复极达-60 mV)的这段时期称为**有效不应期**(effective refractory period,ERP)。有效不应期的产生是由于在绝对不应期阶段 Na^+ 通道完全失活,兴奋性为零;在局部反应期阶段少量 Na^+ 通道刚刚开始复活,但远未恢复到可激活的备用状态,因此兴奋性极低。

(2) 相对不应期:在 3 期复极过程中,有效不应期结束后,从-60 mV 继续复极到-80 mV 的这段时间,阈刺激不能引起动作电位,而阈上刺激能够引起可扩布的动作电位,所以称这一时期为**相对不应期**(relative refractory period,RRP)。但相对不应期所引起的动作电位 0 期的幅度和上升速率都比正常引起的动作电位小,兴奋的传导也较慢。这是因为此期膜电位仍低于静息电位,Na^+ 通道虽已逐渐恢复,但其开放能力尚未完全恢复,兴奋性仍低于正常,只有更强的刺激(阈上刺激)才能激活足够的 Na^+ 通道产生动作电位。此外,此期处于前一动作电位的 3 期,尚有 K^+ 迅速外流趋势,因此新产生的动作电位的时程较短,不应期也较短(图 4-6c、d)。

(3) 超常期:是指心肌细胞继续复极,膜电位从-80 mV 恢复到-90 mV 的这段时间。由于此期膜电位水平正处于静息电位与阈电位之间,到达阈电位的差距较小,Na^+ 通道已基本恢复到备用状态,只需低于阈刺激强度的刺激即能引起兴奋,因此表现为兴奋性高于正常,所以称这一时期为**超常期**(supranormal period,SNP)。但此期产生的动作电位 0 期去极化幅度和速度、兴奋传导速度、时程和不应期均仍然低于正常(图 4-6 中 e),这是因为 Na^+ 通道虽已基本恢复到备用状态,但开放程度仍未恢复正常。超常期过后,兴奋性逐渐恢复正常。

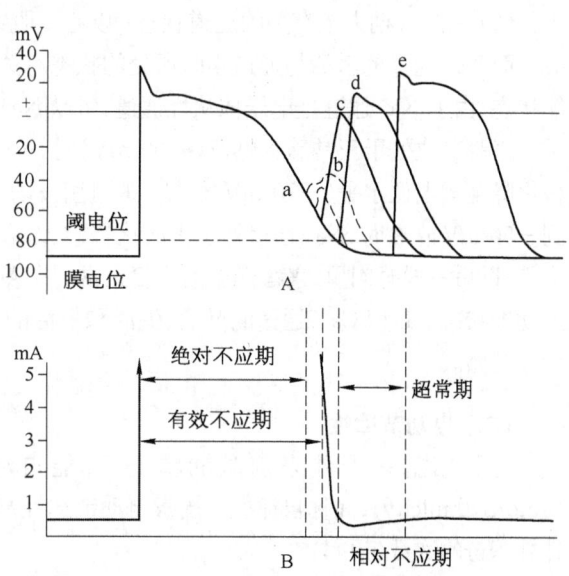

图 4-6 心肌的动作电位与兴奋性的变化
A. a、b、c、d、e 示在复极化的不同时期给予刺激所引起的反应;B. 用阈值变化曲线表示兴奋后兴奋性

经历了一次兴奋,兴奋性发生周期性的变化是所有神经和肌肉组织的共同特性;但心肌细胞的有效不应期特别长,一直延伸到机械反应的舒张期早期(图 4-5)。心肌细胞的这一特点使心肌不会像骨骼肌那样发生完全强直收缩,而是始终保持收缩与舒张的交替性活动。这种收缩与舒张的交替性活动具有重要的生理意义:心室肌收缩时血液从心室射出,而心室肌舒张时,则血液回心充盈,从而保证心室射血的正常进行。假如心肌发生完全强直收缩而不能舒张,那么心室将无法射血。

2. 期前收缩与代偿间歇 在正常情况下,心房肌和心室肌是接受由窦房结发放的兴奋而进行节律性收缩和舒张。如果在心房肌和心室肌的有效不应期之后,在下一次窦房结传来的兴奋到达之前,心房肌或心室肌受到外来刺激,则可提前产生一次兴奋和收缩,称**期前收缩**(premature systole)或早搏。期前收缩也有自己的有效不应期。当紧接在期前收缩后的一次窦房结的兴奋传至心室时,常恰好落在期前兴奋的有效不应期内,因而不能引起心室兴奋,要等到再次窦房结兴奋

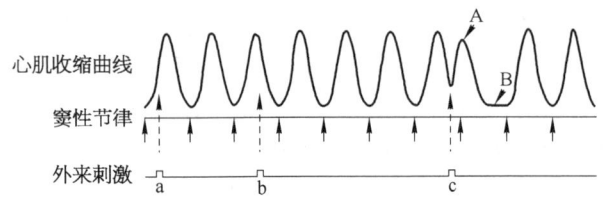

图 4-7 期前收缩与代偿间歇
A:期前收缩;B:代偿间隙;a～c:外来刺激刺激 a 和 b 落在有效不应期内,不引起反应;刺激 c 落在相对不应期内,引起期前收缩与代偿间隙

传来时才发生兴奋和收缩。故在一次期前收缩之后,常伴有一段较长的心室舒张期,称为**代偿间歇**(compensatory pause)(图 4-7)。但若窦性心率较慢,当期前兴奋的有效不应期结束后,随后的窦性兴奋传到心室,则仍可引起心室一次新的兴奋和收缩,而不出现代偿间歇。

3. **影响心肌兴奋性的因素** 兴奋性的高低取决于静息电位与阈电位之间的差距大小和与 0 期去极有关的通道状态。任何能影响这两个环节的因素均可改变心肌细胞的兴奋性。

(1) 静息电位与阈电位之间的差距:在一定范围内,静息电位(或最大复极电位)增大,或阈电位水平上移时,两者之间的差距加大,表现为兴奋性降低;反之,静息电位(或最大复极电位)减小,或阈电位水平下移时,两者之间的差距减小,则兴奋性增高。

(2) 引起 0 期去极有关的通道状态:以心室肌细胞为例,0 期去极的引起与 Na^+ 通道的激活有关。而 Na^+ 通道的激活与通道当时所处的状态有关。Na^+ 通道可表现为激活、失活和备用三种功能状态,由于 Na^+ 通道是电压依从性通道,所以 Na^+ 通道处于哪一种状态,取决于当时的膜电位水平。当膜电位处于正常静息电位(-90 mV)时,Na^+ 通道处于备用状态,如给予刺激,使膜电位去极化降至阈电位水平(-70 mV 左右),即可引发动作电位,此时的兴奋性为正常水平;当膜电位降到 -50 mV 左右时,Na^+ 通道处于失活状态,无论给予多大的刺激都不能引起兴奋,此时的兴奋性为零;以后一段时间里,兴奋性逐渐恢复正常。在慢反应细胞,细胞的兴奋性取决于 L 型 Ca^{2+} 通道的功能状态。L 型 Ca^{2+} 通道的激活、失活和复活的速度均较慢,其复活过程须待膜电位完全复极后才开始。

(二) 自动节律性

心肌细胞在无外来刺激的情况下,能自动产生节律性兴奋的特性,称**自动节律性**(autorhythmicity),简称自律性。衡量自动节律性高低的指标是单位时间(每分钟)内自动产生节律性兴奋的次数(频率)。

1. **心脏起搏点** 在生理情况下,心肌的自律性起源于心脏特殊传导系统的自律细胞;不同部位的自律细胞自律性高低不一。其中窦房结的自律性最高,约为 100 次/min,但由于受心迷走神经紧张的影响,其自律性表现为每分钟 70 次左右;房室结约 50 次/min;房室束及其分支约为 40 次/min;浦肯野细胞自律性最低,约为 25 次/min。正常情况下,由于窦房结自律性最高,控制了整个心脏的活动,因此窦房结是心脏的正常起搏点,所形成的心跳节律称为**窦性心律**(sinus rhythm)。其他自律细胞的自律性较低,通常处于窦房结的控制之下,其本身的自律性并不表现出来,故称为**潜在起搏点**(latent pacemaker)。当潜在起搏点控制部分或整个心脏的活动时,就成为**异位起搏点**(ectopic pacemaker)。

2. **窦房结对潜在起搏点的控制** 窦房结对潜在起搏点的控制通过两种方式实现:① 抢先占领:由于窦房结的自律性最高,所以,在潜在起搏点 4 期自动去极尚未达到阈电位水平之前,窦房结传来的兴奋已抢先激动它,使之产生动作电位,从而使其自身的节律兴奋不能出现。这种抢先占领的方式是自律性高的组织控制自律性低的组织的主要方式。② 超速驱动压抑:当自律细胞在受到高于其固有频率的刺激时,就按外加刺激的频率发生兴奋,称为超速驱动。在外加的超速驱动刺激停止后,自律细胞不能立即呈现其固有的自律性活动,需经一段时间后才能逐渐恢复其自律性,这种现象称为超速驱动压抑。窦房结的快速节律活动,对潜在起搏点较低频率的兴奋有直接抑制作用,就是通过此种超速驱动压抑。超速驱动压抑具有频率依从性,即超速驱动频率与自律细胞固有的频率差别越大,抑制作用越强,超速驱动停止后,心脏停搏的时间也越长。因此,当窦房结停止发放冲动或下传受阻后,则首先由自律性相对较高、受超速驱动压抑较轻的房室结来替代,而不是由自律性更低的心室传导组织来替代。临床应用人工起搏,如要中断人工起搏器时,在中断前应逐渐减慢起搏频率,以免发生心搏骤停。

3. **影响自律性的因素** 自律性的高低取决于 4 期自动去极化的速度、最大舒张电位水平和阈电位水平(图 4-8)。其中以 4 期自动去极化速度最为重要。

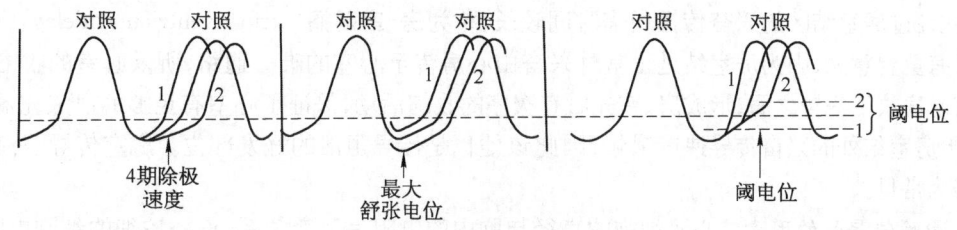

图 4-8 自律性的决定因素
1:比对照时的自律性升高;2:比对照时的自律性降低

(1) 4 期自动去极化速度:如果其他条件不变,4 期自动去极化速度越快,达阈电位所需时间越短,单位时间内产生的兴奋次数越多,自律性也越高;反之,4 期自动去极化速度越慢,则自律性愈低。

(2) 最大舒张电位水平:若其他条件不变,最大舒张电位减小,使之与阈电位的距离靠近,4 期自动去极化达阈电位所需的时间就缩短,于是自律性增高;反之,两者差距加大,则自律性降低。

(3) 阈电位水平:在其他条件不变的情况下,阈电位下移,与最大复极电位的距离变小,则 4 期自动去极化很快达到阈电位水平而爆发动作电位,于是自律性增高;反之,两者差距加大,则自律性降低。

(三) 传导性

心肌细胞具有传导兴奋的能力,这种特性称为**传导性**(conductivity)。即心肌细胞某处发生的兴奋,能沿胞膜扩布到整个细胞,并通过缝隙连接(闰盘)扩布到相邻的心肌细胞,从而引起整块心肌兴奋。心肌细胞传导兴奋的原理与神经纤维、骨骼肌相同,也是由于兴奋部位和邻近安静部位的膜之间发生电位差,产生局部电流,从而刺激安静部位的膜发生兴奋。此外,局部电流还可快速通过心肌细胞之间的闰盘,因此尽管心肌细胞在形态结构上是彼此隔开的,但在功能上如同一个细胞,可被看作是功能上的合胞体。

1. **心脏内兴奋传播的途径和特点** 正常情况下,窦房结发出的兴奋通过心房肌传播到整个右心房和左心房;尤其是沿着窦房结与房室结之间的心房肌构成的所谓"优势传导通路"(此处的心房肌细胞排列方向一致,结构整齐,兴奋传导速度较一般心房肌细胞为快)迅速传到房室结区。在心房和心室之间有结缔组织将它们彼此分开,除房室结外别无其他心肌细胞连接着心房肌和心室肌,因此兴奋从心房传到心室主要通过心内特殊传导系统。其传播途径见图 4-9。

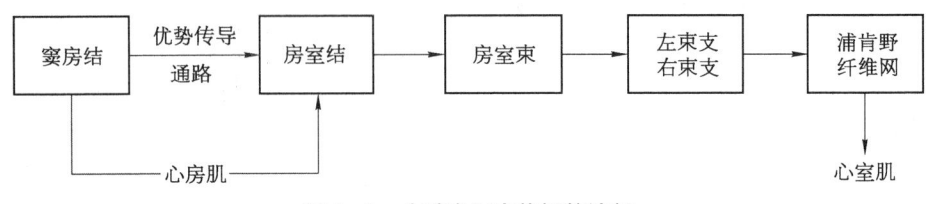

图 4-9 心脏内兴奋传播的途径

由于各种心肌细胞的兴奋传导速度不同,构成了心肌兴奋传播的特点:① 心房肌内(0.4 m/s)、心室肌内(1 m/s)的兴奋传导速度较快,加上心肌细胞间的闰盘结构,可使整个心房或整个心室同步兴奋和同步收缩,有利于射血;末梢浦肯野纤维网的传导速度最快(4 m/s),这一特点对左、右两侧心室的同步化活动具有意义。② 房室结区细胞的传导速度很慢,其中又以结区(0.02 m/s)最慢,因此经过房室结区的兴奋传播所需时间较长,称为**房-室延搁**(atrio-ventricular delay)。这一特点具有重要意义,因为房室结是正常时兴奋由心房传至心室的唯一通路,所以心室的收缩总是出现在心房收缩完毕之后,形成房、室先后有次序的收缩活动,保证了心室有足够的血液充盈。但是,由于房室结处的兴奋传导速度最慢,因此该处也是传导阻滞的好发部位。房室传导阻滞在临床上极为常见。

2. 影响传导性的因素 心肌细胞的直径与胞内的电阻呈反变关系,直径较细的细胞电阻大,因此产生的局部电流小,传导速度较慢;直径较粗的细胞电阻小,则传导速度较快。心房肌、心室肌和浦肯野纤维直径大于窦房结和房室结细胞。末梢浦肯野纤维直径最大,传导速度最快;而结区细胞直径最小,故传导速度最慢。心肌细胞的电生理特性是影响心肌传导最重要的因素,其中以动作电位 0 期去极的速度和幅度最为主要。

(1) 动作电位 0 期去极的速度和幅度:0 期去极的速度越快,局部电流的形成越快,导致邻旁未兴奋部位膜电位去极化达阈电位的速度越快,因而兴奋传导越快;0 期去极化的幅度越大,兴奋与未兴奋部位之间的电位差越大,形成的局部电流越强,局部电流扩布的距离也越远,结果距兴奋部位更远的下游部位受到局部电流的刺激而兴奋,因而兴奋传导越快。

(2) 邻旁未兴奋部位膜的兴奋性:当局部电流向邻旁未兴奋部位扩布时,正好邻旁未兴奋部位膜受到额外刺激而产生期前兴奋,或期前兴奋的兴奋性尚未恢复正常,此时 Na^+ 通道正处于失活状态或尚未完全恢复到备用状态,则局部电流不能引起邻旁部位兴奋,或导致正常下传的动作电位 0 期去极化速度和幅度降低,从而使得兴奋传导减慢。

(四) 心肌的收缩性

与骨骼肌细胞一样,心肌细胞在受到刺激后首先爆发动作电位,通过兴奋收缩耦联,引起肌丝滑行,最终产生整个细胞的收缩。此外,心肌细胞的收缩还具有其自身的特点。

1. 同步收缩 心肌细胞间相接触的闰盘部分电阻低,心房和心室内特殊传导组织的传导速度快,整个心房肌或整个心室肌可以看作是一个功能上的合胞体。因此,兴奋几乎同时到达所有心房肌或心室肌,引起心房肌或心室肌同时收缩,称同步收缩。这种收缩的效果好、力量大,有利于心脏射血。这种现象也称为"全或无"式的收缩。

2. 不发生强直收缩 心肌细胞产生一次兴奋后,其有效不应期特别长,相当于整个收缩期加上舒张早期。在此期间,无论多强的刺激都不能引起心肌细胞再次兴奋而产生收缩。因此,心脏不会产生强直收缩,而始终保持着收缩与舒张交替的节律活动。这对于保证心脏射血与充盈正常的交替,维持正常心脏泵血功能具有重要意义。

3. **对细胞外 Ca^{2+} 的依赖性** 与骨骼肌相比,心肌细胞的终池很不发达,其 Ca^{2+} 储备量较少;终池中的 Ca^{2+} 必须在胞外流入胞浆的 Ca^{2+} 触发下才能大量释放。由 Ca^{2+} 少量内流所触发的肌浆网释放大量 Ca^{2+} 的过程或机制称为**钙诱导钙释放**(calcium induced calcium release, CICR)。因此心肌兴奋收缩耦联所需的 Ca^{2+} 高度依赖于细胞外 Ca^{2+} 的内流。在一定范围内增加细胞外液 Ca^{2+} 浓度,可增强心肌收缩力;反之,细胞外液 Ca^{2+} 浓度降低,则心肌收缩力减弱。当细胞外液中 Ca^{2+} 浓度很低,甚至无 Ca^{2+} 时,虽然心肌细胞仍能产生动作电位,却不能引起收缩,这一现象称为兴奋收缩脱耦联。

三、心电图

人体是个具有三维结构的容积导体,心脏在人体的中心似电源。每一心动周期中,由窦房结产生的兴奋,依次传向心房和心室,这种兴奋产生和传布(传导)时所伴随的生物电变化,通过周围组织传到全身,使身体各部位在每一心动周期中都发生有规律的电变化。用引导电极置于肢体或躯干的一定部位通过心电图仪放大、记录出来心电变化的波形,即为**心电图**(electrocardiogram, ECG)。心电图反映整个心脏兴奋的产生、传导和恢复过程中每个瞬间的生物电综合变化,与心脏的机械收缩活动无直接关系。心电图虽然来源于心肌细胞的生物电变化,但心电图的波形与单个心肌细胞兴奋时的电位变化曲线有明显的差别(图 4-10),并在产生的机制、记录方式上两者都有许多不同(表 4-1)。

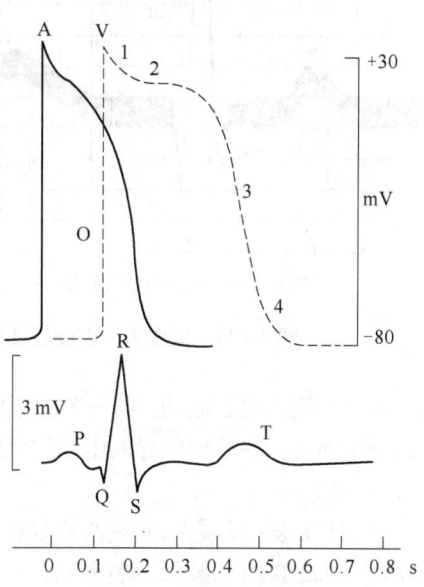

图 4-10 心肌细胞膜电位变化与心电图的比较

上为心肌细胞膜动作电位;A:心房肌;V:心室肌;下为心电图

表 4-1 心电图与单个心肌细胞膜电位之间的主要不同

项 目	反映情况	记录部位	记录方式	波 形
心电图	整个心脏生物电综合变化	体表	细胞外记录,心脏两点间或与地之间的电位差	呈 P、QRS、T 波
心肌细胞动作电位	单个细胞跨膜电位	单一细胞	细胞内记录,膜内外电位差	分 0、1、2、3、4 期

(一) 心电图导联

心电图有多种引导方法,即导联。临床上作心电图检查时,一般需同时记录 12 个导联,包括标准肢体导联中的Ⅰ、Ⅱ、Ⅲ导联,加压单极肢体导联中的 aVL、aVR、aVF 导联,以及单极胸导联中的 V_1、V_2、V_3、V_4、V_5、V_6 导联。由于导联的不同,心电图的波形可不完全相同。但不管何种导联,心电图的基本波形都有一个 P 波、QRS 波群和 T 波,有时在 T 波后,还出现一个 U 波。图 4-11 所示的心电图是以Ⅰ导联为基础的,其 P、R、T 波向上,而 Q、S 波向下;而在 aVR 导联上,所有波形的方向均与此相反。此外,每个心电图导联不一定 P、Q、R、S、T 5 个波形全有,Q 波或 S 波常可缺如。

心电图是直接描记在印有小方格的特殊记录纸上的。记录纸上的小方格,长和宽均为 1 mm,

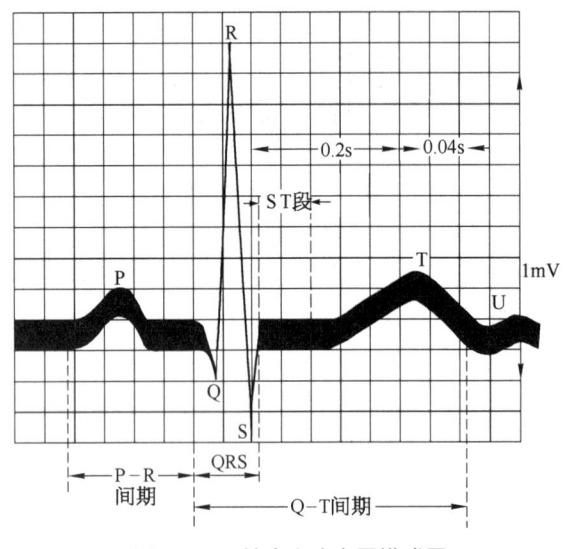

图4-11 健康人心电图模式图

纵坐标代表电压,每一小格相当于 0.1 mV 的电位差;横坐标表示时间,每一小格相当于 0.04 s(图4-11)。记录心电图时,首先调节仪器放大倍数,使 1 mV 标准电压信号在纵向上产生 10 mm 偏移,并选择 25 mm/s 的走纸速度。这样,就能达到上述标准,并可在记录纸上测出心电图各波的电压和经历时间。

(二) 正常心电图的波形、间期及其意义

1. 心电图各波的波形及其生理意义

(1) P波:反映左、右两心房的去极化过程。P波波形小而圆钝,历时 0.08~0.11 s,波幅不超过 0.25 mV。

(2) QRS波群:代表左、右两心室去极化过程的电位变化。典型的 QRS 波群,包括三个紧密相连的电位波动:第一个向下的波为 Q 波,中间一个向上的高而尖的是 R 波,最后一个是向下的 S 波。在不同的导联中,三个波不一定都出现。各波波幅在不同导联中变化较大,波群历时 0.06~0.10 s。

(3) T波:反映左、右两心室复极过程的电位变化。T波的方向与 QRS 波群的主波方向相同。历时 0.05~0.25 s,波幅一般为 0.1~0.8 mV。如果出现 T 波低平、双向或倒置,则称为 T 波改变,主要反映心肌缺血。

(4) U波:有时在 T 波后 0.02~0.04 s 出现,方向一般与 T 波一致,波宽 0.1~0.3 s,波幅多在 0.05 mV 以下。意义和成因尚不清楚。

2. 重要间期和时段的实际意义

(1) P-R间期(P-Q间期):是指从 P 波起点到 QRS 波起点之间的时程。P-R 间期代表由窦房结产生的兴奋经由心房、房室结和房室束到达心室,并引起心室开始兴奋所需要的时间,所以也称为房室传导时间。正常为 0.12~0.20 s,房室传导阻滞时延长。

(2) P-R段:从 P 波终点到 QRS 波起点之间的曲线。在房室传导过程中,兴奋通过房室结区非常缓慢,形成的电位变化十分微弱,一般不能记录出来,所以通常与基线同一水平。

(3) Q-T间期:从 QRS 波起点到 T 波终点的时程,代表心室开始去极到完全复极到静息状态的时间。Q-T 间期的长短与心率成反比关系,心率越快,Q-T 间期越短。

(4) ST段:从 QRS 波群终点到 T 波起点之间的线段。正常时该段曲线应与基线平齐,表明心室各部分细胞都处在兴奋状态(相当于动作电位的平台期),各部分之间无电位差。在心肌缺血或损伤等情况下,可出现 ST 段异常偏移基线。

(5) R-R间期:从前一个 R 波的顶点到后一个 R 波的顶点之间的时程,代表一个心动周期的时间,根据 R-R 间期可计算出心率。

临床上,心电图指标对心律失常、心肌病变有重要诊断意义。

动态心电图技术于1957年美国物理学家霍尔特(Holter)发明,1961年开始运用于临床监测心脏电活动,又称 Holter 监测心电图仪,目前已成为临床心血管领域中非创伤性检查的重要诊断方法之一。与普通心电图相比,动态心电图 24 h 内可连续记录并分析心脏在活动和安静状态下的心电信号,可提高对非持续性心律失常,尤其一过性心律失常及短暂的心肌缺

血发作的检出率,扩大了心电图临床运用的范围。1992 年植入式 Holter 研发成功,有助于诊断心律失常和心绞痛,鉴别胸痛、心悸、头晕和昏厥是否由心脏原因所引起;心肌梗死患者康复期的监测;用于研究抗心律失常和抗心绞痛药物的疗效;也用作观察人工心脏起搏器的治疗作用及所引起的心律失常,从而大大地提高临床心电图诊断的价值。

第二节 心脏的泵血功能

心脏是由心肌组织构成的中空肌性器官。在人的一生中,它始终不停地、有节律地收缩、舒张交替进行。在心脏瓣膜的配合下,心脏收缩时,将心腔内血液射入动脉,为血液的流动提供能量;心脏舒张时,射血停止,静脉内血液回流,充盈心腔,为下一次射血做好准备。心脏在循环系统中起着"泵"的作用,心脏通过节律性的收缩和舒张活动以及瓣膜的导向作用,推动血液按一定方向流动,实现其泵血功能。

一、心动周期与心率

(一) 心动周期

心脏活动呈周期性变化,心脏每收缩和舒张一次,构成一个机械活动周期,称为**心动周期**(cardiac cycle)。一次心动周期中,心房和心室均经历一次**收缩期**(systole)和**舒张期**(diastole)。在一个心动周期中,首先是两心房收缩,继而两心房舒张;当心房开始舒张时两心室同步收缩,然后心室舒张;此时心房仍处于舒张期;接着两心房又开始收缩进入下一个心动周期,如此周而复始。心动周期时程的长短与心率有关。以健康成人心率平均为 75 次/min 计算,则每个心动周期历时 0.8 s(图 4-12),其中心房收缩期 0.1 s,舒张期 0.7 s;心室收缩期 0.3 s,舒张期 0.5 s。在一个心动周期中,不论是心房还是心室,其舒张期均长于收缩期。并且,房室同处于舒张状态的达 0.4 s,占心动周期的一半,称为全心舒张期。舒张期心肌做功较少,耗能减少,有利于心脏休息;足够长的心室舒张期又有利于静脉回流,心室充盈,足够量的血液充盈才能保证心室正常的射血。由于心室在心脏泵血中起主要作用,故习惯上将心室收缩和舒张作为心动周期活动的标志,分别称为心室收缩期(心缩期)和心室舒张期(心舒期)。心动周期的持续时间与心率关系密切,心率越快,心动周期越短,收缩期和舒张期均相应缩短,但舒张期缩短更显著。因此,当心率过快时,心脏工作时间相对延长,而休息及充盈的时间明显缩短,心脏泵血功能就会减弱。

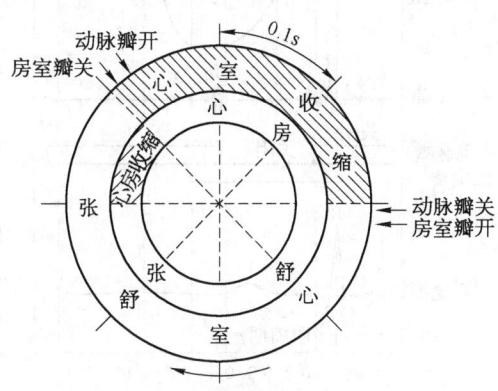

图 4-12 心动周期中心房和心室的活动顺序与时间的关系

(二) 心率

每分钟心脏搏动的次数称为**心率**(heart rate,HR)。健康成人安静状态下心率为 60~100 次/min,平均 75 次/min。心率因年龄、性别和生理情况不同而有差异。新生儿的心率每分钟可达 140 次以上,以后随着年龄的增长而逐渐减慢,至青春期接近成人。成人中,女性的心率略快于男性。经常进行体育锻炼或从事体力劳动的人,心率较慢。同一个人的心率则随生理状态不同而波动,安静或睡眠时心率减慢,运动或情绪激动时心率加快。此外,妇女怀孕等情况下心率也会加快。成人安静时心率如低于 60 次/min,称窦性心动过缓;超过 100 次/min,称窦性心动过速。

二、心脏泵血过程及其机制

在同一时期内,左心与右心接受的血液回流量大致相等,血液输出量也大致相等。每一心动周期是以心房收缩为开始,但心室所起的作用比心房重要,因此,泵血功能以心室活动为标志。一个心动周期分为**心室收缩期**(ventricular systole)和**心室舒张期**(ventricular diastole)。以下以左心室收缩期的射血和左心室舒张期的充盈过程为例,说明心脏泵血的过程和机制(图 4-13)。

(一) 心室收缩期

可分为等容收缩期、快速射血期和减慢射血期三个时期。

1. **等容收缩期** 在心房收缩约 0.1 s 后,心室便开始收缩,室内压开始升高;当室内压超过房内压时,心室内血液即推动房室瓣,使之关闭,因此血液不会倒流入心房。此时室内压仍低于主动脉压,动脉瓣仍处于关闭状态,心室内容积不变,称为**等容收缩期**(isovolumetric contraction phase)。此期房室瓣和动脉瓣都处关闭状态,心室肌的收缩无法改变心室腔的容积,因此,此期室内压迅速升高,成为心动周期中室内压上升速率和上升幅度最大的时期。此期约持续 0.05 s(图 4-13 中 b)。

2. **快速射血期** 随着心室肌继续收缩,室内压继续上升,当室内压超过主动脉压时,动脉瓣被强大的室内压所推开,血液由心室射入主动脉。由于心室肌的强烈收缩,这一时期射出的血量约占总射血量的 2/3,而且血流速度很快,故称为**快速射血期**(rapid ejection phase)。此期心室腔内的血液被迅速射入主动脉,因而心室内容积明显缩小,成为室内容积下降速率最快的时期;而室内压则继续上升达峰值,成为心动周期中室内压最高的时期。此期约占 0.1 s(图 4-13 中 c)。

3. **减慢射血期** 快速射血期后,由于大量血液进入主动脉,主动脉压相应增加,心室内血液减少,心室肌收缩强度减弱,心室容积缩小的速度也减慢,所以

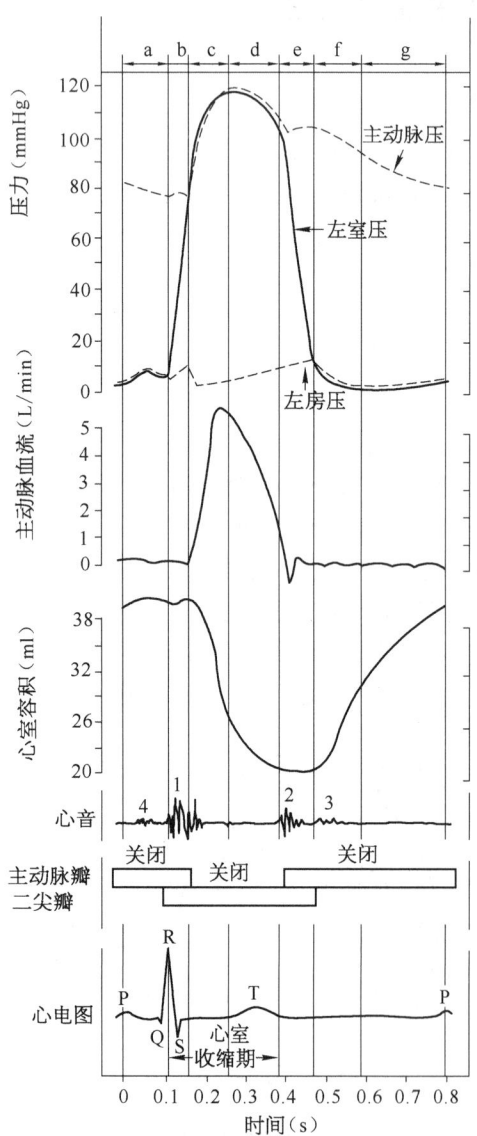

图 4-13 心动周期各时相中,心脏内压力、容积、瓣膜、心音与心电图变化

a:心房收缩期;b:等容收缩期;c:快速射血期;d:减慢射血期;e:等容舒张期;f:快速充盈期;g:减慢充盈期

称为**减慢射血期**(reduced ejection phase)。此期室内压和主动脉压都相应由峰值逐渐下降,并且在整个射血期的中期或稍后,室内压虽已略低于主动脉压,但此时室内血液因具有较高的动能,依其惯性作用仍可逆压力梯度继续流向主动脉。此期约持续 0.15 s(图 4-13 中 d)。

(二) 心室舒张期

可再分为等容舒张期、快速充盈期、减慢充盈期、心房收缩期四个时期。

1. **等容舒张期** 心室肌开始舒张后,室内压急剧下降,由于主动脉内压力大于室内压,主动脉内血液向心室倒流,推动动脉瓣,使之关闭;但此时室内压仍明显高于房内压,房室瓣依然处于关闭状态,室内容积不变,故称为**等容舒张期**(isovolumetric relaxation phase)。此期为室内压下降速率最快和幅度最大的时期。此期约持续 0.07 s(图 4-13 中 e)。

2. **快速充盈期** 心室肌继续舒张,当室内压下降到低于房内压时,房室瓣开放,此时心房和大静脉内的血液受到心室内低压的"抽吸"作用而迅速流入心室内。此期室内容积迅速增加,流入心室的血液约为总充盈量的 2/3,为心动周期中室内容积增加最多和增加速率最快的时期,故称为**快速充盈期**(rapid filling phase)。此期历时约 0.11 s(图 4-13 中 f)。

3. **减慢充盈期** 快速充盈期后,随着心室内血液不断增加,心室、心房、大静脉之间的压力差逐渐减小,尽管血液继续充盈心室,但充盈速度已明显减慢,故称为**减慢充盈期**(reduced filling phase)。此期约需 0.22 s(图 4-13 中 g)。

4. **心房收缩期** 至心室舒张期的最后 0.1 s,心房开始收缩,故称为**心房收缩期**(atrium systole),此期约占 0.1 s(图 4-13 中 a)。在此之前,心脏正处于全心舒张期,心房、心室内压力都较低,接近于大气压,并且房室瓣处于开放状态,血液不断由静脉流向心房,再由心房流向心室。心房的收缩使心房内压力相对高于室内压,于是,心房容积缩小,将心房内的血液挤入心室,使心室在原有充盈的基础上进一步增加其充盈量,有利于心室射血,因此心房收缩可起初级泵或启动泵的作用。由心房收缩引起的心室充盈量增量占总充盈量的 25%。所以心房收缩期是整个心动周期中心室内容积最大的时期。此后,进入下一个心动周期,周而复始。

心脏泵血功能的实现是由于心肌的收缩、舒张造成室内压力变化并导致心房和心室之间以及心室和主动脉之间产生压力梯度的根本原因,而压力梯度则是推动血液在心房、心室以及主动脉之间流动的主要动力。心脏和大动脉内瓣膜的定向启闭使血液只能沿特定的方向流动。右心室的泵血过程与左心室基本相同,但由于肺动脉压仅为主动脉压的 1/6,因此右心室内压的变化幅度要比左心室内压小得多。

三、心脏泵血功能的评价

心脏不断泵血,并能进行适当调节以保证机体代谢的需求,因此心脏泵血功能是衡量心脏功能的基本指标。常用的心脏泵血功能评价指标主要有以下几种。

(一) 每搏输出量与射血分数

一侧心室在一次搏动中所射出的血液量,称为**每搏输出量**,简称**搏出量**(stroke volume, SV)。搏出量为心室**舒张末期容积**(end-diastolic volume)和**收缩末期容积**(end-systolic volume)之差。安静状态下,健康成年人的左心室舒张末期容积约 125 ml,收缩末期容积约 55 ml,搏出量约 70 ml。可见,心室在每次射血时,并未将心室内充盈的血液全部射出。**射血分数**(ejection fraction, EF)为每搏输出量与心室舒张末期容积的百分比,即:

$$射血分数=(每搏输出量/心室舒张末期容积)×100\%$$

射血分数反映心室泵血功能的效率。安静状态下,健康成年人的射血分数为55%~65%,每搏输出量的变化始终与心室舒张末期容积增减相适应,射血分数的值基本保持在正常范围内。但心脏泵血功能异常时,射血分数比搏出量较早出现变化。例如,心功能减退导致心室扩大的情况下,每搏输出量虽可与健康人无明显差别,但已不能与扩大的心室舒张末期容积相适应,即射血分数明显下降。通常,射血分数低于50%,表明心力衰竭存在;如果低于33%,则表示严重心力衰竭。因此,射血分数是评定心功能的重要指标之一。

(二) 每分输出量与心指数

一侧心室每分钟射出的血液量,称为**每分输出量**(minute volume),简称**心输出量**(cardiac output)或心排出量。即:

$$心输出量=搏出量×心率$$

左、右两侧心室的心输出量基本相等。心输出量与机体的新陈代谢水平相适应,可因性别、年龄及其他生理情况的不同而不同。安静状态下,健康成年男性搏出量约70 ml,心率平均为75次/min,则心输出量为5 L/min(4.5~6.0 L/min)。女性的心输出量比同体重男性低10%左右;青年人的心输出量较老年人高;成年人在剧烈运动时,其心输出量可高达25~30 L/min;而在麻醉情况下则可降到2.5 L/min。

人体静息时的心输出量并不与体重成正比,而是与体表面积成正比。对比不同个体的心脏泵血功能时,只用心输出量作为指标比较是不恰当的。因此,临床常用心指数作为分析比较不同个体心功能的评定指标。**心指数**(cardiac index)是指单位体表面积(m^2)的心输出量值。即:

$$心指数=心输出量/体表面积$$

中等身材的成年人体表面积为1.6~1.7 m^2,安静和空腹的情况下心输出量为5~6 L/min,故心指数为3.0~3.5 L/(min·m^2)。在安静和空腹情况下测定的心指数称为静息心指数。心指数随不同生理条件而不同,女性比男性低7%~10%;新生儿较低约2.5 L/(min·m^2),10岁左右心指数最大,可达4 L/(min·m^2)以上,以后随年龄增加而逐渐下降,到80岁时接近于2 L/(min·m^2)。运动、妊娠、情绪激动和进食时心指数均不同程度增加。但是,对于心脏扩大患者的心功能评价不应使用心指数,因为心指数并不包含心室舒张末期容积的变化,所以不如射血分数作为评价指标适合。

超声心动图
超声心动图检测是目前临床最常用的评价心室收缩和舒张功能的无创检查方法。评价心室收缩功能可以检查以下参数:左心室舒张末内径(LVDd)、左心室收缩末内径(LVDs)、左心室舒张末容积(EDV)、左心室收缩末容积(ESV)、左心室射血分数(LVEF)、左心室缩短分数(LVFs)。其中左心室射血分数是评价绝大多数患者左心室收缩功能的首选指标。评价心室舒张功能的参数有心室容积变化速率(dV/dt)、压力-容积环等指标。

(三) 心脏做功量

心输出量虽然可以作为反映心脏泵血功能的指标,但不能全面反映心脏泵血的功能。例如左、右心室尽管心输出量相同,但各自的做功量和能量消耗却明显不同,右心室做功量只有左心室的1/6,因为肺动脉平均压仅为主动脉平均压的1/6左右,故相同的心输出量并不等同于相同的工作量或消耗相同的能量,所以要更全面地评价心脏泵血功能需测定心脏做功量。

1. 每搏功 心脏收缩将血液射入动脉时,心脏做功所释放的机械能量一方面转化为血流的动能以驱动血液快速流动,另一方面转化为压强能用于维持血压。心室一次收缩射血所做的功,称为**每搏做功**(stroke work),简称每搏功。可用搏出血液所增加的压强能和动能来表示。压强能等于搏出量乘以射血压力,动能等于(血液质量×流速^2)×1/2,即:

$$每搏功 = 搏出量 \times 射血压力 + 动能。$$

生理状态下,血流动能在左心室每搏功的总量中所占比例甚小,约1%,故一般可忽略不计。但在某些病理条件下,如严重主动脉瓣狭窄,由于血液流经狭窄的主动脉瓣口时流速大大增加,动能占比例可高达50%以上。因此,每搏功基本上等于压强能,即搏出量乘以射血压力。射血压力为射血期左心室内压与心室舒张末期压力差,为便于实际应用,以平均动脉压代替射血期左心室内压,以左心房平均压代替左心室舒张末期压,因此每搏功简化为:

每搏功(J)=搏出量(L)×13.6(kg/L)×9.807×(平均动脉压−左心房平均压)(mmHg)×1/1 000

如某人搏出量为 70 ml,平均动脉压为 92 mmHg,左心房平均压为 6 mmHg,按上式计算,此人左心室的每搏功约为 0.803 J。

2. 每分功 心室每分钟内收缩射血所做的功,称为**每分功**(minute work),简称分功,每分功等于每搏功乘心率,亦即心室完成每分输出量所做的机械外功。若心率为 75 次/min,每搏功为 0.803 J,则每分功为 60.2 J/min。

心脏的收缩不仅仅是射出一定量的血液,而且使这部分血液具有较高的压强能和较快的流速。在搏出量相同的条件下,动脉血压越高,则心肌的收缩强度必须越大,要克服动脉压所形成的阻力才能完成相同的搏出量,因此心脏的做功量必定增加。比如两个人搏出量均为 70 ml,但前者为高血压患者,后者为正常血压者,显然只有前者心脏加强收缩,即做功量大于后者,才能维持 70 ml 的搏出量。由此可见,作为评定心脏泵血功能的指标,心脏做功量要比单纯的心搏出量或心输出量更为全面,尤其是在动脉血压高低不同的个体之间,或在同一个体动脉血压发生改变前后,用心脏做功量来比较心脏泵血功能更显其优越性。

四、心脏泵血功能的调节及其影响因素

完整机体内的心脏泵血功能是在神经、体液和自身调节等多因素作用下实现的。心脏泵血功能具体体现为心输出量,心输出量是搏出量与心率的乘积,因此,凡能影响搏出量和心率的因素均可影响心输出量。

(一)搏出量的调节

搏出量取决于心室肌收缩的强度和速度。和骨骼肌一样,心肌的收缩强度和速度受前负荷、后负荷以及心肌收缩能力的影响。

1. 前负荷(preload) 是指心室收缩之前所承受的负荷,也即心室舒张末期容积,它决定着心肌的初长度。在一定限度内,前负荷越大,心肌的初长度越长,心肌收缩力就越强,从而使搏出量增多,即所谓 Starling 定律。这种不需要神经和体液因素参与,只是通过心肌细胞本身初长度的变化而引起心肌细胞收缩强度变化的过程,称为心肌细胞的**异长自身调节**(heterometric autoregulation)。对心肌来说,心室前负荷主要是由心室舒张末期充盈的血液量决定的,心室舒张末期充盈的血量是静脉回心血量和射血后心室内剩余血量之和。为了便于分析前负荷和心室肌

的初长度对心脏泵血功能的影响,在实验中,常维持动脉压于一个稳定水平,逐渐改变心舒末期压力或容积,将对应于不同心舒末期压力或容积的心室射血的搏出功数据绘制成坐标图,称为**心室功能曲线**(ventricular function curve)(图4-14)。由于测量心室内压比较方便,且心室舒张末期容积与心室舒张末期压在一定范围内具有良好的相关性,故常用心室舒张末期压来反映前负荷。可将心功能曲线分三段:① 心室舒张末期压在16~20 cmH$_2$O(12~15 mmHg),是人体心室的最适前负荷,这时心室肌细胞的长度为最适初长度。其左侧为心室功能曲线升支,与骨骼肌的长度张力曲线升支相似,表明在这期间,搏出功或搏出量随初长度增加而增加。正常情况下室内压与最适前负荷之间尚有较大距离,表明心室肌具有较大程度的初长度储备,可通过增加心舒末期压力或容积而增加搏出量。② 心室舒张末期压在20~27 cmH$_2$O(15~20 mmHg)的范围内,曲线趋于平坦,表明前负荷在此范围内变动时对心肌泵血功能的影响不大。③ 心室舒张末期压高于27 cmH$_2$O(20 mmHg),随后

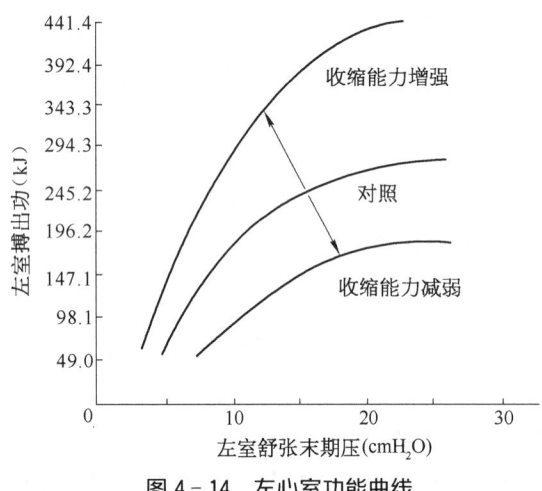

图4-14 左心室功能曲线

的曲线平坦或轻度下倾,但不出现明显的降支,表明心肌有较强的抗过度延伸性,这是由于肌节内连接蛋白的存在以及心肌细胞外的间质内含有大量胶原纤维,可限制肌节的被动拉长,并且心肌不易被伸展。心肌的这种抗过度延伸性的特性对心脏泵血功能具有重要意义,使得心脏在前负荷明显增加时一般不会发生泵血功能的下降;只有在发生严重病理变化的心室,当心脏被过度扩张时,心室功能曲线才会出现明显降支,表明心肌的收缩功能已经严重受损。

在生理情况下,通过异长自身调节,心脏可将增加的回心血量及时泵出,不致使过多血液滞留于心腔中,从而维持静脉回心血量和搏出量之间的动态平衡。

2. 后负荷(afterload) 指心室开始收缩时才遇到的负荷,即为大动脉内的血压。心室收缩时,必须克服动脉压的阻力,推开动脉瓣将血液射入动脉。在其他条件不变的情况下,动脉压升高也即后负荷增加,导致等容收缩期延长,射血期缩短,射血速度减慢,搏出量减少。但是在此情况下,搏出量减少使心室内剩余血量增加,如静脉回心血量不变,心室舒张末期容积就增大,心肌的初长就增长,通过异长自身调节提高搏出量,并可使搏出量恢复到正常水平。高血压患者早期血压升高,后负荷增加,心室为克服后负荷增加而加强做功,久之造成心肌代偿性的增厚,故在临床上,高血压患者多见左心室肥大。

3. 心肌收缩能力(cardiac contractility) 指心肌本身的一种内在特性,与前后负荷无关。这种特性的基础主要是心肌细胞兴奋收缩耦联过程中活化的横桥数量和ATP酶的活性。活化横桥数与最大横桥数的比例,取决于兴奋后胞质内Ca^{2+}浓度的升高程度和肌钙蛋白对Ca^{2+}的亲和力。如果心肌细胞活化的横桥增多,则心肌细胞的收缩能力增强,心输出量增加;否则反之。一般而言,心交感神经兴奋、儿茶酚胺(包括肾上腺素、去甲肾上腺素)增多、Ca^{2+}浓度增加,均可使心肌收缩力增强。临床上用洋地黄类的强心剂就是通过加强心肌收缩能力而改善心力衰竭;而缺O$_2$、酸性代谢产物增加及心脏迷走神经兴奋、乙酰胆碱等则使心肌收缩力减弱。心肌的这种调节方式与心肌初长度无关,故称为**等长自身调节**(homeometric regulation)。

(二) 心率的影响

心率也是决定心输出量的基本因素之一。在一定范围内,心率与心输出量成正比,即心率越快,心输出量越多。但心率过快(超过 180 次/min)时,心室充盈期明显缩短,充盈量不足,搏出量减少,心输出量反而下降;反之,心率过慢(低于 40 次/min),则可因为心舒期过长,心室充盈已接近最大限度,充盈量不再增加,故搏出量也不会再增加,反而由于心率过慢导致心输出量明显下降。心率受自主神经控制,交感神经活动增强时,心率加快;迷走神经活动增强时,心率减慢。影响心率的体液因素主要有肾上腺素、去甲肾上腺素和甲状腺激素等。此外,心率还受体温的影响,体温每升高 1℃,心率可增加 12~18 次/min。

五、心脏泵血功能的储备

心脏泵血功能储备是指心输出量随机体代谢的需要而增加的能力,称为**心力储备**(cardiac reserve)。健康成人安静时,心率约为 75 次/min,搏出量约为 70 ml,心输出量约为 5 L/min。剧烈运动或强体力劳动时,由于交感神经兴奋和儿茶酚胺的分泌,心率可达 180~200 次/min,搏出量可增至 150 ml,心输出量可达 25~30 L/min,为安静时的 5~6 倍。可见健康人有相当大的心力储备。

心力储备来源于搏出量和心率两方面的储备:① 搏出量储备:搏出量的储备来源于收缩期储备和舒张期储备。收缩期储备是通过增强心脏收缩能力,提高射血分数,来增加搏出量的;而舒张期储备则是通过增加舒张末期容积(而不是提高射血分数)来增加搏出量的。比较起来,收缩期储备比舒张期储备要大得多。② 心率储备:由于心输出量是每搏输出量与心率的乘积,所以心率加快,心输出量也就增多,在生理情况下,机体充分动用心率储备,可使心输出量增加 2~2.5 倍。当然,心率超过 180 次/min,由于每搏输出量会明显减少,从而影响心输出量。因此,心力储备的意义在于当机体增强活动时,心输出量能够相应地增加,以满足代谢活动的需要。坚持体育锻炼能够增加心力储备,可能是通过增强心肌收缩能力、改善心肌血液供应、提高心肌对急性缺氧的耐受力等途径而实现的。

六、心音和心音图

在心动周期中由于心肌收缩和舒张、瓣膜启闭、血流冲击心室壁和大动脉壁等因素引起的振动,通过周围组织传播到胸壁,借助于听诊器听到与心动周期同步的声音称为**心音**(heart sound)。若用心音图仪通过换能器将这些机械振动转换成电信号,经放大后记录下来的图例即为**心音图**(phonocardiogram)。可在每一心动周期记录到 4 个心音(图 4-13),但使用听诊器一般只能听到第一和第二心音,在某些健康儿童和青年人有时可听到第三心音。单凭听诊很难听到第四心音,而大多数正常人可在心音图上记录到低小的第四心音。

1. **第一心音** 发生在心缩期,标志心室收缩期的开始。特点为音调较低,持续时间较长。其形成原因主要有房室瓣关闭引起的振动,以及心室射血引起大血管扩张和血流涡流引起的动脉壁振动等,其中房室瓣关闭引起的振动为其主要成分。

2. **第二心音** 发生在心舒期,标志心室舒张期的开始。特点为音调较高,持续时间较短。其形成原因主要是动脉瓣关闭引起的振动,还有心室舒张引起的室壁振动以及大血管内血流等产生的振动。

3. **第三心音** 发生在快速充盈期末,特点是低频、低幅。它可能因充盈减慢,血流速度突然改变,使心室壁和瓣膜发生振动而产生。可在某些健康儿童和青年人听到。

4. **第四心音** 发生在心室收缩期前,与心房收缩引起心室充盈有关。40岁以上的人可能出现第四心音,但一般用听诊器不易听到。

在某些心脏疾病时可产生杂音或其他异常心音,因此听取心音或记录心音图对于临床上心脏疾病的诊断有重要意义。

第三节 血管生理

一、各类血管的结构及功能特点

血管起着运送血液和物质交换的作用。按形态学分类,血管可分为动脉、静脉和毛细血管,动脉和静脉可进一步分为大、中、小动、静脉。各类血管因其在整个血管系统中所处的部位不同,各具有不同的结构和功能特点。根据不同血管的生理功能,可将血管分为如下几类。

1. **弹性储器血管** 主要指主动脉、肺动脉主干及其最大分支,其管壁厚,壁内含丰富的弹性纤维,故壁坚韧而富有弹性和可扩张性,称弹性储器血管。当心室射血时一部分血液暂存于被扩张的大动脉内,缓冲收缩压,使其不致太高;当心室舒张时,被扩张的动脉管壁弹性回缩,继续将储存于大动脉内的血液推向外周,使心室舒张期压力不致太低。

2. **分配血管** 是指从弹性大动脉至小动脉之间的动脉管道,相当于中动脉,其管壁主要由平滑肌组成,故收缩性较强。其功能是将血液输送至各组织器官,称分配血管。

3. **毛细血管前阻力血管** 指小动脉和微动脉,其管壁富有平滑肌,收缩性好,血管口径小,血流速度快,形成的血流阻力很大,称为前阻力血管。它在神经及体液调节下,通过平滑肌的舒缩改变其管径大小,调节血流阻力,从而影响动脉血压和器官血流量。前阻力血管对控制血压和各器官组织的血液灌流量具有重要作用。

4. **交换血管** 主要指毛细血管(尤其是真毛细血管),其数量多,口径小,管壁薄,通透性好,分布广,与组织细胞的接触面积大,血流慢,有利于血液与组织之间物质交换,是物质交换的场所,称为交换血管。

5. **毛细血管后阻力血管** 因微静脉血管口径也较小,对血流也产生一定的阻力,故称为后阻力血管。后阻力血管的舒缩可改变毛细血管前阻力与毛细血管后阻力的比值,从而影响毛细血管血压以及体液在血管与组织内的分配。

6. **容量血管** 指静脉系统,与动脉系统相比,静脉的数量多,口径大,管壁薄,易扩张,容量大,称容量血管。安静时循环血量的60%~70%储存于静脉内,起储血库的作用。

7. **短路血管** 指存在于一些血管床,如手指、足趾、耳郭等处的皮肤中的动静脉吻合支,小动脉内的血液可通过此短路而不经过毛细血管直接流入小静脉,短路血管与体温调节有关。

二、血流量、血流阻力、血压及其相互关系

血液在血管内流动的一系列物理力学称为**血流动力学**(hemodynamics)。血流动力学及一般

流体力学的最基本内容是流量、阻力与压力及其相互的关系。由于血管有弹性而不是硬性管道，血液是含有血细胞及胶体物质等多成分的液体，而不是物理学中的理想液体。因此，血流动力学除与一般流体力学有共同点外，还具有其自身特点。

(一) 血流量

在单位时间内流过血管某一截面的血量称为血流量，也称容积速度，其单位为每分钟的毫升数或升数(ml/min 或 L/min)来表示。血流量大小取决于两个因素，即血管两端的压力差和血管对血流的阻力。按流体力学的规律，在一般管道中，液体的流量与该段管道两端的压力差成正比，与管道对液体流动的阻力成反比；在封闭的管道系统中，各个截面的流量都相等。将此规律应用于循环系统中，即整个体循环中，动脉、毛细血管和静脉各段血管总的血流量也是相等的，都等于心输出量。即心输出量(用 Q 表示)与主动脉压和右心房压的差(ΔP)成正比，与整个体循环的血流阻力(R)成反比，即：

$$Q = \Delta P / R$$

由于右心房压接近于零，故 ΔP 接近于平均主动脉压(P_A)。故三者之间的关系为：

$$Q = P_A / R$$

就某一器官而言，则公式中的 Q 即为器官血流量；ΔP 为灌注该器官的平均动脉压和静脉压之差，R 为该器官的血流阻力。在整体内，供应不同器官血液的动脉血压基本相同，而供应该器官血流量的多少则主要取决于该器官对血流的阻力，因此，器官血流阻力的变化是调节器官血流量的重要因素。

与血流量不同，血流速度是指血液中的一个质点在血管内移动的线速度。其单位通常以 cm/s 或 m/s 来表示。各类血管中的血流速度与同类血管的总截面积成反比(图 4-15)。因此血流速度在主动脉中最快，在毛细血管中最慢。血液在血管内稳定流动时，以血管轴心的流速最快，越靠近血管壁流速越慢，到贴近管壁的那薄层血浆基本不流动。血液流动时，血细胞数量也是越近轴心越多。在血流中，血液中各个质点流动的方向一致，与血管的长轴平行，称为层流，但各质点的流速不一，在血管轴心处最快，随着靠近管壁而流速递减(图 4-16)。图中箭头长度表示流速，在血管纵剖面上各箭头的连线形成一抛物线。在这种层流情况下，血流量与血管两端压力差成正比。但血流速度快到一定程度，使血流中各个质点流动的方向不一

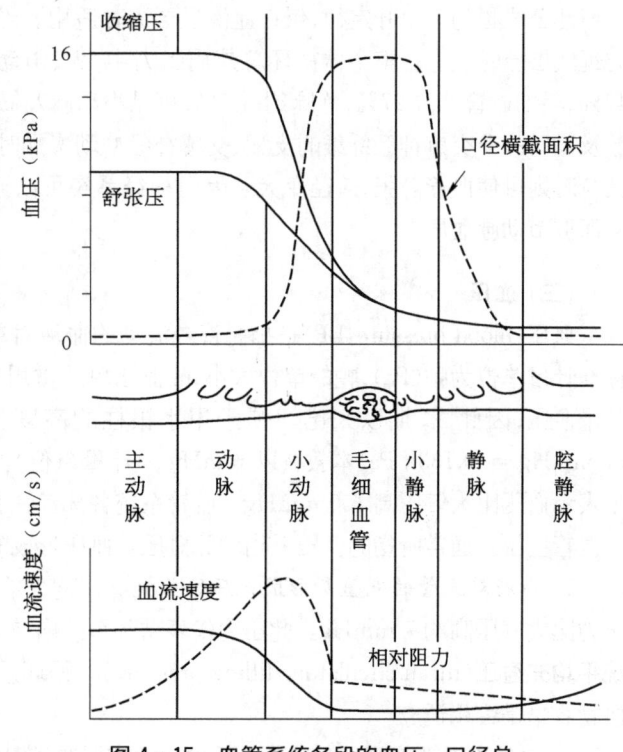

图 4-15 血管系统各段的血压、口径总面积与血流速度关系

致,即产生湍流。此外,当血液黏滞度过低,血管内膜表面粗糙,以及血流受到某种阻碍或发生急剧转向等情况下,也都容易发生湍流。湍流可使血小板离开血管轴心而靠近管壁,增加了血小板和血管内膜接触和碰撞的概率,使血小板易黏附于内膜上而形成血栓。如静脉血栓多发生于静脉瓣处,这是因为静脉瓣处的血流易形成湍流。

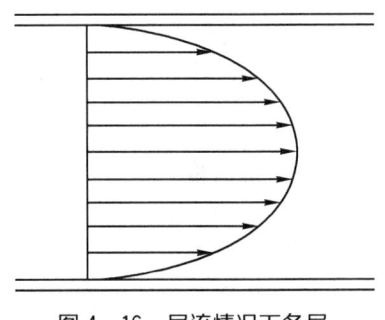

图4-16 层流情况下各层血流的流速

(二) 血流阻力

血液在血管内流动时所遇到的阻力称为血流阻力。血流阻力主要来源于两方面:① 血液内部的摩擦力。② 血液与血管壁之间的摩擦力。血流阻力与血管口径、长度及血液黏滞度有关,其关系可用下式表示:

$$R = 8\eta L / \pi r^4$$

公式中,R 为血流阻力,η 为血液黏滞度,L 为血管长度,r 为血管半径。一般而言,血管长度(L)不会有显著变化,可看作不变的常数,故总外周阻力与血液黏滞度成正比,与血管半径的4次方成反比。血液黏滞度主要与红细胞数有关,红细胞数越多,血液黏滞性越高,故血流阻力越大。由于 R 与血管半径的4次方成反比,因此,小动脉和微动脉口径只要发生很小变化,就可使血流阻力发生很大改变。将血流阻力(R)的公式代入 $Q = \Delta P / R$,则得以下公式:

$$Q = \pi \Delta P r^4 / 8\eta L$$

此公式称为泊肃叶定律,仅在血液呈层流时适用。当发生湍流时,由于摩擦力增大,使血流阻力远较层流时大。在整个体循环总外周阻力中,大、中动脉阻力约占19%,小动脉及微动脉约占47%,毛细血管约占27%,静脉约占7%,可见小动脉及微动脉是产生外周阻力的主要部位。小动脉及微动脉受交感神经纤维的支配,交感神经冲动增加时可使血管收缩,口径变小;交感神经冲动减少时则可使血管舒张,口径变大。因而神经系统可以通过改变阻力血管口径来调节血流阻力,从而调节动脉血压。

(三) 血压

血压(blood pressure,BP)是指血管内流动的血液对单位面积血管壁的侧压力,即压强。国际标准计量单位为帕(Pa),帕的单位太小,故血压单位常用千帕(kPa)表示。由于临床常用水银检压计量血压,因此,长期以来已习惯于用水银柱的高度(即毫米汞柱,mmHg)来表示血压数值(1 mmHg = 0.133k Pa,本教材以 mmHg 为计量单位)。如测得血压为 100 mmHg(13.33 kPa),则表示血压比大气压高 100 mmHg。血管系统各部都具有血压,分别称为动脉血压、静脉血压及毛细血管血压。通常所指的血压系指动脉血压。血压形成的基本因素有两方面。

1. **血液对血管的充盈是形成血压的前提** 在整个循环系统内约有 5 000 ml 血液,使血管中的压力比大气压高约 7 mmHg。此压力代表循环系统内单纯由于血液充盈所产生的压力,称**循环系统平均充盈压**(mean circulatory filling pressure)。循环系统平均充盈压的高低取决于循环血量与血管容量是否相适应。

2. **心脏射血是产生血压的基本因素** 心室肌收缩时所释放的能量一部分表现为动能,推动血液在血管中流动;另一部分则形成对血管壁的侧压力,并转变成势能使血管壁扩张。心舒期内,大动脉弹性回缩,又将势能转为推动血流的动能,使血液在血管中继续流动。由于心脏是间断射血,故在心动周期中动脉血压会发生周期性波动。此外,由于血液从大动脉经体循环流向右心房的全过程中,不断消耗能量,故血压逐渐降低,但各部分血压的降落是不均匀的,这是因为血液在各段血管中所遇到的阻力不等。主动脉首端约 100 mmHg,最小的小动脉首端约 85 mmHg,毛细血管首端约 30 mmHg,静脉首端约 10 mmHg,血液最后由大静脉回右心房时,压力已近于零(图 4-15)。可见,血液流经小动脉、微动脉时,血压降落幅度最大,这是因为血液流经此处所遇阻力最大,故势能消耗最多。

三、动脉血压和动脉脉搏

(一)动脉血压

动脉血压是指动脉血管内流动的血液对血管壁的侧压力。动脉血压必须具有足够的压力,与静脉血压形成一定的压力差,才能克服外周血管内的血流阻力而推动血液流动,从而保证各器官与组织得到足够的血液供应,以满足其正常代谢活动的需要。

1. **动脉血压的正常值**　动脉血压随心脏的收缩和舒张而发生规律性波动。在心缩期血压升高达到的最高值称为**收缩压**(systolic pressure);相反,在心舒期血压降低达到的最低值称为**舒张压**(diastolic pressure)。收缩压和舒张压的差值称为**脉搏压**(pulse pressure),简称脉压。一个心动周期中,动脉血压的平均值称为**平均动脉压**(mean arterial pressure),由于心动周期中心舒期通常较心缩期长,所以平均动脉压的数值更接近于舒张压,平均动脉压=舒张压+1/3 脉压(图 4-17)。

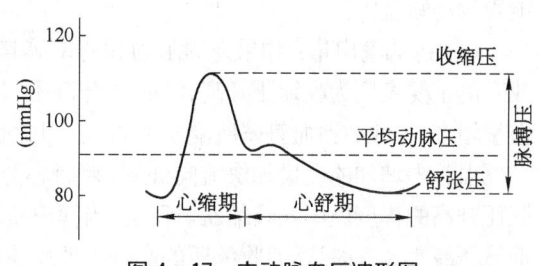

图 4-17　主动脉血压波形图

动脉血压一般是指主动脉血压。考虑到测量上的方便,也因为实际上大动脉中血压降落很小,所以通常测量肱动脉血压,以此代表动脉血压。我国健康青年人在安静状态时理想的收缩压为 100～120 mmHg,舒张压为 60～80 mmHg,脉压为 30～40 mmHg,平均动脉压在 100 mmHg 左右。

正常的动脉血压呈明显的昼夜波动,在凌晨 2～3 时最低,上午 6～10 时及下午 4～8 时各有一个高峰,晚上血压又呈缓慢下降;此外,血压还受性别、年龄的影响。我国高血压诊断标准依据 1998 年 WHO 和世界高血压联盟(ISH)修订的高血压诊断标准:舒张压≥90 mmHg 或收缩压≥140 mmHg 为高血压;当收缩压在 120～139 mmHg 或舒张压在 80～89 mmHg,将被视为高血压前期。

2. **动脉血压的形成**　动脉血压的形成是多种因素相互作用的结果。首先在相对封闭的心血管系统内须有足够的血液充盈,这是血压形成的前提。形成血压的重要因素是心脏的收缩、射血做功,它是形成血压的能量来源。心脏收缩所释放的能量,其中一小部分赋予血液动能以推动血液流动;而绝大部分转变为弹性储器血管扩张所储存的势能(压强能)。由于外周阻力的存在,心脏一次射出的血量在心缩期仅约 1/3 流向外周(动能),其余约 2/3 暂时储存于扩张的弹性储器血管内。此时加在弹性储器血管壁上的压强升高,血管壁扩张(势能)。血管壁的扩张变形一方面缓冲血压的升高,另一方面将这部分能量转变为势能储存起来。在心舒期,心脏停止射血,此时扩张变形的弹性储器血管壁依其弹性回缩力回位,于是储存于管壁上的

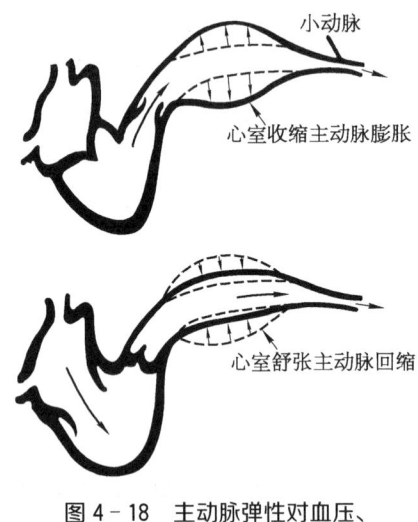

图 4-18 主动脉弹性对血压、血流的作用

势能释放出来转为动能,推动血液继续流向外周(图 4-18),维持着心舒期的动脉血压。

由此可见,外周阻力和弹性储器血管的弹性也是形成动脉血压的必要条件。如果没有外周阻力,在心缩期,心脏收缩所释放的能量将全部变成推动血液流动的动能,而射出的血量将全部流向外周,因而不能形成对血管壁的侧压力;在心舒期,由于射血停止,血管内将无血液流动,因此也不能形成血压。如果弹性储器血管无弹性,则动脉血压随心室射血而显著升高,随射血停止而跌落至零,甚至更低。因此,外周阻力和弹性储器血管的弹性作用不仅缓冲了动脉血压的大幅度波动,并且使一个心动周期中,心脏的间断射血变为动脉中的持续性血流。

3. 影响动脉血压的因素　每搏输出量、心率、外周阻力、大动脉管壁的弹性、循环血量与血管容量的关系等,都能影响动脉血压。

(1) 每搏输出量:如果外周阻力和心率等其他因素不变,每搏输出量增加,则动脉血压升高。改变的主要表现为收缩压升高,舒张压升高不多,因此脉压增大。这是因为心缩期射入主动脉的血量增多,弹性储器血管壁所受压力增大,因此收缩压加大;但由此引起血流速度加快,促使弹性储器血管内增加的血量加快流向外周,因而心舒期弹性储器血管内存留的血量增加不多,于是舒张压升高的程度就不如收缩压。反之,当搏出量减少时,则主要使收缩压降低,舒张压降低不多,因而脉压减小。一般认为,收缩压的高低主要反映搏出量的多少。

(2) 心率:在其他因素不变的条件下,心率加快,动脉血压也会升高,主要表现为舒张压升高,而收缩压升高不多,因而脉压减小。因为心率加快则心动周期缩短,主要是心舒期缩短,因此心舒期流向外周的血量减少,留在动脉内的血量增多,于是舒张压升高;但舒张压的升高,也可使血流速度加快,因此在心缩期内可有较多的血液流向外周,故收缩压的升高不如舒张压的升高显著。相反,心率减慢时,则表现为收缩压和舒张压均降低,但舒张压的降低更为显著,于是脉压增加。

(3) 外周阻力:其他因素不变,当外周阻力增大时,动脉血流向外周的速度减慢,心舒期留在动脉内的血量增多,舒张压明显升高。而心缩期由于血流速度加快,收缩压增高较少,故脉压减小。舒张压高低主要反映外周阻力的大小。临床上,常见一种原因不明的随年龄增长外周阻力增大,而引发的原发性高血压,其血压升高表现为以舒张压升高为特征。

(4) 大动脉管壁的弹性:大动脉管壁的可扩张性和弹性具有缓冲动脉血压的作用。在心室收缩而射血时,大动脉可扩张以容纳血液,使收缩压不至于过高;在心室舒张时,由于大动脉弹性回缩,继续推动血液流动,使舒张压不至于过低,即减小脉压。如弹性减退,则收缩压升高,舒张压下降,脉压明显增大。老年人的大动脉多有不同程度的硬化,因而收缩压增大。老年人在大动脉硬化的同时往往还伴有小动脉硬化,外周阻力也增加,因此常表现为收缩压明显升高,而舒张压稍有变化,脉压有所增大。

(5) 循环血量与血管容积的关系:血管内充盈一定量的血液是血压形成的前提。如果血管容量不变而循环血量减少(如失血时),则循环系统平均充盈压降低,动脉血压也降低。这是因为此时回心血量减少,心输出量也减少,因此动脉血压降低。如果循环血量不变而血管容积增大(如中毒性休克可引起血管扩张),也会造成动脉血压降低。可见,两者间须保持相适应的比例关系。

以上所述都是在其他因素不变的情况下,对单个影响因素所做的分析。而实际上,往往是多种影响因素同时发生变化的,因此在某种生理或病理情况下,动脉血压的高低取决于多种因素相互作用的综合效应。

(二) 动脉脉搏

随着心脏的舒缩活动,动脉内的血压发生周期性的波动,这种周期性的压力变化可以引起动脉血管发生搏动,称为**动脉脉搏**(arterial blood pulse)。用手指可摸到身体浅表部位的动脉搏动;也可用仪器将浅表动脉脉搏的波形记录下来,这种记录的图形称为脉搏图(图4-19A、B)。动脉脉搏的波形可因描记方法和部位的不同而有差异,但都由上升支和下降支组成。上升支的上升速率较快,下降支的下降速率则较慢,下降支的中段常出现一个切迹和小波,分别称为降中峡和降中波。上升支的形成是由心室快速射血,

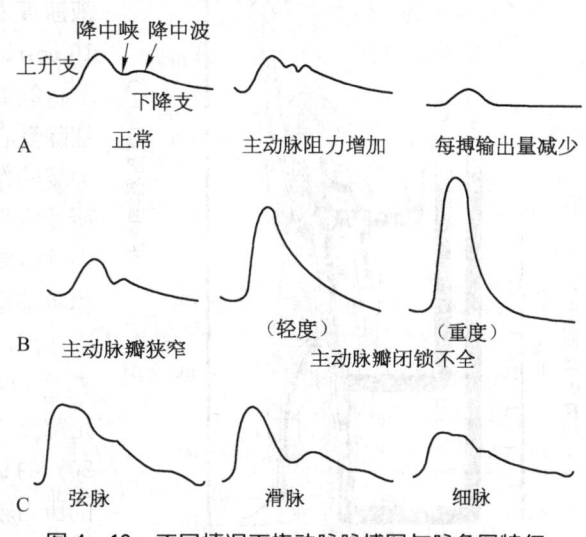

图4-19 不同情况下桡动脉脉搏图与脉象图特征

动脉血压迅速上升,血管壁扩张而致。上升支的速度和幅度受射血速度、心输出量、外周阻力、大动脉的可扩张性等因素的影响。下降支的前半段(降中峡之前)是由于心室射血后期,射血速度减慢,被扩张的动脉血管开始回缩,动脉血压逐渐降低而产生;降中峡是由于血液向主动脉瓣方向返流所引起,降中波则是血流受到已关闭的主动脉瓣阻挡而激起的一个折返波;随后心室舒张,动脉血压进一步降低,形成下降支的后部。下降支的波形可大致反映外周阻力的高低,如外周阻力增高,下降支的下降速率较慢,切迹的位置较高;外周阻力降低时,则切迹位置较低,而切迹以后的下降支坡度较小。

中医通过切脉获得的脉象是中医辨证的一个重要依据,对诊断疾病、推测疾病的变化及预后、判断疗效,都具有重要的临床意义。图4-19C为用脉象仪记录的几种脉象的脉象图特征。

四、静脉血压和静脉回心血量

(一) 静脉血压

静脉系统位于毛细血管网与右心房之间,因此,静脉血压既能影响毛细血管的功能,又能影响心脏的功能。

1. 外周静脉压和中心静脉压 静脉血压远低于动脉血压。当体循环血液经毛细血管到达微静脉时,血压已降至15~20 mmHg,血液最后流入右心房时,血压已接近于零。通常将各器官静脉的血压称为外周静脉压,而把右心房和胸腔内大静脉的血压称为**中心静脉压**(central venous pressure)。人中心静脉压正常为4~12 cmH$_2$O。中心静脉压的高低取决于两个因素:① 心脏射血能力:良好的心脏功能可及时将回心的血液射入动脉,则中心静脉压较低。如心脏射血功能减弱(心力衰竭)时,右心房和腔静脉淤血,则中心静脉压升高。② 静脉回流速度:静脉回流速度慢,则

中心静脉压下降。中心静脉压过低,常表示血量不足或静脉回流障碍。输血、输液过多超过心脏负担时,中心静脉压将升高。由于中心静脉压的测定可反映静脉回心血量和心脏的功能状态,因此常作为临床控制输液速度和输液量的重要指标。当中心静脉压超过 16 cmH₂O 时,输液要慎重或暂停输液。

2. **重力对静脉血压的影响** 心血管系统内的血液除受心脏收缩做功的推动力作用外,还受到地球重力场的作用,所以各部分血管的血压还应加上该血管所处水平的静水压。与动脉相比,静脉管壁薄而柔软,内外压差较小,因此易受重力的影响。人体平卧时,身体各部位血管的位置大致与心脏处于同一水平,由重力作用产生的对静脉管壁的压力也大致相等。当转为直立位时,足部静脉血压升高,其增高的部分相当于从足部至心脏这样一段血柱高度形成的静水压(图4-20),约 90 mmHg;而在心脏水平以上的部分,血管内的压力较平卧时为低,例如颅顶脑膜矢状窦内压可降至 −10 mmHg。此外,由于重力的影响,人体直立时(如果不运动),心脏以下部位,尤其是下部肢体部位的静脉充盈扩张;而心脏以上部位的静脉充盈量减少。所以,体位改变时除引起静脉血压改变外,还使全身血量重新分配。

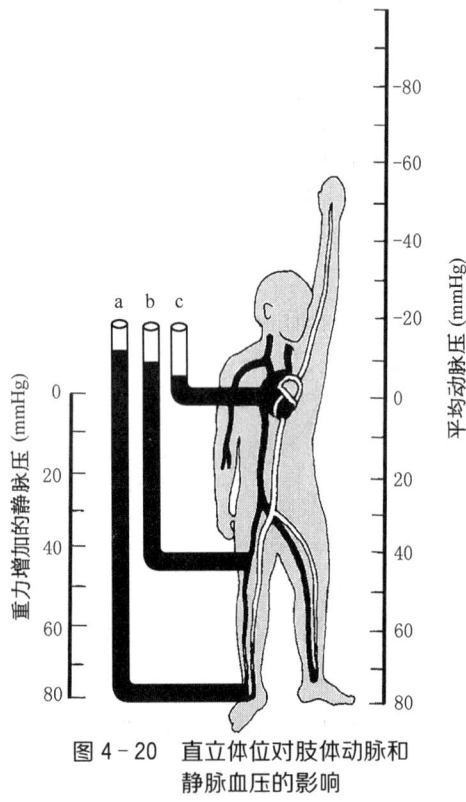

图 4-20 直立体位对肢体动脉和静脉血压的影响

右坐标表示肢体不同部位大动脉血压在平均大动脉(100 mmHg)基础上的增加与减少;左侧 a、b、c 血柱分别代表踝静脉、股静脉、右心房处的血压高低

(二) 静脉回心血量及其影响因素

单位时间内由静脉回流入心脏的血量,取决于外周静脉压与中心静脉压的差,以及静脉对血流的阻力。在稳定状态下,由微静脉到右心房的压力差约为 15 mmHg,静脉对血流的阻力则很小,而静脉回心血量应等于心输出量。静脉回心血量的多少受以下多种因素的影响。

1. **循环系统平均充盈压** 当循环血量增加或容量血管收缩时,循环系统平均充盈压升高,静脉回心血量也就增多;反之,循环血量减少或容量血管舒张时,循环系统平均充盈压降低,则静脉回心血量也就减少。

2. **心脏收缩力** 如果心脏收缩力强,心缩期射血分数就增大,心缩期后存留于心室腔内的血液就减少,舒张期室内压也就减小,于是对心房和静脉内血液的抽吸力量增强,因此静脉回心血量增加;相反,心脏收缩力弱(如右心衰竭时),由于心脏射血无力,血液淤积于右心房与大静脉内,静脉回心血量将明显减少。患者可出现颈外静脉怒张,肝脏充血肿大,下肢浮肿等体征。

3. **重力与体位** 如前所述,体位改变不仅影响静脉血压,而且影响全身血量分布。当人体直立时,由于重力作用,身体下部的静脉可以比平卧时多容纳 400~600 ml 血液,因此静脉回心血量减少。回心血量减少将导致心输出量减少,从而引起脑部供血不足,出现暂时的头晕甚至昏厥。在机体的调节功能正常时,这种情况能迅速得到改善。

4. **骨骼肌的挤压作用** 静脉血管因其管壁薄而易受周围组织的挤压,从而影响静脉回心血量。当肌肉收缩时,肌肉内和肌肉间的静脉受到挤压,静脉瓣使血液只能向心脏方向流动;肌肉舒张时,血液不能倒流,静脉内压力下降影响外周血回流。骨骼肌与静脉瓣一起发挥了推动静脉血流向心脏的作用,称为"静脉泵"或"肌肉泵"。直立体位时,下肢肌肉运动可降低足部静脉压和减少下肢血液淤滞。如果久立而不运动,下肢可因静脉回流减少而出现水肿。

5. **呼吸运动**　胸膜腔内压始终低于大气压,吸气时胸腔容积扩大,胸膜腔内负压进一步加大,而呼气时胸腔容积缩小,则胸膜腔内负压有所减小(详见第五章)。而右心房和大静脉正位于胸腔内,由于它们的壁较薄,因此易受胸膜腔内压变化的影响。由于胸膜腔内压始终低于大气压,因此右心房和大静脉经常处于充盈扩张状态。呼气时,胸膜腔内负压相对较小,因此,静脉回心血量也较少;吸气时,由于胸膜腔负压加大,右心房和大静脉更加扩张,此时静脉回心血量增多。可见呼吸运动对静脉回流也起着"泵"的作用,称为"呼吸泵"。

五、微循环

微循环(microcirculation)是指微动脉和微静脉之间的血液循环,是血液与组织液进行物质交换的场所。

(一) 微循环的组成和血流通路

1. **微循环的组成**　由于各组织器官的形态与功能不同,其微循环的组成和结构也不相同。典型的微循环一般由微动脉、后微动脉、毛细血管前括约肌、真毛细血管、通血毛细血管、动静脉吻合支和微静脉等7个部分组成(图4-21)。微动脉与微静脉之间的血管通道,构成了微循环的功能单位。微动脉管壁含有完整的平滑肌成分,后微动脉平滑肌成分已不连续,分支

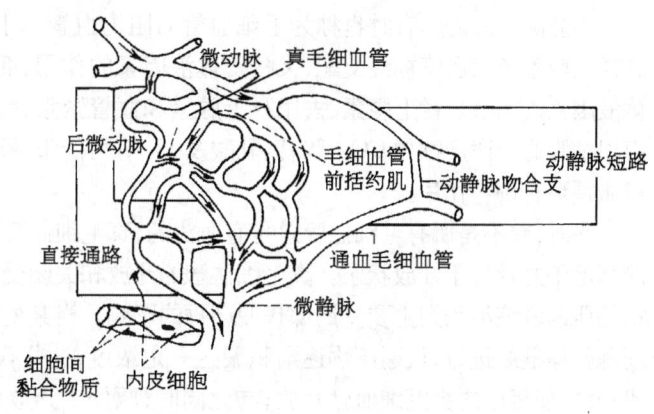

图 4-21　微循环模式图

出许多真毛细血管。毛细血管前括约肌是围绕在真毛细血管入口处的平滑肌细胞。真毛细血管是由单层内皮细胞组成的管道,各真毛细血管彼此互相连接成网状,称为真毛细血管网。微静脉有较薄的平滑肌组织。

2. **微循环的血流通路**　血液可通过以下三条通路从微动脉流向微静脉。

(1) 直捷通路:是指血液从微动脉→后微动脉→通血毛细血管→微静脉的通路。这一通路的特点是:途径较短,血流快并经常处于开放状态,物质交换功能较小。其意义在于使一部分血液迅速通过微循环,以满足体循环有足够的静脉回心血量。直捷通路在骨骼肌组织中较为多见。

(2) 动静脉短路:血液从微动脉→动静脉吻合支→微静脉。这一通路途径最短,血流速度快,管壁较厚,有完整的平滑肌,能够进行舒缩活动,但经常处于关闭状态。它基本无物质交换作用,但具有体温调节作用。当环境温度升高时,动静脉短路开放,皮肤血流量增加,促进散热;当环境温度降低时,动静脉短路关闭,皮肤血流量减少,有利于保存体温。在人的皮肤,特别是手掌、足底、耳郭等处,动静脉短路分布较多。

(3) 迂回通路:血液从微动脉→后微动脉→毛细血管前括约肌→真毛细血管网→微静脉的通

路。这一通路具有以下特点：① 通透性好,这是因为真毛细血管管壁极薄,仅有单层内皮细胞和基膜所组成,总的厚度仅约 0.5 μm,内皮细胞间尚有间隙存在。② 血流缓慢,这是由于真毛细血管口径极小,行径迂回曲折所致。③ 与组织细胞接触面积大,这是因为真毛细血管数量极多,互相连通成网,并穿插于组织细胞之间,据估计,全身毛细血管(包括有交换功能的微静脉)总的有效交换面积将近 1 000 m^2。以上特点对于血液与组织液进行物质交换十分有利,故又称营养通路,是血液与组织液进行物质交换的主要场所。

(二) 微循环的调节

微动脉位于微循环的起始部位,也是微循环的阻力血管,其舒缩活动控制着这一功能单位的血流量。因此,可将微动脉看作是微循环的总闸门。后微动脉和毛细血管前括约肌的舒缩活动控制着真毛细血管网的血流量,可认为它是微循环的分闸门。微静脉则位于微循环的最后部分,微静脉和小静脉所容纳的血量较多,这些血管的舒缩活动可改变毛细血管的后阻力,以致影响血液经毛细血管网流入静脉的血量,这部分血管可看作是微循环的后闸门。通常将小动脉、微动脉、后微动脉和毛细血管前括约肌等称为毛细血管前阻力血管。

小静脉和微静脉有时也称为毛细血管后阻力血管。小动脉、微动脉、小静脉和微静脉均受交感肾上腺素能缩血管神经支配,又接受体液因素的作用,而后微动脉和毛细血管前括约肌主要受体液因素的调节。肾上腺素、去甲肾上腺素和血管紧张素Ⅱ等体液因素可使其血管平滑肌收缩。组织细胞的代谢产物如 CO_2、腺苷、乳酸及 H^+ 等可舒张微动脉、后微动脉及毛细血管前括约肌,故对微循环有调节作用。

平时,并不是所有毛细血管总是有血流的,真毛细血管呈轮流交替开放,肌肉中大约只有 20% 的真毛细血管处于开放状态。真毛细血管的开放和关闭受毛细血管前括约肌控制,而毛细血管前括约肌的舒缩活动则主要受局部代谢产物的影响。当某处的真毛细血管关闭后,该处组织细胞的新陈代谢继续进行,代谢产物逐渐积聚达一定浓度,这些代谢产物将引起该处的毛细血管前括约肌舒张,使相应的真毛细血管开放；与此同时,原处于开放状态的真毛细血管,则由于调节血管扩张的代谢产物被清除,毛细血管前括约肌收缩,使相应的真毛细血管又关闭。如此不断交替进行,造成不同部分毛细血管网交替开放的现象。在一般情况下,毛细血管前括约肌这种交替舒缩活动 5～10 次/min。当组织代谢水平增高时,局部的代谢产物增多,开放的真毛细血管数量增加,流经微循环的血量也增多,以与组织代谢水平相适应。

(三) 血液和组织液之间的物质交换

细胞、组织之间的空间称为组织间隙,其间充满着的体液称为**组织液**(interstitial fluid)。细胞、组织通过胞膜与组织液发生物质交换。组织液与血液之间则需要经毛细血管壁进行物质交换。血液和组织液之间的物质交换主要是通过扩散、滤过、重吸收和吞饮等方式进行的。

1. **扩散**　扩散是血液和组织液之间进行物质交换的最主要方式,当血液流经毛细血管时,血液内的溶质分子可以通过毛细血管壁的孔隙扩散入组织液,组织液内的溶质分子也可以扩散入血液。对于某一种物质来说,其通过毛细血管壁进行扩散的驱动力是该物质在管壁两侧的浓度差。溶质分子在单位时间内通过毛细血管壁进行扩散的速率与该溶质分子在血浆和组织液之间的浓度差、毛细血管壁对该溶质分子的通透性、毛细血管壁的有效交换面积等因素成正比,与毛细血管壁的厚度(即扩散距离)成反比。当毛细血管壁两侧的静水压不等时,水分子就会通过毛细血管壁从压力高的一侧向压力低的一侧移动。水中的溶质分子,如果分子直径小于毛细血管壁的孔隙,也能随同水分子一起滤过。另外,当毛细血管壁两侧的渗透压不等时,可以导致水分子从渗透压低的一侧向渗透压高的一侧移动。由于血浆蛋白质等胶体大分子物质较难通过毛细血管壁的孔隙,因此血浆的胶体渗透压能限制血浆的水分子向毛细血管外移动;同样,组织液的胶体渗透压则限制组织液的水分子向毛细血管内移动。

2. **滤过、重吸收** 在生理学中,将由于管壁两侧静水压和胶体渗透压的差异而引起的液体由毛细血管内向毛细血管外的移动称为**滤过**(filtration),而液体向相反方向的移动称为**重吸收**(reabsorption)。血液和组织液之间通过滤过和重吸收方式发生的物质交换,仅占很小一部分,但在组织液的生成中起着重要的作用。

3. **吞饮**(pinocytosis) 发生概率较小。在毛细血管内皮细胞一侧的液体可通过吞饮被内皮细胞膜包围并摄入胞内,形成小囊泡。囊泡被运送至细胞的另一侧,并被排出至细胞外,这也是血液和组织液之间通过毛细血管壁进行物质交换的一种方式。一般认为,较大的分子如血浆蛋白等,可以通过这种方式进行交换。

由此可见,细胞、组织和血液之间的物质交换需通过组织液作为中介。

六、组织液的生成和回流

组织液存在于组织细胞的间隙中,绝大部分呈胶冻状,不能自由流动。凝胶中的水及溶解于水的各种溶质分子的弥散运动并不受凝胶的阻碍,仍可与血液和细胞内液进行物质交换。组织液是血浆滤过毛细血管壁而形成的。毛细血管中的水和营养物质透过毛细血管壁进入组织间隙的过程,称为组织液生成。组织液中的水和代谢产物透过毛细血管壁而进入毛细血管血液的过程,称组织液回流。在生理状态下,组织液的生成和回流保持着动态平衡。

(一) 组织液生成和回流的原理

组织液是血浆经毛细血管壁滤过而形成的。促使液体进出毛细血管壁两侧的因素共有四个,即毛细血管血压、组织液胶体渗透压、组织液静水压和血浆胶体渗透压。前两个因素是促使液体滤过,促进组织液生成的力量;而后两个是阻止滤过,引起重吸收,促进组织液回流的力量。这两种力量的对比,决定着组织液进出的方向和流量。滤过的力量和重吸收的力量之差,称为**有效滤过压**(effective filtration pressure),可用下式表示:

有效滤过压=(毛细血管血压+组织液胶体渗透压)-(组织液静水压+血浆胶体渗透压)

当有效滤过压为正值时,有液体被滤过到毛细血管外,即生成组织液;当有效滤过压为负值时,则有液体被重吸收入毛细血管内,即组织液回流。人体毛细血管血压,在动脉端平均为 30 mmHg,静脉端平均为 12 mmHg,组织液胶体渗透压约为 15 mmHg,组织液静水压约为 10 mmHg,血浆胶体渗透压约为 25 mmHg。用这些数据进行计算:

在动脉端:有效滤过压(mmHg)=(30+15)-(25+10)=10 mmHg

在静脉端:有效滤过压(mmHg)=(12+15)-(25+10)= -8 mmHg

上述结果表明,在毛细血管动脉端有效滤过压为 10 mmHg,表明有组织液生成,而在静脉端有效滤过压为 -8 mmHg 则表明有组织液回流。此外,从计算的有效滤过压看,动脉端大于静脉端,似乎组织液生成大于回流,其实不然,组织液除绝大部分在毛细血管静脉端回流外,少量的组织液可进入毛细淋巴管,形成淋巴液,再经淋巴系统流入血液循环(图 4-22)。

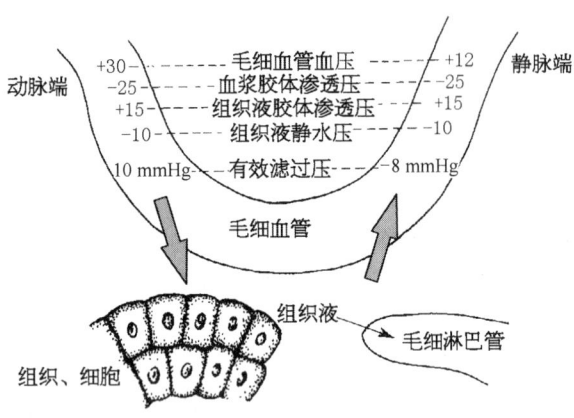

图 4-22 组织液生成与回流

+：液体滤出毛细血管的力量；—：使液体吸收回毛细血管的力量

（二）影响组织液生成和回流的因素

组织液的生成和回流是平衡的，所以循环血量和组织液量均维持相对稳定。如果组织液生成过多而重吸收减少，则组织间隙内将潴留过多的液体，从而形成组织水肿。反之，造成组织脱水。凡能影响有效滤过压、毛细血管通透性和淋巴回流的因素，都能影响组织液生成和回流。

1. **毛细血管血压** 当毛细血管血压升高而其他因素不变时，有效滤过压升高，组织液生成增多。如炎症部位的微动脉扩张，进入毛细血管的血量增加，毛细血管血压升高，因此炎症局部可出现水肿；右心衰竭时，由于静脉回流受阻，可逆行性引起毛细血管血压升高，组织液生成增多，而出现水肿。

2. **血浆胶体渗透压** 在某些肾脏疾病患者，由于大量血浆蛋白随尿液排出，或肝脏疾病时，肝脏合成血浆蛋白减少，使血浆胶体渗透压降低，因而毛细血管有效滤过压升高，组织液生成增多，回流减少，也可出现水肿。

3. **毛细血管通透性** 正常情况下，血浆蛋白很少滤入组织间隙。在烧伤、过敏反应等情况下，局部毛细血管壁的小孔口径变大，通透性显著升高，部分血浆蛋白可透过管壁进入组织液，使血浆胶体渗透压下降而组织液胶体渗透压升高。结果导致组织液生成增多，引起局部水肿。

4. **淋巴回流** 由于一部分组织液经淋巴管回流入血，如果淋巴回流受阻，组织液的生成和回流将失去平衡，在受阻部位远端的组织间隙中组织液积聚。如丝虫病患者由于淋巴管阻塞而出现下肢等部位的水肿。

七、淋巴液的生成与回流

部分组织液进入淋巴管，即成为淋巴液。淋巴液每日生成 2~4 L。经全身淋巴管汇集，最后由右淋巴导管和胸导管回流入静脉。淋巴管是血液循环系统一个重要的辅助回流管道。

毛细淋巴管的起始端为一盲端。毛细淋巴管由单层内皮细胞构成，壁外无基膜，管壁极薄，其通透性极大，相邻的内皮细胞的边缘像瓦片般相互覆盖，向管腔内延伸，形成向管腔内开启的单向活瓣，组织液和其中的蛋白质、脂肪滴以及红细胞、细菌等微粒，都能通过活瓣进入毛细淋巴管，但不能倒流。组织液和毛细淋巴管之间的压力差是促使液体进入淋巴管的动力。因此，任何能增加组织液压力的因素都能增加淋巴液的生成，如毛细血管血压升高、血浆胶体渗透压降低、组织液中的蛋白质浓度升高、毛细血管壁通透性加大等。淋巴液回流的主要生理功能是将组织液中的蛋白质及其分解产物带回到血液中，小肠绒毛的毛细淋巴管对营养物质特别是脂肪的吸收起重要的作用；并能清除组织液中不能被毛细血管重吸收的大分子以及组织中的红细胞和细菌等；毛细淋巴管的内皮细胞及淋巴结内的白细胞具有吞饮与免疫功能；此外，淋巴液回流在保持血浆与组织液的平衡中起重要作用。

第四节 心血管活动的调节

机体在不同的生理状况下,各器官组织的代谢水平和对血流量的需求都会发生一定的改变,心血管活动能够对此作出相应的调整,主要是通过神经和体液调节改变心输出量和外周血管阻力,以适应机体代谢的需要。

一、神经调节

心肌和血管平滑肌主要是受自主神经支配。机体对心血管活动的神经调节是通过各种心血管反射而实现的。

(一) 心脏和血管的神经支配

1. **心脏的神经支配** 心脏活动受心交感神经和心迷走神经支配(图 4-23)。

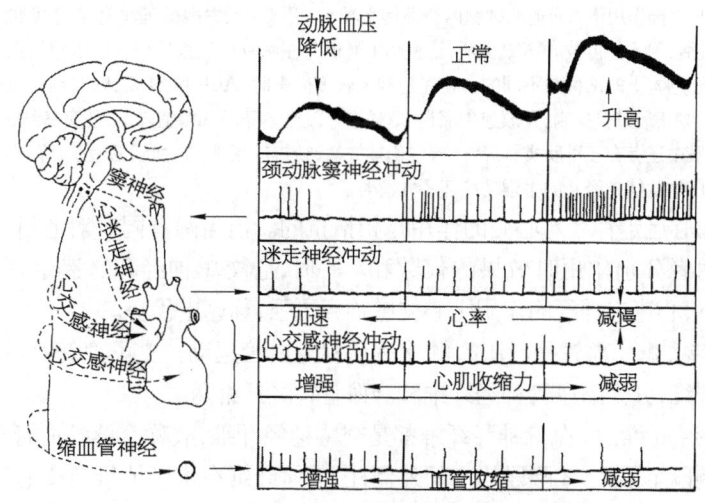

图 4-23 心脏和血管的神经调控与颈动脉窦反射

(1) 心交感神经:心交感神经的节前神经元位于脊髓第 1～5 胸段的中间外侧柱,其轴突组成节前纤维,通过末梢释放 ACh,激活节后神经元膜上的 N_1 型胆碱能受体,节后神经元在星状神经节或颈神经节内换元,节后纤维组成心脏神经丛,支配窦房结、心房肌、房室结、房室束和心室肌。左、右心交感神经在心脏的分布也是不对称的,右侧心交感神经主要支配窦房结,其效应以加快心率为主;左侧心交感神经纤维广泛分布于心房肌和心室肌,并支配房室结,在功能上以加强心肌收缩力为主。

心交感神经节后纤维释放去甲肾上腺素,作用于心肌细胞膜上的 β 型肾上腺素能受体($β_1$ 受体),与 $β_1$ 受体结合后,通过胞内 cAMP 作用,激活蛋白激酶,Ca^{2+} 通道开放概率加快,使胞膜对 Ca^{2+} 通透性增高,Ca^{2+} 内流增加,结果主要是引起心脏活动加快加强(正性肌力效应)。导致窦房结 4 期内向电流加强,自动去极化速率加快,自律性增加,心率加快,此效应称为**正性变时作用**(positive chronotropic action)。导致房室结 Ca^{2+} 通道开放概率和钙内流增加,0 期动作电位的上升幅度增大,去极化加快,房室传导时间缩短,此效应称为**正性变传导作用**(positive dromotropic action)。导致心房肌、心室肌动作电位平台期 Ca^{2+} 内流增加,胞内肌质网释放的 Ca^{2+} 也增加,心肌收缩力增强,此效应称为**正性变力作用**(positive inotropic action)。这种使心率加快、房室结传导加速、心肌收缩力增强的效应,能被 β 受体阻断剂如普萘洛尔等所阻断。

(2) 心迷走神经:心迷走神经属于副交感神经,其节前纤维起源于延髓的迷走神经背核和疑核,终止于心壁内的神经元,换元后节后纤维支配窦房结、心房肌、房室结、房室束及其分支。心室肌只有少量迷走神经纤维的支配。左、右两侧心迷走神经对心脏的支配有所不同,右侧心迷走神经主要影响窦房结,而左侧心迷走神经对房室结的作用占优势。心迷走神经节后纤维释放 ACh,作用于心肌细胞膜上的 M 型胆碱能受体(M 受体),通过 cGMP 作用使细胞膜对 K^+ 的通透性增高,K^+ 外流增加,Ca^{2+} 内流抑制,从而抑制心脏活动(负性肌力效应)。可引起心率减慢、心内传导组织的传导速度降低、心房肌收缩力减弱等效应,也即**负性变时作用**(negative chronotropic action)、**负性变传导作用**(negative dromotropic action)、**负性变力作用**(negative inotropic action)。阿托品作为 M 受体的拮抗剂,可阻断心迷走神经对心脏的抑制作用。

有证据表明,心交感神经节后纤维释放的去甲肾上腺素,加快窦房结细胞起搏频率可通过 I_f 离子流发挥作用。通过一个非磷酸化途径,cAMP 直接作用于 I_f 通道的细胞内侧面使之激活,用一种蛋白酶处理窦房结起搏细胞膜的内侧面后,I_f 通道仍能被过度极化所激活,但不能再被 cAMP 激活,这说明 I_f 通道存在两种门控系统——电压门控系统和环核苷酸门控系统,两者在通道蛋白分子结构上的部位是不同的。在迷走神经轻度兴奋时,ACh 和 M 受体结合后,也可通过抑制腺苷酸环化酶,减少 cAMP 产生,使 I_f 通道受抑制,开放速率减慢,单通道开放概率降低,I_f 幅值降低,使窦房结起搏频率降低。用免疫组织化学方法证明,心脏中还存在多种肽类神经纤维,它们释放的递质有神经肽 Y、血管活性肽、降钙素基因相关肽、阿片肽等,目前对于分布在心脏的肽能神经元的生理功能还不太清楚。

心交感神经和心迷走神经对心脏的作用是相拮抗的。但当两者同时对心脏发生作用时,其最终效果并不等于两者分别作用时效果的代数和。平时,心交感神经和心迷走神经都有紧张性活动。在安静状况下,心迷走神经的作用比心交感神经更强,称迷走优势。

2. 血管的神经支配 血管平滑肌的舒缩活动称为血管运动。支配血管平滑肌的神经纤维称为血管运动神经纤维,分为缩血管神经纤维和舒血管神经纤维两类。

(1) 缩血管神经纤维:缩血管神经纤维都是交感神经纤维,故称交感缩血管纤维,其节前神经元位于脊髓第 1 胸段至第 2~3 腰段的中间外侧柱,节前纤维在椎旁或椎前交感神经节内换元,节后纤维支配体内几乎所有的血管平滑肌。但在不同部位的血管中,其分布密度不同,其中最密的是皮肤血管,其次为骨骼肌和内脏的血管,而在冠状血管和脑血管中分布较少。在同一器官中,动脉中的密度高于静脉,而动脉中又以微动脉中最高,毛细血管前括约肌中分布很少。交感缩血管神经节后纤维释放的递质是去甲肾上腺素,它主要作用于血管平滑肌细胞膜上的 α 肾上腺素能受体(α 受体),产生缩血管效应,该效应能被 α 受体拮抗剂酚妥拉明所阻断。

在安静情况下,交感缩血管神经纤维经常性地有少量冲动发放(1~3 次/ s),即具有紧张性活动,从而使血管平滑肌维持一定程度的收缩状态。当交感缩血管神经紧张性增强时,血管平滑肌可进一步收缩;而交感缩血管神经紧张性减弱时,则血管平滑肌的收缩程度减低,血管即舒张。

(2) 舒血管神经纤维:体内多数血管仅接受交感缩血管神经纤维的单一支配,还有部分血管接受舒血管神经纤维支配。舒血管神经纤维多为局部性的支配,种类较多,这里仅介绍两种:① 交感舒血管神经纤维,这类神经纤维主要分布于骨骼肌血管,平时无紧张性活动,只有当情绪激动、恐惧、发怒和准备做剧烈的肌肉活动时才发放冲动；兴奋时末梢释放乙酰胆碱，使骨骼肌血管舒张，血流量增多。目前认为，由这类交感胆碱能纤维活动引起的骨骼肌血管舒张，可能是防御反应中的一部分。② 副交感舒血管神经纤维，其末梢释放的递质也是乙酰胆碱，它能与血管平滑肌细胞上的 M 受体结合，引起血管舒张。这类神经纤维主要分布于脑膜、唾液腺、胃肠腺和外生殖器等部位的血管，作用范围比较局限，平时也无紧张性活动，兴奋时才引起这些器官的血管舒张，血流量增多，而对循环系统总的外周阻力影响不大。

（二）心血管中枢

心血管中枢(cardiovascular center)是指中枢神经系统中与调节心血管活动有关的神经元集中的部位。目前认为，心血管中枢并不集中在中枢神经系统的某一个部位，而是分布于从脊髓到大脑皮层的各个水平上。

1. **延髓心血管中枢** 延髓是调节心血管活动的最基本中枢。其主要依据是：在延髓上缘横断脑干，只要保持延髓与脊髓的完整及其正常联系，动脉血压并无明显变化，一些心血管反射仍存在，而当横断水平逐步下移至延髓闩部时，血压降至大约 40 mmHg，心血管反射也基本消失。因此，延髓被认为是心血管活动的基本中枢，其包括心交感中枢、心迷走中枢和交感缩血管中枢。研究表明，参与延髓心血管活动调节的至少有4个部位：① 延髓头端腹外侧部神经元是延髓心血管交感神经活动的整合部位，也即心交感中枢和交感缩血管中枢的所在部位，是心血管交感紧张性活动的中枢来源，其轴突下行直接支配脊髓中间外侧柱的交感节前神经元。兴奋该区神经元，交感神经紧张性活动增高，心脏活动加强，血管收缩，血压升高。② 延髓头端腹外侧部神经元接受来自孤束核神经元轴突的直接投射，并发出轴突直接投射到延髓头端腹外侧区，可抑制心血管交感紧张性活动，使心脏活动减弱，血管扩张，血压下降。③ 孤束核神经元接受由颈动脉窦和主动脉弓等心血管感受器经舌咽和迷走神经传入的信息，孤束核并发出纤维至包括延髓在内的中枢神经系统其他部位的神经元，从而影响心血管活动。④ 心迷走神经的胞体在延髓的背核和疑核，也即心迷走中枢所在部位。它也接受来自孤束核神经元轴突的直接投射。平时，心迷走中枢具有一定程度的兴奋状态，控制着心迷走神经紧张性活动。心交感神经、交感缩血管神经及心迷走神经的紧张性活动，均起源于延髓有关的心血管中枢。这是由于该中枢神经元经常不断地受到传入冲动（来自各种感受器和高级中枢下传的冲动）和体液因素（如 CO_2）的刺激。在正常情况下，延髓心血管神经元并不是独立完成各种心血管反射，而是在高位中枢的控制下进行调节活动。

2. **延髓以上的心血管中枢** 在延髓以上的脑干部分以及大脑和小脑中，都存在与心血管活动有关的神经元。它们在心血管活动调节中所起的作用较延髓心血管中枢更复杂。特别表现在对心血管活动和机体其他功能之间复杂的整合。下丘脑在心血管活动的调节中是一个非常重要的整合中枢。在体温调节、摄食、水平衡以及发怒、恐慌等情绪反应的整合中，都包含有相应的心血管活动的变化。例如电刺激动物下丘脑的"防御反应"区，可引起警觉状态、骨骼肌紧张加强、准备进攻等行为变化，同时也出现一系列心血管活动的改变，主要为心率加快，心缩力加强，皮肤和内脏血管收缩，骨骼肌血管舒张，血压升高等。这些心血管反应显然是与当时机体所处的状态相协调的。大脑新皮层的运动区兴奋时，除引起骨骼肌收缩外，还能引起骨骼肌的血管舒张。大脑边缘系统也参与心血管活动的调节。刺激小脑的某些部位也可引起心血管反应，例如刺激顶核可引起血压升高、心率加快。

必须指出，尽管心血管中枢分布于各个不同的中枢水平，并且功能各异，但它们之间存在着相互联系,密切配合,使整个心血管系统的活动协调一致,并与整个机体的活动相适应。

(三) 心血管反射

神经调节都是以反射的形式进行的,心血管的神经调节也不例外。人体有多种心血管反射,以下仅介绍几种比较重要的心血管反射。各种心血管反射的生理意义在于使循环功能适应于当时机体所处的状态或环境的变化。

1. **颈动脉窦和主动脉弓压力感受性反射** 人和许多哺乳动物的颈动脉窦和主动脉弓血管壁的外膜下存在着对机械牵张刺激敏感的感觉神经末梢(图4-24),它们是压力感受性反射[又称**降压反射**(depressor reflex)]的感受器,称为压力感受器;颈动脉窦压力感受器的传入神经是窦神经,窦神经加入舌咽神经,而主动脉弓压力感受器的传入纤维(主动脉神经)则行走于迷走神经干内;它们都首先到达延髓的孤束核,然后再到达心迷走中枢、心交感中枢和交感缩血管中枢;传出神经分别为心迷走神经、心交感神经和交感缩血管神经纤维;而效应器则是心脏和几乎全身所有的血管。

当动脉血压升高时,感受器处血管壁所受到的机械牵张刺激增大,于是传入神经冲动增多,使心迷走中枢紧张性加强,心交感和交感缩血管中枢紧张性减弱,再通过相应的传出神经,结果使心迷走神经传出冲动增加,心交感神经传出冲动减少,心率减慢,心输出量减少,交感缩血管神经纤维传出冲动减少,血管扩张,外周血管阻力降低,因而动脉血压回降。反之,当动脉血压降低时,感受器受到的刺激减小,传入冲动减少,通过降压反射的减弱发生相反的效应,于是心率加快,心输出量增多,外周血管阻力增高,血压回升(图4-25)。

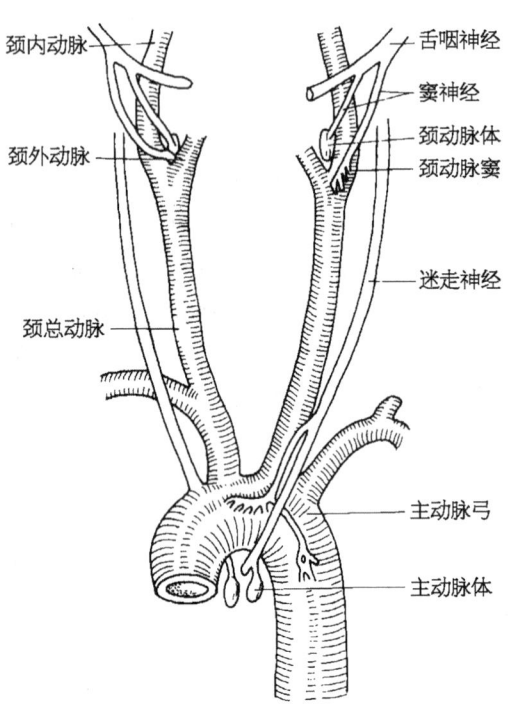

图4-24 颈动脉窦、主动脉弓压力感受器和颈动脉体、主动脉体化学感受器位置

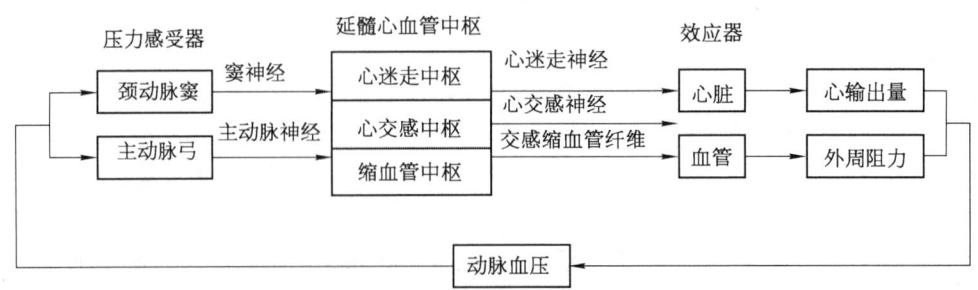

图4-25 颈动脉窦和主动脉弓压力感受性反射途径

压力感受性反射是一种负反馈调节,其生理意义在于保持动脉血压的相对稳定,因此生理学中将压力感受性反射的传入神经称为缓冲神经。动物实验中观察到,动脉血压随颈动脉窦内压力的升高而降低,压力感受性反射功能曲线的中间部分较陡,向两端渐趋平坦(图4-26)。这说明颈

动脉窦内压力在正常平均动脉压水平(约100 mmHg)左右变动时,压力感受性反射最敏感,即对血压波动的缓冲作用最明显;当颈动脉窦内压力过高(>150 mmHg)或过低(<70 mmHg)时,压力感受性反射缓冲血压波动的能力明显下降。此外,压力感受性反射主要对内、外环境发生突然变化时引起的血压快速波动起缓冲作用。切除两侧缓冲神经的动物,动脉血压不再能保持稳定,而是经常出现大幅度的波动。相反,压力感受性反射对缓慢变化的血压则不敏感,如高血压患者的血压持续升高,却不能通过该反

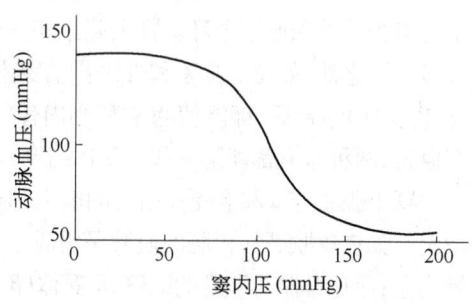

图4-26 在实验中测得的颈动脉窦内压力与动脉血压的关系

射而使血压回降到正常水平。此时,并非压力感受性反射不起调节作用,而是感受器对较高水平的血压产生适应,反射的工作范围发生了改变,即在高于正常的血压水平上进行工作,所以动脉血压维持在较高水平,这种现象称为压力感受性反射的重调定。

2. **颈动脉体和主动脉体化学感受性反射** 在颈总动脉分叉处和主动脉弓区域(图4-24)存在一些小体,小体血供丰富,能感受血液中某些化学成分的变化,对缺 O_2 及 H^+、CO_2 敏感,称为颈动脉体和主动脉体化学感受器。它们的传入神经分别行走于窦神经和迷走神经中。当动脉血中 O_2 分压降低、CO_2 分压升高或 H^+ 浓度升高时,化学感受器兴奋,其传入冲动进入中枢后,主要引起呼吸运动的加强(见第五章),通过呼吸运动的改变再反射性地影响心血管活动,使血压升高,此反射又称加压反射。实验观察到,在动物保持自然呼吸的情况下,化学感受器传入冲动可直接引起呼吸加深加快,并可间接引起心率加快,心输出量增加,外周血管阻力增大,血压升高。但须指出,化学感受性反射在平时对心血管活动并不起明显的调节作用,只有在低氧、窒息、失血、动脉血压过低和酸中毒等情况下才发生作用。

3. **心肺感受器引起的心血管反射** 在心房、心室或肺循环血管中存在着许多压力感受器,总称为心肺感受器。心房中感受循环血量增多或减少的感受器也称为容量感受器。传入神经纤维行走于迷走神经中。当心房、心室或肺循环血管中压力升高或因循环血量增多时,心脏和血管壁受到牵张刺激,于是压力或容量感受器兴奋,传入冲动经心血管中枢整合后,使交感紧张性降低,而心迷走紧张性增强,从而导致心率减慢,心输出量减少,外周阻力降低,因此血压下降。在心肺感受器兴奋时,肾交感神经活动受抑制特别明显,因而肾血流量增加,肾排水和排钠增多,以调整循环血量不至于过多。此外,心肺感受器兴奋还能抑制肾素和抗利尿激素的释放。这两种体液因素也能影响心血管和肾脏的活动。当循环血量减少时,心房、心室或肺循环血管壁中的压力降低或容量刺激减弱,则发生相反的效应。

二、体液调节

心血管活动的体液调节,包括由血液运输到全身的内分泌激素,以及局部组织形成的生物活性物质和代谢产物。以下着重介绍一些重要的体液因子。

(一) 肾上腺素和去甲肾上腺素

血液中的**肾上腺素**(epinephrine, E)和**去甲肾上腺素**(norepinephrine, NE)主要由肾上腺髓质分泌,其中前者约占80%,后者约占20%。此外,交感肾上腺素能神经末梢释放的递质去甲肾上腺

素也有少量进入血液循环。肾上腺素和去甲肾上腺素同属儿茶酚胺类物质,因而其生物活性具有许多共同之处,如肾上腺素和去甲肾上腺素都能与 α 和 β 两类受体结合。在心脏,两种激素与 β 受体($β_1$ 受体)结合后,都能使心率和心内传导速度加快,心肌收缩力增强,从而导致心输出量增加。在血管,两种激素都能与 α 和 β 受体结合,但结合的能力有所不同。

肾上腺素与 α 和 β 受体结合的能力都很强,因此其效应取决于血管平滑肌上两种受体的分布情况。如在皮肤、肾、胃肠的血管平滑肌上 α 受体的数量占优势,肾上腺素对这些血管的效应以收缩为主;而在骨骼肌和肝的血管,β 受体($β_2$ 受体)占优势,肾上腺素对这些血管的效应则以舒张为主。静脉注射肾上腺素,在小剂量时常以兴奋 $β_2$ 受体的舒血管效应为主,但在大剂量时则由于同时兴奋 α 受体而出现缩血管效应。去甲肾上腺素与 α 受体结合的能力较强,而与 $β_2$ 受体结合的能力较弱,因此主要引起缩血管效应。静脉注射去甲肾上腺素,可使全身血管广泛收缩,动脉血压升高,此时由于压力感受性反射对心脏的抑制效应超过了去甲肾上腺素对心脏的直接兴奋作用,结果导致心率减慢。为此,临床上常将肾上腺素用作强心药,而将去甲肾上腺素用作升压药。

(二) 肾素-血管紧张素系统

肾素(renin)是由肾近球细胞合成和分泌的一种酸性蛋白酶。它进入血液循环后,可将血浆中的**血管紧张素原**(angiotensinogen)转变为一个 10 肽的血管紧张素Ⅰ(angiotensin Ⅰ),在血浆和组织中,特别是在肺循环内,血管紧张素Ⅰ经血管紧张素转换酶的作用,再转变为 8 肽的血管紧张素Ⅱ,血管紧张素Ⅱ还可在血浆和组织中血管紧张素酶 A 的作用下,进一步转变为 7 肽的血管紧张素Ⅲ与 6 肽的血管紧张素Ⅳ。**肾素-血管紧张素系统**(renin-angiotensin-system,RAS)是人体内重要的体液调节系统,RAS 既存在于循环系统,也存在于其他组织中,共同参与对靶器官的调节,目前发现至少有四种**血管紧张素受体**(angiotensin receptor,AT)。

血管紧张素Ⅱ在众多的血管紧张素家属成员中作用最为重要的,是一种具有强烈缩血管活性的肽类物质,血管紧张素Ⅱ与心肌和血管平滑肌细胞上的 AT_1 受体结合后发挥生物效应。对心血管活动有以下调节作用:① 直接收缩阻力血管和容量血管,引起血压升高和静脉回心血量增加。② 促使交感神经末梢释放去甲肾上腺素,加强交感神经对心血管的作用。③ 增加交感缩血管中枢紧张性,从而使外周阻力增加,血压升高。④ 刺激肾上腺皮质球状带合成并释放醛固酮,通过后者促进肾小管对 Na^+ 的重吸收,扩充血量,升高血压。

血管紧张素Ⅲ的缩血管作用较弱,仅为血管紧张素Ⅱ的 1/5 左右,但对肾上腺皮质合成与释放醛固酮的作用较强。有研究认为血管紧张素Ⅳ作用于 AT_4 受体,产生与血管紧张素Ⅱ不同的甚至相反的生理效应。

(三) 血管升压素

血管升压素(vasopressin,VP)是由下丘脑视上核和室旁核的神经元合成的肽类物质,经下丘脑垂体束运抵神经垂体储存,在适宜刺激作用下由神经垂体释放入血。血管升压素作用于血管平滑肌细胞上的 V_1 受体,使血管平滑肌强烈收缩,因而能引起血压升高,是已知最强的缩血管物质之一。但在一般情况下,血管升压素的作用主要是与肾远曲小管和集合管管周膜上 V_2 受体结合,促进肾远曲小管和集合管对水的重吸收,所以又称**抗利尿激素**(antidiuretic hormone,ADH)。血管升压素可能并不经常性地对血压起调节作用,而仅在禁水、外科手术、失血等应激情况下,释放量大大增加时,血浆中血管升压素浓度明显高于正常时才发挥其升压效应。

(四) 血管内皮生成的血管活性物质

血管内血流对血管内皮应切力的影响可生成和释放引起血管平滑肌舒张和收缩的两类血管活性物质,现比较明确的重要的有以下两种:① **内皮舒张因子**(endothelium-derived relaxing factor,EDRF):目前已知内皮舒张因子就是一氧化氮(NO),其作用是激活血管平滑肌细胞内的鸟苷酸环化酶,cGMP 浓度升高,游离 Ca^{2+} 浓度降低,故血管舒张。与此同时它还可与前列环素等舒血管物质共同对抗去甲肾上腺素及其他缩血管物质的作用,保证正常血压与器官灌流量。② **内皮素**(endothelin,ET):内皮素是由血管内皮细胞产生的多种缩血管物质之一。也是目前已知血管活性物质中最强的缩血管物质之一。内皮素与血管平滑肌细胞上的特异受体结合后,促进肌质网释放 Ca^{2+},从而使血管平滑肌收缩加强。

(五) 心房钠尿肽

心房钠尿肽(atrial natriuretic peptide,ANP)是由心房肌细胞合成和释放的一类多肽。它使血管平滑肌舒张,外周阻力降低,使心率减慢,搏出量减少,血压降低。心房钠尿肽作用于肾脏内相应受体,可使肾脏排水和排钠增多。此外,它还有抑制肾素血管紧张素醛固酮系统的作用,间接地促进 Na^+ 的排泄,以及抑制血管升压素的作用。

当血容量增加和血压升高时,心房壁受到牵拉,可使心房肌细胞释放心房钠尿肽,引起利尿和排钠效应。因此,它是体内调节水盐平衡的一种重要体液因素。

(六) 其他体液因子

激肽释放酶激肽系统也参与血压和局部组织血流的调节。血浆中存在一种称为**激肽原**(kininogen)的蛋白质,在血浆激肽释放酶(存在于血浆中)和组织激肽释放酶(存在于肾、唾液腺、胰腺、汗腺等组织内)的作用下,分别水解生成两种具有生物活性的激肽,即 9 肽的**缓激肽**(bradykinin)和 10 肽的胰激肽也称**血管舒张素**(kallidin),后者可在氨基肽酶的作用下失去赖氨酸而成为缓激肽。缓激肽在激肽酶的作用下水解失活。激肽是已知最强烈的舒血管物质,可使血管平滑肌舒张和毛细血管通透性增高。在一些腺体器官中生成的激肽,可使器官局部血管舒张,血流量增加。循环血液中的激肽也能因血管舒张而降低血压。但对其他平滑肌则引起收缩效应。

此外,还有其他体液因子,如组胺、前列腺素、阿片肽等,也能舒张血管。

三、自身调节

实验证明,如果将调节血管活动的外部神经和体液因素都去除,在一定血压变动范围内,器官组织的血流量仍能得到适当的调节。这种调节属于自身调节。关于器官组织血流量的局部自身调节,一般认为有肌源学说和局部代谢产物学说两种机制。肌源学说认为血管平滑肌经常保持着一定的紧张性收缩,称为肌源性活动。当器官的血液灌注压突然增大时,血管平滑肌受到牵张刺激,其肌源性活动加强,结果该器官的血流阻力增大,血流量不致因灌注压升高而增多,即能保持相对稳定;当器官的血流灌注压突然降低时,则发生相反变化。用罂粟碱、水合氯醛或氰化钠等药物抑制平滑肌活动后,此自身调节现象即消失。局部代谢产物学说认为器官血流量主要依靠局部代谢产物的刺激而进行自动调节,其机制已在微循环的调节中加以叙述,这里不再重复。

第五节　器官循环

体内各器官的血流量与灌注该器官的动、静脉压力差以及该器官的血流阻力有关,又取决于该器官阻力血管的舒张状态。由于不同器官的结构和功能各不相同,因此,其血流量的调节除具有共性的一般规律外,还有其本身的特点。本节将讨论心、肺、脑血液循环的特点与调节。

一、冠脉循环

冠脉循环(coronary circulation)是营养心脏本身的血液循环。心脏的工作量很大,又处于终生连续活动状态之中,它所需要的营养物质和氧气完全依靠冠脉循环供给,因此,冠脉循环对保证心脏功能极为重要。心脏的血液供应来自左、右冠状动脉。冠状动脉的主干行走于心脏的表面,其小分支常以垂直于心脏表面的方向穿入心肌,并在心内膜下层分支成网。这种分支方式使冠脉血管容易在心肌收缩时受到压迫。

(一) 冠脉血流的特点

1. **血流量大、血液供应丰富**　左、右冠状动脉起自主动脉根部,故冠脉循环血压较高,流速快,血流量大。安静时,人冠脉血流量为每百克心肌60~80 ml/min。中等体重的人,冠脉总血流量为200~250 ml/min,占心输出量的4%~5%。当心肌活动加强,冠脉达到最大舒张状态时,血流量可增加到每百克心肌300~400 ml/min,为安静状态时的4~5倍。

2. **血流量受心肌收缩的影响显著**　由于冠脉的大部分分支深埋于心肌内,因此心肌节律性舒缩对冠脉血流有很大的影响,对左冠状动脉的影响尤为显著。图4-27显示狗的左、右冠状动脉血流在一个心动周期中的变化。在左心室等容收缩期,由于心肌收缩的挤压,左冠状动脉血流阻力增大,以致血流急剧减少,甚至倒流;在左心室快速射血期,主动脉血压有所升高,冠脉血流也随之升高;但进入减慢射血期时,随主动脉血压下降,冠脉血流很快再次减少;当左心室舒张时,虽然此时主动脉血压有所降低,但由于解除对冠脉的压迫,血流阻力减小,因此冠脉血流迅速增加。在整个心动周期中,由于心舒张期时间长于心收缩期,因此舒张期冠脉血流总量大于收缩期。据计算,左心室在收缩

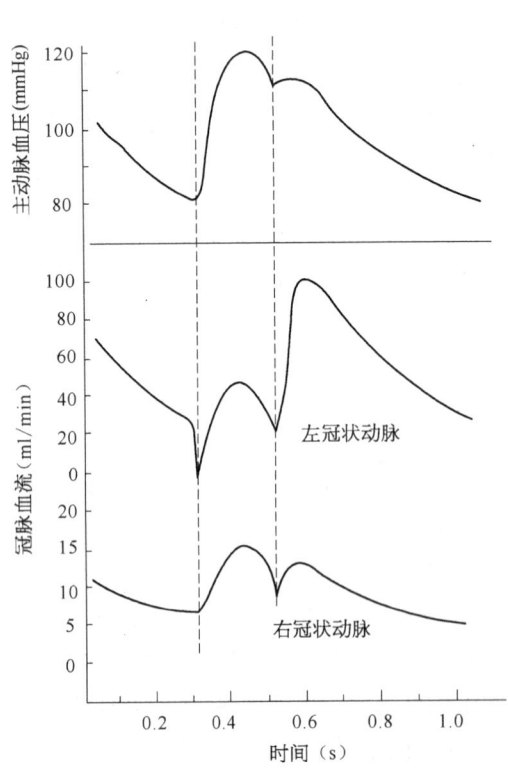

图4-27　心动周期中左、右冠状动脉血流量变化

期的血流量为舒张期血流量的20%～30%。心肌收缩加强时,收缩期血流量所占百分比更小。由此可见,主动脉舒张压的高低,以及心舒张期的长短是决定冠脉血流量的重要因素。右心室肌比较薄弱,收缩时对右冠状动脉的压迫作用较小,因此右冠状动脉血流量在整个心动周期中的变化不大。

(二) 冠脉血流量的调节

调节冠脉血流量最重要的因素是心肌本身的代谢水平,而神经调节较为次要。

1. **心肌代谢水平** 心肌收缩的能量来源几乎全部依靠氧化代谢。实验证明,冠脉血流量与心肌代谢水平成正比关系,在切断心脏的神经支配和没有激素作用的情况下,这种关系依然存在。心肌的耗氧量较高,但心肌的氧储备较小,此时心肌对氧的需求主要通过冠脉舒张,增加冠脉血流量而实现。但进一步的研究表明,心肌代谢增强引起的冠脉舒张并非低氧本身,而是由于某些心肌代谢产物的增加。当心肌代谢增强时,H^+、CO_2、乳酸和腺苷等代谢产物增多,目前认为,这些代谢产物中最重要的冠脉舒张物质是腺苷。心肌细胞中的ATP分解供能后形成ADP和AMP,而AMP进一步在$5'$-核苷酸酶的作用下分解而生成腺苷。腺苷具有强烈的舒张小动脉的作用,但腺苷生成后几秒钟内即被破坏,因此不会引起其他器官的血管舒张。心肌缺氧时,心脏静脉血中腺苷的浓度可迅速增加3～5倍,而其他代谢产物舒张冠脉的作用则较弱。

2. **神经调节** 冠状动脉受迷走神经和交感神经的支配。迷走神经的直接作用是使冠脉舒张,但在完整机体内刺激迷走神经,对冠脉血流量的影响较小。交感神经末梢释放的递质去甲肾上腺素可作用于冠脉的平滑肌α受体和心肌β受体,α受体兴奋时冠脉收缩,而β受体兴奋时使心脏活动增强,代谢加强,代谢产物增多,引起冠脉舒张。在完整机体内刺激交感神经,冠脉出现先收缩后舒张的效应。由于继发的舒血管作用强大而持久,初期的缩血管效应往往被掩盖,所以平时交感神经兴奋时常表现为冠脉舒张。

3. **体液调节** 肾上腺素和去甲肾上腺素可直接作用于冠脉血管的α和β两类肾上腺素受体,引起冠脉血管的收缩或舒张;也可通过增加心肌代谢和耗氧量使冠脉血流量增大。甲状腺素增多时,心肌代谢加强,耗氧量增大,使冠状动脉血管舒张,冠脉血流量增加。血管紧张素Ⅱ以及大剂量血管升压素都可使冠状动脉血管收缩,冠脉血流量减少。

二、肺循环

肺循环(pulmonary circulation)是指从右心室到左心房的血液循环。而气管、支气管的血供却来自体循环的支气管动脉。肺循环和支气管血管的末梢之间有吻合支沟通。因此,有一部分支气管静脉血液可经过吻合支进入肺静脉,使主动脉血液中参入1%～2%的静脉血。

(一) 肺循环的特点

1. **血流阻力小、血压低** 与体循环相比,肺动脉及其分支短而粗,壁薄,可扩张性大,因此对血流的阻力小,血压也低。人肺动脉收缩压平均值正常为22 mmHg,舒张压为8 mmHg,平均动脉压为13 mmHg,肺毛细血管平均压为7 mm Hg,肺静脉和左心房压为1～4 mmHg,平均为2 mmHg。肺循环的这一特点,使其极易受心功能的影响,当左心衰竭时,逆行性肺静脉和肺毛细血管压力升高,可导致肺淤血和呼吸困难,甚至肺水肿。

2. **肺血容量波动大** 肺部的血容量约为450 ml,约占全身血量的9%。由于肺组织和肺血管的可扩张性大,因此肺部血容量的变动范围也大。在用力呼气时,肺部血容量可减少到200 ml左右,而深吸气时则可增加到 1 000 ml 左右。在平静呼吸时,肺部血容量也有一定的波动,从而造成动脉血压的呼吸波。由于肺部血容量较多,且变动范围大,故肺循环血管起着储血库的作用。当机体失血时,肺循环可将一部分血液转移到体循环,起代偿作用。

3. **肺部有效滤过压为负值** 在肺部毛细血管与组织液之间的液体交换中,由于毛细血管血压 (7 mmHg) 远低于血浆胶体渗透压 (25 mmHg), 因此, 有效滤过压为负值。这使肺泡膜和毛细血管壁紧密相贴, 有利于肺泡和血液之间的气体交换, 并能吸收肺泡内液体, 使肺泡内不会有液体积聚, 有利于肺泡的通气功能, 因而具有重要意义。左心衰竭时, 肺毛细血管血压可大于血浆胶体渗透压, 则滤液积聚于肺组织间隙和肺泡中, 形成肺水肿。

(二) 肺循环血流量的调节

由于肺循环血管腔大壁薄,可扩张性大,因此其口径的变化多数情况下是被动的。但是,肺循环的血流量仍受到肺组织局部化学因素的影响及神经体液因素的调节。

1. **肺泡气氧分压的影响** 肺泡气的氧分压对肺部血管的舒缩活动有明显的影响。当某部分肺泡通气不足而使氧分压降低时, 肺泡周围的微动脉收缩, 使局部血流阻力增大, 于是该部分血流减少, 结果使较多的血流进入其他通气充足的肺泡毛细血管床。这一反应有利于血液与肺泡之间进行有效的气体交换。

2. **神经调节** 肺循环血管受交感神经和迷走神经的支配。刺激交感神经的直接作用是使肺血管收缩; 而在整体情况下, 交感兴奋时体循环的血管收缩, 将一部分血液挤入肺循环, 使肺循环内血容量增加。刺激迷走神经可使肺血管舒张。

3. **体液调节** 肾上腺素、去甲肾上腺素、血管紧张素Ⅱ、前列腺素、组胺、5-羟色胺等可使肺血管收缩, 乙酰胆碱和异丙肾上腺素则引起肺血管舒张。

三、脑循环

脑是人体功能调节的最高级中枢。**脑循环**(cerebral circulation)的血液供应来自颈内动脉和椎动脉。两侧椎动脉在颅腔内先合成基底动脉, 再与两侧颈内动脉的分支合成颅底动脉环, 由此分支, 分别供应脑的各部。脑静脉血进入静脉窦, 主要通过颈内静脉流回腔静脉。

(一) 脑循环的特点

1. **血流量大、耗氧量多** 脑的重量仅占体重的 2% 左右,但脑是人体的重要器官,由于代谢水平高, O_2 耗量大, 所以对血供的需求也大。安静时, 每百克脑组织每分钟的血流量为 50~60 ml, O_2 耗量为 3~5 ml; 整个脑的血流量约为 750 ml/min (占心输出量的 15%), O_2 耗量约为 50 ml (占全身的 20%)。它对缺血的耐受性很低, 在正常体温情况下, 脑供血停止数秒钟, 人即会意识丧失, 脑供血停止 5~6 min, 大脑功能将出现难以恢复的损伤。因此, 保证脑的血液供应非常重要。

2. **血流量变化小** 脑位于颅腔内, 头颅为骨性结构, 其容积是固定的。颅腔内为脑、脑血管和脑脊液所充满。三者容积的总和也是固定的, 且与颅腔容积相等。由于脑组织是不可压缩的, 因此脑血管舒缩程度受到很大的限制, 血流量的变化较其他器官为小。因此, 要增加脑的血液供应主要靠提高脑循环的血流速度。

3. **存在血脑脊液屏障和血脑屏障** 在血液和脑组织之间、血液和脑脊液之间存在着限制血液中某些物质与脑组织、脑脊液自由交换的屏障: ① 在毛细血管血液和脑脊液之间存在有限制某些物质自由化扩散的屏障, 称为**血脑脊液屏障**(blood cerebrospinal fluid barrier)。脑脊液形成的原理与组织液不完全相同,它主要是由脑室脉络丛上皮细胞和室管膜细胞分泌而产生。脑脊液的成分不同于血浆,其 Na^+、Mg^{2+} 和 Cl^- 浓度较血浆高,K^+、HCO_3^- 和 Ca^{2+} 则较血浆低,蛋白质含量极微,葡萄糖含量也较血浆少。这种屏障对不同物质通透性不同,如 O_2 和 CO_2 等脂溶性物质很易通过屏障,而许多离子的通透性较低。血脑脊液屏障的基础是无孔毛细血管壁和脉络丛细胞中运输各种物质的特殊载体系统。② 血液和脑组织之间也存在着类似的屏障,可限制物质在血液和脑组织之间的自由交换,称为**血脑屏障**(blood brain barrier)。脂溶性物质如 O_2、CO_2、乙醇及某些麻醉药易于通过血脑屏障,而青霉素、胆盐、H^+、HCO_3^- 和非脂溶性物质则不易透入脑组织。毛细血管的内皮细胞、基膜和星形胶质细胞的血管周足等结构可能是血脑屏障的形态学基础。血脑脊液屏障和血脑屏障的存在,对于稳定脑组织的内环境,防止血液中某些有害物质进入脑内,为脑细胞的正常活动提供必要的保障。

(二)脑血流量的调节

1. **自身调节** 由于脑血管的舒缩受限制,故脑的血流量主要取决于脑的动脉和静脉之间的压力差。正常情况下,因颈内静脉压已接近于右心房压,变化不大,故对脑血流起主要作用的是颈动脉压。颈动脉压升高时,脑血流量相应增加;反之颈动脉压降低时,脑血流量减少。但当平均动脉压在 60~140 mmHg 内变动时,脑血管的自身调节机制可发挥很好的作用,使脑血流量保持相对稳定。血压在此范围内波动时,当血压升高时,脑血管则收缩;血压降低时,则脑血管舒张。当血压超过 140 mmHg 时,脑血流量将随血压升高而增加,若血压过高时,可因毛细血管血压过高而引起脑水肿。在高血压患者,自身调节范围上限可上移到 180~200 mmHg。当血压低于 60 mm Hg 时,则脑血流量减少,引起脑功能障碍。

2. **脑组织局部化学因素影响** 脑血管舒缩活动的最重要因素是脑组织局部的化学环境。当血液 CO_2 分压升高或 O_2 分压降低时,脑血管舒张,血流量增加;反之,当过度通气时,CO_2 呼出过多,动脉血 CO_2 分压降低,脑血流量则减少,并可引起头晕。此外,脑的各个部分的血流量和脑组织的代谢程度有关。实验表明,大脑皮质不同部位的血流量是不同的。当某一部分脑的代谢活动加强时,该部分脑的血流量就增多。其机制可能是 O_2 分压降低以及 H^+、K^+、腺苷等代谢产物引起脑血管舒张所致。目前的研究还表明,脑的代谢产物可通过某些神经元,以及血液中的一些活性物质可使脑血管内皮产生 NO 而引起脑血管舒张,脑血流量增加。

3. **神经调节** 脑血管受交感、副交感神经支配。此外,脑血管还有神经肽纤维末梢分布。但神经因素在脑血管活动调节中作用很小。切断支配脑血管的神经后,脑血流量无明显的变化。在各种心血管反射中,脑血流量一般不受影响。

(徐 颖 谭俊珍)

第五章 呼　吸

导学

1. 掌握：肺通气原理；潮气量、肺活量、用力呼气量；肺泡通气量；呼吸运动的化学反射调节。
2. 熟悉：呼吸过程的三个环节；肺泡表面活性物质的作用；气体交换的原理及其影响因素；气体在血液中的运输形式；呼吸的基本中枢及肺牵张反射。
3. 了解：凡列入教学内容，除掌握、熟悉的，其余均为了解。

生物体在新陈代谢的过程中，必须不断地从外界环境中摄取所需要的 O_2，排出所产生的 CO_2，这种机体与外界环境之间的气体交换过程，称为**呼吸**(respiration)。因此，呼吸是维持机体生命活动所必需的基本生理过程之一，一旦呼吸停止，生命也将结束。

在高等动物和人体，呼吸过程由三个相互衔接并同时进行的环节来完成(图 5-1)：① 外呼吸或肺呼吸，即肺毛细血管血液与外界环境之间的气体交换过程，包括肺通气和肺换气两个过程。前者是指气体在肺与外界环境之间的流通过程，后者是指肺泡与肺毛细血管血液之间的气体交换。② 气体在血液中运输，即 O_2 和 CO_2 运输。③ 内呼吸或组织呼吸，即组织换气，指的是组织毛细血管血液与组织细胞之间的气体交换过程，有时也将胞内的氧化过程包括在内。可见呼吸过程不仅依靠呼吸系统来完成，还需要血液循环系统的配合，这种协调配合，以及它们与机体代谢水平的相适应，都受神经和体液因素的调节。

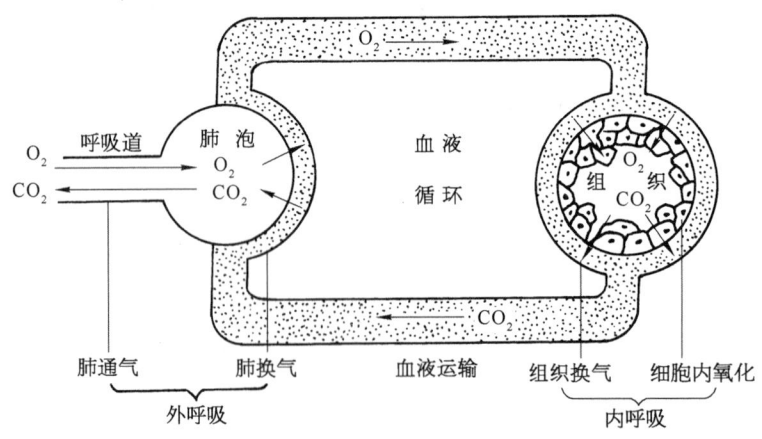

图 5-1　呼吸全过程

第一节　肺通气

肺通气(pulmonary ventilation)是指气体在肺与外界环境之间的流通过程。实现肺通气的主要结构基础包括呼吸道、肺泡及胸廓等。呼吸道是肺通气时气体进出肺的通道;肺泡是气体交换的场所;胸廓的节律性运动则是实现肺通气的动力。

一、呼吸道的结构特征和功能

呼吸道是气体进出肺的通道,包括鼻、咽、喉、气管、主支气管及肺内各级支气管。临床上通常以环状软骨下缘为界将鼻、咽、喉称为上呼吸道,气管、支气管及其在肺内的分支称为下呼吸道。通气功能是呼吸道的最主要功能,除此之外呼吸道还具有以下功能。

(一) 加温湿润清洁

加温、湿润作用主要由鼻和咽完成,气管和支气管的作用较小。一般情况下,外界空气的温度和湿度都较肺泡气为低,由于鼻、咽黏膜有丰富的血流,并有黏液腺分泌黏液,所以从外界吸入的干冷气体在达气管时已被加温和湿润。如果外界气温高于体温,则通过呼吸道血流的作用,也可使吸入气温度下降到体温水平。反之亦然,上呼吸道的这种"空气调节"功能对下呼吸道和肺组织有重要保护作用。经气管插管呼吸的患者,失去了上呼吸道的"空气调节"功能,可使下呼吸道上皮、纤毛及腺体因干燥、低温而受到损伤,因此应给这些患者吸入温润的空气。另外,呼吸道还可通过鼻毛阻挡、纤毛运动及肺泡巨噬细胞的吞噬作用,防止随空气进入的颗粒、异物等到达肺泡,从而使肺泡获得洁净的空气。

(二) 调节气道阻力

呼吸道阻力主要存在于气管、主支气管等大气道。但由于细支气管、终末细支气管等小气道管壁软骨组织较少,平滑肌组织相对较多,其管径易受神经、体液等因素的影响而变化,从而成为影响气道阻力的主要部位。呼吸道平滑肌受交感、副交感神经双重支配,两者均有紧张性。迷走神经兴奋末梢释放 ACh 作用于气道平滑肌的 M 受体上使其收缩,管径变小,阻力增加;交感神经兴奋末梢释放去甲肾上腺素作用于气道平滑肌上的 β_2 受体,使其舒张,管径变大,阻力降低。临床上可用拟肾上腺素能药物解除支气管痉挛,缓解呼吸困难。

近来发现,呼吸道平滑肌的舒缩还受自主神经释放的非肾上腺素和非乙酰胆碱的共存递质的调制,如血管活性肠肽、神经肽 Y、速激肽等。儿茶酚胺可使气道平滑肌舒张;$PGF_{2\alpha}$ 可使之收缩,而 PGE_2 使之舒张;过敏反应时由肥大细胞释放的组胺和白三烯等慢反应物质使支气管收缩;吸入气 CO_2 含量的增加可以刺激支气管和肺的 C 类纤维,反射性地使支气管收缩,气道阻力增加。近来的研究发现气道上皮可合成、释放内皮素,使气道平滑肌收缩。哮喘患者内皮素的合成和释放增加,提示内皮素可能参与哮喘的病理生理过程。

二、肺泡的结构与功能

肺泡是肺内进行气体交换的场所,正常成年人约有 3 亿个大小不等的肺泡。

(一) 肺泡的结构

肺泡直径为 80~250 μm。肺泡壁由肺泡上皮细胞及支持它的网织性基膜构成。肺泡上皮细胞分为两型：Ⅰ型细胞（又称扁平细胞）呈鳞状，相互连接成薄膜状，覆盖约 95% 的肺泡表面，主要参与呼吸膜的构成；Ⅱ型细胞（又称分泌上皮细胞）呈圆形或立方形，分散于Ⅰ型细胞之间，约占 5% 的肺泡总表面，能合成和分泌肺泡表面活性物质。

(二) 肺泡隔

肺泡隔是指相邻肺泡之间的薄层组织，属肺的间质。肺泡隔内含有成纤维细胞、肺巨噬细胞、浆细胞、肥大细胞、淋巴管和神经，还含有丰富的毛细血管、弹力纤维及少量的胶原纤维等，对维持肺泡气道的稳定开放具有重要意义。

(三) 呼吸膜

呼吸膜由 6 层结构组成（图 5-2），分别为：含表面活性物质的液体层、肺泡上皮细胞层、上皮基底膜、肺泡上皮和肺毛细血管之间的间隙、肺毛细血管基膜层和内皮细胞层。呼吸膜虽然有 6 层结构，但却很薄，总厚度不到 1 μm，平均厚度 0.6 μm，有的部位只有 0.2 μm，气体易于扩散通过。此外，呼吸膜的面积极大，而肺毛细血管总血量不多，只有 60~140 ml，如此少的血液分布于这样大的面积，所以血液层很薄。肺毛细血管平均直径不足 8 μm，因此，红细胞膜通常能接触到毛细血管壁，O_2、CO_2 不必经过大量的血浆层就可到达红细胞或进入肺泡，扩散距离短，交换速度快。

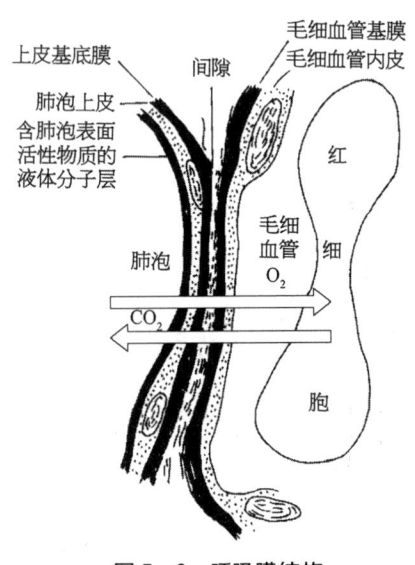

图 5-2 呼吸膜结构

三、肺通气原理

气体进出肺取决于两方面因素的相互作用：① 推动气体流动的动力。② 阻止气体流动的阻力。前者必须克服后者，建立肺泡与外界环境之间的压力差，方能实现肺通气。

(一) 肺通气的动力

气体之所以能进出肺是靠肺内压与大气压之间的压力差驱动的。所以，肺内压与大气压之间的压力差是实现肺通气的直接动力，呼吸肌收缩舒张引起的呼吸运动是肺通气的原动力。

1. 呼吸运动（respiratory movement） 指呼吸肌收缩舒张引起胸廓扩大和缩小的运动。呼吸运动包括吸气运动和呼气运动。膈肌和肋间外肌是主要的吸气肌，肋间内肌和腹肌是主要的呼气肌。此外，还有一些辅助吸气肌，如斜角肌、胸锁乳突肌和胸背部的其他肌肉等，这些肌肉只在用力呼吸时才参与呼吸运动。呼吸运动的频率和深度随机体活动而变化。

在安静状态下呼吸运动平稳缓和，频率为 12~18 次/min，称为**平静呼吸**（eupnea）。在平静呼吸时，吸气动作主要通过膈肌和肋间外肌的收缩来完成。膈形似钟罩，静止时向上隆起，位于胸、腹腔之间，构成胸腔的底。膈肌收缩时，隆起的中心部下移，从而增大了胸廓的上下径（图 5-3A）。肋间外肌的肌纤维起自上一肋骨近脊椎端的下缘，斜向前下方走行，止于下一肋骨近胸骨端的上缘。由于脊椎的位置是固定的，而胸骨可以上下移动，所以当肋间外肌收缩时，肋骨前段和胸骨上提,肋骨下缘还向外侧偏转,从而增大了胸腔的前后径和左右径(图5-3B)。由于胸廓上下径、左右径和前后径均增大,胸廓扩大,肺随之扩张而容积增大,引起吸气。呼气动作则是膈肌与肋间外肌舒张,膈顶、肋骨和胸骨均回位,使胸廓和肺容积缩小,产生呼气。可见,在平静呼吸过程中,吸气运动是主动的,而呼气运动则是被动的。

当机体活动时,或吸入气中CO_2含量增加或O_2含量减少时,呼吸将加深、加快,称为**用力呼吸**(force breathing)或**深呼吸**(deep breathing)。这时不仅有膈肌和肋间外肌参与收缩,吸气时还有吸气辅助肌参与,呼气时则有肋间内肌(肋间内肌走行方向与肋间外肌相反,收缩时使肋骨和胸骨下移,肋骨还向内侧偏转,使胸腔前后、左右径缩小)和腹肌等参与。故用力呼吸时,无论吸气还是呼气都是主动过程。

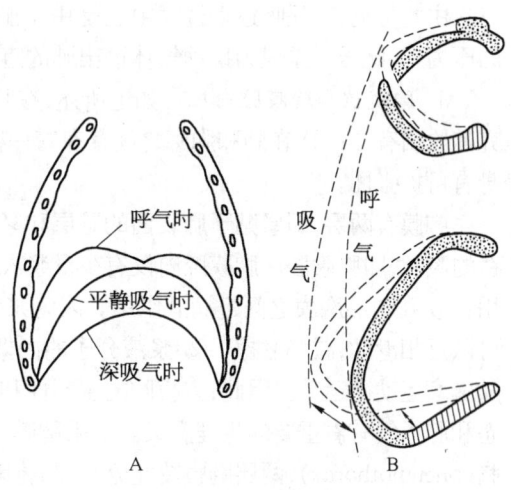

图5-3 胸腔容积随呼吸运动变化
A. 膈肌收缩引起胸腔上下径的变化;B. 肋间内、外肌收缩引起胸腔的前后径和左右径的变化

在呼吸运动中,膈肌收缩而膈下移时,腹腔内的器官因受压迫而使腹壁突出;膈肌舒张时,腹壁回位。因此,膈肌舒缩引起的呼吸运动伴以腹壁的起伏,称为**腹式呼吸**(abdominal breathing)。由肋间肌舒缩使肋骨和胸骨运动所产生的呼吸运动,称为**胸式呼吸**(thoracic breathing)。健康成人呈混合式呼吸。小儿及男性以腹式呼吸为主;女性在妊娠时,因膈肌活动受限,以胸式呼吸为主。

2. 肺内压(intrapulmonary pressure) 指肺泡内的压力。吸气初,肺容积增大,肺内压暂时下降,低于大气压,空气在此压差推动下进入肺泡,随着肺内气体逐渐增加,肺内压也逐渐升高,至吸气末,肺内压已升高到和大气压相等,气流也就停止(图5-4)。反之,呼气初,肺容积减小,肺内压暂时升高并超过大气压,肺内气体便流出肺,使肺内气体逐渐减少,肺内压逐渐下降,至呼气末,肺内压又降到和大气压相等。

呼吸过程中肺内压变化的程度,视呼吸的缓急、深浅和呼吸道是否通畅而定。若呼吸慢,呼吸道通畅,则肺内压变化较小;若呼吸较快,呼吸道不够通畅,则肺内压变化较大。平静呼吸时,呼吸缓和,肺容积的变化也较小;吸气时,肺内压较大气压低1~2 mmHg;呼气时较大气压高1~2 mmHg。用力呼吸时,呼吸深快,肺内压变化的程度增大;当呼吸道不够通畅时,肺内压的升降将更大。例如,紧闭声门尽力作呼吸动作,吸气时肺内压可为-100~-30 mmHg,呼气时可达60~140 mmHg。

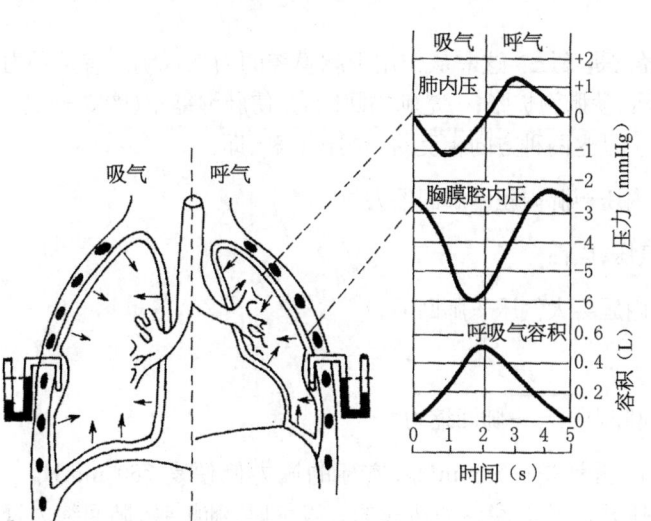

图5-4 吸气和呼气时肺内压、胸膜腔内压及呼吸气容积的变化过程(右)和胸膜腔内压直接测量(左)

由此可见,在呼吸运动过程中正是由于肺内压的周期性交替升降,造成肺内压和大气压之间的压力差,此压力差成为推动气体进出肺的直接动力。

3. **胸膜腔和胸膜腔内压** 如上所述,在呼吸运动的过程中肺之所以总随胸廓的运动而运动,究其原因有二:① 在肺和胸廓之间存在着一密闭的、潜在的胸膜腔,且胸膜腔内压力为负;② 肺本身有可扩张性。

胸膜有两层,即紧贴于肺表面的脏层和紧贴于胸廓内壁的壁层。两层胸膜形成一个密闭的潜在的腔隙,即胸膜腔。胸膜腔内仅有少量浆液,厚约 10 μm,没有气体,这一薄层浆液有两方面的作用:① 在两层胸膜之间起润滑作用。因为浆液的黏滞性很低,所以在呼吸运动过程中,两层胸膜可以互相滑动,减小摩擦。② 浆液分子的内聚力使两层胸膜贴附在一起,不易分开,所以肺就可以随胸廓运动而运动。因此,胸膜腔的密闭性和两层胸膜间浆液分子的内聚力对于维持肺的扩张状态和肺通气有着重要的生理意义。如果胸膜腔破裂,与大气相通,空气将立即进入胸膜腔,形成**气胸**(pneumothorax),两层胸膜彼此分开,肺将因其本身的回缩力而塌陷。这时,尽管呼吸运动仍在进行,肺随胸廓运动而运动的能力却减小了,其减小程度视气胸的程度和类型而异,轻则影响肺的通气功能,重则影响生命,应紧急处理。

胸膜腔内压(intrapleural pressure)是胸膜腔内压力的简称,可用两种方法进行测定。一是直接法,将与检压计相连接的穿刺针头斜刺入胸膜腔内,检压计液面即可直接指示胸膜腔内的压力(图 5-4 左)。直接法的缺点是有刺破胸膜脏层和肺的危险。另一方法是间接法,让受试者吞下带有薄壁气囊的导管至食管下段,由测量呼吸过程中食管内压变化来间接地指示胸膜腔内压变化。这是因为食管在胸内介于肺和胸壁之间,食管壁薄而软,在呼吸过程中两者的变化值基本一致,故可以测食管内压力的变化以间接反映胸膜腔内压的变化。测量结果表明胸膜腔内压通常比大气压低,为负压。平静呼气末胸膜腔内压为 $-5 \sim -3$ mmHg,吸气末为 $-10 \sim -5$ mmHg(图 5-4)。紧闭声门用力吸气时,胸膜腔内压可降至 -90 mmHg,用力呼气时,可升高到 110 mmHg。胸膜腔内压为负值具有重要的生理意义:① 维持肺泡与小气道的扩张,不致因回缩力而使肺完全塌陷。② 有利于静脉血和淋巴液回流。位于胸膜腔内的腔静脉、胸导管等由于管壁薄,胸内负压可使其被动扩张,管内压力下降,有利于回流。

胸膜腔内压是如何产生的,且为何经常是负压?这需从作用于胸膜腔的力来说明。有两种力通过胸膜脏层作用于胸膜腔:一是肺内压,使肺泡扩张;一是肺的回缩力,使肺泡缩小(图 5-4 左,箭头所示)。因此,胸膜腔内的压力实际上是这两种方向相反的力的代数和,即:

$$胸膜腔内压 = 肺内压 - 肺回缩力$$

在吸气末或呼气末,肺内压等于大气压,因而

$$胸膜腔内压 = 大气压 - 肺回缩力$$

若以大气压为 0,则

$$胸膜腔内压 = - 肺回缩力$$

如果肺回缩力是 5 mmHg,胸膜腔内压就是 -5 mmHg,实际的压力值便是 760 mmHg $-$ 5 mmHg $=$ 755 mmHg。可见,胸膜腔负压是由肺的回缩力造成的。吸气时,肺扩张,肺回缩力增大,胸膜腔负压也更负;呼气时,肺缩小,肺回缩力也减小,胸膜腔负压也减少。但是,为什么在呼气末胸膜腔内压仍然为负?这是因为胎儿出生后,胸廓生长的速度比肺快,以致胸廓总是牵引着肺,

即便在胸廓因呼气而缩小时,仍使肺处于一定程度的扩张状态,只是扩张程度小些而已。所以,正常情况下,肺总是表现出回缩倾向,胸膜腔内压因而常为负。

综上所述,肺通气的动力可概括如下:呼吸运动是肺通气的原动力,由于胸膜腔的存在,肺随着胸廓的运动而变化,进而建立肺内压和大气压之间的压力差,为肺通气提供直接动力。

(二) 肺通气的阻力

肺通气的动力需要克服肺通气的阻力方能实现肺通气。肺通气的阻力有两种:① 弹性阻力,包括肺的弹性阻力和胸廓的弹性阻力,是平静呼吸时的主要阻力,约占总阻力的70%。② 非弹性阻力,包括气道阻力、惯性阻力和组织黏滞阻力,约占总阻力的30%,其中又以气道阻力为主。

1. 弹性阻力和顺应性 弹性组织在外力作用下发生变形时,产生的具有对抗变形和弹性回位倾向的力,称**弹性阻力**(elastic resistance)。用同等大小的外力作用时,弹性阻力大者,变形程度小;弹性阻力小者,变形程度大。一般用**顺应性**(compliance)来度量弹性阻力。顺应性是指在外力作用下弹性组织的可扩张性。容易扩张者顺应性大,弹性阻力小;不易扩张者,顺应性小,弹性阻力大。可见顺应性(C)与弹性阻力(R)成反变关系:即 $C \propto 1/R$。顺应性用单位压力变化(ΔP)所引起的容积变化(ΔV)来表示,单位是 L/cmH$_2$O,即:

$$C = \frac{\Delta V}{\Delta P} \text{L/cmH}_2\text{O}$$

(1) 肺的弹性阻力和顺应性:肺具有弹性,在肺扩张变形时所产生的弹性回缩力,其方向与肺扩张的方向相反,因而是吸气的阻力。肺的弹性阻力可用肺顺应性表示:

$$\text{肺顺应性}(C_L) = \frac{\text{肺容积变化}(\Delta V)}{\text{跨肺压变化}(\Delta P)} \text{L/cmH}_2\text{O}$$

式中跨肺压是肺内压与胸膜腔内压之差。健康人肺顺应性是 0.2 L/cmH$_2$O。

肺弹性阻力来自肺组织本身的弹性回缩力和肺泡内侧液气界面所产生的表面张力,前者占肺总弹性阻力的1/3,后者占肺总弹性阻力的2/3,两者均使肺具有回缩倾向,故成为肺扩张的弹性阻力。肺组织的弹性回缩力主要来自弹力纤维和胶原纤维,当肺扩张时,这些纤维被牵拉便倾向于回缩。肺扩张越大,对纤维的牵拉程度也越大,回缩力也越大,弹性阻力也越大;反之则小。肺泡表面张力是使肺泡缩小的力量,它的大小对肺的顺应性起着重要作用。

根据 Laplace 定律,$P = 2T/r$(P 是肺泡液-气界面的压强,T 是肺泡表面张力,r 是肺泡半径)。如果大、小肺泡的表面张力相等,那么,肺泡回缩力将随肺泡半径的大小而反变。小的肺泡,回缩大;大的肺泡,回缩小。如果这些肺泡彼此连通,结果小肺泡内的气体将流入大肺泡,小肺泡塌陷,大肺泡膨胀甚至破裂,肺泡将失去稳定性(图5-5)。此外,如果表面张力过大,还会降低肺的顺应性,增加吸气阻力;甚至会造成肺水肿。但实际上述情况并未发生,这是因为肺泡内表面存在着降低表面肺泡张力的表面活性物质。

肺泡表面活性物质(alveolar surfactant)是复杂的脂蛋白混合物,主要成分是**二棕榈酰卵磷脂**(dipalmitoyl phosphatidyl choline, DPPC)和**表面活性物质结合蛋白**(surfactant-associated protein, SP)。DPPC由肺泡Ⅱ型细胞合成并释放,分子的一端是非极性疏水的脂肪酸,另一端是极性易溶于水的胆碱。因此,DPPC分子垂直排列于液-气界面,极性端插入水中,非极性端伸入肺泡气中,形成单分子层,分布在液-气界面上,其密度随肺泡的张缩而改变。SP也主要是由肺泡Ⅱ型细胞合

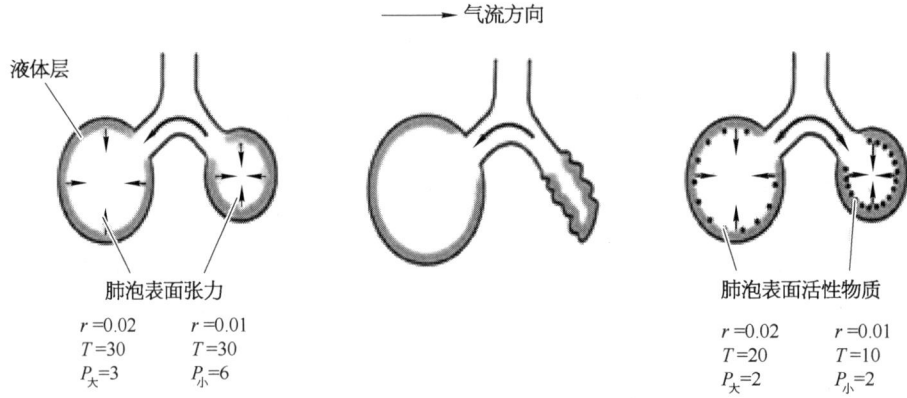

图 5-5 肺泡表面张力和肺泡表面活性物质

r：肺泡半径，单位 cm；T：肺泡表面张力，单位 dyn/cm；P：肺泡液-气界面的压强，单位 cmH_2O，1 $cmH_2O \approx 980$ dyn/cm^2

成和释放的。已经证明有四种 SP，即 SP-A、SP-B、SP-C、SP-D，它们在维持 DPPC 的功能和 DPPC 的分泌、清除以及再利用等过程中具有重要作用。

肺泡表面活性物质有降低肺泡内表面液-气界面表面张力的作用(图 5-5)，其生理意义是：① 降低吸气阻力，减少吸气做功。② 减少肺间质和肺泡内的组织液生成。③ 有助于维持肺泡容积的稳定性。由于肺泡表面活性物质在肺泡内表面呈单分子层排列，所以其在肺泡内表面的分布密度必然随肺泡半径的变化而改变。当呼气时，肺泡半径变小，肺泡表面活性物质的密度变大，降低表面张力的作用增强，表面张力变小，可防止肺泡的过度萎缩；当吸气时，肺泡表面活性物质的密度稀疏，降低表面张力的作用减低，表面张力增大，可防止肺泡的过度扩张，这样就有助于维持肺泡容积的稳定性。

成年人患肺炎、肺血栓等疾病时，可因表面活性物质减少而发生肺不张。胎儿在妊娠 6～7 个月后，肺泡上皮细胞才开始分泌表面活性物质，因此早产儿可因缺乏表面活性物质而发生肺不张和新生儿肺透明膜病，导致早产儿不能存活。

(2) 胸廓的弹性阻力和顺应性：胸廓的弹性阻力来自胸廓的弹性成分。胸廓处于自然位置时的肺容量，相当于肺总量的 67% 左右，此时胸廓无变化，不表现有弹性回缩力。肺容量小于肺总量的 67% 时，胸廓被牵引向内而缩小，胸廓的弹性回缩力向外，是吸气的动力，呼气的阻力；肺容量大于肺总量的 67% 时，胸廓被牵引向外而扩大，其弹性回缩力向内，成为吸气的阻力，呼气的动力。所以胸廓的弹性回缩力既可能是吸气的阻力，也可能是吸气的动力，视胸廓的位置而定，这与肺的不同，肺的弹性回缩力总是吸气的阻力。胸廓弹性阻力可用胸廓顺应性(compliance of chest wall, C_{chw})来表示，即：

$$胸廓的顺应性(C_{chw}) = \frac{胸腔容积变化(\Delta V)}{跨壁压变化(\Delta P)} L/cmH_2O$$

跨壁压为胸膜腔内压与胸壁外大气压之差。健康人胸廓顺应性也是 0.2 L/cmH_2O。胸廓顺应性可因肥胖、胸廓畸形、胸膜增厚或腹内占位病变等而降低。

(3) 肺和胸廓的总弹性阻力和顺应性：因为肺和胸廓的弹性阻力呈串联排列，所以肺和胸廓

的总弹性阻力是两者弹性阻力之和,如以顺应性来表示,即:

$$\frac{1}{C_L+C_{chw}}=\frac{1}{C_L}+\frac{1}{C_{chw}}=\frac{1}{0.2}+\frac{1}{0.2}$$

所以总顺应性为 0.1 L / cmH$_2$O。

2. **非弹性阻力** 非弹性阻力包括惯性阻力、黏滞阻力和气道阻力。

惯性阻力是气流在发动、变速、换向时因气流和组织的惯性所产生的阻止气体运动的力。平静呼吸时,呼吸频率低、气流流速慢,惯性阻力小,可忽略不计。黏滞阻力来自呼吸时组织相对位移所发生的摩擦。气道阻力来自气体流经呼吸道时气体分子之间和气体分子与气道壁之间的摩擦,是非弹性阻力的主要成分,占 80%~90%。非弹性阻力是气体流动时产生的,并随流速加快而增加,故为动态阻力。

气道阻力可用维持单位时间内气体流量所需压力差来表示。健康人平静呼吸时的总气道阻力为 1~3 cmH$_2$O/(L·s),主要发生在鼻(约占总阻力的 50%)、声门(约占 25%)及气管和支气管(约占 15%)等部位,仅 10% 的阻力发生在口径小于 2 mm 的细支气管。气道阻力受气流流速、气流形式和气道口径大小影响。流速快,阻力大;流速慢,阻力小。气流形式有层流和湍流,层流阻力小,湍流阻力大。气流太快和管道不规则容易发生湍流。如气管内有黏液、渗出物或肿瘤、异物等时,可用排痰、清除异物、减轻黏膜肿胀等方法减少湍流,降低阻力。气道口径大小是影响气道阻力的另一重要因素。口径缩小,阻力增大,因为流体的阻力与管道半径的 4 次方成反比,即 $R \propto 1/r^4$。

(三) 呼吸功

在呼吸过程中,呼吸肌为克服弹性阻力和非弹性阻力而实现肺通气所做的功,称为**呼吸功**(work of breathing)。通常以单位时间内压力变化乘以容积变化来计算。健康人平静呼吸时,呼吸功不大,其中 2/3 用来克服弹性阻力,1/3 用来克服非弹性阻力,呼吸耗能仅占全身耗能的 3%~5%。剧烈运动时,呼吸频率、深度增加,呼气也有主动成分的参与,呼吸功增大,呼吸耗能可升高 25~50 倍,但由于全身总耗能也增大数十倍,所以呼吸耗能仍只占总耗能的很小一部分。病理情况下,弹性或非弹性阻力增大时,也可使呼吸功增大。

四、肺通气功能的评价

(一) 肺容积和肺容量

了解肺通气量的简单方法是用肺量计记录进出肺的气量。图 5-6 示呼吸时肺容量变化的曲线。所得到的肺容积、肺容量可作为衡量肺通气量功能的重要指标。

1. **肺容积** 有 4 种基本肺容积,它们互不重叠,全部相加等于肺总量。

(1) 潮气量:每次呼吸时吸入或呼出的气量为**潮气量**(tidal volume, TV)。健康成人平静呼吸时,潮气量为 400~600 ml,一般以 500 ml 计算。运动时,潮气量将增大。

(2) 补吸气量:平静吸气末,再尽力吸气所能吸入的气量为**补吸气量**(inspiratory reserve volume, IRV),健康成人为 1 500~2 000 ml。

(3) 补呼气量:平静呼气末,再尽力呼气所能呼出的气量为**补呼气量**(expiratory reserve volume, ERV),健康成人为 900~1 200 ml。

(4) 残气量:最大呼气末尚存留于肺中不能再呼出的气量为**残气量**(residual volume, RV)。

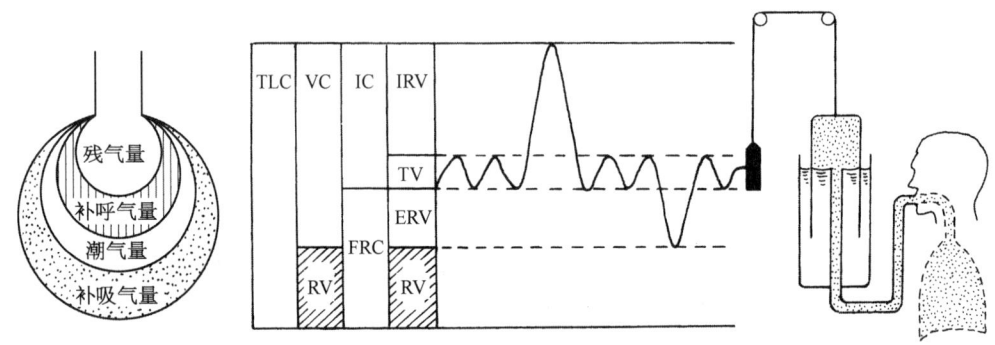

图 5-6 肺量计检测与基本肺容积和肺容量图解
TV：潮气量；IRV：补吸气量；ERV：补呼气量；RV：残气量；FRC：功能残气量；IC：深吸气量；VC：肺活量；TLC：肺总量

只能用间接方法测定,健康成人为 1 000～1 500 ml。

2. **肺容量** 是基本肺容积中两项或两项以上的联合气量。

(1) 深吸气量：从平静呼气末做最大吸气时所能吸入的气量为**深吸气量**(inspiratory capacity),它是潮气量和补吸气量之和,是衡量最大通气潜力的一个重要指标。胸廓、胸膜、肺组织和呼吸肌等的病变,可使深吸气量减少而降低最大通气潜力。

(2) 功能残气量：平静呼气末尚存留于肺内的气量为**功能残气量**(functional residual capacity, FRC),是残气量和补呼气量之和。健康成人约为 2 500 ml,肺气肿患者的功能残气量增加,肺实质性病变时减小。功能残气量的生理意义是缓冲呼吸过程中肺泡气 PO_2 和 PCO_2 的过度变化。由于功能残气量的稀释作用,吸气时,肺内 PO_2 不会突然升得太高, PCO_2 不致降得太低;呼气时,肺内 PO_2 则不会降得太低, PCO_2 不致升得太高。这样,肺泡气和动脉血液的 PO_2 和 PCO_2 就不会随呼吸而发生大幅度的波动,以利于气体交换。

(3) 肺活量、用力肺活量和用力呼气量：最大吸气后,从肺内所能呼出的最大气量称为**肺活量**(vital capacity, VC),是潮气量、补吸气量和补呼气量之和。肺活量有较大的个体差异,与身材大小、性别、年龄、呼吸肌强弱等有关。健康成年男性平均约为 3 500 ml,女性为 2 500 ml。

肺活量反映了肺一次通气的最大能力,在一定程度上可作为评价肺通气功能的指标。但由于测定肺活量时不限制呼气的时间,所以不能充分反映肺组织的弹性状态和气道的通畅程度。例如,某些患者肺组织弹性降低或呼吸道狭窄,通气功能已经受到损害,但是如果延长呼气时间,所测得的肺活量是正常的。因此,提出用力肺活量和用力呼气量的概念,用来反映一定时间内所能呼出的气量。

用力肺活量(forced vital capacity, FVC)是指一次最大吸气后,尽力尽快呼气所能呼出的最大气体量。正常情况下用力肺活量略小于在没有时间限制下测得的肺活量。**用力呼气量**(forced expiratory volume, FEV)过去称为**时间肺活量**(timed vital capacity, TVC),是指一次最大吸气后再尽力尽快呼气时,在一定时间内所能呼出的气体量,通常以它所占用力肺活量的百分数表示。正常时,第 1 秒 FEV(FEV_1)约为 FVC 的 83%,第 2 秒 FEV(FEV_2)约为 FVC 的 96%,第 3 秒 FEV(FEV_3)约为 FVC 的 99%(图 5-7)。其中,第 1 秒钟内呼出的气体量称为第 1 秒用力呼气量(FEV_1),在临床上最为常用。阻塞性肺疾病患者, FEV_1/FVC 显著减少。用力呼气量是一种动态指标,不仅反映肺活量容量的大小,而且反映了呼吸过程中所遇阻力的变化,所以是评价肺通气功能的较好指标。

(4) 肺总量:肺所能容纳的最大气量为**肺总量**(total lung capacity, TLC),是肺活量与残气量之和。其值因性别、年龄、身材、运动锻炼情况及体位而异。健康成年男性平均约为 5 000 ml,女性为 3 500 ml。

(二) 肺通气量

1. **每分通气量和最大通气量** 每分通气量(minute ventilation volume)是指每分钟吸入或呼出的气体总量,等于潮气量乘以呼吸频率。平静呼吸时,健康成人呼吸频率12~18 次/min,潮气量500 ml,则每分通气量 6~9 L。每分通气量随性别、年龄、身材和活动量不同而有差异。为便于比较,最好在基础条件下测定,并以每平方米体表面积为单位来计算。

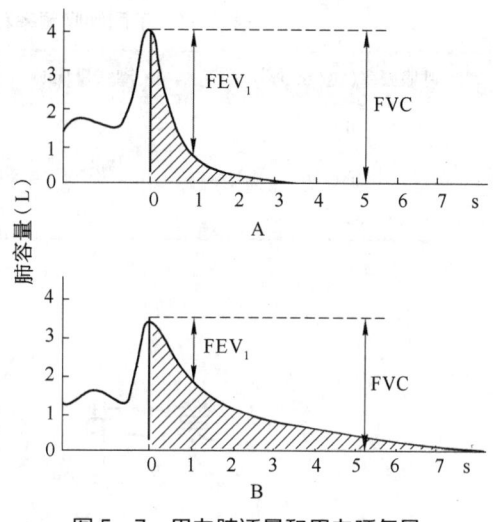

图 5-7 用力肺活量和用力呼气量
A. 正常人;B. 气道狭窄患者

劳动和运动时,每分通气量增大。尽力作深快呼吸时,每分钟所能吸入或呼出的最大气量为**最大通气量**(maximal voluntary ventilation)。它反映单位时间内充分发挥全部通气能力所能达到的通气量,是估计一个人能进行多大运动量的生理指标之一。测定时,一般只测量 10 s 或 15 s 最深最快的呼出或吸入气量,再换算成每分钟的,即为最大通气量。最大通气量一般可达 70~120 L/min。比较平静呼吸时的每分通气量和最大通气量,可以了解通气功能的储备能力,通常用通气储量百分比表示:

$$通气储量百分比 = \frac{最大通气量 - 每分平静通气量}{最大通气量} \times 100\%$$

正常值等于或大于93%。

2. **无效腔和肺泡通气量** 每次吸入的气体,一部分将留在呼吸性细支气管以前的呼吸道内,这部分气体不能与血液进行气体交换,故将这部分呼吸道的容积称为**解剖无效腔**(anatomical dead space),在健康成人其容积约为 150 ml。进入肺泡内的气体,也可因血流在肺内分布不均而未能与血液进行充分的气体交换,未能发生气体交换的这一部分肺泡容量称为肺泡无效腔。肺泡无效腔与解剖无效腔一起合称**生理无效腔**(physiological dead space)。健康人平卧时,生理无效腔等于或接近于解剖无效腔。由于无效腔的存在,每次吸入的新鲜空气不能都到达肺泡进行气体交换。因此,为了计算真正有效的气体交换量,应以肺泡通气量为准。**肺泡通气量**(alveolar ventilation)是指每分钟吸入肺泡的新鲜空气量,即:

$$肺泡通气量 = (潮气量 - 无效腔气量) \times 呼吸频率$$

如潮气量是 500 ml,无效腔气量是 150 ml,则每次呼吸仅使肺泡内气体更新 1/7 左右。潮气量和呼吸频率的变化,对每分通气量和肺泡通气量有不同的影响。在潮气量减半而呼吸频率加倍或潮气量加倍而呼吸频率减半时,每分通气量保持不变,但是肺泡通气量却发生明显的变化,如表 5-1 所示。所以从气体交换而言,一定程度深而慢的呼吸较浅而快的呼吸好。

表 5-1 不同呼吸频率和潮气量时的肺通气量和肺泡通气量

呼吸频率(次/min)	潮气量(ml)	肺通气量(ml/min)	肺泡通气量(ml/min)
16	500	8 000	5 600
8	1 000	8 000	6 800
32	250	8 000	3 200

第二节 呼吸气体的交换

呼吸气体交换包括肺泡与血液之间,以及血液与组织细胞之间 O_2 和 CO_2 的交换。前者称为**肺换气**(pulmonary exchange),后者称为**组织换气**(tissue exchange)。两种换气都通过扩散方式来实现,它们所遵循的物理原理也是相同的。

一、气体交换原理

(一) 气体的扩散

气体分子总是不停地进行着无定向的运动,其结果是气体分子从分压高处向分压低处发生净转移,这一过程称为气体扩散。机体内的气体交换就是以扩散方式进行的。单位时间内气体扩散的容积为**气体扩散速率**(gas diffusion rate, D),它受下列因素的影响。

1. **气体分压差** 在混合气体中,每种气体分子运动所产生的压力为该气体的分压,它不受其他气体或其分压存在的影响,在温度恒定时,每一气体的分压只决定于它自身的浓度。混合气的总压力等于各气体分压之和。气体分压可按下式计算:气体分压＝总压力×该气体的容积百分比。两个区域之间的分压差(ΔP)是气体扩散的动力,分压差大,扩散速率大;反之则小。

2. **气体分子质量和溶解度** 在相同条件下,气体扩散速率与气体分子质量(MW)平方根成反比,与气体在溶液中溶解度成正比。溶解度(S)是单位分压下溶解于单位容积溶液中气体的量。一般以 1 个大气压、38℃时,100 ml 液体中溶解气体的毫升数来表示。溶解度与分子质量平方根之比为**扩散系数**(diffusion coefficient),它取决于气体分子本身特性。因为 CO_2 在血浆中溶解度(51.5)约为 O_2 的(2.14)24 倍,CO_2 的分子量(44)略大于 O_2 的分子量(32),所以 CO_2 扩散系数约是 O_2 的 20 倍。

3. **扩散面积和距离** 气体扩散速率与扩散面积(A)成正比,与扩散距离(d)成反比。此外,扩散速率与温度(T)成正比。但在人体,体温相对恒定,温度因素可忽略不计。

综上所述,气体扩散速率与上述诸因素的关系是:

$$D \propto \frac{\Delta P \cdot T \cdot A \cdot S}{d \cdot \sqrt{MW}}$$

(二) 呼吸气体和人体不同部位气体的分压

1. **呼吸气和肺泡气的成分和分压** 人体吸入的气体是空气。空气的主要成分是 O_2、CO_2 和

N_2,具有生理意义的是 O_2 和 CO_2。空气中各气体的容积百分比一般不因地域不同而异,但分压却因总大气压的变动而改变。高原大气压降低,各气体的分压也低。吸入的空气在呼吸道内被水蒸气所饱和,所以呼吸道内吸入气的成分已不同于大气,因此各成分的分压也发生相应的改变。从肺内呼出的气体为呼出气,它是来自无效腔的吸入气和肺泡气的混合。

上述各部分气体的成分和压力如表 5-2 所示。

表 5-2 海平面各气体的容积百分比(ml%)和分压(mmHg)

成分	大气		吸入气		呼出气		肺泡气	
	容积百分比	分压	容积百分比	分压	容积百分比	分压	容积百分比	分压
O_2	20.84	158.4	19.67	149.5	15.70	119.3	13.6	103.4
CO_2	0.04	0.3	0.04	0.3	3.60	27.4	5.3	40.3
N_2	78.62	597.5	74.09	563.1	74.5	566.2	74.9	569.2
H_2O	0.5	3.8	6.20	47.1	6.20	47.1	6.20	47.1
合计	100	760	100	760	100	760	100	760

注:N_2 在呼吸过程中并无增减,只是因 O_2 和 CO_2 百分比的改变,使 N_2 的百分比发生相对改变。

2. 血液气体和组织气体的分压(张力) 液体中气体分压称为气体张力(P),其数值与分压相同。表 5-3 示血液和组织中 PO_2 和 PCO_2。不同组织 PO_2 和 PCO_2 不相同,同一组织 PO_2 和 PCO_2 还受组织活动水平影响,表中值仅是安静状态下的大致估计值。

表 5-3 血液和组织中气体的分压(mmHg)

气体分压	动脉血	混合静脉血	组织
PO_2	97~100	40	30
PCO_2	40	46	50

二、气体在肺的交换

(一) 肺泡气体交换过程

混合静脉血流经肺毛细血管时,血液 PO_2 是 40 mmHg,比肺泡气的 104 mmHg 低,肺泡气中 O_2 顺分压差向血液扩散,血液的 PO_2 逐渐上升,最后接近肺泡气的 PO_2。CO_2 则向相反方向扩散,从血液到肺泡,因为混合静脉血 PCO_2 是 46 mmHg,肺泡气 PCO_2 是 40 mmHg(图 5-8)。O_2 和 CO_2 扩散都极为迅速,仅需约 0.3 s 即可达到平衡。通常情况下血液流经肺毛细血管的时间约 0.7 s,所以当血液流经肺毛细血管全长约 1/3 时,已经基本上完成交换过程,将静脉血变为动脉血。可见,通常情况下肺换气时间充足有余。

(二) 影响肺泡气体交换的因素

前文已提到气体扩散速率受分压差、扩散面积、扩散距离、温度及扩散系数的影响,这里进一步阐述扩散距离、扩散面积以及通气/血流比值对肺泡气体交换的影响。

1. 呼吸膜的厚度 在肺部肺泡气通过呼吸膜与血液气体进行交换。气体扩散速率与呼吸膜厚度成反比关系。通常呼吸膜很薄,平均厚度 0.6 μm,有的部位只有 0.2 μm,气体易于扩散通过。病理情况下,任何使呼吸膜增厚或扩散距离增加的疾病,都会降低扩散速率,减少扩散量,如肺纤维化、肺水肿等,可出现低氧血症;特别是运动时,由于血流加速,缩短了气体在肺部的交换时间,这时呼吸膜的厚度改变显得更为重要。

2. 呼吸膜的面积 气体扩散速率与扩散面积成正比。健康成人肺约有 3 亿左右个肺泡,总扩散面积约 70 m²。安静状态下,仅有 40 m² 参与气体交换,故有相当大的储备面积。运动时,因肺毛细血管开放数量和开放程度增加,扩散面积也大大增大。肺不张、肺实变、肺气肿或肺毛细血管关闭和阻塞均可使呼吸膜扩散面积减小,从而肺换气功能降低。

3. 通气/血流比值(ventilation / perfusion ratio, V_A/Q) 是指每分肺泡通气量(V_A)和每分肺血流量(Q)之间的比值,简写为 V_A/Q。健康成人安静时约为 0.84(肺泡通气量 4 200 ml / 肺血流量 5 000 ml)。气体交换是在肺泡气和流经肺毛细血管的血液之间进行的,因此只有在适宜的 V_A/Q 才能进行正常的气体交换。如果 V_A/Q 增大,这就意味着通气过剩或血流不足,部分肺泡气未能与血液气体充分交换,相当于增加了肺泡无效腔。反之,V_A/Q 下降,则意味着通气不足或血流过剩,部分血液流经通气不良的肺泡,混合静脉血中的气体未能得到充分更新,未能成为动脉血就

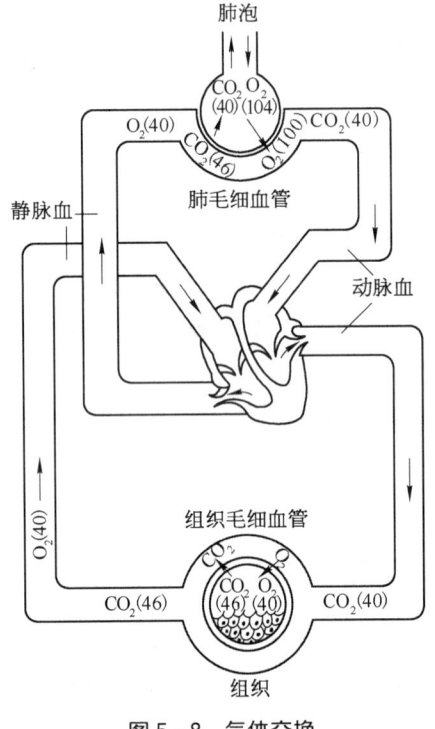

图 5-8 气体交换

数字为气体分压,单位为 mmHg

流回了心脏,犹如发生了功能性动静脉短路。由此可见,V_A/Q 增大或减小,均妨碍了气体的有效交换,可导致血液缺 O_2 或 CO_2 潴留,但主要是血液缺 O_2。这是因为:① 动、静脉血液之间 O_2 分压差远远大于 CO_2 的分压差,所以动静脉短路时,动脉血 PO_2 下降的程度大于 PCO_2 升高的程度。② CO_2 的扩散系数是 O_2 的 20 倍,所以 CO_2 的扩散较 O_2 为快,不易潴留。③ 动脉血 PO_2 下降和 PCO_2 升高,可以刺激呼吸,增加肺泡通气量,有助于 CO_2 的排出,却几乎无助于 O_2 摄取,这是由氧解离曲线和 CO_2 解离曲线的特点所决定的。肺气肿患者,因许多细支气管阻塞和肺泡壁的破坏,上述两种 V_A/Q 异常都可以存在,致使肺换气速率受到极大损害,这是造成肺换气功能异常最为常见的一种疾病。

健康成人就整个肺而言 V_A/Q 是 0.84。但是肺内肺泡通气量和肺毛细血管血流量的分布不是很均匀的,因此,各个局部的 V_A/Q 也不相同。例如人在直立位时,由于重力等因素的作用,肺尖部的通气和血流都较肺底的小,不过血流量的减少更为显著,所以肺尖部的 V_A/Q 增大,远高于正常值(可达正常值的 3.3 倍),可产生肺泡无效腔;而肺底的 V_A/Q 减小,低于正常值(为正常值的 0.6 倍),少部分血液未能得到充分的气体交换就回到了心脏,产生功能性动静脉短路(图 5-9)。虽然

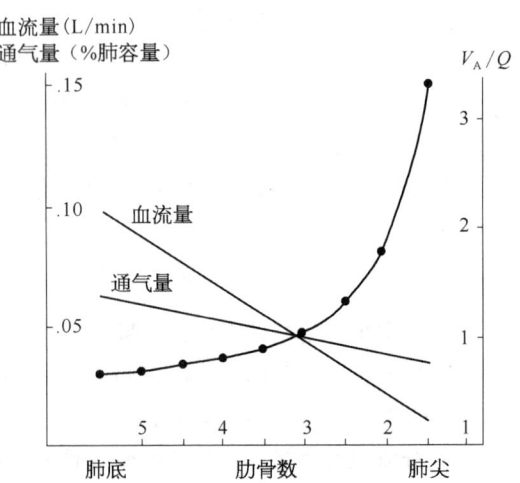

图 5-9 健康人直立时肺通气和血流量的分布

V_A/Q:通气/血流比值;曲线代表气血比值

正常情况下存在着肺泡通气和血流的不均匀分布,但从总体上说,由于呼吸膜面积远远超过气体交换的实际需要,所以并未明显影响 O_2 的摄取和 CO_2 的排出。

(三) 肺扩散容量

气体在 1 mmHg 分压差作用下,每分钟通过呼吸膜扩散的气体毫升数称为**肺扩散容量**(diffusion capacity of lung, D_L),即:$D_L = V/(P_A - P_C)$。V 是每分钟通过呼吸膜的气体容积(ml/min),P_A 是肺泡气中该气体的平均分压,P_C 是肺毛细血管血液内该气体的平均分压。肺扩散容量是测定呼吸气通过呼吸膜能力的一种指标。健康人安静时氧的肺扩散容量平均约为 20 ml/(min·mmHg),CO_2 的 D_L 约为 O_2 的 20 倍。运动时 D_L 增加,是因为参与气体交换的肺泡膜面积增加以及通气量、血流量的不均匀分布得到改善所致。D_L 可因有效扩散面积减小、扩散距离增加而降低。

三、气体在组织的交换

气体在组织的交换机制、影响因素与肺泡处相似,所不同的是交换发生于液相(血液、组织液、细胞内液)之间,而且扩散膜两侧 PO_2 和 PCO_2 差随细胞内氧化代谢的强度和组织血流量而异。若血流量不变时,代谢增强,则组织液 PO_2 低,PCO_2 高;若代谢率不变时,血流量大,则组织液 PO_2 升高,PCO_2 降低。在组织处,由于细胞有氧代谢,O_2 被利用并产生 CO_2,所以 PO_2 可低至 30 mmHg 以下,PCO_2 可高达 50 mmHg 以上。动脉血流经组织毛细血管时,O_2 顺分压差由血液向组织液和细胞扩散,CO_2 则由组织液和细胞向血液扩散(图5-8),动脉血因失去 O_2 和得到 CO_2 而变成静脉血。

第三节 气体在血液中的运输

一、氧和二氧化碳在血液中存在的形式

O_2 和 CO_2 在血液中的运输形式有两种,即物理溶解与化学结合。

气体在溶液中溶解的量与分压、溶解度成正比,与温度成反比。温度 38℃ 时,1 个大气压 (760 mmHg)下,O_2 和 CO_2 在 100 ml 血液中溶解的量分别是 2.36 ml 和 48 ml。按此计算,静脉血 PCO_2 为 46 mmHg,则每 100 ml 血液含溶解的 CO_2 为 2.91 ml;动脉血 PO_2 为 100 mmHg,则每 100 ml 血液含溶解的 O_2 为 0.31 ml。可是血液中实际的 O_2 和 CO_2 含量却多得多(表5-4),以溶解形式存在的 O_2、CO_2 比例极小,显然单靠溶解形式来运输 O_2、CO_2 不能适应机体代谢的需要,还需要极为有效的化学结合性运输方式。

表5-4 血液 O_2 和 CO_2 的含量(ml/100 ml 血液)

气体	动 脉 血			混 合 静 脉 血		
	物理溶解	化学结合	合计	物理溶解	化学结合	合计
O_2	0.31	20.0	20.31	0.11	15.2	15.31
CO_2	2.53	46.4	48.93	2.91	50.0	52.91

虽然溶解形式的 O_2、CO_2 很少,却很重要,因为必须先有溶解才能发生化学结合。在肺换气或组织换气时,进入血液的 O_2、CO_2 都是先溶解,提高分压,再出现化学结合;O_2、CO_2 从血液释放时,也是溶解的先逸出,分压下降,结合的再分离出来补充所失去的溶解的气体。溶解的和结合的两者之间处于动态平衡。下面主要讨论化学结合形式的运输。

二、氧的运输

血液中,物理溶解的 O_2 量仅约占血液 O_2 总运输量的 1.5%,化学结合的占 98.5% 左右。O_2 的结合形式是氧合血红蛋白(HbO_2)。**血红蛋白**(hemoglobin, Hb)是红细胞内的色蛋白,它的分子结构特征使之成为极好的运 O_2 工具。Hb 还参与 CO_2 的运输,所以在血液气体运输方面,Hb 占有极为重要的地位。

(一) Hb 与 O_2 结合的特征

血液中 O_2 主要以 HbO_2 形式运输。O_2 与 Hb 结合有以下重要特征。

(1) 反应方向可逆,其方向取决于 PO_2 的高低。当血液流经 PO_2 高的肺部时,Hb 与 O_2 结合,形成 HbO_2;当血液流经 PO_2 低的组织时,HbO_2 迅速解离,释放 O_2,成为去氧 Hb。

$$Hb + O_2 \xrightleftharpoons[PO_2 \text{ 低}]{PO_2 \text{ 高}} HbO_2$$

(2) 反应迅速、不需酶的催化。

(3) Fe^{2+} 与 O_2 结合后仍是二价铁,所以该反应是**氧合**(oxygenation),不是**氧化**(oxidation)。

(4) 1 分子 Hb 可以结合 4 分子 O_2。Hb 分子量是 64~67 kDa,所以 1 g Hb 可以结合 1.34~1.39 mlO_2,视 Hb 纯度而异。100 ml 血液中,Hb 所能结合的最大 O_2 量称为 Hb **氧容量**(oxygen capacity),而 Hb 实际结合的 O_2 量称为 Hb **氧含量**(oxygen content)。Hb 氧含量占氧容量的百分比为 Hb **氧饱和度**(oxygen saturation)。例如,Hb 浓度在 15 g / 100 ml 血液时,Hb 氧容量为 1.34×15 = 20.1(ml / 100 ml 血液),如 Hb 氧含量是 20.1 ml,则 Hb 氧饱和度为 100%;如果 Hb 氧含量是 15 ml,则 Hb 氧饱和度为 15 / 20×100% = 75%。通常情况下,血液中溶解的 O_2 极少,可忽略不计,因此,Hb 氧容量、Hb 氧含量和 Hb 氧饱和度可分别视为血氧容量、血氧含量和血氧饱和度。HbO_2 呈鲜红色,去氧 Hb 呈紫蓝色,当体表表浅毛细血管床血液中去氧 Hb 含量达 50 g / L 以上时,皮肤、黏膜呈浅蓝色,称为**发绀**(cyanosis)。发绀一般是缺氧的标志,但在有些情况下,缺氧的严重程度与发绀程度并不成正比。例如,严重贫血的患者虽然存在缺氧,但由于 Hb 含量太少,以致毛细血管床血液中去氧 Hb 含量达不到 50 g / L,故不出现发绀。相反,有些高原性红细胞增多症患者,虽然不存在缺氧,但因为 Hb 总量太多,以致毛细血管床血液中去氧 Hb 含量达到 50 g / L 以上,故出现发绀。

(5) Hb 与 O_2 的结合或解离曲线呈 S 形,与 Hb 的变构效应有关。目前认为 Hb 有两种构型:去氧 Hb 为**紧密型**(tense form, T 型),氧合 Hb 为**疏松型**(relaxed form, R 型)。当 O_2 与 Hb 的 Fe^{2+} 结合后,盐键逐步断裂,Hb 分子逐步由 T 型变为 R 型,对 O_2 的亲和力逐步增加,R 型 Hb 对 O_2 的亲和力为 T 型的数百倍。也就是说,Hb 的 4 个亚单位无论在结合 O_2 或释放 O_2 时,彼此间有协同效应,即 1 个亚单位与 O_2 结合后,由于变构效应,其他亚单位更易与 O_2 结合;反之,当 HbO_2 的 1 个亚单位释出 O_2 后,其他亚单位更易释放 O_2。因此,Hb 氧解离曲线呈 S 形。

(二) 氧解离曲线

氧解离曲线(oxygen dissociation curve)是表示 PO_2 与 Hb 氧结合量或 Hb 氧饱和度关系的曲线(图 5-10)。该曲线既表示不同 PO_2 下 O_2 与 Hb 的解离情况,同样也反映不同 PO_2 下 O_2 与 Hb 的结合情况。上面已经提到由于 Hb 的变构效应,曲线呈 S 型。曲线的 S 形具有重要的生理意义。

1. **氧解离曲线上段** 相当于 PO_2 60~100 mmHg,是 Hb 与 O_2 结合的部分。这段曲线较平坦,表明 PO_2 的变化对 Hb 氧饱和度影响不大。例如,PO_2 为 100 mmHg 时(相当于动脉血 PO_2),Hb 氧饱和度为 97.4%,血 O_2 含量约为 19.4 ml / 100 ml 血液。如将吸入气 PO_2 提高到 150 mmHg,Hb 氧饱和度为 100%,只增加了 2.6%,这就解释了为何 V_A/Q 不匹配时,肺泡通气量的增加几乎无助于 O_2 的摄取。反之,如使 PO_2 下降到 70 mmHg,Hb 氧饱和度为 94%,也仅降低了 3.4%。因此,即使在高原、高空或某些呼吸系统疾病时,吸入气或肺泡气 PO_2 有所下降,但只要 PO_2 不低于

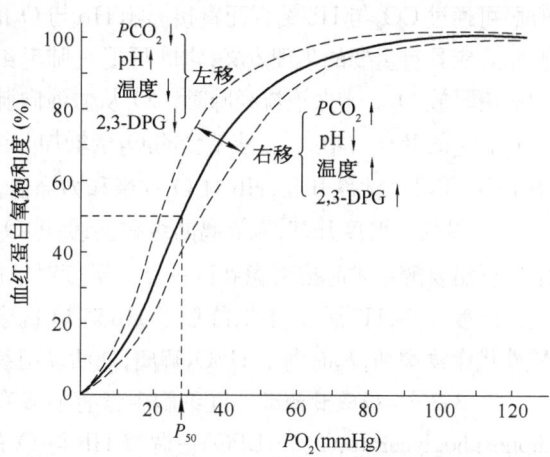

图 5-10 氧解离曲线及影响氧解离曲线因素示意图

60 mmHg,Hb 氧饱和度仍能保持在 90% 以上,血液仍可携带足够量的 O_2,不致发生明显的低氧血症。

2. **氧解离曲线中段** 该段曲线较陡,相当于 PO_2 40~60 mmHg,是 HbO_2 释放 O_2 的部分。PO_2 为 40 mmHg,即相当于混合静脉血的 PO_2 时,Hb 氧饱和度约为 75%,血 O_2 含量约 14.4 ml / 100 ml 血液,即每 100 ml 血液流过组织时释放了 5 mlO_2。血液流经组织时释放出的 O_2 容积占动脉血 O_2 含量的百分数称为 O_2 的利用系数,安静时为 25% 左右。以心输出量为 5 L 计算,安静状态下人体每分钟耗 O_2 量约为 250 ml。

3. **氧解离曲线下段** 相当于 PO_2 15~40 mmHg,也是 HbO_2 与 O_2 解离部分,是曲线坡度最陡的一段,即 PO_2 稍有降低,HbO_2 就可大大下降。在组织活动加强时,PO_2 可降至 15 mmHg,HbO_2 进一步解离,Hb 氧饱和度降至更低的水平,血 O_2 含量仅约 4.4 ml / 100 ml 血液。这样,每 100 ml 血液能供给组织 15 mlO_2,O_2 的利用系数可提高到 75%,是安静时的 3 倍。可见该段曲线代表 O_2 的储备。

(三) 影响氧解离曲线的因素

Hb 与 O_2 的结合和解离可受多种因素影响,使氧解离曲线的位置发生偏移,亦即使 Hb 对 O_2 的亲和力发生变化。通常用 P_{50} 表示 Hb 对 O_2 的亲和力。P_{50} 是使 Hb 氧饱和度达 50% 时的 PO_2,正常情况下为 26.5 mmHg。P_{50} 增大,表明 Hb 对 O_2 的亲和力降低,需要更高的 PO_2 才能达到 50% 的 Hb 氧饱和度,曲线右移;P_{50} 降低,表示 Hb 对 O_2 的亲和力增加,达 50% Hb 氧饱和度所需的 PO_2 降低,曲线左移。影响 Hb 与 O_2 亲和力或 P_{50} 的因素有血液的 pH、PCO_2、温度及有机磷化合物(图 5-10)等。

1. **pH 和 PCO_2 的影响** pH 降低或 PCO_2 升高,Hb 对 O_2 的亲和力降低,P_{50} 增大,曲线右移;pH 升高或 PCO_2 降低,Hb 对 O_2 的亲和力增加,P_{50} 降低,曲线左移。酸度对 Hb 氧亲和力的这种

影响称为**波尔效应**(Bohr effect)。波尔效应的机制与 pH 改变时 Hb 的构型发生变化有关。酸度增加时,H^+ 与 Hb 多肽链某些氨基酸残基的基团结合促进盐键形成,可促使 Hb 分子构型变为 T 型,从而降低 Hb 对 O_2 的亲和力;酸度降低时,则促使盐键断裂放出 H^+,Hb 变为 R 型,对 O_2 的亲和力增加。PCO_2 对氧离曲线的影响,一方面是 PCO_2 改变时,可通过 pH 改变发生间接效应;另一方面可通过 CO_2 与 Hb 结合而直接影响 Hb 与 O_2 的亲和力,但这一效应对氧解离曲线的影响较小。波尔效应具有重要的生理意义,它既可促进肺毛细血管血液的氧合,又有利于组织中毛细血管内的血液释放 O_2。当血液流经肺时,CO_2 从血液向肺泡扩散,血液 PCO_2 下降,H^+ 浓度也降低,均使 Hb 对 O_2 的亲和力增大,血液结合的 O_2 量增加。当血液流经组织时,CO_2 从组织扩散进入血液,血液 PCO_2 和 H^+ 浓度升高,Hb 对 O_2 的亲和力降低,促进 HbO_2 解离,向组织释放 O_2。

2. **温度** 温度升高,氧解离曲线右移,促进 O_2 的释放;温度降低,曲线左移,不利于 O_2 的释放。临床低温麻醉手术时应考虑到这一点。温度对氧解离曲线的影响,可能与温度影响了 H^+ 活度有关。温度升高,H^+ 活度增加,降低了 Hb 对 O_2 的亲和力。组织代谢活跃时,局部温度升高,CO_2 和酸性代谢物增加,都有利于 HbO_2 解离,使活动组织可获得更多的 O_2,以适应其代谢的需要。

3. **2,3-二磷酸甘油酸** 红细胞中含有很多有机磷化合物,特别是 **2,3-二磷酸甘油酸**(2,3-diphosphoglycerate, 2,3-DPG)在调节 Hb 与 O_2 的亲和力中起重要作用。2,3-DPG 浓度升高,Hb 对 O_2 的亲和力降低,氧解离曲线右移;2,3-DPG 浓度降低,Hb 对 O_2 的亲和力增加,曲线左移。其机制可能是 2,3-DPG 与 Hb_β 链形成盐键,促使 Hb 变成 T 型的缘故。此外,2,3-DPG 可以提高 H^+ 浓度,通过波尔效应来影响 Hb 对 O_2 的亲和力。2,3-DPG 是红细胞无氧糖酵解的产物。在高山缺 O_2 的情况下,糖酵解加强,红细胞 2,3-DPG 增加,氧解离曲线右移,有利于 O_2 的释放。曾认为这一效应可能是对低 O_2 适应的重要机制,但是在高山低氧的情况下,肺泡 PO_2 也降低,红细胞过多的 2,3-DPG 也妨碍 Hb 与 O_2 结合。所以缺 O_2 时,2,3-DPG 增加并使氧解离曲线右移对机体是否有利尚无定论。用构橼酸葡萄糖液保存三周后的血液,由于糖酵解停止,红细胞 2,3-DPG 含量下降,Hb 不易与 O_2 解离。所以,用大量储存血液给患者输血,其运 O_2 功能较差。

4. **其他因素** Hb 与 O_2 结合还受其自身性质的影响。Hb 的 Fe^{2+} 氧化成 Fe^{3+},即失去运 O_2 能力。胎儿 Hb 与 O_2 的亲和力大,有助于胎儿血液流经胎盘时从母体摄取 O_2。异常 Hb 运 O_2 功能也降低。CO 与 Hb 结合,占据了 O_2 的结合位点,HbO_2 下降。CO 与 Hb 的亲和力是 O_2 的 250 倍,这意味着在极低 PCO 下,CO 就可以从 HbO_2 中取代 O_2,阻断其结合位点。此外,CO 还有一极为有害的效应,即当 CO 与 Hb 分子中某个血红素结合后,将增加其余 3 个血红素对 O_2 的亲和力,使氧解离曲线左移,妨碍 O_2 的解离。所以 CO 中毒既妨碍 Hb 与 O_2 的结合,又妨碍 HbO_2 对 O_2 的解离,所以其危害极大。

三、二氧化碳的运输

(一) CO_2 的运输形式

血液中物理溶解的 CO_2 约占 CO_2 总运输量的 5%,化学结合的占 95%。化学结合的形式主要是碳酸氢盐和氨基甲酰血红蛋白,其中碳酸氢盐形式占 CO_2 总运输量的 88%,氨基甲酰血红蛋白形式占 7%。表 5-5 示血液中各种形式的 CO_2 的含量(ml/100 ml 血液)、各种形式所占的百分比(%)和各种形式释出 CO_2 所占的百分比(%)。

表 5-5　血液中各种形式 CO_2 的含量(ml / 100 ml 血液)、所占百分比(%)

各形式 CO_2	动脉血		静脉血		动静、脉血含量差值	释出量所占百分比
	含量	%	含量	%		
CO_2 总量	48.5	100	52.5	100	4.0	100
溶解的 CO_2	2.5	5.15	2.8	5.33	0.3	7.5
HCO_3^- 形式的 CO_2	43.0	88.66	46.0	87.62	3.0	75
氨基甲酰血红蛋白形式的 CO_2	3.0	6.19	3.7	7.05	0.7	17.5

从组织扩散入血的 CO_2 首先溶解于血浆,一小部分溶解的 CO_2 缓慢地与水结合生成 H_2CO_3,H_2CO_3 又解离成 HCO_3^- 和 H^+,H^+ 被血浆缓冲系统缓冲,pH 无明显变化。溶解的 CO_2 也与血浆蛋白的游离氨基反应,生成氨基甲酰血浆蛋白,但形成的量极少,而且动静脉血中的含量接近,表明它对 CO_2 的运输所起作用不大。在血浆中溶解的 CO_2 绝大部分扩散进入红细胞,在红细胞内以碳酸氢盐和氨基甲酰血红蛋白形式运输。

1. **碳酸氢盐**　从组织扩散进入血液的大部分 CO_2,在红细胞内与水反应生成 H_2CO_3,H_2CO_3 又解离 HCO_3^- 和 H^+(图 5-11),反应极为迅速并且可逆。红细胞内含有较高浓度的碳酸酐酶,在其催化下,上述反应可加快 5 000 倍,不到 1 s 即达平衡。在此反应过程中,红细胞内 HCO_3^- 浓度不断增加,HCO_3^- 便顺浓度梯度通过红细胞膜扩散进入血浆。红细胞负离子的减少应伴有同等数量的正离子向外扩散,才能维持电平衡。可是红细胞膜不允许正离子自由通过,小的负离子可以通过,于是 Cl^- 便由血浆扩散进入红细胞,这一现象称为**氯转移**(chloride shift)。在红细胞膜上有特异的 HCO_3^- - Cl^- 载体,运载这两种离子跨膜交换。这样,HCO_3^- 便不会在红细胞内堆积,有利于反应向右进行和 CO_2 的运输。在红细胞内,HCO_3^- 与 K^+ 结合,在血浆中则与 Na^+ 结合生成碳酸氢盐。上述反应中产生的 H^+,大部分与 Hb 结合,Hb 是强的缓冲剂,所以红细胞内的 pH 无明显变化。碳酸酐酶的催化作用是双向的,如下式所示:

$$\text{碳酸酐酶} \\ CO_2 + H_2O \rightleftharpoons H_2CO_3 \rightleftharpoons HCO_3^- + H^+$$

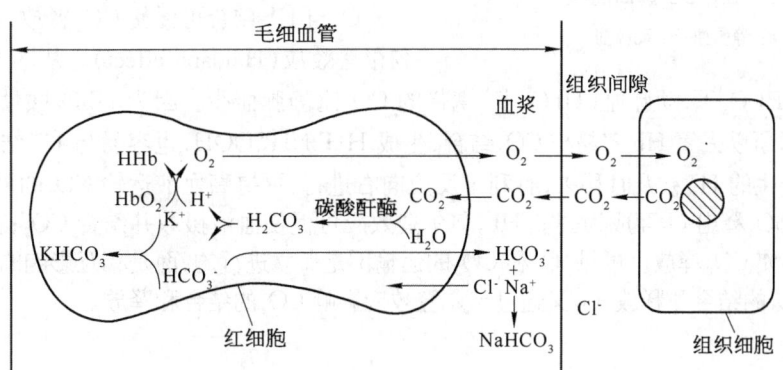

图 5-11　CO_2 在血液中的运输

在肺部,反应向相反方向(向左)进行。因为肺泡气 PCO_2 比静脉血的低,血浆中溶解的 CO_2 首先扩散入肺泡,红细胞内的 HCO_3^- 与 H^+ 生成 H_2CO_3,碳酸酐酶又催化 H_2CO_3 分解成 CO_2 和 H_2O,CO_2 又从红细胞扩散入血浆,而血浆中的 HCO_3^- 便进入红细胞以补充消耗了的 HCO_3^-,Cl^- 则转移出红细胞。这样,以 HCO_3^- 形式运输的 CO_2,在肺部被释出。

2. 氨基甲酰血红蛋白 一部分 CO_2 与 Hb 的氨基结合生成**氨基甲酰血红蛋白**（carbaminohemoglobin）这一反应无须酶的催化,而且迅速、可逆。

$$HbNH_2 + CO_2 \underset{在肺}{\overset{在组织}{\rightleftharpoons}} HbNHCOO + H^+$$

调节这一反应的主要因素是氧合作用。HbO_2 与 CO_2 结合形成氨基甲酰化合物的能力比去氧 Hb 小。在组织,HbO_2 解离释出 O_2,部分 HbO_2 变成去氧 Hb,与 CO_2 结合生成 HbNHCOO。此外,去氧 Hb 酸性较 HbO_2 弱,易与 H^+ 结合,也促进反应向右进行,并缓冲 pH 变化。在肺 HbO_2 生成增多,促使 CO_2 解离扩散入肺泡,反应向左进行。氧合作用的调节有重要意义,从表 5-5 可以看出,虽然以氨基甲酰血红蛋白形式运输的 CO_2 仅约占总运输量的 7%,但在肺排出的 CO_2 中却有 17.5% 是从氨基甲酰血红蛋白释放出来的。

(二) CO_2 解离曲线

CO_2 解离曲线(carbon dioxide dissociation curve)是表示血液中 CO_2 含量与 PCO_2 关系的曲线（图 5-12）。血液 CO_2 含量随 PCO_2 上升而增加。与氧解离曲线不同,两者之间接近线性关系而不是 S 形曲线,而且没有饱和点。因此,CO_2 解离曲线的纵坐标不用饱和度而用含量表示。

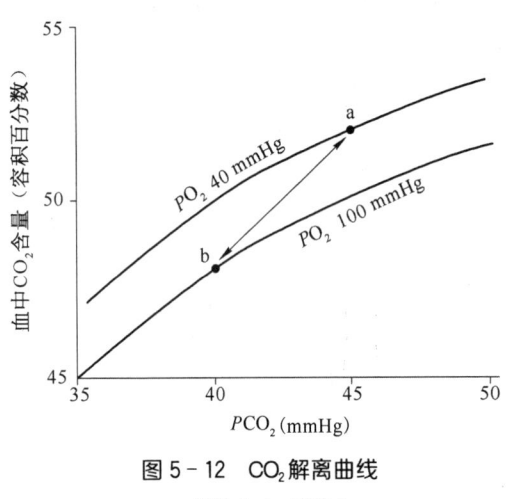

图 5-12 CO_2 解离曲线
a:静脉血;b:动脉血

图 5-12 的 a 点是静脉血 PO_2 为 40 mmHg, PCO_2 为 45 mmHg 时的 CO_2 含量,约为 52 ml/100 ml 血液;b 点是动脉血 PO_2 为 100 mmHg, PCO_2 为 40 mmHg 时的 CO_2 含量,约为 48 ml/100 ml 血液。可见,血液流经肺时每 100 ml 血液释出 4 mlCO_2。

(三) O_2 与 Hb 的结合对 CO_2 运输的影响

O_2 与 Hb 结合可促使 CO_2 释放,这一现象称为**何尔登效应**(Haldane effect)。从图 5-12 可以看出,在相同的 PCO_2 下,动脉血（HbO_2 多）携带的 CO_2 比静脉血少。因为 HbO_2 酸性较强,而去氧 Hb 酸性较弱,所以去氧 Hb 容易与 CO_2 结合,生成 HHbNHCOOH,也容易与 H^+ 结合,使 H_2CO_3 解离过程中产生的 H^+ 被及时移去,有利于反应向右进行,可提高血液运输 CO_2 的量。因此,在组织中,由于 HbO_2 释出 O_2 而成为去氧 Hb,何尔登效应可促使血液摄取并结合 CO_2;在肺,则因 Hb 与 O_2 结合,促使 CO_2 释放。可见,O_2 和 CO_2 的运输不是孤立进行的,而是相互影响的。CO_2 通过波尔效应影响 O_2 的结合和释放,O_2 又通过何尔登效应影响 CO_2 的结合和释放。

第四节　呼吸运动的调节

呼吸运动是一种节律性的活动,其深度和频率常随体内、外环境条件的变化而改变,例如劳动或运动时,代谢增强,呼吸加深加快,肺通气量增大,摄取更多的 O_2,排出更多的 CO_2,与代谢水平相适应。呼吸为什么能有节律地进行？呼吸的深度和频率又为何能随内、外环境条件而改变？本节将围绕这些内容进行讨论。

一、呼吸中枢与呼吸节律的形成

呼吸中枢(respiratory center)是指中枢神经系统内产生和调节呼吸运动的神经细胞群。对于这些细胞群在中枢神经系统内的分布、呼吸节律产生及调节中的作用,曾用多种技术方法进行研究,获得了许多宝贵的资料,形成了一些假说或看法。

(一) 呼吸中枢

呼吸中枢分布在大脑皮层、间脑、脑桥、延髓和脊髓等部位。脑的各级部位在呼吸节律产生和调节中所起作用不同。正常呼吸运动是在各级呼吸中枢的相互配合下进行的。

1. **脊髓** 脊髓中支配呼吸肌的运动神经元位于第3~5颈段(支配膈肌)和胸段(支配肋间肌和腹肌等)前角。根据在延髓和脊髓间横断脊髓(图5-13,d平面),呼吸就停止的实验事实,可以认为节律性呼吸运动不是在脊髓产生的,脊髓只是联系上位脑与呼吸肌的中继站和整合某些呼吸反射的初级中枢。

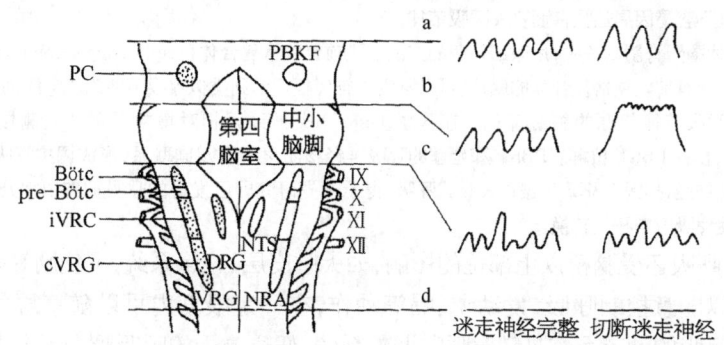

图5-13 脑干呼吸有关核团(左)和在不同平面横切脑干后呼吸的变化(右)
DRG:背侧呼吸组;VRG:腹侧呼吸组;iVRG:中段腹侧呼吸组;cVRG:尾端腹侧呼吸组;
PBKF:臂旁内侧核和Kölliker-Fuse核;PC:呼吸调整中枢;NTS:孤束核;Bötc:包钦格复合体;
pre-Bötc:前包钦格复合体;a、b、c、d为不同平面横切

2. **低位脑干** 下位脑干指脑桥和延髓。横切脑干的实验表明,呼吸节律产生于下位脑干,呼吸运动的变化因脑干横断的平面高低而异(图5-13)。

在动物中脑和脑桥之间进行横切(图5-13,a平面),呼吸无明显变化。在延髓和脊髓之间横切(图5-13,d平面),呼吸停止。表明呼吸节律产生于下位脑干,上位脑对节律性呼吸不是必需的。如果在脑桥上、中部之间横切(图5-13,b平面),呼吸将变慢变深,如再切断双侧迷走神经,吸气便大大延长,仅偶尔为短暂的呼气所中断,这种形式的呼吸称为**长吸式呼吸**(apneusis)。这一结果提示脑桥上部有抑制吸气的中枢结构,称为**呼吸调整中枢**(pneumotaxic center)。来自肺部的迷走神经传入冲动也有抑制吸气的作用。当延髓失去来自这两方面对吸气活动的抑制作用后,吸气活动不能及时中断,便出现长吸呼吸。再在脑桥和延髓之间横切(图5-13,c平面),不论迷走神经是否完整,长吸式呼吸都消失,而呈**喘息样呼吸**(gasping),呼吸不规则,或平静呼吸,或两者交替出现,因而认为脑桥中下部位有活化吸气的长吸中枢。单独的延髓即可产生节律呼吸,孤立延髓的实验进一步证明延髓可独立地产生节律呼吸。于是在 20 世纪 20～50 年代期间形成了三级呼吸中枢理论：脑桥上部有呼吸调整中枢，中下部有长吸中枢，延髓有呼吸节律基本中枢。后来的研究肯定了早期关于延髓有呼吸节律基本中枢和脑桥上部有呼吸调整中枢的结论，但未能证实脑桥中下部存在着结构上特定的长吸中枢。

20 世纪 70 年代，用微电极等新技术研究发现，在中枢神经系统内有的神经元呈节律性放电，并和呼吸周期相关，这些神经元被称为呼吸相关神经元或呼吸神经元。这些呼吸神经元有不同类型，就其自发放电的时间而言，在吸气相放电的为吸气神经元，在呼气相放电的为呼气神经元，在吸气相放电并延续至呼气相的为吸气呼气神经元，在呼气相放电并延续到吸气相者，为呼气吸气神经元，后两类神经元均系跨时相神经元。

在延髓，呼吸神经元主要集中在背侧（孤束核的腹外侧部）和腹侧（疑核、后疑核和面神经后核附近的包氏复合体）两组神经核团内，分别称为**背侧呼吸组**(dorsal respiratory group, DRG)和**腹侧呼吸组**(ventral respiratory group, VRG)（图 5-13）。背侧呼吸组的神经元轴突主要交叉到对侧，下行至脊髓颈段，支配膈运动神经元。疑核主要含吸气神经元，其轴突下行投射到脊髓，支配膈肌和肋间外肌的前角运动神经元，引起吸气；此区还含有其他吸气和呼气运动神经元，其轴突随同侧舌咽神经和迷走神经传出，支配咽喉部呼吸辅助肌。后疑核，主要含呼气神经元，其轴突下行投射到脊髓胸段，支配肋间内肌和腹肌运动神经元，兴奋时引起主动呼气。包钦格复合体主要含呼气神经元，它们的轴突主要与背侧呼吸组的吸气神经元形成抑制性联系，此区也含有调节咽喉部辅助呼吸肌的呼吸运动神经元。

由于延髓呼吸神经元主要集中在背侧呼吸组和腹侧呼吸组，所以曾推测背侧呼吸组和腹侧呼吸组是产生基本呼吸节律的部位。可是，后来的某些实验结果不支持这一看法。有人用化学的或电解的方法毁损这些区域后，呼吸节律没有明显变化，这些结果提示背侧呼吸组和腹侧呼吸组可能不是呼吸节律唯一发源地，呼吸节律可能源于多个部位，产生呼吸节律的神经结构相当广泛，所以不容易因局灶损害而丧失呼吸节律。

在新生大鼠的离体脑干脊髓制备中，用微细切割的方法去除**前包钦格复合体**(pre-Bötzinger-complex)后，颈神经根的呼吸节律样放电消失；在含有前包钦格复合体的脑片，可以从舌下神经根记录到类似呼吸节律的放电活动。因此，有人认为前包钦格复合体可能是呼吸节律起源的关键部位。在脑桥上部，呼吸神经元相对集中于臂旁内侧核(NPBM)和相邻的 Kölliker Fuse(KF)核，合称 PBKF 核群。PBKF 和延髓的呼吸神经核团之间有双向联系，形成调控呼吸的神经元回路。在麻醉猫，切断双侧迷走神经，损毁 PBKF 可出现长吸式呼吸，提示早先研究即已发现的呼吸调整中枢乃位于脑桥的 PBKF，其作用为限制吸气，促使吸气向呼气转换。

3. **高位脑** 呼吸还受脑桥以上部位的影响，如大脑皮层、边缘系统、下丘脑等。

大脑皮层可以随意控制呼吸，发动说、唱等动作，在一定限度内可以随意屏气或加强加快呼吸。大脑皮层对呼吸的调节系统是随意呼吸调节系统，低位脑干的呼吸调节系统是自主节律呼吸调节系统，这两个系统的下行通路是分开的。临床上有时可以观察到自主呼吸和随意呼吸分离的现象。例如在脊髓前外侧索下行的自主呼吸通路受损后，自主节律呼吸甚至停止，但患者仍可进行随意呼吸。这类患者靠随意呼吸或人工呼吸来维持肺通气，如不进行人工呼吸，一旦患者入睡，可能发生呼吸停止。

（二）呼吸节律形成的假说

呼吸节律是怎样产生的，尚未完全阐明，目前有起步细胞学说和神经元网络学说两种。

起步细胞学说认为，延髓内有与窦房结起搏细胞相类似的具有起步样活动的呼吸神经元，产生呼吸节律。上述前包钦格复合体可能就是呼吸节律起步神经元的所在部位。

神经元网络学说认为，呼吸节律的产生依赖于延髓内呼吸神经元之间的相互联系和相互作用。有学者在大量实验研究资料基础上提出多种模型，其中最有影响的是 20 世纪 70 年代提出的**中枢吸气活动发生器**(central inspiratory activity generator)和**吸气切断机制**(inspiratory off-switch mechanism)模型。该模型认为，在延髓有一个中枢吸气活动发生器，引发吸气神经元呈渐增性放电，产生吸气；还有一个吸气切断机制，使吸气切断而发生呼气。在中枢吸气活动发生器作用下，吸气神经元兴奋，其兴奋传至：① 脊髓吸气肌运动神经元，引起吸气，肺扩张。② 脑桥臂旁内侧核，加强其活动。③ 吸气切断机制,使之兴奋。吸气切断机制接受来自吸气神经元、脑桥臂旁内侧核和肺牵张感受器的冲动。随着吸气相的进行,来自这三方面的冲动均逐渐增强,在吸气切断机制总和达到阈值时,吸气切断机制兴奋,发出冲动到中枢吸气活动发生器或吸气神经元,以负反馈形式终止其活动,吸气停止,转为呼气(图5-14)。切断迷走神经或毁损脑桥臂旁内侧核或两者,吸气切断机制达到阈值所需时间延长,吸气因而延长,呼吸变慢。因此,凡可影响中枢吸气活动发生器、吸气切断机制阈值或达到阈值所需时间的因素,都可影响呼吸过程和节律。

二、呼吸的机械反射性调节

呼吸节律虽然产生于脑,但其活动可受来自呼吸器官本身以及骨骼肌、其他器官系统感觉器传入冲动的反射性调节,下述其中的一些重要反射。

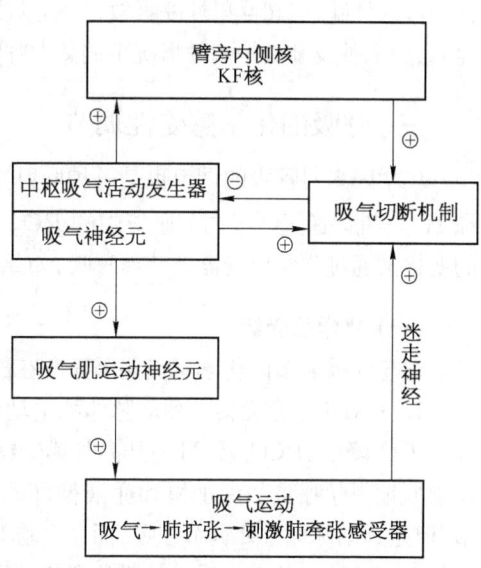

图 5-14 呼吸节律形成机制简化模式图
⊕:兴奋;⊖:抑制

(一) 肺牵张反射

由肺扩张或肺缩小引起的吸气抑制或兴奋的反射称肺牵张反射或称**黑伯反射**(Hering-Breuer reflex)。它有两种形式,即肺扩张反射和肺萎陷反射。

1. **肺扩张反射**　肺扩张反射是肺充气或扩张时抑制吸气的反射。感受器位于从气管到细支气管的平滑肌中,是牵张感受器,阈值低,适应慢。当吸气时肺扩张牵拉呼吸道,使之也扩张,感受器兴奋,冲动经迷走神经粗纤维传入延髓,在延髓内通过一定的神经联系使吸气切断机制兴奋,切断吸气,转入呼气。这样便加速了吸气向呼气转换,使呼吸频率增加。所以切断迷走神经后,吸气延长、加深,呼吸变得深而慢。肺扩张反射有种属差异,兔的最强,人的最弱。在人体,当潮气量增加至 800 ml 以上时,才能引起肺扩张反射,可能是由于人体肺扩张反射的中枢阈值较高所致。所以,平静呼吸时,肺扩张反射不参与人的呼吸调节。但在初生婴儿,存在这一反射,在出生 4~5 d 后,反射就显著减弱。病理情况下,肺顺应性降低,肺扩张时使气道扩张较大,刺激较强,可以引起该反射,使呼吸变浅变快。

2. **肺萎陷反射**　肺萎陷反射是肺缩小时引起吸气的反射。感受器同样位于气道平滑肌内,但其性质尚不十分清楚。肺萎陷反射在肺较强的缩小时才出现,它在平静呼吸调节中意义不大,但对阻止呼气过深和肺不张等可能起一定作用。

(二) 呼吸肌本体感受性反射

肌梭和腱器官是骨骼肌的本体感受器,当肌梭受到牵张刺激而兴奋时,冲动经背根传入脊髓中枢,反射性地引起呼吸运动增强,称为呼吸肌本体感受性反射。该反射在维持正常呼吸运动中起一定的作用,尤其在运动状态或气道阻力加大时,可反射性地加强呼吸肌的收缩力,克服气道阻力,以维持正常肺通气功能。

(三) 肺毛细血管旁(J)感受器引起的呼吸反射

J感受器位于肺泡毛细血管旁,在肺毛细血管充血、肺泡壁间质积液时受到刺激,冲动经迷走神经传入延髓,引起反射性呼吸暂停,继以浅快呼吸。J感受器在呼吸调节中的作用尚不清楚。肺栓塞、肺水肿及肺炎等病理情况下的急促呼吸可能与该类感受器有关。

三、呼吸的化学感受性调节

化学因素对呼吸的调节也是一种反射性调节,化学因素是指动脉血或脑脊液中的PO_2、PCO_2和H^+。机体通过呼吸调节血液中的PO_2、PCO_2和H^+的水平,动脉血中PO_2、PCO_2和H^+水平的变化又通过化学感受器调节着呼吸,如此形成的控制环,维持着内环境这些因素的相对稳定。

(一) 化学感受器

参与呼吸调节的化学感受器因其所在部位不同,分为外周化学感受器和中枢化学感受器。

1. **外周化学感受器** 颈动脉体和主动脉体是调节呼吸和循环的重要外周化学感受器。当动脉血PO_2降低、PCO_2及$[H^+]$升高时感受器受到刺激而兴奋,冲动经窦神经和迷走神经传入延髓,反射性地引起呼吸加深加快和血液循环的变化。虽然颈、主动脉体两者都参与呼吸和循环的调节,但是颈动脉体主要调节呼吸,而主动脉体在循环调节方面较为重要。由于颈动脉体有利的解剖位置,所以,对外周化学感受器的研究主要集中在颈动脉体。记录游离的颈动脉体传入神经单纤维的动作电位,观察改变灌流液成分时动作电位频率的变化,可以了解颈动脉体所感受刺激的性质以及刺激与反应之间的关系。结果发现当灌流液PO_2下降、PCO_2或$[H^+]$升高时,传入冲动增加。如果保持灌流液的PO_2在100 mmHg,仅减少灌流量,传入冲动也增加。因为血流量下降时,颈动脉体从单位血液中摄取的O_2量相对增加,细胞外液PO_2因供O_2少于耗O_2而下降。但在贫血或CO中毒时,血O_2含量虽然下降,但PO_2正常,只要血流量充分,化学感受器传入冲动并不增加,所以化学感受器所感受的刺激是PO_2,而不是动脉血O_2含量,而且是感受器所处环境的PO_2。从实验中还可看出上述三种刺激对化学感受器有相互增强的作用。两种刺激同时作用时比单一刺激的效应强。这种协同作用有重要意义,因为当机体发生循环或呼吸衰竭时,总是PCO_2升高和PO_2降低同时存在,它们的协同作用加强了对化学感受器的刺激,从而促进了代偿性呼吸增强的反应。

2. **中枢化学感受器** 摘除动物外周化学感受器或切断其传入神经后,吸入CO_2仍能增加肺通气。改变脑脊液CO_2和$[H^+]$也能刺激呼吸。过去认为这是CO_2直接刺激呼吸中枢所致。后来用改变脑表面灌流液成分和pH、局部冷阻断、电凝固损伤、电刺激、记录神经元电活动、离体脑组织块的电生理研究等方法在多种动物做了大量实验,结果表明在延髓有一个不同于呼吸中枢,但可影响呼吸的化学感受器,称为中枢化学感受器,以区别于外周化学感受器。中枢化学感受器位于延髓腹外侧浅表部位,左右对称,可以分为头、中、尾三个区(图5-15A)。头端和尾端区都有化学感受性,中间区不具有化学感受性,不过,局部阻滞或损伤中间区后,可以使动物通气量降低,并使头端、尾端区受刺激时的通气反应消失,提示中间区可能是头端区和尾端区传入冲动向脑干呼吸中枢投射的中继站。应用胆碱能激动剂和拮抗剂的研究结果表明,在中枢化学感受器传递环节中可能有胆碱能机制参与。

中枢化学感受器的生理刺激是脑脊液和局部细胞外液的$[H^+]$。因为如果保持人工脑脊液的pH不变,用含高浓度CO_2的人工脑脊液灌流脑室时所引起的通气增强反应消失,可见有效刺激不是CO_2本身,而是CO_2所引起的$[H^+]$的增加。在体内,血液中的CO_2能迅速通过血脑屏障,使化学感受器周围液体中的$[H^+]$升高,从而刺激中枢化学感受器,再引起呼吸中枢的兴奋(图5-15B)。

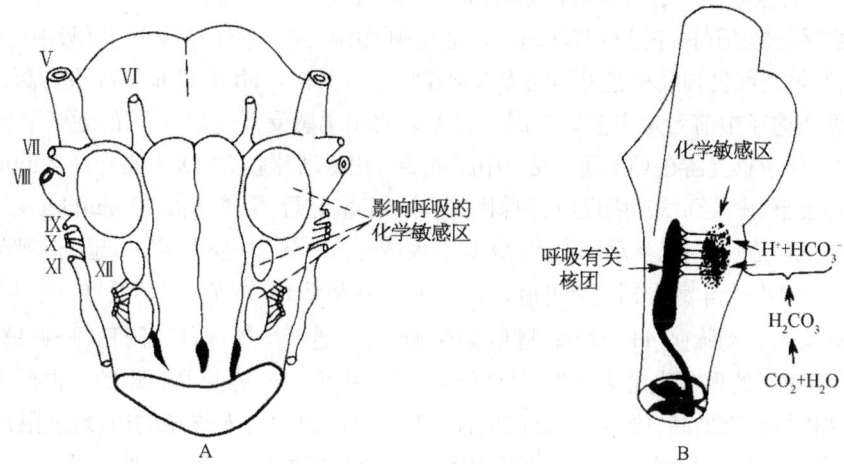

图 5-15 中枢化学感受器

A. 延髓腹外侧的三个化学敏感区;B. 血液或脑脊液 PCO_2 升高时,刺激呼吸的中枢机制

可是,脑脊液中碳酸酐酶含量很少,CO_2 与 H_2O 的水合反应很慢,所以对 CO_2 的反应有一定的时间延迟。血液中的 H^+ 不易通过血脑屏障,故血液 pH 的变化对中枢化学感受器的直接作用不大,也较缓慢。中枢化学感受器与外周化学感受器不同,它不感受缺 O_2 的刺激,但对 CO_2 的敏感性比外周化学感受器高,反应潜伏期较长。中枢化学感受器的作用可能是调节脑脊液的[H^+],使中枢神经系统有一稳定的 pH 环境,而外周化学感受器的作用主要是在机体低 O_2 时,维持对呼吸的驱动。

(二) CO_2、H^+ 和 O_2 对呼吸的影响

1. CO_2 的影响 在麻醉动物或人,动脉血液 PCO_2 降得很低时可发生呼吸暂停。因此,一定水平的 PCO_2 对维持呼吸和呼吸中枢的兴奋性是必要的,CO_2 是调节呼吸的最重要的生理性体液因子。吸入含一定浓度 CO_2 的混合气,将导致肺泡气 PCO_2 升高,动脉血 PCO_2 也随之升高,呼吸加深加快,肺通气量增加(图 5-16)。通过肺通气量的增大可增加 CO_2 的清除,肺泡气和动脉血 PCO_2 还可维持于接近正常水平。但是,当吸入气的 CO_2 陡升,CO_2 堆积,抑制中枢神经系统的活动,包括呼吸中枢,将发生呼吸困难、头痛、头昏,甚至昏迷,出现 CO_2 麻醉。对 CO_2 的反应,有个体差异,还受许多因素影响,如疾病或药物。总之 CO_2 在呼吸调节中是经常起作用的最重要的化学刺激,在一定范围内动脉血 PCO_2 的升高,可以加强对

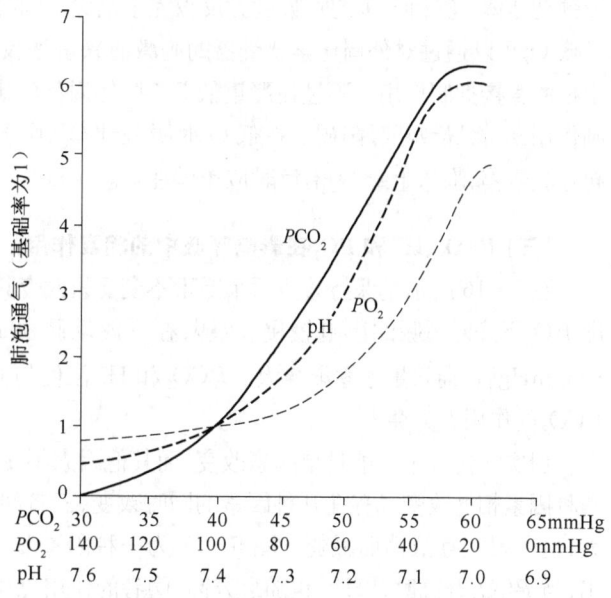

图 5-16 动脉血液 PCO_2、PO_2、pH 改变对肺泡通气的影响

仅改变其中一种体液因素而保持另两个因素于正常水平时的情况

呼吸的刺激作用,但超过一定限度则有抑制和麻醉效应。

CO_2 刺激呼吸是通过两条途径实现的：① 通过刺激中枢化学感受器再兴奋呼吸中枢；② 刺激外周化学感受器,冲动经窦神经和迷走神经传入延髓呼吸有关核团,反射性地使呼吸加深、加快,增加肺通气。但两条途径中前者是主要的。因为去掉外周化学感受器之后,CO_2 的通气反应仅下降约 20%,可见中枢化学感受器在 CO_2 通气反应中起主要作用。动脉血 PCO_2 只需升高 2 mmHg 就可刺激中枢化学感受器,出现通气加强反应,如刺激外周化学感受器,则需升高 10 mmHg。不过,因为中枢化学感受器的反应慢,所以当动脉血 PCO_2 突然大增时,外周化学感受器在引起快速呼吸反应中可起重要作用。当中枢化学感受器受到抑制,对 CO_2 的反应降低时,外周化学感受器也起重要作用。

2. H^+ 的影响　动脉血 $[H^+]$ 增加,呼吸加深加快,肺通气增加；$[H^+]$ 降低,呼吸受到抑制(图 5-16)。H^+ 对呼吸的调节也是通过外周化学感受器和中枢化学感受器实现的。中枢化学感受器对 H^+ 的敏感性较外周的高,约为外周的 25 倍。但是,H^+ 通过血液屏障的速度慢,限制了它对中枢化学感受器的作用。脑脊液中的 H^+ 才是中枢化学感受器的最有效的刺激。因此,动脉血 H^+ 主要通过外周化学感受器来调整呼吸。

3. O_2 的影响　吸入气 PO_2 降低时,肺泡气 PO_2 也随之降低,呼吸加深、加快,肺通气增加(图 5-16)。同 CO_2 一样,机体对低 O_2 的反应也有个体差异。一般在动脉血 PO_2 下降到 80 mmHg 以下时,肺通气才出现可觉察到的增加,可见动脉血 PO_2 对正常呼吸的调节作用不大,仅在特殊情况下低 O_2 刺激对呼吸的调节才有重要意义。如严重肺气肿、肺心病患者,肺换气受到障碍,导致低 O_2 和 CO_2 潴留。长时间 CO_2 潴留使中枢化学感受器对 CO_2 的刺激作用发生适应,而外周化学感受器对低 O_2 刺激适应很慢,这时低 O_2 对外周化学感受器的刺激成为驱动呼吸的主要刺激。低 O_2 对呼吸的刺激作用完全是通过外周化学感受器实现的。切断动物外周化学感受器的传入神经或摘除颈动脉体,急性低 O_2 的呼吸刺激反应完全消失。同时,低 O_2 对中枢的直接作用是抑制作用。但是低 O_2 可以通过对外周化学感受器的刺激而兴奋呼吸中枢,这样在一定程度上可以对抗低 O_2 对中枢的直接抑制作用。不过在严重低 O_2 时,外周化学感受性反射已不足以克服低 O_2 对中枢的抑制作用,终将导致呼吸障碍。在低 O_2 时吸入纯 O_2,由于解除了外周化学感受器的低 O_2 刺激,会引起呼吸暂停,临床上给 O_2 治疗时应予以注意。

(三) PCO_2、H^+ 和 PO_2 在影响呼吸中的相互作用

图 5-16 所示是保持其他两个因素不变而只改变其中一个因素时的单因素通气效应。可以看出 PO_2 下降对呼吸的影响较慢、较弱,在一般动脉血 PO_2 变化范围内作用不大,要在 PO_2 低于 80 mmHg 后,通气量才逐渐增大。PCO_2 和 H^+ 浓度与低 O_2 不同,只要略有升高,通气就明显增大,PCO_2 的作用尤为突出。

但实际情况不可能是单因素改变,而其他因素不变。往往是一种因素的改变会引起其余一或两种因素相继改变或存在几种因素的同时改变,三者间相互影响、相互作用,既可因相互总和而加大,也可因相互抵消而减弱。图 5-17 为一种因素改变,另两种因素不加控制时的情况。可以看出,当 PCO_2 升高时,$[H^+]$ 也随之升高,两者的作用总和起来,使肺通气较单独 PCO_2 升高时为大。$[H^+]$ 增加时,因肺通气增大使 CO_2 排出,PCO_2 下降,抵消了一部分 H^+ 的刺激作用；CO_2 含量的下降,也使 $[H^+]$ 有所降低。两者均使肺通气的增加较单独 $[H^+]$ 升高时为小。PO_2 下降时,也因肺通气量增加,呼出较多的 CO_2,使 PCO_2 和 $[H^+]$ 下降,从而减弱了低 O_2 的刺激作用。

四、防御性呼吸反射

在整个呼吸道都存在着感受器,它们是分布在黏膜上皮的迷走传入神经末梢,受到机械或化学刺激时,引起防御性呼吸反射,以清除激惹物,避免其进入肺泡。

1. **咳嗽反射** 是常见的重要防御反射。它的感受器位于喉、气管和支气管的黏膜。大支气管以上部位的感受器对机械刺激敏感,二级支气管以下部位的对化学刺激敏感。传入冲动经迷走神经传入延髓,触发一系列协调的反射反应,引起咳嗽反射。

咳嗽时,先是短促或深吸气,接着声门紧闭,呼气肌强烈收缩,肺内压和胸膜腔内压急速上升,然后声门突然打开,由于气压差极大,气体便以极高的速度从肺内冲出,将呼吸道内异物或分泌物排出。剧烈咳嗽时,因胸膜腔内压显著升高,可阻碍静脉回流,使静脉压和脑脊液压升高。

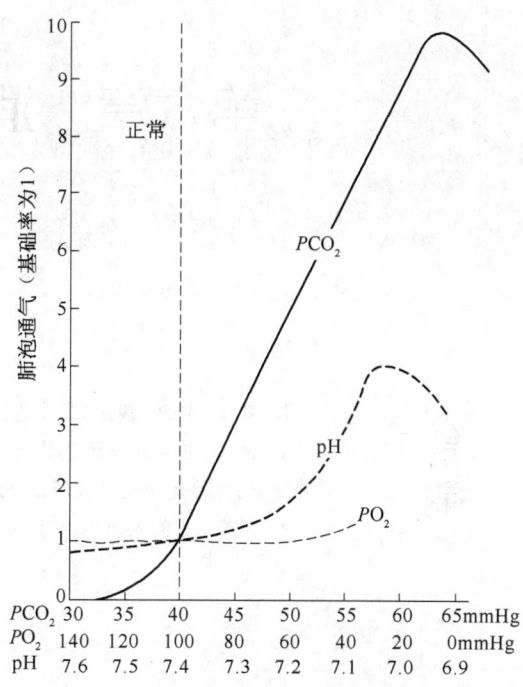

图 5-17 动脉血液 PCO_2 升高、PO_2 降低、pH 降低对肺泡通气率的影响

2. **喷嚏反射** 是和咳嗽类似的反射,不同的是刺激作用于鼻黏膜感受器,传入神经是三叉神经,反射效应是腭垂下降,舌压向软腭,而不是声门关闭,呼出气主要从鼻腔喷出,以清除鼻腔中的刺激物。

(李美平 于远望)

第六章 消化和吸收

导学

1. 掌握：胃液、胰液、胆汁的性质、成分、作用及其分泌调节；吸收的部位。
2. 熟悉：消化道平滑肌的生理特性；消化道的神经支配及其作用；消化道的内分泌功能；胃的运动及其控制；小肠的运动；主要营养物质的吸收。
3. 了解：凡例入教学内容，除掌握、熟悉的，其余均为了解。

第一节 概 述

在新陈代谢过程中，机体必须不断地从外界环境中摄取氧气和足够的营养物质，以合成自身组织和供给能量，完成各种生命活动。营养物质包括蛋白质、脂肪、糖类、维生素、无机盐和水等。除无机盐、水和多数维生素可被机体直接吸收利用外，蛋白质、脂肪和糖类等大分子有机物，必须先在消化道内分解成结构简单的小分子物质，才能通过消化道黏膜进入血液循环。食物在消化道内分解成可吸收的小分子物质的过程，称**消化**(digestion)；而食物经消化后的小分子物质，以及维生素、无机盐和水由消化道黏膜进入血液和淋巴循环的过程，称**吸收**(absorption)。食物的消化方式有两种：① **机械性消化**(mechanical digestion)：即通过消化道的运动将食物磨碎，并与消化液充分混合，以一定速度向远端推进的过程。② **化学性消化**(chemical digestion)：即在各种消化酶的作用下食物中大分子物质被分解为小分子物质的过程。在消化过程中，两种方式同时进行，相互配合。

消化系统的主要功能是对食物进行消化和吸收。此外，消化器官还具有重要的内分泌和免疫功能。

一、消化道平滑肌的生理特性

在整个消化道中，除口、咽、食道上段和肛门外括约肌的肌肉属骨骼肌外，其余的肌肉均为平滑肌结构。消化道平滑肌和其他肌肉组织一样，也具有兴奋性、传导性和收缩性，但又具有自身的特点。

(一) 一般生理特性

1. **兴奋性** 消化道平滑肌与骨骼肌相比，兴奋性较低，收缩缓慢。有明显的潜伏期、收缩期、舒张期。

2. **自律性** 即自动节律性。在适宜环境中,离体的消化道平滑肌无外来刺激情况下也能进行收缩。但与心肌相比,其节律缓慢且不规则。

3. **紧张性** 消化道平滑肌经常保持轻微的持续收缩状态称紧张性或紧张性收缩。它的意义在于:① 保持消化道管腔一定的基础压力。② 维持消化道等器官的形态和位置。③ 是消化道进行各种运动的基础。

4. **伸展性** 即消化道平滑肌能适应需要进行很大程度伸展的能力。作为空腔脏器这一特性具有重要的生理意义:使容纳器官(特别是胃)能容纳几倍于原体积大小的食物,而压力却不发生明显的变化。

5. **敏感性** 消化道平滑肌对化学、温度、机械牵张刺激很敏感,而对电刺激不敏感。例如,用单个电刺激常不能引起平滑肌收缩,而用微量 ACh 却能引起其强烈收缩,微量的肾上腺素则使其舒张。消化道内容物的机械牵张、温度改变等也可引起其较强的反应。

(二) 电生理特性

消化道平滑肌的收缩活动与其他肌肉活动一样是在电位变化的基础上发生的。但平滑肌的电活动更为复杂,其电生理变化可分为三种:静息电位、慢波电位和动作电位。

1. **静息电位** 消化道平滑肌细胞的静息电位较小,且不稳定,存在一定波动,实测值为$-50\sim-60$ mV,其产生的机制主要是 K^+ 由膜内向膜外扩散产生;但 Na^+、Cl^-、Ca^{2+} 和生电钠泵等也都参与静息电位的形成。这可能是其小于骨骼肌和神经静息电位的原因。

2. **慢波电位** 消化道平滑肌在静息电位基础上自发产生的节律性的去极化和复极化电位波动,其频率较慢,故称为**慢波电位**(slow wave)简称慢波,也称**基本电节律**(basic electrical rhythm, BER),其波幅为 $5\sim15$ mV,慢波的频率变动在 $3\sim12$ 次/min,随消化道的部位而异,胃体约 3 次/min,十二指肠 12 次/min,终末回肠 $8\sim9$ 次/min。

目前认为位于纵行肌与环行肌之间的 Cajal 细胞是消化道平滑肌兴奋的起搏细胞,它的节律性活动可通过低电阻的缝隙连接迅速将慢波传给与之相连的平滑肌。慢波的发生与细胞膜上的生电钠泵活动渐减和渐增的周期性改变有关。不是所有的慢波均能到达阈电位而引发动作电位的。慢波去极化水平也与静息电位一样,受机械牵张、神经、体液因素的影响。

过去认为,慢波本身不会引起平滑肌的收缩,但它可使其静息电位减小,一旦达到阈电位,使肌细胞膜上电压门控钙通道开放,产生动作电位并引起肌肉收缩。现在认为,平滑肌细胞存在两个临界膜电位值,即**机械阈**(mechanical threshold)和**电阈**(electrical threshold)。当慢波去极化达到或超过机械阈时,细胞内 Ca^{2+} 增加,激活细胞产生收缩,不一定引发动作电位产生;当去极化达到或超过电阈时,则引发动作电位产生,Ca^{2+} 大量进入细胞,使收缩进一步增强,慢波上产生的动作电位数目越多,肌肉的收缩就越强(图 6-1)。

3. **动作电位** 当慢波去极化达阈电位水平(约 -40 mV)时,可在慢波的基础上产生每秒 $1\sim10$ 次的动作电位,较大频率的动作电位引起较强的平滑肌收缩。每一动作电位的持续时间为 $10\sim20$ ms,动作电位产生的主要机制是:去极化由慢钙通道开放,Ca^{2+}(以及少量的 Na^+)内流造成的。复极化由 K^+ 通道开放,K^+ 外流引起。去极时内流的 Ca^{2+} 又可触发平滑肌收缩(图 6-1)。

慢波、动作电位和平滑肌收缩之间的关系是:平滑肌在慢波基础上产生动作电位,动作电位引发了平滑肌的收缩。平滑肌收缩的张力与动作电位的数目相关,而慢波是平滑肌收缩的起步电

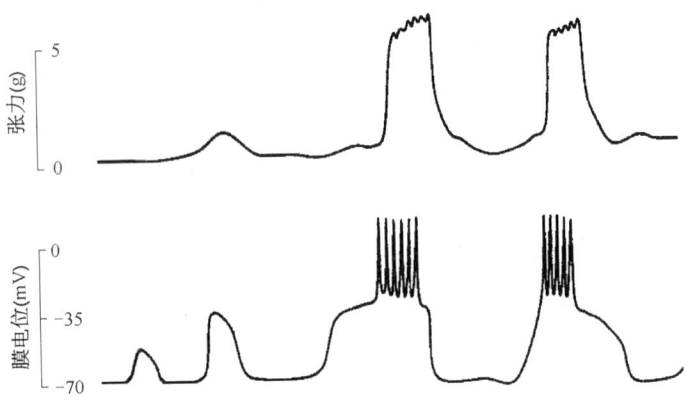

图 6-1 消化道平滑肌的电活动与收缩活动之间的关系

消化道平滑肌细胞内记录的慢波电位和动作电位(下)与同步记录的肌肉收缩曲线(上)

位,可控制收缩的节律和决定蠕动的方向和速度。

二、胃肠的神经支配及其作用

消化道除口腔、咽、食道上段及肛门外括约肌外都受**外来神经系统**(extrinsic nervous system)和**内在神经系统**(intrinsic nervous system)的双重支配,共同调节消化道的平滑肌运动、腺体分泌和血管活动。

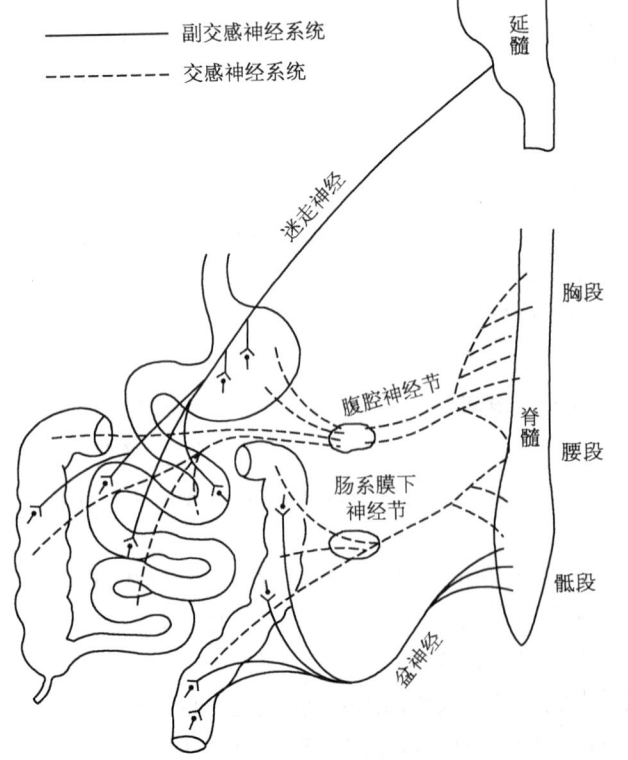

图 6-2 胃肠的外来神经支配

(一) 外来神经系统

消化道的外来神经系统,即自主神经系统,包括交感神经和副交感神经(图6-2)。对消化系统的调节以副交感神经的兴奋作用为主,交感神经的作用主要是抑制性的。

1. 交感神经　支配消化道的交感神经起源于脊髓胸5～腰2段的灰质侧角,节前纤维在腹腔神经节和肠系膜神经节更换神经元后,发出的节后肾上腺素能纤维(其末梢释放的递质为去甲肾上腺素)主要终止于肠神经系统壁内神经丛中的胆碱能神经元,抑制其释放 ACh;少量交感节后纤维终止于消化道平滑肌、血管平滑肌和消化道腺体。交感神经兴奋的作用是使消化液分泌减少,消化道活动减弱,但引起消化道括约肌收缩。

2. 副交感神经　支配消化道的副交感神经纤维,除支配口腔及咽部的少量纤维外,主要行走在迷走神经和盆神经中。迷走神经纤维分布至横结肠及其以上的消化道,盆神经纤维分布至降结肠及其以下的消化道。副交感神经的节前纤维进入消化道壁后,主要与肌间神经丛和黏膜下神经丛的神经元形成突触,发出节后纤维支配消化道平滑肌、血管平滑肌及腺体分泌细胞。副交感节后纤维主要为胆碱能纤维。副交感神经兴奋的作用是使消化液分泌增加,消化道活动加强。

交感神经与副交感神经都是混合神经,即含有传出和传入纤维。消化道感受器的传入纤维可将冲动传导到壁内神经丛,并引起肠壁的局部反射,还可通过以脊髓或脑干为中继的其他反射,调节消化道活动。

(二) 内在神经系统

内在神经系统又称为**肠神经系统**(enteric nervous system),是由分布于消化道壁内无数不同类型的神经元及其神经纤维所组成的神经网络。包括位于纵行肌与环行肌之间的肌间神经丛和位于环行肌与黏膜层之间的黏膜下神经丛(图 6-3)。这些神经丛有多达 10^8 个的神经元,相当于脊髓内神经元的总数。有运动神经元(支配平滑肌)、感觉神经元(感受消化道内的机械、化学和温度等刺激)和中间神经元。每一神经丛内部以及两种神经丛之间通过短的神经纤维形成网络联系,组成一个结构与功能十分复杂、相对独立而完整的网络整合系统,因此有"**肠脑**"(gut brain)之称。它能通过局部反射对消化道活动发挥重要的调节作用。肠神经系统释放多种递质与调质,如 NO、ACh、5-HT、多巴胺、γ-氨基丁酸

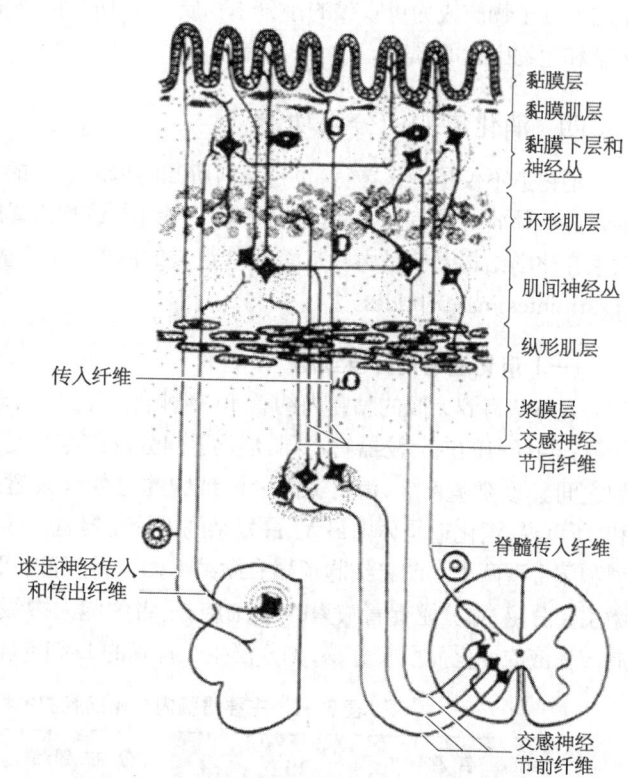

图 6-3 胃肠壁内神经丛及其与外来神经的联系

(GABA)及肽类(脑啡肽、血管活性肠肽、P 物质)等。从功能而言,黏膜下神经丛主要参与消化道腺体和内分泌细胞的分泌,肠内物质的吸收以及对局部血流的控制;肌间神经丛主要参与对消化道平滑肌活动的控制。虽然肠神经系统能独立行使其功能,但交感神经和副交感神经可加强或减弱其活动。

三、消化腺的分泌功能

(一) 消化液的成分及分泌过程

在消化道附近有唾液腺、肝脏和胰腺,在消化道黏膜内还有许多散在的腺体,它们向消化道内分泌各种消化液,包括唾液、胃液、胆汁、胰液、小肠液和大肠液。成人每日分泌消化液的总量为 6~8 L,其主要成分是水、无机盐和多种有机物,后者包括各种消化酶、黏液、抗体等,特别是消化

酶,由它们来完成对食物的化学性消化。消化腺分泌消化液是腺细胞的主动活动,这一过程主要包括:① 腺细胞从血液中摄取原料。② 在细胞内合成分泌物,经浓缩再以颗粒和小泡等形式储存于胞内。③ 腺细胞膜上存在受体,不同的刺激物与相应的受体结合,引起胞内一系列反应,最终以出胞方式排出分泌物。

(二) 消化液的主要作用

消化液的主要作用有:① 稀释并溶解食物,使其渗透压与血浆相等,有利于消化和吸收。② 改变消化道腔内 pH,为消化酶发挥作用提供适宜环境。③ 消化液中的消化酶能水解食物中复杂的大分子物质成为可吸收的小分子物质。④ 所含的黏液、抗体等能保护消化道黏膜,防止机械、化学和生物因素的损害。

四、消化道的内分泌功能

消化道不仅是消化器官,也是目前所知的体内最大的内分泌器官。由消化道中各种内分泌细胞合成和释放的具有生物活性的特殊化学物质,统称为**胃肠激素**(gastrointestinal hormone)。这类激素在化学结构上都是由氨基酸残基组成的肽类,分子量大多在 5 kDa 以内,故也称之为**胃肠肽**(gastrointestinal peptides)。

(一) 消化道的内分泌细胞

人体从胃到大肠的黏膜内约有 40 多种内分泌细胞(表 6-1),它们都具有下列特点:① 分布分散:与经典的内分泌器官不同,消化道内分泌细胞总是分散地分布于胃肠黏膜层的非内分泌细胞之间。② 数量巨大,消化道内分泌细胞的总数大大超过体内所有内分泌腺的内分泌细胞的总和,所以说,消化道是体内最大、最复杂的内分泌器官。③ 两种类型:消化道内分泌细胞存在开放型和闭合型两类。前者细胞顶端有微绒毛伸入胃肠腔,可直接感受胃肠腔内食物成分和 pH 的刺激引起分泌,如分泌促胃液素的 G 细胞;后者细胞无微绒毛,不与肠腔直接接触,是由神经兴奋或局部体液的变化而引起分泌,如分泌生长抑素的 D 细胞(图 6-4)。

表 6-1 主要胃肠内分泌细胞的名称、分布和分泌产物

细胞名称	分布部位	分泌产物
A 细胞	胰岛	胰高血糖素
B 细胞	胰岛	胰岛素
D 细胞	胰岛、胃、小肠、结肠	生长抑素
G 细胞	胃窦、十二指肠	促胃液素
I 细胞	小肠上部	胆囊收缩素
K 细胞	小肠上部	抑胃肽
M_o 细胞	小肠	促胃动素
N 细胞	回肠	神经降压素
PP 细胞	胰岛、胰腺外分泌部分、胃、小肠、大肠	胰多肽
S 细胞	十二指肠和空肠	促胰液素
ECL 细胞	胃肠	组胺
L 细胞	回肠、结肠	肠高血糖素

一些胃肠肽也存在于中枢神经系统,而原来认为只存在于中枢神经系统的神经肽,也在消化道中发现。这些双重分布的肽类被统称为**脑肠肽**(brain-gut peptide),如促胃液素、缩胆囊素、VIP、P物质、生长抑素、神经降压素等。

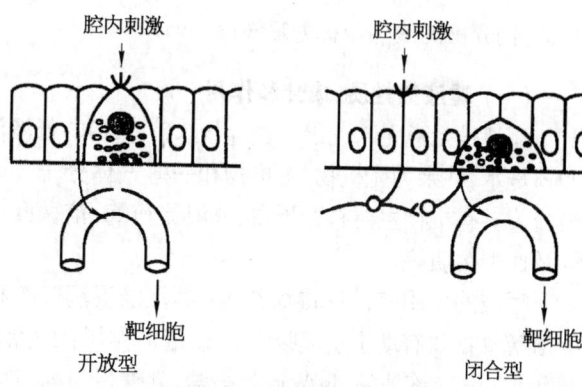

图6-4 开放型与闭合型胃肠内分泌细胞模式图

(二)胃肠激素的作用

胃肠激素可作为循环激素起作用,也可经旁分泌或腔分泌的方式发挥作用。胃肠激素的主要作用是调节消化器官的功能,但对体内其他器官的功能也产生广泛影响。胃肠激素对消化器官的作用主要有以下几方面。

1. **调节消化腺分泌和消化道运动** 不同的胃肠激素对不同的消化腺、平滑肌和括约肌产生不同的调节作用。五种主要胃肠激素的作用见表6-2。

表6-2 五种胃肠激素的主要作用及引起释放的刺激因素

激素名称	主要生理作用	引起释放的刺激因素
促胃液素	促进胃酸和胃蛋白酶原分泌、使胃窦和幽门括约肌收缩,延缓胃排空,促进胃肠运动	蛋白质分解产物、迷走神经递质、胃的扩张
促胰液素	促进胰液及胆汁中HCO_3^-分泌、抑制胃酸分泌和胃肠运动,收缩幽门括约肌,抑制胃排空	盐酸、蛋白分解产物、脂肪酸
胆囊收缩素	刺激胰液中消化酶分泌和胆囊收缩,增强小肠和结肠运动,抑制胃排空,增强幽门括约肌收缩,松弛Oddi括约肌	蛋白质分解产物、脂酸钠、盐酸、脂肪酸
抑胃肽	刺激胰岛素分泌,抑制胃酸和胃蛋白酶分泌,抑制胃的排空	葡萄糖、脂肪酸、氨基酸
促胃动素	在消化间期刺激胃和小肠的运动	迷走神经、盐酸、脂肪

2. **调节其他激素的释放** 例如,抑胃肽有很强的刺激胰岛素分泌的作用。此外,生长抑素、胰多肽、VIP等对生长素、胰岛素、胰高血糖素和促胃液素等激素的释放均有调节作用。

3. **营养作用** 是指一些胃肠激素具有促进消化道组织的代谢和生长的作用,是一种见效较慢的长期作用。如促胃液素能刺激胃和十二指肠黏膜细胞DNA、RNA和蛋白质的合成。

第二节 口腔内消化

消化过程是从口腔开始的,食物在口腔中停留时间仅有15~20 s,在口腔内食物经过咀嚼及唾液中酶的作用得到初步消化,被唾液浸润及混合的食团经吞咽过程通过食管进入胃内。

一、唾液的分泌

人的口腔内有三对唾液腺(腮腺、颌下腺、舌下腺)导管的开口,口腔黏膜中还有许多小的唾液腺,它们分泌的液体统称为**唾液**(saliva)。

(一) 唾液的性质、成分和作用

唾液是无色无味近于中性(pH 6.6～7.1)的低渗液体,每日分泌量为1～1.5 L。唾液的成分约99%是水,其余为无机物、有机物和一些气体分子。无机物中有 Na^+、K^+、Ca^{2+}、Cl^-、HCO_3^-、硫氰酸盐等。有机物主要有黏蛋白、唾液淀粉酶、溶菌酶、免疫球蛋白A(IgA)、乳铁蛋白、激肽释放酶以及血型物质等。

唾液的作用有:① 湿润作用:唾液能湿润口腔和食物,利于咀嚼和吞咽。② 溶解作用:唾液能溶解食物并有助于引起味觉。③ 清洁作用:清除口腔内食物残渣,稀释、中和有害物质。④ 抗菌作用:含有溶菌酶、IgA、硫氰酸盐、乳铁蛋白等,具有杀菌或抑菌作用。⑤ 消化作用:唾液淀粉酶可使淀粉分解为麦芽糖。该酶最适pH为7.0,pH低于4.5时完全失活,故随食物进入胃后很快便失去作用。⑥ 排泄作用:有些异物(如铅、汞、碘、药物等)进入体内后可随唾液排出;有些毒性很强的微生物(狂犬病和脊髓灰质炎病毒)可随唾液分泌,具有传染性。

(二) 唾液分泌的调节

唾液分泌的调节完全是神经反射,包括条件反射和非条件反射。

条件反射:在进食之前,食物的形状、颜色、气味和与进食有关的环境刺激,甚至对食物的联想所引起的唾液分泌,都是条件反射性分泌。

非条件反射:进食过程中,食物对口腔黏膜的机械、温度和化学等刺激所引起的唾液分泌为非条件反射性分泌。酸和辛辣味的食物是引起唾液分泌的最强刺激物。

条件反射的传入纤维在第Ⅰ、Ⅱ、Ⅷ对脑神经中,非条件反射的传入纤维在第Ⅴ、Ⅶ、Ⅸ、Ⅹ对脑神经中。反射的初级中枢位于延髓上涎核和下涎核;高级中枢位于下丘脑及皮层的味觉与嗅觉感受区。支配唾液分泌的传出神经为副交感神经纤维(在第Ⅶ、Ⅸ对脑神经中)和交感神经纤维,以前者作用为主。副交感神经兴奋时,可引起含水量多而含有机物较少的唾液分泌,同时伴有唾液腺的血管扩张,其递质分别为ACh和VIP。阿托品可阻断ACh的作用,使唾液分泌减少。交感神经节后纤维释放的递质为去甲肾上腺素,作用于唾液腺的β肾上腺素能受体,引起含酶及黏液较多的唾液分泌。

二、咀嚼与吞咽

1. **咀嚼**(mastication) 由咀嚼肌群顺序收缩所组成的复杂的反射动作。其主要作用是:① 磨碎、混合和润滑食物使之易于吞咽,减少大块、粗糙食物对消化道黏膜的机械性损伤。② 促进食物与唾液淀粉酶接触,利于淀粉的化学性消化。③ 刺激口腔内的感受器反射性引起胃、胰、肝和胆囊的活动,为下一步消化做准备。

2. **吞咽**(deglutition) 是食团由口腔经食道进入胃的反射过程。根据食团经过的部位将吞咽过程分为三期:第一期:由口腔到咽,是大脑皮质控制的随意动作。由舌的运动将舌面上的食团推入口咽部。食团到咽后,就自动地进入下一期。第二期:由咽到食道上段,是食团刺激软腭感受器所触发的一系列快速反射动作。即软腭上举,咽后壁向前突出,封闭鼻咽通路;声带合拢,声门关闭,喉上举并前移,紧贴会厌,盖住喉口,封闭咽与气管的通路,呼吸暂停;咽肌收缩,食道上口张开,食团被推入食道上段。第三期:食团沿食道下移入胃,由食道蠕动完成。

蠕动(peristalsis)是指由空腔器官管壁的纵行平滑肌按顺序收缩形成的一种向前推进的波形

运动,是消化道运动的重要形式。蠕动波包括两个部分:食团的前面是舒张波,后面是收缩波,形成将食团推送向前运行的合力。从吞咽开始至食物到达贲门所需要的时间与食物的性状有关,流体食物需 3~4 s,糊状食物约需 5 s,固体食物需 6~8 s,一般不超过 15 s。吞咽第二、第三期都是不随意的反射动作。由于壁内神经丛参与蠕动的控制,因此切断迷走神经不影响食道蠕动。食物到胃的时间还受重力的影响。

安静时食道中段内压约等于胸内压,而食道两端的内压却高于食道中段的内压,称高压区,上段区在咽和食道连接处下 1~3 cm 区域,其生理意义是防止吸入的空气进入食道;避免食道内食物被吸出而进入肺。下段区在食道和胃贲门连接处上 3~6 cm 区域,此区压力比胃高 5~10 mmHg,其生理意义是防止胃内的食物、胃液及气体返流入食道。通常该处的环行肌呈轻度增厚,又称食道下括约肌,其紧张性收缩主要受迷走神经胆碱能纤维控制。当食物入胃后引起的促胃液素和促胃动素释放,可引起食道下括约肌张力增加,对防止胃内容物逆流入食道有一定作用。食道下括约肌的舒张则是由迷走神经纤维末梢释放的 VIP 所致。

第三节　胃内消化

胃是消化道中最膨大的部分,通常分为胃底、胃体和胃窦三部分。胃底和胃体近端组成胃的头区,其主要功能是储存食物;胃体的远端和胃窦组成胃的尾区,主要功能是使食物与胃液充分混合产生消化作用,形成半流体状的**食糜**(chyme),并将其逐次排入十二指肠。胃黏膜中有三种外分泌腺:① 贲门腺,属黏液腺。② 胃底腺,属泌酸腺,有三种细胞:壁细胞——分泌**盐酸**(hydrochloric acid)和**内因子**(intrinsic factor);主细胞——分泌**胃蛋白酶原**(pepsinogen);颈黏液细胞——分泌**黏液**(mucus)。③ 幽门腺,有两种细胞:黏液细胞——分泌黏液、HCO_3^- 及胃蛋白酶原;G 细胞——分泌**促胃液素**(gastrin)。此外,每种腺体还含**干细胞**(stem cell),它可分化为上皮细胞、壁细胞、黏液细胞、主细胞和 G 细胞等。

一、胃液的分泌

(一) 胃液的性质、成分和作用

纯净的胃液是无色酸性液体,pH 为 0.9~1.5,成人每日分泌量正常为 1.5~2.5 L。胃液的成分除水分外,主要有盐酸(又称胃酸)、胃蛋白酶原、黏液、HCO_3^- 和内因子。

1. **盐酸**　其生理作用是:① 激活胃蛋白酶原成有活性的胃蛋白酶,并为胃蛋白酶的消化提供适宜的酸性环境。② 使食物蛋白质变性,易于分解。③ 可杀灭随食物进入胃内的细菌。④ 进入小肠后促进促胰液素、缩胆囊素的释放,而利于胰液、胆汁和小肠液的分泌。⑤ 在小肠内与钙和铁结合成可溶性盐,有利于铁和钙的吸收。在胃酸分泌不足时可引起食欲不振、腹胀、消化不良和贫血等。若盐酸分泌过多,又会对胃和十二指肠黏膜产生侵蚀作用,是诱发溃疡病的原因之一。

盐酸由胃底腺的壁细胞分泌,其存在形式有两种:① 解离状态的游离酸。② 与蛋白质结合,称结合酸。两者的总浓度称为总酸度。纯胃液中游离酸占绝大部分。胃液中盐酸的排出量通常以单位时间内分泌盐酸的毫摩尔(mmol)数表示,称为盐酸排出量。人空腹时正常排出量为 0~

5 mmol/h，称为基础酸排出量。在消化期，盐酸的排出量明显增加。在食物或药物的刺激下，正常人最大盐酸排出量可达 20～25 mmol/h。盐酸排出量主要取决于壁细胞的数目和功能状态。临床上也用中和 100 ml 胃液所需 0.1 mmol/L NaOH 的毫升数来表示胃液的酸度，称为胃液酸度的临床单位。人空腹胃液的正常总酸度为 10～50 临床单位，其中游离酸为 0～30 临床单位。

胃液中 H^+ 浓度最高可达 150 mmol/L，比血浆中 H^+ 浓度高 300 万～400 万倍。因此壁细胞是逆着巨大浓度差主动分泌 H^+ 的。盐酸分泌的机制一般认为是：壁细胞的基底侧膜上有 Na^+-K^+ 泵分布；在壁细胞小管膜上镶嵌有 H^+ 泵(也称质子泵，即 H^+-K^+-ATP 酶)和 Cl^- 通道。壁细胞内含有丰富的**碳酸酐酶**(carbonic anhydrase, CA)，可促使 CO_2 与 H_2O 结合，形成 H_2CO_3，并迅即解离为 H^+ 和 HCO_3^-。细胞内的 H^+ 逆着浓度梯度被小管膜上的 H^+ 泵泵入分泌管腔进入腺泡腔，K^+ 则进入胞内；而 HCO_3^- 在基底侧膜上通过 Cl^--HCO_3^- 逆向转运体与 Cl^- 交换并被转运出细胞，经细胞间隙进入血液，Cl^- 进入胞内通过分泌小管的氯通道进入小管腔和腺泡腔，与 H^+ 形成 HCl。壁细胞基底侧膜上的 Na^+-K^+-ATP 酶将胞内的 Na^+ 泵出，维持胞内的低 Na^+ 浓度；进入胞内的 K^+ 可经分泌小管膜及基底侧膜上的 K^+ 通道扩散出细胞(图6-5)。在消化期，由于胃酸大量分泌，因此有大量 HCO_3^- 进入血液，形成所谓餐后碱潮。壁细胞分泌小管膜上的质子泵可被质子泵抑制剂如奥美拉唑(omeprazole)抑制，故临床上可用这类药物治疗胃酸分泌过多。

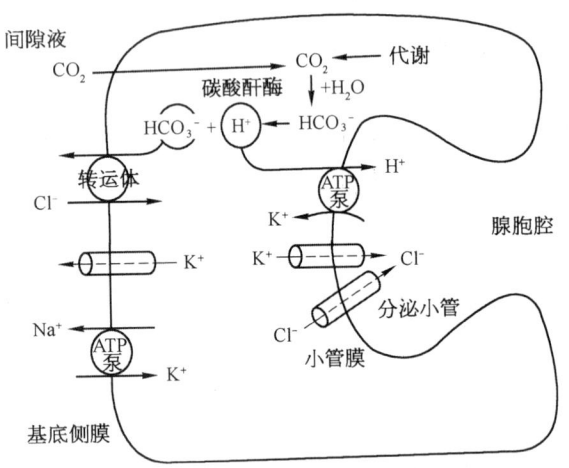

图6-5 壁细胞分泌盐酸的基本过程

2. **胃蛋白酶原**(pepsinogen) 由胃底腺的主细胞和幽门腺的黏液细胞合成和分泌，在盐酸作用下转变成有活性的**胃蛋白酶**(pepsin)，已激活的胃蛋白酶也能激活胃蛋白酶原。胃蛋白酶的作用是水解食物中的蛋白质，生成际、胨以及少量多肽和氨基酸。胃蛋白酶的最适 pH 为 2.0～3.5，随着 pH 的升高，胃蛋白酶的活性降低，当 pH 超过 5.0 时，即发生不可逆的变性而失去活性。临床上常采用胃蛋白酶与稀盐酸合用治疗消化不良，可收到较好的效果。

3. **内因子**(intrinsic factor) 是壁细胞分泌的一种糖蛋白，分子质量为 50～60 kDa。其作用：① 保护维生素 B_{12} 不受小肠内蛋白水解酶的破坏。② 促进维生素 B_{12} 在回肠黏膜吸收。作用机制是通过两个活性部位完成的：一个活性部位与维生素 B_{12} 结合形成内因子-维生素 B_{12} 复合物，从而保护了维生素 B_{12}；另一个活性部位能与回肠黏膜上皮细胞的特异性受体结合，促进维生素 B_{12} 的吸收。当内因子缺乏时，可造成维生素 B_{12} 缺乏症，影响红细胞生成，出现巨幼红细胞性贫血(见第三章)。

4. **黏液和 HCO_3^-** 黏液的主要成分是糖蛋白，有两种类型：① 可溶性黏液：由贲门腺、胃底腺的颈黏液细胞、幽门腺的黏液细胞分泌，迷走神经兴奋时主要引起可溶性黏液的分泌。② 凝胶性黏液：由胃黏膜表面上皮细胞分泌，有较强的黏滞性，其黏稠度为水的 30～260 倍；胃内的机械性刺激和化学性刺激可使其大量分泌。黏液的主要生理作用是：① 润滑作用，黏液具有良好的润滑性，有利于食糜在胃内的运动。② 保护作用，具有保护胃黏膜免受粗硬食物摩擦损伤的功能。

③ 中和作用,呈中性或弱碱性可降低胃液的酸度,并减弱胃蛋白酶的活性。④ 防 H^+ 扩散作用,具有较高的黏滞性,形成的黏液层能减慢胃腔中的 H^+ 向胃壁扩散的速度。

胃有两种屏障:① 胃黏液屏障是由大量凝胶黏液和碳酸氢盐共同构成,故也称**黏液碳酸氢盐屏障**(mucus-bicarbonate barrier),此屏障可中和 H^+,不仅避免了 H^+ 对胃黏膜的直接侵蚀作用,也使胃蛋白酶原在胃黏膜上皮细胞侧不能被激活,有效防止了胃蛋白酶对胃黏膜的消化作用(图6-6)。② **胃黏膜屏障**(gastric mucosal barrier)是由胃黏膜上皮细胞的腔面膜和相邻细胞间的紧密连接所构成的生理屏障。该屏障的生理作用是:防止 H^+ 由胃腔向胃黏膜逆向扩散及阻止 Na^+ 从黏膜向胃腔内扩散;并能合成某些物质增强胃黏膜抵御有害因子侵蚀的能力。例如,胃黏膜合成和分泌的前列腺素类物质,通过抑制盐酸、胃蛋白酶原的分泌和刺激黏液与碳酸氢盐的分泌,可阻止实验性消化道溃疡的形成,还可阻止由酒精、胆碱、阿司匹林类药物等对胃黏膜的损伤。当然,胃的自身保护能力不是无限的,当损伤因子的作用增强或自身保护能力减弱时都会影响胃黏膜结构和功能的完整性而生产疾病。

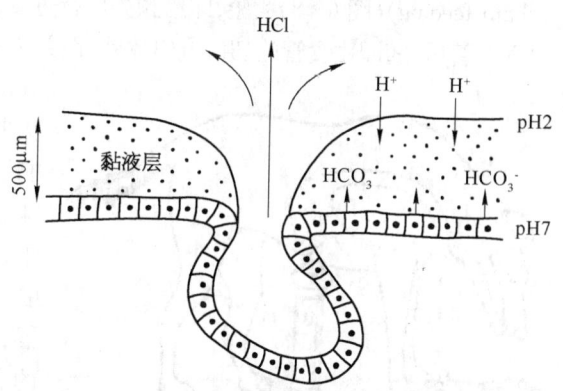

图6-6 胃黏液碳酸氢盐屏障模式图

(二)胃液分泌的调节

1. 刺激胃液分泌的内源性物质

(1) 乙酰胆碱:是大部分支配胃的迷走神经末梢释放的递质。它与壁细胞膜上的胆碱能 M_3 受体结合,刺激胃酸的分泌,M受体阻断剂如阿托品可阻断其作用。

(2) 促胃液素:由胃窦部及十二指肠黏膜的G细胞分泌的一种多肽,经血液循环到壁细胞,与壁细胞膜上的缩胆囊素-B/促胃液素受体结合而刺激胃酸分泌。**丙谷胺**(proglumide)是该受体的阻断剂。

(3) 组胺:由胃黏膜固有层的肠嗜铬样(ECL)细胞释放,通过旁分泌的形式作用于邻近壁细胞膜上的 II 型组胺(H_2)受体,刺激胃酸分泌。它还能增强ACh和促胃液素引起的胃酸分泌。H_2受体阻断剂**雷尼替丁**(Ranitidine),可阻断其引起的胃酸分泌,临床上可用于治疗消化性溃疡。

上述三种物质不仅各自对壁细胞有直接作用,相互间还存在着复杂的相互关系(图6-7)。刺激胃酸分泌的其他因素还有 Ca^{2+}、低血糖、咖啡因和酒精。

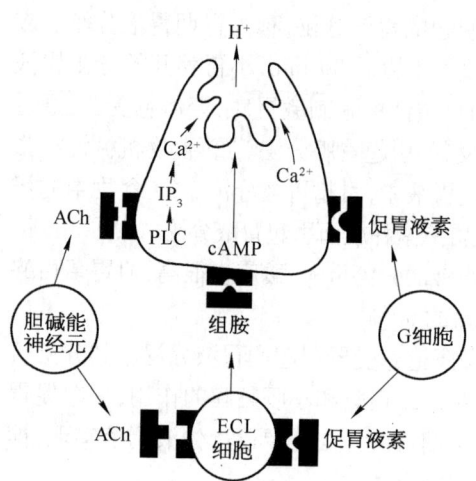

图6-7 组胺、促胃液素、乙酰胆碱对壁细胞的作用及相互关系

2. 抑制胃酸分泌的内源性物质 **生长抑素**(somatostatin)、前列腺素以及**上皮生长因子**(epidermal growth factor)通过抑制壁细胞的腺苷酸环化酶,降低胞质内的cAMP水平,从而抑制胃酸分泌。

生长抑素具有很强的胃酸分泌抑制作用。其作用机制是：抑制胃窦 G 细胞释放胃泌素；抑制 ECL 细胞释放组胺；直接抑制壁细胞的分泌。生长抑素是通过旁分泌或血液循环的方式发挥作用。

3. 消化期胃液分泌的调节　空腹时胃内只分泌少量(5~15 ml)中性或弱碱性的液体，称为基础胃液分泌或消化间期胃液分泌。进食 5~10 min 后胃液分泌可大大增加，称为消化期胃液分泌。为便于研究，按感受食物刺激的部位不同，可将消化期胃液分泌分为三期。

(1) 头期：头期胃液分泌是由于食物刺激头部感受器而引起的。研究头期胃液分泌常用**假饲**(sham feeding)(图 6-8)实验，即给预先施行过食管切断术并具有胃瘘的狗喂食物时，食物经口腔进入食管后，随即由食管的切口流出体外，而并未真正进入胃。当狗进行 5~10 min 假饲后，胃液分泌显著增多，时间长达 1~2 h。进一步分析发现，头期胃液分泌包括条件反射和非条件反射两种机制。条件反射引起的胃液分泌是由食物的形象、气味、声音等刺激作用于嗅、视、听感受器，分别由第 Ⅰ、Ⅱ、Ⅷ 对脑神经传入中枢。非条件反射是指在咀嚼、吞咽食物过程中，食物刺激口、咽、喉等处的感受器，经由第 Ⅴ、Ⅶ、Ⅸ、Ⅹ 对脑神经传入而反射性引起的胃液分泌。反射中枢位于延髓、下丘脑、边缘系统及大脑皮层，反射的共同传出神经是迷走神经。迷走神经兴奋刺激胃液分泌可通过两种机制：① 直接刺激壁细胞。② 刺激 G 细胞及 ECL 细胞，分别释放

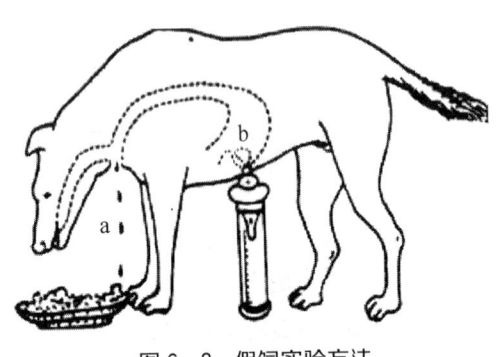

图 6-8　假饲实验方法
a：食管瘘；b：胃瘘

促胃液素和组胺，间接促进胃液分泌。一般情况下，迷走神经刺激以直接作用为主，支配壁细胞和 ECL 细胞的迷走神经末梢释放递质是 ACh，其作用可被阿托品阻断；支配 G 细胞的迷走神经末梢释放递质是**促胃液素释放肽**(gastrin-releasing peptide, GRP)，其作用不能被阿托品阻断。

头期胃液分泌的潜伏期为 5~10 min，持续时间可达 2~4 h；其特点是：分泌的胃液量及总酸度很高，胃蛋白酶含量尤其高，消化力很强。其分泌量占消化期分泌总量的 30%，但受情绪和食欲的影响很大。

(2) 胃期：由食物进入胃后直接刺激胃部的感受器引起的胃液分泌，称为胃期胃液分泌。应用具有小胃和胃瘘的狗进行研究发现，当将食物由胃瘘放入主胃后 30 min，小胃就开始分泌胃液并持续数小时。引起胃期胃液分泌的机制是：① 食物的机械性扩张刺激胃底、胃体感受器，通过迷走-迷走神经长反射和通过壁内神经丛的局部反射(短反射)引起胃腺分泌。② 食物机械性扩张刺激幽门部感受器，通过壁内神经丛作用于 G 细胞释放促胃液素，引起胃液分泌。③ 食物中的蛋白质消化产物(如多肽、氨基酸)直接作用 G 细胞，促进促胃液素释放而引起胃液分泌。

胃期胃液分泌的持续时间长，可达 3~4 h；其特点：胃液的分泌量大，酸度也很高，但胃蛋白酶含量比头期少，消化力比头期弱，分泌量占消化期分泌总量的 60%。

(3) 肠期：肠期胃液分泌是食糜进入十二指肠后刺激肠道感受器引起的胃液分泌。其分泌机制是：食物的机械性扩张刺激和消化产物的化学性刺激对十二指肠和小肠黏膜的作用，引起促胃液素、**肠泌酸素**(entero-oxyntin)的释放，促进胃液分泌。肠期胃液分泌主要通过体液调节实现，神经调节占次要作用。

肠期胃液分泌的特点：总酸度和胃蛋白酶含量均较低，分泌量只占消化期胃液分泌总量的 10%。肠期胃液分泌量少，与食物在小肠内同时还有许多抑制胃液分泌的调节机制有关。

消化期胃液分泌的调节机制归纳为图 6-9。

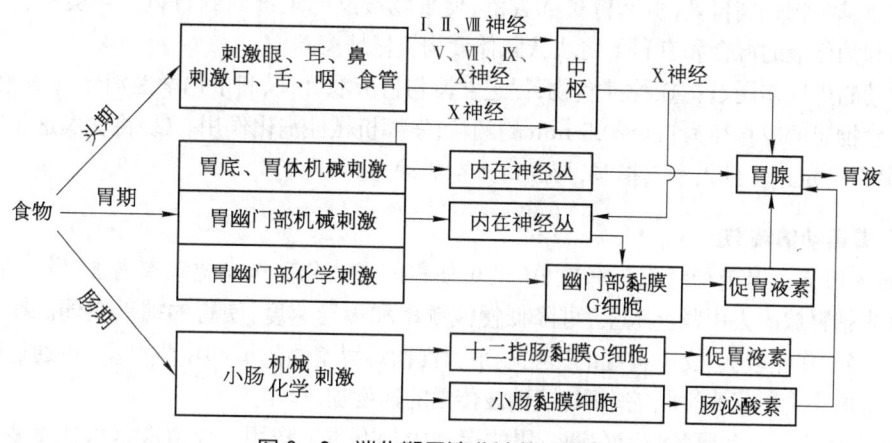

图 6-9 消化期胃液分泌的调节机制

实际上,胃液分泌的三个期几乎是同时开始、互相重叠的。正常消化期胃液的分泌受兴奋性因素调节,也受抑制性因素的调节。消化期内抑制胃酸分泌的因素主要有盐酸、脂肪、高张溶液、PG 等。盐酸是胃腺分泌的产物,但它又可反过来抑制胃腺分泌。当胃窦 pH 降至 2.0 或以下时,胃内的盐酸通过抑制 G 细胞释放促胃液素和刺激 D 细胞释放生长抑素,可抑制胃酸分泌。这种负反馈调节机制,有助于防止胃酸过度分泌,保护胃黏膜。进入十二指肠的脂肪和高张溶液主要刺激小肠黏膜释放抑制性激素,如促胰液素、球抑胃素、肠抑胃素和激活小肠内的渗透压感受器通过肠胃反射等,从而抑制胃液分泌。因此,正常胃液分泌正是兴奋因素和抑制因素共同作用的结果。

二、胃的运动及其控制

食物在胃内的机械性消化是通过胃的运动实现的。在消化间期,胃并无明显的运动,只是在进食后的消化期,胃的运动才变得明显。

(一) 胃运动的形式及意义

1. **紧张性收缩** 消化道平滑肌常处于一种缓慢而持久的收缩状态,称**紧张性收缩**(tonic contraction),是消化道平滑肌共有的运动形式。胃的紧张性收缩对于维持胃的形态、位置和保持一定的胃内压具有重要意义。紧张性收缩增强使胃内压升高有助于:促进胃液渗入食物内部而有利于化学性消化;使胃与十二指肠之间的压力差增大,促进食糜向十二指肠推送。

2. **容受性舒张** 由进食动作和食物对咽、食道等处的感受器的刺激反射性引起胃底和胃体平滑肌的舒张,称为**容受性舒张**(receptive relaxation)。这种舒张可使空腹时胃容积由 50 ml 增大到进食后的 1.0~2.0 L,而胃内压升高却很少。这是胃特有的一种运动形式,其生理意义是:① 使胃的容积增大,完成容纳和储存食物的功能。② 保持胃内压稳定,防止食物过早排入十二指肠,有利于食物在胃内充分消化。这是通过迷走-迷走反射实现的,其传出纤维是迷走神经中的抑制性纤维,释放的递质可能是某种神经肽或 NO。

3. **蠕动** 胃的蠕动是起始于胃中部并逐渐向幽门方向推进的波形运动。进食 5 min 后蠕动明显加强,通常一波未平,一波又起。频率约 3 次/min,每次蠕动约需 1 min 到达幽门。蠕动波初起时,波幅较小,在向幽门传播过程中,波幅和速度逐渐增加,当到达胃窦接近幽门时,收缩力加强,传播速度也加快,导致幽门开放,将1～2 ml食糜排入十二指肠,通常把这种推进作用称"幽门泵"。如蠕动波超越食物先到胃窦,引起胃窦部收缩,使食物被反向地推回到胃体。食糜的这种后退有利于食物和消化液的混合和有利于将块状固体食物机械地磨碎。

胃蠕动的生理作用是:① 搅拌食物,促进食糜与胃液混合,以利于化学性消化。② 磨碎食物,可将固体食物研磨成直径为0.1～0.5 mm的颗粒,发挥机械性消化作用。③ 将食糜逐步向幽门方向推送,并以一定速度排入十二指肠,形成胃排空的动力。

(二) 胃运动的调节

1. **神经调节** 迷走神经末梢释放ACh,可使胃的慢波和动作电位频率增加,胃的蠕动增强。交感神经末梢释放的去甲肾上腺素,可降低慢波频率和传导速度,使胃的蠕动减弱。在正常情况下,迷走神经的作用较大,交感神经的影响较小。食物对胃壁的机械和化学刺激,可通过内在神经丛引起局部的平滑肌紧张性收缩增强,蠕动波传播的速度加快。

2. **体液调节** 许多胃肠激素在调节胃的运动中具有重要作用。促胃液素可使慢波和动作电位频率加快,而使胃的蠕动加强。促胃动素也可使胃的蠕动增强,而缩胆囊素、促胰液素、抑胃肽等则抑制胃的运动。

(三) 胃的排空及其控制

1. **胃排空的过程** 食物由胃排入十二指肠的过程称为**胃排空**(gastric emptying)。食物入胃后,一般5 min就开始有部分食糜排入十二指肠。胃排空的动力是近端胃紧张性收缩及远端胃收缩产生的胃内压,以及由此形成的胃与十二指肠之间的压力差。排空的阻力是幽门及十二指肠的收缩。当胃内压超过十二指肠内压,并足以克服幽门部阻力时,食糜排入十二指肠;当胃运动减弱,胃内压降低,压力差减小时,胃排空就停止。因此,能增强胃运动的因素都能促进胃的排空。

2. **影响胃排空的因素**

(1) 食物的组成与性状:胃排空速度与食物的物理性状和化学组成有很大关系,稀的、液体的食物比稠的、固体的食物排空快;小颗粒食物比大颗粒食物排空快;等渗的内容物比高渗的内容物排空快。在三种营养物质中,糖类的排空最快,蛋白质次之,脂肪最慢。混合食物全部排空一般需要4～6 h。

(2) 胃内容物促进胃排空:胃内容物的容量和胃排空速率呈线性关系。胃内容物对胃产生的机械性牵张刺激和化学性刺激,可引起胃运动增强,促进胃排空。胃运动的增强受神经和体液因素控制,其主要途径:① 迷走-迷走反射:是由迷走神经的传入纤维将冲动传至中枢,再通过迷走神经的传出纤维,释放递质ACh,引起胃紧张性收缩和蠕动增强。② 壁内神经丛反射:是当胃黏膜感受器受机械或化学的刺激时,通过壁内神经丛的感觉神经元将信号直接或间接传递给运动神经元,最终引起胃的运动加强。③ 促胃液素作用:迷走神经兴奋以及食物中蛋白质消化产物引起G细胞释放促胃液素从而强胃运动,促进胃排空。

(3) 十二指肠内容物抑制胃排空:① 肠胃反射。食糜中的盐酸、脂肪和蛋白质消化产物、渗透压及机械扩张等因素,都可刺激十二指肠壁上的感受器,反射性抑制胃的运动,延缓胃排空,这个反射称肠胃反射。该反射对酸的刺激特别敏感,当十二指肠的pH降到3.5～4.0时,反射即可产生,因而可延缓酸性食糜进入小肠。② 胃肠激素。当大量食糜,特别是盐酸和脂肪进入十二指肠后,可刺激小肠黏膜释放促胰液素、抑胃肽等,这些激素可抑制胃的运动,并与肠胃反射一起共同抑制胃的排空,使胃排空停止。

促进胃排空与抑制胃排空是互相配合,共同作用的。食物刚入胃时,胃内食物较多,而肠内食物较少,此时排空速度较快;以后十二指肠内抑制胃运动的因素逐渐占优势,胃的排空则减慢;随着进入十二指肠的盐酸被中和,消化产物被吸收,抑制胃运动的神经因素和体液因素渐渐减弱,促进胃运动的因素又占优势,使胃运动逐渐增强,又开始胃排空。如此反复,直至食糜全部排入十二指肠为止。因此,在神经和体液因素的控制下,胃排空是间断性进行的,使胃内容物逐次排入十二指肠,从而与小肠内消化和吸收的速度相适应。

(四) 呕吐

呕吐(vomiting)是机体将胃及小肠的内容物从口腔强力驱出的一系列复杂的反射活动。机械的和化学的刺激作用于舌根、咽部、胃、大肠、小肠、胆总管、泌尿生殖系统等部位的感受器均可引起呕吐,视觉和内耳前庭的位置觉感受器受刺激也可引起呕吐。呕吐时先深吸气,接着声门和鼻咽通路关闭,胃窦、膈肌和腹肌强烈收缩,胃和食道下端舒张,将胃内容物从口腔驱出。剧烈呕吐时,十二指肠和空肠上段也强烈收缩,使十二指肠内压高于胃内压,十二指肠内容物倒流入胃。因此,呕吐物中有时也混有胆汁和小肠液。

呕吐中枢位于延髓迷走神经背核水平的孤束核附近。颅内压增高(如脑水肿、脑瘤等)可直接刺激该中枢而引起强烈呕吐。呕吐中枢与呼吸中枢、心血管中枢等有密切联系,因而呕吐时常有呼吸急促和心跳加快以及恶心、流涎等复杂的反应。

呕吐是具有保护意义的防御性反射,它可将胃内有害物质排出,避免造成机体损害。抢救食物中毒患者时,可刺激舌根和咽部进行催吐或使用药物催吐,从而达到排出毒物的目的。但持续和剧烈的呕吐会影响进食和正常消化活动,丢失大量的消化液造成体内水、电解质和酸碱平衡的紊乱。

第四节 小肠内消化

小肠内消化是整个消化过程中最重要的阶段。由于胰液、小肠液及胆汁的化学性消化作用,以及小肠运动的机械性消化作用,使食物的消化在小肠内基本完成。经消化的营养物质大部分在小肠内吸收。剩余的食物残渣进入大肠。因此,小肠是消化与吸收的最重要部位。食物在小肠内停留的时间一般为 3~8 h。

一、胰液的分泌

胰腺具有内分泌和外分泌两种功能。内分泌功能主要与糖代谢的调节有关,将在内分泌章中讨论;外分泌腺分泌的胰液,是由胰腺细胞及小导管细胞分泌的,在食物消化中具有重要的意义。

(一) 胰液的性质、成分及作用

胰液(pancreatic juice)是无色、无味的碱性液体,pH 为 7.8~8.4,每日分泌量约 1.5 L,渗透压与血浆相等。胰液的成分包括水、无机物和有机物。无机物主要有 Na^+、K^+、Cl^- 和 HCO_3^- 等离子(由小导管上皮细胞分泌)。有机物主要是消化酶,其种类繁多,包含有分解三大营养物质的各种酶等(由腺泡细胞分泌)。

1. **碳酸氢盐** HCO_3^- 的浓度最高可达 145 mmol/L,比血浆中的浓度高 5 倍,是胰液呈碱性的主要原因。其主要作用是中和胃酸,保护肠黏膜免受强酸的侵蚀和提供多种消化酶适宜的 pH 环境。

2. **蛋白水解酶** 主要有**胰蛋白酶**(trypsin)、**糜蛋白酶**(chymotrypsin)等,它们均以酶原的形式

分泌并存在于胰液中。小肠液中的**肠激酶**(enterokinase)、盐酸、组织液和胰蛋白酶本身均能将无活性的胰蛋白酶原激活为胰蛋白酶。胰蛋白酶还能激活糜蛋白酶原、弹性蛋白酶原和羧基肽酶原,使它们分别转化为相对应的酶。胰蛋白酶和糜蛋白酶可将蛋白质分解为䏰和胨,两者协同作用可将蛋白质分解为多肽和氨基酸,多肽再被羧基肽酶和弹性蛋白酶分解为氨基酸。此外,胰液中还有 RNA 酶和 DNA 酶,可将核酸水解为单核苷酸。

3. **胰淀粉酶**(pancreatic amylase) 是一种 α 淀粉酶,不需激活就具有活性。可将淀粉、糖及大多数其他碳水化合物水解为二糖及少量三糖,但不能水解纤维素。其水解效率高、速度快,小肠内的淀粉与胰液接触约 10 min 即可完全水解。此酶最适 pH 为 6.7~7.0。

4. **胰脂肪酶**(pancreatic lipase) 是分解脂肪的主要消化酶,是以活性形式分泌的,能在胆盐和辅脂酶的协助下,将三酰甘油水解为脂肪酸、单酰甘油及甘油。其最适 pH 为 7.5~8.5。辅脂酶也是由胰腺分泌,它对胆盐微胶粒有较高亲和力,能使胰脂肪酶、辅脂酶和胆盐形成复合物。胰液中还含有胆固醇酯酶和磷脂酶,分别水解胆固醇酯和磷脂。

正常情况下胰消化酶可少量进入血液循环,但急性胰腺炎时血液中胰酶水平显著升高,尤其是血浆胰淀粉酶或胰脂肪酶浓度是诊断急性胰腺炎的重要标志之一。胰液中含有三大营养成分的消化酶,因而胰液是消化力最强和最重要的消化液。当胰液缺乏时,即使其他消化液分泌正常,食物中的脂肪和蛋白质仍不能完全消化,但糖类的消化一般不受影响。由于大量蛋白质和脂肪不能消化和吸收,可引起胰性腹泻(脂肪泻)。

(二) 胰液分泌的调节

在消化间期胰液有少量而短暂的周期性分泌。消化期胰液分泌受神经和体液双重调节,但以体液调节为主(图 6-10)。

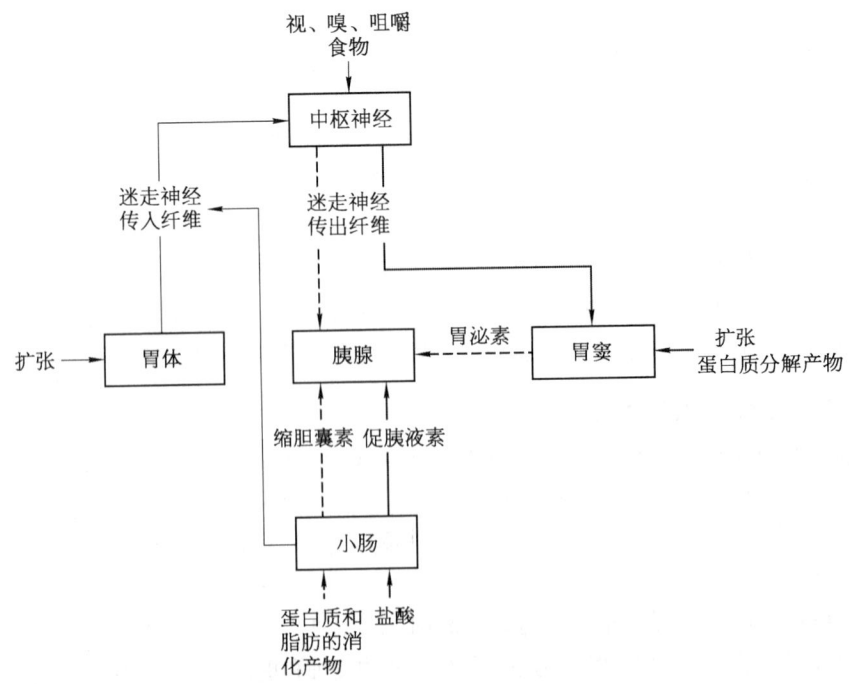

图 6-10 胰液分泌的神经和体液调节

1. **神经调节** 食物的形象、气味,食物对消化道的刺激,都可通过神经反射(条件反射和非条件反射)引起胰腺分泌,反射的传出神经为迷走神经,通过释放 ACh 直接作用于胰腺的腺泡细胞,对导管细胞作用较弱。其分泌特点是：水分和 HCO_3^- 较少,酶的含量很丰富。

2. **体液调节** 能引起胰液分泌的体液因素主要有：① **促胰液素**(secretin)：是由小肠黏膜 S 细胞分泌的,以内分泌方式作用于胰腺导管上皮细胞,引起胰液分泌;其分泌特点是：大量水分和 HCO_3^-,而酶含量很低。刺激促胰液素分泌的最强因素是盐酸,其次是蛋白分解产物和脂肪酸,糖类几乎无作用。② **缩胆囊素**(cholecystokinin,CCK)：也称促胰酶素,是由十二指肠及小肠黏膜的 Ⅰ 细胞释放,主要作用是：① 促进胰腺腺泡分泌多种消化酶。② 促进胆囊平滑肌强烈收缩,促使胆汁排放。③ 营养胰腺组织,促进胰腺组织蛋白质和核糖核酸的合成。CCK 可通过直接作用和迷走-迷走反射,促进胰腺分泌含酶多的胰液。

3. **胰液分泌的反馈性调节** 近年研究表明,在蛋白分解产物作用下,小肠黏膜分泌一种 CCK 释放肽,可刺激小肠 Ⅰ 细胞释放 CCK,使胰酶分泌增加,而胰酶则使 CCK 释放肽失活,反馈性地抑制 CCK 和胰酶分泌。这种反馈性调节的意义在于通过调节活动避免胰酶分泌过多。慢性胰腺炎时胰酶分泌量减少,反馈性抑制作用减弱,导致 CCK 的释放增加,胰腺过度分泌,胰腺导管压力增加,产生持续的疼痛。补充胰酶可减少 CCK 的释放和胰腺分泌,从而降低胰导管内压力,减轻疼痛。

二、胆汁的分泌与排出

胆汁(bile)是由肝细胞分泌的,胆管上皮细胞也分泌水分和碳酸氢盐加入。在消化间期胆汁大部分流入胆囊储存;在消化期胆汁可直接由肝脏以及胆囊排入十二指肠。胆汁对于脂肪的消化和吸收具有重要作用。此外,通过胆汁的分泌可排泄多种内源性和外源性物质,如胆固醇、胆色素、碱性磷酸酶、类固醇激素,某些药物和重金属等。

(一) 胆汁的性质、成分及作用

胆汁呈金黄色液体,胆囊中储存的胆汁因被浓缩而颜色加深。肝胆汁呈弱碱性,pH 约 7.4;胆囊胆汁因被浓缩而颜色变深,因碳酸氢盐被吸收而呈中性或弱酸性,pH 6.8。成人每日分泌量为 0.8～1.0 L。胆汁的成分很复杂,除 97% 的水分和 Na^+、Cl^-、K^+、HCO_3^- 等无机物外,还有胆盐、磷脂、胆固醇、胆色素、脂肪酸和黏蛋白等有机物,但不含消化酶。

胆盐(bile salt)是肝细胞分泌的胆汁酸与甘氨酸或牛磺酸结合形成的钠盐或钾盐,它是胆汁参与消化和吸收的主要成分,占胆汁固体的 50%。胆色素占胆汁固体成分的 2%,是血红蛋白的分解产物。胆色素的浓度决定着胆汁的颜色。胆固醇为体内脂肪代谢的产物,占胆汁固体的 4%,不溶于水,其中一半转化成胆汁酸,另一半随胆汁排入十二指肠。胆汁中的胆盐(或胆汁酸)、胆固醇和卵磷脂之间保持适当比例是维持胆固醇呈溶解状态的必要条件。当胆固醇分泌过多,或胆盐、卵磷脂减少时,胆固醇可沉积下来形成结晶,造成胆道或胆囊的胆固醇结石。

胆汁的生理作用有：① 乳化脂肪：胆汁中的胆盐、胆固醇和磷脂等可作为乳化剂,降低脂肪的表面张力,使脂肪乳化成微滴分散于肠腔内,增加胰脂肪酶的作用面积,加速脂肪的分解,对脂肪的消化有重要意义。② 促进脂肪和脂溶性维生素的吸收：胆盐是双嗜性分子,可聚合形成微胶粒。脂肪酸、单酰甘油和脂溶性维生素(A、D、E、K)等可渗入微胶粒内部,形成混合微胶粒(水溶性),将不溶于水的脂肪分解产物运送到肠黏膜表面,从而促进其吸收。③ 利胆作用：胆盐由肝细

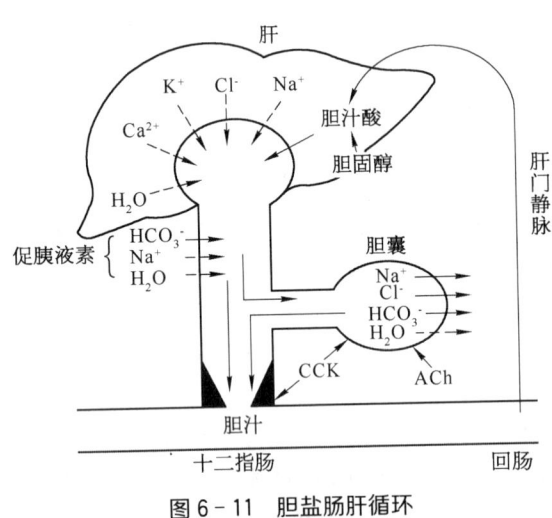

图 6-11 胆盐肠肝循环

胞分泌,排入十二指肠后,大部分由回肠重吸收入血,经门静脉再回到肝脏,这称为胆盐的肠肝循环(图 6-11)。通过肠肝循环而被重吸收后的胆盐,可直接刺激肝细胞,具有很强的促进胆汁合成和分泌作用。胆盐是临床上常用的利胆剂之一。

(二) 胆汁分泌与排放的调节

胆汁由胆小管进入小肠的动力主要是肝细胞和小管上皮细胞产生的分泌压。肝细胞分泌胆汁是持续进行的,其分泌速率取决于从门静脉返回肝脏的胆汁酸(胆盐)的量。非消化间期胆汁大部分进入胆囊储存,胆囊有储存与浓缩胆汁的功能。由于胆囊黏膜可吸收胆汁中的 Na^+、Cl^-、HCO_3^- 和水,但不吸收有机物,可使胆汁浓缩 5~12 倍。消化期胆囊节律性收缩,将胆汁排入十二指肠。排放受奥狄括约肌及十二指肠活动的影响。精神因素也可以影响胆汁的排放。

食物是引起胆汁分泌和排放的自然刺激物。高蛋白食物(蛋黄、肉类)引进的胆汁排放量最多,高脂肪或混合性食物次之,糖类食物的作用最小。刺激迷走神经以及促胰液素均可使肝胆管分泌富含水、Na^+ 和 HCO_3^- 的胆汁。

进食后数分钟,胆囊发生节律性收缩,排放储存的胆汁。在食物消化头期和胃期,胆囊收缩和奥狄括约肌舒张是通过迷走神经及胃窦释放的促胃液素实现的。在食物消化肠期,主要是消化产物的化学刺激引起缩胆囊素释放,导致胆囊强烈收缩和奥狄括约肌舒张,促进胆囊排空。

三、小肠液的分泌

(一) 小肠液的组成及作用

小肠液是一种弱碱性液体,pH 为 7.5~8.0,渗透压与血浆相等,成人每日分泌量为 1.5~3.0 L。小肠液由两种腺体分泌:十二指肠腺又称**勃氏腺**(Brunner's gland),分布在十二指肠黏膜下层,分泌富含黏蛋白且黏度很高的碱性液体,能保护十二指肠黏膜免受胃酸的侵蚀;小肠腺又称**李氏腺**(crypts of Lieberkuhn),分布于整个小肠的黏膜层内,分泌含大量水和电解质的等渗液体。其分泌量很大,可稀释和溶解消化产物。小肠液分泌后很快被绒毛重新吸收,造成液体的循环流动为小肠内营养物质的吸收提供了运载工具。

从小肠腺分泌入肠腔的消化酶可能只有肠激酶一种,它能激活胰蛋白酶原。但在小肠黏膜上皮细胞表面,特别是绒毛上皮细胞表面含有各种消化酶,如分解多肽的肽酶,分解中性脂肪的脂肪酶和分解二糖的酶(如蔗糖酶、麦芽糖酶、异麦芽糖酶和乳糖酶)。这些酶可催化在绒毛外表面的食物分解,分解产物随后进入小肠上皮细胞内。因此,小肠对食物的消化是在小肠上皮细胞纹状缘或上皮细胞内进行的。**阿卡波糖**(acarbose)可抑制小肠上皮细胞纹状缘的 α 葡萄糖苷酶而抑制二糖的分解和吸收,能有效降低餐后血糖。上皮细胞表面的消化酶可随脱落的细胞进入肠腔内,但对小肠内的消化不起作用。食物的消化进行到小肠阶段基本完成。现将各种消化液的特性和消化酶的作用总结归纳在表 6-3。

表6-3 各种消化液的分泌量、pH值和主要消化酶及作用

消化液	分泌量(L/d)	pH	主要消化酶	酶底物	酶的分解产物
唾液	1.0～1.5	6.6～7.1	α淀粉酶	淀粉	麦芽糖
胃液	1.5～2.5	0.9～1.5	胃蛋白酶(原)	蛋白质	䏡、胨、多肽
胰液	1.0～2.0	7.8～8.4	α淀粉酶	淀粉	麦芽糖、寡糖
			胰蛋白酶(原)	蛋白质	氨基酸、寡肽
			糜蛋白酶(原)	蛋白质	氨基酸、寡肽
			弹性蛋白酶(原)	多肽	氨基酸
			羧基肽酶(原)	多肽	氨基酸
			核糖核酸酶	RNA	单核苷酸
			脱氧核糖核酸酶	DNA	单核苷酸
			胰脂肪酶	三酰甘油	脂肪酸、胆固醇、甘油、单酰甘油
			胆固醇酯酶	胆固醇酯	脂肪酸、胆固醇
			磷脂酶	卵磷脂	脂肪酸、溶血磷脂
胆汁	0.8～1.0	6.8～7.4	不含消化酶		
小肠液	1.0～3.0	7.6～8.0	肠致活酶	胰蛋白酶原	胰蛋白酶
大肠液	0.6～0.8	8.3～8.4	少量的肽酶和淀粉酶		

(二) 小肠分泌的调节

小肠液的分泌是经常性的。食糜对肠黏膜的机械性和化学性刺激通过肠壁内神经丛引起局部反射,是小肠液分泌的主要调节机制。小肠对肠壁的扩张刺激很敏感,食糜量越多分泌就越多。刺激迷走神经可引起十二指肠腺分泌;刺激交感神经可抑制十二指肠腺分泌。其他体液因素,如促胃液素、促胰液素、缩胆囊素、CCK和VIP等,也参与小肠液分泌的调节。

四、小肠的运动

小肠运动形式除持续的紧张性收缩外,消化期的运动形式还有分节运动和蠕动。消化间期则有周期性移行性复合运动。

(一) 小肠运动的形式

1. **分节运动** 小肠特有的运动形式,是以小肠壁环形肌收缩和舒张为主的节律性运动。在食糜所在的一段肠管,环形肌每隔一定的间距多点同时收缩,把食糜分割成许多节段,数秒后原收缩部位的肌肉舒张,而原舒张部位肌肉又开始收缩,将每段食糜分成两半,邻近两半的食糜又重新组合形成新的节段,如此反复进行(图6-12)。分节运动的生理意义是:① 将食糜与消化液充分混合,以便消化酶对食物进行消化。② 延长食糜在小肠内停留时间,

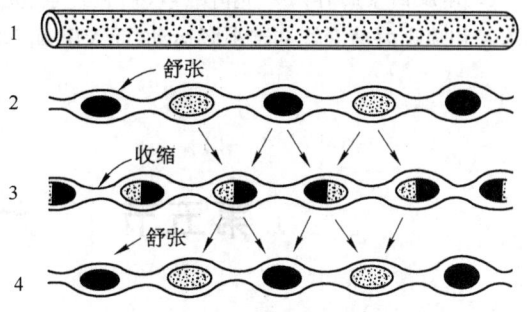

图6-12 小肠分节运动模式图

1.肠管表面观;2、3、4.肠管纵切面。表示不同阶段的食糜节段分割与合拢的情况

增加食糜与小肠黏膜接触面积,促进消化分解产物的吸收。③ 挤压肠壁促进血液和淋巴回流,为吸收创造有利条件。

2. 蠕动　小肠的任何部位均可发生蠕动,其速度为 0.5～2.0 cm/min,近端蠕动较远端为快。一个蠕动波将食糜向前推送一段距离后即消失,通常传播的距离为 3～5 cm,极少超过 10 cm。由蠕动推动食糜在小肠内移动的速度很慢,平均仅 1 cm/min,从幽门部到回盲瓣需要 3～5 h。蠕动的作用是使经过分节运动的食糜向前推进。小肠还有一种进行速度快、传播距离远的蠕动称为**蠕动冲**(peristaltic rush),可在数分钟内把食糜从小肠上段推送到结肠。它的生理意义是迅速清除食糜中有害刺激物或解除肠管的过度扩张。

小肠蠕动推送水和气体等肠内容物时产生的声音称肠鸣音。肠鸣音的强弱可反映肠蠕动的情况。肠蠕动增强时,肠鸣音亢进;肠麻痹时,肠鸣音减弱或消失

3. 移行性复合运动　消化间期呈现以间歇性强力收缩伴有较长静息期为特征的周期性运动,称**移行性复合运动**(migrating motility complex, MMC)。小肠的 MMC 起源于胃下部,向肛门方向缓慢移行,每 60～90 min 发生 1 次,经 60～90 min 可到达回肠末端。

MMC 的主要作用是:① 将前次进食后遗留的肠内容物清除干净,起着"清道夫"作用。② 阻止结肠内的细菌迁移到终末回肠。MMC 减弱或缺乏者,细菌易于在回肠过度生长;而细菌释放的某些物质又可刺激小肠分泌 NaCl 和水,导致腹泻。

(二) 回盲瓣的功能

回肠末端与盲肠交界处的环行肌显著加厚,称为回盲瓣(又称回盲括约肌)。回盲瓣通常保持轻微收缩,处于关闭的状态。食物入胃可引起胃回肠反射,使回肠的蠕动增强;当蠕动波到达回肠末端时,回盲瓣舒张。这种活瓣样作用一方面可防止小肠内容物过快进入大肠,有利于食糜充分的消化与吸收;另一方面可阻止结肠内容物倒流入回肠。

(三) 小肠运动的调节

1. 神经因素的作用　神经系统对小肠运动的调节通过内在神经丛和外来神经两个系统协调完成。内在神经丛对小肠的运动起重要调节作用。小肠内容物的机械性和化学性刺激可通过局部神经丛反射引起小肠蠕动加强。外来神经的作用是迷走神经兴奋加强小肠的收缩运动,交感神经兴奋则抑制小肠运动,而它们的作用是通过小肠壁内神经丛实现的。小肠运动还受高级中枢的影响,如情绪的改变。

2. 体液因素的作用　促胃液素、缩胆囊素、促胃动素、胰岛素和 5-羟色胺可增强小肠运动;促胰液素和胰高血糖素能抑制小肠运动,而 VIP 和 NO 是肠内神经系统释放的引起小肠舒张的递质。

第五节　大肠内消化

大肠没有重要的消化功能,主要作用是吸收水分和电解质,参与机体水、电解质平衡的调节;吸收结肠内细菌合成的维生素 B、K 等物质;完成食物残渣的加工,形成和暂时储存粪便并将其排出体外。

一、大肠液的分泌及肠内细菌的作用

(一)大肠液的分泌

大肠液是由大肠黏膜的柱状上皮细胞和杯状细胞分泌的一种碱性液体,主要成分为黏液和碳酸氢盐,pH 为 8.3~8.4。大肠液的主要作用是:黏液具有润滑作用,减少食物残渣对黏膜的摩擦,减少或阻止粪便中大量细菌对肠壁的影响;碳酸氢盐可中和大肠内细菌产生的酸类物质,并阻止其扩散,保护大肠壁免受侵蚀。

大肠液的分泌是由食物残渣对肠壁的直接机械刺激或局部神经丛反射所引起。刺激副交感神经(盆神经)引起黏液分泌明显增加,刺激交感神经可使大肠液分泌减少。

(二)大肠内细菌的作用

大肠内有大量来自空气和口腔的细菌,大肠内的环境和温度很适合细菌繁殖,大肠内的细菌占粪便固体量的 20%~30%。大肠内细菌种类繁多,有四五十种,以厌氧菌为主,如双歧杆菌、乳酸杆菌等,此外还有大肠杆菌等。肠道细菌的主要作用有:① 对食物的残渣产生发酵和腐败作用,糖类发酵产物有 CO_2、乳酸、沼气等;脂肪发酵的产物有脂肪酸、甘油、胆碱等;蛋白质的腐败产物除有胨、脒、氨基酸外,还有氨、胺(苯乙胺、酪胺)、吲哚、硫化氢等;其中有些物质被吸收后对机体是有害的。② 合成维生素 K、B_1、B_2、B_{12} 和叶酸,能为机体所利用。③ 分解还原胆红素为尿胆原和粪胆原;分解胆固醇、药物和某些食物添加剂。此外,大肠的细菌还有屏障作用、免疫调节作用和代谢营养作用等。

二、大肠的运动和排便

大肠的运动要比小肠少、弱和慢,对刺激的反应也较迟缓,这些特点都适应于大肠暂时储存粪便的功能。大肠的运动形式主要有混合运动——袋状往返运动和推进运动——蠕动、集团运动两种。

(一)大肠的运动形式

1. **袋状往返运动**(haustral shuttling) 是由环行肌不规律地收缩形成许多呈袋状的节段,其结构基础是结肠环行肌间断性增厚。运动能使结肠袋内容物向两个方向作短距离的位移,但不向前推进。其意义是:有利于对内容物不断地研磨与混合;有利于肠黏膜与内容物接触,促进水和无机盐的吸收。

2. **蠕动和集团运动** 短距离的蠕动常见于远端结肠,其传播速度很慢,约 5 cm/h。另外,大肠有一种行进速度很快、向前推进距离很长的蠕动,称为**集团运动**(mass movements),可将肠内容物从横结肠推至乙状结肠或直肠。集团运动每日发生 1~3 次,常在进餐后,是由于胃结肠反射或十二指肠结肠反射所致。现将消化器官的运动形式及意义归纳为表 6-4。

表 6-4 各消化器官的运动形式和主要作用

消化器官	运动形式	主 要 作 用
口腔	咀嚼	切割、磨碎食物,促进食物与唾液混合
	吞咽	推送食物进入胃

续　表

消化器官	运动形式	主 要 作 用
胃	紧张性收缩	增加胃内压,促进胃内容物排出;促进食物与胃液混合;保持胃的形状与位置
	容受性舒张	容纳和储存食物
	蠕动	促进食糜与胃液混合;磨碎食物;推进与控制固体物排空
小肠	紧张性收缩	促进食糜与小肠液混合;使肠内容物与肠壁保持接触,有利于消化与吸收,有利于食物的推进
	分节运动	促进食糜与小肠液混合,磨碾食物;促进血液与淋巴回流,有利于吸收;有一定的推进食物作用
	移行性复合运动	清除食物残渣等肠内容物;阻止结肠内的细菌迁移到终末回肠,起"清道夫"作用
	蠕动	推进食糜,速度慢、距离短
	蠕动冲	推进食糜,速度快、距离长
	逆蠕动	使食糜反向运动,有利于消化与吸收
大肠	袋状往返运动	使肠内容物来回运动,将内容物不断混合,有利于水和无机盐的吸收
	蠕动	推进肠内容物,速度慢、距离短
	集团运动	推进肠内容物,速度快、距离远

(二) 粪便的形成与排便反射

食物残渣在大肠内停留时间一般在 10 h 以上,因水分大部分被吸收,同时经过细菌发酵与腐败作用以及黏液的黏结作用,逐渐形成粪便。正常粪便中水分占 3/4,固体物占 1/4。粪便的成分很复杂,除食物残渣外,还有脱落上皮细胞碎片、大量细菌及代谢终产物等。

排便(defecation)是受意识控制的反射活动。人的直肠内通常没有粪便,当胃结肠反射发动的集团运动将粪便推入直肠时,可刺激直肠壁感受器,冲动经盆神经和腹下神经到达脊髓腰骶段的初级排便中枢,并上传至大脑皮层的高级排便中枢引起便意。如果条件许可,传出冲动经盆神经引起降结肠、乙状结肠和直肠收缩,肛门内括约肌舒张;同时阴部神经传出冲动减少,肛门外括约肌舒张,粪便被排出体外。此外,腹肌、膈肌收缩,腹内压增加也促进粪便排出。如果条件不许可,皮层发出冲动抑制初级排便中枢的活动,则可抑制排便。

第六节　吸　收

吸收是指食物经消化后的产物、水分、无机盐和维生素通过消化道黏膜的上皮细胞进入血液和淋巴的过程。营养物质的吸收是在食物被完全消化的基础上进行的。健康人所需要的各种营养物都是经消化道吸收进入机体的,因此,吸收功能对于维持人体正常生命活动具有非常重要的生理意义。

一、概述

(一) 吸收的部位

消化道不同部位的吸收能力差异很大,这与消化道各部位的组织结构以及食物在各部位被消化的程度和停留时间的长短有关。口腔和食道基本上没有吸收功能,但有些药物(如硝酸甘油)可在口腔黏膜吸收。胃的吸收能力也很差,仅吸收少量高度脂溶性的物质(如乙醇)、少量水分及某些药物(如阿司匹林)等。小肠是营养物质吸收的主要部位。大肠能吸收无机盐和水。图6-13显示了各种营养物质在消化道的吸收部位。

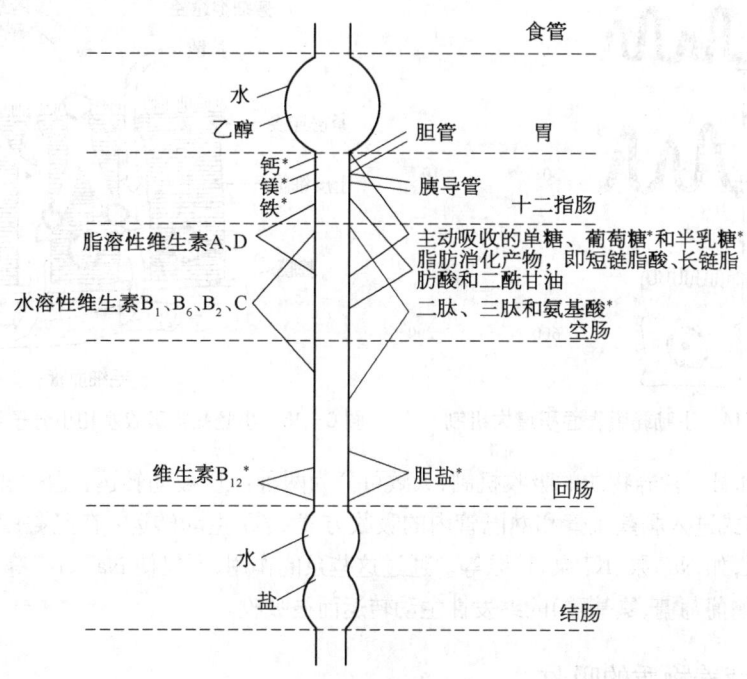

图6-13　各种主要营养物在消化道的吸收部位
　　＊:表示主动转运,钙可在小肠各部分,特别在十二指肠

(二) 小肠吸收的有利条件

小肠是吸收的主要部位。一般认为,蛋白质、脂肪和糖类的消化产物大部分在十二指肠和空肠吸收;胆盐和维生素 B_{12} 等在回肠吸收,回肠主要是吸收功能的储备。小肠成为吸收主要部位的有利条件是:① 食物已完成消化。糖类、蛋白质、脂类等物质在小肠已被各种消化酶分解成可吸收的小分子物质。② 吸收面积巨大。小肠5～7 m,其黏膜有环行皱褶,皱褶上有绒毛,绒毛的上皮细胞上有微绒毛,使小肠的表面积增加了 600 倍,达到200～250 m^2(图6-14)。③ 结构特殊有利吸收。小肠的绒毛内有毛细血管、毛细淋巴管(乳糜管)、平滑肌及神经纤维,平滑肌的舒缩可使绒毛发生节律性伸缩与摆动,促进绒毛内血液和淋巴的流动。④ 足够的吸收时间。被分解的食物在小肠内停留时间较长,为3～8 h,使营养物质有足够的时间被吸收。

(三) 吸收的途径与机制

1. **吸收的途径**　小肠内的吸收主要通过跨细胞和旁细胞的两种途径:① 跨细胞途径:是水

和营养物质等通过小肠绒毛上皮细胞的顶端膜进入细胞内,再穿过细胞的基底侧膜进入细胞外间隙,最后进入血液或淋巴。② 旁细胞途径:是肠腔内的物质通过小肠上皮细胞之间的紧密连接进入细胞间隙,再进入血液(图 6-15)。

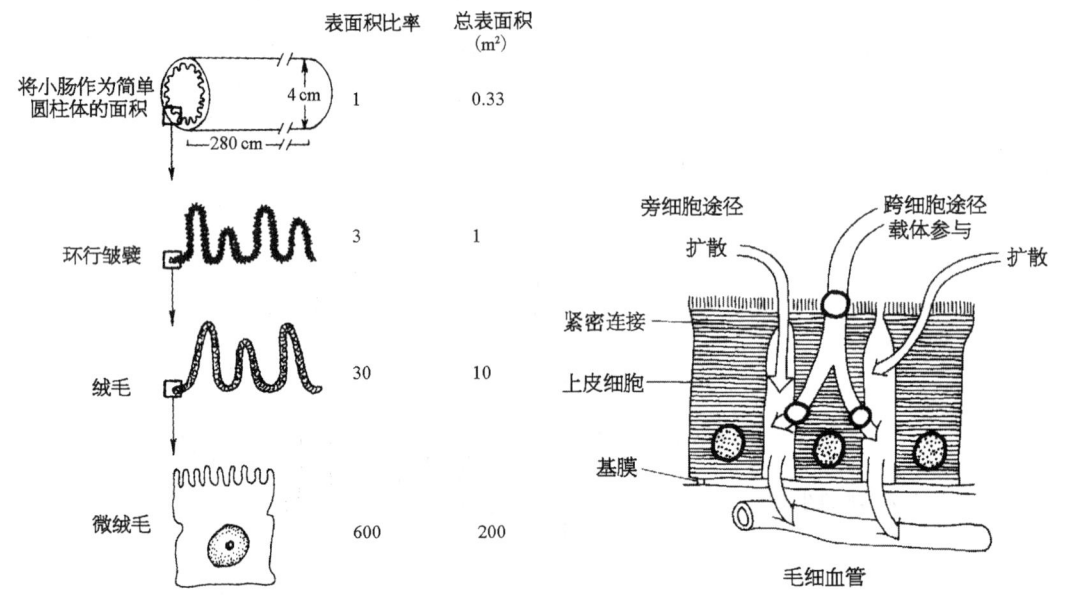

图 6-14 小肠黏膜表面积增大机制　　图 6-15 小肠黏膜吸收水和小分子溶质的两条途径

2. 吸收的机制　营养物质的吸收机制,大致可分为两种:① 被动转运:通过滤过、渗透、扩散和易化扩散等方式进入肠壁血管和淋巴管内的吸收方式。② 主动转运:在肠黏膜的上皮细胞膜上存在着多种泵,如 Na^+ 泵、K^+ 泵、I^- 泵等。通过这些泵的作用,不仅使 Na^+、K^+ 等主动吸收,还可促进其他物质(如葡萄糖、氨基酸)的继发性主动转运而被吸收。

二、主要营养物质的吸收

(一) 糖的吸收

食物中的糖类一般分解为单糖后才能被吸收,吸收的途径是血液。肠道内的单糖主要是葡萄糖,约占总量的 80%,其余的是半乳糖、果糖和甘露糖。各种单糖吸收的速率不同,以半乳糖和葡萄糖最快,果糖次之,甘露糖最慢。糖的吸收是继发性主动转运。糖吸收的转运特点:① 钠和钠泵对葡萄糖吸收是必需的,抑制钠泵的转运能抑制其吸收。② 葡萄糖的转运需消耗能量,但不直接来自 ATP 的分解,而来自钠泵转运所产生的势能。

(二) 蛋白质的吸收

蛋白质必须分解成氨基酸和寡肽后才能吸收。吸收部位在小肠,吸收的途径是血液。氨基酸的吸收与葡萄糖相似,即为继发性主动转运。但涉及的转运体较复杂,至少存在七种不同的氨基酸转运体,需 Na^+、K^+、H^+ 等参与。

在小肠内寡肽(指由 2~6 个氨基酸残基组成的肽)可被小肠上皮细胞摄取。在上皮细胞顶端膜上存在二肽和三肽转系统,称为 H^+-肽同向转运体,可顺浓度差由肠腔向细胞内转运 H^+,同时逆浓度差将寡肽同向转运入细胞内。进入胞内的二肽和三肽被胞内的二肽酶和三肽酶进一步分解为氨基酸,再经基底侧膜上的氨基酸载体转运出胞外进入血液循环。这一寡肽的吸收过程称为**第三级主动转运**(tertiary active transport)。其特点是:需钠泵活动以维持 Na^+ 的跨膜势能,并维持 H^+ 的浓度梯度,也是一种耗能转运过程。

婴儿肠上皮细胞可通过入胞和出胞方式吸收适量未经消化的蛋白质,如母体初乳中的免疫球蛋白 A(IgA),通过这种方式产生被动免疫。一般而言,蛋白质被吸收不但没有营养价值,而且可引起过敏反应。

(三) 脂类的吸收

脂肪吸收的主要形式是甘油、单酰甘油、脂肪酸、胆固醇、溶血卵磷脂等,脂肪吸收有血液和淋巴两种途径,以淋巴为主。吸收过程是:脂类消化产物与胆盐形成混合微胶粒,胆盐有亲水性能携带脂类消化产物通过覆盖在小肠纹状缘表面的非流动水层到达微绒毛,并释放出脂类消化产物。后者顺浓度差扩散入胞内,而胆盐则回到肠腔内。在肠上皮细胞滑面内质网中,脂类消化产物发生酯化,形成三酰甘油、胆固醇酯及卵磷脂,与肠上皮细胞合成的载脂蛋白结合形成**乳糜微粒**(chylomicron)。乳糜微粒在高尔基体包装成分泌颗粒,从基底侧膜通过出胞形式进入绒毛内的乳糜管,通过淋巴途径吸收(图 6-16)。甘油和中、短链脂肪酸的脂溶性高,不需酯化可直接扩散入毛细血管,通过血液途径吸收。

胆固醇主要来自食物和肝脏分泌的胆汁,每日进入小肠的胆固醇为 1~2 g。影响胆固醇吸收的因素很多,主要有:① 食物中胆固醇含量越多吸收越多,但不呈直线关系。② 食物脂肪和脂肪酸能促进胆固醇吸收。③ 食物的植物固醇(如豆固醇、β 谷固醇)抑制胆固醇吸收。④ 胆盐可与胆固醇形成混合微胶粒而促进其吸收。⑤ 食物中纤维素、果胶、琼脂等能抑制胆固醇吸收。

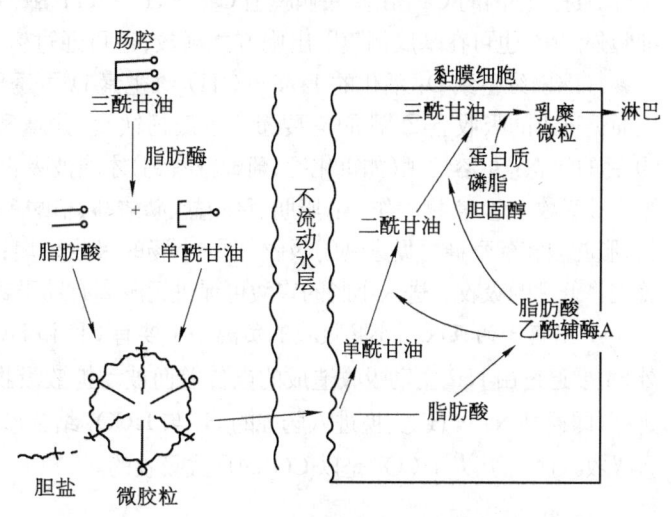

图 6-16 脂肪在小肠内消化和吸收的主要方式

(四) 无机盐的吸收

各种无机盐吸收的难易程度不同。单价碱性盐类如钠、钾、铵盐的吸收很快,多价碱性盐类如镁、钙盐则吸收较慢。凡与钙结合形成沉淀的盐如硫酸钙、磷酸钙,均不能被吸收。

1. 钠的吸收 小肠每日吸收的钠为 25~30 g,约为体内总钠量的 1/7,其中饮食摄入的钠为 5~8 g,其余是消化腺分泌的钠。每日摄入和分泌的钠有 95%~99% 被吸收入血,仅有少量随粪便排出。因此,一旦肠道分泌的钠大量丢失时(严重腹泻),体内储存的钠可在几小时内降至很低甚至危及生命的水平。小肠和结肠均可吸收钠,但吸收量不同,以单位面积计算,空肠吸收量最大,回肠其次,结肠最小。钠吸收机制是:由肠上皮细胞基底侧膜上 Na^+-K^+ 泵活动所造胞内低 Na^+ 浓度,促进肠腔内 Na^+ 顺浓度差进入细胞。钠的主动吸收为单糖和氨基酸吸收提供了动力。反之,单糖和氨基酸的存在也促进 Na^+ 的吸收。Na^+ 通过四种方式经肠上皮细胞顶端膜进入胞内:① Na^+-有机溶质(如葡萄糖、半乳糖、氨基酸、二肽、三肽等)同向转运。② Na^+-Cl^- 同向转运。

③ Na^+-H^+ 与 Na^+-K^+ 逆向交换。④ 少量 Na^+ 可经水相通道被动扩散。

2. 铁的吸收 铁的吸收有限,每日吸收约 1 mg,仅为每日摄入量的 5% 左右。吸收的部位是十二指肠和空肠,以二价铁(Fe^{2+})的形式主动吸收。吸收过程是:肠上皮细胞释放转铁蛋白进入管腔,与 Fe^{2+} 结合成复合物,并以受体介导的入胞形式进入胞内,转铁蛋白释放出 Fe^{2+} 后可重新进入管腔,而进入胞内的 Fe^{2+},一部分从基底侧膜以主动转运形式入血;一部分与胞内的**铁蛋白**(ferritin)结合留在胞内以防止铁的过量吸收。影响铁吸收的因素有:① 机体对铁的需要量。当缺铁时(如缺铁性贫血),机体吸收铁的能力增强。② 高价铁不易被吸收,需还原为亚铁离子才能吸收。③ 还原性物质,如维生素 C、果糖、半胱氨酸等有助于铁的还原而促进铁的吸收。④ 胃液中盐酸有助于铁的溶解而促进铁的吸收,胃大部切除后易发生缺铁性贫血。⑤ 铁与某些负离子易形成不溶性盐(如氢氧化物、磷酸盐、碳酸氢盐),以及与食物中植酸、草酸、鞣酸和谷粒纤维形成不溶性复合物,而不易被吸收。

3. 钙的吸收 小肠各部都有吸收钙的能力。通常食物中钙只有 30%~80% 被吸收。钙在小肠上段,特别是十二指肠以主动转运的形式被吸收,吸收的多少受机体需要量的影响。吸收过程是:Ca^{2+} 通过肠上皮细胞顶端膜的 Ca^{2+} 通道顺电化学梯度进入胞内,并与**钙结合蛋白**(calbindin)结合。进入胞内的 Ca^{2+} 由基底侧膜上 $Ca^{2+}-H^+-ATP$ 酶(即 Ca^{2+} 泵)及 Na^+-Ca^{2+} 交换体转运到细胞外间隙;也可在基底侧膜以出胞方式释放;还可通过旁细胞途径被吸收。影响钙吸收的主要因素有:① 维生素 D:活化的 $1,25-(OH)_2$ 维生素 D_3 可诱导钙结合蛋白及 $Ca^{2+}-H^+-ATP$ 酶合成而促进钙的吸收。② 钙的需要量:在低钙饮食、儿童和哺乳期妇女,机体对钙吸收可增加。③ 钙的状态:可溶性钙(如氯化钙、葡萄糖酸钙)才能被吸收,离子状态的钙最易吸收,不溶性钙盐则不被吸收。④ 食物的作用:脂肪、草酸盐、磷酸盐、植酸等可与 Ca^{2+} 形成不溶性复合物而抑制吸收,脂肪酸和葡萄糖可促进钙的吸收。⑤ 小肠的吸收环境:酸性环境可增加钙的吸收,而碱性环境则降低钙的吸收。进入小肠的胃酸可促进钙游离有助于钙吸收。

4. 负离子的吸收 小肠吸收的负离子主要有 Cl^- 和 HCO_3^-。Cl^- 除部分与 Na^+ 同向转运吸收外,主要通过由 Na^+ 主动吸收造成的电位差而被动扩散吸收的。HCO_3^- 吸收以与 H^+ 交换的方式进行,即通过 Na^+-H^+ 交换进入肠腔的 H^+ 与 HCO_3^- 结合形成 H_2CO_3,解离为 H_2O 和 CO_2,CO_2 直接吸收入血。所以,HCO_3^- 是以 CO_2 的形式吸收的。

(五)水的吸收

每日摄入的水量约 2 L,分泌的消化液约 7 L,随粪便排出的水仅为 0.1~0.2 L,因此消化道每日吸收约 9 L 水。其中空肠吸收 5~6 L,回肠吸收 2 L,结肠吸收 0.4~1 L,十二指肠吸收很少。水以渗透方式被动地吸收,即各种溶质,特别是氯化钠吸收后产生的渗透压梯度是水吸收的主要动力。水经跨细胞途径和旁细胞途径转入血液。严重呕吐、腹泻可使人体丢失大量水分和电解质,从而导致人体脱水和电解质紊乱。

(六)维生素的吸收

维生素分为脂溶性维生素和水溶性维生素两类。水溶性维生素以扩散方式在小肠上段被吸收,但维生素 B_{12} 必须与内因子结合成水溶性复合物才能被回肠吸收。大多数水溶性维生素(如维生素 B_1、B_2、B_6、PP、C)以及生物素和叶酸等是依赖于 Na^+ 的同向转运体被吸收的。脂溶性维生素 A、D、E、K 的吸收与脂类消化产物的吸收相同。

(王志宏 谢佐福)

第七章 能量代谢和体温

导学

1. 掌握：基础代谢；体温的概念；机体的产热和散热；体温调节中枢。
2. 熟悉：影响能量代谢的主要因素；人体体温正常值及其生理变动。
3. 了解：凡列入教学内容，除掌握、熟悉的，其余均为了解。

第一节 能量代谢

　　糖、脂肪和蛋白质这三种营养物质，经消化吸收后在体内进行合成和分解代谢。在分解代谢过程中，营养物质所蕴藏的化学能便释放出来，经过转化成为机体各种生命活动的能源。而在合成代谢过程中，则需要供给能量。通常把生物机体内物质代谢过程中伴随发生的能量释放、转移、储存和利用称为**能量代谢**(energy metabolism)。

一、机体能量的来源和转化

(一) 能量的来源

　　人体利用的能量来源于食物中的糖、脂肪和蛋白质，这些能源物质分子结构中的碳氢键蕴藏着化学能，在氧化分解过程中碳氢键断裂，释放出能量。

　　1. **糖**　糖是人体主要的供能物质。人体所需能量的50%～70%是由糖类物质的氧化分解提供的。一般情况下，体内的糖类90%以上被用于氧化供能。经消化吸收进入血液的单糖主要是葡萄糖，血液中的葡萄糖称为血糖，可被组织细胞摄取利用。1 mol 葡萄糖在细胞内完全氧化时所释放的能量可合成 38 mol **腺苷三磷酸**(adenosine triphosphate, ATP)；缺氧时，葡萄糖进行无氧酵解，此时 1 mol 葡萄糖释放的能量只能合成 2 mol ATP。糖无氧酵解释放的能量虽然很少，但在机体缺氧时十分重要，因为这是体内能源物质在缺氧时唯一的供能途径。体内的葡萄糖也可以多聚体形式——糖原储存于体细胞中，其中以肝糖原的数量最多，其次是肌糖原。肝糖原的作用是维持血糖浓度的相对稳定，而血糖浓度的稳定对主要依赖葡萄糖有氧氧化供能的脑组织来说是至关重要的。低血糖时，可引起脑功能障碍，出现头晕，严重时可发生抽搐甚至昏迷。肌糖原是骨骼肌随时可以动用的储备能源，用来满足骨骼肌紧急情况下的需要。

2. 脂肪 脂肪既是人体内重要的供能物质,也是体内能源物质储存的主要形式。每克脂肪在体内氧化所释放的能量约为糖的两倍。一般情况下,通过脂肪的氧化分解提供的能量不超过机体消耗的总能量的30%。但在饥饿时,由于大量糖原被消耗,机体则主要动用脂肪氧化供能。储存的脂肪所提供的能量可供机体使用多达10 d至2个月。脂肪在体内的储存量存在明显的个体差异。

3. 蛋白质 蛋白质的基本组成单位是氨基酸。不论是由肠道吸收的氨基酸,还是机体组织蛋白质分解所产生的氨基酸,都主要用于重新合成蛋白质,实现组织的自我更新,或用于合成酶、激素等生物活性物质。只有在某些特殊情况下,如长期不能进食或能量消耗极大时,体内的糖原和储存的脂肪已大量消耗,能量极度缺乏,此时机体才开始分解蛋白质,依靠氨基酸供能,以维持基本的生理活动。

(二) 能量的转化

三大能源物质在氧化过程中所释放的能量,约有50%以上转化为热能,其余约45%以化学能的形式储存于ATP等高能化合物的高能磷酸键中。当一分子ATP水解为**腺苷二磷酸**(adenosine diphosphate, ADP)和磷酸时,同时释放出51.6 kJ的能量(生理条件下),供机体完成各种生理功能,如肌肉的收缩和舒张、生物活性物质的合成、物质跨膜转运、神经冲动传导、腺体的分泌和神经递质的释放等。组织细胞在生命活动中不能直接利用物质分解释放的能量,只能利用ATP中储存的能量,所以,ATP既是体内重要的储能物质,又是直接的供能物质。生命活动中消耗的ATP,将在能源物质的氧化分解中不断予以补充,代谢中释放的能量使ADP重新氧化磷酸化形成ATP。ATP分解所释放的能量被细胞利用后,其绝大部分最终也转化为热能,只有骨骼肌运动时,可有一部分能量转化为机械外功。

除ATP外,**磷酸肌酸**(creatine phosphate, CP)是体内的另一种高能化合物,CP主要存在于肌肉组织中,但是CP不能直接供能。当物质氧化释放的能量过剩时,ATP就将高能磷酸键转给肌酸,形成CP,将能量储存起来。在肌肉舒缩活动中,CP中的高能磷酸键又可快速转给ADP,而生成ATP,以满足机体当时对能量的应急需求,所以CP可以看作是ATP的储存库(图7-1)。

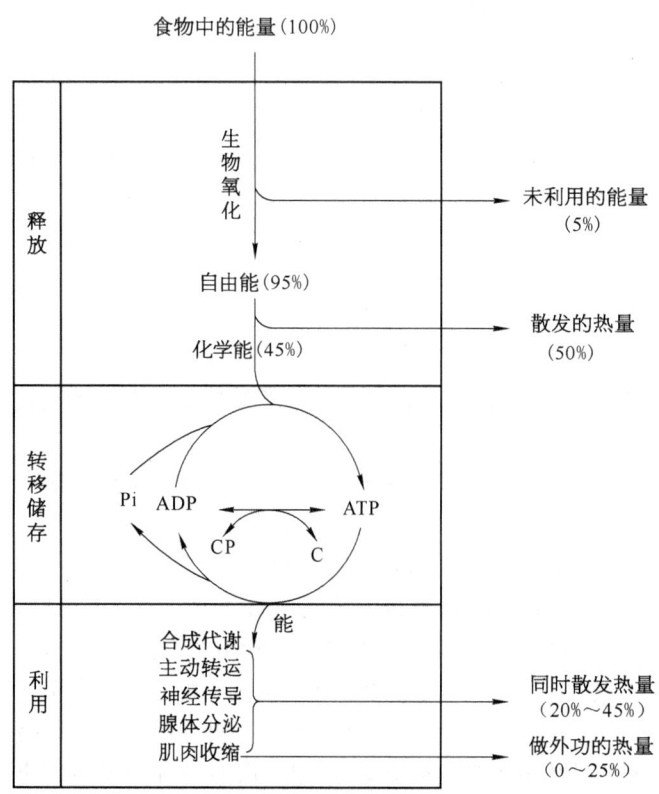

图7-1 体内能量的释放、转移、储存和利用示意图
C: 肌酸;CP: 磷酸肌酸

(三) 能量平衡

人体的能量平衡是指机体的能量摄入与能量消耗之间的平衡。如

果能量代谢"收支"平衡,体重可保持相对稳定。如果饥饿或是能源物质摄取不足,则因内能源物质消耗过多而出现消瘦。反之,如果能源物质的摄取多于消耗,多余的物质则转变为脂肪,脂肪组织增多,体重增加。若脂肪组织的量过多,就会引起肥胖。衡量肥胖的简易指标之一是体重指数(body mass index,BMI)。

$$BMI=体重(kg)/[身高(m)]^2$$

在我国,临床上将体重指数介于 24~27.9 称为超重,而体重指数 >28 称为肥胖。

二、能量代谢的测定

(一)测定原理

机体的能量代谢遵循能量守恒定律,即所有形式的能量包括动能、热能、电能、化学能等,由一种形式转化为另一种形式的过程中,既不增加,也不减少。因此,在机体能量代谢过程中,由营养物质氧化所释放的能量应等于机体散发的热能与骨骼肌所作外功之和。若没有外功,机体所产生的能量最终应全部以热的形式散发于体外。因此,测定机体一定时间内所散发的热量就可以反映机体在同一时间内所消耗的能量。

(二)能量代谢测定中常用的几个概念

1. **食物的热价** 1 g 某种食物氧化时所释放的能量,称为这种**食物的热价**(thermal equivalent of food),常用焦耳(J)作计量单位。食物的热价分为物理热价和生物热价,前者是指食物在体外燃烧时释放的能量,后者是指食物在体内氧化时所产生的能量。糖和脂肪在体内可以彻底氧化成 CO_2 和 H_2O,故其物理热价和生物热价相等。蛋白质在体内不能彻底氧化,有一部分包含在尿素、尿酸和肌酐等分子中的能量从尿中排出,还有很少量含氮产物随粪便排出,因此,蛋白质的物理热价大于其生物热价(表 7-1)。

表 7-1 糖、脂肪和蛋白质氧化时的热价、氧热价和呼吸商

营养物质	产热量(kJ/g)		耗氧量(L/g)	CO_2产量(L/g)	氧热价(kJ/L)	呼吸商(RQ)
	物理热价	生物热价				
糖	17.15	17.15	0.83	0.83	21.00	1.00
蛋白质	23.43	17.99	0.95	0.76	18.80	0.80
脂肪	39.75	39.75	2.03	1.43	19.70	0.71

2. **食物的氧热价** 某种食物氧化时消耗 1 L 氧所产生的热量,称为该食物的**氧热价**(thermal equivalent of oxygen)。氧热价反映了某种物质氧化时耗氧量与产热量之间的关系。由于不同营养物质分子中所含碳、氢及氧等元素的比例不同,所以,它们的氧热价也各不相同(表 7-1)。

3. **呼吸商** 某种营养物质在体内氧化时需要消耗 O_2,并产生 CO_2。将一定时间内机体的 CO_2 产生量与耗 O_2 量的比值称为**呼吸商**(respiratory quotient,RQ)。即 RQ = CO_2产生量(ml) ÷ O_2消耗量(ml)。葡萄糖氧化时,产生的 CO_2 量与消耗的 O_2 量是相等的,所以糖氧化时的呼吸商等于 1.00。蛋白质和脂肪氧化时的呼吸商分别为 0.80 和 0.71。脂肪的呼吸商较小是因为脂肪分子结构中氧的含量远较碳和氢少,氧化时需要消耗更多氧的缘故。

一般认为,呼吸商能够反映某一特定时间内机体氧化营养物质的种类和比例。例如,某人的

呼吸商接近于 1.00,说明此人在这段时间内所利用的能量主要来自糖的氧化;若呼吸商接近于 0.71,表明机体能量主要来自脂肪的分解。未经治疗的糖尿病患者因葡萄糖的利用发生障碍,机体主要依靠脂肪氧化供能,其呼吸商接近 0.71。正常人食入混合食物时,呼吸商常在 0.85 左右。

4. **非蛋白呼吸商** 一般情况下,体内能量主要来自糖和脂肪的氧化,蛋白质的代谢量可以忽略不计。由糖和脂肪氧化时产生的 CO_2 量和消耗的 O_2 量的比值称为**非蛋白呼吸商**(non protein respiratory quotient,NPRQ)。非蛋白呼吸商与氧热价之间有一定的比例关系(表 7-2)。已知非蛋白呼吸商,就可从表中查找氧热价,用氧热价乘以耗 O_2 量即可得到非蛋白质代谢的产热量,如果再加上蛋白质分解的产热量,最终就可得出机体总产热量。

表 7-2 非蛋白呼吸商与氧热价

非蛋白呼吸商	氧化百分比		氧热价(kJ/L)
	糖	脂肪	
0.707	0.00	100.00	19.61
0.71	1.10	98.90	19.62
0.73	8.40	91.60	19.72
0.75	15.60	84.40	19.83
0.77	22.80	77.20	19.93
0.79	29.00	70.10	20.03
0.80	33.40	66.60	20.09
0.82	40.30	59.70	20.20
0.84	47.20	52.80	20.29
0.86	54.10	45.90	20.40
0.88	60.80	39.20	20.50
0.90	67.50	32.50	20.60
0.92	74.10	25.90	20.70
0.94	80.70	19.30	20.82
0.96	87.20	12.80	20.91
0.98	93.60	6.40	21.01
1.00	100.00	0.00	21.12

(三) 测定方法

测定整个机体在单位时间内能量代谢水平的方法有直接测热法、间接测热法和简化测定法三种。

1. **直接测热法**(direct calorimetry) 是将机体安置在一个密闭、绝热房间内,直接将单位时间内机体散发出来的总热量收集起来并加以测量的方法。此法测量精确,常作为间接测热法的参考标准。但由于仪器复杂,使用不便,故极少应用。

2. **间接测热法**(indirect calorimetry) 其理论依据是化学反应中所遵循的定比定律,即在一般化学反应中,反应底物的量与产物量之间呈一定的比例关系。例如,葡萄糖无论是在体内氧化还是在体外燃烧,化学反应式都有下面的定比关系:

$$C_6H_{12}O_6 + 6O_2 = 6CO_2 + 6H_2O + \Delta H$$

间接测热法就是利用这种定比关系,测算出一定条件下体内物质氧化分解释放的能量,即机体内产生的热量,进而计算能量代谢水平。其主要步骤是:① 测定:检测机体在一定时间内的耗O_2量、产生的CO_2量以及尿中尿氮的排出量。② 换算:按照1g尿氮相当于氧化分解6.25g蛋白质,算出体内氧化蛋白质的量,根据蛋白质的生物热价(表7-1),计算出氧化蛋白质食物的产热量、耗O_2量及CO_2产量;从总的耗O_2量和CO_2产量中减去蛋白质氧化时的耗O_2量和CO_2产量,算出非蛋白食物的呼吸商;再从表7-2查出该呼吸商值对应的氧热价,即可计算出非蛋白食物的产热量。③ 总和:将氧化蛋白质食物的产热量与非蛋白质食物的产热量相加,得出总产热量。

3. 简化测定法 上述间接测热法的步骤繁多,实际工作中常采用简化的计算法。即用测得的一定时间内的耗O_2量和CO_2产生量,求出混合呼吸商,将蛋白质代谢的呼吸商忽略不计,而把该混合呼吸商值认为是非蛋白呼吸商,然后根据表7-2查出对应的氧热价,用耗O_2量乘以氧热价,便得出该时间内的产热量。

还有一种更简便的方法:用测定到的一定时间内的耗O_2量,直接乘以20.20,所得结果即为该时间内的产热量。因为受试者食用混合膳食时非蛋白呼吸商定为0.82,由表7-2查出对应的氧热价是20.20 kJ/L。实践表明,用上述两种简化方法所得的数据与间接测定方法的计算结果非常接近,因而被广泛应用。

三、影响能量代谢的主要因素

机体的能量代谢水平不是固定不变的,在各种因素的影响下经常会发生变化。一般来说,处于生长发育阶段的儿童,其能量代谢率比成年人高,同龄男子的能量代谢率比女子高。在年龄、性别等相同的情况下,能量代谢主要受下列因素影响。

(一)肌肉活动

机体任何轻微的活动都可提高能量代谢率。肌肉活动时需要补给能量,而能量来自大量营养物质的氧化,这就必然导致运动和劳动时耗O_2量增加。机体耗O_2量的增加与肌肉活动的强度成正比关系,持续运动或劳动时的耗O_2量可达安静时的数倍到数十倍。肌肉活动的强度称为肌肉工作的强度,即劳动强度,通常用单位时间内机体的产热量来表示。表7-3显示机体在不同强度劳动或运动时能量代谢率的变化情况。

表7-3 机体不同状态下的能量代谢率

肌肉活动形式	平均产热量 [kJ/(m^2·mim)]	肌肉活动形式	平均产热量 [kJ/(m^2·mim)]
静卧休息	2.73	扫地	11.36
出席会议	3.40	打排球	17.04
擦窗	8.30	打篮球	24.22
洗衣物	9.89	踢足球	24.96

(二)精神活动

与肌肉组织相比,脑组织的血流量大,安静状态下有15%左右的循环血量进入脑循环系统,这说明脑组织的代谢水平很高。在一般的精神活动时,中枢神经系统本身的代谢率变化并不大,即使有所增加，其程度也是可以忽略的。如人在平静状态下思考问题时，产热量增加一般不超过4%。但在精神处于紧张状态时，如烦恼、恐惧和情绪激动等，由于随之而出现的肌紧张增强以及促进代谢的激素释放增多等因素，可使产热量显著增加。

(三) 食物特殊动力效应

人在进食后的一段时间内(从进食后1 h开始，延续到7~8 h)，机体虽然处于安静状态，但所产生的热量却要比进食前有所增加。这种额外的能量消耗是由进食引起的。进食刺激机体产生额外热量的作用，称为**食物特殊动力效应**(specific dynamic effect of food)。如进食含100 kJ热量的蛋白质，在进食后的一段时间内，虽同样处于安静状态，机体的产热量将比进食前增加30 kJ，即总产热量为130 kJ，蛋白质的特殊动力效应约为30%。进食糖和脂肪的特殊动力效应相对较低，分别为6%和4%，进食混合性食物约10%。因此，在计算机体所需摄入的能量时，应考虑到该效应所引起的能量的额外消耗，而给予相应补充。

(四) 环境温度

人体安静并处在20~30℃环境时，肌肉相对放松，这时能量代谢最为稳定。当环境温度低于20℃时，由于寒冷刺激，肌肉紧张性增强并反射性引起寒战，使代谢率提高，尤其是冷刺激引起大脑皮质-下丘脑-腺垂体-甲状腺轴活跃，甲状腺激素释放增加，使组织细胞代谢率增高。环境温度高于30℃，体内化学反应速度增加，加之呼吸、循环系统功能增强等，代谢率也逐渐增加。

四、基础代谢

(一) 基础代谢的概念

基础代谢(basal metabolism)是指人体在基础状态下的能量代谢。所谓基础状态，是指满足以下条件的状态：清晨、清醒、静卧、未作肌肉活动；前夜睡眠良好，测定时无精神紧张；测定前至少禁食12 h；室温保持在20~25℃。在这种状态下，体内能量的消耗只用于维持一些基本的生命活动，能量代谢比较稳定。基础状态下单位时间内的能量代谢称为**基础代谢率**(basal metabolism rate，BMR)。BMR比一般安静状态时的代谢率要低些，但并不是最低的，因为熟睡无梦时的代谢率更低，比BMR低8%~10%。

(二) 基础代谢率的测定及评价

研究表明，能量代谢率与机体体重的相关性并不明显，而与体表面积呈正相关。根据Stevenson公式，人的体表面积可用下式计算：

体表面积(m²)＝0.006 1×身高(cm)＋0.012 8×体重(kg)－0.152 9

体表面积还可根据图7-2直接求出。该图的用法是：将受试者的身高和体重在相应两条列线上的两点连成一直线，此直线与中间的体表面积列线的交点约等于其体表面积。

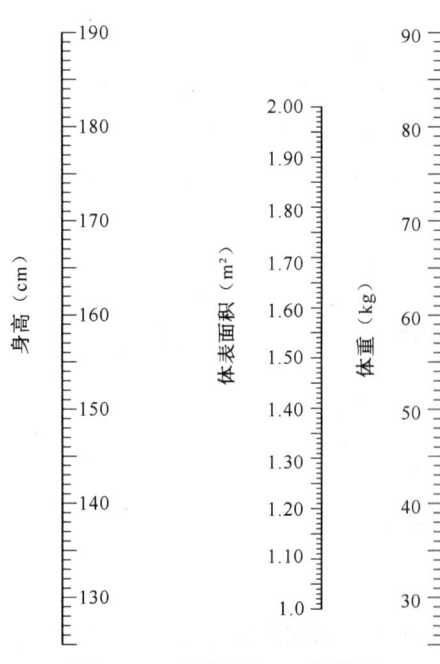

图7-2 人体体表面积测算图

通常采用简化法来测定和计算 BMR。测出基础状态下一定时间内的耗 O_2 量,用产热量(kJ/h)＝20.20(kJ/L)×耗 O_2 量(L/h)公式计算,所得数值再以体表面积进行校正。

BMR 随着性别、年龄等不同而有生理变动。其他情况相同时,男性的 BMR 比女性高;幼年比成年高,年龄越大,BMR 越低(表7-4)。临床上评价受试者的 BMR 是否正常,通常是将所测定的数值与相对应的正常平均值比较,算出实测值与正常平均值相差的百分比。若相差在 10%～15% 之内,均属于正常;当相差超过 20% 时,则提示可能有病理变化。如甲状腺功能亢进时 BMR 可高出正常值 25%～80%;甲状腺功能减退时,BMR 可比正常值低 20%～40%。体温的改变对 BMR 也会产生影响,体温每升高 1℃,BMR 将升高 13% 左右。

表7-4 我国人正常的 BMR 平均值(kJ/m^2·h)

年龄(岁)	11～15	16～17	18～19	20～30	31～40	41～50	51 以上
男性	195.53	193.44	166.22	157.85	158.69	154.08	149.06
女性	172.50	181.72	154.08	146.55	146.96	142.36	138.59

第二节 体温及其调节

在机体的生命活动中,有许多酶催化的化学反应,体温过高或过低都将使酶的活性改变,从而影响体内生物化学反应的正常进行,严重者可导致机体死亡。因此,维持体温相对恒定,是人和一切高等动物进行新陈代谢和正常生命活动所必需的。

一、人体正常体温及其生理性波动

(一) 表层温度与深部温度

人体各部位的温度并不相同。为了便于研究,常将人体分为表层和深部两个部分。表层包括皮肤、皮下组织和肌肉等部位,该处的温度称为**表层温度**(shell temperature)。其中,最外层皮肤表面的温度为皮肤温度。表层温度不稳定,各部位之间的差异也较大。寒冷环境中,手、足的皮肤温度降低最为显著,但头部的温度变动相对较小。皮肤温度与局部血流量有密切关系,故凡是能影响皮肤血管舒缩的因素(如环境温度变化或精神紧张等)都能改变皮肤的温度。机体的深部系指心、肺、脑和腹腔内脏等,该处的温度称为**深部温度**(core temperature)。深部温度较高,且相对稳定。各器官因为代谢水平不同,温度也略有差别,比如肝脏和脑的代谢水平较高,产热较多,温度略高,而肾脏、胰及十二指肠等则温度略低,但由于血液循环,又使得各器官的温度经常趋于一致。在不同环境中,深部温度和表层温度的分布区域会发生改变。寒冷环境中,深部温度分布区域缩小,主要集中在头部与胸腹内脏,而且表层与深部之间存在明显的温度梯度;炎热环境中,深部温度可扩展到四肢(图7-3)。

生理学所说的**体温**(body temperature)是指机体深部的平均温度。由于深部温度不易测量,所以,临床上通常用直肠、口腔和腋窝等处的温度来代表体温,相应部位温度的正常值见表7-5。测

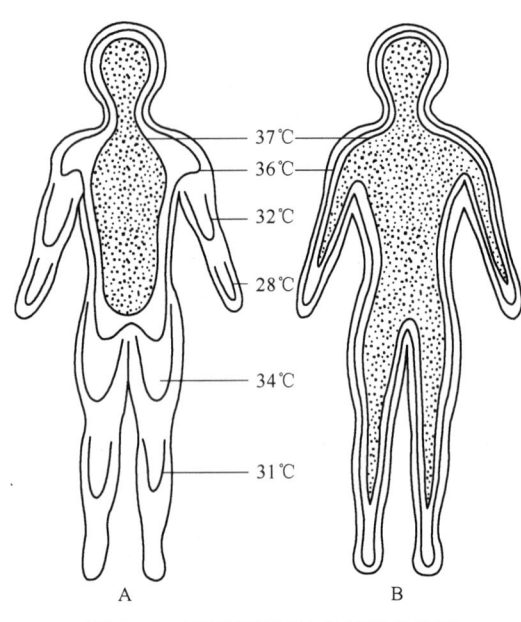

图 7-3 不同环境下人体体温分布图
A. 环境温度 20℃；B. 环境温度 35℃

量直肠温度时，应将温度计插入直肠 6 cm 以上，这样才能比较接近深部的温度。测量口腔温度时，应将温度计含于舌下，还要注意有无经口呼吸及进食冷热食物的影响。腋窝处是皮肤表面的一部分，其表层温度不能代表深部温度，所以测量时，应要求被测者将上臂紧贴胸廓，测量时间持续 10 min 以上，且腋窝处要保持干燥，以保证深部的热量传至腋窝，使腋下温度接近于深部温度。

在体温调节的实验研究中，也有选择测量食管温度作为监测心脏血液温度的指标，因食管中段的温度与右心房血液的温度接近，且变化比较一致。鼓膜及周围组织靠近下丘脑体温调节中枢，鼓膜下部和下丘脑同由颈内动脉供血，因此可选用鼓膜或其附近的温度代表脑组织的温度。现临床常用红外线测温仪，经外耳道测定体温，既可防止婴幼儿不配合，又能较准确反映机体深部的温度。

表 7-5　健康人不同部位体温（单位：℃）

部　位	正常范围
腋窝	36.0～37.4
口腔	36.6～37.7
直肠	36.9～37.9

（二）体温的生理性波动

在生理情况下，体温可随昼夜、年龄、性别、环境温度、精神紧张和体力活动等因素的影响而发生变化。但这些因素引起的体温变化幅度一般不超过 1℃。

1. **昼夜波动**　健康人（新生儿除外）的体温在一昼夜之中呈现周期性波动，清晨 2~6 时体温最低，午后 1~6 时最高。体温的这种昼夜周期性波动称为昼夜节律或**日节律**（circadian rhythm）。研究表明，体温的昼夜节律与肌肉活动状态以及耗氧量等没有因果关系，而是由一种内在的生物节律所决定的，它与地球自转周期也是相吻合的。

2. **性别的影响**　成年女性的体温平均比男性高 0.3℃。育龄期女性的基础体温随月经周期而变动（图 7-4）。所谓基础体温是指基础状态下的体温。月经期基础体温降低 0.2~0.3℃，月经期后处于较低水平，排卵日可降至最低水平，排卵后基础体温又升高 0.3~0.6℃，恢复到月经前的较高水平。因此，育龄期女性通过每天测量基础体温，可以帮助了解有无排卵及排卵日期。女性体温的月周期变化与性激素（孕激素）的周期性分泌活动有关。妊娠期体温稍高于未孕期。

3. **年龄的影响**　新生儿，特别是早产儿，由于体温调节机制还不完善，体温调节能力差，他们的体温易受环境温度变化的影响，因此应加强婴幼儿保温护理。老年人活动减少，基础代谢率低，其体温低于青壮年。

4. **运动的影响**　肌肉活动时机体代谢增强，产热量明显增加，导致体温升高。所以，在测量体

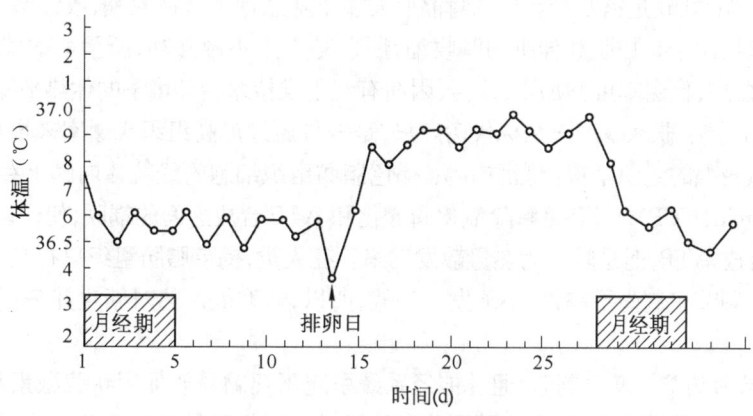

图7-4 月经周期中基础体温的变化

温时先让受试者休息一段时间,以排除肌肉活动对体温的影响。

5. 其他因素 麻醉药物可通过抑制体温调节中枢、扩张皮肤血管从而增加机体散热等使体温下降。所以对于麻醉手术的患者,术中和术后应注意保温护理。此外,情绪激动、精神紧张、环境温度、进食等都会影响体温,故在体温测量时应考虑这些因素。

二、机体的产热与散热

在体温调节机制作用下,人的体温维持在37℃左右,这是机体产热与散热两个生理过程取得动态平衡,即体热平衡的结果。

(一) 产热过程

1. 主要产热器官 机体任何组织器官的代谢活动都会产热,不同的组织器官因代谢水平不同而产热量各异。安静时,内脏器官的产热量大且稳定,是机体的主要产热器官,其中以肝脏代谢最为旺盛,产热量最大。运动或劳动时,骨骼肌则成为主要的产热器官(表7-6)。虽然,安静状态下每块骨骼肌的产热量并不很大,但由于骨骼肌的总重量占全身体重的40%左右,因而具有巨大的产热潜力。骨骼肌的紧张度稍有增强,产热量即可发生明显的改变,运动时,骨骼肌的产热量可达总产热量的73%,剧烈运动时则可达90%。

表7-6 几种组织器官在不同状态下的产热量

组织器官	占体重百分比(%)	产热量(占机体总产热量的%)	
		安静状态	劳动或运动
脑	2.5	16	3
内脏(主要是肝)	34.0	56	22
骨骼肌	40.0	18	73
其他	23.5	10	2

2. 产热的形式 机体的产热形式有多种,如基础代谢产热、运动产热、食物特殊动力效应产热、**寒战产热**(shivering thermogenesis)和**非寒战产热**(non-shivering thermogenesis)等。当机体安静并处于寒冷环境中时,主要依靠寒战和非寒战产热增加产热量。

(1) 寒战产热：寒战是指寒冷环境中骨骼肌发生不随意地节律性收缩，收缩节律为9~11次/min。出现寒战时，由于是屈肌和伸肌同时收缩，所以基本上不做外功，所消耗的能量全部转变为热量，故产热量很高，代谢率可增加4~5倍，因而有利于维持寒冷环境下的体热平衡。

(2) 非寒战产热：非寒战产热又称代谢产热，是一种通过提高组织代谢率来增加产热的形式。体内非寒战产热最强的组织是褐色脂肪组织，褐色脂肪组织细胞的线粒体内膜上存在**解耦联蛋白**（uncoupling protein, UCP），UCP可解除氧化磷酸化和ATP合成之间的耦联，使代谢反应中释放的能量不能用于合成ATP，而是转化为热量散发出来。在人类，褐色脂肪组织只存在于新生儿体内。由于新生儿体温调节机制尚不完善，不能发生寒战，所以，非寒战产热对新生儿来说具有重要的生理意义。

3. *产热活动的调节*　寒冷刺激，通过神经系统引起下丘脑释放促甲状腺激素释放激素，后者促使腺垂体释放促甲状腺激素，进而加强甲状腺的活动。甲状腺激素是调节产热活动最重要的体液因素。机体如果在寒冷环境中度过几周，体内甲状腺激素的分泌量可增加2倍以上，代谢率增加20%~30%。寒冷刺激可兴奋交感神经系统，增强交感-肾上腺髓质系统的活动，使肾上腺素、去甲肾上腺素分泌增多，刺激产热。寒冷刺激还可引起位于下丘脑后部的寒战中枢兴奋，经下行通路兴奋脊髓前角运动神经元，引起寒战，增加产热。

（二）散热过程

人体的主要散热部位是皮肤。此外，也可通过呼吸道、泌尿道和消化道等向外界散发热量。机体深部的热量可以通过热传导和血液循环的方式到达皮肤，但以后者为主。传递到皮肤的热量，通过辐射、传导、对流和蒸发等方式散发到外界环境。

1. *散热方式*

(1) 辐射散热：体热以热射线的形式传给外界较冷物体的散热方式称为**辐射散热**（thermal radiation）。辐射散热量的多少主要取决于皮肤与周围环境的温度差；其次取决于机体的有效散热面积。由于四肢面积较大，因而在辐射散热中起重要作用。当人体安静且处于气温较低的环境中时，辐射是散热的主要方式。

(2) 传导散热：机体将热量直接传给予体表相接触的较冷物体的散热方式称为**传导散热**（thermal conduction）。传导散热需要物质媒介，其传导速度取决于媒介物质的导热性和体表与所接触物体之间的温度差。温差越大和(或)媒介物的导热性越高，热量的散发越快。空气的导热性很小，棉衣之所以能御寒就是因为棉花中包含大量空气，使体热不易因传导而散失。人体的脂肪是不良导热体，肥胖人体深部的热量不容易传导到皮肤，在炎热的天气里就特别容易出汗。水的导热度较大，临床上用冰帽、冰袋给高热患者降温，就是利用这个原理。

(3) 对流散热：通过气体流动来交换热量的散热方式称为**对流散热**（thermal convection）。人体周围总是围绕着一薄层与皮肤接触的空气，人体的热量传递给这一层空气，随着空气不断地流动，便将体热散发到空间。对流是传导散热的一种特殊形式。对流散热量的多少，受风速影响极大。风速越大，对流散热量越多；反之，散热量就越少。

上述三种散热方式均是在皮肤温度高于环境温度的前提下进行的。当环境温度等于或高于皮肤温度时，辐射、传导及对流散热都将失去作用，此时，蒸发将成为机体唯一有效的散热方式。

(4) 蒸发散热：**蒸发**（evaporation）散热是指体表的水分汽化时吸收热量而散发体热的一种散热方式。水、酒精、乙醚等液体在汽化时要吸收周围的热，如若它们是附着在皮肤上，就会吸收皮肤的热,于是起到散热作用。热空气的对流无助于传导散热,但能起到加速蒸发的作用。蒸发散热是一种很有效的散热途径,体表每蒸发 1 g 水分,可带走 2.43 kJ 的热量。临床上用酒精给高热患者擦浴,增加蒸发散热,以达到降温目的。人体蒸发散热又表现为不感蒸发和发汗两种形式。

不感蒸发(insensible evaporation)是指体内的水分直接透出皮肤和呼吸道黏膜,在未形成明显的水滴之前就蒸发掉的一种散热方式。其中皮肤的水分蒸发又称不显汗,即这种水分蒸发不为人们所觉察,与汗腺的活动无关,即使在低温环境中也可发生。在 30℃ 以下的环境中,人体每日的不感蒸发量较为恒定,一般为 1 000 ml 左右,其中通过皮肤蒸发的水分为 600～800 ml,通过呼吸道黏膜蒸发的水分为 200～400 ml。临床上给患者补液时,也应将不感蒸发的水分计算在内。婴幼儿不感蒸发的速率比成人高,当机体缺水时,婴幼儿更容易发生脱水。

发汗(sweating)是通过汗腺主动分泌汗液的过程。汗液蒸发可有效地带走热量。因为发汗是可以感觉到的,所以又称为**可感蒸发**(sensible evaporation)。人在安静状态下,当环境温度达到 30℃ 左右时,机体便开始发汗;如果空气湿度大,气温达 25℃ 便可发汗;劳动或运动时,由于产热量增加,虽然环境温度低于 20℃ 也可发汗。

正常情况下,汗液中的水分占 99% 以上,固体成分不到 1%。固体成分中,大部分为 NaCl,也有少量 KCl、尿素、乳酸等。汗腺刚分泌的汗液与血浆是等渗的,当汗液经汗腺导管流向体表时,由于汗腺导管受醛固酮的调节,其中一部分 NaCl 被导管细胞重吸收,使得最后排出的汗液是低渗的。因此,当机体大量发汗时,会导致血浆晶体渗透压升高,造成高渗性脱水。但是当发汗速度过快时,汗腺导管不能充分吸收 NaCl,可使排出汗液的 NaCl 浓度增高。这时如不注意及时补充大量丢失的水分和 NaCl,就会引起电解质紊乱,重者可影响神经肌肉组织的兴奋性。

发汗的速度受多种因素的影响,如劳动的强度、环境温度和湿度、风速及机体对高温的适应程度等。劳动强度越大,环境温度越高,出汗速度就越快;当环境湿度大,汗液蒸发困难时,体热不易发散,将导致出汗增多;反之,出汗减少。此外,风速大时,汗液蒸发快,体热易于散发,导致发汗速度变小;反之,发汗速度加快。因此,人在高温、高湿、通风差的环境中容易发生中暑。

2. 散热的调节

(1) 发汗的调节:发汗是重要的体温调节反应之一。人体有大汗腺和小汗腺。大汗腺局限于腋窝、乳头和阴部等处,从青春期开始活动,可能与性激素的变化有关。小汗腺广泛分布于全身皮肤,与体温调节有关。发汗是一种反射活动。其反射中枢位于中枢神经系统各个部位,但以下丘脑的发汗中枢最重要。小汗腺主要接受交感胆碱能纤维支配,故乙酰胆碱有促进汗腺分泌的作用,阿托品能阻断其活动。部分位于手、足及前额等处的小汗腺接受交感肾上腺素能纤维支配,精神紧张时能引起它们的发汗活动,称之为精神性发汗,与体温调节关系不大,是机体应激反应的表现之一,其调节中枢位于大脑皮层。在温热刺激作用下引起的全身小汗腺分泌活动称为温热性发汗,在体温调节中起主要作用。精神性发汗常伴随温热性发汗同时出现。

(2) 皮肤血流量的调节:皮肤通过辐射、传导、对流方式发散热量的多少,取决于皮肤和环境之间的温度差,而皮肤温度的高低由皮肤的血流量控制。分布到皮肤的动脉穿透皮下脂肪等隔热组织,在乳头下层形成微动脉网,再经过迂回曲折的毛细血管延续为丰富的静脉丛。此外,皮下还有大量的动-静脉吻合支。这些结构特点决定了皮肤血流量可在很大范围内发生变动。因此,机体可以通过改变皮肤血管的舒缩状态来调节散热量。

支配皮肤血管的神经是交感缩血管神经。在炎热环境中,交感神经紧张性降低,皮肤小动脉舒张,动静脉吻合支开放,皮肤血流量大大增加,皮肤温度升高,增强了散热作用。相反,寒冷环境中,交感神经活动增强,皮肤血管收缩,血流量减少,皮肤温度降低,使散热量大幅度下降,以保持正常体温。

三、体温调节

体温的相对稳定有赖于自主性和行为性体温调节。**自主性体温调节**(automatic thermoregulation)是指在体温调节中枢的控制下,通过增减皮肤的血流量、发汗、寒战和改变代谢水平等生理性调节反应,以维持产热和散热的动态平衡,使体温保持相对稳定的水平。这种调节不受意识控制,是体温调节的基础。**行为性体温调节**(behavioral thermoregulation)是指机体有意识地通过一定的行为来保持体温的相对稳定的调节方式。例如为了保暖或降温而主动地采取特殊的姿势和行为。这两种调节机制相互关联和补充,使人体更好地适应自然环境的变化。

(一) 温度感受器

根据温度感受器存在的部位可将其分为外周温度感受器和中枢温度感受器两类。

1. 外周温度感受器(peripheral thermoreceptor) 是指分布于皮肤、黏膜和内脏中的对温度变化敏感的游离神经末梢。依据其感受温度的性质,分为对热刺激敏感的热感受器和对冷刺激敏感的冷感受器。人体皮肤的冷感受器数目比热感受器多4～10倍。人体在皮肤温度为30℃以下时产生冷觉,35℃以上时产生温觉。值得提出的是,皮肤温度感受器对皮肤温度变化的感受有空间总和的特征,即大面积皮肤对温度的感觉比小块皮肤的感觉灵敏得多。

2. 中枢温度感受器(central thermoreceptor) 是指存在于中枢神经系统内对温度变化敏感的神经元。它们分布在脊髓、延髓、脑干网状结构、下丘脑以及大脑皮层运动区。依据对温度变化的反应,分为温度升高时放电频率增多的**热敏神经元**(warm sensitive neuron)和温度降低时放电频率增多的**冷敏神经元**(cold sensitive neuron)两类。动物实验表明,在**视前区-下丘脑前部**(preoptic anterior hypothalamus,PO/AH)热敏神经元居多,而在脑干网状结构和下丘脑的弓状核中冷敏神经元多见。它们对所在局部的温度变化非常敏感,温度只要变化0.1℃,它们的放电频率就会发生相应的变化,而且不出现适应现象。

(二) 体温调节中枢

虽然从脊髓到大脑皮层的整个中枢神经系统中都存在参与体温调节的神经元,但对多种恒温动物进行脑分段横断实验证明,只要保持下丘脑及其以下神经结构完整,动物就仍具有维持体温相对恒定的能力。说明调节体温的基本中枢位于下丘脑。PO/AH中某些温度敏感神经元除能感受局部脑组织的温度信息外,还能够对下丘脑以外的部位,如中脑、延髓、脊髓、皮肤等处的温度变化产生反应,表明外周温度变化的信息也能够会聚到这类神经元。而且它们还能直接对致热物质或5-HT、去甲肾上腺素以及各种多肽产生反应。在破坏动物PO/AH后,与体温调节有关的产热和散热反应都将明显减弱或消失。这些事实说明,下丘脑的PO/AH是体温调节中枢的关键部位。

(三) 体温调节机制

关于体温调节机制,目前多以**调定点**(set point)学说解释。该学说认为,体温的调节类似于恒温器工作原理,即机体根据一个设定的温度数值,如37℃,对产热和散热过程进行调节,使体温相对恒定于这一水平,这个温度值称为调定点。关于调定点的设置,有多种学说,其中Na^+/Ca^{2+}比值学说认为,PO/AH中的温度敏感神经元,其细胞内外的Na^+/Ca^{2+}比值增大时调定点上移,比值减小时调定点下移。而神经元电生理特性学说认为,调定点的水平取决于冷敏和热敏神经元对温度反应曲线的斜率:热敏神经元反应曲线的斜率减小,或冷敏神经元反应曲线的斜率增大时,调定点上移;反之,热敏神经元反应曲线的斜率增大,或冷敏神经元反应曲线的斜率减小时,调定点下移。不难看出,这些学说都指归到一点,就是调定点是由 PO/AH 温度敏感神经元的工作特性决定的。

体温调节的具体过程如图 7-5 所示:下丘脑体温调节中枢包括调定点是属于控制系统,它的传出指令控制着受控系统即产热和散热装置的活动。当输出变量体温超过 37℃时,通过外周和中枢温度感受器,将体温变化信息传给 PO/AH 神经元,导致热敏神经元活动增加,散热大于产热,使升高的体温降回到 37℃;当体温低于 37℃时,通过上述过程,热敏神经元活动减弱,冷敏神经元活动增强,产热大于散热,使降低了的体温回升到 37℃。

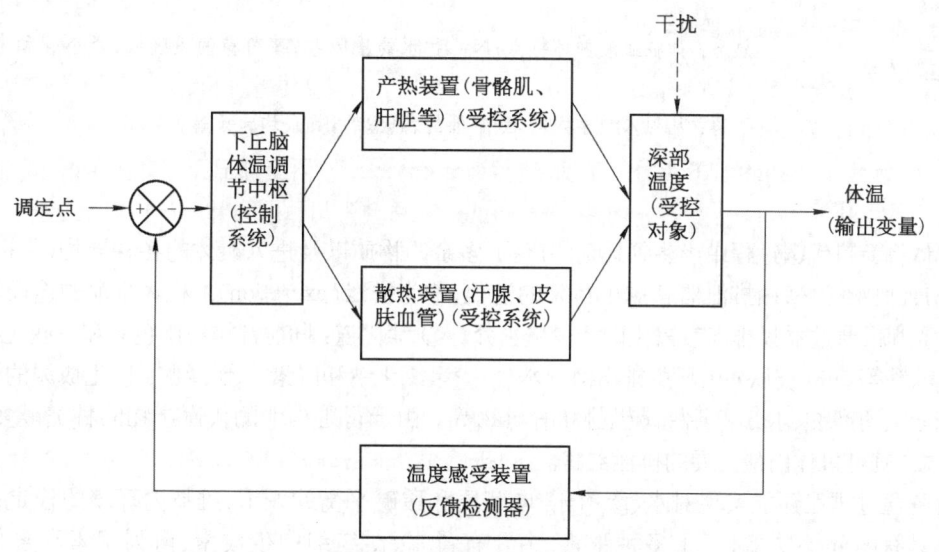

图 7-5 体温调节自动控制

依据调定点学说,由微生物、细菌所致的发热,是由于在致热原的作用下,PO/AH 热敏神经元的温度反应阈值升高,而冷敏神经元的阈值则下降,调定点因而上移的结果。如调定点上移到 39℃,而实际体温为 37℃时,冷敏神经元兴奋,引起畏寒、寒战等产热反应,直至体温升高到 39℃以上时才出现散热反应。只要致热因素不消除,产热和散热过程就继续在此新的体温水平上保持平衡,说明发热时体温调节功能并无障碍,而只是由于调定点上移,体温才升高到发热水平的。中暑时体温的升高则不同,它是由于体温调节功能失调引起的。

(周 慧 许 敬)

第八章 尿的生成与排出

> **导学**
> 1. 掌握：排泄；肾脏的生理功能；尿生成的过程；肾小球滤过；肾糖阈；尿生成的调节。
> 2. 熟悉：肾脏血液循环特点；Na^+ 和水的重吸收；葡萄糖的重吸收；肾小管和集合管的分泌。
> 3. 了解：凡列入教学内容，除掌握的、熟悉的，其余均为了解。

机体将新陈代谢过程中产生的代谢终产物、多余的物质以及进入机体的各种异物（包括染料、药物等）经血液循环，由排泄器官排出体外的过程，称为**排泄**（excretion）。机体排泄的途径主要有四条：① 肺：通过呼吸排出二氧化碳和少量水分。② 消化道：随胆汁排出胆色素和一些无机盐类如钙、镁、铁等。③ 皮肤：由汗腺排出部分水分、少量氯化钠和尿素。④ 肾脏：以生成尿的形式排出大部分代谢产物、水分和各种无机盐和有机物等。由于肾脏排泄的代谢产物的种类最多，数量最大，故肾脏是机体内最重要的排泄器官。

肾脏通过排泄还能实现对水、渗透压、电解质和酸碱平衡的调节，维持内环境的稳定；此外，肾脏还具有内分泌功能，产生多种激素，主要有肾素、促红细胞生成素、前列腺素和羟化维生素 D_3。

第一节 肾脏的结构和血液循环特点

一、肾脏的结构特点

(一) 肾单位

肾脏生成尿的基本结构和功能单位是**肾单位**（nephron），它与集合管共同完成尿的生成过程。人的两侧肾脏约有 200 万个肾单位，每一个肾单位是由**肾小体**（renal corpuscle）和**肾小管**（renal tubule）两部分组成（图 8-1）。肾小体包括肾小球和肾小囊两部分，分布于肾皮质部分；肾小管长而弯曲，管壁均由单层上皮细胞构成；肾小管根据其结构和功能分为近曲小管、髓袢和远曲小管三段。远曲小管末端与集合管相连。

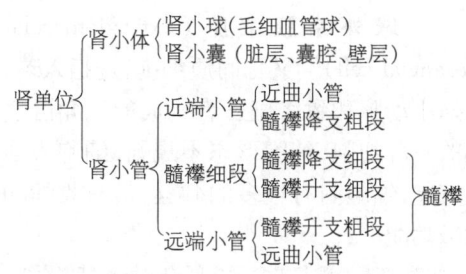

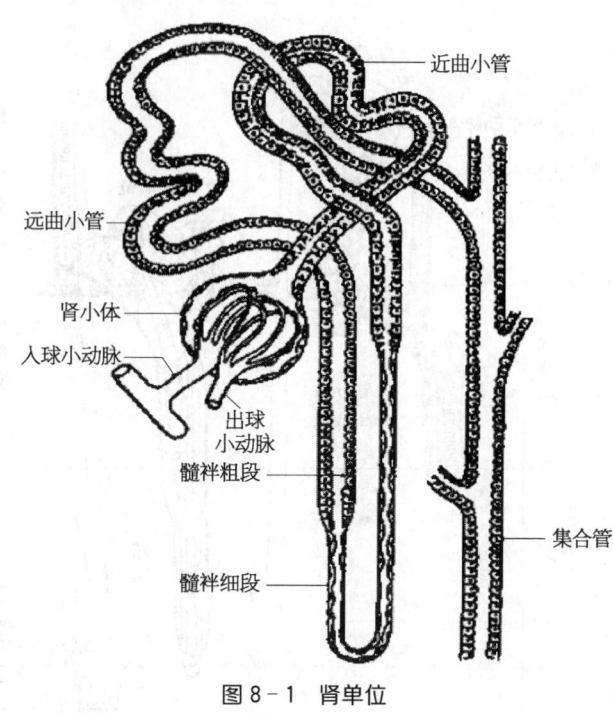

图 8-1 肾单位

集合管不包括在肾单位内,但在功能上和远曲小管密切联系,在尿生成过程中,特别是在尿浓缩与稀释过程中起着重要作用。每一条集合管收集多条远曲小管运输来的液体,许多集合管又汇入乳头管,最后形成的尿经肾盏、肾盂、输尿管进入膀胱。

(二) 皮质肾单位和近髓肾单位

肾单位按其肾小体所在的部位,可分为**皮质肾单位**(cortical nephron)和**近髓肾单位**(juxtamedullary nephron)两种类型(图 8-2)。两类肾单位在结构与功能上的区别归纳如表 8-1。

表 8-1 皮质肾单位和近髓肾单位的区别

项　目	皮质肾单位	近髓肾单位
肾小球体积	较小	较大
肾小球分布	外、中皮质层	近髓内皮质层
数量	多,约占90%	少,约占10%
髓襻	短,只达外髓质层	长,可达内髓质层
入、出球小动脉口径比	2∶1	1∶1
出球小动脉分支:网形小血管	有	有
U形直小血管	无	有
肾素分泌	多	几乎没有
肾血流量	量多,流速快	量少,流速慢
生理功能	生成尿	浓缩与稀释尿

(三) 球旁器

球旁器(juxtaglomerular apparatus)主要分布在皮质肾单位,是由球旁细胞、致密斑和球外系膜细胞三种特殊细胞群组成(图 8-3)。

1. **球旁细胞**(juxtaglomerular cell)　位于入球小动脉中膜内,细胞多数呈椭圆形,胞质内有含肾素的分泌颗粒。该细胞受交感神经支配,交感神经兴奋促进肾素分泌。

2. **致密斑**(macula densa)　位于远曲小管的起始部,由高柱状的上皮细胞构成,在贴近球旁细胞处呈现斑状隆起,细胞核聚集且染色较深,故称为致密斑。致密斑可感受小管液流量及其中 NaCl 含量的变化,并将信息传递至球旁细胞,影响肾素的释放。

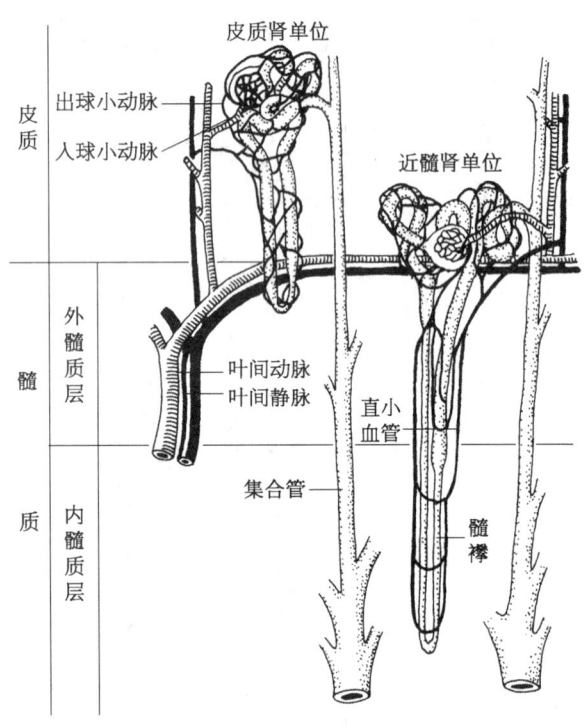

图 8-2 两类肾单位

3. **球外系膜细胞**（extraglomerular mesangial cell） 又称间质细胞,是指入球、出球小动脉和致密斑三者构成的三角区之间的一群细胞,细胞形态不规则,细胞表面有突起,细胞内有较多的微丝,具有收缩和吞噬功能。

此外,在肾小管和集合管之间的少量的结缔组织、血管、神经等构成了肾间质,髓质间质中含的载脂间质细胞,能合成间质内的纤维和基质,并能分泌前列腺素,肾小管周围的血管内皮细胞能分泌促红细胞生成素。

二、肾脏的血液循环特点

(一) 肾血流量大,分布不均

肾脏血液供应很丰富,血流量很大,且分布不均匀。正常成人安静时每分钟两侧肾脏血流量可达约 1 200 ml,占心输出量的 20%~25%;皮质血流量多,约占肾血流量的 94%,流速快,是保证肾小球滤过的决定性因素;髓质血流量少,约占 6%,其中流经内髓的血流量不到 1%,流速慢,是保证尿液浓缩的重要条件。通常所说的肾血流量主要是指肾皮质血流量。

(二) 肾血流要经过两次毛细血管网

肾动脉由腹主动脉垂直分出后,短而粗,经肾门进入肾内后依次分支形成叶间动脉、弓形动脉、小叶间动脉逐级分支形成入球小动脉,入球小动脉进入肾小球后又继续分支形成肾小球毛细血管网,然后汇成出球小动脉离开肾小球,出球小动脉再次分支形成毛细血管网,缠绕于肾小管和集合管周围,最后形成小叶间静脉、弓形静脉、叶间静脉、肾静脉离开肾脏,而后经下腔静脉返回心脏。因此,

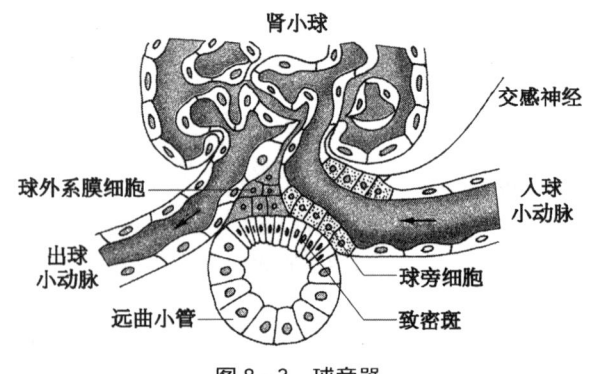

图 8-3 球旁器

肾血流要经过两次毛细血管网,才汇合成静脉。由于皮质肾单位入球小动脉的口径比出球小动脉略粗 1 倍,前者血流阻力比后者小,因此肾小球内毛细血管血压较高,这有利于肾小球的滤过;而肾小管和集合管周围毛细血管是血流第二次通过的毛细血管,故血压较低。但是,由于血浆经肾小球滤过后,水分减少,胶体渗透压却较高,这些都有利于肾小管的重吸收。

(三) 肾血流量的调节

在离体肾动脉灌流实验中观察到,当肾动脉灌注压在 80~180 mmHg(10.7~23.9 kPa)范围内变动时,肾血流量可保持相对恒定(图 8-4)。肾血流量的相对恒定有赖于肾血流量的调节特别是

自身调节。肾血流量的调节方式如下。

1. **自身调节** 肾血流量在肾动脉灌注压 80～180 mmHg范围内变动时,主要依赖肾脏的自身调节来保持肾血流量相对恒定。关于肾血流量的自身调节的机制,目前是以肌源学说和管球反馈学说来解释。

(1) 肌源学说:该学说认为,在一定范围内,当肾动脉的灌注压升高时,肾小动脉管壁平滑肌受到牵拉刺激,使血管平滑肌的紧张性增强,血管管径相应缩小,血流阻力增大,从而使肾血流量不会因血压的升高而增加;反之亦然。这种由肾动脉血管平滑肌的特性决定的肾血流量的自身调节的机制,称**肌源性机制**(myogenic mechanism)。但当肾动脉灌注压低于80 mmHg(10.7 kPa)或高于180 mmHg(23.9 kPa)时,由于肾血管平滑肌的

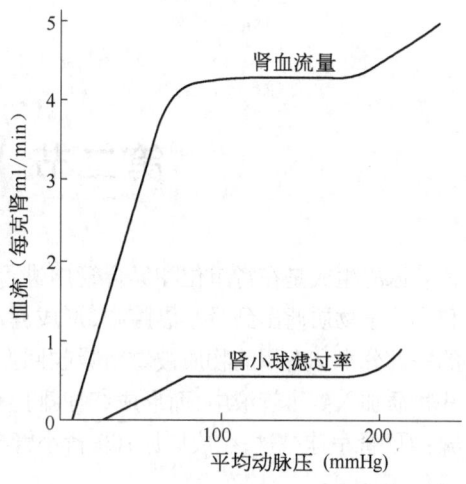

图 8-4 肾血流量和肾小球滤过率与动脉血压关系

舒张或收缩已达极限,自身调节已不能发挥作用,此时肾血流量不能再维持相对稳定,而是随肾动脉灌注压的变化而变动。

(2) 管球反馈学说:**管球反馈**(tubuloglomerular feedback)是肾血流量自身调节的重要机制之一。当动脉血压增加时,肾血流量增加,肾小球滤过率也随之增加,到达远曲小管致密斑的小管液的流量增加,NaCl含量也增加,致密斑感受此信息后,可通过某种信号转导机制,使入球小动脉收缩,肾血流量减少,同时致密斑将此信息传递给球旁细胞,使之释放肾素减少,出球小动脉舒张,肾小球有效滤过压降低,肾小球滤过率降低至正常。相反,当肾血流量减少时,肾小球滤过率也随之减少,流经致密斑的小管液的流量下降,NaCl含量减少,致密斑感受此信息后,通过上述机制使肾血流量增加,肾小球有效滤过压增加,从而使肾小球滤过率增加至正常水平。这种小管液流量变化影响肾血流量和肾小球滤过率的现象称为管球反馈。

2. **神经和体液调节** 目前认为调节肾脏血流量的神经只有交感神经,交感神经通过血管壁平滑肌膜上的 α 受体,直接使肾血管收缩;支配球旁细胞的肾交感神经,通过 $β_1$ 受体引起肾素的分泌,进而通过肾素-血管紧张素系统调节肾血流量。例如,在大失血、中毒性休克、严重缺氧以及剧烈肌肉运动或环境温度升高等应激情况下,机体通过反射使交感神经活动增强,肾血管收缩,肾血流量减少,使血流转移到心、脑等重要器官,以适应全身血流分配的需要。

调节肾脏血流量的体液因素很多。其中,肾上腺素、去甲肾上腺素、血管紧张素、内皮素使肾血管收缩,肾血流量减少;一氧化氮、前列腺素、缓激肽、心房钠尿肽则可使肾血管扩张,肾血流量增加。

总之,通常情况下,在一般的血压变动范围内,肾脏是依靠自身调节来保持血流量的相对稳定,以维持正常的泌尿功能。在紧急情况下,则通过交感神经及肾上腺素等体液因素来减少肾血流量,使脑、心脏等重要器官的血液供应得到保证。

通过肾血流量的自身调节可使肾小球滤过率也保持相对的恒定,这是肾脏持续生成尿的基本条件。

第二节　尿生成的过程

尿的生成是在肾单位和集合管中进行的,首先是血液流过肾小球毛细血管时,血浆中的水分和小分子物质滤出到肾小囊腔中,形成滤液,又称原尿;然后滤液在流经肾小管和集合管时,其中的一部分水和有用的物质被重新吸收回血液;同时,肾小管和集合管的上皮细胞又分泌或排泄一些物质加入到小管液中,而形成终尿排出体外。因此,尿生成的过程分为以下三个相互联系的步骤:① 肾小球滤过,生成原尿;② 肾小管与集合管的重吸收;③ 肾小管与集合管的分泌与排泄,生成终尿。

一、肾小球的滤过功能

肾小球滤过(glomerular filtration)是指血液流过肾小球毛细血管时,除血浆蛋白外,血浆中的水分和小分子物质通过滤过膜滤出到肾小囊腔中,形成原尿的过程,是肾脏生成尿的第一步。在实验中,用微穿刺法从两栖类动物肾小囊中直接抽取囊内液,进行微量化学分析,发现这些囊内液除了不含大分子量的蛋白质外,其余各种晶体物质如葡萄糖、氯化物、无机磷酸盐、尿素、尿酸、肌酐等的浓度均与血浆一致(表8-2),而且囊内液的渗透压及酸碱度也与血浆相似,由此表明,肾小球的滤过是一种超滤过程,故原尿就是血浆的超滤液。

表 8-2　血浆、原尿和终尿成分比较(g/L)

成　分	血　浆	原　尿	终　尿	终尿中浓缩倍数
水	900.00	980	960	1.1
蛋白质	70~90	微量	0.00	—
葡萄糖	1.00	1.00	0.00	—
Na^+	3.30	3.30	3.50	1.1
K^+	0.20	0.20	1.50	7.5
Cl^-	3.70	3.70	6.00	1.6
HCO_3^-	0.04	0.04	1.50	37.5
尿素	0.30	0.30	18.0	60.0
尿酸	0.04	0.04	0.50	12.0
肌酐	0.01	0.01	1.00	100.0
氨	0.001	0.001	0.40	400.0

决定肾小球滤过的因素主要有三方面:① 肾小球滤过膜是滤过的结构基础;② 肾小球有效滤过压,是滤过的动力;③ 肾血浆流量是滤过的前提,也是物质基础。

(一)滤过的结构基础——滤过膜

1. **滤过膜的组成**　滤过膜(filtration membrane)由三层不同的结构组成,分别为肾小球毛细血管内皮细胞层、基底膜层、肾小囊脏层上皮细胞层,总厚度为 15~20 nm。在电镜下观察,肾小球毛细血管内皮细胞有许多小孔,称为窗孔(fenestration),孔径为 50~100 nm,孔上有隔膜覆盖,血浆中的水、小分子溶质及小分子质量的蛋白质都能自由地通过这些窗孔;基底膜较厚,上有 4~8 nm 的网孔,主要由水合凝胶构成的微纤维网结构,含有Ⅳ型胶原蛋白、层黏连蛋白、纤维黏连蛋白以及一些带负电荷的蛋白质,是滤过膜中主要的屏障;肾小囊脏层上皮细胞呈多突状,其末端分支成许多指状的足突,包绕在基膜的外面,这些足突相互嵌和成栅栏状的小裂隙称裂孔,裂孔上覆盖有**裂孔隔膜**(filtration slit membrane),膜上有直径 4~14 nm 的小孔,是物质滤出的最后一道屏障(图 8-5)。研究发现,滤过膜各层均含有许多带负电荷的糖蛋白。

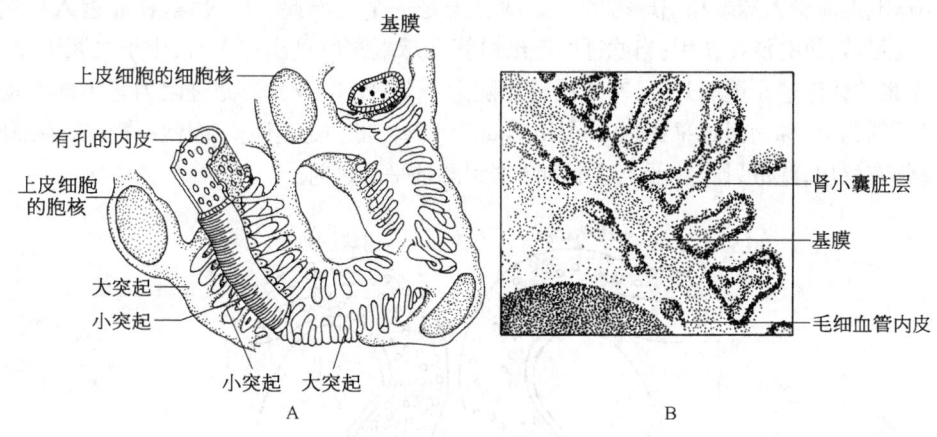

图 8-5 电镜下的滤过膜
A. 上皮细胞的足突和滤过裂隙的形成;B. 滤过膜

2. 滤过膜的通透性 滤过膜像一个过滤器,它既有一定的通透性,能让血浆中许多物质滤出,又具有一定的屏障作用,能阻止血液中的有形成分和血浆中的大分子物质滤出,滤过膜三层结构的分子孔径起到机械屏障作用,而各层所含的带负电荷的糖蛋白,则形成滤过的电学屏障。对于电荷中性的物质来说,通透性主要取决于物质的分子有效半径大小;一般认为分子有效半径小于 2.0 nm 的物质可自由通过滤过膜,分子有效半径大于 4.2 nm 的物质则不能滤过;对于带有正负电荷物质来说不但取决于该物质有效半径大小,而且还决定于其带有的电荷性质。研究发现有效半径相同的右旋糖酐,带正电荷的右旋糖酐较容易被滤过,而带负电荷的右旋糖酐则较难通过滤过膜(图 8-6)。血浆中的白蛋白虽然有效半径为 3.6 nm,但因为通常是带负电荷的,所以仍很难被滤过。但当肾脏发生病变滤过膜上带负电荷的糖蛋白减少时,由于电学屏障作用降低,带负电荷的血浆白蛋白也能滤出而出现蛋白尿。

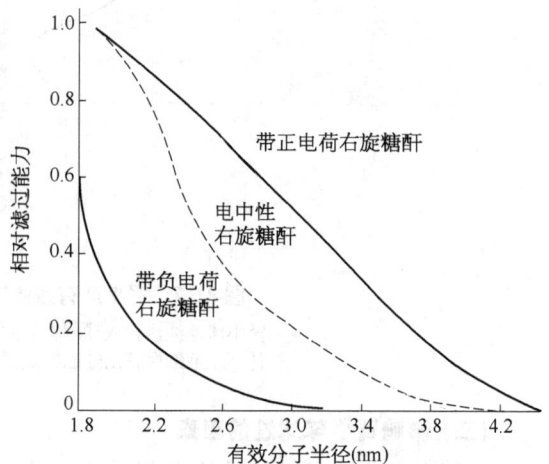

图 8-6 分子半径和所带电荷对右旋糖酐滤过能力的影响
纵坐标:1 表示能自由滤过;0 表示不能滤过

综上,血浆中的物质通过滤过膜时,既受滤

过膜机械屏障结构的影响,又受电学屏障状态的控制,但两者相比,机械屏障作用更为重要。

(二)肾小球滤过的动力——有效滤过压

有效滤过压(effective filtration pressure)是肾小球滤过的动力,是由肾小球毛细血管血压、血浆胶体渗透压和囊内压三种力量相互作用而形成,其中肾小球毛细血管血压是推动滤过的动力;血浆胶体渗透压和囊内压是对抗滤过的阻力。因肾小囊内超滤液中蛋白质浓度极低,故肾小囊内胶体渗透压可忽略不计,其关系可用下式表示:

有效滤过压=肾小球毛细血管血压-(血浆胶体渗透压+肾小囊内压)

肾小球毛细血管入球端和出球端的有效滤过压是一个逐渐递降的过程,在靠近入球端侧,有效滤过压为正值,故有滤过作用;当滤过由毛细血管入球端移行到出球端时,由于血浆蛋白不能滤出,而使血浆胶体渗透压逐渐升高,有效滤过压随之下降(图8-7),当滤过阻力等于滤过动力时,有效滤过压则为零,称为**滤过平衡**(filtration equilibrium),滤过就停止。因此,肾小球毛细血管全段并不是都有滤出,滤液只产生于入球小动脉端到滤过平衡之前。

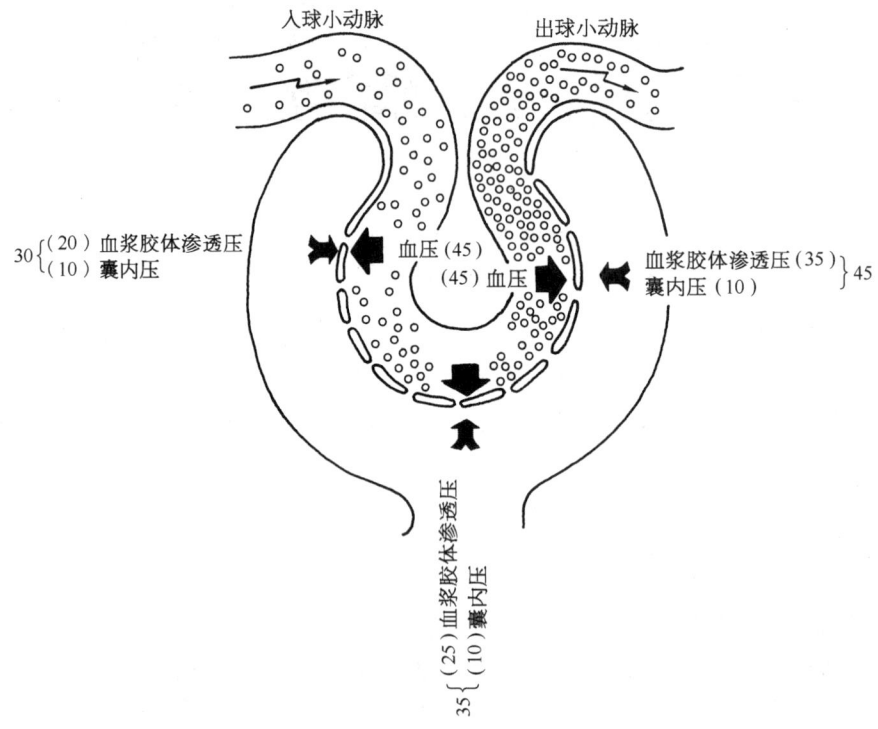

图8-7 肾小球有效滤过压的变化(单位:mmhg)

肾小球毛细血管入球端有效滤过压=45-(20+10)=15 mmHg;
肾小球毛细血管出球端有效滤过压=45-(35+10)=0 mmHg

(三)影响肾小球滤过的因素

如前所述,滤过膜、有效滤过压以及肾血浆流量是决定肾小球滤过的基本条件,也是影响肾小球滤过的三个因素。

1.滤过膜的通透性和面积 生理情况下滤过膜的通透性较稳定,但在病理情况下,滤过膜的通透性可发生较大的变化。在某些肾脏疾病,可使滤过膜各层的糖蛋白减少或消失,或基膜层损伤、破裂,或足突融合及消失,使其电学屏障、机械屏障作用减弱,滤过膜的通透性增大,使带负电荷的血浆白蛋白,甚至红细胞也能滤出,从而出现蛋白尿和血尿。在急性肾小球肾炎时,由于肾小球毛细血管内皮细胞增生、肿胀,使毛细血管管腔变窄或完全阻塞,以致活动的肾小球数目减少,有效滤过面积显著减少,而使肾小球滤过率降低,产生少尿,甚至无尿。

2. **有效滤过压**　有效滤过压是肾小球滤过的动力,因此组成有效滤过压的三个因素中任一因素发生变化时,均可影响肾小球滤过,其中,肾小球毛细血管血压较易改变,是影响有效滤过压的最主要因素。

在正常情况下,当动脉血压变动于 80~180 mmHg 范围内时,由于肾血流量具有自身调节的作用,肾小球毛细血管血压相对稳定,对有效滤过压无明显的影响,肾小球滤过保持不变。但当某些原因(大失血或休克)引起平均动脉血压降到 80 mmHg 以下时,肾小球毛细血管血压才会相应下降,使有效滤过压降低,肾小球滤过明显减少,产生少尿;当动脉血压降至 40~50 mmHg 以下时,肾小球滤过率则降为零,尿生成停止。

在生理情况下,血浆胶体渗透压和肾小囊内压很少变化,对有效滤过压,肾小球滤过影响不大。临床上,快速静脉输入生理盐水,可降低血浆胶体渗透压,使有效滤过压增高,肾小球滤过增多,尿量增加;当肾盂或输尿管结石、肿瘤压迫或其他原因引起的输尿管阻塞时,可使肾小囊内压升高,致使有效滤过压降低,肾小球滤过减少,尿量减少;某些疾病时溶血过多,血红蛋白可堵塞肾小管,也会引起囊内压升高而影响肾小球滤过。

3. **肾血浆流量**(renal plasma flow, RPF)　主要通过影响滤过平衡的位置来影响肾小球滤过率。肾血浆流量加大时,肾小球毛细血管内的血浆胶体渗透压上升速度较慢,滤过平衡的位置会靠近出球小动脉端,具有滤过作用的毛细血管段较长,肾小球滤过率随之增加。在大鼠实验中观察到,如果肾小球的血浆流量比正常时增加 3 倍时,将不出现滤过平衡,则肾小球毛细血管的全段均有滤出,肾小球滤过率明显增加。相反,肾血浆流量减少时,血浆胶体渗透压的上升速度加快,从而使滤过平衡的位置靠近入球小动脉端,具有滤过作用的毛细血管段缩短,肾小球滤过率将减少。在严重缺氧、中毒性休克等病理状态下,由于交感神经兴奋致使血管收缩,肾血浆流量减少,肾小球滤过率也因之而减少。

(四) 评价肾小球滤过功能的指标

肾小球滤过率和滤过分数是评价肾小球滤过功能的重要指标。临床上常用肾小球滤过率与滤过分数评价肾功能的损害程度。

1. **肾小球滤过率**　单位时间内(每分钟)两肾生成的原尿量(超滤液量),称为**肾小球滤过率**(glomerular filtration rate, GFR)。肾小球滤过率与体表面积有关,体表面积为 1.73 m² 的正常人,其肾小球滤过率为 125 ml/min 左右。依此计算,两侧肾脏每昼夜从肾小球滤出的超滤液总量可高达 180 L 左右,且有时间差异,下午最高,夜间最低。GFR 的正常水平与最大值之间的差距可反映肾功能的储备力。

2. **肾小球滤过分数**　肾小球滤过率与每分钟肾血浆流量的百分比值称**滤过分数**(filtration fraction, FF)。**肾血浆流量**(renal plasma flow, RPF)是指单位时间内(每分钟)流经两肾的血浆量。据测定,肾血浆流量约 660 ml/min,因此,滤过分数为 125/660×100%≈19%。由滤过分数表明,流经肾脏的血浆约有 19% 经肾小球滤过进入了肾小囊腔,形成原尿。

二、肾小管和集合管的重吸收

比较原尿和终尿的量和成分可以发现,成人每日生成的原尿量约有180 L,但终尿每日只有1.5 L左右,表明肾小管的重吸收量高达99%,排出量只占原尿的1%左右;原尿中葡萄糖和氨基酸的浓度与血浆中的相同,但终尿中则几乎没有葡萄糖和氨基酸,表明葡萄糖和氨基酸全部被肾小管重吸收;水和电解质,如Na^+、K^+、Cl^-等大部分被重吸收,尿素只有小部分被重吸收,肌酐则完全不被重吸收(表8-2)。

肾小管和集合管上皮细胞将小管液中的各种溶质重新转运回血液的过程,称**肾小管与集合管的重吸收**(renal tubule and collecting duct reabsorption)。肾小管和集合管的重吸收具有选择性,既能保留对机体有用的物质,又可有效地清除对机体有害的和过剩的物质,从而维持机体内环境的稳态。原尿流入肾小管与集合管后,即称为小管液。

(一) 重吸收的部位

各段肾小管及集合管都具有重吸收的功能,但近端小管,特别是近曲小管的重吸收能力最强,是重吸收的最主要的部位,因为近曲小管重吸收的量最大,占重吸收总量的65%~70%,重吸收物质种类最多,原尿中的葡萄糖、氨基酸、维生素及微量蛋白质等,几乎全部在近曲小管被重吸收;Na^+、K^+、Cl^-、HCO_3^-等无机盐以及水也绝大部分在此段被重吸收。余下的水和无机盐陆续在髓襻细段(占15%~20%)、远端小管和集合管(约占12%)被重吸收,虽然远端小管和集合管重吸收最少,但却受很多因素的影响和调节,因而对调节机体水、电解质和酸碱平衡起重要作用(图8-8)。

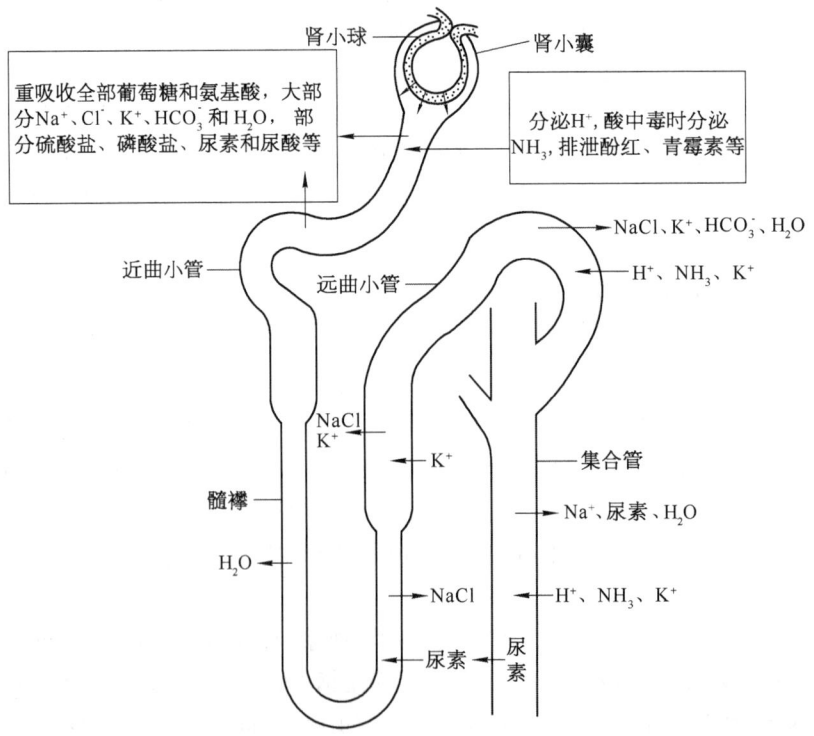

图8-8 肾小管和集合管对各类物质的重吸收和分泌

(二) 重吸收的途径与方式

1. 重吸收的途径 肾小管与集合管重吸收的途径有跨细胞途径和旁细胞途径,跨细胞途径实际上是以细胞内液为中间媒介的两次跨膜转运,即小管液内的物质先通过肾小管上皮细胞的管腔膜转运到细胞内液,然后再从细胞内液通过肾小管上皮细胞的管周膜转运到组织液中,进而通过毛细血管壁回到血液,如小管液中的 Na^+ 经管腔膜顺浓度梯度,或与葡萄糖及氨基酸同向转运体结合通过继发性主动转运的方式进入上皮细胞内,继而上皮细胞内的 Na^+ 被基底侧膜的钠泵逆电-化学梯度转运至细胞间隙,随后进入毛细血管。旁细胞途径则是指小管液中的 Na^+、Cl^- 和水通过肾小管上皮细胞之间的紧密连接直接进入上皮细胞间隙的组织液随后进入毛细血管。

2. 重吸收的方式 根据细胞膜两侧物质浓度的不同,肾小管与集合管重吸收的方式有主动重吸收和被动重吸收两种。主动重吸收是指肾小管及集合管上皮细胞通过耗能,将小管液中的溶质逆浓度梯度或电位梯度转运到肾小管周围的组织液中的方式,主要由原发性主动转运(如钠泵、氢泵、钙泵等)、继发性主动转运(同向、逆向转运)和入胞来完成。一般来说,小管液中各种对机体有用的物质,如葡萄糖、氨基酸、Na^+ 等都是由肾小管及集合管上皮细胞主动重吸收的。被动重吸收是指小管液中的溶质顺浓度梯度、电位梯度或渗透压,进入肾小管周围组织液的方式,不需耗能,包括单纯扩散、易化扩散和渗透等方式。尿素水和 Cl^-(髓袢升支粗段除外)等的重吸收就是被动重吸收的。

(三) 几种物质的重吸收

1. Na^+ 和 Cl^- 的重吸收

(1) 近端肾小管:在近端肾小管前半段,Na^+ 的重吸收是与葡萄糖、氨基酸的同向转运以及 H^+ 的反向转运耦联在一起的一个主动转运过程(图 8-9)。

在此段小管液内的 Na^+ 浓度远高于肾小管上皮细胞内液,同时管腔膜上存在 Na^+-葡萄糖、氨基酸同向转运体和 Na^+-H^+ 逆向转运体,因此,小管液中的 Na^+ 可通过与葡萄糖、氨基酸、H^+ 的同向和逆向转运,顺浓度梯度扩散进入细胞内,进入细胞内的 Na^+ 迅速被管周膜侧膜上的钠泵转运到细胞间隙,这样一方面使细胞内 Na^+ 的浓度降

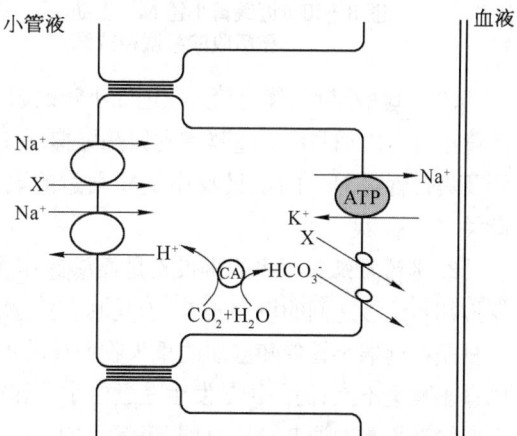

图 8-9 近端肾小管前半段重吸收物质
X:葡萄糖、氨基酸、磷酸盐等;CA:碳酸酐酶

低,负性电荷增多,Na^+ 更易顺着电化学梯度进入细胞内;另一方面使细胞间隙中 Na^+ 的浓度升高,渗透压上升,在渗透压差的驱动下水也随之进入细胞间隙,使其中的静水压升高,这一压力可促使 Na^+ 和水通过相邻的毛细血管基底膜进入毛细血管而被重吸收;同时也可使 Na^+ 和水通过紧密连接再返回小管腔内,后一现象称为回漏(back-leak),此模式称泵漏模式(图 8-10)。

(2) 髓袢:在髓袢升支粗段 Na^+、Cl^- 的重吸收是以 Na^+-$2Cl^-$-K^+ 同向转运模式进行的。在髓袢升支粗段的管腔膜上有 Na^+-$2Cl^-$-K^+ 同向转运体,该转运体在肾小管腔面与 Na^+、$2Cl^-$、K^+ 结合形成 Na^+-$2Cl^-$-K^+ 同向转运复合体,然后顺着 Na^+ 电化学梯度将 $2Cl^-$ 和 K^+ 一起转运到细胞内,进入细胞内的 Na^+ 迅速被管周膜侧膜上的钠泵泵到细胞间隙和组织液中,进入细胞内的 Cl^- 则顺浓度梯度经管周膜基底侧进入组织液,K^+ 则顺着浓度梯度经管腔膜返回肾小管腔内继续参与

Na^+、K^+、Cl^-的同向转运(图8-11)。临床上,利尿剂如呋塞米就是抑制了髓襻升支粗段对Na^+、Cl^-的重吸收而产生强大的利尿效应。

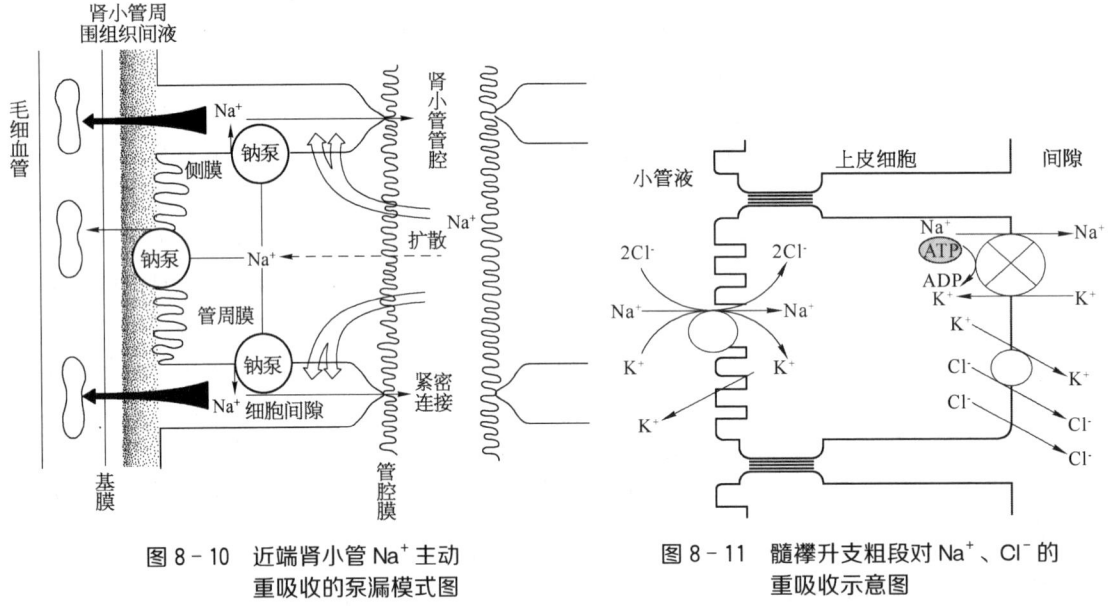

图8-10 近端肾小管Na^+主动重吸收的泵漏模式图

图8-11 髓襻升支粗段对Na^+、Cl^-的重吸收示意图

(3) 远曲小管及集合管:在远曲小管的起始段,Na^+、Cl^-则是通过Na^+-Cl^-同向转运机制进入肾小管上皮细胞内。噻嗪类利尿药可抑制此处的Na^+-Cl^-同向转运,导致利尿。此外,远曲小管及集合管对Na^+的重吸收还受醛固酮的调节(详见本章"尿生成调节"),并与H^+和K^+分泌有关。

2. **水的重吸收** 水的重吸收是靠渗透作用进行的。在肾小管由于溶质被重吸收而造成了小管液和组织液之间的渗透压差,于是水在渗透压差的驱动下被重吸收。水的重吸收有两种情况:一种是在近端小管伴随溶质的重吸收而被动吸收,是一种等渗性重吸收,与体内是否缺水无关,对尿量影响也不大;另一种是发生在远曲小管和集合管,此段水的重吸收量取决于机体内含水量,并受血管升压素的调节,是一种非等渗性的重吸收,当机体缺水时,此段水的重吸收就增加,反之就减少,以此来调节机体水的平衡。若此段重吸收的量稍有改变,即使只减少1%,尿量都会成倍增加。

水重吸收进入细胞间隙的途径有细胞旁转运和跨细胞转运两条。目前认为,水的跨细胞转运是通过细胞膜上的水孔蛋白又称水通道进行的。水快速重吸收就是通过这些水通道实现的。在肾小管各段都有这种水通道蛋白,但亚型不同,主要集中在近曲小管、髓袢的细段和集合管。AQP1分布在肾近曲小管和髓袢细段的管腔膜和基底侧膜,介导肾小球超滤液中水的重吸收。AQP2位于内髓部集合管细胞的管腔膜及细胞内的囊泡中,参与介导VP引起的集合管对水的通透。AQP3、AQP4存在于集合管基底侧膜,AQP4还存在于内髓部直小血管,其主要的作用是使集合管重吸收的水进入直小血管。水通道介导水穿过细胞膜的能力取决于:① 细胞膜两侧渗透压梯度;② 细胞膜水孔蛋白表达的水平。水通道的介导作用在肾脏水分子的跨膜转运中占主导地位。

3. **葡萄糖的重吸收** 葡萄糖重吸收的部位仅限于近端小管,其他各段都没有重吸收葡萄糖的能力,如果葡萄糖在近端小管不能全部被重吸收,终尿中将出现葡萄糖,产生糖尿。

葡萄糖在近端小管的重吸收的方式是逆浓度梯度继发于Na^+的同向转运。因此,如果肾小管腔中无Na^+,或用药物将钠泵抑制,葡萄糖就不能被重吸收(图8-9)。

由于上述葡萄糖转运体的数量有限,近端小管对葡萄糖的重吸收有一定的限度,当血液中葡萄糖浓度超过 9~10 mmol/L(160~180 mg/100 ml)时,部分肾小管对葡萄糖的吸收已达到极限,尿中开始出现葡萄糖,此时的血糖浓度称为**肾糖阈**(renal glucose threshold)。正常人血糖浓度稳定,一般不会达到肾糖阈,小管液中的葡萄糖会被全部重吸收。糖尿病患者的血糖明显升高,往往超过肾糖阈,故产生糖尿。

正常人肾糖阈为 9~10 mmol/L,如果血糖浓度再继续增高,尿中葡萄糖的含量也随之不断升高,当全部肾小管对葡萄糖的重吸收均已达到极限时,重吸收率不再变化,此时的血糖浓度为葡萄糖重吸收极限量(TmG),既为葡萄糖最大转运量。人肾的葡萄糖重吸收极限量,在体表面积为 1.73 m² 的个体,男性为 2.08 mmol/min(375 mg/min),女性为 1.67 mmol/min(300 mg/min)。此后尿葡萄糖的排出率随血糖浓度的进一步升高而平行地增加。(图 8-12)。

4. HCO_3^- 的重吸收 小管液中的 HCO_3^- 主要是以 CO_2 的形式被重吸收的。HCO_3^- 不易通过管腔膜而被重吸收,故在肾小管内先与 H^+ 结合生成 H_2CO_3,H_2CO_3 在管腔膜上的碳酸酐酶作用下分解为 CO_2 和水,脂溶性的 CO_2 很容易通过管腔膜进入肾小管上皮细胞内,在细胞内碳酸酐酶的作用下,CO_2 又与细胞内的水结合生成 H_2CO_3,随后解离成 H^+ 和 HCO_3^-,H^+ 通过 Na^+-H^+ 交换分泌到小管腔中,HCO_3^- 则与交换回细胞内的 Na^+ 一起转运入血(图 8-13)。正常情况下,小管液中 80% 的 HCO_3^- 在近端肾小管被重吸收。HCO_3^- 的重吸收对维持机体的酸碱平衡有重要作用。

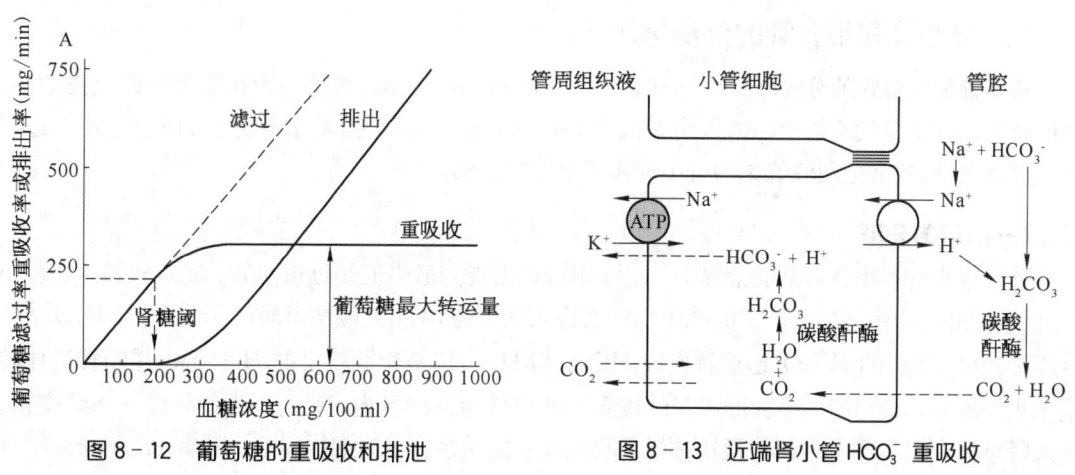

图 8-12 葡萄糖的重吸收和排泄

图 8-13 近端肾小管 HCO_3^- 重吸收

5. K^+ 的重吸收 每日从肾小球滤过的 K^+ 约为 35 g,而每日尿中排出的 K^+ 为 2~4 g。微穿刺实验证明,肾小球超滤液中的 K^+ 绝大部分在近端小管被重吸收回血,而终尿中的 K^+ 主要是由远端小管和集合管分泌的。近端小管对 K^+ 的重吸收是一个主动转运过程。因为小管液中 K^+ 浓度为 4 mmol/L,大大低于细胞内 K^+ 浓度(150 mmol/L);同时此处管腔内的电位低于小管周围组织液,所以 K^+ 重吸收是逆电位差和逆浓度差进行的。因此认为,管腔膜是主动重吸收 K^+ 的关键部位,其主动重吸收的机制尚不清楚。而细胞内的 K^+ 浓度比细胞外液高 30~40 倍,故 K^+ 通过管周膜入血是顺浓度梯度转运。

6. 其他物质的重吸收 小管液中氨基酸的重吸收与葡萄糖的重吸收机制是相同的,也是与 Na^+ 同向转运,但与转运葡萄糖的转运体不同;另外,Ca^{2+}、HPO_4^{2-}、SO_4^{2-} 的重吸收也与 Na^+ 同向转运;正常时进入原尿中的微量蛋白质,则以入胞方式重吸收。

现将肾小管重吸收物质的情况总结如表 8-3。

表 8-3 肾小管重吸收物质的情况总结表

重吸收物质	重吸收率(%)	重吸收部位和方式			重吸收机制和特点
		近端小管	髓袢	远端小管和集合管	
Na^+	99	65%~67% 主动	10%~20% 升支粗段主动 升支细段被动	10%~15% 主动	近端小管以泵-漏式和 Na^+-H^+ 交换 远端小管和集合管与 K^+、H^+ 分泌并受醛固酮调节
Cl^-	99	65%~67% 被动	10%~20% 升支粗段继发主动	10%~15% 被动	升支粗段与 K^+、Na^+ 同向转运 其他部位伴随 Na^+ 重吸收
K^+	100	几乎全部 主动			远曲小管和集合管 Na^+-K^+ 交换 与 K^+-H^+ 交换重吸收有竞争作用
HCO_3^-	99	80%~90% 被动	10%~20% 被动		以 CO_2 重吸收,同时伴有 H^+ 的分泌
葡萄糖	100	全部(主动)			同向协同转运,有限度(肾糖阈)
H_2O	99	65%~67% 被动	10% 降支被动升支无通透	20%	受渗透压调节,远曲小管和集合管重吸收受 ADH 和醛固酮调节

三、肾小管和集合管的分泌排泄

肾小管和集合管的分泌(renal tubule and collecting secretion)指肾小管和集合管的上皮细胞,将血液中及其本身代谢的产物排入小管液中的过程。前者称排泄,后者称分泌,但因这两个过程难以严格区分,故常把两者统称为肾小管和集合管的分泌。

(一) H^+ 的分泌

各段肾小管和集合管都能分泌 H^+,但分泌 H^+ 的能力最强的是近端小管,约占 80%。在肾小管上皮细胞内,由细胞代谢产生的或由小管液进入细胞的 CO_2,在碳酸酐酶的作用下,与 H_2O 结合生成 H_2CO_3,生成的 H_2CO_3 迅速解离成 HCO_3^- 与 H^+,H^+ 被管腔膜上的 H^+-Na^+ 逆向转运体转运至小管液中,与此同时,小管液中 Na^+ 被同一转体转运入细胞内,这一过程称为 H^+-Na^+ 交换。进入肾小管上皮细胞内的 Na^+ 很快被管周膜侧膜上的钠泵转运到细胞间隙。随着 H^+ 不断分泌进入小管液,细胞内的 HCO_3^- 也不断增加,由于管周膜基底侧对 HCO_3^- 的通透性较高,所以细胞内的 HCO_3^- 顺电化学梯度随之扩散进入细胞间隙,并随 Na^+ 一起重吸收回血液。由此可见肾小管每分泌一个 H^+ 入小管液,就可以从小管液中重吸收一个 Na^+ 和一个 HCO_3^- 回血,这对维持体内酸碱平衡具有重要的意义(图 8-14)。目前研究认为,在管腔膜上有 H^+ 泵,可直接将细胞内的 H^+ 泵入小管腔内。

(二) K^+ 的分泌

小管液中的 K^+ 绝大部分已在近端小管被重吸收回血,而尿中排出的 K^+ 主要是由远端小管和集合所分泌的。远端小管和集合管 K^+ 的分泌与 Na^+ 的主动重吸收有密切的联系。当小管液中的 Na^+ 被主动重吸收后,使小管腔内成为负电位($-10 \sim -40$ mV),此外,远端小管和集合管管周膜侧膜上的钠泵将细胞内的 Na^+ 泵出细胞外的同时也将细胞外的 K^+ 泵入细胞内,从而使远端小管

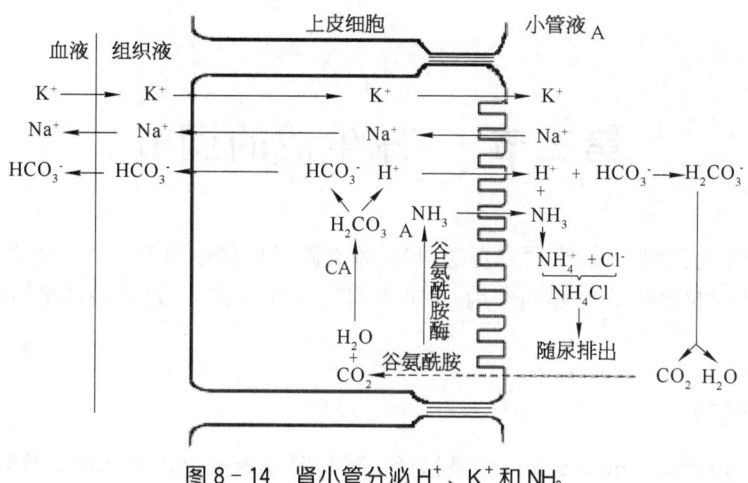

图 8-14 肾小管分泌 H^+、K^+ 和 NH_3

和集合管上皮细胞内的 K^+ 浓度远远高于小管液中的 K^+ 浓度，于是，K^+ 顺着电位差和浓度差由肾小管上皮细胞内分泌进小管液中。这种 K^+ 的分泌与 Na^+ 的主动重吸收的联系过程，称为 K^+-Na^+ 交换。

远端小管和集合管除有 K^+-Na^+ 交换外，还存在有 H^+-Na^+ 交换，由于 K^+-Na^+ 交换和 H^+-Na^+ 交换都依赖于 Na^+，故两者之间有竞争抑制作用。当 H^+-Na^+ 交换增强时，K^+-Na^+ 交换则减弱；反之，当 K^+-Na^+ 交换增强时，则 H^+-Na^+ 交换减弱。何者占优势，取决于远端小管和集合管上皮细胞内的 H^+、K^+ 的浓度，例如在酸中毒时，肾小管细胞内碳酸酐酶活性增强，H^+ 生成量增加，于是 H^+-Na^+ 交换增强，而 K^+-Na^+ 交换则减弱，肾小管分泌 K^+ 减少，而导致血 K^+ 浓度升高，故酸中毒时常伴有高 K^+ 血症。同理，碱中毒时可产生低钾血症。临床上，用乙酰唑胺抑制碳酸酐酶活性时，则 H^+ 生成量减少，于是 H^+-Na^+ 交换减少而 K^+-Na^+ 交换增加，从而可导致排 K^+ 量增加和血液中 H^+ 浓度增高（图 8-14）。

（三）NH_3 的分泌

正常情况下，NH_3 的分泌发生在远端小管和集合管。但在酸中毒情况下，近端小管也可分泌 NH_3。远端小管和集合管上皮细胞分泌的 NH_3 主要是肾小管上皮细胞在代谢过程中由谷氨酰胺脱氨而来，其次来自细胞内其他氨基酸的脱氨。NH_3 为脂溶性物质，能自由通过细胞膜。当小管液的 pH 值较低时，细胞内的 NH_3 较易向小管液中扩散。NH_3 进入小管液后，与小管液中的 H^+ 结合并生成 NH_4^+，NH_4^+ 再与小管液中的 Cl^- 结合生成 NH_4Cl（酸性铵盐）随尿排出（图 8-14）。NH_4^+ 的生成一方面使小管液中的 NH_3 浓度下降，所形成的浓度差可加速 NH_3 的分泌；另一方面又降低了小管液中 H^+ 的浓度，也有利于 H^+ 进一步的分泌。由此可见，远端小管和集合管分泌 NH_3 的活动，对调节体内酸碱平衡也具有重要的意义。

（四）其他物质的分泌

体内的代谢产物肌酐和对氨基马尿酸既能从肾小球滤过，又可经肾小管和集合管分泌排入小管液。进入体内的酚红、青霉素、利尿药呋塞米等由于与血浆蛋白结合而不能被肾小球滤过，但可在近端小管被主动分泌到小管液中。

第三节 尿生成的调节

尿生成的调节有三种方式,即肾内自身调节、体液调节和神经调节。由于血管升压素、醛固酮在尿生成的调节中起着十分重要的作用,本节重点阐述体液调节,对自身调节、神经调节作一般介绍。

一、自身调节

肾内自身调节(renal autoregulation)是指肾小球与肾小管通过本身活动的改变以及肾小管内溶质的改变来调节尿生成的方式。

(一) 小管液溶质的浓度

小管液中溶质所形成的渗透压,是对抗肾小管重吸收水分的力量。当小管液中溶质浓度增加时,可使肾小管内的渗透压增高,肾小管特别是近端小管对水的重吸收减少,因而尿量增加。这种由于渗透压升高而引起的尿量增多的现象,称为**渗透性利尿**(osmotic diuresis)。例如糖尿病患者的多尿,就是由于血糖超过了肾糖阈,小管液中的葡萄糖不能完全被重吸收,从而使小管液中的溶质增加,渗透压升高,水重吸收减少,于是尿量的增加,产生多尿。临床上常利用一些能经过肾小球滤过,而又不被肾小管重吸收的药物如甘露醇和山梨醇等,来增加小管液中溶质的浓度及渗透压,使尿量增加,以达到利尿和消除脑水肿的目的。

(二) 球管平衡

近端小管对 Na^+ 和水的重吸收率始终占肾小球滤过率的 65%~70%,这种现象称**球管平衡**(glomerulotubular balance)。即当肾小球滤过率增加时,近端小管重吸收 Na^+ 和水的重吸收率也随之增加呈定比重吸收;反之,前者降低,后者也相应降低。球管平衡的生理意义在于通过肾小球与近端小管的功能活动的协调,使终尿量不致因肾小球滤过率的增减而出现大幅度的变动。

二、体液调节

尿的生成受体内多种体液因素的调节,其中血管升压素与醛固酮最为重要。

(一) 血管升压素

血管升压素(VP)只有在较高浓度时才有升压作用,生理浓度时只有抗利尿作用,因而又称**抗利尿激素**(antidiuretic hormone,ADH)。VP是由下丘脑视上核和室旁核的神经元合成,沿神经元的轴浆经下丘脑垂体束运输到神经垂体储存并由此释放进入血液循环。

VP的主要生理作用是提高远曲小管和集合管上皮细胞对水的通透性,从而促进水的重吸收,使尿液浓缩,尿量减少。此外,VP还可增加内髓部集合管对尿素的通透性、促进髓襻升支粗段对NaCl的主动重吸收,以提高肾髓质组织间液的渗透压梯度,有利于尿的浓缩。

关于 VP 的作用机制，目前认为，它能与远曲小管和集合管上皮细胞管周膜上的血管升压素 V_2 受体结合，通过 V_2 受体 - G_s - AC - cAMP - PKA 途径实现跨膜信号转导，使上皮细胞内含有水孔蛋白 AQP_2 的小泡镶嵌到上皮细胞的管腔膜上，从而提高管腔膜对水的通透性。当 VP 缺乏时，管腔膜上的水通道蛋白以入胞的形式被摄入胞浆内，形成胞浆小泡，此时，远曲小管和集合管对水的通透性明显降低。水通过管腔膜上的水通道进入细胞后可自由通过基底侧膜进入毛细血管而被重吸收(图 8 - 15)。

调节 VP 合成和释放最有效的刺激是血浆晶体渗透压的升高和循环血量的减少。

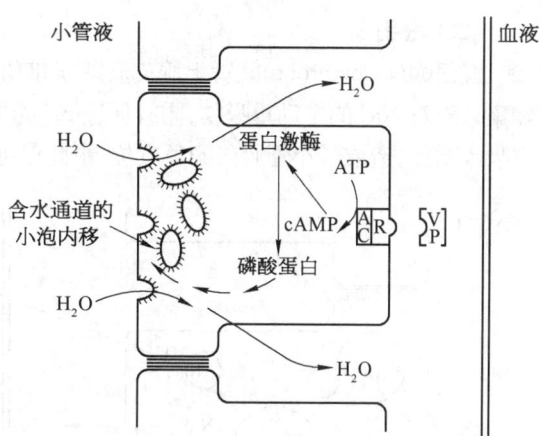

图 8 - 15 血管升压素的作用机制
VP：血管升压素；AC：腺苷酸环化酶；R：V_2 受体

1. 血浆晶体渗透压的改变 血浆晶体渗透压是生理条件下调节 VP 合成、释放的最重要因素。下丘脑视上核附近有**渗透压感受器**(osmoreceptor)，它对血浆晶体渗透压的改变十分敏感，只要血浆晶体渗透压升高 1%～2%，即可以引起反应，使 VP 分泌增加。

当机体大量出汗，严重呕吐或腹泻等造成体内水分不足时，血浆晶体渗透压则升高，对渗透压感受器的刺激增强，使下丘脑神经垂体合成、释放的 VP 增多，远端小管和集合管对水的重吸收增加，尿液浓缩，尿量减少，从而有利于保存体内的水分，维持水的平衡；反之，当在短时间内大量饮清水后，血浆被稀释，血浆晶体渗透压降低，对渗透压感受器的刺激减小，VP 合成和释放减少，远曲小管和集合管对水的重吸收减少，尿量增多，使体内多余的水分及时排出体外，这种大量饮清水后引起尿量增多的现象称为**水利尿**(water diuresis)(图 8 - 16)，它是临床上用来检测肾稀释能力的一种常用方法。

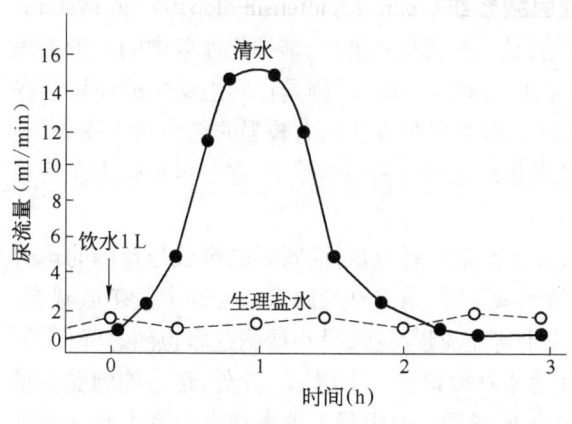

图 8 - 16 饮清水与等渗盐水对尿量影响的示意图

2. 循环血量的改变 循环血量的改变可作用于左心房和胸腔大静脉壁上的**容量感受器**(volume receptor)，反射性地调节 VP 的合成和释放。当循环血量增多时，心房内压增高，对容量感受器刺激增强，迷走神经传入冲动增多，反射性地抑制 VP 的合成和释放，肾小管和集合管对水的重吸收减少，尿量增多，排出体内过剩的水分，使循环血量得以恢复。相反，当急性大失血、严重呕吐或腹泻等使循环血量减少时，对容量感受器的刺激减弱，迷走神经传入冲动减少，VP 的合成和释放则增多，使肾小管和集合管对水的重吸收增加，尿量减少，有利于血容量的恢复。

此外，动脉血压升高时，通过刺激颈动脉窦的压力感受器，也可以反射性地抑制 VP 的释放。疼痛刺激、情绪紧张等可促进 VP 的释放，使尿量减少；弱的冷刺激可使其分泌减少，尿量增多。当下丘脑病变累及视上核和室旁核或下丘脑垂体束时，VP 的合成和释放发生障碍，可导致尿量明显增加，每日超过 4 L，个别可达 10 L 或以上，称为**尿崩症**(diabetes insipidus)。

(二) 醛固酮

醛固酮(aldosterone)是肾上腺皮质球状带所分泌的一种激素,对肾脏的作用是促进远曲小管和集合管对 Na^+ 的主动重吸收,同时促进 K^+ 的排出,所以醛固酮有保 Na^+ 排 K^+ 作用。由于 Na^+ 重吸收增加,造成了小管腔内的负电位,由此促进了 K^+ 的分泌和 Cl^- 的重吸收。结果,在醛固酮的作用下,远曲小管和集合管对 Na^+ 的重吸收增强的同时,Cl^- 和水的重吸收也增加,导致细胞外液量增多。

醛固酮进入远曲小管和集合管的上皮细胞后,与胞浆受体结合,形成激素-胞浆受体复合物;后者进入胞核,通过基因调节,生成特异性 mRNA,进而导致**醛固酮诱导蛋白**(aldosterone-induced protein)的合成。诱导蛋白则可能通过:① 改变管腔膜的 Na^+ 通道蛋白构型,增加水的通透性,或增加管腔膜的 Na^+ 通道数量。② 增加线粒体中合成 ATP 的酶,为上皮细胞 Na^+ 泵活动提供更多的能量。③ 增加管周膜基底侧的 Na^+ 泵的活性,促进细胞内的 Na^+ 泵回血液和 K^+ 进入细胞,提高细胞内 K^+ 浓度,有利于 K^+ 分泌(图 8-17)。

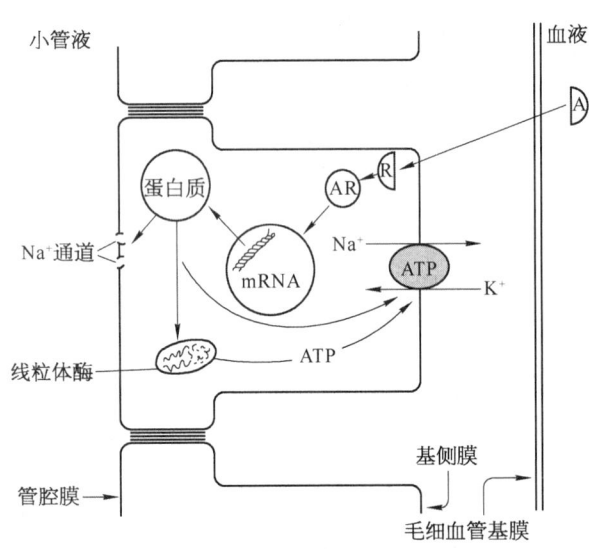

图 8-17 醛固酮作用机制及生理作用
A:醛固酮;R:胞浆受体;AR:激素-胞浆受体复合物

醛固酮的分泌主要受肾素-血管紧张素-醛固酮系统,以及血 K^+、血 Na^+ 浓度等因素的调节。

1. **肾素-血管紧张素-醛固酮系统** 血浆中肾素、血管紧张素、醛固酮在功能上相互联系形成一个完整的功能系统,称为**肾素-血管紧张素-醛固酮系统**(renin-angiotensin-aldosterone system, RAAS)。在这个系统中,肾素主要由球旁细胞分泌,是一种蛋白水解酶,能催化血浆中的血管紧张素原转变为血管紧张素Ⅰ(10肽),血管紧张素Ⅰ在血液和组织中,特别是在肺组织中的血管紧张素转换酶的作用下,继续降解为血管紧张素Ⅱ(8肽),血管紧张素Ⅱ除有较强的缩血管作用外,还可刺激肾上腺皮质球状带分泌醛固酮。血管紧张素Ⅱ在氨基肽酶的作用下,进一步水解为血管紧张素Ⅲ(7肽),它也能刺激球状带分泌醛固酮。

肾素-血管紧张素-醛固酮系统活动的强弱取决于肾素的释放量,而肾素的释放与肾内的球旁器有关,当动脉血压下降,循环血量减少,使肾血流量减少时,入球小动脉管壁受的牵张刺激减弱,从而激活了球旁细胞,使肾素释放量增加;同时,由于肾血流量减少,肾小球滤过率也随之降低,流经致密斑的 Na^+ 量也降低,可激活致密斑,进而使肾素释放量进一步增加。此外,球旁细胞受交感神经支配,肾交感神经兴奋时,也能引起肾素的释放量增加。血中肾上腺素和去甲肾上腺素也可直接刺激球旁细胞,促使肾素释放增加。

2. **血 K^+、Na^+ 的浓度** 当血 K^+ 浓度升高或血 Na^+ 浓度降低时,可直接刺激肾上腺皮质球状带分泌醛固酮,促进肾脏保 Na^+ 排 K^+,反之,血 K^+ 浓度降低或血 Na^+ 浓度升高时,则抑制醛固酮分泌,从而维持机体血 Na^+ 和血 K^+ 浓度的相对恒定。实验证明,血 K^+ 浓度改变对醛固酮的分泌调节更为灵敏。

(三) 心房钠尿肽

心房钠尿肽是血压升高和血容量增加时,由心房肌合成和分泌的肽类激素。其主要生理作用是促进肾脏排出 NaCl 和水,调节体内水盐代谢,维持血压和血容量。其作用机制可能包括:① 抑制集合管对 NaCl 的重吸收。心房钠尿肽与集合管上皮细胞基底侧膜上的心房钠尿肽受体结合,激活鸟苷酸环化酶,造成细胞内 cGMP 含量增加,后者使管腔膜上的 Na^+ 通道关闭,抑制 Na^+ 重吸收,增加 NaCl 的排出。② 使入球、出球小动脉,尤其是入球小动脉舒张,增加肾血浆流量和肾小球滤过率。③ 抑制肾素、醛固酮、血管升压素的分泌。

(四) 其他体液因素

除以上体液因素外,还有许多体液因素参与尿生成的调节,如肾内局部产生的活性物质:缓激肽、内皮素、一氧化氮、前列腺素等;肾外产生的活性物质:肾上腺素、去甲肾上腺素、多巴胺、血管紧张素、甲状旁腺激素等。

三、神经调节

参与调节尿生成的神经主要是肾交感神经。肾交感神经对尿生成的调节是通过以下三方面实现的:① 使肾血管收缩,肾血流量减少,进而使肾小球滤过率降低。② 促进肾小管对 Na^+ 等溶质的重吸收。③ 促进近球细胞释放肾素。不难看出,肾交感神经不但通过肾小球滤过率、肾小管和集合管直接调节尿的生成,而且还可以通过影响体液因素间接调节尿的生成。

第四节 尿的浓缩与稀释

尿的浓缩与稀释是指尿液的渗透压与血浆的渗透压相比较而言。当体内缺水时,肾脏将排出渗透压明显高于血浆渗透压的尿,称**高渗尿**(hypertonic urine),表示尿液被浓缩;当体内水过剩时,将排出渗透压低于血浆渗透压的尿,称**低渗尿**(hypotonic urine),表示尿液被稀释。若无论体内缺水或是水过剩,排出尿的渗透压总是与血浆的渗透压相等或相差无几,则称为等渗尿,表明肾脏的浓缩和稀释功能严重受损。正常人尿液的渗透压波动在 $50 \sim 1\,200\ \text{mOsm}/(\text{kg} \cdot \text{H}_2\text{O})$ 之间,说明肾脏对尿液的浓缩和稀释能力很强,这对调节体液平衡和稳定渗透压有着极其重要的作用。

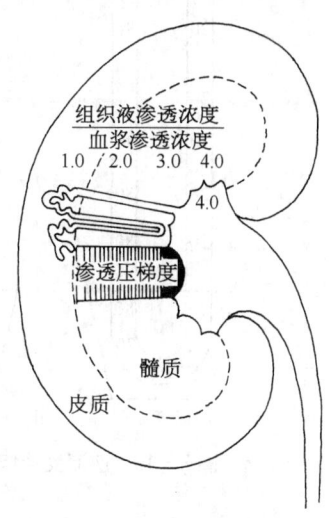

图 8-18 肾皮质与髓质的渗透压变化

一、尿浓缩与稀释的机制

采用冰点降低法,测定鼠肾分层切片组织液的渗透压发现,肾皮质部位的组织液都是与血浆的渗透压相等的,其与血浆渗透压之比为 1.0;而肾髓质的组织液的渗透压却远远高于血浆,从外向内,越接近肾乳头,渗透压越高,其比值分别 2.0、3.0、4.0(图 8-18);用微穿刺法测定肾小管和集合管内小管液也发现,只有当小管液通过髓袢时,小管液的渗透压才发生变化,直到通过集合管尿液被浓缩。以上实验结果表明,尿液浓缩的部位在肾髓质,因此,肾髓质层越厚,浓缩尿液的能力越强。如沙鼠的肾髓质层特别的厚,它的肾能产生20倍于血浆渗透压的高渗尿;猪的肾髓质层较薄,只能产生1.5倍于血浆渗透压的高渗尿;人肾髓质层中等厚,能产生4~5倍于血浆渗透压的高渗尿。

(一) 肾髓质高渗梯度的形成原理

肾髓质高渗梯度的形成原理,目前用各段肾小管对水和溶质的通透性不同(表8-4)以及**逆流倍增**(counter-current multiplication)现象来解释。

表8-4 各段肾小管和集合管对Na^+、水和尿素的通透性

部 位	NaCl	尿素	水
髓袢降支细段	不易通透	不易通透	高度通透
髓袢升支细段	高度通透	中等通透	不通透
髓袢升支粗段	不易通透,高度主动吸收	不通透	不通透
远端小管	不易通透,主动吸收	不通透	不通透(有VP易通透)
集合管皮质部	不易通透,主动吸收	不通透	不通透(有VP易通透)
集合管髓质部	不易通透,主动吸收	易通透	不易通透(有VP易通透,并增加尿素通透)

注:VP,血管升压素。

1. **逆流倍增** 物理学中将在两个下端相通且并列的U形管道中,液体流动的方向相反的现象,称为逆流,如液体在U形管道流动时,其两管间的隔膜允许液体中的溶质在两管间交换,称逆流交换(图8-19),两者构成了一个逆流系统。在逆流系统溶质交换的过程中,便会产生逆流倍增现象。

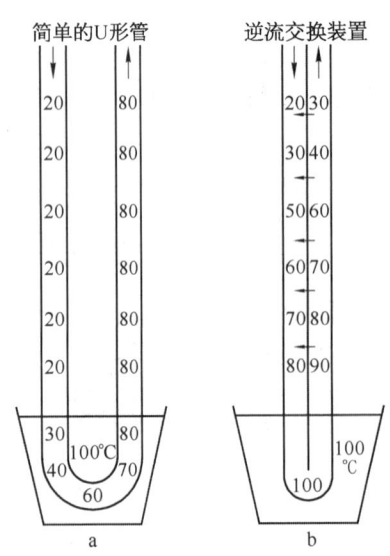

图8-19 逆流交换作用的模式图

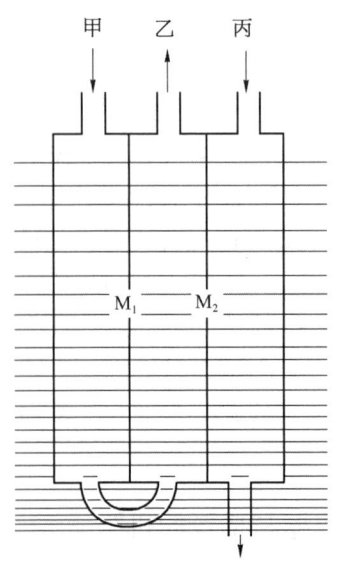

图8-20 逆流倍增作用的模式图
甲管内液体向下、乙管内液体向上流,丙管内液体向下流。M_1膜能将液体中的Na^+由乙管泵入甲管,且对水不易通透,M_2对水易通透

逆流倍增现象可用图 8-20 模型解释。模型中含有溶质的液体从甲管流进,通过管下端的弯曲部分折返流入乙管,然后从乙管反向流出,在溶液流动的过程时,由于 M_1 膜能主动将溶质由乙管泵入甲管,且 M_1 膜对水的通透性很低,因此,甲管中的溶液在向下流动的过程中将不断接受由乙管泵入的溶质,到甲管下端的弯曲部溶质浓度达到最高。当溶液折返流入乙管并向上流动时,由于 M_1 膜将溶质泵入甲管,乙管溶液中的溶质浓度不断下降。这样,不论是甲管还是乙管,从上往下溶质浓度均逐渐升高,形成溶质的浓度梯度,即出现了逆流倍增现象。

如果乙管和丙管也构成一个逆流系统,当渗透浓度较低的溶液从丙管向下流动时,而且 M_2 膜对水有通透性,对溶质不通透,水将因渗透作用而进入乙管,这样,丙管内溶质的浓度从上到下逐渐增加,从丙管下端流出的液体就变成了高渗溶液。

在肾脏中,髓袢降支细段类似于甲管,髓袢升支粗段类似于乙管,集合管类似于丙管,髓袢升支粗段的通透性与 M_1 膜相似,集合管膜的通透性与 M_2 膜相似(图 8-21)。所以,肾髓质高渗梯度的形成可以用逆流倍增现象来解释。

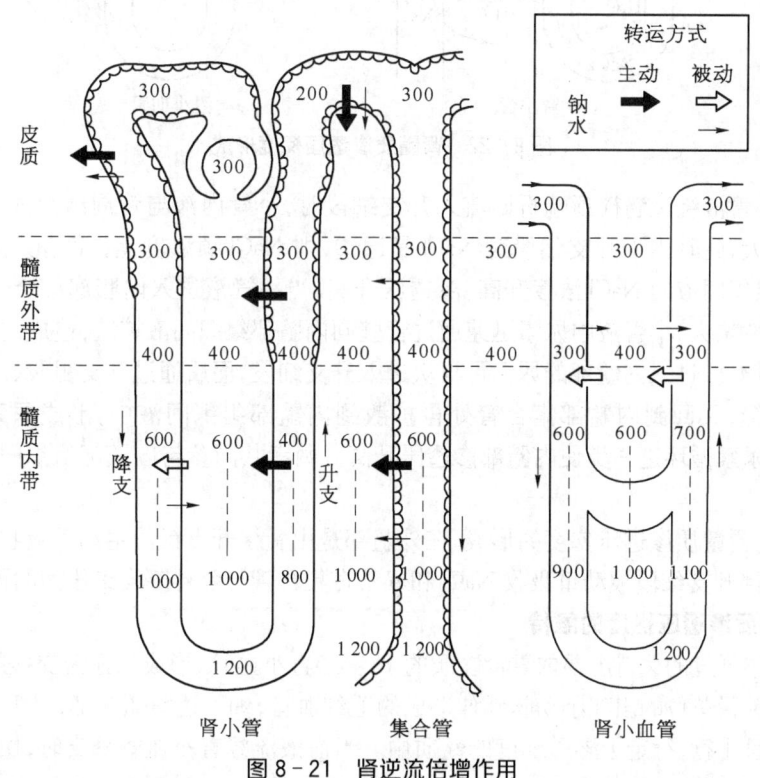

图 8-21 肾逆流倍增作用

2. 外髓部渗透压梯度的形成 由于位于外髓部的髓袢升支粗段能主动重吸收 NaCl,而对水不易通透,因此,升支粗段内小管液流向皮质时,随着管腔内 NaCl 的重吸收,管外周组织间液中的 Na^+ 和 Cl^- 浓度逐渐升高,渗透压也逐渐升高,越靠近内髓部,渗透压越高,进而在外髓部形成一个由内向外的渗透压梯度(图 8-22)。

3. 内髓部渗透压梯度的形成 内髓部渗透压梯度的形成,主要与 NaCl 在髓袢升支细段被动重吸收和尿素在集合管与髓袢降支细段间的再循环有关。

由于降支细段对 NaCl 不易通透,而对水则通透性较高,随着水的重吸收,管内 NaCl 浓度逐

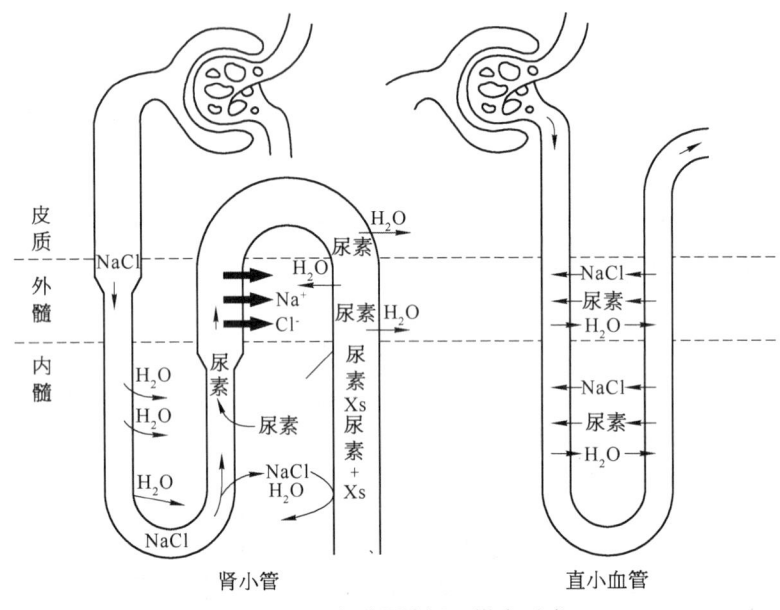

图 8-22 肾髓质渗透压梯度形成

渐升高,故当小管液绕过髓袢顶端折回流入升支细段时,小管内液与管周组织间液之间的 NaCl 浓度差明显增大,此时由于升支细段对 NaCl 易通透,则 NaCl 顺浓度差扩散进入内髓部组织间液,使内髓部组织间液的 NaCl 浓度升高,渗透压升高;当小管液进入内髓部集合管时,由于管壁对尿素的通透性增大,小管液中尿素迅速通过管壁向内髓部组织间液扩散,造成内髓部组织间液中尿素浓度的增高,进入内髓部的尿素可再次进入升支细段,而后通过升支粗段、远曲小管、皮质和外髓部集合管,又回到内髓部集合管处再扩散到内髓部组织间液中,形成**尿素再循环**(urea recirculation),尿素循环进一步使内髓部渗透压升高。两者共同参与内髓部组织间液渗透压梯度的形成。

综上所述,肾髓质渗透压梯度的形成,在外髓部是由髓袢升支粗段主动重吸收 NaCl 形成,在内髓部是由髓袢升支细段被动重吸收 NaCl 和尿素在集合管与髓袢降支细段间的再循环形成。

(二) 肾髓质渗透压梯度的维持

肾髓质渗透梯度的保持主要依靠肾髓质的 U 字形直小血管,形成的逆流交换的作用实现的。直小血管是近髓肾单位的出球小动脉延伸形成的毛细血管,细长达髓质深部,呈 U 字形,与髓袢、集合管等紧邻且平行,行走于渗透梯度的髓质中。当血液流经直小血管降支时,由于其周围组织液中的 NaCl 和尿素浓度高于血管同一水平血液的浓度,故 NaCl 和尿素向血管降支扩散,而水则渗出。这样降支中的 NaCl 和尿素浓度逐渐升高,在直小血管折返处其浓度最高;当血液折返流入升支时,升支血管内的 NaCl 和尿素的浓度又高于同一水平的组织液,于是 NaCl 和尿素又向组织液扩散,因而绝大部分 NaCl 和尿素被保留于髓质的组织液中,而水又渗入直小血管升支,及时返回体循环。这一过程称为直小血管的逆流交换作用。通过直小血管的逆流交换作用,当血液离开肾髓质时,带走较多的水,较少的 NaCl 和尿素,从而保持了肾髓质的渗透梯度(图 8-22)。由此可见,尿液的浓缩与稀释的基本条件是:① 肾髓质的渗透梯度;② 血管升压素的存在。正常情况下,血管升压素的释放量是决定尿液浓缩程度的关键因素。

二、尿浓缩与稀释的过程

1. 尿的浓缩(concentration of the urine) 是由于小管液中的水被重吸收而溶质仍留在小管液中造成的。当低渗性的小管液从远端小管进入集合管,穿过肾髓质高渗区流向肾乳头方向时,在血管升压素(VP)作用下,远端小管和集合管管壁对水的通透性提高,水分被从管内抽吸到管外,于是集合管内液的水分越来越少,渗透压越来越高,形成高渗尿,尿被浓缩,尿量减少。在高度缺水时,每日尿量可能只有300~400 ml,而尿的渗透压可高达1 200~1 400 mOsm/(kg·H$_2$O),比血浆高4~5倍。

2. 尿的稀释(dilution of the urine) 是由于小管液中的溶质被重吸收而水仍留在小管液中造成的。当体内水过多,血管升压素释放减少时,远曲小管和集合管对水的通透性降低,来自髓袢升支粗段的低渗小管液在流经远端小管和集合管时,NaCl被继续重吸收,而水不易被重吸收,于是小管液的渗透压进一步降低,可降低至50 mOsm/(kg·H$_2$O),最后形成大量的低渗尿,造成尿液的稀释。当抗利尿激素完全缺乏时,如严重尿崩症患者,每天可排出高达10 L以上的低渗尿。

实验证明,无论终尿是低渗还是高渗,由髓袢升支粗段进入远端小管的小管液总是低渗的。因此,尿液的浓缩和稀释过程主要是在远端小管和集合管中完成,它与肾髓质渗透梯度和血管升压素的作用有着密切关系。

第五节 血浆清除率

血浆清除率(plasma clearance,C)指两侧肾脏在单位时间(一般用每分钟)内能将多少毫升血浆中所含的某物质完全清除出去,这个被完全清除了该物质的血浆毫升数,称为该物质的血浆清除率(ml/min)。血浆清除率能够反映肾脏对不同物质的清除能力,也可以了解肾脏对各种物质的排泄功能。因此,它是一种常用的测量肾功能的重要方法。

一、血浆清除率的计算方法

计算血浆清除率的公式为:

$$C = U \times V / P$$

公式中,C为某物质血浆清除率;U为尿中某物质的浓度(mg/100 ml);V为每分钟尿量(ml/min);P为血浆中某物质的浓度(mg/100 ml)。因为尿中该物质均来自血浆,所以:

$$U \times V = P \times C$$

亦即
$$C = U \times V / P$$

根据此公式可以计算出各种物质的血浆清除率。各种物质的清除率并不一样(表8-5)。这里需要指出,所谓每分钟被完全清除了某物质的血浆毫升数,仅是一个推算的数值,实际上,肾并不一定把某1 ml血浆中的某物质完全清除掉,而可能仅仅清除其中的一部分。但是,肾清除该物质的量可以相当于多少毫升血浆中所含的该物质的量。所以说,清除率所表示的血浆毫升数是一个相当量。

表 8-5 几种物质的清除率

物　质	清除率(ml/min)	物　质	清除率(ml/min)
葡萄糖 glucose	0	磷酸盐 phosphate	25.0
钠 sodium	0.9	菊粉 inulin	125.0
氯 chloride	1.3	肌酐 creatinine	140.0
钾 potassium	12.0	尿素	70.0

二、测定血浆清除率的意义

测定清除率不仅可以了解肾的功能,还可以分别测定肾小球滤过率、肾血浆流量以及判断肾小管对各种物质的重吸收和分泌的情况。

(一) 测定肾小球滤过率(GFR)

如果一种物质可自由地滤过,不被肾小管、集合管重吸收和分泌,那么排泄到尿中的该物质($U \times V$)等于该物质由肾脏的滤过率($GFR \times P$),即:

$$GFR \times P = U \times V$$
$$GFR = U \times V / P = C$$

1. 菊粉清除率　菊粉(inulin)是存在于植物根中的多糖,故也称菊糖,分子量为 5 200 Da。人和动物体内都不含有这种多糖,且对人体无毒性,进入体内不被分解,完全随尿排出,而且只从肾小球滤过,不被肾小管、集合管重吸收和分泌,因此它是符合上述测定肾小球滤过率(GFR)的理想物质,它的血浆清除率(C_{in})就等于肾小球滤过率。

测定的方法是从静脉滴注一定量的菊粉以保持血浆浓度恒定为 1 mg/100 ml,然后分别测定每分钟尿量和尿中菊粉浓度,既可按血浆清除率的公式算出肾小球滤过率。实际测得每分钟尿量(V)为 1 ml/min,尿中菊粉浓度(U_{in})为 125 mg/100 ml,菊粉清除率为:

$$C_{in} = U_{in} \times V / P_{in} = [(1 \text{ ml/min}) \times (125 \text{ mg/100 ml})] / (1 \text{ mg/100 ml}) = 125 \text{ ml/min}$$

所以,肾小球滤过率为 125 ml/min。

2. 内生肌酐清除率　由于菊粉清除率试验操作复杂,临床上改用较为简便的内生肌酐清除率试验,也能较准确地测得肾小球滤过率。所谓**内生肌酐**(endogenous creatinine),是指体内组织(骨骼肌)代谢所产生的肌酐。试验方法为试验前二三日,被试者禁食肉类,以免从食物中摄入过多的外来肌酐。其他饮食照常,但要避免强烈运动或体力劳动,而只从事一般工作。在这种情况下,受试者血浆中的肌酐浓度(平均在 1 mg/L 左右)以及在一昼夜内肌酐的尿中排出总量都比较稳定。这样,在进行肌酐清除率试验时,就不必另给肌酐溶液,只需从第三天清晨起收集 24 h 的尿,合并起来计算其尿量,并测定混合尿中的肌酐浓度。抽取少量静脉血,测定血浆中的肌酐浓度,按血浆清除率的公式算出 24 h 的肌酐清除率。

肌酐清除率=[尿肌酐浓度(mg/L)×24 h 尿量(L)/血浆肌酐浓度(mg/L)](L/24 h)

肌酐能自由通过肾小球滤过,在肾小管中很少被重吸收,但有少量是由近曲小管分泌的。给正常人滴注肌酐,使血浆中浓度高达 10~100 mg/100 ml 时,近曲小管分泌肌酐的量增多,此时肌酐清除率可大于菊粉清除率,达 175 mg/ml。但内生肌酐在血浆中的浓度相当低(仅 0.1 mg/100 ml),近曲小管分泌的肌酐量可忽略不计,因此内生肌酐清除率与菊粉清除率相近,可以代表肾小球滤过率。我国成人内生肌酐清除率平均为 128 L/24 h。

(二) 测定肾血浆流量

肾血浆流量(renal plasma flow, RPF)也可用清除率进行测定,但所需的物质应是在经过肾循环一周后可以被完全清除(通过滤过和分泌)物质,亦即在肾动脉中该物质有一定浓度,但在肾静脉中其浓度接近于0,则该物质每分钟的尿中排出量($U \times V$),应等于每分钟流过肾的血浆中所含的量。设每分钟通过肾的血浆量为 X,血浆中该物质浓度为 P,即 $U \times V = X \times P$,则该物质的清除率即为每分钟通过肾的血浆量 $C = U \times V / P = X$。符合这一条件的有**碘锐特**(diodrast)和**对氨基马尿酸**(PAH)的钠盐。

当从静脉滴注**碘锐特**(diodrast)或**对氨基马尿酸**(PAH)的钠盐,维持血浆浓度较低时(1~3 mg/100 ml),当它流经肾脏时,一次就能被肾几乎全部清除掉,因此,肾静脉中的浓度将接近于0(实际不是0,因为有部分血流通过肾被膜、肾盂等非泌尿部分)。因此,碘锐特或对氨基马尿酸每分钟由尿中排出的量,就等于每分钟通过肾脏的血浆中所含的量,故其血浆清除率即为每分钟肾脏的血浆流量。用碘锐特或对氨基马尿酸测得肾血浆流量为 660 ml/min。

用测得的肾血浆流量,可算出滤过分数:

$$滤过分数 = 125 / 660 \times 100 \approx 19\%$$

如再测得血细胞比容,可利用以下公式算出肾血流量:

$$肾血流量 = 对氨基马尿酸清除率(C_{PAH}) / (1 - 血细胞比容)$$

如果血浆量占全血量的 55%,则肾血流量 = 660 / 55 × 100 = 1 200 ml/min,已知人体在安静平卧时每分心输出量约为 5 500 ml,由此可见,肾的血流量占心输出量的 1/5~1/4,是全身血液供应最丰富的器官。

(三) 判断肾小管对各种物质的重吸收和分泌

将各种物质的血浆清除率(C_X)与肾小球滤过率(C_{in})进行比较,可判断肾小管各种物质的重吸收和分泌的情况。如某物质的血浆清除率比肾小球滤过率小,即 $C_X / C_{in} < 1$ 表明该物质滤过之后又被肾小管重吸收了;反之,$C_X / C_{in} > 1$,则表明肾小管分泌了该物质。

例如,可以自由通过滤过膜的物质,如尿素和葡萄糖,它们的清除率均小于 125 ml/min(肾小球滤过率),尿素为 70 ml/min,而葡萄糖为 0。这必定是该物质滤过之后遭到了重吸收,其清除率才能小于 125 ml/min。但是,不能由此而推断说该物质不会被分泌,因为只要重吸收量大于分泌量,其清除率仍可小于 125 ml/min。

一种物质清除率大于 125 ml/min(如肌酐的清除率可达 175 ml/min),这表明这时肾小管必定能分泌该物质,否则清除率绝不可能大于肾小球滤过率。但是,不能由此推断说该物质不会被重吸收,因为只要分泌量大于重吸收量,其清除率仍可大于 125 ml/min。

第六节 尿液及其排出

一、尿液的成分与理化性质

正常人一昼夜所排出的尿量在 1 000~2 000 ml,平均约为 1 500 ml。生理情况下,尿量的变化很大,如摄入的水多或出汗很少时,尿量增多;如摄入的水少或出汗很多时,尿量减少。临床上通常将每昼夜排出的尿量长期持续在 2 500 ml 以上时,称为**多尿**(polyuria);每昼夜排出的尿量在100～400 ml,称为**少尿**(oliguria);每昼夜排出尿量不足 100 ml,称为**无尿**(anuria)。少尿或无尿可导致代谢产物排出障碍,而在体内堆积,引起尿毒症,因正常成年人每日产生约 35 g 固体代谢产物,至少需要 400 ml 尿液才能将其溶解排出;而多尿则可引起机体脱水。

尿中含水分占 95%～97%;溶解于其中固体物仅占 3%～5%,固体物可分为无机盐和有机物两大类。无机盐中主要是氯化钠,其余为硫酸盐、磷酸盐、钾盐和氨盐等;有机物中主要是尿素,其余为马尿酸、肌酐、尿色素等。

正常新鲜尿液呈淡黄色、透明,尿的颜色主要来自胆红素的代谢产物,并受食物和药物的影响,如食入大量胡萝卜、维生素 B_2 时,尿液呈亮黄色;尿液的比重随尿量多少而变动,一般介于 1.015～1.025,最大变动范围为 1.001～1.035;尿液的渗透压一般高于血浆,在 50～1 200 mOsm/(kg·H_2O)之间波动;尿液的 pH 介于 5.0～7.0,最大变动范围为 4.5～8.0,尿的 pH 主要受食物性质的影响,习惯于荤素杂食的人,由于蛋白质分解后产生的硫酸盐、磷酸盐等随尿排出增多,尿呈酸性,而素食的人,由于植物中所含的酒石酸、苹果酸、枸橼酸等均可在体内氧化,产生酸性产物较少,故尿呈碱性。

二、尿液的排出

尿液的生成是个连续不断的过程,生成的尿液由集合管流出,汇入乳头管,经肾盏到肾盂,再通过输尿管运送到膀胱储存,当膀胱内储存的尿液达到一定量时引起排尿反射,将尿液经尿道排出体外。因此,尿液的排出是间歇的。

(一)膀胱与尿道的神经支配

膀胱是一个中空的肌性器官,膀胱壁由三层平滑肌构成,排尿时它们一起收缩,故称为逼尿肌;与尿道连接处的膀胱颈部平滑肌形成了内括约肌,它受自主神经的支配,不受意识控制,可防止膀胱内尿液外流;尿道穿过泌尿生殖膈,形成外括约肌,泌尿生殖膈属骨骼肌,受躯体神经支配,受意识控制,因此尿液的排出是受意识控制的。

支配膀胱逼尿肌和内括约肌的是盆神经和腹下神经,支配外括约肌的是阴部神经。盆神经起源于脊髓骶段第 2～4 节的侧角,属副交感神经。当该神经兴奋时,可使膀胱逼尿肌收缩,尿道内括约肌松弛,促进排尿。腹下神经起源于脊髓胸 12～腰 2 段的侧角,属交感神经。当其兴奋时,可使膀胱逼尿肌松弛,尿道内括约肌收缩,从而阻止排尿。阴部神经起源于脊髓骶段第 2～4 节的前角,属躯体神经,其活动受意识控制,当其兴奋时,使尿道外括约肌收缩,阻止排尿(图8-23)。此外,在盆神经、腹下神

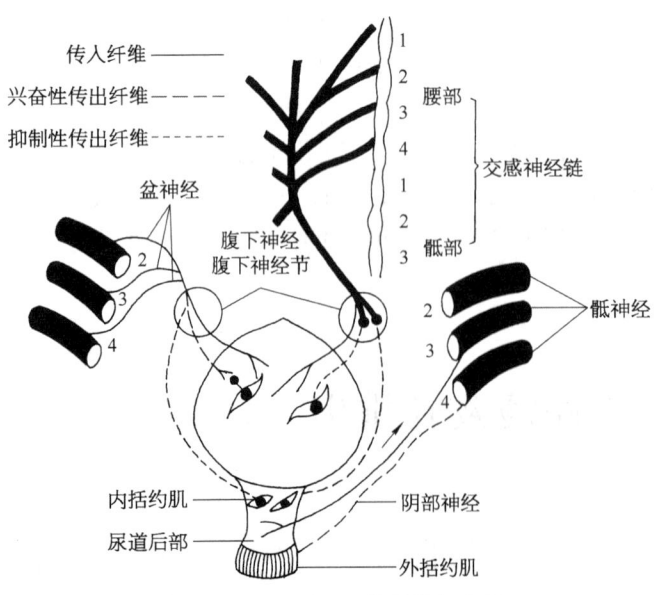

图 8-23 膀胱和尿道的神经支配

经和阴部神经中都有传入神经纤维,将下尿路感觉信号传回到反射中枢。

(二) 排尿反射

排尿反射(micturition reflex)是自主神经和躯体神经共同参与完成的反射活动。当膀胱内尿量增多到 400~500 ml,内压超过 0.98 kPa(10 cm H_2O)时,膀胱壁牵张感受器受牵拉兴奋,冲动沿盆神经传入,在到达骶髓的初级排尿中枢的同时,冲动也上传到脑干和大脑皮层的高位排尿中枢,从而产生尿意。如果条件许可时,冲动便沿着盆神经传出,引起膀胱逼尿肌收缩,尿道内括约肌松弛,尿液便会进入尿道,此时尿液可以刺激尿道的感受器,冲动沿传入神经再次传到骶髓的初级排尿中枢,进一步加强其活动,并反射性抑制阴部神经的活动,使尿道外括约肌松弛,于是尿液就在膀胱内压的驱使下排出体外。这种由尿液刺激尿道感受器进一步反射性加强排尿中枢活动的过程是一种正反馈,它能促使排尿反射活动反复加强,直至尿液排完为止(图 8-24)。在排尿时,腹肌和膈肌的强力收缩,可以使腹内压增高,有协助排尿活动的作用。

大脑皮层的高级排尿中枢对骶髓初级排尿中枢有易化或抑制性的影响,控制着排尿反射活动。

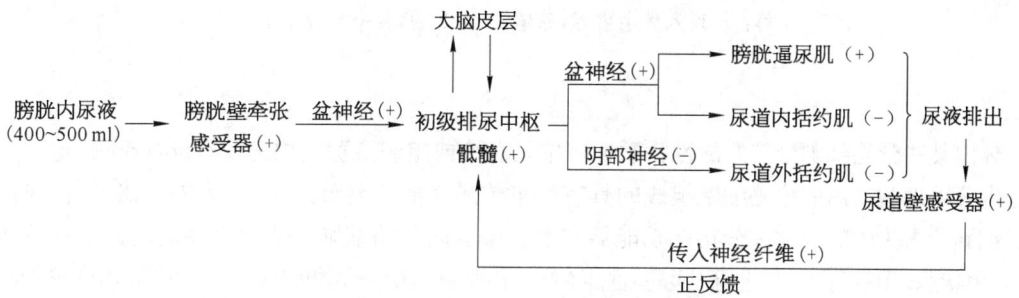

图 8-24 排尿反射
(+):兴奋或收缩;(-):抑制或舒张

(三) 排尿异常

由于排尿是一个反射活动,所以当该反射弧的任何一部分受损时,都会造成排尿异常。临床上常见的排尿异常有:尿失禁、尿潴留和尿频。当脊髓受损,以致初级中枢与大脑皮层等高级中枢失去联系时,排尿便失去了意识控制,可出现尿失禁。当出现膀胱过度充盈,尿液不受意识控制而自动流出尿道时,称为溢流性尿失禁。膀胱中尿液充盈过多而不能排出者称为尿潴留。腰骶部脊髓损伤使排尿反射初级中枢的活动发生障碍可致尿潴留,尿路受阻也能造成尿潴留,如男性前列腺肥大。排放次数过多者称为尿频,常常是由于膀胱炎症或机械性刺激(如膀胱结石)而引起的。婴幼儿因大脑皮层发育尚未完善,对初级排尿中枢的控制能力较弱,故排尿次数较多,且常有遗尿现象。

(杜 联 郑 梅)

第九章 内分泌

导学

1. 掌握：生长激素、甲状腺激素、糖皮质激素、胰岛素的生理作用及其分泌调节。
2. 熟悉：内分泌系统和激素的基本概念；激素的特性；激素的作用机制；下丘脑的内分泌功能；甲状旁腺激素、降钙素的作用与分泌调节。
3. 了解：凡列入教学内容，除掌握、熟悉的，其余均为了解。

体内某些分泌细胞分泌的活性物质直接排入血液或组织液称为**内分泌**(endocrine)，这类细胞称为内分泌细胞。由内分泌细胞组成的具有信息传递功能的调节系统，称为内分泌系统，包括内分泌细胞分布集中的腺体和分布在功能器官组织中的内分泌细胞。体内主要的内分泌腺体包括垂体、甲状腺、甲状旁腺、肾上腺、胰岛、性腺(睾丸和卵巢)、松果体和胸腺等。散在的内分泌细胞分布比较广泛，存在于下丘脑、胃肠道黏膜、心脏、血管内皮、肝、肾、肺、皮肤、胎盘等各种组织内。内分泌细胞分泌的高效生物活性物质称为**激素**(hormone)，它以体液为媒介，在细胞之间传递调节信息，并与神经系统紧密联系，相互配合，共同调节全身各系统的生理功能，维持机体内环境稳态。能被激素所传递信息的细胞、组织或器官，分别称为靶细胞、靶组织或靶器官。经典概念认为，激素被分泌后通过血液循环向远隔部位的靶组织或靶细胞传递信息，称为**远距分泌**(telecrine)。若激素经组织液扩散向邻近靶细胞传递信息，称为**旁分泌**(paracrine)。若分泌的激素原位作用于自身细胞起信息调节作用，称为**自分泌**(autocrine)；某些神经元可合成激素称为神经激素，后者沿着轴突运送到神经末梢释放，称为**神经分泌**(neurocrine)，可弥散作用于邻近靶细胞，或进入血液循环发挥调节作用(图 9-1)。

本章主要介绍各内分泌腺所分泌的激素功能及其分泌调节。

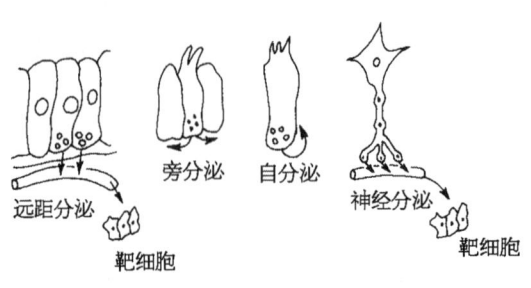

图 9-1 激素作用的传递方式

第一节 概 述

就机体的整体功能而言,激素作为细胞与细胞之间通讯的化学信使,通过细胞信号转导途径,起调节新陈代谢、维持内环境稳态、维持生长发育、调控生殖过程等功能。

一、激素的分类

激素是一个多种化合物组成的大家族,根据激素化学结构的不同,可分为多肽和蛋白质类激素、胺类激素和脂类激素三类。

(一) 多肽和蛋白质类激素

多肽和蛋白质类激素的种类最多,下丘脑、垂体、甲状旁腺、胰岛、胃肠道等部位分泌的激素大多属于此类(表9-1)。多肽和蛋白质类激素亲水性强,主要与靶细胞的膜受体结合,启动膜内信号转导系统引起细胞生物效应,而它们自身并不进入细胞内。

表 9-1 激素的主要来源与化学性质

腺体/组织	生成的激素	英文缩写	化学性质
下丘脑	促甲状腺激素释放激素	TRH	肽类
	促性腺激素释放激素	GnRH	肽类
	生长激素释放抑制激素(生长抑素)	GHIH(SS)	肽类
	生长激素释放激素	GHRH	肽类
	促肾上腺皮质激素释放激素	CRH	肽类
	促黑(素细胞)激素释放因子	MRF	肽类
	促黑(素细胞)激素释放抑制因子	MIF	肽类
	催乳素释放因子	PRF	肽类
	催乳素抑制因子	PIF	胺类
	血管升压素(抗利尿激素)	VP(ADH)	肽类
	催产素	OXT	肽类
腺垂体	促肾上腺皮质激素	ACTH	肽类
	促甲状腺激素	TSH	蛋白质类
	促卵泡激素	FSH	蛋白质类
	黄体生成素	LH	蛋白质类
	促黑(素细胞)激素	MSH	肽类
	催乳素	PRL	蛋白质类
	生长激素	GH	蛋白质类
甲状腺	甲状腺素(四碘甲腺原氨酸)	T_4	胺类
	三碘甲腺原氨酸	T_3	胺类

续表

腺体/组织	生成的激素	英文缩写	化学性质
甲状腺C细胞	降钙素	CT	肽类
甲状旁腺	甲状旁腺激素	PTH	肽类
胰岛	胰岛素		蛋白质
	胰高血糖素		肽类
肾上腺皮质	皮质醇		类固醇类
	醛固酮	Ald	类固醇类
肾上腺髓质	肾上腺素	E	胺类
	去甲肾上腺素	NE	胺类
睾丸	睾酮	T	类固醇类
	抑制素		蛋白质类
卵巢、胎盘	雌二醇	E_2	类固醇类
	雌三醇	E_3	类固醇类
	孕酮	P	类固醇类
	人绒毛膜促性腺激素	HCG	蛋白质类
消化道、脑	促胃液素		肽类
	缩胆囊素-促胰酶素	CCK-PZ	肽类
	促胰液素		肽类
心房肌	心房钠尿肽	ANP	肽类
松果体	褪黑素	MT	胺类
胸腺	胸腺素		肽类
各种组织	前列腺素	PG	脂肪酸衍生物
肾	1,25二羟维生素D_3	$1,25-(OH)_2-VitD_3$	类固醇类
脂肪组织	瘦素		蛋白质类
血管内皮	内皮素	ET	肽类

(二) 胺类激素

胺类激素多为氨基酸的衍生物,如催乳素抑制因子、肾上腺素和去甲肾上腺素由酪氨酸修饰而成;褪黑素是以色氨酸为原料修饰而成;甲状腺激素为含碘酪氨酸缩合物(表9-1)。前两者激素水溶性强,与膜受体结合发挥调节作用。甲状腺激素则脂溶性强,可进入细胞直接与核内受体结合发挥调节作用。

(三) 脂类激素

脂类激素以脂质为原料修饰合成的激素。

1. **类固醇激素** 类固醇激素由共同前体胆固醇衍生而成,如肾上腺皮质激素、性激素和胆钙化醇(维生素D_3)(表9-1)。前两者因含有环戊烷多氢菲母核结构又称为甾体激素,后者因其环戊烷多氢菲四环结构中的B环被打开又称为固醇激素。类固醇激素分子量小,属于亲脂激素,可直接跨膜,与胞质受体或核受体结合起生物效应。

2. **甘烷酸类** 脂肪酸衍生物是指20碳脂肪酸衍生的甘烷酸类化合物,包括前列腺素族、血栓素类和白细胞三烯类等(表9-1)。这类激素既可通过膜受体也可通过胞内受体转导信息。

二、激素的特性

各种激素对靶细胞调节所产生的效应虽然不尽相同,但它们在发挥调节作用的过程中表现出某些共同的作用特征。

1. **信使作用** 激素在细胞间的通讯联络中只充当传输信息的信使,其作用是启动、增强或减弱靶细胞固有的、内在的生物效应,而不作为某种反应的"角色"参与细胞物质与能量代谢的具体环节,也不产生新的生理生化反应。

2. **特异作用** 激素作用的特异性表现为激素只选择性地对能够识别它的靶细胞起作用。这种特异性主要取决于细胞是否存在能与某激素发生特异结合的受体有关,即激素释放入血后,虽然与各种组织细胞有广泛接触,但每种激素只能选择性地结合具有特异受体的细胞,并产生生物效应。如促甲状腺激素被甲状腺腺泡细胞识别、结合;促肾上腺皮质激素被肾上腺皮质束状带、网状带细胞识别、结合。有些激素的受体分布广泛,如生长激素、甲状腺激素的受体几乎分布于全身各部位细胞,因此这些激素的作用相当广泛。

3. **高效作用** 在生理状态下,激素在血中的浓度很低,一般在 pmol/L 至 nmol/L 数量级,但其作用显著。激素与受体结合后,可引发细胞内一系列信号转导程序或酶促反应,并逐级放大,形成一个效能极高的生物放大系统。例如,一分子的胰高血糖素与受体结合,可激活一分子的腺苷酸环化酶(AC),经 cAMP-PKA 途径,可激活 1 万个磷酸化酶;$0.1\ \mu g$ 促肾上腺皮质激素释放激素,可引起腺垂体释放 $1\ \mu g$ 促肾上腺皮质激素,后者能引起肾上腺皮质分泌 $40\ \mu g$ 糖皮质激素,生物效应放大了 400 倍,最终产生约 $6\ 000\ \mu g$ 的糖原储备效应。因此,血中激素浓度的较小变化势必引起巨大的生物效应,干扰正常生理功能的进行,说明激素水平的相对稳定对机体内环境和生理功能的稳态有着十分重要的作用。

4. **相互作用** 当多种激素共同参与某一生理功能的调节时,不同激素之间可以发生相互作用,表现为协同作用、拮抗作用和允许作用,以维持该生理功能活动的相对稳定。例如,肾上腺素、生长激素、糖皮质激素及胰高血糖素在升高血糖效应上有协同作用;而胰岛素降低血糖,与上述升血糖激素起拮抗作用;又如甲状旁腺激素和 $1,25-(OH)_2-VitD_3$ 对血钙浓度的升高有协同作用,而降钙素与上述升血钙激素产生拮抗作用。有些激素对某些组织细胞的生物效应并没有直接作用,但它的存在却是另一种激素发挥该效应的必要基础,起一种支持性作用,这种现象称为**允许作用**(permissive action)。如糖皮质激素本身对心肌和血管平滑肌并无收缩作用,但是,必须有糖皮质激素的存在,儿茶酚胺才能很好地发挥对心血管的调节作用,称为糖皮质激素对儿茶酚胺的允许作用。激素之间相互作用的机制非常复杂,既可以发生在受体水平,如调节其他激素受体的数量,也可以发生在受体后的信号转导过程,如影响腺苷酸环化酶的活性以及细胞内 cAMP 的生成等。

三、激素作用的机制

激素作为化学信使物质与靶细胞膜受体或细胞内受体结合后,引起跨膜和细胞内信号转导过程并最终产生生物效应。近年来,随着分子生物学技术的应用和研究,人们对激素作用机制的认识也更加深入。

(一) 细胞膜受体介导的激素作用机制——第二信使学说

1965 年 Sutherland 等人提出**第二信使**(secondary messenger)学说,认为激素作为**第一信使**(first messenger),先与靶细胞膜上的特异受体结合,激活膜内的腺苷酸环化酶(AC),在 Mg^{2+} 存在的条件下,AC 催化细胞内的 ATP 转化为 cAMP,cAMP 作为第二信使,激活依赖无活性的蛋白激酶,进而催化细胞内各种底物蛋白的磷酸化反应,引起细胞各种生物效应,如腺细胞的分泌,肌细胞的收缩,胞膜通透性改变以及细胞内各种酶促反应等。但也有膜受体介导的反应过程中没有明确的第二信使产生。

膜受体主要有 G 蛋白耦联受体、酪氨酸激酶受体和鸟苷酸环化酶受体等。膜受体与膜受体激素结合后过细胞内不同的信号传递途径产生调节效应。

1. G 蛋白耦联受体途径 根据受体、G 蛋白、G 蛋白激活的效应器酶、第二信使和蛋白激酶不同,又可分为以下几个途径进行信号转导。

(1) 受体-G 蛋白-AC-cAMP-PKA 途径:体内多种激素通过这一信号转导途径进行调节,如胰高血糖素、肾上腺素、生长激素释放抑制激素、促肾上腺皮质激素释放激素、促甲状腺激素、黄体生成素、血管升压素、甲状旁腺激素等(图 9-2)。第二信使为 cAMP,蛋白激酶为 PKA 使多种底物蛋白磷酸化,调节细胞活动。

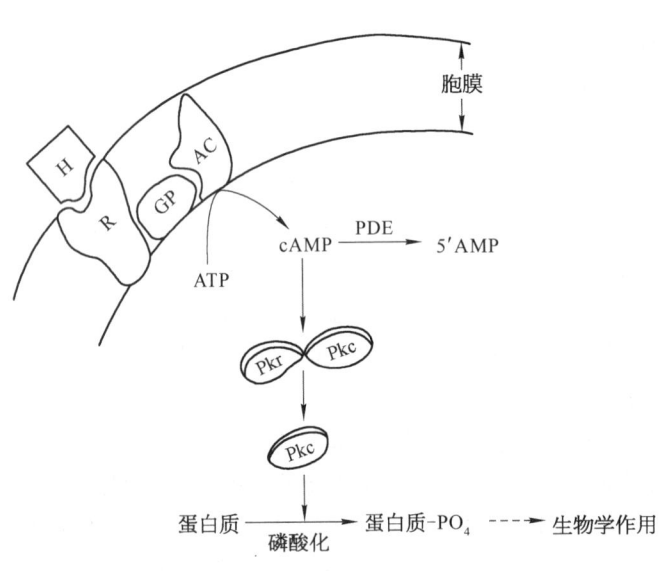

图 9-2 受体 G 蛋白 AC-cAMP-PKA 信号转导途径

H:激素;R:受体;GP: G 蛋白;Pkr:蛋白激酶调节亚基;Pkc:蛋白激酶催化亚基

(2) 受体-G 蛋白-PLC-IP_3/DG-CaM/PKC 途径:某些激素如催乳素、催产素、血管升压素及下丘脑调节肽等可通过这一信号转导途径进行调节(图 9-3)。第二信使分别为 IP_3 和 DG,IP_3 使胞质 Ca^{2+} 浓度升高。4 个 Ca^{2+} 与一个钙调蛋白(CaM)结合,通过激活依赖 Ca/CaM 的蛋白激酶,调节细胞的功能。由 DG 激活的 PKC 与 PKA 相似,同属于丝氨酸/苏氨酸激酶,可使多种底物蛋白磷酸化,调节细胞活动。

总体上激素经 G 蛋白耦联受体作用途径可产生核外效应和核内效应。核外

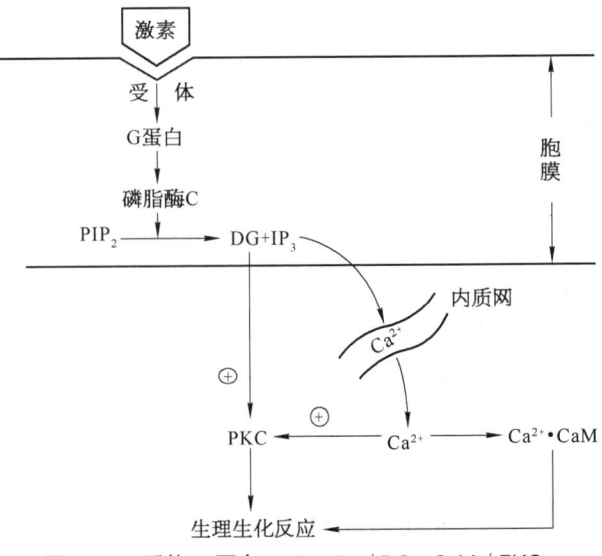

图 9-3 受体 G 蛋白 PLC-IP_3/DG-CaM/PKC 信号转导途径

PIP_2:磷脂酰二磷酸肌醇; DG:二酰甘油; IP_3:肌醇三磷酸; PKC:蛋白激酶 C; CaM:钙调蛋白

效应主要为酶的系列激活或抑制而调节特定代谢过程,如糖原的分解、脂肪的合成等;核内效应主要是调节基因转录,如通过 **cAMP 反应元件结合蛋白**(cAMP response element binding protein, CREB)介导和调控基因转录,生成新的功能蛋白质等。

2. 酪氨酸激酶受体途径　胰岛素、生长激素、促红细胞生成素及大多数生长因子等可通过酪氨酸激酶受体激活酪氨酸激酶将信号转导到细胞内,再经过细胞内信号分子的级联反应,导致胞核内的基因转录,产生物质代谢、细胞生长、增殖和分化等调节效应。

3. 鸟苷酸环化酶受体途径　心房钠尿肽可通过胞膜上的鸟苷酸环化酶(GC)受体激活 GC,再经 GC-cGMP-PKG 途径,使底物蛋白磷酸化,调节血管平滑肌舒张,肾脏排水排钠。

(二) 细胞内受体介导的激素作用机制——基因调节学说

细胞内受体是指位于细胞内的胞质受体和核受体。1968 年,Jesen 和 Gorski 提出**基因表达学说**(gene expression hypothesis),认为类固醇激素为脂溶性的小分子物质,可透过胞膜进入细胞,先与胞质受体结合形成激素胞质受体复合物,获得通过核膜的能力,再进入胞核,与核受体结合,激发 DNA 的转录过程、生成新的 mRNA、诱导新的蛋白质合成,产生生物效应。有些类固醇激素可直接穿越胞膜和核膜,与核受体结合,调控基因表达(图 9-4)。一般认为糖皮质激素和盐皮质激素受体为胞质受体,而性激素、$1,25-(OH)_2-VitD_3$ 受体为核受体。甲状腺激素虽不属于类固醇激素,但其受体为核受体,可通过调节基因发挥效应。

已有实验证实,有些激素可通过多种细胞信号转导机制发挥不同作用。例如糖皮质激素既可通过基因调节发挥作用(几小时或几日),也可迅速调节神经细胞的兴奋性(几秒或几分钟),而且不被基因转录和翻译抑制剂抑制,显然是通过膜受体以及离子通道发挥效应;又如孕激素可与 $GABA_A$ 受体结合,影响 Cl^- 电导;这种效应称为类固醇激素的**非基因效应**(non-genomic effect)。前列腺素可通过 G 蛋白耦联膜受体进行信号转导,也可通过核受体基因转录引起靶细胞效应。

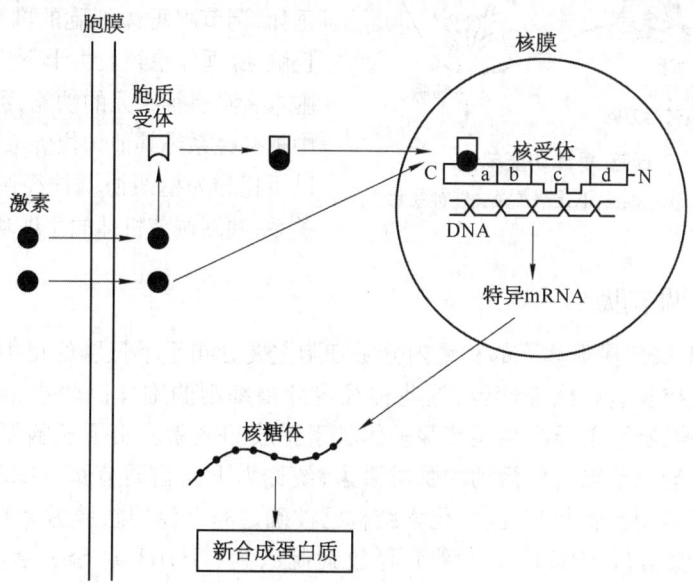

图 9-4　类固醇激素的基因调节机制

a:激素结合结构域;b:核定位信号结构域;c:DNA 结合结构域;d:转录激活结构域

第二节 下丘脑与垂体

大量的实验与临床资料说明,中枢神经系统内的某些神经细胞既能产生和传导神经冲动,又能合成和释放激素,这些神经细胞被称为**神经内分泌细胞**(neuroendocrine cell)。现已明确,神经内分泌细胞主要集中在下丘脑。从结构和功能上看,下丘脑神经内分泌细胞与垂体的联系非常密切,组成一个**下丘脑-垂体功能单位**(hypothalamus hypophysis unit)(图9-5)。

下丘脑垂体功能单位包括下丘脑-神经垂体系统和下丘脑-腺垂体系统两部分。位于下丘脑视上核、室旁核的大细胞肽能神经元主要合成血管升压素(VP)和催产素(OXT),经**下丘脑垂体束**的轴质运输到神经垂体并储存,构成下丘脑-神经垂体系统。位于下丘脑内侧基底部促垂体区的小细胞肽能神经元主要合成下丘脑调节肽,这些部位的神经元轴突末梢到达正中隆起,与**垂体门脉系统**(hypophysial portal system)的第1级毛细血管网接触,其释放的下丘脑调节肽经垂体门脉系统运输到腺垂体,调节腺垂体细胞的内分泌功能,构成下丘脑-腺垂体系统。由于下丘脑神经内分泌细胞本身具有神经元的功能,可接受大脑皮层或中枢神经系统其他部位传来的神经信息,实现以下丘脑为枢纽协调神经调节与体液调节的关系,共同调节机体的生理功能。

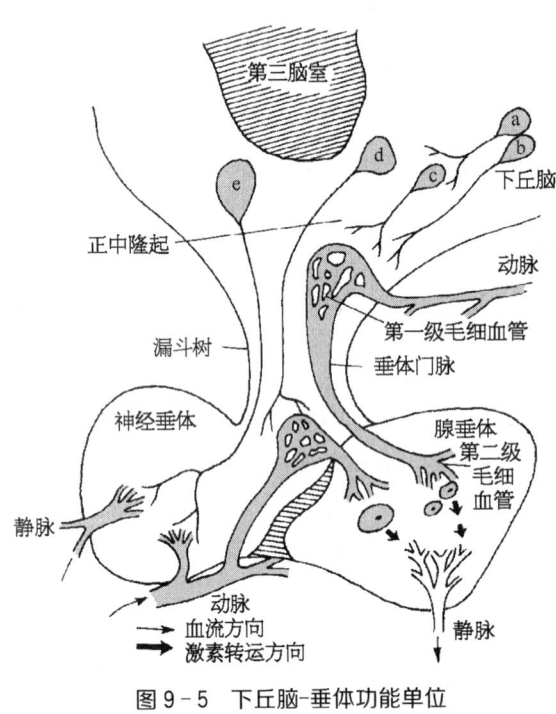

图9-5 下丘脑-垂体功能单位
a:单胺能神经元;b、c、d、e:下丘脑各类肽能神经元

一、下丘脑调节肽

下丘脑内侧基底部促垂体区的神经内分泌细胞主要分布于下丘脑的正中隆起、弓状核、腹内侧核、视交叉上核及室周核等部位,这些神经内分泌细胞的胞体比较小,可分泌肽类激素,属于小细胞肽能神经元,主要产生调节腺垂体激素释放的激素。由下丘脑促垂体区小细胞肽能神经元分泌的,能调节腺垂体活动的肽类激素,统称为下丘脑调节肽(HRP)。自1968年以来,已发现的下丘脑调节肽共有九种,化学结构已被确定的有促甲状腺激素释放激素(TRH)、促性腺激素释放激素(GnRH)、生长激素释放抑制激素(GHIH或SS)、生长激素释放激素(GHRH)及促肾上腺皮质激素释放激素(CRH)。还有四种对腺垂体催乳素和促黑激素的分泌起促进或抑制作用的物质,因其化学结构尚未确定,暂称为因子。下丘脑调节肽的主要生物学作用见表9-2。

表9-2 下丘脑调节肽的主要生物学作用

下丘脑调节肽	主要生物学作用
TRH	促进 TSH 释放,也能刺激 PRL 释放
GnRH	促进 LH 和 FSH 释放(以 LH 为主)
CRH	促进 ACTH 释放
GHRH	促进 GH 释放
GHIH(SS)	抑制 GH 释放,对腺垂体其他激素的分泌也有抑制作用
MRF	促进 MSH 释放
MIF	抑制 MSH 释放
PRF	促进 PRL 释放
PIF	抑制 PRL 释放

由于下丘脑 TRH、GnRH 及 CRH 的分泌均呈现脉冲式释放,导致腺垂体相应的激素分泌也出现脉冲式波动。各种下丘脑调节肽的作用机制有所不同,如调节肽与腺垂体靶细胞膜受体结合后,GHRH 等以 cAMP 作为第二信使;TRH、GnRH 等以 IP_3/DG 或 Ca^{2+} 作为第二信使;GHIH、CRH 等则两者兼而有之,分别调节腺垂体相应激素的释放。下丘脑调节肽不仅仅在下丘脑促垂体区产生,在中枢神经系统其他部位及许多组织中也生成,表明它们除有调节腺垂体的功能外,还有许多其他调节功能。此外,分泌下丘脑调节肽的小细胞肽能神经元也接受高位中枢和外周传入信息的调节。

二、神经垂体激素

神经垂体无内分泌细胞,不能合成激素。神经垂体释放的激素是由下丘脑视上核、室旁核的大细胞肽能神经元胞体合成,并以神经分泌的方式沿下丘脑垂体束下行到神经垂体储存。当视上核、室旁核的大细胞肽能神经元受到刺激兴奋时,其产生的神经冲动传导到位于神经垂体的神经末梢,引起神经垂体激素释放入血。神经垂体激素含血管升压素和催产素,化学结构均为九肽,两者的区别只是第3位与第8位氨基酸残基有所不同。人血管升压素的第8位氨基酸为精氨酸,故称为**精氨酸血管升压素**(arginine vasopressin, AVP)。一些实验证实下丘脑正中隆起与第三脑室附近的神经元轴突中和垂体门脉血液中发现大量的血管升压素,而且注射大量的血管升压素也能引起 ACTH 分泌增加。这些结果提示,神经垂体激素可能影响腺垂体的内分泌活动。

(一) 血管升压素

血管升压素(VP)也称抗利尿激素(ADH)。在正常饮水情况下,血浆中的 VP 浓度很低(1~4 ng/L),其主要生理作用是促进肾远端小管和集合管对水的重吸收,即抗利尿作用。在机体脱水或失血情况下,VP 释放量明显增多,起升高和维持血压以及保持体液量的作用。VP 的受体有 V_1 和 V_2 两种类型。V_2 受体主要分布于肾远端小管和集合管上皮细胞,经 cAMP 介导使细胞内含有水孔蛋白的囊泡镶嵌在上皮细胞管腔膜上,形成水通道,使水通透性增加,促进水的重吸收。V_1 受体主要分布在血管平滑肌的细胞膜上,经 IP_3 和 Ca^{2+} 介导使血管平滑肌收缩,升高血压。VP 的分泌主要受血浆晶体渗透压、血容量和血压变化的调节(详见第四、第八章)。此外,VP 还有增强记忆、调制疼痛等作用。

(二) 催产素

催产素(OXT)的生物学作用主要是在授乳期,促进乳腺排出乳汁;在分娩时,刺激子宫收缩。

1. **对乳腺的作用** 授乳期妇女的乳腺不断分泌乳汁,储存于腺泡中。OXT 使乳腺腺泡周围的肌上皮细胞收缩,腺泡内压力升高,促使乳汁经输乳管排出体外,称为射乳。当婴儿吸吮乳头时,可引起射乳反射。射乳反射为一典型的神经内分泌反射。婴儿吸吮乳头的感觉信息沿传入神经到下丘脑,使分泌催产素的神经元兴奋,神经冲动经下丘脑垂体束到神经垂体,使 OXT 释放入血,OXT 作用于乳腺中的肌上皮细胞使其收缩,引起射乳。在射乳反射的基础上,很容易建立条件反射,如母亲见到婴儿或听到其哭叫声,甚至抚摸婴儿,均可引起条件反射性的射乳。OXT 除引起射乳外,还有营养乳腺的作用,可维持授乳期乳腺丰满(图 9-6)。婴儿吸吮乳头的刺激除引起射乳反射外,还可引起下丘脑多巴胺能神经元兴奋,多巴胺和 β 内啡肽释放增多,两者抑制下丘脑 GnRH 释放,使腺垂体 FSH 和 LH 分泌减少,导致授乳期妇女月经周期暂停。

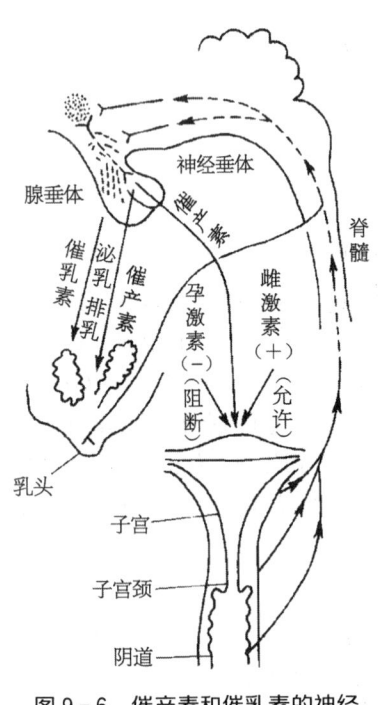

图 9-6 催产素和催乳素的神经内分泌调节

2. **对子宫的作用** OXT 促进子宫平滑肌收缩,但此种作用与子宫的功能状态有关。OXT 对非孕子宫的作用较弱,而对妊娠子宫的作用较强。当临近分娩时,子宫平滑肌细胞表面 OXT 受体数量明显增多,所以 OXT 的作用在分娩时显著增强。OXT 促进子宫收缩的机制是使细胞外 Ca^{2+} 内流,提高子宫平滑肌细胞内的 Ca^{2+} 浓度,引起肌细胞收缩。催产素虽然能刺激子宫收缩,但它并不是分娩时发动子宫收缩的决定因素。在分娩过程中,胎儿刺激子宫颈可反射性引起 OXT 的释放,形成正反馈调节,使子宫收缩进一步加强,有助于分娩(图 9-6)。在性交过程中,阴道和子宫颈受到刺激也可引起 OXT 分泌和子宫肌收缩,有利于精子在女性生殖道内的运行。此外,OXT 对机体的神经内分泌、学习与记忆、痛觉调制、体温调节等生理功能也有一定的影响。

三、腺垂体激素

腺垂体是体内最重要的内分泌腺,包括垂体的远侧部、中间部和结节部。远侧部是腺垂体的主要部分,约占垂体重量的75%,其细胞大致分为两大类:一类为有内分泌功能的颗粒型细胞,目前明确的至少有五种,即生长激素细胞、催乳素细胞、促甲状腺激素细胞、促肾上腺皮质激素细胞和促性腺激素细胞;一类为无内分泌功能的无颗粒型细胞,主要是滤泡星形细胞和未分化的细胞。腺垂体主要分泌七种激素,其中促甲状腺激素(TSH)、促肾上腺皮质激素(ACTH)、促卵泡激素(FSH)与黄体生成素(LH)均有各自的靶腺,称为促激素,通过靶腺激素发挥作用。另三种激素即生长激素(GH)、催乳素(PRL)与促黑(素细胞)激素(MSH),直接作用于靶组织或靶细胞,调节机体的物质代谢、个体生长,影响乳腺发育与泌乳,以及体内黑色素的代谢等生理过程。

(一) 生长激素

GH 是腺垂体中含量较多的一种激素。人生长激素(hGH)含 191 个氨基酸残基,分子量为 22 kDa 的蛋白质,其化学结构与人催乳素近似,故两者除自身的特定作用之外,还有微弱的交叉作用,即 GH 有微弱的泌乳作用,PRL 有微弱的促生长作用。在静息状态,成年男子血清中 hGH 浓度为 1~5 μg/L,女子略高于男子(不超过 10 μg/L)。GH 在血中的半衰期为 6~20 min。GH 的基础分泌呈节律性脉冲式释放,每隔 1~4 h 出现一次释放脉冲。入睡后 GH 的分泌明显增加,约 60 min 达到高峰,以后逐渐减少。50 岁以后,睡眠时的 GH 分泌峰逐渐消失。

1. 生长激素的生物学作用 GH 的主要生理作用是促进机体生长发育和物质代谢,对各个器官组织均有影响,尤其是对骨骼、肌肉及内脏器官的作用,故 GH 也称为**躯体刺激素**(somatotropin)。

(1) 促生长发育:机体生长发育受多种激素影响,但 GH 起关键作用。GH 的促生长发育作用在于它能促进骨、软骨、肌肉以及其他组织细胞分裂增殖,蛋白质合成增加,从而加快机体的生长发育。实验证明,幼年动物摘除垂体后,生长立即停止,如给摘除垂体的动物及时补充 GH,仍可正常生长。临床观察也证实了 GH 的促生长作用,幼年时期 GH 分泌不足,患儿生长发育则停滞,身材矮小,称为**侏儒症**(dwarfism);如果幼年时期 GH 分泌过多,则患**巨人症**(giantism)。成年后 GH 分泌过多,由于骨骺已经闭合,长骨不再生长,而肢端的短骨、面骨及其软组织仍可出现异常的生长,以致出现手足粗大、下颌突出、鼻大唇厚及内脏器官如肝、肾等增大现象,称为**肢端肥大症**(acromegaly)。

(2) 调节代谢作用:GH 具有促进蛋白质合成,加速脂肪分解和升高血糖的作用。同时,GH 使机体的能量来源由糖代谢向脂肪代谢转移,有利于机体的生长发育和组织修复。① 蛋白质代谢:GH 促进氨基酸进入细胞,加强 DNA、RNA 的合成,加速蛋白质合成,而分解减少,呈正氮平衡。② 脂肪代谢:GH 可激活对激素敏感的脂肪酶,促进脂肪分解,使组织尤其是肢体的脂肪量减少;促使脂肪酸进入组织氧化分解,为机体提供能量。③ 糖代谢:GH 还可抑制外周组织对葡萄糖的利用,减少葡萄糖的消耗,升高血糖。GH 分泌过多的患者,因血糖过高而出现糖尿,称为垂体性糖尿。

此外,GH 还是机体重要的应激激素之一,参与机体的应激反应。

2. 生长激素的作用机制 GH 是通过靶细胞膜上的生长激素受体(GH-R)完成信号转导的。GH-R 位于许多组织细胞的细胞膜上,如肝、脑、骨骼肌、心、肾、肺、胃、肠、软骨、胰腺、睾丸、前列腺、卵巢、子宫、骨骼等组织以及脂肪细胞、成纤维细胞、淋巴细胞等都有 GH-R。GH 具有两个与 GH-R 结合的位点。GH 与 GH-R 的结合促使 GH-R 二聚化,通过 JAK2-STAT$_s$、JAK2-SHC、PLC-DG 等多途径转导信号,调节靶细胞的生物效应,包括调节基因转录,某些蛋白激酶与离子通道激活,代谢物转运等,改变细胞生长和代谢活动。胎儿或新生儿时期,各类细胞上的 GH-R 数量最多,所以对 GH 的反应最敏感(图 9-7)。

GH 的部分效应是通过**生长激素介质**(somatomedin,SM) 实现的。GH 与 GH-R 的结合可诱导某些靶细胞(肝细胞等)产生生长激素介质。因 SM 的化学结构和功能与胰岛素近似,故又称为**胰岛素样生长因子**(insulin-like growth factor,IGF)。现已分离出 IGF-1 和 IGF-2。GH 的促生长作用主要是通过 IGF-1 介导。肢端肥大症患者血中 IGF-1 明显增高,而侏儒症患者血中 IGF-1明显降低。在青春期,随着生长激素分泌增多,血中 IGF-1 浓度明显增高。给幼年动物注射 SM 能明显地刺激动物生长,身长和体重都增加。年幼动物比年老动物对 SM 更敏感。SM 的主

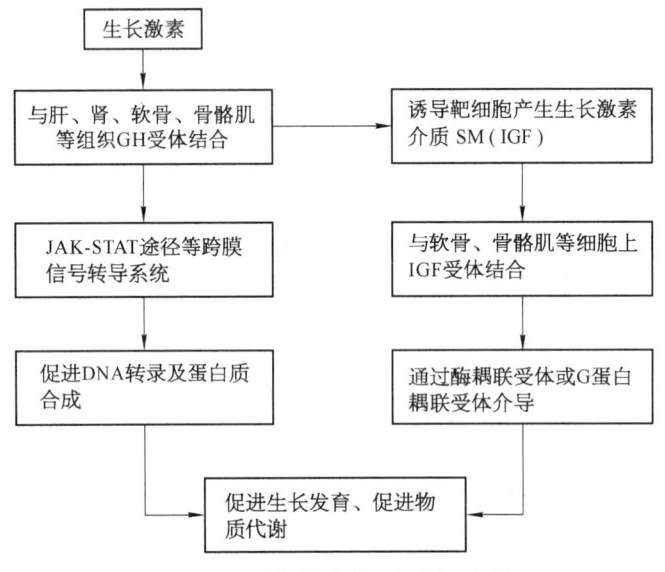

图 9-7 生长激素作用机制示意图

要作用是促进软骨生长,它除了促进钙、磷、钠、钾、硫等元素进入软骨组织外,还促进氨基酸进入软骨细胞,增强 DNA、RNA 和蛋白质的合成,促进软骨组织增殖和骨化,使长骨增长。SM 还能刺激多种组织细胞如成纤维细胞、肌细胞、肝细胞、脂肪细胞以及肿瘤细胞等有丝分裂,加强细胞增殖。

3. **生长激素分泌的调节** 生长激素的分泌受多种因素的调节。

(1) 下丘脑对生长激素分泌的调节:腺垂体 GH 的分泌受下丘脑 GHRH 与 GHIH 的双重调控。GHRH 促进 GH 分泌,而 GHIH 则抑制其分泌。分泌 GHRH 的神经元主要位于下丘脑弓状核及腹内侧核,产生 GHIH 的神经元位于下丘脑室周核及弓状核等处。这些核团之间通过神经环路联系,相互促进与制约,共同调节 GH 的分泌。一般认为,以 GHRH 是 GH 分泌的经常性调节者,而 GHIH 则是在应激刺激 GH 分泌过多时才对 GH 分泌起抑制作用。

(2) 反馈调节:GH 和其他垂体激素一样,可对下丘脑和腺垂体产生负反馈调节。将 GH 颗粒埋植于大鼠正中隆起,导致下丘脑 GHRH 释放减少,垂体 GH 含量降低。反之,摘除大鼠垂体后,血中 GH 含量降低,而下丘脑 GHRH 含量却增加。给大鼠侧脑室注射 GHRH,可使下丘脑 GHRH 含量减少,GH 的脉冲释放抑制,GH 分泌减少。这些结果提示 GH 不仅对下丘脑 GHRH 释放有反馈抑制作用,而且 GHRH 对其自身释放也有负反馈调节作用。

此外,IGF-1 对 GH 的分泌也有负反馈调节作用。IGF-1 能刺激下丘脑释放 GHIH,从而抑制 GH 的分泌。IGF-1 还能直接抑制体外培养的垂体细胞 GH 的基础分泌和 GHRH 刺激的 GH 分泌,说明 IGF-1 可通过下丘脑和垂体两个水平对 GH 分泌进行负反馈调节。

(3) 影响 GH 分泌的其他因素:① 睡眠:人在觉醒状态下,GH 分泌较少;进入慢波睡眠后,GH 分泌明显增加;转入异相睡眠后,GH 分泌减少。慢波睡眠时,GH 的分泌增多有利于机体的生长发育和体力的恢复。② 代谢因素:运动、应激刺激、饥饿、低血糖等因素可引起 GH 分泌增多,其中以低血糖对 GH 分泌的刺激作用最强。有人认为,血糖降低时,下丘脑 GHRH 神经元的兴奋性提高,GHRH 分泌增多,进而引起腺垂体 GH 分泌增多。血中氨基酸增多,可引起 GH 分泌增加,而脂肪酸增多则抑制 GH 分泌。③ 激素的作用:甲状腺激素、雌激素与睾酮均能促进

GH 分泌。青春期,由于血中雌激素或睾酮浓度增高,GH 分泌明显增多而机体生长速度增快。

(二) 催乳素

催乳素(PRL)是由 199 个氨基酸残基和 3 个二硫键构成的蛋白质,分子量为 22 kDa。成人血浆中 PRL 浓度<20 μg/L。

1. **催乳素的生物学作用**　PRL 的生物学作用非常广泛。人 PRL 主要是促进乳腺和性腺的发育与分泌,并参与应激反应和免疫调节。

(1) 对乳腺的作用：PRL 促进乳腺的发育,发动并维持授乳期妇女乳腺泌乳。在女性青春期乳腺的发育中,雌激素、孕激素、GH、糖皮质激素、胰岛素、甲状腺激素及 PRL 都起着重要作用。到妊娠期,随着 PRL、雌激素与孕激素分泌增多,乳腺组织进一步发育至成熟,使其具备泌乳能力但不泌乳。这是由于妊娠期血中雌激素与孕激素浓度非常高,抑制了 PRL 对成熟乳腺的泌乳作用。分娩后,血中的雌激素和孕激素浓度大大降低,PRL 才能发挥其始动和维持泌乳的作用。

(2) 对性腺的作用：PRL 对卵巢黄体功能的影响是刺激 LH 受体的生成,调控卵巢内 LH 受体的数量。PRL 可与卵泡发育过程中的颗粒细胞上的 PRL 受体结合,以刺激颗粒细胞生成 LH 受体,也有助于 LH 与 LH 受体结合,发挥其促进排卵和黄体生成。PRL 还促进脂蛋白与膜上受体形成脂蛋白受体复合物,为孕激素的生成提供底物,促进孕激素生成。实验也发现,小剂量的 PRL 对卵巢雌激素与孕激素的合成有促进作用,但大剂量的 PRL 则有抑制作用。

在男性,PRL 促进前列腺及精囊的生长,还可增强 LH 对间质细胞的作用,使睾酮合成增加。

(3) 对免疫的调节作用：PRL 可协同一些细胞因子共同促进淋巴细胞的增殖,促进淋巴细胞分泌 IgM 和 IgG。同时 T 淋巴细胞和胸腺淋巴细胞可以产生 PRL,以自分泌或旁分泌的方式发挥免疫调节作用。

(4) 参与应激反应：PRL 在应激状态下,血中浓度升高,应激刺激停止后数小时恢复正常。是腺垂体分泌的三种重要应激激素之一。

2. **催乳素分泌的调节**　腺垂体 PRL 的分泌受下丘脑 PRF 与 PIF 的双重控制,前者促进 PRL 分泌,后者抑制其分泌。平时以 PIF 的抑制作用为主。TRH 对 PRL 分泌也有促进作用。由于多巴胺可直接抑制腺垂体 PRL 分泌,因此一般认为 PIF 就是多巴胺。血中 PRL 浓度升高可引起下丘脑多巴胺能神经元分泌,多巴胺负反馈抑制腺垂体 PRL 的分泌,使血中 PRL 浓度恢复正常。此外,母亲授乳时,婴儿吸吮乳头的刺激能反射性地引起下丘脑 PRF 神经元兴奋,腺垂体分泌 PRL 增多,促进乳腺泌乳(图 9-6)。

(三) 促黑激素

人的促黑激素(MSH)是由腺垂体远侧部的**细胞内阿黑皮素原**(proopiomelanocortin, POMC)水解生成的肽类激素,包括 α-MSH(13 肽)、β-MSH(18 肽)、γ-MSH(12 肽)。体内黑色素细胞分布于皮肤、毛发、眼球、虹膜及视网膜色素层等。MSH 主要作用于黑色素细胞,使细胞内酪氨酸转变为黑色素,同时使黑素颗粒在细胞内散开,使肤色、毛发等颜色加深。但在因病切除垂体的黑人,其皮肤颜色并不发生改变,表明 MSH 对正常人皮肤色素的沉着不是必需的。此外,MSH 还参与 GH、醛固酮、CRH、胰岛素及 LH 等激素分泌的调节,并有抑制摄食的作用。MSH 的分泌调节主要受下丘脑 MIF 和 MRF 的双重调节,前者抑制 MSH 分泌,后者促进其分泌,平时以 MIF 的抑制作用占优势。MSH 也可通过负反馈调节腺垂体的 MSH 分泌。

（四）促激素

由腺垂体分泌的促进靶腺生长并分泌靶腺激素的激素称为**促激素**(tropic hormones)。由于促激素受下丘脑调节肽的调控，在下丘脑、腺垂体和靶腺之间形成分泌活动的调节轴，即下丘脑-腺垂体-甲状腺轴、下丘脑-腺垂体-肾上腺皮质轴、下丘脑-腺垂体-性腺轴。在甲状腺激素、肾上腺皮质激素和性腺激素分泌的调节中起着重要的作用。一般来说，下丘脑分泌的下丘脑调节肽经垂体门脉系统促进腺垂体分泌促激素，促激素经血液循环作用于靶腺分泌靶腺激素。在平时，靶腺激素和促激素又可通过负反馈调节，维持血中下丘脑调节肽、促激素和靶腺激素浓度的相对稳定。通常将靶腺激素对下丘脑、腺垂体的负反馈活动称为**长反馈**(long-loop feedback)，将促激素对下丘脑的负反馈活动称为**短反馈**(short-loop feedback)，将下丘脑调节肽对下丘脑的自身负反馈称为**超短反馈**(ultra-short-loop feedback)(图 9-8)。

促激素除了促进靶腺合成和分泌靶腺激素之外，还可促进靶腺细胞的增生和腺体肥大。

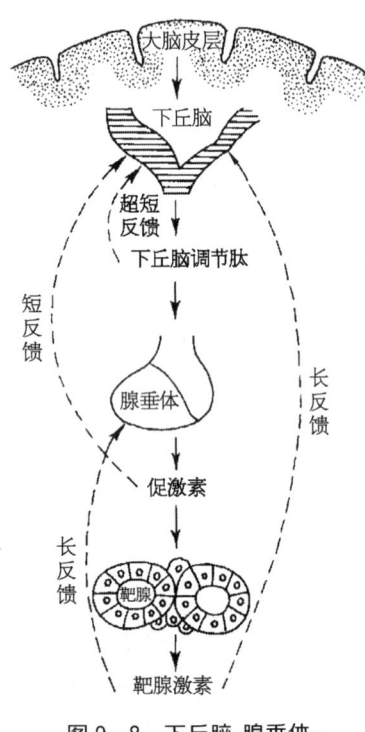

图 9-8 下丘脑-腺垂体-靶腺轴的调节

实线表示促进；虚线表示抑制

第三节 甲 状 腺

甲状腺是人体内最大的内分泌腺，重 20～25 g。腺体内含有约三百万个由单层上皮细胞围成的滤泡，滤泡上皮细胞是**甲状腺激素**(thyroid hormone, TH)合成与释放的部位。滤泡腔内充满滤泡上皮细胞分泌的胶质，其主要成分是含有 TH 的**甲状腺球蛋白**(thyroglobulin, TG)。因此，滤泡腔内的胶质是 TH 的储存库。在 TSH 作用下，滤泡上皮细胞吞饮 TG 胶质小滴。此时，滤泡上皮细胞的形态也由立方形变为高柱状，滤泡腔内胶质减少；反之，甲状腺缺少 TSH 刺激时，其滤泡上皮细胞呈扁平状，胶质增多，滤泡增大。在甲状腺滤泡与滤泡之间和滤泡上皮细胞之间有**滤泡旁细胞**(parafollicular cell)，也称 **C 细胞**(clear cell)，可分泌降钙素(见本章第四节)。

一、甲状腺激素的合成与代谢

甲状腺激素主要有三种形式，即甲状腺素或四碘甲腺原氨酸(T_4)、三碘甲腺原氨酸(T_3)和逆 T_3(reverse T_3, rT_3)，它们都是酪氨酸的碘化物。它们分别占分泌量的 90%、9%、1%。其中 T_3 的生物活性是 T_4 的 5 倍，rT_3 无生物活性的。

碘和 TG 是合成 TH 的主要原料。碘由食物提供，人每天从食物中摄取碘 100～200 μg，约有

1/3进入甲状腺,甲状腺含碘量为 8 000 μg 左右,占全身总碘量的 90%。各种原因引起的碘缺乏,都会导致 TH 合成减少。TG 由滤泡上皮细胞合成,然后转运至滤泡腔内储存。TG 上的酪氨酸残基碘化后可合成 TH。TH 的合成过程包括以下三个步骤。

(一) 甲状腺滤泡聚碘

聚碘是合成 TH 的第一步,即将细胞外液中的碘转运至甲状腺滤泡上皮细胞内。正常甲状腺滤泡上皮细胞内,碘的浓度比血浆高 25~50 倍,故聚碘是一种主动转运。在滤泡上皮细胞基底膜侧有钠-碘同向转运体,其和膜上的 Na^+-K^+ 泵协同转运可实现 I^- 的继发性主动转运。聚碘能力大小是判断甲状腺功能的一个重要指标。临床上常用放射性核素 ^{131}I 示踪法来检查和判断甲状腺聚碘能力。甲状腺功能亢进(甲亢)时,聚碘能力增强;甲状腺功能减退(甲减)时,聚碘能力减弱。

(二) 碘的活化

摄入滤泡上皮内的 I^- 在**过氧化酶**(thyroperoxidase,TPO)的催化下转变为活化的碘。活化后的碘是什么形式尚不清楚,可能是 I_0(碘原子)、I_2,或与酶的结合物。但只有活化后的碘才能取代酪氨酸残基上的氢原子。活化的部位是在滤泡上皮细胞顶端膜微绒毛与滤泡腔交界处。

(三) 酪氨酸碘化与碘化后酪氨酸的耦联

酪氨酸碘化是由活化碘在 TPO 的作用下取代 TG 上的酪氨酸残基苯环 3,5 位上的氢,生成**一碘酪氨酸残基**(monoiodotyrosine,MIT)和**二碘酪氨酸残基**(diiodotyrosine,DIT)。然后相邻两个分子的 DIT 耦联,脱去一分子丙氨酸,生成 T_4,或一分子的 MIT 与相邻一分子的 DIT 发生耦联生成 T_3(图 9-9),此外还能合成极少量的 rT_3。TPO 是由滤泡上皮细胞合成的一种含铁卟啉的蛋白质,其作用是促进碘的活化、酪氨酸碘化以及碘化的酪氨酸耦联。TPO 的活性受 TSH 的调控,大鼠摘除垂体 48 h 后,TPO 的活性消失,注射 TSH 后此酶活性再现。临床上,硫氧嘧啶与硫脲类药

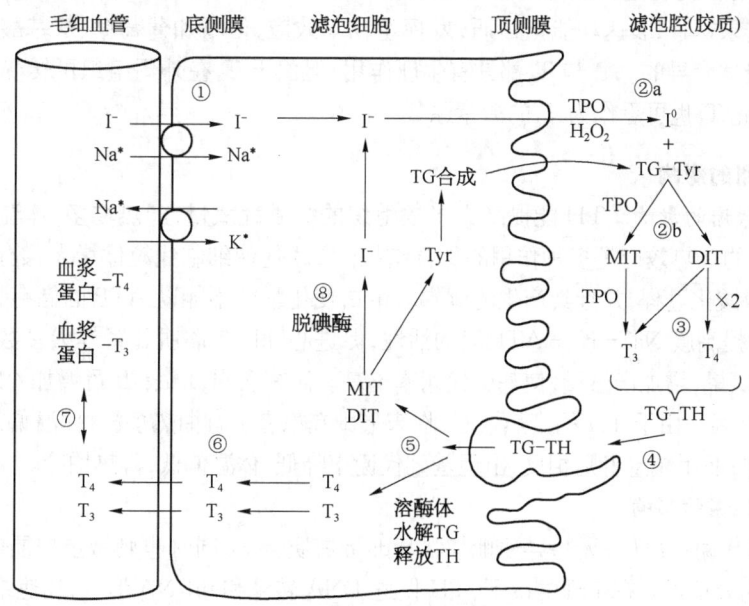

图 9-9 甲状腺激素合成和代谢
TPO:甲状腺过氧化酶;TG:甲状腺球蛋白;Tyr:酪氨酸残基

物可抑制 TPO 活性,从而抑制 TH 的合成,用于治疗甲亢。

(四) 甲状腺激素的储存、释放、运输与代谢

1. **储存** 合成的 TH 仍结合在 TG 上,储存在滤泡腔胶质内。因此,TH 与其他激素的储存不同:① 储存在细胞外(滤泡腔内),也是唯一储存在细胞外的激素。② 储存量大,占各种激素首位,可供机体利用 50~120 d。

2. **释放** 当甲状腺受到 TSH 刺激后,甲状腺滤泡上皮细胞顶端膜的微绒毛伸出伪足,将含有 T_3、T_4 的 TG 胶质小滴,吞饮到滤泡上皮细胞内(图 9-9),与溶酶体融合。在溶酶体水解酶的作用下,TG 被水解,T_3、T_4、MIT 和 DIT 被脱落。MIT 和 DIT 受胞质脱碘酶的作用脱碘,被重新利用。T_4 和 T_3 对脱碘酶不敏感,迅速释放入血液。人血清 T_4 浓度正常为 51~142 nmol/L,T_3 浓度为 1.2~3.4 nmol/L。

3. **运输** T_4 和 T_3 释放入血后,以结合型和游离型两种形式运输。结合型 T_4、T_3 与血浆蛋白结合,占 99% 以上。游离型的 T_4 占 0.04%,T_3 占 0.4%。游离型的 T_4、T_3 能进入靶细胞,与核受体结合,发挥生物学效应,而结合型 T_4、T_3 因不能进入细胞没有生物活性。结合型和游离型的 TH 可相互转变,维持两者的动态平衡。

4. **代谢** 血浆 T_4 半期期约为 7 d,T_3 半衰期约为 1.5 d。脱碘是游离型 T_4 与 T_3 降解的主要方式。约 80% 的 T_4 在外周组织(肾、垂体、骨骼肌)脱碘酶的作用下,变为 T_3,成为 T_3 的主要来源。T_3 可再脱碘变成二碘、一碘以及不含碘的甲状腺氨酸而失活。约 20% 的 T_4、T_3 在肝脏降解,形成葡萄糖醛酸或硫酸盐的代谢产物,随胆汁排入小肠,随粪便排出。近年的研究证明,脱碘酶中含有硒,因此硒对脱碘酶的活性有重要影响,当硒缺乏时,T_4 脱碘受阻,外周组织中 T_3 含量减少。

二、甲状腺激素的生物学作用

TH 的主要作用是促进物质与能量代谢和生长、发育过程。TH 为亲脂性激素,主要与核受体结合影响基因转录过程,表达功能蛋白质,发挥生物学效应,但增加葡萄糖、氨基酸的跨膜转运可能不是通过核受体介导的。T_4 与 T_3 都具有生理作用,但由于 T_4 在外周组织可转变为 T_3,以及 T_3 的活性较大,因此 T_4 也可看作为 T_3 的激素原。

(一) 对代谢的影响

1. **对能量代谢的影响** TH 能提高大多数组织的基础耗氧量,产热增多,体温也因此发生相应的波动。TH 的产热效应是多种作用的综合结果。TH 促使细胞线粒体增大,数量增多,加速其呼吸链的氧化磷酸化过程,并且其产生的解耦联蛋白使化学能不能以 ATP 的储存,只能以热的形式释放。TH 能提高膜 Na^+-K^+-ATP 酶的活性,促进心、肝、骨骼肌和肾等大多数组织的能量消耗,从而提高耗氧量,增加产热量,使基础代谢率增高。研究表明,1 mg T_4 可增加 4 200 kJ 热量,提高基础代谢率 28%。由于 TH 的产热效应,临床上甲亢患者常有怕热多汗、体温偏高、基础代谢率明显升高等现象;而甲减患者则相反,出现基础代谢率降低,体温偏低,喜热怕冷。

2. **对物质代谢的影响**

(1) 蛋白质代谢:TH 可无特异性地加强基础蛋白质合成,同时也刺激蛋白质的降解,实际效应取决于 TH 的分泌量。在生理情况下,TH 促进 DNA 转录和 mRNA 形成,加速结构和功能蛋白质合成,有利于机体的生长发育和各种功能活动。但 TH 分泌过多则加速骨与骨骼肌为主的外周组织蛋白质分解,出现肌肉无力、骨质疏松、尿酸增加、血钙升高和尿钙增多现象。当 TH 分泌不足

时,因蛋白质合成减少,肌肉乏力,但组织间的黏蛋白增多,结合大量的水分子滞留皮下,形成无凹陷特征的水肿,称为**黏液性水肿**(myxedema)。

(2) 糖代谢:TH 促进小肠黏膜吸收葡萄糖,增强肝糖异生和糖原分解,使血糖升高;也能拮抗胰岛素,协同肾上腺素、胰高血糖素、糖皮质激素和 GH 使血糖升高。同时 TH 又增强外周组织对糖的利用,使血糖降低。因此甲亢患者常表现为餐后血糖升高,甚至出现糖尿,但随后又迅速恢复正常。

(3) 脂类代谢:TH 促进脂肪合成与分解,加强其代谢速率,也协同脂解激素对脂肪的分解。对于胆固醇代谢,TH 既加速其合成,又促进其从血中清除。由于对脂类物质分解的速度超过合成,所以甲亢患者体脂减少,血中胆固醇含量低于正常,甲减患者体脂比例升高,胆固醇含量升高。

由于 TH 对能量和物质代谢的影响,在临床上,甲亢患者常表现为多食善饥,消瘦明显。

(二) 对生长与发育的影响

TH 具有促进组织分化、生长与发育成熟的作用,尤其对脑和骨的发育更为重要。在胚胎期,TH 有促进神经元增殖、分化、突起和突触的形成,诱导神经生长因子和某些酶的合成,促进胶质细胞的生长和髓鞘的形成。TH 刺激骨的骨化中心正常发育、软骨骨化等过程,促进长骨和牙齿的正常生长。在胚胎期,TH 对骨的生长并非必需,所以甲低胎儿出生时身高可以基本正常,但脑的发育已经受到不同程度的影响。一般在出生甲减后数周至 3~4 月,就会出现明显的智力迟钝和长骨生长迟滞,以致智力低下,身材矮小而称为呆小症,即**克汀病**(cretinism)。在儿童生长发育的过程中,TH 能增强 GH 基因转录,GH 生成增加;TH 还能提高机体对 SM 的反应性,与 GH 有协同作用。若甲状腺激素缺乏,GH 的作用也会受到影响。

需要指出的是,胎儿 11 周之前的甲状腺不具备聚碘和合成 TH 的能力,11 周之后,随胎儿下丘脑、垂体结构的发育,甲状腺开始聚碘,并不断分泌 TH。因此,预防缺碘地区呆小症的发生,妊娠期妇女应注意补碘。治疗呆小症也必须在生后 3 个月内补充 TH,方可奏效。

(三) 对神经系统的影响

TH 不仅影响中枢神经系统的发育,而且对已分化成熟的神经系统有提高兴奋性的作用。TH 可易化儿茶酚胺的效应,使交感神经系统兴奋。甲亢时,患者中枢神经系统的兴奋性提高,表现为注意力不易集中、易激动、喜怒无常、烦躁不安、失眠多梦、肌肉震颤等。甲减时,中枢神经系统兴奋性降低,出现记忆力减退,说话和行动迟缓,淡漠无情与嗜睡等症状。

(四) 对心血管活动的影响

TH 对心血管系统的活动也有明显的影响。T_3 能增加心肌细胞膜上 β 受体的数量和对儿茶酚胺的敏感性,促进肌质网 Ca^{2+} 释放,以致心率增快、心肌收缩能力增强、心输出量与心脏做功增加,故甲亢患者常表现心动过速、心肌肥大,可因过度耗竭而致心力衰竭。TH 因增加产热量、氧耗量而间接使外周血管舒张,外周阻力降低,所以甲亢患者的脉压常增大。

三、甲状腺功能的调节

甲状腺功能主要受下丘脑-腺垂体-甲状腺轴的调节,也接受自主神经的调节,并对血碘水平有一定程度的自身调节。

(一) 下丘脑-腺垂体-甲状腺轴的调节

1. **下丘脑-腺垂体对甲状腺的调节** 下丘脑促垂体区内的 TRH 神经元能合成和释放 TRH,

通过垂体门脉系统运输到腺垂体,促进腺垂体合成促甲状腺激素(TSH)并释放入血,TSH 通过血液循环作用于甲状腺。TSH 是调节甲状腺功能的主要激素,一方面促进 TH 的合成(可作用 TH 合成的每个环节)与释放;另一方面促进甲状腺滤泡上皮细胞内的核酸和蛋白质合成,使腺细胞增生、腺体肥大。下丘脑 TRH 神经元还接受神经系统其他部位传来的信息,如寒冷刺激的信息传到下丘脑体温调节中枢的同时,还能通过神经递质 NE 来增强 TRH 神经元的活动,促进下丘脑-腺垂体-甲状腺轴的活动增强。当机体受到应激刺激时,下丘脑可释放较多的 GHIH,抑制腺垂体 TSH 的释放。另外,情绪反应也可影响 TRH 和 TSH 的分泌。

2. **甲状腺激素的负反馈调节**　血中游离 TH 水平是调节垂体 TSH 分泌的经常性负反馈因素。腺垂体 TSH 细胞对血中游离的 T_4 与 T_3 浓度的变化十分敏感。血中 T_4 或 T_3 浓度升高可下调胞膜上的 TRH 受体数量,降低其对 TRH 的反应性,使 TSH 合成和分泌减少;同时刺激腺垂体 TSH 细胞产生一种抑制蛋白,该蛋白可直接抑制 TSH 合成与释放;反之,血中 T_4 与 T_3 浓度过低,对腺垂体的负反馈作用减弱,TSH 分泌增多。这种负反馈式的调节在血液 T_3 和 T_4 正常浓度范围内波动时,也会引起 TSH 的分泌发生相应的波动。关于 T_3 和 T_4 对下丘脑是否有负反馈调节,尚无定论(图 9 - 10)。

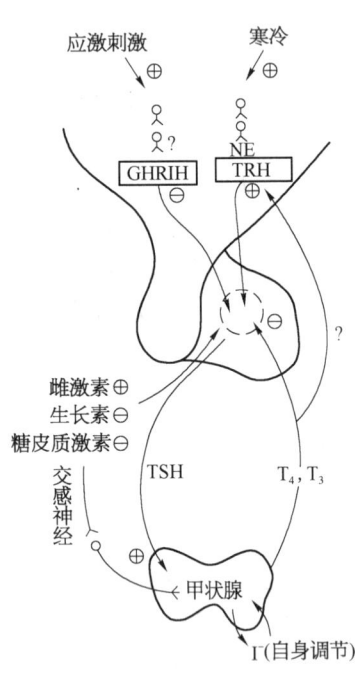

图 9 - 10　甲状腺激素的分泌调节
⊕: 促进或刺激;⊖: 抑制

有些激素也可影响腺垂体分泌 TSH,如雌激素可增强腺垂体对 TRH 的反应,从而使 TSH 分泌增加,而 GH 与糖皮质激素则对 TSH 的分泌有抑制作用。由于食物及饮水缺碘,引起血中 T_3、T_4 降低,TSH 增多以及甲状腺肿大为特征的疾病称为地方性甲状腺肿。缺碘导致 T_3、T_4 合成不足,后者对腺垂体的负反馈作用减弱,以致 TRH 对腺垂体的作用增强,可出现 TSH 分泌增多和甲状腺增生、肥大。青春期、妊娠及授乳期的妇女,有时甲状腺也生理性肿大,其机制与此相似,但此时血中 T_3、T_4 水平稍低是由于机体消耗较多甲状腺激素所致。有些甲亢患者的血中可出现一种称为 **TSH 受体刺激抗体**(TSH - R stimulating antibody),产生类似于激动 TSH 的效应,刺激甲状腺分泌 T_3 和 T_4 增多和腺体增生肥大,因血中 T_3 和 T_4 浓度增多,对腺垂体负反馈作用增强,血中 TSH 减少。

(二) 甲状腺的自身调节

在没有神经和体液因素影响的情况下,甲状腺也能根据血碘水平调节其对碘的摄取与合成 TH 的能力,称为甲状腺的自身调节。碘对甲状腺活动的调节具有重要意义,可以缓冲食物中摄入碘量的差异对 TH 合成和分泌的影响。当血碘含量不足时,甲状腺可增强其聚碘能力,并加强 T_3 和 T_4 的合成。当血碘浓度高于正常时,最初 T_3 和 T_4 的合成有所增加,但血碘浓度超过 1 mmol/L 后,甲状腺聚碘能力及 T_3 和 T_4 的合成速度反而下降。当血碘浓度达到 10 mmol/L 时,甲状腺聚碘作用完全消失。这种过量的碘所产生的抗甲状腺聚碘和并抑制 TH 合成的作用,称为 Wolff Chaikoff 效应。这一效应的产生机制,尚不清楚,可能是高浓度的碘抑制了 TPO 的活性。若再持续加大碘的供应量,则 Wolff Chaikoff 效应消失,T_3 和 T_4 合成再次增加,称为碘阻断的"**脱逸**"

(escape)现象。临床上常利用此效应,给予过量碘来处理甲状腺危象和甲状腺手术的术前准备。

(三) 自主神经对甲状腺活动的影响

在甲状腺滤泡细胞膜上存在 α、β 和 M 受体,也受交感神经和副交感神经支配。刺激交感神经,T_3 和 T_4 合成和分泌增加;刺激副交感神经则抑制 T_3 和 T_4 合成和分泌。交感-甲状腺轴的意义在于内外环境发生急剧变化时能够确保应急情况下对高水平 TH 的需求,而副交感-甲状腺轴的意义在于激素分泌过多时发生抗衡作用,下丘脑-腺垂体-甲状腺轴主要调节各种效应激素的稳态。

第四节 甲状旁腺、甲状腺 C 细胞及维生素 D_3

甲状旁腺主细胞分泌甲状旁腺激素(PTH),甲状腺 C 细胞分泌降钙素(CT),肾脏近端小管细胞可生成 $1,25-(OH)_2-VitD_3$,三者共同调节机体的钙、磷代谢,维持血钙和血磷浓度的稳定。

一、甲状旁腺激素

PTH 是含 84 个氨基酸残基的直链多肽,分子质量为 9.5 kDa。健康人血浆 PTH 浓度呈昼夜节律波动,清晨 6 时最高,以后逐渐降低,到下午 4 时达最低,以后又逐渐升高,波动范围为 10～50 ng/L。血浆 PTH 半衰期为 20～30 min,主要在肝内水解灭活,水解产生的 PTH 片段经肾排出体外。

(一) 甲状旁腺激素的生物学作用

PTH 的主要作用是升高血钙、降低血磷(图 9-11),调节血钙和血磷的稳态。临床上甲状腺手术时不慎将甲状旁腺摘除,会引起严重的低血钙,产生手足抽搐,甚至因喉部肌肉痉挛,窒息死亡。PTH 作用的靶器官是骨组织和肾脏。

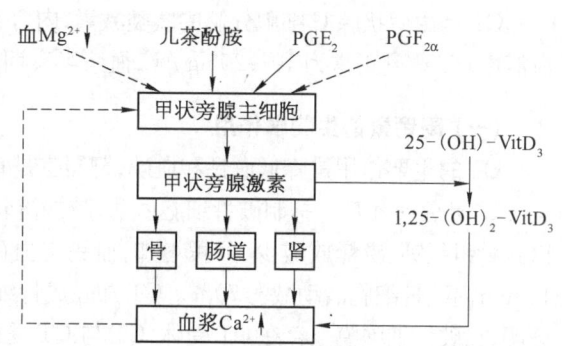

图 9-11 甲状旁腺激素的作用及其分泌的调节
实线表示促进;虚线表示抑制

1. 对骨的作用 骨组织是人体最大的钙储存库。PTH 动员骨钙入血,其作用包括快速效应与延迟效应两个时相。快速效应在 PTH 作用后数分钟即可发生,是通过骨细胞膜系统实现的。骨细胞膜系统是由骨膜细胞组成的,介于骨质间骨液与细胞外液之间的一层可通透性屏障。骨液中含有 Ca^{2+},但只有细胞外液的 1/3。PTH 能迅速提高骨膜细胞的骨液侧膜对 Ca^{2+} 的通透性,使骨液中的 Ca^{2+} 进入骨膜细胞内,进而增强骨膜细胞的细胞外液侧膜上的钙泵活性,将胞内的 Ca^{2+} 转运至细胞外液中,引起血钙升高。延缓效应在 PTH 作用后 12～14 h 出现,通常要几日甚至几周后达高峰。在这一时相中,PTH 能刺激破骨细胞增殖并加强其活动。破骨细胞向周围骨组织伸出绒毛样突起,释放蛋白水解酶和乳酸,加速骨组织溶解,使钙、磷进入血液,血钙浓度长时间升高。PTH 还能抑制成骨细胞活动,减少钙盐在骨中沉积,使血钙浓度进一步提高。PTH 的两个时相效应相互配合,不仅能对血钙的急切需要作出迅速应答,而且能使血钙浓度长时间维持在一定水平。

2. **对肾脏的作用** PTH 通过受体-G 蛋白 AC-cAMP-PKA 途径,促进肾远端小管和集合管对钙离子的重吸收,使尿钙排泄减少,血钙升高;并抑制近端小管对磷酸盐的重吸收,促进磷酸盐的排出,使血磷降低。此外,PTH 还能激活肾脏的 1α-羟化酶,使来自肝脏的 25-(OH)-VitD$_3$ 转化成有高度活性的 1,25-(OH)$_2$-VitD$_3$。后者可促进小肠黏膜上皮细胞对钙和磷的吸收,升高血钙和血磷。

(二) 甲状旁腺激素分泌的调节

1. **血钙水平对 PTH 分泌的调节** 血钙浓度的变化对甲状旁腺主细胞的直接负反馈是调节 PTH 分泌的主要方式。血钙浓度下降,在 1 min 内即可引起 PTH 分泌增加,促进骨钙释放和肾小管对钙的重吸收,使血钙回升。相反,血浆浓度升高,则 PTH 分泌减少,使血钙浓度回降。若长时间的高血钙,可使甲状旁腺发生萎缩;而长时间的低血钙则可使甲状旁腺增生。近年研究表明,在甲状旁腺主细胞的膜上存在钙受体,当血 Ca^{2+} 水平升高时,可通过 Ca^{2+} 钙受体-G 蛋白-PLC-IP$_3$/DG-PKC 信号转导途径,抑制 PTH 的分泌。

2. **其他因素对 PTH 分泌的调节** 甲状旁腺主细胞的膜上有 β 受体,儿茶酚胺可通过 β 受体-G 蛋白-AC-cAMP-PKA 信号转导途径,促进 PTH 的分泌。PGE$_2$ 促进 PTH 分泌,而 PGF$_2$α 则使 PTH 分泌减少。血磷升高可使血钙降低,刺激 PTH 的分泌。血镁浓度降至较低时,可使 PTH 分泌减少。

二、降钙素

CT 是由甲状腺 C 细胞分泌的肽类激素,内含有一个二硫键的 32 肽,分子质量为 3.4 kDa。人血清中 CT 浓度正常为 10~20 ng/L,血浆半衰期小于 1 h,主要在肾脏降解后排出。

(一) 降钙素的生物学作用

CT 的主要作用是降低血钙和血磷,靶器官是骨和肾脏。

1. **对骨的作用** 抑制破骨细胞活动,减弱溶骨过程,同时加强成骨细胞活动,增强成骨过程,以致骨组织钙、磷释放减少,沉积增加,血钙与血磷水平下降。CT 抑制破骨细胞活动发生很快,15 min 内破骨细胞活动减弱 70%。CT 加强成骨细胞活动发生在 1 h 左右,可持续数天之久。现已证明,在破骨细胞膜上存在 CT 受体,CT 与 CT 受体结合后可通过 cAMP-PKA 信号转导途径和 IP$_3$/DG-PKC 信号转导途径抑制破骨细胞的活动。

2. **对肾的作用** 能抑制肾小管对钙、磷、钠及氯等离子的重吸收,增加这些离子在尿中的排出量。由于成人与儿童骨的更新速度不同,成人破骨细胞活动释放的钙量十分有限(0.8 g/d),而儿童钙释放量大(5 g/d),因此 CT 对成人血钙浓度的调节作用较小,对儿童血钙浓度的调节作用较重要。

(二) 降钙素分泌的调节

1. **血钙水平** 健康成人的血钙浓度为 2.1~2.55 mmol/L。CT 的分泌主要受血钙浓度的直接负反馈调节。甲状腺 C 细胞对血钙浓度的变化很敏感。当血钙浓度升高时,CT 的分泌增加;反之,血钙浓度降低时,CT 的分泌减少。CT 与 PTH 对血钙的作用相反,共同调节血钙浓度的稳态。与 PTH 相比,血钙对 CT 的调节特点是快速而短暂。CT 的分泌启动较快,在 1 h 内即可达到高峰;调节时间短,降钙效应很快被 PTH 升高血钙的作用所克服。因此,CT 对高钙饮食引起的血钙升高后恢复到正常水平起着重要作用。

2. **其他调节** 进食可刺激 CT 的分泌,这可能与几种胃肠激素如促胃液素、促胰液素、缩胆囊素及胰高血糖素的分泌有关,它们均可促进 CT 的分泌,其中以促胃液素的作用最强。

此外,血 Mg^{2+} 浓度升高也可刺激 CT 分泌。

三、维生素 D_3

(一) 1,25-$(OH)_2$-$VitD_3$ 的生成与代谢

维生素 D_3($VitD_3$)是胆固醇的衍生物,也称**胆钙化醇**(cholecalciferol),其活性形式有 25-羟维生素 D_3[25-(OH)-$VitD_3$]和 1,25-二羟维生素 D_3[1,25-$(OH)_2$-$VitD_3$]两种,其中以 1,25-$(OH)_2$-$VitD_3$ 为主要活性形式。体内的 $VitD_3$ 主要由皮肤中 7-脱氢胆固醇经日光中的紫外线照射转化而来,也可从肝、乳、鱼肝油等食物中获取。$VitD_3$ 无生物活性,它首先在肝脏被 25-羟化酶催化为具有一定生物活性的 25-(OH)-$VitD_3$,然后在肾近端小管 1α-羟化酶的催化下生成活性更高的 1,25-$(OH)_2$-$VitD_3$。血液中各种形式的 $VitD_3$ 都与 VitD 结合蛋白结合,形成结合型 VitD 在血中运输。血浆中 25-(OH)-$VitD_3$ 的浓度为 40~90 nmol/L,而 1,25-$(OH)_2$-$VitD_3$ 的含量为 100 pmol/L,半衰期为 12~15 h,其灭活主要在靶细胞内发生侧链氧化或羟化,形成钙化酸等代谢产物,这些产物在肝脏与葡萄糖醛酸结合后随胆汁排入小肠,在小肠,其中一部分被吸收入血,从而形成 $VitD_3$ 的肝肠循环,一部分随粪便排出体外。

(二) 1,25-$(OH)_2$-$VitD_3$ 的生物学作用

1. **对小肠的作用** 促进小肠黏膜对钙和磷的吸收。1,25-$(OH)_2$-$VitD_3$ 进入小肠黏膜细胞内,与核受体结合,通过基因调节机制,生成一种与钙有高亲和力的**钙结合蛋白**(calcium-binding protein,CaBP)。1 个分子 CaBP 可结合 4 个 Ca^{2+},参与小肠吸收钙的转运过程。1,25-$(OH)_2$-$VitD_3$ 也促进小肠黏膜细胞对磷的吸收。因此,它既能升高血钙,也能增加血磷。

2. **对骨的作用** 调节骨钙的沉积和释放。① 1,25-$(OH)_2$-$VitD_3$ 能刺激成骨细胞的活动,促进骨钙沉积和骨的形成,降低血钙。② 1,25-$(OH)_2$-$VitD_3$ 又能提高破骨细胞的活动,增强骨的溶解,使骨钙、骨磷释放入血,升高血钙和血磷,但总的效应是血钙浓度升高。此外,1,25-$(OH)_2$-$VitD_3$ 还可增强 PTH 对骨的作用,在缺乏 1,25-$(OH)_2$-$VitD_3$ 时,PTH 对骨的作用明显减弱。成骨细胞能合成一种能与钙结合的 49 个氨基酸残基组成的多肽,称为**骨钙素**(osteocalcin),其分泌受 1,25-$(OH)_2$-$VitD_3$ 的调节。骨钙素被分泌至骨基质中,对调节与维持骨钙起着重要作用。

3. **对肾脏的作用** 促进肾小管对钙、磷的重吸收,尿钙、磷排出量减少。

第五节 肾上腺

肾上腺由皮质和髓质两部分组成。皮质和髓质是两个在结构和功能上均不相同的内分泌腺。

皮质分泌类固醇激素,在维持机体基本生命活动中起重要作用。髓质分泌胺类激素,在机体应急反应中起重要作用。皮质与髓质之间有特殊门脉系统,血流相通,故两者也有功能上的联系。

一、肾上腺皮质激素

肾上腺皮质由外向内可分为球状带、束状带和网状带。肾上腺皮质激素合成的基本原料是胆固醇,由于肾上腺皮质各带内分泌细胞存在的合成酶系不同,各带合成的皮质激素亦不相同,按其生理功能不同可分为三类:① 调节水盐代谢为主的**盐皮质激素**(mineralocorticoids, MC),以**醛固酮**(aldosterone)为代表,由球状带细胞所分泌。② 调节碳水化合物代谢为主的**糖皮质激素**(glucocorticoids, GC),以**皮质醇**(cortisol)为代表,主要由束状带细胞分泌,网状带细胞也少量分泌。③ 调节性腺活动为主的**性激素**(gonadal hormone),包括**脱氢表雄酮**(dehydroepiandrosterone)、**雌二醇**(estradiol),由网状带细胞分泌。

血中的皮质激素以游离型和结合型两种形式存在。结合型占90%,但只有游离型的皮质激素才能发挥生物作用。健康成人清晨血清皮质醇浓度为110~520 nmol/L,醛固酮浓度为220~430 pmol/L。皮质醇的半衰期为70 min,醛固酮的半衰期为20 min。皮质激素主要在肝脏降解,产生的代谢产物与葡萄糖醛酸或硫酸结合,随尿排出体外。因此尿中的17-羟类固醇含量可反映肾上腺皮质激素的分泌水平。肾上腺皮质激素与生命维持密切相关。动物实验表明,切除双侧肾上腺的动物,1~2周内即死亡。如果仅切除肾上腺髓质,则动物可存活较长时间,足见肾上腺皮质激素对维持生命的重要性。

(一) 糖皮质激素

1. 糖皮质激素的生物学作用 糖皮质激素的作用非常广泛,主要体现在以下几个方面。

(1) 对物质代谢的影响:GC对糖、蛋白质和脂肪代谢均有作用。① 糖代谢:GC因能显著升高血糖效应而得名。它主要通过增加糖的来源和减少糖的去路,升高血糖。增加糖的来源是由于它能促进糖异生,GC能将蛋白分解产生的氨基酸转入肝脏,同时增强肝脏内与糖异生有关酶的活性,使糖异生过程大大加强。减少糖的去路是由于GC有抗胰岛素作用,降低肌肉与脂肪等组织对胰岛素的反应性,使外周组织对葡萄糖的利用减少。如果GC分泌过多(或服用此类激素药物过多),会出现血糖升高,甚至出现糖尿,称为类固醇性糖尿病;相反,肾上腺皮质功能低下患者(如艾迪生病),则可发生低血糖。② 蛋白质代谢:GC可促进肝外组织,尤其是肌肉组织的蛋白分解,加速氨基酸转移至肝,为糖异生提供原料。因此,GC分泌过多时,患者可出现肌肉消瘦、皮肤变薄、骨质疏松、淋巴组织萎缩等现象。③ 脂肪代谢:GC可促进脂肪分解,增强脂肪酸在肝内的氧化过程,有利于糖异生作用。当肾上腺皮质功能亢进时,GC对身体不同部位的脂肪作用不同,四肢脂肪组织分解增强,而躯干、头面部的脂肪合成有所增加,以致体内脂肪发生重新分布,出现"满月脸""水牛背""蛙状腹"而四肢消瘦的特殊体形。

(2) 对水盐代谢的影响:GC具有微弱的盐皮质激素作用,但其促进肾脏远端小管和集合管保钠、排钾和保水的作用远弱于醛固酮。GC还可降低肾小球入球小动脉的阻力,增加肾血浆流量,使肾小球滤过率增加;抑制ADH分泌,总效应有利于水的排出。肾上腺皮质功能不全患者,由于肾脏排水能力降低,可出现"水中毒",若补充适量的GC,"水中毒"可得到缓解,而补充盐皮质激素则无效。GC还促进肾脏近端小管对PO_4^{3-}的排泄,使尿PO_4^{3-}增加。

(3) 对血细胞的影响:GC可刺激骨髓造血,使血中红细胞、血小板的数量增加;可抑制胸腺与淋巴组织细胞的 DNA 合成和有丝分裂,使淋巴细胞减少;动员附着在小血管壁的中性粒细胞进入血流,使中性粒细胞数量增多;可促进肺和脾脏收留嗜酸性粒细胞,使外周血嗜酸性粒细胞数减少;GC 还能抑制 T 淋巴细胞产生白细胞介素-2(IL-2)。

(4) 对循环系统的影响:GC 并不直接引起血管收缩,但能增强血管平滑肌对儿茶酚胺的敏感性,维持一定的血管紧张性,称为糖皮质激素对儿茶酚胺的允许作用,有利于提高血管的张力和维持一定血压。另外,GC 可降低毛细血管壁的通透性,减少血浆的滤出,有利于维持血容量。离体实验表明,GC 可增强心肌的收缩力,但在整体条件下对心脏的作用并不明显。

(5) 参与应激反应:**应激反应**(stress reaction)是指当机体受到应激刺激时,产生的一种以 ACTH 和 GC 分泌增加为主,多种激素共同参与的、增强机体抵抗力的非特异性反应。**应激**(stress)刺激包括缺氧、感染、创伤、手术、饥饿、疼痛、寒冷以及精神紧张和焦虑不安等有害刺激。在应激刺激下,下丘脑-腺垂体-肾上腺皮质轴的功能大大增强,ACTH 和 GC 分泌大大增加,有提高机体对应激刺激的耐受性和生存能力;与此同时,交感-肾上腺髓质系统的活动也加强,血中儿茶酚胺含量也相应增加;其他激素如 β 内啡肽、GH、PRL、胰高血糖素、VP 及醛固酮等分泌也增加。实验表明,切除肾上腺髓质的动物,可以抵抗应激刺激而不产生严重后果;而当切除肾上腺皮质时,机体应激反应减弱,对有害刺激的抵抗力大大降低,若不适当处理,一两周内即可死亡,如及时补给糖皮质激素,则可生存较长时间。说明在应激反应中,血中 ACTH 和糖皮质激素浓度增加有着重要意义。GC 可能通过:① 维持血糖浓度,可供脑和心脏对糖的利用。② 通过 GC 对儿茶酚胺的允许作用,使心肌收缩力增强、血压升高等机制增强机体的适应力和抵抗力。

(6) 其他作用:除上述的主要作用外,GC 还有促进胎儿肺泡表面活性物质的生成;提高胃腺细胞对迷走神经与促胃液素的反应性,增加胃酸及胃蛋白酶原的分泌,抑制蛋白质合成和结缔组织增生,使黏液分泌量和胃黏膜上皮细胞转换率降低。可见,胃黏膜的破坏能力增强,而保护和修复能力减弱;增强骨骼肌的收缩力;提高大脑皮层兴奋性、维持中枢神经系统的正常功能;使骨基质 I 型胶原和小肠对钙的吸收减少,抑制骨的生成。此外,药理剂量的 GC 还具有抗炎症、抗休克、抗过敏、抗中毒和抑制免疫功能的作用。

2. 糖皮质激素分泌的调节 GC 的分泌可分为正常生理状态下的基础分泌和应激反应状态下的应激分泌,这两种形式的分泌均与下丘脑-腺垂体-肾上腺皮质轴的活动状态有关(图 9-12)。

(1) 下丘脑-腺垂体对肾上腺皮质功能的调节:下丘脑促垂体区内的促肾上腺皮质激素释放激素(CRH)神经元能合成和释放 CRH,通过垂体门脉系统运输到腺垂体,促进腺垂体合成促肾上腺皮质激素(ACTH)并释放入血,ACTH 通过血液循环作用于肾上腺皮质的束状带及网状带细胞,一方面促进 GC 的合成与释放;另一方面促进束状带及网状带细胞内的核酸和蛋白质合成,使腺细胞增生、肥大。实验表明,在束状带与网状带的胞膜上存在 ACTH 受体,ACTH 与其受体结合后,通过 G 蛋白-AC-cAMP-PKA 信号转导途径,加速胆固醇进入线粒体,激活合成 GC

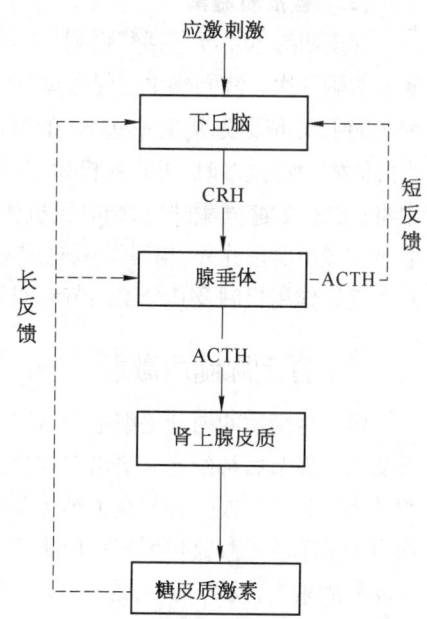

图 9-12 糖皮质激素的分泌调节
实线表示促进;虚线表示抑制

的各种酶系,增强 GC 的合成与分泌。实验也表明,切除动物的腺垂体,肾上腺皮质束状带和网状带萎缩,GC 分泌显著减少;如及时补充 ACTH,可使已萎缩的束状带和网状带基本恢复,GC 分泌水平回升。

(2) 糖皮质激素对下丘脑和腺垂体的负反馈调节:下丘脑 CRH 神经元和腺垂体分泌 ACTH 的细胞对 GC 很敏感。当血中 GC 浓度升高时,可通过长反馈的途径抑制下丘脑释放 CRH 和腺垂体合成与分泌 ACTH;同时,腺垂体对 CRH 的反应性也减弱。此外,腺垂体分泌的 ACTH 浓度升高,也可通过短反馈的途径,抑制下丘脑 CRH 神经元的活动,使 CRH 分泌减少。至于是否存在 CRH 对 CRH 神经元的超短反馈,尚不能肯定。

在非应激状态下,通过 GC 和 ACTH 的负反馈调节,使下丘脑-腺垂体-肾上腺皮质轴的活动处于基础分泌。基础分泌的下丘脑-腺垂体-肾上腺皮质轴的活动呈现昼夜节律波动,表现为清晨 6~8 时分泌最高,白天维持在较低水平,入睡后分泌再逐渐减少,午夜分泌最低,随后又逐渐增多。在应激状态下,各种有害刺激的信息传入使下丘脑-腺垂体-肾上腺皮质轴的活动增强,同时下丘脑和腺垂体对 ACTH、GC 的负反馈调节的敏感性暂时减弱或不敏感,以致血中 ACTH、GC 的浓度处在高水平状态的负反馈。ACTH、GC 浓度的升高程度与应激刺激强度成正比,并维持高水平的平衡以适应应激环境的需要。

临床上,由于治疗的需要,患者常常长期地使用大量的外源性糖皮质激素,后者可通过负反馈抑制下丘脑-腺垂体-肾上腺皮质轴的活动,造成肾上腺皮质萎缩。如果患者突然停药,由于肾上腺皮质自身分泌 GC 不足或缺乏,可引起肾上腺皮质功能危象,危及生命。因此必须采取逐渐减量的撤药方法或间断给予 ACTH,以防止肾上腺皮质功能衰竭。

综上所述,下丘脑、腺垂体和肾上腺皮质组成一个联系密切、协调统一的功能活动轴,从而维持血中 GC 浓度的相对稳定和在不同应激状态下的适应性变化。

(二) 盐皮质激素

盐皮质激素主要包括醛固酮、11-去氧皮质酮和 11-去氧皮质醇。以醛固酮作用最强,11-去氧皮质酮其次。醛固酮主要促进肾脏的远曲小管和集合管保 Na^+、保水和排 K^+ 作用,即促进 Na^+ 和水的主动重吸收,同时引起 K^+ 的排出,这对于维持细胞外液和循环血量的稳态起着重要作用。当醛固酮分泌过多时,可导致机体 Na^+ 和水的潴留及 K^+ 的排泄,引起高血钠、高血压、低血钾和碱中毒;相反,如醛固酮缺乏,则导致机体 Na^+ 和水的排出过多及 K^+ 的潴留,出现低血钠、低血压、高血钾和酸中毒。此外,与 GC 一样,醛固酮也能增强血管平滑肌对儿茶酚胺的敏感性。关于醛固酮对肾脏的作用机制及其分泌调节参阅第八章。

二、肾上腺髓质激素

肾上腺髓质的内分泌细胞为嗜铬细胞,直接受交感神经胆碱能节前纤维支配,在功能上相当于交感神经节后神经元。嗜铬细胞分泌肾上腺素(E)和去甲肾上腺素(NE),属于胺类激素。肾上腺髓质激素的合成过程与交感神经节后纤维合成 NE 的过程基本一致,不同的是嗜铬细胞的胞质内有大量苯乙醇胺氮位甲基移位酶(PNMT)可使 NE 甲基化生成 E(图 9-13)。因此,肾上腺髓质分泌的激素中,以 E 为主,约占 80%,NE 约占 20%。血液中的 NE,除由肾上腺髓质分泌外,主要来自交感神经节后纤维末梢分泌,而血液中的 E 主要来自肾上腺髓质。体内的 E 和 NE 主要被单胺氧化酶(MAO)及儿茶酚 O 位甲基转换酶(COMT)降解灭活。

近年来发现,肾上腺髓质嗜铬细胞还能分泌一种由 52 个氨基酸残基组成的单链多肽,称为**肾上腺髓质素**(adrenomedulin),它具有扩张血管、降低血压、抑制内皮素和血管紧张素 Ⅱ 释放等作用。外源性肾上腺髓质素可使肾小管重吸收 Na^+ 减少,有利钠、利尿作用。

(一) 肾上腺髓质激素的生物学作用

E 与 NE 是通过胞膜上的肾上腺素能受体发挥作用。由于肾上腺素能受体的分型和在体内分布广泛,E 与 NE 对各器官、各组织的作用也十分复杂,其具体作用在相关章节已逐步讨论。这里主要介绍其对代谢的影响和在应急反应中的作用。

1. **对代谢的影响**　E 与 NE 可通过 β 受体使糖原分解(β_2)、脂肪分解(β_1)、产热(β_1)、葡萄糖利用减少(β_2);可通过 α 受体使糖原异生(α_1)、胰岛素分泌减少(α_2),从而提高血糖和血中游离脂肪酸含量,增加机体耗氧量、产热量和基础代谢率。

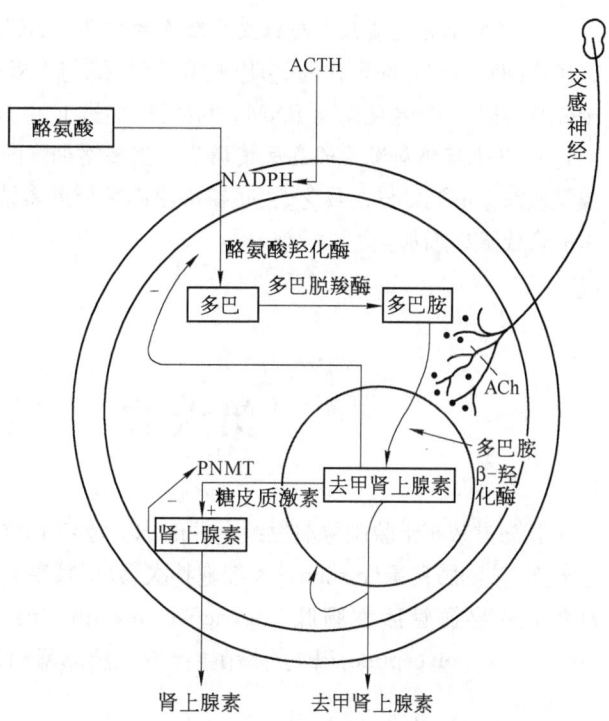

图 9-13　肾上腺髓质激素生物合成
ACTH:促肾上腺皮质激素;PNMT:苯乙醇胺氮位甲基移位酶;+:促进;-:抑制

2. **在应急反应中的作用**　肾上腺髓质受交感神经节前纤维支配,两者组成交感-肾上腺髓质系统。当机体遭遇特殊紧急情况时,如畏惧、焦虑、剧痛、失血、脱水、乏氧、暴冷暴热以及剧烈运动等,这一系统立即被动员起来,E 与 NE 的分泌大量增加。它们提高中枢神经系统兴奋性,使机体处于警觉状态,反应灵敏;使呼吸加强、加快,肺通气量增加;使心跳加强、加快,心输出量增加,血压升高,血液循环加快;使肾脏、腹腔脏器血管收缩,而心、脑、骨骼肌等血管舒张,全身血液发生重新分配,有利于保证重要器官和活动器官的血液供应;使机体分解代谢增强,肝糖原分解,血糖升高,脂肪分解加速,血中游离脂肪酸增多,同时葡萄糖与脂肪酸氧化过程增强,提供更多的能量。这一系统的活动有利于增强机体主动适应环境或与环境紧急变化作斗争的能力。Cannon 将紧急情况下,机体通过交感-肾上腺髓质系统发生的适应性反应,称之为**应急反应**(emergency reaction)。应急与应激是两个不同但又相关的概念。实际上,引起应急反应的各种刺激,也是引起应激反应的刺激。在应急反应中,通过机体作斗争能力增强,主动适应环境变化;在应激反应中,通过机体的耐受性提高,被动适应环境变化,两种反应相辅相成,使机体的适应能力更加完善。

(二) 肾上腺髓质激素分泌的调节

1. **交感神经的作用**　肾上腺髓质受交感神经胆碱能节前纤维支配。交感神经兴奋时,其末梢释放 ACh,作用于嗜铬细胞上的 N 受体,引起 E 与 NE 的释放。若交感神经兴奋时间较长,还可使合成髓质激素所需要的酶如酪氨酸羟化酶、多巴胺 β-羟化酶以及 PNMT 的活性增强,促进 E 与 NE 的合成。

2. 促肾上腺皮质激素与糖皮质激素的作用　ACTH 可通过 GC 的间接作用或其直接作用提高嗜铬细胞内酪氨酸羟化酶、多巴胺 β-羟化酶与 PNMT 的活性,促进 E 和 NE 的合成。GC 可直接提高多巴胺 β-羟化酶与 PNMT 的活性,促进 E 和 NE 的合成。

3. 肾上腺髓质激素的负反馈调节　当嗜铬细胞内髓质激素合成到一定浓度时,可反馈抑制合成髓质激素的酶活性。反之,当嗜铬细胞内髓质激素浓度减少时,上述的负反馈抑制解除,髓质激素的合成随即增加。

第六节　胰　岛

胰岛是散布于胰腺腺泡组织之间的内分泌细胞群,含有至少五种内分泌细胞,其中 B 细胞数量最多,分泌**胰岛素**(insulin);A 细胞其次,分泌**胰高血糖素**(glucagon);D 细胞分泌生长抑素(SS);D_1 细胞分泌**血管活性肠肽**(vasoactive intestinal peptide,VIP);F 细胞数量很少,分泌**胰多肽**(pancreatic polypeptide,PP)。本节主要介绍胰岛素和胰高血糖素。

一、胰岛素

胰岛素是由 51 个氨基酸残基组成的小分子蛋白质,分子量为 5.8 kDa,含有 A、B 两条肽链。A 链含 21 个氨基酸残基,B 链含 30 个氨基酸残基,A、B 链之间借两个半胱氨酸的二硫键连接。在 B 细胞内最先合成一个含 110 个氨基酸残基的前胰岛素原,在糙面内质网被水解为 86 肽的胰岛素原,在囊泡内再水解为分子数量相等的胰岛素与**连接肽**(connecting peptide,C 肽),同时释放入血。健康人空腹状态下血清胰岛素浓度为 35~145 pmol/L,以结合型和游离型两种形式存在,两者保持动态平衡。只有游离型的胰岛素才有生物活性。胰岛素在血中的半衰期平均 6 min,主要在肝脏失活,肾脏和肌肉也有灭活作用。

(一) 胰岛素的生物学作用

胰岛素是促进机体合成代谢、调节维持血糖浓度稳态的主要激素。

1. 对糖代谢的调节　胰岛素促进全身组织细胞,尤其是肝脏、肌肉和脂肪组织对葡萄糖的摄取和利用,促进糖原合成并储存,促进葡萄糖转变为脂肪酸,储存于脂肪组织,结果使体内糖的去路增加;胰岛素同时也抑制糖原异生,使糖的来源减少,血糖浓度降低。胰岛素也是体内惟一降低血糖的激素。胰岛素缺乏时,血糖浓度升高,如超过肾糖阈,尿中将出现葡萄糖,引起胰源性糖尿病。

2. 对脂肪代谢的调节　胰岛素促进葡萄糖进入脂肪细胞,用于合成脂肪酸,也将其转化为 α-磷酸甘油,并使脂肪酸与 α-磷酸甘油合成三酰甘油储存。胰岛素也促进肝脏合成脂肪酸,然后转运到脂肪细胞用于合成三酰甘油。胰岛素还抑制脂肪酶的活性,减少脂肪的分解。胰岛素缺乏时,糖的利用减少,脂肪分解增强,脂肪酸大量增加,后者在肝内氧化生成大量的酸性酮体物质,可引起酮血症与酸中毒。由于大量脂肪酸氧化,产生乙酰辅酶 A,为胆固醇合成提供了原料,加以肝脏利用胆固醇能力降低,故胰源性糖尿病患者常伴有胆固醇血症,易发生动脉硬化及心血管系统疾病。

3. **对蛋白质代谢的调节** 胰岛素促进蛋白质的合成,抑制蛋白质分解。胰岛素可在蛋白质合成的各个环节发挥作用,如使氨基酸跨膜转运进入细胞;加快 DNA 和 RNA 的复制和转录;加速核糖体的翻译过程,使蛋白质合成增多。此外,胰岛素还抑制肝糖异生,有利于血中的氨基酸用于蛋白质的合成。虽然胰岛素能增强蛋白质的合成,对机体的生长有促进作用,但胰岛素单独作用时,对生长的促进作用并不强,只有与生长激素共同作用时,才能发挥明显的促生长效应。

(二) 胰岛素分泌的调节

1. **血糖浓度的负反馈调节** 血糖浓度是调节胰岛素分泌的最重要因素,它可直接刺激胰岛 B 细胞分泌胰岛素。胰岛 B 细胞对血糖浓度的变化非常敏感,当血糖浓度升高时,胰岛素分泌随之增多,使血糖浓度下降至正常。相反,当血糖浓度降低时,胰岛素分泌则迅速减少,几分钟内血糖可升高至正常水平。若在持续高血糖刺激下,胰岛素的分泌可分为三个阶段。① 血糖升高 5 min 内,胰岛素分泌量增加 10 倍,这是由于 B 细胞内储存的胰岛素释放所致,但持续时间不长,5～10 min 后便下降 50%。② 血糖升高 15 min 后,胰岛素分泌出现第 2 次增多,在 2～3 h 达高峰,持续时间较久。这主要是激活了 B 细胞内的胰岛素合成酶系,合成大量新的胰岛素所致。③ 若血糖升高持续 1 周左右,胰岛素的分泌可进一步增加,这是由于长时间的高血糖刺激,使 B 细胞增殖所致。

2. **氨基酸和脂肪酸的调节** 血中氨基酸、脂肪酸和酮体大量增加时,可刺激胰岛 B 细胞分泌胰岛素,尤以精氨酸和赖氨酸的作用较强。如果血糖升高,同时伴有氨基酸升高时,则可增强氨基酸促胰岛素分泌的作用。脂肪酸也能刺激胰岛素分泌,但作用较弱。

3. **激素对胰岛素分泌的调节**

(1) 胃肠激素:某些胃肠激素如促胃液素、促胰液素、缩胆囊素和抑胃肽(GIP)能刺激胰岛素分泌,以 GIP 作用最为明显。实验表明,小肠黏膜分泌的 GIP 才是一种重要的肠促胰岛素分泌因子,而促胃液素、促胰液素、缩胆囊素则可能是通过升高血糖间接刺激胰岛素分泌的。血中葡萄糖可刺激 GIP 分泌,小肠吸收的氨基酸、脂肪酸及盐酸等也能刺激 GIP 的释放。由于 GIP 促进胰岛素分泌,因此进食期间小肠黏膜分泌的 GIP 为即将从食糜吸收的糖、脂肪及氨基酸的利用和储存做好准备。

(2) 生长激素、糖皮质激素及甲状腺激素:这些激素可通过升高血糖刺激胰岛素分泌。如长期大剂量应用这些激素,有可能使胰岛 B 细胞衰竭而导致糖尿病。

(3) 胰高血糖素和生长抑素:胰岛 A 细胞分泌的胰高血糖素可通过旁分泌直接作用于 B 细胞或通过升高血糖间接促进胰岛素分泌。胰岛 D 细胞分泌的生长抑素可通过旁分泌抑制 B 细胞分泌胰岛素。

除上述激素外,促进胰岛素分泌的激素尚有 TRH、GHRH、CRH、VIP 和胰高血糖样肽(GLP)等,抑制胰岛素分泌的激素有肾上腺素、胰腺细胞释放抑制因子、瘦素等。

4. **神经调节** 胰岛受交感和副交感神经的双重支配。迷走神经兴奋可通过释放 ACh 递质,作用于 B 细胞上的 M 受体促进胰岛素分泌,也可刺激胃肠激素促进胰岛素分泌,阿托品可阻断此反应。交感神经兴奋可通过释放 NE,作用于 B 细胞上的 α_2 受体抑制胰岛素分泌。

二、胰高血糖素

胰高血糖素(glucagon)是由 29 个氨基酸残基组成的直链多肽,分子量 3.5 kDa。胰高血糖素在血清中浓度为50~100 ng/L,血浆中的半衰期为5~10 min,主要在肝脏失活,肾脏也有降解作用。

1. 胰高血糖素的生物学作用 与胰岛素的作用相反,胰高血糖素是一种促进机体分解代谢的激素。胰高血糖素作用的靶器官是肝脏,具有很强的促进肝糖原分解和氨基酸转化为葡萄糖的糖异生的作用,使血糖明显升高。胰高血糖素还可激活脂肪酶,促进脂肪分解,同时又可加强脂肪酸氧化,使酮体生成增多。此外,胰高血糖素还抑制蛋白质的合成。

2. 胰高血糖素分泌的调节 影响胰高血糖素分泌的因素很多,其中血糖浓度是最重要的因素。血糖降低时,胰高血糖素分泌增加,血糖升高时,胰高血糖素分泌减少。氨基酸的作用与葡萄糖相反,能促进胰高血糖素的分泌。蛋白餐或静脉注射氨基酸可刺激胰高血糖素分泌增多。血中氨基酸增多,一方面可促进胰岛素释放,使血糖降低,另一方面又刺激胰高血糖素分泌使血糖升高,这对防止低血糖有一定的生理意义。

胰岛素可以通过降低血糖间接刺激胰高血糖素的分泌,但胰岛素和生长抑素可通过旁分泌直接作用于邻近的A细胞,抑制胰高血糖素的分泌。缩胆囊素、促胃液素可促进胰高血糖素的分泌,而促胰液素抑制胰高血糖素的分泌。

交感神经兴奋可通过释放NE,作用A细胞上的β受体促进胰高血糖素分泌。迷走神经兴奋可通过释放ACh,作用A胞膜上的M受体抑制胰高血糖素分泌。

第七节 其他激素

一、前列腺素

前列腺素(PG)是广泛存在于人和动物体内的一组重要的组织激素,因其首先在精液中被发现而得名。PG的化学结构为一个五碳环和两条20个碳原子构成的不饱和脂肪酸侧链组成。根据其分子结构的不同,可把PG分为A、B、D、E、F、G、H、I等类型,每种类型又有多种亚型。除了PGA_2和PGI_2以循环激素的形式发挥作用外,其他类型的PG代谢极快,半衰期为1~2 min,只能在组织局部发挥调节作用。PG的生物学作用极为广泛而复杂,几乎对机体各个系统的功能活动均有影响。例如血小板产生的TXA_2能使血小板聚集,使血管收缩,而PGI_2则抑制血小板的聚集,使血管舒张。PGE_2使支气管平滑肌舒张,相反,PGF_2使支气管平滑肌收缩。PGE_2抑制胃酸分泌;增加肾血流量,促进肾脏排水和排钠。

二、褪黑素

褪黑素(melatonin,MT)是松果体以色氨酸为原料合成并分泌的激素。1959年,Lerner从牛松果体提取物中分离出一种能使青蛙皮肤褪色的物质,命名为褪黑素,其化学名称为N-乙酰-5-甲氧基色胺。松果体分泌MT具有明显的昼夜节律,即昼低夜高,凌晨2点最高,与日照周期同步。人类MT分泌与年龄有关,出生后3个月开始分泌,6岁达到高峰,6~8岁降至70%。从青春期开始,松果体内结缔组织逐渐增多并钙化,MT分泌随年龄增长逐渐减少。

MT具有广泛的生物学作用,对生殖、内分泌系统、神经系统、人体衰老、免疫功能、生物节律等功能都有调节作用。

(一)抑制下丘脑-腺垂体-靶腺轴

MT通过抑制下丘脑-腺垂体-靶腺轴从而影响性腺、甲状腺轴和肾上腺皮质功能。切除幼年动物的松果体,性腺的重量增加,甲状腺和肾上腺明显增大,性腺功能活动增强,甲状腺的摄碘作用增强;血浆皮质酮和醛固酮含量升高,并诱发实验性高血压。研究表明,MT抑制性腺的发育和活动,MT与性激素之间的关系呈负相关,因而有人认为MT在青春期有抗性腺作用。

(二) 调整生物节律

下丘脑视交叉上核是控制昼夜节律的生物钟,视交叉上核的神经元膜上有 MT 受体,MT 可作为一个内源性因子作用于视交叉上核调控昼夜节律,使机体功能与昼夜节律同步。实验也表明,给予生理剂量的 MT 有促进人和哺乳动物睡眠的作用,因此认为 MT 是睡眠的促发因子,可改善各种生物节律性失眠。

MT 对神经系统还有镇静、镇痛、抗惊厥、抗抑郁等作用。有实验表明,给予褪黑素可在一定程度上延缓衰老,并减少老年病的发生。延缓衰老的机制可能与褪黑素抗自由基作用和调节机体免疫功能有关。

三、瘦素

1994 年人们发现脂肪细胞 6 号染色体的**肥胖基因**(ob gene)所表达的蛋白质激素可降低体重,命名为**瘦素**(leptin)。人类循环血中的瘦素为 146 肽,分子量为 16 kDa。瘦素主要由白色脂肪组织合成和分泌,但褐色脂肪组织、胎盘、肌肉和胃黏膜也有少量合成。

(一) 瘦素的生物学作用

1. **调节体内的脂肪储存量并维持机体的能量平衡** 瘦素直接作用于脂肪细胞,抑制脂肪的合成,降低体内脂肪的储存量,并动员脂肪,使脂肪储存的能量转化、释放,避免发生肥胖。实验中,若给正常小鼠注射瘦素,1 个月后小鼠的体重可下降 12%。每日给缺少瘦素而有遗传性肥胖的 ob/ob 小鼠经腹腔注射瘦素,4 d 后小鼠的进食量较对照组减少 60%;1 个月后小鼠的体重下降 40%。

2. **影响下丘脑-腺垂体-靶腺轴的活动** 瘦素不仅影响下丘脑-腺垂体-性腺轴的活动,对 GnRH、LH 和 FSH 的释放有双相调节作用,也影响下丘脑-腺垂体-甲状腺轴和下丘脑-腺垂体-肾上腺皮质轴的活动。

(二) 瘦素的分泌调节及作用机制

瘦素的分泌具有昼夜节律,夜间分泌水平高。体内脂肪储量是刺激瘦素分泌的主要因素。在机体能量的摄入与消耗取得平衡的情况下,瘦素的分泌量可反映体内储存脂肪量的多少。血清瘦素水平于摄食时升高,在禁食时降低。此外,胰岛素和肾上腺素也可刺激脂肪细胞分泌瘦素。

瘦素主要通过瘦素受体(ob-R)介导而发挥效应。ob-R 分 a~f 等类型,其中 ob-Ra 分布最广泛,以脑室脉络丛为最多。瘦素与 ob-R 结合向脑室转运,作用于下丘脑与摄食活动有关的神经核团如弓状核、室旁核、腹内侧核、背内侧核,通过 JAK-STAT 信号转导途径,抑制与摄食有关的**神经肽 Y**(neuropeptide Y,NPY)的合成和释放,减少摄食量。此外,瘦素与 ob-R 结合后还可使靶细胞膜上的 ATP 依赖性钾通道开放,导致膜超极化,降低神经元发放冲动的频率。

研究发现,多数肥胖者常伴有血清瘦素水平升高,提示可能存在"瘦素抵抗"现象。

四、脂联素

脂联素(Adiponectin/ADPN)是脂肪细胞分泌的一种内源性生物活性多肽或蛋白质。是脂肪组织基因表达最丰富的蛋白质产物之一,大量存在于血液循环中。在人体内以 3~30 μg/ml 的浓度出现在循环血浆中。脂联素的单聚体和三聚体是其生物活性形式或受体亲和配基可以特异性结合骨骼肌或肝脏细胞膜上的 G 蛋白藕联受体一型或二型脂联素受体,进而调节脂肪酸氧化和糖代谢。

脂联素是一种胰岛素增敏激素(An Insulin-sensitizing Hormone),能改善小鼠的胰岛素抗性(Insulin resistance)和动脉硬化症;对人体的研究发现,脂联素水平能预示 II 型糖尿病和冠心病的发展,并在临床试验表现出抗糖尿病、抗动脉粥样和炎症的潜力。

近年大量研究资料发现骨骼肌也具有分泌活性物质的功能,除能表达、合成和分泌多种生物信号分子,包括调节肽、细胞因子和生长因子外,还能特异性的产生肌肉抑制素和肌肉素等。肌肉抑制素是骨骼肌生长的负性调控因子。骨组织成分能合成和分泌多种激素及生物活性因子。成骨细胞合成、分泌的骨钙素调节和维持骨钙起重要作用。骨组织细胞还能分泌护骨素、骨泌素、骨桥素等调节骨骼的发育和代谢。

(伍庆华 饶 芳)

第十章 生 殖

导学

1. 掌握雄激素、雌激素和孕激素的生理作用。
2. 熟悉睾丸和卵巢分泌功能的调节；月经周期及其形成机制；胎盘的内分泌功能。
3. 了解睾丸的生精功能；卵巢的生卵功能；妊娠的基本过程。

生物体发育成熟后,产生与自身相似的子代个体的生理过程称为**生殖**(reproduction)。生殖使种系得以延续,遗传密码得以代代相传。本章重点阐述两性的生殖功能及其调节。

第一节 男 性 生 殖

睾丸是男性的**主性器官**(Primary sex organ),附性器官有附睾、输精管、精囊腺、前列腺、尿道球腺和阴茎等。睾丸具有双重功能：生成精子和分泌性激素。

一、睾丸的生精功能

睾丸(testis)主要由曲细精管和间质细胞组成。曲细精管是精子发生和发育成熟的场所。曲细精管上皮由生精细胞和支持细胞构成,原始的生精细胞是精原细胞,紧贴于曲细精管的基膜上。生精是指精原细胞发育为成熟精子的过程。一个生精周期经历：精原细胞→初级精母细胞→次级精母细胞→精子细胞→精子,全过程历时两个半月,每个精原细胞经数次分裂后可生成近百个精子。在曲细精管管壁中,不同发育阶段的生精细胞由基膜至管腔顺序排列,直至成熟精子脱离支持细胞进入管腔。

支持细胞对各级生精细胞起着保护与支持作用,并为生精细胞的分化发育提供必要的营养物质和适宜的微环境。相邻支持细胞间的"紧密连接"形成了**血睾屏障**(blood-testis barrier),既能防止血液中有害分子进入曲细精管损害生精细胞,又能防止生精细胞的抗原物质进入血液循环而引起免疫反应(图10-1)。

新生的精子释放入曲细精管管腔内,本身并没有运动能力,而是靠小管外周肌样细胞的收缩和管腔液的移动运送至附睾内,在附睾内进一步成熟,并获得运动能力。附睾内可储存少量的精

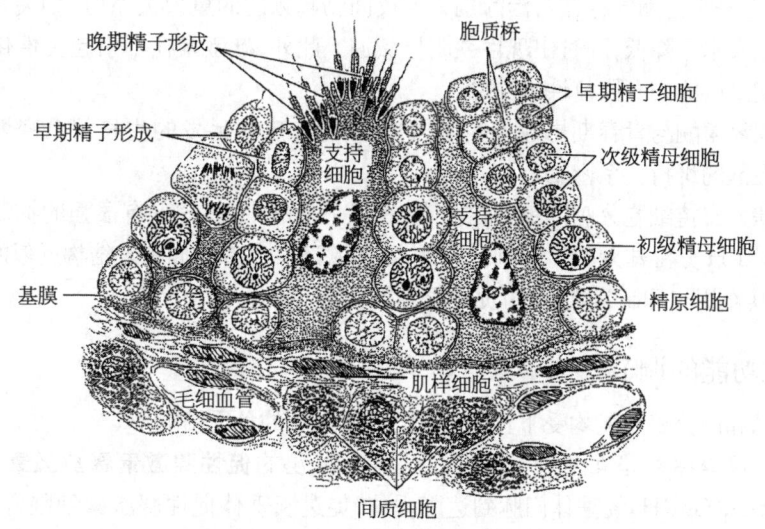

图 10-1 睾丸曲细精管的生精过程

子,大量的精子则储存于输精管及其壶腹部。精子与附睾、精囊腺、前列腺和尿道球腺的分泌物混合形成**精液**(semen)。正常男子每次射出精液 3～6 ml,每毫升精液含 0.2 亿～4 亿个精子,精子数少于 0.2 亿,不易使卵子受精。阴囊内温度较腹腔内温度低 2℃ 左右,是精子生成所需要的适宜温度。隐睾症(睾丸不降入阴囊而停留在腹腔内或腹股沟内)患者曲细精管不能正常发育,也无精子产生。

二、睾丸的内分泌功能

睾丸是男性的主性器官和性腺,其间质细胞分泌**雄激素**(androgen),主要为**睾酮**(testosterone, T)、**双氢睾酮**(dihydrotestosterone, DHT)、脱氢异雄酮,但以 T 分泌量最多,DHT 的生物活性最高,支持细胞能分泌**抑制素**(inhibin)。正常男性在 20～50 岁时,每日分泌睾酮 4～9 mg,血浆睾酮浓度为 22.7±4.3 nmol/L。50 岁后随年龄增长,睾酮的分泌量逐渐减少。

睾酮是类固醇激素。在其靶器官(如附睾和前列腺)内被 5α-还原酶作用转变为活性最强的双氢睾酮,再与靶细胞内的受体结合,通过调节靶细胞的基因表达过程而发挥作用。血液中 98% 的睾酮与血浆蛋白结合,2% 是游离的,游离的睾酮才有生物活性。血浆中少量的睾酮可以被转化为雌激素,大部分在肝脏被灭活,以 17-氧类固醇结合型形式由尿排出,少量经粪便排出。

睾酮的生理作用

(1) 对胚胎分化的影响:睾酮能诱导含 Y 染色体的胚胎向男性分化。

(2) 生精作用:睾酮分泌后,进入曲细精管,直接或先转变为双氢睾酮,再与生精细胞的雄激素受体结合,促进精子的生成。

(3) 刺激生殖器官的生长发育,并维持其于成熟状态。

(4) 刺激男性副性征的出现,并维持其于正常状态。

(5) 调节代谢:促进蛋白质合成,特别是肌肉和生殖器官的蛋白质合成;促进骨骼生长与钙、磷沉积。

(6) 刺激红细胞生成。

(7) 调节性行为:维持男性的正常性欲。对性腺功能低下者用雄激素替代治疗可明显增强夜间阴茎勃起,且在一定范围内存在着治疗剂量与夜间勃起频度的量效关系(正相关)。抗雄激素药物可使血中雄激素水平降低,同时出现性欲明显减退。此外,雄激素在不引起男性化的剂量下,还可使某些性功能障碍的妇女恢复性欲冲动。

一般认为双氢睾酮与青春期男性外生殖器、前列腺和皮肤毛发的生长关系密切,而睾酮则与肌肉的发育和性欲的维持关系密切。

抑制素是睾丸支持细胞分泌的糖蛋白激素,对腺垂体的 FSH 分泌有很强的抑制作用,而生理剂量的抑制素对 LH 分泌却无明显影响。此外,在性腺还存在着与抑制素结构近似的物质,称为**激活素**(activin),其作用与抑制素相反,可促进腺垂体分泌 FSH。

三、睾丸功能的调节

睾丸的生精和内分泌功能均受下丘脑-腺垂体-睾丸轴的负反馈调节。

1. **下丘脑-腺垂体对睾丸活动的调节** 下丘脑分泌的**促性腺激素释放激素**(gonadotropin-releasing hormone, GnRH)经垂体门脉到达腺垂体,促进腺垂体促性腺激素细胞合成并分泌**促卵泡激素**(follicle-stimulating hormone, FSH)和**黄体生成素**(luteinizing hormone, LH)。前者作用于曲细精管的支持细胞促进睾丸的生精功能;后者通过 G 蛋白介导的跨膜信息转导过程促进间质细胞分泌睾酮,以维持精子的发生。

睾丸的生精过程受 FSH 和睾酮的双重调节,LH 通过促进睾酮的合成和分泌间接调节精子的生成。FSH 起着始动生精作用,而睾酮则有维持生精的效应。FSH 与支持细胞膜上的 FSH 受体结合后,经 cAMP-PKA 系统,促进精子生成。FSH 还可促进支持细胞分泌**雄激素结合蛋白**(androgen binding protein, ABP),ABP 与睾酮或双氢睾酮结合转运至曲细精管内,提高局部雄激素浓度,有利于生精过程。实验证明,幼年动物摘除垂体后,睾丸及附性器官不能发育成熟,呈幼稚状态。摘除成年雄性动物的垂体后,睾丸及附性器官发生萎缩,生精过程停止,睾酮分泌减少。

2. **睾丸激素对下丘脑-腺垂体的反馈调节** 当血液中睾酮达到一定浓度后,又可作用于下丘脑和腺垂体,抑制 GnRH 的分泌,进而抑制 LH 的分泌,产生负反馈调节作用,使血中睾酮浓度稳定在一定水平。此外,FSH 作用于支持细胞分泌的抑制素对腺垂体分泌的 FSH 亦有负反馈调节作用。

综上所述,一方面下丘脑-腺垂体调节睾丸的功能;另一方面睾丸分泌的激素又能负反馈调节下丘脑和腺垂体的分泌活动(图10-2)。

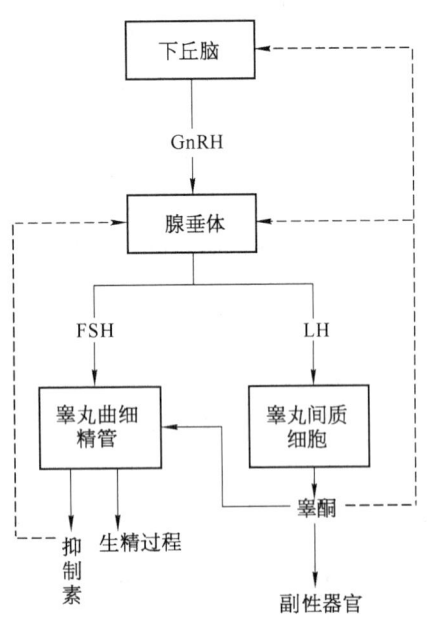

图 10-2 下丘脑-腺垂体-睾丸轴功能调节

实线表示促进;虚线表示抑制

四、男性的性反应

进入青春期后,伴随机体迅速发育成熟,性器官和第二性征等都将发生很大变化。人在精神上或肉体上受到有关性的刺激时,性器官和其他一些部位会出现一系列变化,称为**性兴奋**(sexual excitation),即性反应。而**性行为**(sexual behavior)主要是指在性兴奋的基础上,男女两性发生性器官接触即**性交**(sexual intercourse)的过程。在人类,性行为除保证种族繁衍的目的外,尚能满足人类性生理和性心理的需要。

男性的性反应除心理性活动外,主要表现为阴茎勃起和射精。

阴茎**勃起**(erection)是指受到性刺激时阴茎迅速胀大、变硬并挺伸的现象。阴茎勃起是心理活动和外生殖器局部机械性刺激引起的反射活动。勃起时阴茎内动脉扩张,血流量明显增加(可达 80～200 ml),且阴茎的静脉回流受阻起到维持勃起的作用,使阴茎海绵体内的压力达到 75 mmHg。

射精(ejaculation)是男性性高潮时精液经尿道射出体外的反射过程。射精的同时伴有强烈的快感,即达到了**性高潮**(orgasm)。射精后一段时间内,一般不能再次发生阴茎勃起和射精,称为不应期。不应期的长短与年龄和身体状况等多种因素有关。

第二节 女性生殖

卵巢是女性的主性器官,附性器官有输卵管、子宫、阴道及外阴等。卵巢也具有双重功能:产生卵子和分泌性激素。女性生殖系统的活动在下丘脑-腺垂体-卵巢轴的调控下,呈现明显的周期性变化,称为**卵巢周期**(ovarian cycle)。

一、卵巢的生卵功能

卵巢的生卵功能是女性生殖功能的基础。卵巢内有许多不同发育阶段的**卵泡**(ovarian follicle)。进入青春期时两侧卵巢有 30～40 万个原始卵泡。每月有 15～20 个卵泡开始生长发育,但通常只有一个卵泡发育成为优势卵泡并成熟排卵,其余的卵泡均在不同的发育阶段发生凋亡并退化为闭锁卵泡。

原始卵泡由一个初级卵母细胞及其周围的单层卵泡细胞构成。进入青春期后,下丘脑分泌 GnRH 增多,使腺垂体 FSH 和 LH 的分泌也增多,在 FSH 的作用下,初级卵母细胞发育成为次级卵母细胞(成熟卵子)。卵泡的发育过程经历:原始卵泡→初级卵泡→次级卵泡→成熟卵泡。

在初级卵泡向成熟卵泡发育的过程中,卵泡出现一系列形态上的变化:卵母细胞逐渐增大;卵泡细胞也由单层梭形或扁平细胞变为颗粒细胞,并分泌糖蛋白包绕卵母细胞形成透明带;卵泡周围的间质细胞分化增殖为内膜细胞和外膜细胞;颗粒细胞也由单层变为多层,形成次级卵泡。之后,颗粒细胞分泌的黏多糖及血浆成分进入卵泡形成卵泡液和卵泡腔,把覆盖有颗粒细胞的卵细胞推向一侧形成卵丘,最后转变为成熟卵泡(图 10-3)。在卵泡发育过程中,细胞膜上相继生成 FSH、T、PRL、E_2 及 PG 等激素的受体,内膜细胞和颗粒细胞也逐渐具有了内分泌功能。

二、卵巢的内分泌功能

卵巢是女性的性腺,主要分泌**雌激素**(estrogen)和孕激素,也分泌抑制素和少量的雄激素及多肽类激素。人类的雌激素包括**雌二醇**(**estradiol**, E_2)、**雌酮**(**estrone**)和雌三醇,以 E_2 活性最强。孕激素主要为**孕酮**(progesterone)。血液中 95% 的雌二醇和 98% 的孕酮与血浆蛋白结合,其余是游离型。雌激素和孕激素均主要在肝内降解,降解产物随尿液和粪便排出,肝功能障碍可导致体内雌激素水平升高。

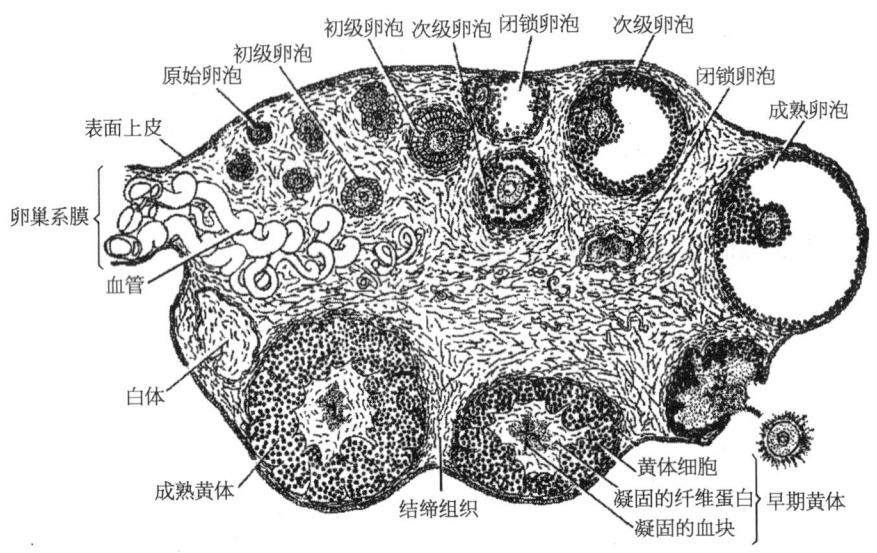

图 10-3 卵巢的生卵过程

双重细胞学说认为,雌激素是以雄激素为前体而合成的,卵泡的颗粒细胞和内膜细胞共同参与雌激素的合成。具体过程是:内膜细胞在 LH 作用下促使胆固醇转变为雄激素,并扩散进入颗粒细胞;颗粒细胞在 FSH 的作用下使芳香化酶活性增强,进而使雄激素转变为雌激素(图 10-4)。孕激素则主要由黄体细胞合成。雌激素和孕激素均作用于细胞内受体,通过调节靶细胞的基因表达过程而发挥作用。

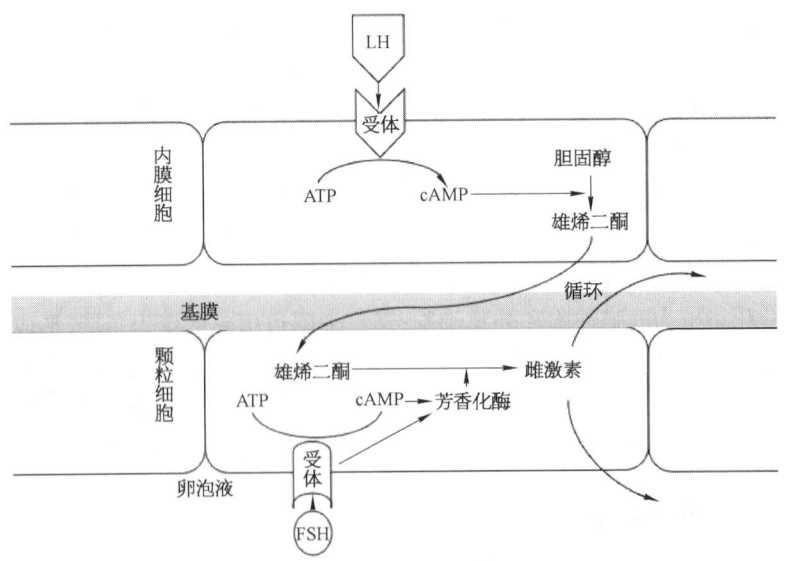

图 10-4 雌激素分泌的双重细胞学说

(一) 雌激素的生理作用

1. **对生殖器官的作用** ① 协同 FSH 促进卵泡发育,诱导排卵前 LH 峰的出现而引发排卵。② 促进输卵管上皮细胞增生、分泌及输卵管运动,有利于精子与卵子的运行。③ 促进子宫的生长发育(青春期前雌激素分泌过少,生殖器官不能正常发育;雌激素分泌过多,则会出现性早熟现象;绝经后雌激素水平降低,生殖器官萎缩)。使子宫肌细胞增生肥大,在妊娠晚期提高子宫肌的兴奋性以及对催产素的敏感性,有助于启动分娩。④ 使子宫内膜发生增生期的变化,内膜逐渐增厚,血管和腺体增生。⑤ 增加子宫颈稀薄黏液的分泌,有利于精子穿行。⑥ 使阴道上皮细胞增生和角化,糖原含量增加。糖原分解使阴道呈酸性(pH4~5),利于阴道内乳酸杆菌的生长,抑制其他微生物的繁殖,故能增强阴道的抵抗力。

2. 对乳腺和副性征的影响　雌激素刺激乳腺导管和结缔组织增生,是青春期乳腺发育的主要激素。雌激素使全身脂肪分布呈现女性特征,并出现音调变高、骨盆宽大、臀部肥厚等特点。在人类,雌激素能增强女性的性欲。

3. 对代谢的作用　① 在青春期刺激成骨细胞的活动,促进钙盐沉积和骨骺软骨的愈合,加速骨骼生长;同时促进肌肉蛋白的合成,对青春期的生长发育起重要作用,故青春期早期女孩的生长较男孩快。② 促进脂肪合成,促进胆固醇降解与排泄,降低血浆胆固醇水平,与绝经前女性心、脑血管疾病发生率较低有关。③ 促进醛固酮分泌,促进肾小管对 Na^+ 的重吸收;增强肾远端小管和集合管对 ADH 的敏感性,使水的重吸收增加,细胞外液量增加。因此,高浓度的雌激素可引起水、钠潴留,与经前期水肿有关。

(二) 孕激素的生理作用

孕激素主要作用于子宫内膜和子宫平滑肌,为受精卵着床和维持妊娠提供基本保障。由于靶细胞内孕激素受体含量受雌激素调节,因此孕激素的作用必须在雌激素作用的基础上才能发挥。

1. 对子宫的作用　① 使在雌激素作用下增生的子宫内膜进一步增厚,并发生分泌期的变化,为孕卵着床提供适宜的环境。② 使妊娠期子宫肌细胞的兴奋性以及对催产素的敏感性降低,防止妊娠过程中子宫收缩(安胎作用)。③ 抑制母体对胎儿的免疫排斥反应。④ 使宫颈黏液减少而变稠,黏蛋白分子交织成网形成黏液栓,阻止精子通过。

2. 对乳腺的作用　促进乳腺腺泡发育,为分娩后泌乳作准备。

3. 产热作用　孕酮的代谢产物原胆烷醇酮可作用于下丘脑体温调节中枢,促进机体产热,使基础体温升高,故月经周期中,女性基础体温于排卵后升高 0.5℃左右,并维持到黄体期结束。临床上常将这一基础体温的双相变化作为判定排卵的标志之一(图 10-5)。女性

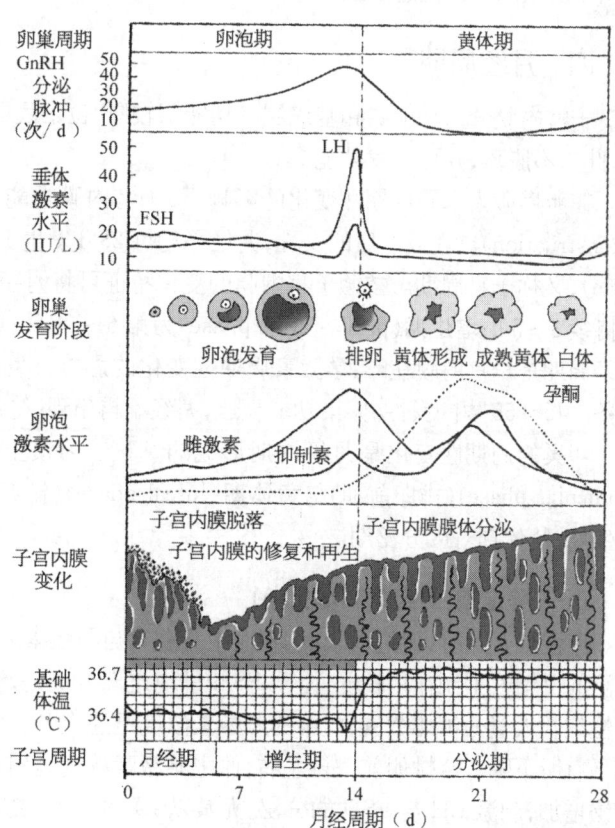

图 10-5　月经周期中卵巢、激素以及子宫内膜等的周期性变化

绝经或卵巢摘除后,这种双相体温变化消失,如果注射孕酮,则可引起基础体温的升高。排卵影响基础体温的机制可能与孕酮和去甲肾上腺素对体温调节中枢的协同作用有关。

4. 对平滑肌的作用　孕激素能使血管和消化道平滑肌紧张性降低,这可能是孕妇容易发生便秘和痔疮的原因之一。

女性体内的少量雄激素主要由卵泡的内膜细胞和肾上腺皮质网状带细胞产生,能刺激女性阴毛和腋毛的生长,分泌过多时可造成女性阴蒂肥大、多毛症等男性化特征。

三、卵巢功能的调节

卵巢的周期性活动受下丘脑-腺垂体的调节,而卵巢所分泌激素的周期性变化又使子宫内膜发生周期性改变,同时对下丘脑-腺垂体进行正、负反馈性调节,形成**下丘脑-腺垂体-卵巢轴**(hypothalamus-adenohypophysis-ovaries axis)。

女性进入青春期,下丘脑的GnRH分泌增多,促进腺垂体FSH和LH分泌也相应增多,使卵巢出现周期性变化,并伴有雌、孕激素的分泌增多(详见月经周期)。升高的雌、孕激素对下丘脑和腺垂体的功能还具有反馈性调节作用。一般认为,孕激素对下丘脑和腺垂体呈现负反馈性调节,即孕激素分泌增多时,腺垂体FSH和LH的分泌相应减少。雌激素的作用则比较复杂,在黄体期,雌激素水平增高时,主要以负反馈方式抑制腺垂体LH的分泌;但在卵泡成熟期,高浓度的雌激素则以正反馈的方式促进下丘脑GnRH和腺垂体LH的释放。

四、月经周期

子宫内膜分为功能层和基底层。功能层较厚,位于浅层,常呈周期性脱落,基底层较薄,位于深层,此层不脱落,并可生发功能层。

在卵巢激素水平周期性变化的影响下,子宫内膜功能层发生周期性剥落、流血现象称为**月经**(menstruation)。性成熟后的女性,月经平均每28 d发生1次,周而复始,称为**月经周期**(menstrual cycle),又称子宫周期。按照子宫内膜的变化特征可将月经周期分为三个时期:**月经期**(menses)一般持续3~5 d;**增生期**(proliferative phase)为第6~14日;第15~28日为**分泌期**(**secretory phase**)。月经周期是子宫内膜在雌、孕激素周期性变化的影响下发生的周期性改变,为可能发生的妊娠做准备。45~55岁的女性,卵巢功能衰退,月经不再出现(绝经)。

卵巢的周期性变化是月经周期形成的基础。习惯上将卵巢周期以排卵为界线分为**卵泡期**(follicular phase)(排卵前期)与**黄体期**(luteal phase)(排卵后期)两个阶段。卵泡期对应月经期和增生期,黄体期对应分泌期。

(一) 卵泡期(月经期和增生期)

卵泡期开始时,卵泡尚未发育,血中雌激素与孕激素浓度均处于低水平,对腺垂体FSH与LH分泌的反馈性抑制作用较弱,血中FSH呈现逐渐升高的趋势。在FSH的作用下,卵泡加速生长,颗粒细胞大量分泌雌激素,血中的雌激素浓度迅速上升。同时,其反馈性抑制作用使血中FSH的水平有所下降。至排卵前一日左右,血中雌激素浓度达到顶峰,在其正反馈作用下,下丘脑GnRH分泌增加,刺激LH与FSH的分泌,尤其以LH的分泌增加最为明显,形成**LH峰**(LH surge)。成熟卵泡在LH峰的作用下发生**排卵**(ovulation)。卵泡期内,在逐渐升高的雌激素作用下,使月经期后的子宫内膜修复增厚,腺体和血管增生、变长,但尚不分泌(图10-5)。

(二)黄体期(分泌期)

排卵后的卵泡壁塌陷,结缔组织和毛细血管伸入。随即卵泡的内膜细胞和颗粒细胞迅速增生肥大而转化为**黄体**(corpus luteum)。在 LH 作用下,促使黄体细胞分泌大量的孕激素与雌激素,血中孕酮水平于排卵后 5~10 d 出现高峰,同时,雌激素水平再度升高。高浓度的孕激素和雌激素通过负反馈调节作用抑制下丘脑 GnRH 和腺垂体 FSH 与 LH 的释放,使它们在血中的浓度相应降低。

黄体期内,子宫内膜在雌激素作用的基础上又接受孕激素的刺激,内膜细胞体积增大,腺管由直变弯,分泌含糖原的黏液,为受精卵的"种植"作好准备(图 10-5)。

若不受孕,则在高浓度雌、孕激素的负反馈作用下,腺垂体 LH 和 FSH 的分泌减少。失去 LH 的支持,黄体渐退化(寿命为 12~15 d)为白体,血中孕激素与雌激素浓度明显下降。子宫内膜失去雌、孕激素的支持,血管发生痉挛性收缩,随后子宫内膜脱落、流血,出现月经。综上所述,月经周期是在下丘脑-腺垂体-卵巢轴周期性活动的调控下卵巢和子宫内膜发生相应周期性变化而形成的(图 10-5)。下丘脑-腺垂体-卵巢轴之间的内分泌调控见图 10-6。多种刺激均可通过中枢神经系统影响腺垂体和卵巢的功能,导致月经周期的紊乱。

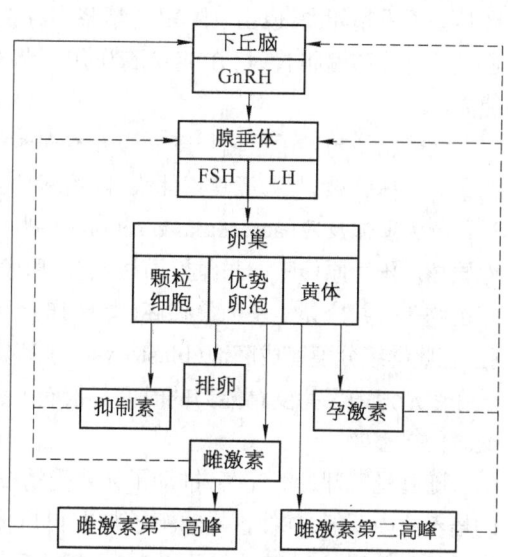

图 10-6 下丘脑-腺垂体-卵巢轴功能调节
实线表示促进;虚线表示抑制

五、女性的性反应

女性的性反应主要包括阴道润滑、阴蒂勃起及性高潮。

女性在受到性刺激后,阴道壁的血管充血,由血管滤出一种稀薄的黏性液体,润滑阴道和外阴,有利于性交进行。

阴蒂是女性的性感受器之一。阴蒂头部分布有丰富的感觉神经末梢,是女性性器官中最敏感的部位。性兴奋时,阴蒂充血、膨胀、勃起、敏感性升高,使女性获得性快感并达到性高潮。

当外阴和阴道受到一定程度刺激时,阴道及会阴部肌肉会出现自主性的节律性收缩,并伴有一些全身性反应,称为女性性高潮。女性性高潮后的不应期并不明显。女性的心理因素对性高潮的出现有明显的影响,情绪不佳或不安时,性反应往往不会出现,更不会达到性高潮。

第三节 妊娠与分娩

妊娠(pregnancy)是指卵子受精后,受精卵在母体子宫内发育成胎儿,直至胎儿娩出的过程。以末次月经来潮的第一天算起,人类的妊娠期约为 280 天。

一、受精与着床

(一) 受精

受精(fertilization)是精子与卵子融合的过程。受精的部位在输卵管壶腹部。

人类的精子必须在女性生殖道内停留一段时间,方能获得使卵子受精的能力,称为精子**获能**(capacitation)。获能的本质就是暴露精子表面与卵子识别的装置。精子经过在附睾中的发育,已经具备了受精能力,但由于附睾与精浆中存在去获能因子,它使精子的受精能力受到抑制。精子通过子宫腔和输卵管时,在淀粉酶作用下将"去获能因子"水解掉,使得精子恢复使卵子受精的能力。

获能精子与卵子在输卵管壶腹部相遇时,精子首先与卵子透明带上的精子受体 ZP3 结合,使精子的顶体膜破裂,释放其顶体酶,以溶解卵细胞外围的放射冠及透明带,使精子得以穿行,这一过程称为**顶体反应**(acrosomal reaction)。进入卵细胞的精子,其尾部迅速退化,细胞核膨大形成雄性原核。雄性原核随即与雌性原核融合,形成含有 23 对染色体的受精卵。受精卵在输卵管壶腹部停留约 3 d,并分裂生长为桑椹胚(含有 16 个细胞的细胞团)。受精后第 4~5 日,桑椹胚进入子宫腔,在此继续分裂变成**胚泡**(blastocyst),胚泡可以直接从子宫内膜分泌液中吸收营养。精子和卵子在生殖道内保持受精能力的时间都很有限,卵子只有 1 d,精子一般不超过 2 d。因此,适宜的性交时间很重要。

随着受精理论的完善,推动了体外受精技术(试管婴儿)的发展。目前,人们已经使精子在适宜的培养液中获能,并使这样的精子与取自母体的成熟卵子在试管中受精。卵子受精后继续培养,当受精卵分裂成 2~8 个分裂球时,再转移到母亲子宫内着床、发育、成长,直至分娩。

(二) 着床

胚泡植入子宫内膜的过程称为**着床**(implantation)。着床于受精后 5~6 d 起始,经过定位、粘着和穿透三个阶段,至受精后 11~12 d 完成。着床成功的条件在于:① 透明带必须消失。② 胚泡的滋养层细胞迅速增殖分化,形成合体滋养层细胞。③ 胚泡与子宫内膜的同步发育与相互配合。④ 体内要有足量的孕激素,并在雌激素配合下使子宫在一个极短的时期内允许胚泡着床(此时期为子宫的敏感期或接受期)。

在着床过程中,胚泡不断地发出信息,使母体能识别胚泡并发生适应性变化。胚泡可产生人绒毛膜促性腺激素(hCG),刺激卵巢黄体转变为妊娠黄体,继续分泌维持妊娠所需要的雌激素和孕激素。近年发现,受精 24 h 的受精卵便可产生**早孕因子**(early pregnancy factor EPF),它能抑制母体淋巴细胞的功能,使胚泡免遭母体排斥。检测早孕因子可进行超早期妊娠诊断。

二、胎盘激素与妊娠的维持

正常妊娠的维持有赖于垂体、卵巢和胎盘分泌的各种激素相互配合。妊娠 8~10 周后,胎盘成为一个重要的内分泌器官,大量分泌类固醇激素、蛋白质激素和肽类激素,调节母体与胎儿的代谢活动。

1. **人绒毛膜促性腺激素**(human chorionic gonadotropin, hCG) 是由胎盘绒毛组织的合体滋养层细胞分泌的一种糖蛋白激素,其分子结构与 LH 极为相似,因此,hCG 与 LH 的生物学作用和免疫特性基本相同。

卵子受精后第6日左右,胚泡形成滋养层细胞,开始分泌 hCG(即着床时的胚泡即有分泌 hCG 的能力),且随着妊娠的进展分泌量迅速增多,至妊娠8～10周达到顶峰,20周左右降至较低水平,并一直维持至妊娠结束。如果分娩时无胎盘残留,于产后4d血中 hCG 消失。妊娠过程中,尿中 hCG 含量的动态变化与血液相似,检测母体血中或尿中的 hCG,可作为诊断早孕的准确指标。

hCG 的主要功能是在早孕期维持卵巢的月经黄体功能,并使之转变为妊娠黄体。妊娠黄体在着床前后分泌大量的孕激素和一定量的雌激素,维护子宫内膜蜕膜化,以维持妊娠。hCG 还可使母体淋巴细胞的免疫能力发生一种可逆的非细胞毒性改变,保护胚胎不被母体排斥。对于男性胎儿,hCG 可促使其睾丸分泌睾酮,参与男性胎儿的性分化过程。

妊娠黄体的寿命只有10周左右,以后便发生退化。与此同时,胎盘分泌孕激素和雌激素的功能已经基本成熟,并逐渐接替了妊娠黄体的作用,以更快的速度分泌雌、孕激素。

2. 类固醇激素 胎盘本身不能独立产生类固醇激素,需要从母体或胎儿得到前身物质,再加工成此类激素。新形成的胎盘即能分泌少量类固醇激素,但妊娠8周以后,才能完全接替黄体的功能,由胎盘代替卵巢持续分泌雌激素和孕激素,血中雌激素、孕激素浓度迅速增加,至妊娠足月时达高峰。

(1) 雌激素:胎盘分泌的雌激素主要是雌三醇,活性虽低,但分泌量极高。其前身物质是胎儿体内生成的16α-羟脱氢表雄酮硫酸盐,随血液进入胎盘后,再经芳香化酶的作用,转化为雌三醇。可见,雌三醇是胎儿、胎盘共同参与制造的,故把两者称为胎儿-胎盘单位。检测母体血中雌三醇的含量,可用来判断胎儿在子宫内的情况。

妊娠期间雌激素的主要作用是:促进母体子宫、乳腺的生长;松弛骨盆的韧带;调节母体与胎儿的代谢。

(2) 孕激素:由胎盘合体滋养层细胞分泌。胎盘自母体血中摄取胆固醇,合成孕酮。来自胎儿体内的孕烯醇酮也可被胎盘转变为孕酮。孕酮对妊娠维持的主要作用是:维持子宫内膜蜕膜化,为早期胚胎提供营养物质;降低子宫的收缩性,保持妊娠子宫的安静;促进乳腺腺泡的发育,为泌乳做准备。

3. 其他蛋白质激素和肽类激素 胎盘还可分泌人绒毛膜生长素、绒毛膜促甲状腺激素、促肾上腺皮质激素、GnRH,以及 β-内啡肽等。

人绒毛膜生长素(human chorionic somatomammotropin, hCS)为合体滋养层细胞分泌的单链多肽,妊娠6周的母血中可检测到,至34～35周达高峰。hCS 具有 GH 的促生长作用,可调节母体与胎儿的糖、脂肪和蛋白质代谢,促进胎儿生长。

三、分娩

分娩(parturition)是指成熟胎儿及其附属物从母体子宫产出的过程。子宫节律性收缩是分娩的主要动力。分娩发动的原因及其确切的调控机制尚未完全阐明,人类分娩的发生是多因素作用引起的。如胎儿对子宫下段和宫颈的机械性扩张作用、胎盘和胎儿内分泌激素的作用、子宫组织本身结构的变化等。催产素、雌激素及前列腺素等是调节子宫肌肉收缩的重要因素。另外,在妊娠妇女血液中还有一种主要由卵巢妊娠黄体分泌的称为**松弛素**(relaxin)的肽类激素,能使孕妇骨盆韧带松弛,胶原纤维疏松,子宫颈松软,以利于分娩。

自然分娩过程分为三个产程:第一产程从规律性子宫收缩开始至子宫颈完全扩张;第二产程是胎儿经子宫颈和阴道排出母体的过程;第三产程是胎盘与子宫分离,胎盘及其附属物排出母体的过程。

(段雪琳 高剑峰)

第十一章 神经系统

> **导学**
> 1. 掌握 化学性突触、神经骨骼肌接头结构及信息传递过程；外周神经递质及其受体，反射中枢、中枢抑制；反射中枢内兴奋传递的特征；丘脑感觉投射系统；内脏痛与牵涉痛；骨骼肌牵张反射；下丘脑的功能。
> 2. 熟悉 神经纤维兴奋传导的特征；神经胶质细胞功能、神经营养因子；脊休克、去大脑僵直；小脑对躯体运动的调节；运动传导系统及功能；自主神经系统的功能及特点；脑电图。
> 3. 了解 凡列入教学内容，除掌握、熟悉的，其余均为了解。

神经系统是人体内起主导作用的调节系统，其功能主要包括调节机体的反射活动和脑的高级活动两个方面。前者是直接或间接地调控体内各系统、器官、细胞的功能活动，使之相互联系、互相协调，以适应环境的变化和维持机体内环境的稳态；后者是通过大脑皮层，以实现学习与记忆、语言与思维以及觉醒与睡眠等高级神经功能活动。神经系统分为中枢神经系统与外周神经系统两部分。中枢神经系统包括脊髓和脑，其主要功能是处理信息；外周神经系统包括传入神经和传出神经，其主要功能是传递信息。

第一节 神经系统的基本结构与功能

神经系统由神经细胞和神经胶质细胞构成，神经细胞又称**神经元**（neuron），是构成神经系统的基本结构和功能单位，其主要功能是接受刺激、传递信息和整合信息等。神经胶质细胞对神经元有支持、营养、保护、修复功能。近年来发现胶质细胞还参与神经递质及生物活性物质的代谢等功能。

一、神经元

（一）神经元的结构与功能

神经元数量巨大，在人类的中枢神经系统内约有 1 000 亿个之多。其形态、功能虽然各异，但其基本结构都是由胞体和突起两部分构成，突起又分为树突和轴突（图 11-1）。树突可有一个至多个,反复分支并丛集在胞体的周围;轴突较长,通常一个神经元只有一个轴突。轴突由细胞体的轴丘发出,由于该段没有髓鞘包裹,此处膜的阈值最低,是神经冲动的起始部。轴突离开细胞体后便获得髓鞘成为**神经纤维**(nerve fiber)。根据髓鞘的有无将神经纤维分为**有髓纤维**(myelinated fiber)与**无髓纤维**(unmyelinated fiber)两大类,实际上无髓纤维外周也存在一薄层髓鞘。神经元的不同部位其功能各异,树突是神经元的"感受"区,其功能主要是接受来自环境的各种信息,并根据信息性质产生不同膜电位变化,最终以电紧张形式影响着胞体兴奋性;胞体是神经元功能活动的中心,其主要功能是接受与整合信息,并进行相应的物质合成后,通过转运系统运至神经元末梢;轴突内的细胞质称为轴浆,内含微管、微丝、线粒体、囊泡等成分,轴突的功能是将细胞体的"指令"向指定部位传出,进而影响与其相连接的细胞发生相应的功能活动。

此外,如下丘脑中的某些神经元,除具有一般神经元的功能外还可以分泌激素,将中枢内其他部位传来的神经信息,转变为体液性信号以达到调控作用,此类神经元又称为神经内分泌细胞。

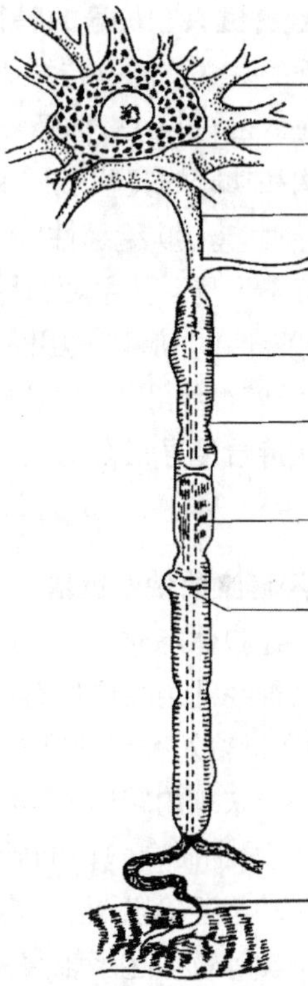

(二) 神经纤维的分类

图 11-1 运动神经元模式图

神经纤维可根据其传导速度、直径、电生理学特性、髓鞘的有无以及功能差异等进行分类。通常神经纤维的直径越粗传导速度越快,有髓鞘神经纤维较无髓鞘传导快。最常用的是以动作电位传导速度和纤维的直径进行分类。根据神经纤维兴奋传导速度可将哺乳类动物周围神经纤维分为 A、B、C 三类,其中 A 类纤维又可分为 α、β、γ、δ 四种亚类。根据直径将传入神经纤维分为 Ⅰ、Ⅱ、Ⅲ、Ⅳ 四类,其中 Ⅰ 类纤维又分为 I_a 和 I_b 两种亚类。一般认为 Ⅰ 类纤维相当于 $A_α$ 类纤维,Ⅱ 类纤维相当于 $A_β$ 类,Ⅲ 类纤维相当于 $A_δ$ 类,Ⅳ 类纤维相当于 C 类纤维(表 11-1)。目前,传出神经多以传导速度分类。

表 11-1 神经纤维的分类

纤维分类	功能	纤维直径(μm)	传导速度(m/s)	相当于感觉纤维的类型
A 有髓鞘				
α	本体感觉、躯体运动	13~22	70~120	I_a、I_b
β	触-压觉	8~13	30~70	Ⅱ
γ	支配梭内肌	4~8	15~30	
δ	痛、温、触-压觉	1~4	12~30	Ⅲ
B 有髓鞘	自主神经节前纤维	1~3	3~15	
C 无髓鞘				
后根	痛、温、触-压觉	0.4~1.2	0.6~2.0	Ⅳ
交通	交感神经节后纤维	0.3~1.3	0.7~2.3	

(三) 神经纤维兴奋传导的特征

神经纤维的基本功能是传导兴奋。在神经纤维上兴奋的传导是以动作电位形式进行,又称为**神经冲动**(nerve impulse)。神经纤维兴奋传导有着以下特征:① 完整性:神经冲动正常传导要求神经纤维结构和功能的完整。如果神经纤维受损伤、切断或者被冷冻、压迫、麻醉药等因素作用时均影响其传导功能。② 绝缘性:一条神经干虽然包含着多条神经纤维,但各条神经纤维同时进行兴奋传导时互不干扰。其主要原因是纤维间没有胞质的联系,传导的电流主要在一条纤维上构成回路,加之每条纤维上都有一层髓鞘起到绝缘作用。③ 双向性:在神经纤维任何一点引发动作电位时,均可以沿着神经纤维向两端传导。④ 相对不疲劳性:有效的电刺激连续刺激十余小时,神经纤维仍能保持着传导兴奋的能力。神经纤维传导兴奋由于是动作电位在神经细胞膜上的扩布过程,所以其传导功能受胞膜上 Na^+ 通道数量与分布、通道状态等因素的影响。

(四) 神经纤维的轴浆运输

轴浆经常在胞体与轴突末梢之间进行流动,将此现象称为**轴浆运输**(axoplasmic transport)。根据在结扎的神经纤维两侧均有物质的蓄积,或切断纤维后不但神经末梢,而且胞体也有变形性改变,说明轴浆运输对神经纤维的形态与功能的维持具有重要的意义。轴浆运输是双向性的。胞体内物质向轴突末梢的转运过程称为**顺向轴浆运输**(anterograde axoplasmic transport),又称顺向运输;将轴突末梢物质向胞体的转运过程称为**逆向轴浆运输**(retrograde axoplasmic transport),又称逆向运输。轴浆运输以顺向运输为主。顺向运输的意义在于将胞体合成的蛋白质、神经递质及合成递质的酶类等物质运至轴突末梢,以维持末梢递质释放及神经内分泌或代谢所需的物质等。逆向运输可能与反馈控制胞体物质合成以及与递质的回收和异物的处理有关。轴突末梢可以摄取神经毒和毒素类物质如破伤风毒素、狂犬病毒,经逆向运输而引起病变。

(五) 神经的营养性作用和神经营养因子

1. **神经的营养性作用** 神经对所支配的组织除了发挥调控作用,即功能性作用外,还能通过其末梢经常性释放营养因子,持续性调整所支配的组织代谢活动,对其组织的结构、生化与生理过程施加影响,称此作用为神经的营养性作用。由于营养因子来自胞体并借助于轴浆运输流向末梢,故该作用往往在神经被切断、变性时才明显表现出来。如实验切断运动神经后,被支配的肌肉内的糖原合成减慢、蛋白质分解加速,肌肉逐渐萎缩等变化,皆因为肌肉失去了神经营养性作用的结果。临床上脊髓灰质炎、周围神经损伤的患者肌肉发生明显萎缩,与此作用丧失有关。

2. **神经营养因子** 神经元能释放一些物质维持所支配组织的正常代谢和功能,反过来,神经纤维所支配的组织以及胶质细胞也能够产生对神经元起营养作用的蛋白分子,称为**神经营养因子**(neurotrophin, NT)。目前已发现并分离出来的 NT 主要有神经生长因子家族、其他神经营养因子和神经营养活性物质三大类。三类中以神经生长因子家族较为重要,其中**神经生长因子**(nerve growth factor, NGF)是较早被发现的、研究较多的一种。NGF 由神经末梢摄取后,经逆向轴浆运输运送到胞体,调节胞体合成相关蛋白质,从而维持神经元的生长、发育、保护与修复等功能。

二、神经胶质细胞

神经胶质细胞(neuroglia)广泛地分布于中枢与周围神经系统神经元之间,其数量为神经元的 10~50 倍,约占脑重量的一半。中枢神经系统内的胶质细胞主要包括星形胶质细胞、少突胶质细胞、小胶质细胞与室管膜细胞等;而分布于周围神经系统的胶质细胞有**施万细胞**(Schwann cell)和脊神经节的卫星细胞。胶质细胞也有突起,但无树突和轴突之分,与邻近细胞多以缝隙连接形式相互联系,无突触样结构。由于胶质细胞没有产生动作电位的能力,所以不能够直接参与信息的传递和处理。其主要功能如下。

1. **支持作用** 神经胶质细胞充填于神经元及其突起间,构成网架起到支持和稳定神经元的作用。

2. **绝缘和屏障作用** 少突胶质细胞与许旺细胞分别形成中枢与周围神经纤维的髓鞘起到绝缘作用;星形胶质细胞形成血管周足,是构成血-脑屏障的重要组成部分。

3. **修复与再生作用** 胶质细胞特别是星形胶质细胞在神经元发生损伤或变性死亡时,能够通过丝分裂进行增生,填补神经元死亡造成的缺损,从而起到修复和再生的作用。

4. **物质代谢和营养性作用** 星形胶质细胞通过血管周足和自身突起,将毛细血管和神经元联系到一起,是神经元与血液之间进行物质交换的主要途径。此外,星形胶质细胞还能产生神经营养因子,来维持神经元的生长、发育和生存,并保持其功能的完整性。

5. **稳定细胞外液 K^+ 浓度** 星形胶质细胞可通过加强膜表面 Na^+ 泵的活动,将细胞外液中多余的 K^+ 泵入胞内,并通过缝隙连接迅速扩散到周围的神经胶质细胞内,以避免细胞外液 K^+ 的增多而影响神经元的正常电活动。但是,当胶质细胞增生发生瘢痕化时,Na^+ 泵的功能减退可导致细胞膜外高 K^+,使神经元膜电位减小、兴奋性升高,而形成局部性癫痫病灶。

6. **参与免疫活动** 星形胶质细胞膜上存在着能够与外来的抗原进行特异性结合的蛋白分子,在与抗原结合后可将其呈递给 T 淋巴细胞,以发挥其免疫应答作用。

7. **参与神经递质及生物活性物质的代谢** 脑内星形胶质细胞既能够摄取谷氨酸与 γ 氨基丁酸两种递质,及时消除这些递质对神经元的持续作用,又可通过代谢将其转变为递质的前体物质。

此外,星形胶质细胞还能合成并分泌血管紧张素原、前列腺素、白细胞介素以及多种神经营养因子等物质。

第二节 神经元间的信息传递

神经调节的基本方式是反射,但在反射弧中神经元之间或神经元与效应器之间的结构缺乏原生质的联系,在实现反射活动时必须通过相互之间的信息传递,通常将神经元之间进行信息传递的接触部位,称为**突触**(synapse);将传出神经元与效应器间进行信息传递的接触部位,称为接头(junction)。接头属于广义上的突触结构,信息在突触之间的传递过程称为突触传递。

根据突触间信息传递的媒介物质不同,将突触分为化学性突触和电突触两种类型。前者是以神经递质、后者则以局部电流为信息传递媒介。化学性突触又根据递质释放后影响的范围和距离不同又分为**定向突触**(directed synapse)和**非定向突触**(non-directed synapse)。定向突触释放递质仅作用于短距离的局限部位,如经典的突触和神经-骨骼肌接头;非定向突触释放的递质则可扩散较远、作用的空间比较广泛,又称之为**非突触性化学传递**(non-synaptic chemical transmission),如神经-平滑肌接头。由于机体以定向化学性突触传递方式最为普遍,故在本节加以重点叙述。

一、定向化学性突触传递

(一) 突触结构与分类

1. **突触的微细结构** 定向化学性突触习惯称为**化学性突触**(chemical synapse),是由**突触前膜**(presynaptic membrane)、**突触后膜**(postsynaptic membrane)和**突触间隙**(synaptic cleft)三部分组成(图11-2)。通常前一个神经元轴突末梢膨大呈球状形成**突触小体**(synaptic knob),突触小体的末梢膜,称为突触前膜;与之相对的后一个神经胞体膜或突起膜,称为突触后膜;突触前膜与突触后膜均较一般神经细胞膜稍厚,两膜之间的缝隙为突触间隙。在突触小体的轴浆内,含有大量的线粒体和囊泡,后者称为**突触小泡**(synaptic vesicle)。小泡内含有高浓度神经递质。突触小泡形态和大小各异,不但含有的神经递质种类不同,而且在递质释放的形式上也各有差异。例如,储存乙酰胆碱(ACh)、儿茶酚胺类递质小泡分布在突触前膜附近则释放过程迅速,但是其释放部位仅限于前膜特定的**活化区**(active zone)范围;而神经肽类递质小泡则分布在突触前末梢,其释放的部位不受活化区限制。在突触后膜上,存在着与神经递质相对应的特异性受体或化学门控通道。

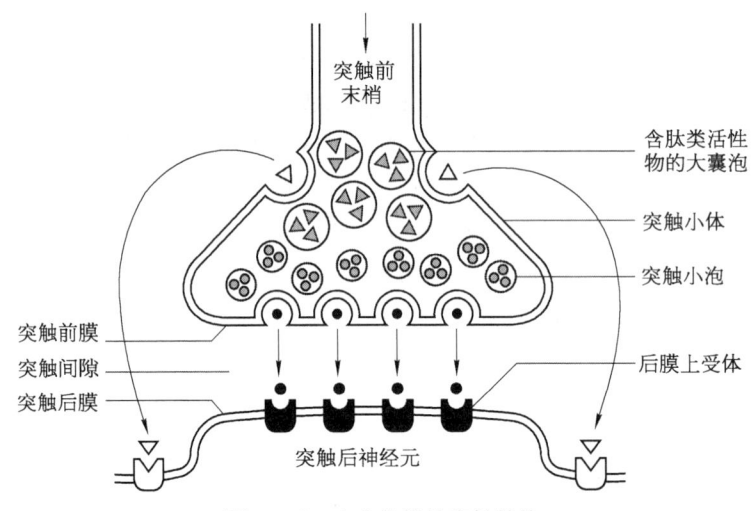

图11-2 定向化学性突触结构

2. **突触的分类** ① 结构分类:即前一个神经元与后一个神经元接触的部位不同,常见的有轴突-胞体式突触、轴突-树突式突触与轴突-轴突式突触三种类型(图11-3)。此外在中枢神经系统还发现树突-树突式突触、树突-胞体式突触、树突-轴突式突触、胞体-树突式突触、胞体-胞体式突触和胞体-轴突式突触以及化学性突触与电突触组合型的串联性突触等多种类型。② 功能分类:突触前神经元功能活动引起突触后神经元兴奋的突触称为兴奋性突触;引起突触后神经元抑制的突触为抑制性突触。

(二) 突触传递

化学性突触传递是通过突触前膜释放化学性递质,在突触后膜将其转换为电信号的过程。

1. **突触传递的基本过程** 化学性突触传递主要包括以下几个步骤:① 突触前神经元的动作电位抵达神经末梢,突触前膜去极化。② 前膜表面上电压门控钙通道开放,细胞外Ca^{2+}流入轴浆内。③ Ca^{2+}触发突触小泡前移与前膜接触、融合,并以出胞方式将递质释放入突触间隙。④ 递质由间隙扩散到达突触后膜,作用于后膜上的特异性受体,即化学门控通道。⑤ 突触后膜某些离子通道开放或关闭,引起突触后膜发生去极化或超极化,即突触后电位,使突触后神经元兴奋性发生改变。⑥ 递质与受体结合发生作用之后立即被酶分解或移除。

在上述过程中诱发递质释放的关键因素是膜外 Ca^{2+} 内流。研究发现, Ca^{2+} 内流的数量与前膜去极化的幅度大小成比例,前膜动作电位幅度越大 Ca^{2+} 内流的数量则越多;而递质释放量与 Ca^{2+} 内流的数量成正变关系,即 Ca^{2+} 内流的数量越多递质释放量也随着增加。进入轴浆内的 Ca^{2+} 通过 $Na^+ - Ca^{2+}$ 交换迅速外流,使前膜内 Ca^{2+} 浓度恢复到原水平。

Ca^{2+} 在触发小泡递质释放过程中的作用机制还不十分清楚。目前认为,突触小泡多被**突触蛋白**(synapsin) Ⅰ 和 Ⅱ 锚定于细胞骨架丝的网络上,进入前膜内的 Ca^{2+} 与轴浆中钙调蛋白结合为 $Ca^{2+} - CaM$ 复

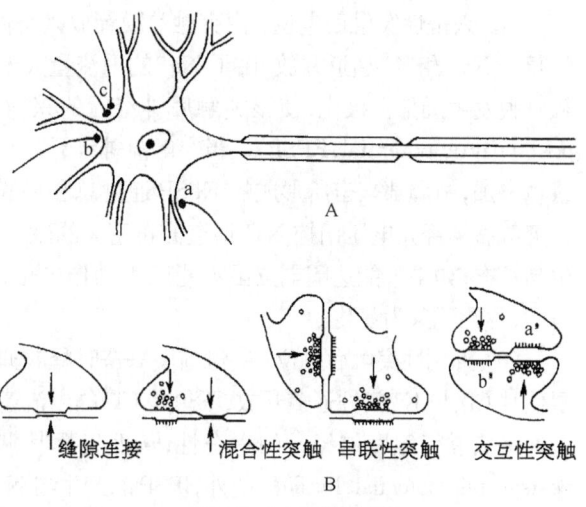

图 11-3 突触分类

A. 突触的基本类型(a、b、c 分别表示轴突-树突、轴突-胞体和轴突-轴突突触);B. 特殊性突触(箭头表示传递的方向)

合物,通过激活钙调蛋白依赖的蛋白激酶Ⅱ,促使突触蛋白磷酸化而削弱其与细胞骨架丝的结合能力,使突触小泡从骨架丝上游离出来后被运输到前膜活化区,并被突触结合蛋白等固定于前膜上,将此过程分别称为动员、摆渡、着位。在轴浆高浓度 Ca^{2+} 的作用下突触结合蛋白发生变构,使着位后的突触小泡摆脱钳制与前膜形成融合孔,进而融合孔直径快速从 1 nm 左右扩大到 50 nm 以上,递质迅速通过其孔道完成一次递质释放,此过程称为融合、出胞。

2. 突触后神经元的电活动 突触传递的信息包括兴奋性与抑制性两类,所以将突触后电活动可分为兴奋性突触后电位与抑制性突触后电位(图 11-4)。

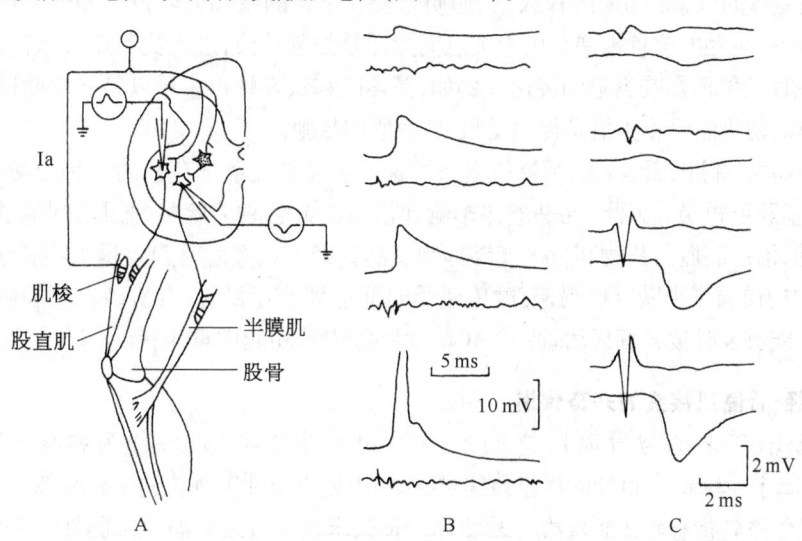

图 11-4 兴奋性突触后电位(EPSP)和抑制性突触后电位(IPSP)

A. 记录电极插入支配股直肌(伸肌)的脊髓前角运动神经元胞体,以适当强度电刺激相应的后根传入纤维,在该运动神经元内可记录到 EPSP,如果电极插入支配半膜肌(屈肌)的运动神经元内,则可记录到 IPSP,黑色神经元为抑制性中间神经元。B. EPSP:在一定范围内加大刺激强度,EPSP 的去极化程度随之增大(上面三个记录),当去极化达到阈电位时,即可爆发动作电位(最下面一个记录);上线:神经元胞内电位记录;下线:后根传入神经电位记录。C. IPSP:当刺激强度逐渐加大时,IPSP 的超极化程度随之增大(自上而下);上线:后根传入神经电位记录;下线:神经元胞内电位记录

(1) 兴奋性突触后电位：由突触前膜释放兴奋性递质，作用于后膜上的特异受体时，引起突触后膜上 Na^+ 和 K^+ 通道开放，由于 Na^+ 的内流量大于 K^+ 的外流，所以发生净的正离子内流，导致突触后膜发生局部去极化，使该突触后神经元的兴奋性提高，故称为**兴奋性突触后电位**（excitatory postsynaptic potential, EPSP）。当突触前神经元活动增强或参与活动的突触数目较多时，递质释放量也增加，由局部兴奋所形成的 EPSP 通过总和使膜电位幅度不断增大，若增大到阈电位时，首先在突触后神经元电压门控 Na^+ 通道分布密集的轴丘处诱发动作电位，引起突触后神经元兴奋的产生与扩布；如果未能达阈电位虽不能产生动作电位，但由于该局部兴奋能提高突触后神经元的兴奋性，称此现象为易化。

(2) 抑制性突触后电位：突触前膜兴奋时释放抑制性递质，与突触后膜上特异性受体结合后，主要使其 Cl^- 与 K^+ 门控通道开放，不论是 Cl^- 的内流还是 K^+ 的外流，突触后膜均会发生局部超极化，进而降低了突触后神经元的兴奋性，从而发挥其抑制效应，故称为**抑制性突触后电位**（inhibitory postsynaptic potential, IPSP）。此外，IPSP 的产生与 Na^+ 或 Ca^{2+} 通道的关闭也有着密切关系。

在中枢神经系统中，一个神经元常与其他多个神经元构成突触，在这些突触中既有兴奋性又有抑制性突触，突触后神经元的变化性质最终取决于同时产生的 EPSP 与 IPSP 的总和。如果 EPSP 占优势并达阈电位水平时，突触后神经元产生兴奋；反之，突触后神经元则呈现抑制状态。

3. 影响突触传递的因素 突触间的信息传递包括递质的释放、与后膜上受体结合以及递质移除等过程，所以干预此过程的任何因素均可影响突触传递。

(1) 影响递质释放的因素：由于 Ca^{2+} 内流的量直接影响到前膜递质释放量，所以细胞外液 Ca^{2+} 浓度升高或 Mg^{2+} 浓度降低均能够使递质释放量增加，反之减少；同时到达突触前膜动作电位频率或幅度增加，也可以促进 Ca^{2+} 内流的数量。

(2) 影响受体的因素：递质的释放量、递质与受体结合的亲和力以及细胞膜表面受体数量的变化，均能够影响突触的信息传递。由于突触间隙即是细胞外液，进入到细胞外液的药物、毒素等均可以影响受体功能而影响突触的传递。例如，箭毒碱和银环蛇毒素可以特异地阻断骨骼肌细胞膜上 N_2 型受体，使骨骼肌接头信息传递受阻，导致肌肉松弛。

(3) 影响递质移除的因素：已经释放出来的递质主要被突触处存在的各种分解酶所分解、灭活，或被突触前膜所重摄。因此，凡是能够影响递质重摄或各种分解酶的因素都能够影响到突触的传递。例如，治疗高血压药物利舍平能够抑制交感神经末梢突触前膜重摄去甲肾上腺素（NE），结果使小泡中的递质减少以至耗竭，突触传递受阻而达到治疗目的；有机磷农药能够抑制胆碱酯酶，使 ACh 不能够及时被分解灭活，造成 ACh 的大量积聚，引起中毒症状。

（三）神经-骨骼肌接头的兴奋传递

运动神经轴突末梢与骨骼肌之间形成的功能性联系部位，称为**神经-骨骼肌接头**（neuromuscular junction）。该处的信息传递过程，与上述兴奋性突触传递十分相似。

1. 神经-骨骼肌接头的功能结构 运动神经轴突末梢在接近骨骼肌细胞处失去髓鞘，以裸露的形式嵌入肌细胞膜的凹陷内形成**接头前膜**（prejunctional membrane），与其相对应的肌膜称为**接头后膜**（postjunctional membrane），又名**终板膜**（endplate membrane）。在两者之间有 15~50 nm 宽的**接头间隙**（junctional cleft），其中充满细胞外液。终板膜进一步向内凹陷形成许多皱褶，以扩大其面积；膜上有 N_2 型胆碱能受体阳离子通道，集中分布在皱褶的开口处。终板膜上还存有**胆碱酯酶**（cholinesterase, ChE），能将 ACh 分解为胆碱和乙酸。在每个轴突末梢的轴浆中，除有线粒体外,还有约 30 万个内含 ACh 的突触小泡(图 11-5),每个小泡中储存有 5 000～10 000 个 ACh 分子。一般认为,递质的释放是以单个小泡为单位,通过出胞作用并以倾囊而出的方式进行,故称为**量子式释放**(quantal release)。

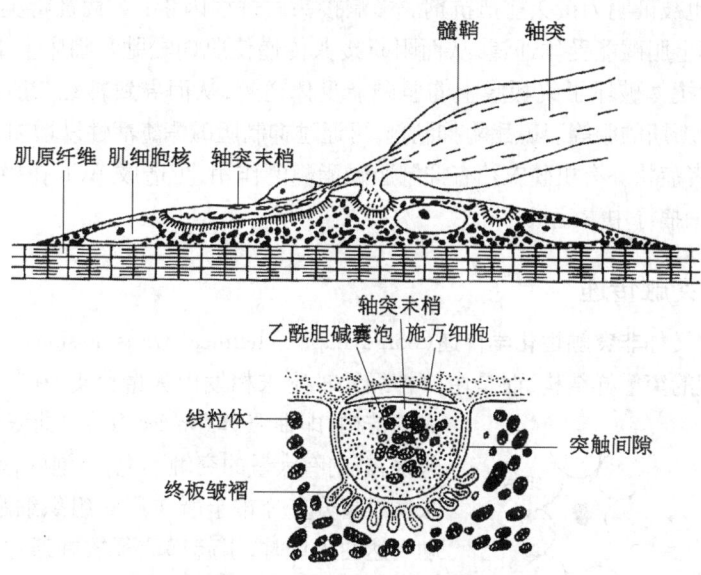

图 11-5 神经-骨骼肌接头部的超微结构

2. **神经-骨骼肌接头的兴奋传递过程** 在安静状态时,接头前膜内突触小泡约以每秒钟一次的频率进行自发性量子式释放。由一个小泡释放 ACh 量所引发的电位变化称为**微终板电位**(miniature endplate potential, MEPP)。单个 MEPP 通常不足以引起肌细胞的兴奋。

神经-骨骼肌接头信息传递过程:① 神经冲动到达接头前膜,前膜去极化。② 电压门控式 Ca^{2+} 通道开放,Ca^{2+} 进入前膜。③ 突触小泡向前膜靠近并与之融合,通过胞裂外排的方式进行量子式释放 ACh。④ ACh 经过接头间隙与终板膜上的 N_2 型受体结合并激活受体通道。⑤ 终板膜对 Na^+、K^+ 通透性增高,由于 Na^+ 内流量超过 K^+ 外流量,导致终板膜去极化产生**终板电位**(endplate potential, EPP)。⑥ EPP 可以通过电紧张形式激活邻近肌膜上电压门控 Na^+ 通道,当去极化达到阈电位水平时则在邻近肌膜上产生动作电位,并向全肌细胞扩布。⑦ ACh 在终板电位产生后即被胆碱酯酶迅速水解为胆碱和乙酸。

3. **神经-骨骼肌接头兴奋传递的特点** 接头处的兴奋传递与化学性突触兴奋传递有许多相似之处,引起的终板电位具有局部反应的特征。两者共同点:① 电位具有等级性。其电位变化大小与前膜释放递质的量成正变关系,而没有"全或无"的特性。② 无不应期,有总和现象。③ 以电紧张形式进行扩布等。其不同点:① 神经-骨骼肌接头兴奋传递是一对一关系,即运动神经纤维每兴奋一次,它所支配的肌细胞也发生一次兴奋。这是因为一次动作电位到达神经末梢时,可使 200～300 个小泡同步释放近 10^6 个 ACh 分子进入接头间隙,引起的 EPP 进行总和后足以产生动作电位;但在兴奋性突触传递过程中,必须有多个神经冲动到达,使 EPSP 总和达到阈电位水平,才能使突触后神经元兴奋。② 每次神经冲动释放的 ACh,在发挥作用后立即被胆碱酯酶分解而失效,以免影响下次神经冲动到来时的效应。③ 神经-骨骼肌接头通常只释放兴奋性递质,而少有抑制性递质释放;而突触不但释放兴奋性递质,同时也释放抑制性递质。

许多因素均可作用于神经-骨骼肌接头兴奋传递过程的不同环节,以影响正常的神经与肌肉间的传递功能。影响接头前过程因素:如肉毒杆菌毒素能阻滞神经末梢释放 ACh;而黑寡妇蜘蛛毒则可促进神经末梢释放 ACh,导致 ACh 耗竭。两者均可引起接头传递阻滞。近年来,从中药川楝皮提取的川楝素,也被证明为接头前拮抗剂。影响接头后过程因素:如筒箭毒类化合药物能够特异性地阻断终板膜上胆碱能受体通道,从而阻断接头传递使肌肉松弛。临床上重症肌无力患者,是由于自身免疫性抗体破坏了终板膜上的胆碱能受体通道,从而导致神经与肌肉间信息传递障碍,出现肌无力;而新斯的明等胆碱酯酶抑制剂,可通过抑制胆碱酯酶活性以增加 ACh 在接头处浓度,改善肌无力患者症状。有机磷农药有抑制胆碱酯酶的作用,可造成 ACh 在接头处大量积聚而引发骨骼肌痉挛、抽搐等中毒症状。

二、非定向突触传递

该类突触传递又称**非突触性化学传递**(non-synaptic chemical transmission)。其主要特点是神经元之间没有典型的突触样结构,而是由前神经元轴突末梢发出大量分支,在其上形成串珠状膨大的结构,即**曲张体**(varicosity)。曲张体没有施万细胞包绕,其内有大量的突触小泡,小泡内含有神经递质。曲张体沿着分支分布于所作用的组织细胞周围,当兴奋冲动到达曲张体时,引起递质释放并通过细胞外液弥散到邻近或远隔几百微米部位的靶细胞,进而发挥生理效应(图 11-6)。现已发现中枢神经内单胺类神经纤维都能进行非突触性化学传递。

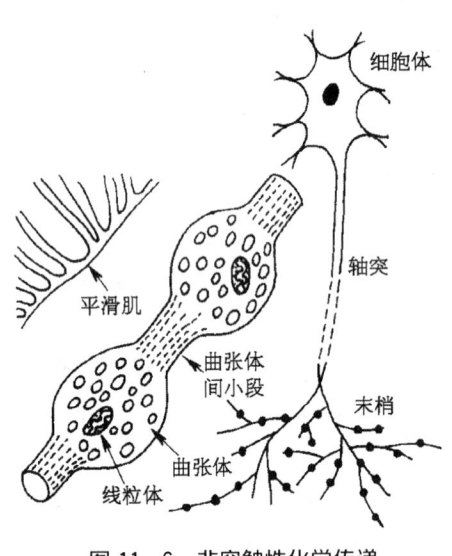

图 11-6 非突触性化学传递

在外周神经中,以 NE 和 ACh 为递质的神经-平滑肌接头或神经-心肌接头信息传递也是通过这种方式进行的。此外,在轴突末梢以外的部位进行,如树突膜也能够释放递质进行非突触性化学传递。与化学性突触传递比较,非突触性化学传递具有以下特征:① 没有典型的突触结构。② 曲张体释放递质与被作用的靶细胞之间距离相对比较远。③ 释放出来的递质作用范围广泛。④ 完成的调节功能更复杂。

三、电突触

电突触(electrical synapse)的结构基础为**缝隙连接**(gap junction)。相邻的两个神经细胞膜之间距离仅为 2～3 nm,连接处神经细胞膜不增厚,膜两侧轴浆内无突触小泡存在。两侧膜上有沟通两细胞胞质的水相通道,允许离子通过,进行电信息传递,故称为电传递。电突触传递的特点是:由于电阻低所以传递速度快,几乎不存在潜伏期;因为没有突触的前、后膜之分,所以呈双向性传递。电突触在哺乳类动物中枢系统和视网膜等部位大量的存在,多发生在同类神经元之间,且突触呈多种结构类型;其功能可能是使相邻的神经元产生同步化活动。

四、神经递质与受体

化学性突触的信息传递均以神经递质为媒介,作用于相应的受体后方能完成。因此,神经递质和受体是化学性突触间信息传递的物质基础。

(一) 神经递质

神经递质(neurotransmitter)是指由前神经元合成并由其末梢释放,特异性作用于突触后神经元或效应器细胞上受体,并使之产生某些效应的化学物质。作为经典性神经递质通常具有以下的特征:① 在突触前神经元内具有合成递质的前体物质与酶系统,并能合成相应的神经递质;② 合成的递质具有储存的部位,即突触小泡内,当兴奋到达突触前膜时小泡内递质能够进行释放;③ 突触后膜上存在着能与递质进行特异性结合的受体,并产生特定的生理效应;④ 在突触部位存在着能使递质失活的酶或使递质移除的机制;⑤ 具有特异的受体激动剂和拮抗剂,能模拟或阻断递质的传递效应。以往认为每根神经轴突末梢内只存在和释放一种神经递质,称为戴尔原则(Dale principle)。后来发现,在同一根神经轴突末梢内有两种或两种以上的递质或调质同时存在,称此现象为**递质共存**(neurotransmitter coexistence)。递质共存的意义在于更好地协调某些生理过程。

神经调质是由神经元产生的另一类化学物质,其本身并不直接触发所支配细胞发生效应,不起直接传递信息的作用,而是调节信息传递的效率,增强或削弱递质的效应。这类化学物质被称为**神经调质**(neuromodulator),其所发挥的作用称为**调制作用**(modulation)。迄今已经了解的神经递质和调质已达 100 余种,根据其化学成分可以分为胆碱类、胺类、氨基酸类、肽类、嘌呤类、气体类和脂类等。根据神经递质存在的部位,将递质分为中枢性递质和外周性递质。

1. 外周性神经递质 由传出神经末梢所释放的神经递质,称为外周性神经递质。主要包括 ACh、NE 和肽类。

(1) ACh:凡是末梢释放 ACh 作为递质的神经纤维,称为**胆碱能纤维**(cholinergic fiber)。主要分布在全部交感和副交感神经的节前纤维、副交感神经的节后纤维以及交感神经的小部分节后纤维(如分布在汗腺、胰腺;支配骨骼肌和腹腔内脏的舒血管纤维)、躯体运动神经纤维等部位。

(2) NE:凡是末梢释放 NE 作为递质的神经纤维,称为**肾上腺素能纤维**(adrenergic fiber)。主要分布在大部分交感神经节后纤维等部位。

(3) 肽类:凡是末梢释放肽类化合物作为递质的神经纤维,称为**肽能纤维**(peptidergic fiber)。主要分布在胃肠道、心血管、呼吸道、泌尿道等器官。特别是胃肠道的肽能神经元,能释放包括降钙素基因相关肽、血管活性肠肽、促胃液素、缩胆囊素、脑啡肽、强啡肽与生长抑素等多种肽类递质。

2. 中枢性神经递质 在中枢神经系统内参与突触间信息传递的化学递质,称为中枢性神经递质。中枢性神经递质种类繁杂,多达几十种,根据性质大致可归纳为 ACh、胺类、氨基酸类与神经肽等四大类。其命名多以末梢释放的物质名称而定,其具体作用也随着存在的部位不同而有明显差异。

(1) ACh:胆碱能神经元在中枢神经系统中分布极为广泛,主要分布在脊髓前角运动神经元,脑干网状结构上行激动系统,丘脑后腹核内的特异感觉投射系统,纹状体以及边缘系统的梨状区、杏仁核、海马等脑区。在传递特异性感觉、维持机体觉醒状态,以及调节躯体运动、心血管活动、呼吸、体温、摄食、饮水与促进学习、记忆等生理活动过程中具有重要作用。在中枢内 ACh 递质作用绝大多数表现为兴奋。

(2) 胺类:包括多巴胺、NE、肾上腺素、5-HT 和组胺,它们分别组成不同的递质系统。① 多巴胺(DA):DA 能神经元胞体主要位于中脑黑质,纤维分布在黑质纹状体、中脑边缘系统以及结节漏斗部分。其主要功能与调节肌紧张、躯体运动、情绪活动等有关,多数起抑制效应。② NE:NE

能神经元主要分布在低位脑干,尤其是中脑网状结构、脑桥的蓝斑以及延髓网状结构的腹外侧部分。NE 递质系统对睡眠与觉醒、学习与记忆、体温、情绪、摄食行为以及心血管活动等多种功能均有作用。对躯体运动以抑制为主。③ 5-HT:5-HT 能神经元胞体主要位于低位脑干近中线区的中缝核群内。5-HT 与睡眠、情绪、内分泌、心血管等内脏活动有关;此外,它还是脑与脊髓内的一种疼痛调制递质。④ 组胺:组胺能神经元胞体位于下丘脑后部结节乳头核区,其纤维分布到大脑皮层和脊髓等中枢系统广泛区域,该递质系统可能与觉醒、性行为、腺垂体分泌、饮水、痛觉调节等有关。

(3) 氨基酸类:包括谷氨酸、门冬氨酸、甘氨酸、GABA,前两者为兴奋性氨基酸,后两者为抑制性氨基酸。① 兴奋性氨基酸:谷氨酸以大脑皮层、小脑与纹状体的含量最高,脊髓中以背侧部分的含量较多,对中枢神经具有明显的兴奋作用。此外,谷氨酸还具有神经毒或兴奋毒作用。② 抑制性氨基酸:甘氨酸主要分布于脊髓、脑干等区域,GABA 主要分布在大脑浅层、小脑皮层浦肯野细胞层、黑质、纹状体与脊髓部,对中枢神经元均有抑制性作用。GABA 在调节内分泌活动,维持骨骼肌的正常兴奋性以及镇痛、抗焦虑等方面都起到重要作用,并参与了睡眠与觉醒等机制。

(4) **神经肽类:神经肽**(neuropeptide)是指分布在神经系统能够起到传递信息或调节信息传递作用的肽类物质。迄今已经发现的神经肽达 100 多种,主要有以下几种。① **速激肽**(tachykinin):包括 **P 物质**(substance P)、神经肽 A、神经肽 B、神经肽 K、神经肽 α、神经激肽 A(3~10)等 6 个成员。比较明确的是 P 物质,在中枢内以黑质、纹状体、下丘脑、缰核、孤束核、中缝核、延髓和脊髓背角等神经结构的含量较高。P 物质是第一级伤害性传入纤维末梢释放的兴奋性递质,它对痛觉传递的第一级突触起易化作用;P 物质对心血管活动、躯体运动行为以及神经内分泌活动均有调节作用。② **阿片肽**(opioid peptide):主要包括**脑啡肽**(enkephalin)、**强啡肽**(dynorphin)和 **β-内啡肽**(β-endorphin)。脑啡肽广泛地分布于各脑区与脊髓内,具有很强的镇痛调制和调节心血管活动等作用;强啡肽在脊髓发挥镇痛作用,而在脑内反而对抗吗啡镇痛,它对心血管等许多系统的生理活动也起调节作用。β-内啡肽分布于下丘脑、丘脑、脑干、腺垂体等处,主要起到抑制性调制作用。③ 下丘脑调节肽和神经垂体肽:下丘脑分泌的调节腺垂体功能的肽类激素称为**下丘脑调节肽**(hypothalamic regulatory peptide)。下丘脑分泌的肽类物质除了调控垂体的功能外,在其他脑区也有分布,特别对感觉、运动及智能活动等发挥着调节作用。④ **脑-肠肽**(brain-gut peptide):是指在胃肠道和脑内双重分布的肽类物质,主要有缩胆囊素、血管活性肠肽等,又称胃肠激素,具有调节摄食行为等多种作用。

(5) 其他递质:一氧化氮(NO)是一种气体分子,在神经系统中具有递质作用。NO 可通过改变突触前神经末梢的递质释放,从而调节突触功能,具有神经保护作用。此外,脑内的另一种气体分子一氧化碳(CO)也可能作为脑内神经递质而参与调节活动。近年来发现硫化氢(H_2S)广泛参与机体多种生理和病理过程,被认为是继 NO 和 CO 之后的第三类气体信号分子。内源性 H_2S 作为一种新型非典型神经递质,对中枢神经系统功能有着重要的调节作用。例如,有研究表明阿尔茨海默病患者脑组织 H_2S 生成减少;中枢相关核团注射 NaHS 具有一定心血管效应。

3. 递质的代谢 递质代谢包括其合成、储存、释放、失活、再摄取和再合成等步骤。ACh 和胺类递质均在胞质中,在相关合成酶的催化下合成,然后被摄取,储存在突触小泡内。肽类递质是在基因调控下,通过核糖体的翻译和翻译后的酶切加工等过程完成。递质的消除方式主要有酶促降解和被突触前膜重摄取等。ACh 主要经胆碱酯酶迅速水解为胆碱和乙酸,胆碱可以被重摄取回末梢用于合成新的 ACh,乙酸则进入血液。NE 大部分被突触前膜重摄取后储存于小泡内以备再用,小部分被酶破坏失活或消除。肽类递质的消除主要依靠酶的降解。在递质的代谢过程中,递质的生物合成需要原料与相关酶系的催化作用;递质在释放过程中,Ca^{2+} 的转移具有重要作用;递质释放发挥生理效应后,递质的迅速失活是防止其作用持续、保持神经冲动正常传递的必要条件。因此,在递质代谢的任何一个环节上发生异常均影响信息的正常传递。

(二) 受体

受体是存在于细胞膜或细胞内能与某些化学性物质进行特异性结合并诱发生物效应的蛋白质。受体的种类繁多,其分类方法各异。通常是根据与其结合的天然配体分类和命名。例如,凡能与 ACh 结合的受体称胆碱能受体,凡与 NE 或肾上腺素结合的受体称肾上腺素能受体,其余类推。能与受体发生特异性结合并产生相应生物效应的化学物质称为**受体激动剂**(agonist);若只发生特异结合,而不产生相应生物效应的化学物质则称为**受体拮抗剂**(antagonist)。受体拮抗剂通常在化学结构上与递质有相似之处,可与递质产生竞争性抑制作用,一旦受体与拮抗剂结合后,就很难与相应递质结合,所以此时递质则不能产生特定的效应。临床上一些药物就是通过激动或拮抗某些受体而发挥其药理作用的。根据受体分布的部位可将受体分为外周受体和中枢受体,由于中枢受体分布和效应非常复杂,许多问题尚待深入研究。所以,以下就外周受体予以重点介绍。

1. **胆碱能受体**(cholinergic receptor) 根据其药理特性分为:① **毒蕈碱**(muscarine)受体,简称 M 型受体;② **烟碱**(nicotin)受体,简称 N 型受体。

(1) M 型受体:广泛分布于绝大多数副交感节后纤维支配的效应器(少数肽能纤维支配的效应器除外)以及交感节后纤维支配的汗腺、骨骼肌的血管壁上。目前已分离出 $M_1 \sim M_5$ 受体 5 种亚型,均为 G 蛋白耦联受体。ACh 与 M 受体结合后,可产生一系列自主神经节后胆碱能纤维兴奋的效应,包括心脏活动的抑制,支气管、胃肠道平滑肌、膀胱逼尿肌和瞳孔括约肌的收缩,消化腺与汗腺的分泌以及骨骼肌血管的舒张等,这种效应称为毒蕈碱样作用,又称 M 样作用。该作用可被受体拮抗剂阿托品阻断。

(2) N 型受体:N 受体又分为 N_1 和 N_2 两种亚型,两种受体均是 ACh 门控(化学门控)通道。为了区别上述两种受体,通常将 N_1 受体称为**神经元型 N 受体**(neuronal type nicotinic receptor),它分布于中枢神经系统内和自主神经节的突触后膜上,ACh 与之结合可引起节后神经元兴奋;而将 N_2 称之为**肌肉型 N 受体**(muscle type nicotine receptor),分布在神经-肌接头的终板膜上,ACh 与之结合可使骨骼肌兴奋。ACh 与这两种受体结合所产生的效应称为烟碱样作用,又称 N 样作用。六烃季铵是 N_1 型受体拮抗剂,十烃季铵是 N_2 型受体拮抗剂,筒箭毒能同时阻断这两种受体的功能。

2. **肾上腺素能受体** 凡是能与**儿茶酚胺**(catecholamine, CA) 类物质(包括去甲肾上腺素、肾上腺素等)结合的受体,称为**肾上腺素能受体**(adrenergic receptor)。该类受体可分为 α 与 β 两种类型。α 受体又可分为 $α_1$ 和 $α_2$ 受体两个亚型,β 受体则能分为 $β_1$、$β_2$ 和 $β_3$ 受体三个亚型。所有的肾上腺素能受体都属于 G 蛋白耦联型受体。由于受体存在部位及类型不同,所以产生的生物效应各异(见本章第六节表 11-4)。

(1) α 受体:一般认为 $α_1$ 受体分布于肾上腺素能纤维所支配的效应器细胞膜上。在外周组织中,$α_1$ 受体主要分布于平滑肌,以产生兴奋性效应为主,促进皮肤、胃肠与肾脏等内脏血管收缩、子宫收缩和扩瞳肌收缩等,但对小肠平滑肌产生抑制作用。近年来,发现心肌细胞膜也存在 $α_1$ 受体,它可介导儿茶酚胺的缓慢正性变力作用。$α_2$ 受体主要分布于肾上腺素能纤维末梢的突触前膜上,对突触前 NE 的释放进行反馈调节。盐酸哌唑嗪和盐酸育亨宾分别能选择性阻断 $α_1$ 和 $α_2$ 受体而产生降压作用;而甲磺酸酚妥拉明可同时阻断 $α_1$ 与 $α_2$ 两种受体。

(2) β 受体:$β_1$ 受体主要分布于心肌细胞上,具有兴奋性效应。在生理状态下心脏的 $β_1$ 受体作用占优势,以至掩盖了心脏 $α_1$ 受体的作用。只有在 $β_1$ 受体功能抑制时,$α_1$ 受体对心脏的调节作用才能显现出来。$β_2$ 受体主要分布在平滑肌,其效应是抑制性,使支气管、胃肠道、子宫以及冠状动脉、骨骼肌血管等平滑肌的舒张。盐酸阿替洛尔为 $β_1$ 受体拮抗剂,临床上可用于治疗高血压、缺血性心脏病及快速性心律失常等。盐酸普萘洛尔是临床上常用的非选择性β受体拮抗剂,它对$β_1$和$β_2$两种受体均有阻断作用。心动过速或心绞痛等心脏病患者应用盐酸普萘洛尔可降低心肌代谢与活动,达到治疗目的,但对支气管具有兴奋作用。在不同效应器上分布的肾上腺素能受体种类不同,有的仅有α受体或β受体,有的则两种受体共存。因此,当肾上腺素能纤维兴奋时,效应器可表现为兴奋,也可能为抑制。此外,α受体和β受体不仅对交感神经递质发生反应,与血液中存在的其他儿茶酚胺类物质也发生反应,但它们对不同类型受体的结合能力有所不同。NE 主要与α受体结合,与β受体结合作用较弱;肾上腺素与α和β受体结合均比较强,而异丙肾上腺素主要与β受体结合。

3. **中枢受体**　由于中枢神经递质种类繁多,其相应的受体也非常复杂。除胆碱能 M 型与 N 型受体以及肾上腺素能α型与β型受体外,还有 DA 受体、5-HT 受体、兴奋性氨基酸受体、抑制性氨基酸受体、神经激肽类受体、阿片类受体以及腺苷类受体等。其中绝大部分为 G 蛋白耦联受体。多巴胺受体现已克隆到 $D_1 \sim D_5$ 五种亚型。5-HT 受体已知的有 $5-HT_1 \sim 5-HT_7$ 共七种类型受体。兴奋性氨基酸中谷氨酸受体包括促代谢型受体与促离子型受体两种类型,前者已发现有十一种亚型,后者可分为三种亚型。抑制性氨基酸中的 GABA 受体分为 A、B 两种亚型。神经激肽受体已经克隆出三种。阿片受体已确定的有 μ、δ 和 κ 等三种受体。上述各种受体也有其相应的拮抗剂。总之,中枢内受体系统中的不明之处较多,尚待阐明。

4. **突触前受体**　受体一般存在于突触后膜,但在突触前膜也有分布(图 11-7),称为**突触前受体**(presynaptic receptor)。其主要作用是调节突触前神经末梢递质的释放。例如,肾上腺素能纤维末梢的突触前膜上,存在着$α_2$受体和$β_2$受体。当$α_2$受体被激活时抑制其末梢 NE 释放;$β_2$受体激活时,则促进 NE 的释放。但是大多情况下以负反馈形式调节 NE 的释放。

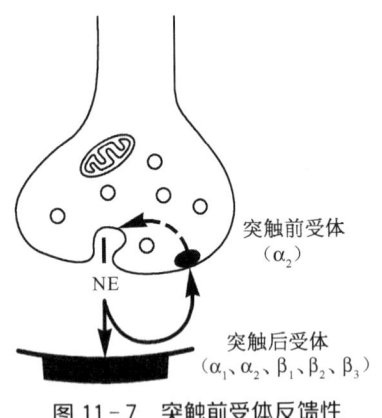

图 11-7　突触前受体反馈性调节递质释放

5. **受体调节**　细胞膜受体数量以及与递质亲和力是随着内环境的改变而发生相应的变化。基本规律是,当递质释放量减少时,受体的表达以及与递质的亲和力均增多和增强,称为受体上调(up regulation);反之,称为受体下调(down regulation)。受体的上调与下调主要机制,与膜表面的受体能够在细胞膜自身作用下内、外移动有关。如受体上调可能是细胞膜将储存在膜内的受体蛋白表达于膜表面;而下调则可能由于受体被膜内吞入胞使膜表面受体数量减少所致。膜表面受体数量与亲和力的改变,将影响突触之间的信息传递而产生各种疾病。

第三节　反射中枢活动的基本规律

一、反射活动与反射中枢

在中枢神经系统内,调节某一特定生理功能活动的神经元群,称为**反射中枢**(reflex center),即反射弧的中枢部分。根据所调节生理功能的复杂程度不同,反射中枢占据的空间范围差异很大。通常传入神经与传出神经之间只需要一次突触传递的反射,称为**单突触反射**(monosynaptic reflex)。如人体的腱反射,其反射在脊髓同一节段完成。复杂的生命活动调节的中枢范围则非常广泛,如呼吸活动调节中枢,涉及延髓、脑桥、下丘脑以及大脑皮层等,称**多突触反射**(polysynaptic reflex)。人和高等动物体的反射以多突触反射居多。反射中枢在完成反射的过程中,绝非是单纯的传入与传出神经的中转联系,而是综合、分析、整理传入信息,并且决定传出信息性质的重要部位。反射中枢活动不但通过传出神经元直接控制效应器活动,也可以通过神经-内分泌等形式调节效应器的活动。

二、中枢神经元的联系方式

反射中枢所进行各种复杂的调节活动,是以突触构成非常复杂而多样化的联系方式为基础的,其间的主要联系方式可归纳为以下几种(图 11-8)。

1. **单线式联系** 一个突触前神经元只和一个突触后神经元进行联系。这种联系形式在传递信息上能够保持其精确性。例如,视网膜中央凹部分的双极细胞与神经节细胞之间的联系。但是机体内真正的单线联系很少见,所以会聚程度较低的突触联系也可视为单线联系。

2. **辐散式与聚合式联系** 一个神经元的轴突通过其分支分别与许多神经元建立突触联系,称为**辐散式**(divergence)联系。这种联系可以逐级分散开去,从而把信息传给多个神经元,引发许多其他神经元同时兴奋或抑制,以扩大

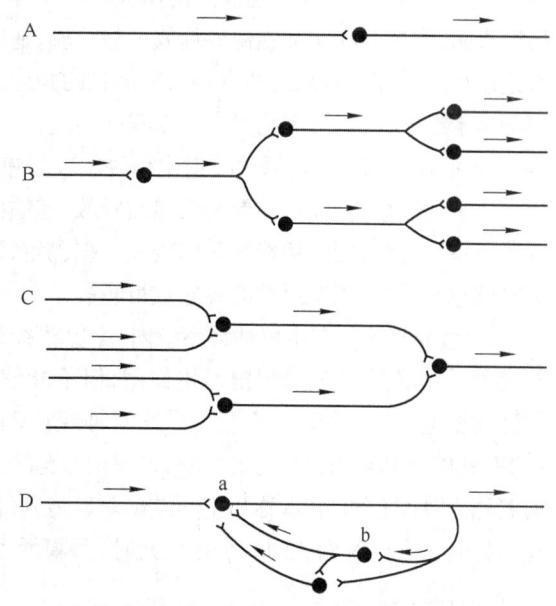

图 11-8 中枢神经元的联系方式
A. 单线式;B、C. 辐散式与聚合式;D. 链锁式与环式

影响范围。辐散式联系在感觉传导途径上多见。**聚合式**(convergence)联系是指多个神经元末梢与同一个神经元建立的突触联系。此种联系可以将来自不同神经元的兴奋和抑制在同一神经元上进行整合,引起后者兴奋或抑制。聚合式联系在运动传出途径中多见。

3. **链锁式与环式联系** 一个神经元的轴突侧支可通过与多个中间神经元联系再返回到原来的神经元建立突触联系,形成**链锁式**(chain circuit)或**环式**(recurrent circuit)联系。这种联系在神经活动中的作用取决于中间神经元的性质,当兴奋通过兴奋性神经元构成的突触联系时,其兴奋可得到加强或延长,起正反馈作用;如果有抑制性中间神经元参与,则由于返回抑制作用使原来神经元活动减弱或停止,起到负反馈作用。某些神经元后发放活动就是以这种复杂的联系作为结构基础的。

此外,在中枢神经系统内还存在大量短突神经元,它们并不投射到远距离部位,只在某一中枢部位内起联系作用,称**局部回路神经元**(local circuit neurons),如脊髓内的闰绍细胞等。由局部回路神经元及其突起构成的神经联系,称为**局部神经元回路**(local neurons circuit)。局部神经元回路多呈现为树突-树突式突触结构,在功能上可以相互传递信息使神经元间的整合变得更加精细、准确。

三、反射中枢内兴奋传递的特征

传递与传导不同,传导是在有原生质联系的同一组织上进行,而传递是指在两个没有原生质联系的组织间进行。兴奋在中枢内传递时,必须通过突触。受突触本身的结构多样性、中间神经元之间联系的复杂性以及神经递质参与等因素的影响,神经突触的兴奋传递要比神经纤维的兴奋传导复杂得多,其主要特征如下。

1. **单向传递** 通常情况下,化学性突触传递只能朝一个方向进行,即从突触前末梢传向突触后神经元。这是由于神经递质只能由突触前膜释放,以影响突触后膜上的受体。但近年来的一些研究表明,突触后的靶细胞也能释放一些物质,逆向传递到突触前末梢,与突触前膜受体结合后调节递质释放功能。故从沟通突触前后信息的角度来看是双向性的,但与兴奋传递无直接关系。电突触由于结构无极性,因此兴奋可以双向传递。

2. **中枢延搁** 兴奋通过反射中枢时比较缓慢、历时较长,称为**中枢延搁**(central delay)。这是由于化学性突触传递时,需要经历递质释放、递质弥散、递质与后膜上受体结合后引起离子通道活动等一系列过程,因此耗费的时间较长。据测定,兴奋通过一个突触需要 0.3~0.5 ms,兴奋传递所需时间越长,提示兴奋经过的突触数目越多。

3. **总和现象** 在中枢神经系统内,由单根纤维传入的一次冲动所释放的递质量很少,仅能引起突触后膜局部兴奋,表现出易化作用,但不能使其爆发动作电位。如果在同一纤维上有多个神经冲动相继传入,或者许多传入纤维的神经冲动同时传至同一神经元,则每个冲动各自产生的 EPSP 就能叠加起来,当达到阈电位水平时突触后神经元则爆发动作电位,此过程,称为兴奋总和,前者称为时间总和,后者称为空间总和。若传入纤维是抑制性的,将发生抑制性总和。此外,当兴奋与抑制信息同时到达同一个神经元时,后膜活动则取决于 EPSP 与 IPSP 的总和,这属于总和的另外一种方式。

4. **兴奋节律的改变** 中枢神经信息传递不但通过突触,而且还要经过性质不同的中间神经元的联系,所以作为最后公路的突触后神经元的兴奋节律,将取决于中间联络神经元或总和后的突触后电位性质。所以当测定传入神经与传出神经兴奋传递过程中的放电频率时,两者往往不同,称此现象为兴奋节律改变。

5. **后发放** 当停止刺激某一传入神经后,该传出神经仍继续发放冲动,称为**后发放**(after discharge)。兴奋性中间神经元的环状联系是产生后发放的主要原因之一。此外,在各种反馈活动中,如运动中枢发动骨骼肌收缩时,骨骼肌内肌梭感受器不断地发出传入冲动,将骨骼肌被牵拉状态的信息及时传入中枢,以反馈性调节和维持原先的反射活动的准确性,这也属于后发放功能活动。

6. **对内环境变化的敏感和易疲劳** 由于突触传递是以递质为媒介进行的,而递质的合成、释放、与受体结合以及分解灭活等需要大量的酶系和离子参与,所以极易受到内环境理化因素变化的影响。例如,酸中毒、缺氧等可明显降低突触传递活动;而碱中毒时,突触传递活动增强。此外,递质的合成不但需要各种原料而且需要一定的时间,因此当突触前神经元反复受到较高频率的刺激时,由于递质合成不及或储存递质大量消耗,突触后神经元发放的冲动会逐渐减少或消失,这一现象称突触传递的疲劳。疲劳的出现,是防止中枢过度兴奋的一种保护性机制。临床上可以应用抑制递质合成,或促进递质缓慢释放使其耗竭等方法治疗高血压等疾病。

四、突触传递的抑制与易化现象

(一) 中枢抑制

中枢抑制(central inhibition)与中枢兴奋均为中枢内一种主动的生理性活动。在任何反射活动中,兴奋与抑制两者的对立统一是反射活动协调的基础。中枢抑制形式根据抑制部位可分为突触后抑制和突触前抑制;根据电位变化性质又可分为超极化抑制和去极化抑制。

1. **突触后抑制**(postsynaptic inhibition) 是通过抑制性中间神经元释放抑制性递质,使突触后膜产生 IPSP 而呈现抑制效应。突触后抑制可分为传入侧支性抑制与回返性抑制两种形式。

(1) 传入侧支性抑制:传入神经进入中枢后,一方面直接兴奋某一中枢神经元,产生传出效应;同时经侧支兴奋另一抑制性中间神经元,进而抑制另一中枢神经元的活动,这种抑制称为**传入侧支性抑制**(afferent collateral inhibition),又称**交互抑制**(reciprocal inhibition)。例如,引起屈反射的传入神经进入脊髓后,一方面可直接兴奋屈肌运动神经元,另一方面经侧支兴奋抑制性中间神经元,通过后者活动抑制伸肌运动神经元,以便在屈肌收缩的同时使伸肌舒张(图 11-9)。这种抑制形式的意义是保证两个功能相互拮抗中枢的活动协调一致。

(2) 回返性抑制:中枢神经元兴奋冲动沿轴突传出时,通过其轴突侧支返回兴奋另一抑制性中间神经元,后者释放抑制性递质,抑制原先发动兴奋的神经元及同一中枢的其他神经元,称为**回返性抑制**(recurrent inhibition)。例如,脊髓前角α运动神经元传出兴奋发动骨骼肌运动的同时,发出返回侧支与闰绍细胞形成兴奋性突触,后者释放抑制性递质甘氨酸,抑制始发运动的α神经元的活动(图 11-10),这是一种负反馈抑制。其意义在于及时终止始发神经元的兴奋,并促使同一中枢内许多神经元的活动步调一致。药物士的宁或破伤风毒素可破坏闰绍细胞的功能,阻断回返性抑制,而导致骨骼肌痉挛。

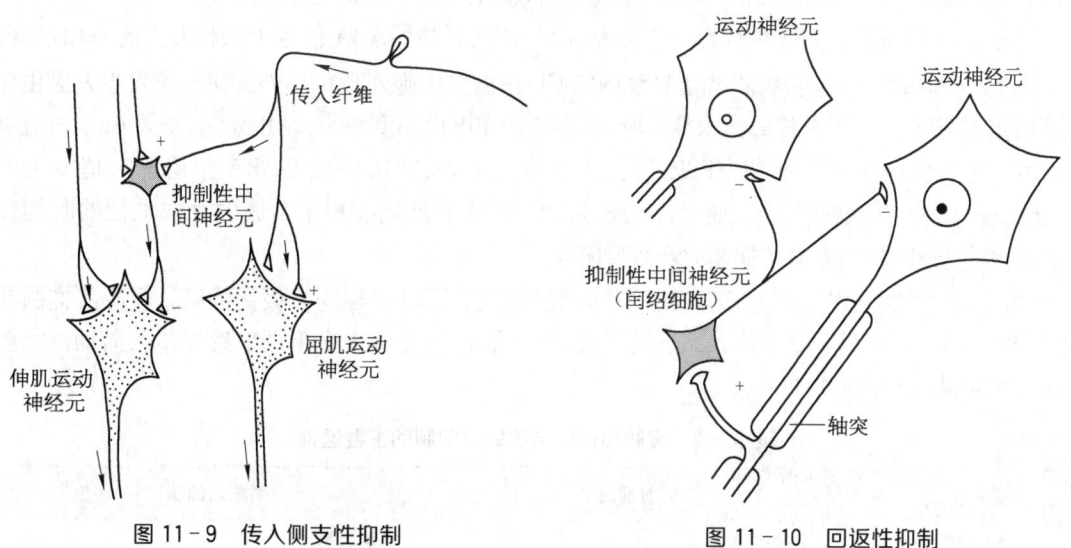

图 11-9　传入侧支性抑制　　　图 11-10　回返性抑制

图中黑色神经元为抑制性中间神经元(闰绍细胞)

2. **突触前抑制** 与突触后抑制不同,**突触前抑制**(presynaptic inhibition)是指抑制部位发生在突触前膜的一种抑制形式。如前所述,信息传递的实质是递质引发突触后膜产生动作电位,后膜能否产生动作电位的关键在于前膜释放递质的性质与数量,而递质的释放量与前膜静息电位值大小密切相关。突触前抑制就是通过减少前膜静息电位相对值,进而使前膜递质释放量减少实现的(图 11-11)。

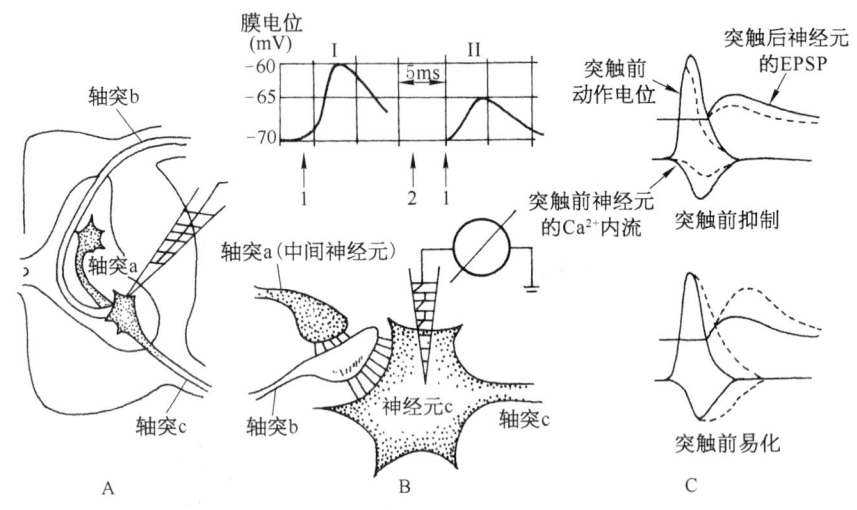

图 11-11　突触前抑制和突触前易化的神经元联系方式

A、B. 下为神经元联系方式；B. 上图中的 Ⅰ 和 Ⅱ 分别代表轴突 a 无冲动和有冲动传来时，在神经元上膜电位的改变；C. 上为突触前抑制时的变化，下为突触前易化时的变化

突触前抑制的结构基础通常是由 3 个神经元构成的联合型突触，即由轴突-轴突突触与轴突-胞体突触构成。如图 11-11 所示，轴突末梢 b 与神经元 c 构成轴突-胞体式突触，轴突末梢 a 与末梢 b 构成轴突-轴突突触，而与神经元 c 不直接形成突触。当轴突 b 单独兴奋时，可在神经元 c 上产生 EPSP（图 11-11C 上实线表示）；如果先兴奋轴突 a 之后再兴奋轴突 b，则神经元 c 上产生的 EPSP 明显减小，使之不能达到阈电位而呈现抑制效应（图 11-11C 上虚线表示）。

上述产生机制目前有两种解释：① 末梢 a 兴奋时，释放 GABA 作用于末梢 b 上的 $GABA_A$ 受体，引起末梢 b 的 Cl^- 电导增加，由于轴浆内的 Cl^- 浓度较细胞外高，Cl^- 外流使前膜发生去极化导致膜电位值减小。当兴奋传导到末梢 b 时，发生的动作电位幅度减小，时程缩短，结果 Ca^{2+} 内流量少，由此递质释放量减少而使 EPSP 变小。② 末梢 a 兴奋时，释放 GABA 作用于末梢 b 上的 $GABA_B$ 受体，使突触前膜对 K^+ 通透性比较高，K^+ 的快速外流缩短了前膜的动作电位的时程使 Ca^{2+} 内流量减少，进而影响了递质的释放量所致。

由于突触前抑制发生时，后膜产生的是去极化电位，所以也称为去极化抑制。突触前抑制在中枢内广泛存在，多见于感觉传入系统的各级转换站，其生理意义在于调节感觉传入活动。突触的前、后抑制的区别见表 11-2。

表 11-2　突触前抑制与突触后抑制的主要区别

区别要点	突触前抑制	突触后抑制
抑制部位	突触前膜	突触后膜
突触类型	轴突-轴突与轴突-胞体式突触联合	轴突-胞体突触或轴突-树突式突触
电学机制	去极化（EPSP）	超极化（IPSP）
递质性质	兴奋性（GABA）	抑制性
抑制特点	潜伏时、持续时程长	持续时程短
生理意义	调节感觉传入活动	协调中枢功能活动

(二) 中枢易化

中枢易化(central facilitation)分为突触后易化和突触前易化。通常一个突触后膜接受来自多个神经元传递来的信息,经过总和使之 EPSP 接近于阈电位水平,有利于兴奋发生,称此现象为**突触后易化**(postsynaptic facilitation);而**突触前易化**(presynaptic facilitation)发生在突触前膜,结构与突触前抑制相似,在图 11-11 中,如果发生在末梢 b 的动作电位时程延长,Ca^{2+} 通道大量持续开放,进入末梢 b 的 Ca^{2+} 增多而使其释放递质增多。末梢 b 动作电位时程延长的机制,可能由于轴突-轴突式突触末梢释放某种物质,引起前膜内 cAMP 浓度升高,使 K^+ 通道发生磷酸化而较早关闭,从而延长了动作电位复极化过程(图 11-11C 下)。

五、突触的可塑性

突触的可塑性(plasticity)是指突触的形态和功能发生改变的特性或现象。此现象普遍存在于中枢神经系统,尤其是与学习与记忆有关的部位,认为是学习和记忆发生机制的生理学基础。突触的可塑性有以下几种主要形式。

1. **强直后增强**(posttetanic potentiation) 是指突触前膜受到高频率短暂刺激时,突触后电位波幅出现持续性增大的现象。其持续的时间可在数分钟至 1 h 以上。其机制与高频率刺激突触前膜时,引起 Ca^{2+} 内流增多而导致递质持续性释放或释放量增加有关。

2. **习惯化与敏感化**   **习惯化**(habituation)是指反复给予突触前末梢刺激时前膜对于刺激的反应逐渐降低乃至消失的现象。而**敏感化**(sensitization)则指重复刺激突触前末梢时前膜对刺激反应增高和延时的现象。前者效应是减弱了突触传递效率,而后者则增加。习惯化产生机制可能与突触前膜 Ca^{2+} 通道逐渐失活 Ca^{2+} 内流减少,而敏感化则由于突触前膜 Ca^{2+} 内流增加,递质释放增多有关。

3. **长时程增强与长时程抑制**   长时程增强(long-term potentiation, LTP)是指突触前末梢受到短促高频连续刺激后,产生长时间幅度较大的兴奋性突触后电位的现象。LTP 持续可以数日时间,在中枢神经系统多个部位均可以发生。其机制与突触后神经元胞质内 Ca^{2+} 浓度增加有关。长时程抑制(long-term depression, LTD)是指突触信息传递效率长时间降低的现象。LTD 多在突触前神经元接收到长时间的低频率刺激后出现,并且 LTD 出现时突触后神经元胞质内 Ca^{2+} 浓度也有少量增加,其详细产生机制目前尚不十分清楚。

第四节　神经系统的感觉分析功能

机体内外环境的刺激作用于感受器后,转换为神经冲动,并传入脊髓和各级特定神经中枢,引起各种反射活动,同时许多传入冲动最终到达大脑皮层,产生各种特定感觉。

一、脊髓的感觉传导功能

躯体感觉(somesthesia)包括浅感觉和深感觉两大类,浅感觉又分为触压觉、温度觉和痛觉等;深感觉又称**本体感觉**(proprioception),包括位置觉和运动觉。躯体感觉纤维的投射一般需要三级神经元接替,第一级神经元位于脊神经节或相应脑神经节内;第二级神经元位于脊髓后角或脑干有关神经核内;第三级神经元位于丘脑的感觉接替核内。来自各种感受器的神经冲动进入脊髓或脑干后,一部分在不同水平直接或间接通过中间神经元与运动神经元连接构成反射弧完成各种反射,大部分经过不同次数更换神经元(简称换元)后向大脑皮层投射形成感觉传入通路,产生不同特定感觉。

外周感受器的传入冲动除了通过脑神经传入到中枢外,大部分经脊神经后根进入脊髓,其浅感觉在脊髓后角换元后在中央管前交叉到对侧上行抵达丘脑。深感觉进入脊髓后,即在同侧后索上行,在薄束核与楔束核内更换神经元后,其纤维交叉到对侧,经内侧丘系抵达丘脑。由于浅感觉传导路是先交叉后上行,而深感觉传导路则是先上行后交叉,所以当脊髓半离断时,在离断水平面以下的对侧躯体出现浅感觉障碍,而在离断的同侧发生深感觉障碍(图 11-12)。此外,还有同侧的运动麻痹等症状,临床上称为"脊髓半切综合征"。

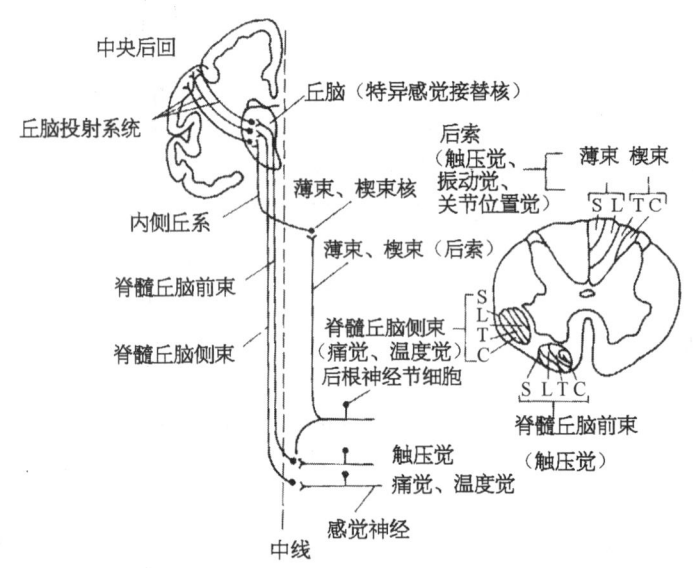

图 11-12 四肢和躯干的体表感觉传导通路及脊髓横断面
S: 骶;L: 腰;T: 胸;C: 颈

二、丘脑的核团及其感觉投射系统

从感受器发出的神经冲动,经传入神经通路投射到大脑皮层的传导系统,称为**感觉投射系统**(sensory projection system)。躯体感觉经第一级和第二级神经元传导抵达丘脑换元后,由丘脑发出神经纤维构成特异投射系统和非特异投射系统,最终分别投射到大脑皮层不同区域。

(一) 丘脑的核团

丘脑由许多神经核团构成,除嗅觉外各种感觉传导均在此更换神经元后投射到大脑皮层。按功能特性可将丘脑核团分为以下三类:① 特异感觉接替核:该部是特异性感觉投射系统的换元部位,主要接受第二级感觉投射纤维,换元后投射到大脑皮层特定的感觉区。其中后腹核接受躯体各个部位的二级纤维在此中继换元;后外侧腹核则主要接受来自四肢的二级传入纤维,其中来自上肢的传入纤维在后外侧腹核的内侧部换元,头面部的传入纤维在后内侧腹核进行换元。内侧膝状体与外侧膝状体分别是听觉和视觉传入纤维的中继换元站,也归属于特异感觉接替核范围。② 联络核:此核群不直接接受感觉纤维的投射,只接受特异感觉接替核和其他皮层下中枢投射来的纤维,换元后投射到皮层某些特定感觉区。其功能与各种感觉在丘脑和大脑皮层之间联系、协调有关。其中,丘脑前核接受下丘脑乳头体的纤维,中继转换的纤维投射到皮层和扣带回,与内脏调节有关;丘脑枕核接受内、外侧膝状体的纤维,中继转换的纤维投射到皮层顶叶、枕叶等处,参与各种感觉的调节;丘脑外侧核接受来自苍白球、小脑以及后腹核的纤维,中继转换的纤维投射到大脑皮层运动区,参与躯体运动调节。③ 非特异投射核:包括中央中核、中央外侧核、束旁核等,主要分布在丘脑中线两侧即髓板内核群。该核群属于非特异投射系统各级神经纤维的换元部位,换元后呈弥散性投射到整个大脑皮层,具有维持和改变大脑皮层兴奋状态的功能。丘脑的神经核团不但是感觉接替部位,同时对感觉传入信息具有粗略分析与综合的功能(图11-13)。

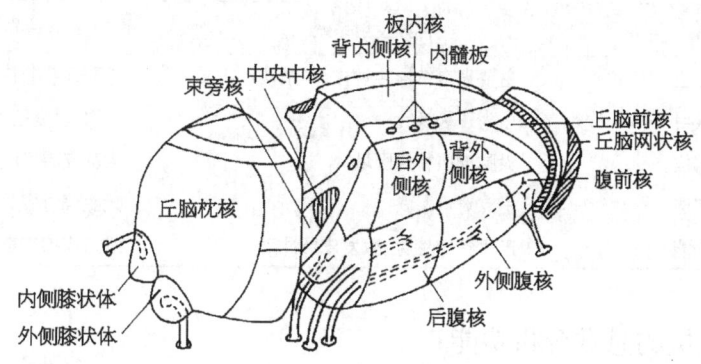

图 11-13 丘脑主要核团

(二) 丘脑的感觉投射系统

1. 特异投射系统(specific projection system) 是指丘脑特异感觉接替核及其投射到大脑皮层的神经纤维。该投射传导通路是由三级神经元的接替完成,主要终止于大脑皮层第四层神经细胞等特定区域,与其他神经元形成突触,引起特定感觉,并且外周感受器与皮层代表区具有点对点的联系。此外,这些投射纤维还通过若干中间神经元接替与大锥体细胞构成突触关系,从而激发大脑皮层发出传出冲动。丘脑联络核在结构上大部分也与大脑皮层有特定的投射关系,所以也归属于该系统(图11-14)。

2. 非特异投射系统(non-specific projection system) 是指丘脑非特异投射核群及投射到大脑皮层的神经纤维(图10-14)。该投射传导通路是由感觉投射神经元多次换元,特别在通过脑干网状结构时,间接反复地接受来自传导通路中第二级神经元侧支纤维上行至丘脑,最终以弥散的

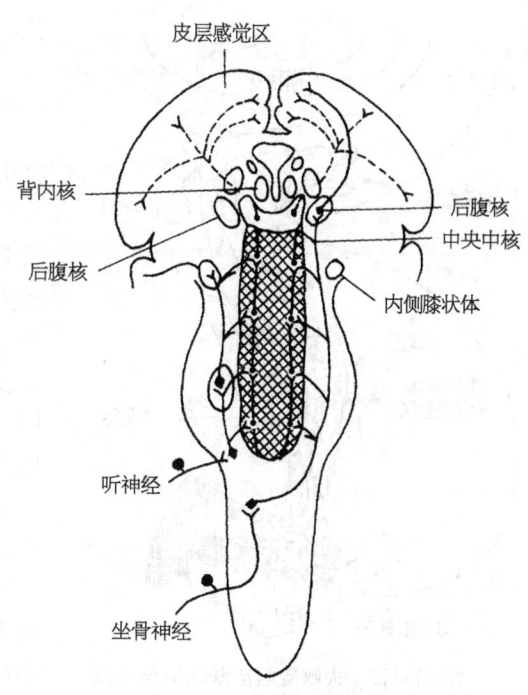

图 11-14 丘脑感觉投射系统

方式投射到大脑皮层广泛区域。由于在传入途中多次换元,所以不具有点对点的联系,也不能够引起特定的感觉。该投射系统纤维进入皮层后多以游离末梢形式与神经元的树突构成突触,主要功能是维持和改善大脑皮层的兴奋状态。动物实验表明,损毁脑干头端部网状结构,保留上传的特异感觉传导通路,动物即进入昏睡状态;若在中脑水平切断特异感觉通路而不损害内侧网状结构,则动物仍处于清醒状态。由此可见,在脑干网状结构内存在具有上行唤醒作用的功能系统,将此系统称为**网状结构上行激动系统**(ascending reticular activating system, ARAS)。由于这一系统是一个多突触接替的上行系统,所以容易受药物的影响。如巴比妥类催眠药的作用,可能是阻断ARAS的传导,从而使大脑皮层进入抑制状态。特异投射系统与非特异投射系统的主要区别见表11-3。

表11-3 特异投射系统与非特异投射系统主要区别

区别项目	特异投射系统	非特异投射系统
纤维起源部位	主要来自特异接替核、联系核	主要来自非特异接替核
纤维换元数目	多为三级换元	多次、反复换元
纤维投射部位	大脑皮层特定区域	大脑皮层广泛区域
感受器与皮层	呈点对点联系式	无明确对应关系
主要生理功能	产生特定感觉、激发皮层冲动	维持皮层兴奋状态

三、大脑皮层的感觉分析功能

各种感觉传入冲动经特异投射系统最后投射到大脑皮层的躯体感觉代表区,该代表区在感觉功能上具有不同的分工,称为大脑皮层的感觉功能定位。主要分为体表感觉区和本体感觉代表区等。

(一)体表感觉代表区

体表感觉代表区主要分为第一和第二两个感觉区,其中第一感觉区更为重要。

1. **第一感觉区** 第一感觉区位于中央后回,相当于 Brodmann 分区的 3-2-1 区。该皮层感觉区产生的感觉定位明确,性质清晰。其感觉投射有如下规律:①躯体、四肢部分投射纤维左右交叉,即一侧的体表感觉投射到对侧大脑皮层的相应区域,但头面部感觉的投射是双侧性的。②感觉区域的空间总体安排呈倒置人体型,即下肢代表区在皮层顶部,其中膝以下的代表区在皮层内侧面,上肢代表区在中间部,头面部代表区在底部,但头面部代表区内部的安排是正立的。③感觉区的大小与体表感觉的灵敏度有关,如感觉分辨度高的拇指、示指、口唇的代表区相对较大,相反躯干部代表区相对较小(图11-15)。

中央后回皮层细胞呈纵向柱状排列构成**感觉柱**

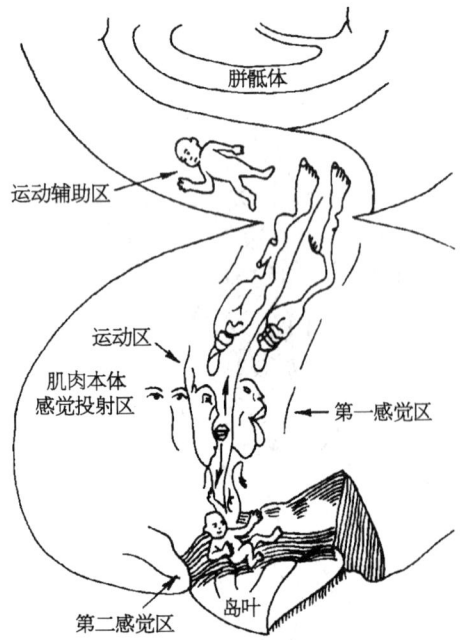

图11-15 大脑皮层皮肤感觉与躯体运动功能代表区

(sensory column)，是皮层的感觉功能单位。一个感觉柱神经元只对同一个感觉野的同类刺激发生反应，是一个传入-传出信息的整合单位。并且感觉皮层具有可塑性，一旦外周某个感受器官丧失，其皮层代表区很快消失而被邻近的代表区所取代；同样，某器官皮层代表区被破坏，则其感觉投射区将移向周围其他代表区。由于全身各个器官在皮层均有相应的代表区，所以某个器官活动频繁时其相应的皮层代表区代谢活动也明显加快，以适应其功能活动需要。

2. **第二感觉区** 第二感觉区位于中央前回与脑岛之间，其面积较小。投射是双侧性的，空间安排呈正立位。其感觉分析功能相对粗糙，定位不明确，性质不清晰。有人认为，该区主要与痛觉的关系密切。

（二）本体感觉代表区

本体感觉（proprioception）是指肌肉、关节等的运动觉与位置觉。目前认为，中央前回（4区）既是运动区，也是肌肉本体感觉投射区。这种感觉区与运动区相互重叠部位，称为**感觉运动区**（sensorimotor area）。实验发现，刺激人脑的中央前回，可引起受试者试图发动肢体运动的主观感觉；切除动物的运动区，由本体感受器刺激作为条件刺激建立起来的条件反射则发生障碍。

（三）内脏感觉

内脏感觉投射的范围较弥散，并与体表感觉区有一定的重叠。第一感觉区的躯干与下肢部位有内脏感觉代表区；人脑的第二感觉区和**运动辅助区**（supplementary motor area）都与内脏感觉有关；边缘系统的皮层部位也是内脏感觉的投射区。由于内脏中无本体感受器，温度觉、触-压觉感受器等比较少，所以内脏感觉主要是痛觉（见本节四）。

（四）特殊感觉

1. **视觉** 视觉皮层代表区位于枕叶内侧的距状裂上、下缘（17区）。由视网膜神经节细胞发出的纤维形成视觉传导路，其规律是：来自两眼鼻侧的视神经纤维交叉形成视交叉，而来自颞侧神经纤维则不交叉。来自左眼颞侧和右眼鼻侧的传入纤维投射到左侧枕叶皮层；右眼颞侧和左眼鼻侧的传入纤维投射到右侧枕叶皮层。因此，当一侧枕叶皮层受损可造成两眼对侧偏盲，双侧枕叶损伤时可导致全盲。此外，视网膜的上半部投射到距状裂的上缘，下半部投射到下缘，视网膜中央的黄斑区投射到距状裂的后部，周边区投射到距状裂的前部。由于黄斑部投射区域大，故视敏度高，而来自视网膜周边纤维投射则反之。

2. **听觉** 人的听觉皮层投射区位于颞横回与颞上回（41与42区）。41区是接受来自内侧膝状体听放射纤维的主要投射区，42区也接受少量投射纤维，并有纤维与41区联系。听觉投射是双侧性的，即一侧皮层代表区接受来自双侧耳蜗感受器的传入投射；故一侧代表区受损不会引起全聋。

3. **嗅觉与味觉** 嗅觉的皮层投射区位于边缘皮层的前底部区域，包括梨状区皮层的前部、杏仁核的一部分。味觉投射区在中央后回头面部感觉投射区的下侧和脑岛后部皮层。

四、痛觉

痛觉（algesia）是机体受到各种**伤害性刺激**（noxious stimulus）时引起的主观感觉，常伴有情绪不愉快和自主神经系统反应，属于生理心理活动关联现象。痛觉是在机体受损害时的一种报警系统，对机体起到重要的保护作用。痛觉根据伤害性刺激发生的部位分为躯体痛和内脏痛，躯体痛又分为体表痛和深部痛。

(一) 躯体痛

1. **痛觉的产生与致痛物质** **伤害性感受器**(nociceptor)是脊髓背根神经节和三叉神经节中初级感觉神经元的游离末梢,广泛地分布于皮肤、肌肉、关节和内脏器官。伤害性感受器最显著的特点是:① 缺乏适宜刺激,任何形式和性质的刺激只要达到伤害程度即可兴奋。② 不易出现适应现象,反复刺激其敏感性不发生减退或消失。由于伤害性感受器特异性不强,所以对电、机械与化学能量等刺激均能够发生疼痛反应。此外,温热性刺激也可以引起痛觉,但其感受器阈值比伤害感受器兴奋阈值高约 100 倍以上,所以敏感性较差。

致痛物质是产生痛觉的重要物质基础,目前以化学性刺激学说最为关注。认为伤害性感受器是一种化学感受器。在外伤、炎症、缺血、缺氧等伤害性刺激的作用下,由损伤组织局部合成、释放一些致痛的化学物质,如 H^+、K^+、5-HT、组胺、缓激肽、P 物质、前列腺素、白三烯、血栓素与血小板激活因子等。当致痛物质达到一定浓度时,或使伤害性感受器致敏,或引发伤害性感受器发生电位变化而产生痛觉传入冲动,到达皮层引起痛觉。

2. **体表痛** 发生在体表的疼痛感觉称为体表痛。伤害性刺激作用皮肤时,可先后出现**快痛**(fast pain)和**慢痛**(slow pain)两种性质的痛觉。快痛特点是:① 产生与消失迅速;② 定位清楚;③ 性质多为尖锐的刺痛;④ 常伴有反射性屈肌收缩;⑤ 吗啡类止痛作用不明显。慢痛特点是:① 产生与消失缓慢,有长时间的后作用;② 定位不清楚;③ 性质多为烧灼样痛;④ 常伴有情绪反应和心血管、呼吸变化;⑤ 吗啡类止痛作用明显。在外伤时,上述两种痛觉相继出现,不易明确区分。皮肤有炎症时,常以慢痛为主。此外,深部组织(如骨膜、韧带和肌肉等)和内脏的痛觉,一般也表现为慢痛。

体表痛觉的二重性提示在痛觉传导上存在着不同传导速度的两类神经纤维。通常快痛由较粗的、传导速度较快的 Aδ 纤维传导,其兴奋阈较低;慢痛由无髓鞘、传导速度较慢的 C 纤维传导,其兴奋阈较高。快痛主要是经特异投射系统传导到大脑皮层的第一和第二感觉区,引起特定痛觉;而慢痛主要经非特异投射系统传导到大脑皮层第二感觉区和**边缘系统**(limbic system),引起不明确痛觉。此外,很多痛觉纤维经过非特异投射系统广泛地投射到大脑皮层各区域。

在上述的痛觉传导通路中,脊髓背角与丘脑髓板内核群是传递痛觉信息的两个关键部位。脊髓背角是痛觉信号传递的第一级中枢,也是最重要的整合中枢之一。而丘脑是痛觉信息传向大脑皮层的主要中继站,是最重要的痛觉整合中枢,在丘脑这种整合发生于髓板内核群,丘脑髓板内的束旁核是痛觉感受的中枢。可见,抑制脊髓背角与丘脑髓板内核群这两个部位,通过阻滞痛觉信息传递则能够达到镇痛的目的。

3. **深部痛** 发生在躯体深部组织,如关节、骨膜、韧带和肌肉等部位的痛觉称为深部痛。深部痛多表现为慢痛性质,具有定位不清、伴有恶心、出汗、心跳和血压变化等自主神经系统反应。深部痛觉致痛物质常由于局部炎症、痉挛、缺血等导致其释放,刺激了痛觉感受器而引起痛感。由于疼痛可使局部组织的病理变化进一步加剧,而出现恶性循环。

(二) 内脏痛与牵涉痛

1. **内脏痛** 内脏痛是伤害性刺激作用于内脏器官引起的疼痛。内脏无本体感受器,温度觉与触觉感受器也很少,所以内脏感觉主要是痛觉。由于感受器数量分布明显少于躯体,决定了内脏痛定位不准确。其传入神经走行于自主神经内,沿着躯体感觉的同一通路上行,经脊髓丘脑束和感觉投射系统到达大脑皮层第一体感区、第二体感区和运动辅助区,皮层边缘系统等与内脏感觉也着密切的有关。

内脏痛与皮肤痛相比有两个明显的特征:① 疼痛发生缓慢、持续、定位不精确和对刺激的分辨能力差;常伴有明显的自主神经活动变化,情绪反应强烈,有时甚于疾病的本身。② 对于切割、烧灼等锐性刺激不敏感,而对机械性牵拉、缺血、痉挛、炎症与化学性刺激则非常敏感,往往引起剧烈疼痛,甚至危及生命。内脏疾病除了引起患病器官本身的疼痛外,经常引起邻近体腔壁疼痛。由于体腔壁层浆膜(胸膜、腹膜、心包膜)受到炎症、压力、摩擦或牵拉等刺激产生的疼痛,称为**体腔壁痛**(parietal pain)。这种疼痛与躯体痛类似,是由躯体神经传入,所以其疼痛定位清楚、准确。

2. 牵涉痛　某些内脏疾病往往可引起体表某一特定部位发生疼痛或痛觉过敏现象,称为**牵涉痛**(referred pain)。不同内脏有特定的牵涉痛区域,如心肌缺血时,可出现左肩、左臂内侧、左侧颈部和心前区疼痛;胆囊炎、胆结石时,可出现右肩胛部疼痛;阑尾炎初期,常有上腹部或脐周区疼痛。牵涉痛并非内脏痛所特有的现象,深部躯体痛、牙痛等也可发生牵涉痛。根据牵涉痛多发生在与疼痛原发脏器具有相同胚胎来源节段和皮节的体表部位,所以对牵涉痛发生的机制通常用**会聚学说**(convergence theory)与**易化学说**(facilitation theory)进行解释(图 11-16)。会聚学说认为,来自躯体痛和内脏痛的传入纤维会聚到脊髓同一水平的同一脊髓后角神经元,并由同一个二级神经纤维上传入脑。由于大脑皮层习惯于识别来自皮肤的刺激,因而将内脏痛误认为是皮肤痛,故产生了牵涉痛。易化学说认为,内脏痛觉传入冲动,可提高内脏躯体会聚神经元的兴奋性,易化了相应皮肤区域的感觉传入,而导致牵涉性痛觉的过敏。

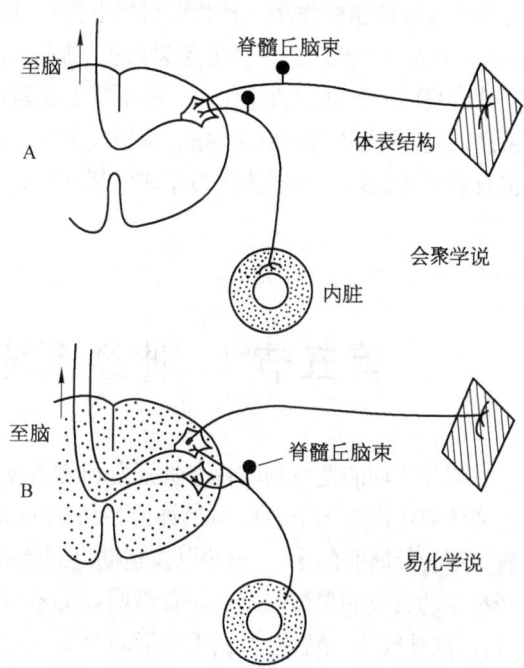

图 11-16　牵涉痛的会聚学说和易化学说

(三) 针刺镇痛的研究

针刺机体某些相应穴位能够使疼痛减轻或消失的现象,称为**针刺镇痛**(acupuncture analgesia)。针刺镇痛是针刺的众多效应之一,实验证明针刺合谷穴,可以使痛阈明显提高;针刺足三里穴可以抑制由于胃肠平滑肌痉挛引起的腹痛;对于某些头痛、压痛等疼痛性疾病针刺表现出明显的止痛效果。我国在临床应用针刺麻醉,在患者能够保持清醒状态下进行外科手术,并且获得了良好的效果。关于针刺镇痛原理研究目前虽然还没有能够从根本上予以阐明,但是已经提出了一些重要假说。综合有关资料,主要的观点多集中在针刺改变了中枢神经系统内源性痛觉调制系统的激活机制,从而产生镇痛作用。中枢内对于针刺镇痛既有内源性痛觉调制结构部位,又有其参与镇痛的不同递质或调质,分别在中枢神经系统的不同水平与伤害性刺激传入信息相互作用,抑制伤害性刺激信息的传递与感受,从而产生镇痛效应。

在中枢神经系统内以脑干中线结构为中心,构成了调制痛觉的神经网络体系。针刺传入信息可能通过：① 激活中脑导水管周围灰质(periaqueductal grey matter，PAG)，以抑制性调制形式来对抗脊髓背角伤害性传入信息，发挥其镇痛效应。针刺也可能通过抑制三叉神经脊束核痛敏神经元的活动达到镇痛效果。② 激活伏核与杏仁核等边缘结构，抑制缰核神经元活动以提高 PAG 的镇痛作用。③ 激活中央中核，并经前脑神经元(尾核、枕核、皮层和丘脑网状核)抑制束旁核痛敏神经元活动，进而产生镇痛。④ 激活中缝背核，通过上行纤维直接抑制束旁核对伤害性信息的感受，而发挥镇痛效应。

参与介导针刺镇痛作用的递质或调质，可归纳为阿片与单胺两类系统。① 内源性阿片肽：**阿片肽**(opioid peptide)主要包括内啡肽、脑啡肽与强啡肽三大家族；目前又发现了**内吗啡肽**(endomorphin)与**孤啡肽**(orphanin)两个新成员。在这些阿片肽中，除孤啡肽外，其余的阿片肽均参与介导针刺镇痛作用。针刺可引起下丘脑、尾核、PAG 和脊髓等部位阿片肽的释放。② 单胺类递质：包括 5-HT、去甲肾上腺素与多巴胺。针刺可促进 5-HT 的合成与释放，脑内与脊髓内的 5-HT 均可加强针刺镇痛作用。去甲肾上腺素递质在针刺镇痛中有双向作用，在脊髓内加强针刺镇痛，而在脑内则对抗针刺镇痛。另外，ACh、GABA、催产素、神经降压素和 P 物质等与针刺镇痛也有着密切关系。针刺镇痛的详细机制有待于更多更深入的研究予以阐明。

第五节 神经系统对姿势和运动的调节

躯体运动的发生均以骨骼肌张力和姿势变化为基础，而骨骼肌张力及肌群之间相互协调，以及姿势变化则有赖于各级中枢神经系统的调节，骨骼肌一旦失去了神经系统的支配就会出现麻痹。尽管骨骼肌的张力、姿势以及运动之间始终能够保持高度的协调一致，但是对骨骼肌张力、姿势和运动调节的中枢的定位却有着明显的不同。通常认为，脊髓、脑干侧重于肌紧张和姿势的调节；基底神经节、小脑主要侧重于运动调节。大脑皮层虽然对姿势也有影响，但主要以发动和调节躯体运动为主。总之，躯体运动的完成是各中枢之间高度协同、整合的结果。

一、脊髓对躯体运动的调节

在脊髓前角以及脑干绝大多数脑神经核内存在着大量的运动神经元，这些神经元接受来自各方面的传入和传出信息，是直接调控效应器完成各种反射活动的最终神经元，因此称为躯体反射的**最后公路**(final common path)。

(一) 脊髓的运动传出神经纤维与功能

在脊髓前角主要存在着 α、β 和 γ 运动神经元，接受来自上位各级中枢传出信息以及来自外周的传入信息，经过整合后发出冲动直接支配到相应的骨骼肌。

1. **α 运动神经元与运动单位** α 运动神经元的胞体大小不一，数量较多，其中发出的 $A_α$ 传出纤维末梢在肌肉内分成许多小支，每一小支支配一根肌纤维。因此，一根神经元兴奋时，可引起其所支配的许多肌纤维收缩。由一个 α 运动神经元及其所支配的全部肌纤维组成的功能单位，称为**运动单位**(motor unit)。运动单位有大小差别，通常参与粗大运动的肌肉，其运动单位的肌纤维数目多;而参与精细运动的运动单位所包含的肌纤维较少。同一个运动单位的肌纤维,可以与其他运动单位的肌纤维交叉分布,以维持肌肉收缩的均匀、协调性。

2. γ运动神经元　γ运动神经元的胞体分散在α运动神经元之间,胞体较小,纤维较细。发出的Aγ纤维分布于肌梭感受器两端的梭内肌上。当γ运动神经元兴奋时,梭内肌纤维向两端收缩,从而使肌梭感受器始终处于高度敏感状态。正常情况下即使α运动神经元无放电活动,一些γ运动神经元也可持续放电以维持肌梭的紧张性。γ运动神经元的活动主要接受高位中枢的调控。

β运动神经元所发出的纤维分别支配到梭内肌和梭外肌,其功能目前尚不明确。

(二) 脊髓的调节功能

脊髓是中枢神经系统的低级部位,具有一些最基本的反射中枢。脊髓一方面是传导感觉信息和运动指令通路,另一方面可完成某些简单的躯体和内脏反射。由于在整体内处于高位中枢的控制下,所以脊髓的调节功能不易表现出来,但当脊髓被切断时其反射调节功能便显露出来。

1. 脊休克　与脑断离的脊髓暂时丧失一切反射活动能力的状态,称为**脊休克**(spinal shock)。为观察脊髓独立的功能及其与高位中枢的关系,常在动物颈段脊髓第五节以下横断脊髓,此时动物呼吸功能仍可维持。这种脊髓与脑完全断离的动物称为脊动物。

脊休克的主要表现为在横断面以下脊髓所整合的反射均丧失,如外周血管扩张、动脉血压下降、发汗反射消失和粪尿潴留等。经过一段时间后,已经丧失的脊髓功能可以逐渐恢复。一般说恢复的快慢与动物进化程度有关。低等动物恢复较快,如蛙,在数秒或数分钟内即恢复;狗在数小时至数日后恢复;人类因外伤引起的脊髓休克,可长达数周乃至数月以上。诸如屈反射、腱反射等一些比较原始反射恢复较早;而比较复杂,如交叉伸肌反射、搔爬反射等恢复较晚。在脊髓躯体反射恢复后,部分内脏反射活动也随之恢复,如血压逐渐恢复上升,并出现一定的排便、排尿反射。由此可见,脊髓内存在着低级的躯体与内脏反射中枢,可以完成一些简单的反射。脊髓横断后,由于脊髓内上行与下行的神经束均被中断,因此断面以下的各种感觉和随意运动将永远丧失,临床上称为截瘫。

脊休克产生的原因并非是对脊髓直接损伤所引起,因为当反射恢复后,在原切面之下进行第二次脊髓切断并不能使脊休克重新出现。目前认为,脊休克产生的原因是由于离断的脊髓突然失去了高位中枢的调节,特别是失去了大脑皮层、脑干网状结构和前庭核的下行性易化作用。实验证明,切断猫的网状脊髓束、前庭束和猴的皮层脊髓束,均可产生类似脊休克的现象。说明正常情况下,中枢的下行传导束对脊髓施以易化作用,维持脊髓的正常功能。高级中枢对脊髓反射既有易化也有抑制作用。例如脊休克动物恢复后,屈反射较正常强,而伸肌反射往往减弱,表明中枢对脊髓屈反射中枢有抑制作用,而对脊髓伸肌反射中枢有易化作用。所以,低位脊髓横贯性损伤患者,常因屈肌反射占优势而导致瘫痪肢体难以伸直。

2. 脊髓对肌紧张与姿势的调节　中枢神经系统通过调节骨骼肌的张力或产生相应的运动,以保持或改变躯体在空间的姿势,称此为**姿势反射**(postural reflex)。在脊髓能够完成的姿势反射主要有牵张反射和对侧伸肌反射。

(1) **牵张反射**(stretch reflex):是指有神经支配的骨骼肌受到牵拉时,引起受牵拉的同一肌肉产生收缩反射活动。牵张反射可分为腱反射与肌紧张两种类型。

腱反射(tendon reflex)是指快速牵拉肌腱时,被牵拉肌肉发生快速而明显的收缩现象。由于常伴有肢体的移位,所以又称位相性牵张反射。例如膝反射,当叩击髌骨下方股四头肌肌腱时,可引起股四头肌发生一次快速收缩,此外,肘反射、跟腱反射等均属于此类反射。腱反射的传入纤维直径较粗,传导速度较快,反射的潜伏期很短,延搁时间只相当于一个突触的传递时间,故认为腱反射是单突触反射。

肌紧张(muscle tonus)是指缓慢牵拉肌腱时,被牵拉的肌肉发生缓慢而持续性的收缩现象,又称紧张性牵张反射。肌紧张是维持躯体姿势最基本的反射活动,是姿势反射的基础。肌紧张属于多突触反射,表现为同一肌肉内的不同运动单位进行轮换收缩,所以能维持持久而不易疲劳,也不表现出明显的动作。不论是伸肌和屈肌均有肌紧张反射,尤以伸肌明显。当身体直立时,由于重力的影响,支持体重的关节趋向于被重力所弯曲,弯曲的关节势必使伸肌肌腱受到牵拉,从而产生牵张反射使伸肌的肌紧张增强,以对抗关节的屈曲来维持站立姿势。在整体内,牵张反射受高位中枢的调节,牵张反射的减弱或消失,常提示反射弧的传入、传出通路或脊髓中枢的损害;而牵张反射的亢进,则提示高位中枢可能有病变。因此,临床上可通过对腱反射、肌紧张的检查以了解神经系统的功能状态。

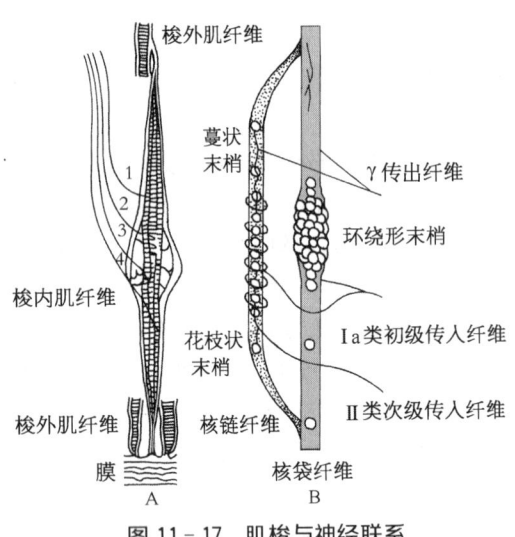

图 11-17 肌梭与神经联系

(2) 牵张反射的感受装置与反射途径:肌梭是腱反射与肌紧张的感受器(图 11-17A)。其外层为一梭形结缔组织囊,囊内含有 2~12 条特殊肌纤维,称为**梭内肌纤维**(intrafusal fiber);而囊外一般为骨骼肌纤维,称为梭外肌纤维。梭内肌纤维与梭外肌纤维平行排列,呈并联关系。梭内肌纤维的收缩成分位于纤维的两端,中间部是肌梭的感受装置,两者呈串联关系。因此,当梭外肌收缩时,梭内肌感受装置所受牵拉刺激减少;当梭外肌被拉长或梭内肌收缩时,均可使肌梭感受器因牵拉刺激而兴奋。梭内肌纤维根据其形态可分为**核袋纤维**(nuclear bag fiber)与**核链纤维**(nuclear chain fiber)两种类型。肌梭的传入神经有 I_a 和 II 类纤维两类,前者直径较粗,末梢呈螺旋形环绕于核袋和核链纤维的感受器部位;后者直径较细,其末梢呈花枝状,通常分布于核链纤维的感受器上(图 11-17B)。两类传入纤维均与脊髓前角 α 运动神经元形成突触关系。核袋纤维上的感受器可能与快速牵拉的感受有关,在位相性牵张反射中具有重要意义;核链纤维上的感受器与缓慢、持续性牵拉感受有关,对肌紧张性牵张反射具有重要意义。I_a 和 II 类纤维的传入冲动进入脊髓后,除产生牵张反射外,还通过侧支和中间神经元接替上传到小脑与大脑皮层感觉区。

当肌肉受到外力牵拉时,梭内肌感受装置被动拉长而变形,导致 I_a 纤维传入冲动增加,冲动的频率与肌梭被牵张的程度成正比,肌梭的传入冲动引起支配同一肌肉的 α 运动神经元的活动,通过 $A_α$ 纤维传出引起梭外肌收缩,从而完成一次牵张反射。

(3) γ 运动神经元对牵张反射的调节:γ 运动神经元兴奋时,并不能直接引起肌肉的收缩,但由 γ 运动神经元传出活动所引起的梭内肌收缩,能牵拉肌梭内核袋纤维上感受器并引起兴奋,通过 I_a 类纤维的传入改变 α 运动神经元的兴奋状态,从而调节肌肉的收缩。这种由 γ 运动神经元→梭内肌→感受器→I_a 类传入纤维→α 运动神经元→梭外肌所形成的环路联系,称为 **γ 环路**(γ-loop)。由此可见,γ 运动神经元的传出活动对调节肌梭感受装置的敏感性与反应性,进而调节肌牵张反射具有十分重要的作用(图 11-18)。在正常情况下，高级中枢可通过 γ 环路调节肌牵张反射，如脑干网状结构对肌紧张的调节可能是通过兴奋或抑制 γ 环路而实现的。

此外，在肌腱胶原纤维之间还有一种牵张感受装置，称为**腱器官**(tendon organ)。它与梭外肌呈串联关系，其传入纤维是直径较细的 I_b 类纤维，其传入冲动通过抑制性中间神经元，抑制同一肌肉 α 运动神经元的活动(图 11-18)。腱器官是一种感受肌肉张力变化的感受器。腱器官对肌肉的被动牵拉刺激不太敏感，但对肌肉主动收缩所产生的牵拉却异常敏感。在牵张反射活动中，随着肌肉被牵拉延长，肌梭兴奋传入冲动增多而反射性使肌收缩也进一步增加，当肌肉收缩达到一定强度时，则触发腱器官兴奋，通过 I_b 类传入纤维抑制同一肌肉收缩，防止过分收缩引起对肌肉和肌腱的损伤。可见，牵张感受器有肌梭、腱器官两种，前者与肌纤维呈并联关系是一种长度感受器，使 α 运动神经元的活动加强；后者与肌纤维呈串联关系是一种张力感受器，抑制 α 运动神经元的活动。

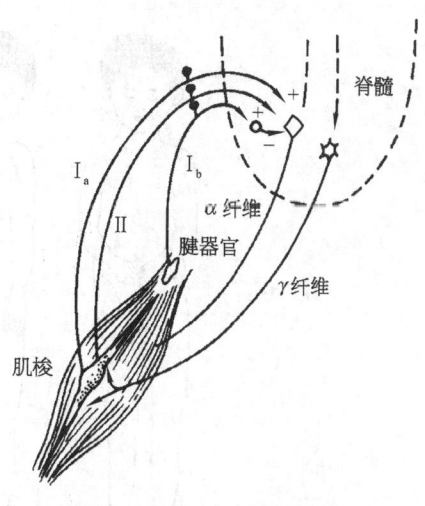

图 11-18　γ 环路示意图
+：兴奋；－：抑制

2. 屈反射与对侧伸肌反射　　肢体皮肤受到伤害刺激时，通常引起受刺激侧肢体的屈肌收缩，伸肌舒张，使肢体屈曲，称为**屈反射**(flexor reflex)，这是一种防御性反射。如火烫、针刺皮肤时，该侧肢体立即缩回，以避开有害刺激，对机体有保护意义。屈反射是一种多突触反射，其反射弧的传出部分可支配多个关节的肌肉活动。该反射的强弱与刺激强度有关，其反射的范围可随刺激强度的增加而扩大。如足趾受到较弱的刺激时，只引起踝关节屈曲；随着刺激的增强，膝关节和髋关节也可以发生屈曲。当刺激达到一定强度时，则对侧肢体的伸肌也开始激活，可在同侧肢体发生屈反射的基础上，出现对侧肢体伸直的反射活动，称为**对侧伸肌反射**(crossed extensor reflex)。该反射是一种姿势反射，其意义是，当一侧肢体屈曲造成身体平衡失调时，对侧肢体伸直以支持体重，从而维持身体的姿势平衡。

二、脑干对肌紧张和姿势的调节

高级中枢系统对肌紧张和姿势的调节主要是通过脊髓前角 α 和 γ 神经元来完成的。前者是直接影响梭外肌；后者则改变梭内肌的敏感性间接影响梭外肌。脑干以调控 γ 神经元为主，发挥对肌紧张和姿势的调节作用。

(一) 脑干对肌紧张调节

在动物中脑上、下丘之间横断脑干后，则立即出现全身抗重力肌(主要是伸肌)紧张性亢进，表现为四肢伸直、头尾昂起、脊柱挺硬等角弓反张现象，称此为**去大脑僵直**(decerebrate rigidity)(图 11-19)。在人类当脑损伤、脑出血等病变发生时，皮层与皮层下失去联系，患者有时也可出现类似动物去大脑僵直的表现(图 11-20)，称为**去皮层僵直**(decorticate rigidity)。如果将已去大脑僵的动物的脊髓后根切断以消除肌梭传入

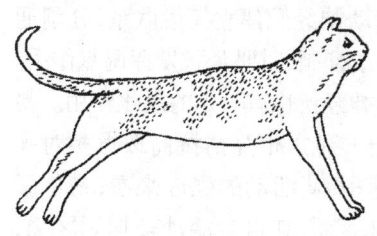

图 11-19　猫去大脑僵直

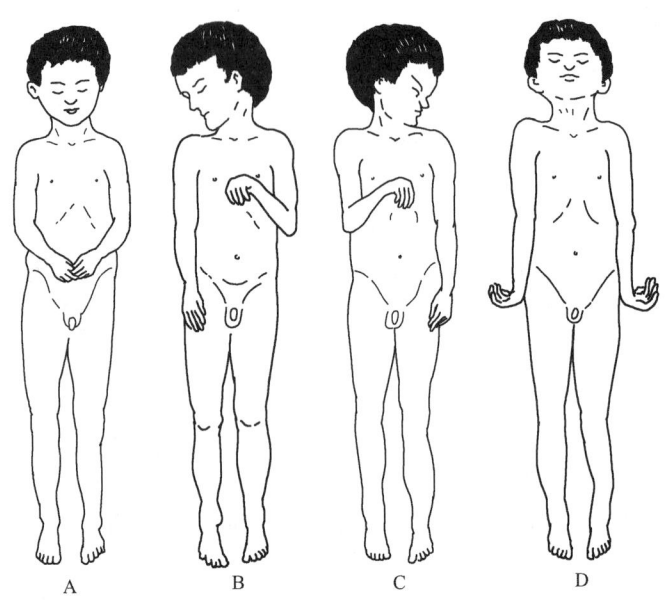

图 11-20 人类去皮层僵直及去大脑僵直

A、B、C. 去皮层僵直。A. 仰卧头部姿势正常时上肢半曲；B、C. 转动头部时的上肢姿势；D. 去大脑僵直

冲动,去大脑僵直现象则基本消失,由此认为这种去大脑僵直属于 γ 僵直。进一步的研究发现,若在已经切断背根的去大脑僵直动物身上,切除小脑前叶以消除前叶蚓部对前庭核的抑制作用,僵直又可重新出现。由于这种动物已不能产生 γ 僵直,显然只能是 α 运动神经元的活动增强所致,因此该僵直属于 α 僵直。如果在此基础上,进一步破坏前庭核或切除第八对脑神经以消除内耳前庭传入冲动对前庭核的兴奋作用,则 α 僵直也消失,说明 α 僵直是通过前庭核系统作用于 α 运动神经元所致。

实验证实,在脑干网状结构中存在着加强和抑制肌紧张及肌运动的区域,前者称为**易化区**(facilitatory area),后者称为**抑制区**(inhibitor area)。易化区分布范围较抑制区广,包括延髓、脑桥、中脑等的背外侧部,以及下丘脑和丘脑中线核群等部位。并且前庭核、小脑的易化功能也是通过脑干易化区完成的,以上共同构成了易化系统。此外,易化区还接受各种上行纤维的传入冲动。抑制区主要位于延髓的腹内侧部分。大脑皮层运动区、纹状体与小脑前叶蚓部等神经结构对肌紧张抑制作用也是通过网状结构抑制区,由此构成抑制系统(图 11-21)。易化系统与抑制系统均通过网状脊髓束的下行纤维与脊髓 γ 运动神经元建立突触联系,分别通过对 γ 运动神经兴奋或抑制,对肌紧张发挥调节作用。其中易化区对 α 运动神经元也有一定的易化作用。易化区和抑制区在功能上通常相互拮抗而取得相对平衡,以维持正常肌紧张。从活动的强度来看,易化区具有持续的自发放电活动,其自主活动较抑制区强;而抑制区本身无自发电活动,只有在接受高位中枢传

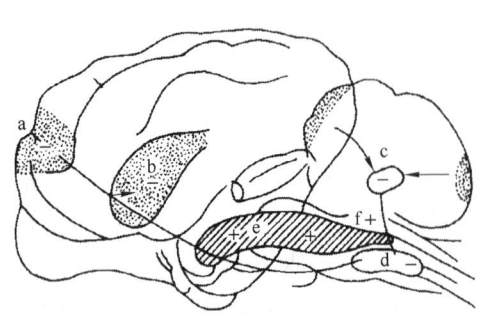

图 11-21 猫脑干网状结构下行易化和抑制系统

a:运动皮层;b:基底神经节;c:小脑;d:网状结构抑制区;e:网状结构易化区;f:前庭神经核

入冲动时,才被激活而发挥下行抑制作用。因此在肌紧张平衡调节中,易化区略占优势。

去大脑僵直产生是因为切断了大脑皮层运动区和纹状体等结构与脑干网状结构的功能联系,抑制区失去了高位中枢的激活作用所致。虽然与易化区联系的神经结构同时也有部分被切断,但易化区本身即具有自发活动,又仍然与前庭核保持着联系,所以易化区的活动较抑制区占有明显优势,故导致以伸肌肌紧张加强为主的去大脑僵直现象。

从牵张反射的产生机制,可以将去大脑僵直分为 α 僵直与 γ 僵直两种类型。α 僵直主要是前庭核等高位中枢的下行作用,直接或间接通过脊髓中间神经元增强 α 运动神经元的活动所致;γ 僵直是由于网状结构易化区的下行作用,首先使 γ 运动神经元的活动增强,通过 γ 环路以增强 α 运动神经元的活动,而出现肌紧张增强。

(二) 脑干对姿势的调节

由中枢神经系统整合各种感受器的传入冲动,反射性地调节肌紧张或引起相应的运动,称为姿势反射。不同的姿势反射与其反射中枢水平相关联,由脑干整合而完成的姿势反射有状态反射、翻正反射以及直线与旋转加速度反射(见第十二章)等。

1. 状态反射(attitudinal reflex) 是指头部与躯干的相对位置改变或者头部在空间的位置改变时,引起躯体肌肉紧张性改变的反射活动。前者称为**颈紧张反射**(tonic neck reflex),后者称为**迷走紧张反射**(tonic labyrinthine reflex)。

颈紧张反射是由于颈部扭曲刺激了颈部脊髓关节或韧带以及肌肉本体感受器后,对四肢肌肉紧张性的反射性调节,其反射中枢位于颈部脊髓。例如将去大脑动物的头向一侧扭转时,下颏所指侧的伸肌紧张性增强;头后仰时,则前肢伸肌紧张性增强,后肢伸肌紧张性减弱;相反,若头前俯时,后肢伸肌紧张性增强,前肢伸肌紧张性减弱。

迷路紧张反射是由于内耳迷路椭圆囊、球囊的传入冲动对躯体伸肌紧张性的反射性调节。该反射是由于头在空间位置改变时,耳石膜因重力影响,使囊斑上各毛细胞顶部不同方向排列的纤毛所受的刺激不同引起的,其反射中枢主要是前庭核。如动物仰卧时,耳石膜受到的刺激最大,四肢伸肌紧张性最高;俯卧时,受到的刺激最弱,则伸肌紧张性最低。

状态反射是在低位脑干整合下完成的,正常动物由于处于高位中枢的控制下其反射不易表现出来,只在去大脑动物才明显可见。状态反射的意义是维持一定的姿势状态。

2. 翻正反射 能保持直立姿势的正常动物被推倒后可翻正过来,称为**翻正反射**(righting reflex)。当动物从空中四足朝天降落时,可以观察到在整个坠落过程中首先是头颈位置扭转翻正,进而是前肢和躯干、最后是后肢扭转翻正安稳着地。各类翻正反射是迷路感受器以及体轴(主要是颈项)深浅感受器传入,在中脑水平整合作用下完成的。最初是由于头在空间的位置不正常,使迷路耳石膜受刺激,从而引起头部翻正;头部翻正后引起头和躯干的相对位置不正常,刺激颈部的本体感受器,导致躯干的位置也翻正。在完整动物,由于视觉可以感知身体位置的不正常,因此翻正反射主要是由于视觉传入信息引起的。在人类由视觉引起的翻正反射尤为重要。

另外,大脑皮层在姿势的调节过程中也起到重要的作用,如前述大脑皮层与皮层下联系被破坏时可出现去皮层僵直现象等。

三、小脑对躯体运动的调节

根据小脑的传入、传出纤维联系可将其分为前庭小脑、脊髓小脑与皮层小脑三个功能部分(图

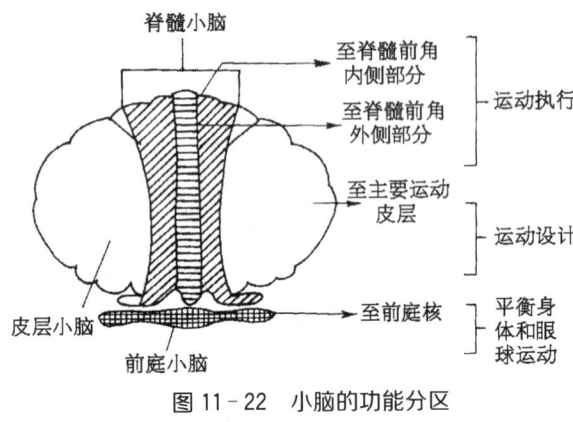

图 11-22 小脑的功能分区

11-22)。他们分别与前庭系统、脊髓和大脑皮层形成三个闭合的神经回路。小脑是中枢神经系统中最大的运动结构,对于维持身体平衡、调节肌紧张、协调与形成随意运动均有重要作用。

(一)维持身体平衡

维持身体平衡是前庭小脑的主要功能。前庭小脑主要由绒球小结叶构成,绒球小结叶直接与前庭神经核发生连接,构成的反射途径为:前庭器官→前庭核→绒球小结叶→前庭核→脊髓运动神经元→骨骼肌,从而通过脊髓运动神经元调节着肌肉的舒缩活动,以维持躯体运动的平衡。例如,切除猴的绒球小结叶,猴不能保持身体的平衡,躯干、头摇晃不稳、步履蹒跚,但随意运动仍能协调;如肿瘤压迫绒球小结叶时,患者则出现站立不稳,但肌肉运动协调仍良好。表明绒球小结叶对前庭核的活动有重要调节作用。

此外,前庭小脑还接受来自外侧膝状体、上丘和视觉传入,并且通过对眼外肌调节眼球的运动,以协调头部运动时眼的凝视运动。

(二)协调随意运动与调节肌紧张

脊髓小脑是由蚓部和半球中间部构成,主要功能是协调随意运动与调节肌紧张。脊髓小脑不但接受经脊髓小脑束、三叉小脑束以及部分视觉和听觉纤维传入的外周感觉信息,也接受皮层脊髓束侧支的传入。其传出冲动分别通过网状脊髓束、前庭脊髓束以及腹侧皮层脊髓束的下行系统,经脊髓γ运动神经元的活动调节肌紧张;同时也经丘脑外侧腹核上行到运动皮层代表区,其主要功能是协助大脑皮层对随意运动进行适时性调节。当脊髓小脑损伤时,由于不能够有效地利用来自大脑皮层和外周感觉的反馈信息以协调运动,故可出现随意运动笨拙、准确性下降,力量、方向及限度等将发生紊乱,出现动作摇摆不定,指物不准,不能进行快速的交替运动,特别在精细动作终末时出现震颤,称为**小脑性共济失调**(cerebellar ataxia);或出现行走时跨步过大而躯干落后、摇晃以致倾倒;沿直线行走更加飘浮不稳,特别在动作越迅速时协调性障碍越明显,静止时则无明显运动异常,称为**意向性震颤**(intention tremor)。

脊髓小脑束对肌紧张的调节具有易化和抑制双相作用。小脑前叶蚓部具有抑制肌紧张的功能。刺激前叶蚓部可抑制去大脑动物的伸肌肌紧张,使去大脑僵直减退;相反,损伤前叶蚓部则出现伸肌肌紧张亢进。中间部具有加强肌紧张的功能,例如,刺激猴的两侧中间部可使肌紧张明显增强,并且其功能定位表现出与大脑皮层相类似的倒置型空间安排。在生物进化过程中,前叶对肌紧张的抑制作用逐渐减弱,而易化肌紧张的作用逐渐占优势。此外,小脑后叶中间带也有易化肌紧张的功能,它对双侧肌紧张均有加强作用。这部分小脑损伤后,可出现肌张力减退或肌无力现象。

(三)参与随意运动设计

皮层小脑是指小脑半球的外侧部,其主要功能是参与随意运动设计和程序的编制。该部不接受外周的传入信息,但与大脑皮层感觉区、运动区和联络区等构成回路联系。虽然小脑内部没有类似于大脑皮层之间具有紧密的相互联系,但是皮层小脑与大脑皮层运动区、感觉区、联络区之间存在着联合活动。皮层小脑和基底神经节参与随意运动的设计,而脊髓小脑则参与运动的执行。例如,在体操、跳水、杂技等学习的初始阶段,往往动作是不协调的,在学习过程中大脑与小脑之间不断地进行联合活动,同时根据传入的信息不断地进行偏差的纠正,使运动逐渐地协调起来。在该活动过程中,皮层小脑参与了运动计划的形成和运动程序的编制,并将最终程序储存于其中。当大脑皮层发动精细运动时,首先通过大脑-小脑回路将皮层小脑的程序提出到皮层,再通过皮层脊髓束发动完成。当半球外侧部损伤时,已经形成的快速、熟练、精巧运动则出现延缓和缺失,甚至不能完成诸如打字、乐器演奏等精细运动。

四、基底神经节对躯体运动的调节

(一) 基底神经节的组成与神经联系

基底神经节(basal ganglia)是皮层下一些神经核团总称。主要包括纹状体、丘脑底核、黑质与红核等部分。其中纹状体又分为尾核、壳核和苍白球三个部。尾核与壳核进化较新,称新纹状体;而苍白球则是较古老的部分,称旧纹状体。在鸟类动物基底神经节是调节躯体运动的最高级中枢,但是在高等哺乳类特别是人类,运动高级中枢为大脑皮层所取代,基底神经节已经退居皮层下中枢。基底神经节和皮层小脑是与大脑皮层构成环路联系的两个重要皮层下区域。

基底神经节对躯体运动功能的控制可以分为直接和间接两条环路(图 11-23),直接通路:从大脑皮层(新皮层)发出→新纹状体→苍白球内侧部→丘脑前腹核、腹外侧核→返回大脑皮层运动区与运动前区,该环路作为反馈抑制性系统。大脑皮层发出的纤维对新纹状体是兴奋性的,但新纹状体到苍白球,以及由苍白球到丘脑则为抑制性纤维。所以当新纹状体兴奋时由于加强了对苍白球的抑制,可使丘脑和大脑皮层活动加强,此现象称为去抑制。在新纹状体与苍白球间的神经递质为 γ-氨基丁酸(GABA)能,并有 P 物质与**强啡肽**(dynorphin)共存。间接通路:由皮层广泛区域→新纹状体→苍白球外侧部、丘脑底核→苍白球内侧核→丘脑前腹核、腹外侧核→返回大脑皮层运动前区,其功能也是抑制性的。由此可见从新纹状体发出到苍白球的纤维均为抑制性,不同

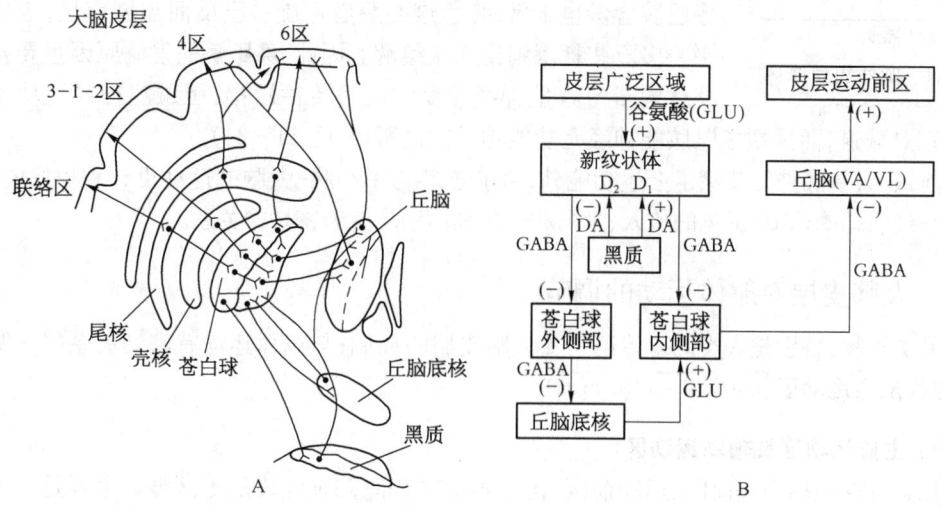

图 11-23 基底神经节与大脑皮层之间回路联系
A. 联结基底神经节与大脑皮层的神经回路;B. 直接与间接通路

的是,间接通路中由丘脑底核投向苍白球内侧部纤维为兴奋性。因此,当新纹状体活动增强时由于苍白球活动受抑制而丘脑底核活动则增强,进而通过促进苍白球内侧抑制功能使丘脑前腹核、腹外侧核以及大脑皮层活动减少。以消除由直接通路对丘脑及大脑皮层的兴奋性影响。

(二)基底神经节的功能与损伤时病变

基底神经节的主要功能是调节运动,与随意运动的产生和稳定、肌紧张的调节及本体感受器的传入信息的处理均有密切关系,但基底神经节如何调节躯体运动的细节还不清楚,目前对基底神经节运动功能的了解,主要来自人类基底神经节损伤引起的运动障碍。

临床上基底神经节损害的主要表现分为两大类:① 肌紧张过强而运动过少的综合征,如震颤麻痹等。② 肌紧张低下而运动过多的综合征,如舞蹈病和手足徐动症等。

1. **肌紧张过强而运动过少综合征**　如**震颤麻痹**(paralysis agitans),又称**帕金森病**(Parkinson disease),其主要症状是全身肌紧张增强、肌肉强直、随意运动减少、动作迟缓、面部表情呆板等。此外,患者常伴有**静止性震颤**(static Tremor),多出现于上肢,其次是下肢与头部,静止时出现,情绪激动时增加,进行自主运动时减少。研究表明,震颤麻痹患者的病变部位在中脑黑质,由于黑质是脑内多巴胺能神经元胞体集中处,黑质多巴胺能神经纤维上行抵达纹状体,抑制纹状体中胆碱能神经元的活动,正常时这两个系统保持平衡,从而维持正常的肌紧张和运动的协调性(图11-24)。当黑质病变时,多巴胺能神经元受损,黑质和纹状体中多巴胺含量明显减少,多巴胺递质系统功能减退,而 ACh 递质系统功能亢进,从而产生震颤麻痹。临床上给予患者多巴胺的前体左旋多巴或 M 受体阻断剂东莨菪碱能够改善肌肉强直和动作缓慢等症状。

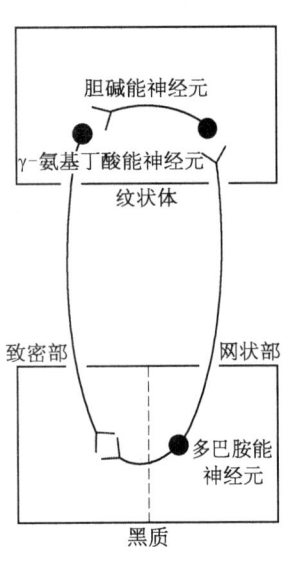

图11-24　黑质纹状体环路

2. **肌紧张不全而运动过多综合征**　如**舞蹈病**(chorea)和**手足徐动症**(athetosis)等。舞蹈病又称**亨廷顿病**(Huntington disease),患者的主要临床表现为不自主的上肢和头部的舞蹈样动作,并伴有肌张力降低等。病理变化主要部位在新纹状体,而黑质-纹状体通路完好,脑内多巴胺含量也正常,给予这类患者左旋多巴反而加剧症状,应用利舍平将多巴胺耗竭则使症状缓解。因此,舞蹈病的发病原因主要是新纹状体内 GABA 能神经元变性或遗传性缺损,胆碱能神经元功能受此影响而相对减退,而黑质多巴胺能神经元功能相对亢进所致(图11-24)。

目前认为,基底神经节除了上述功能外,可能还参与了小脑、大脑的运动设计和程序的编制;与自主神经活动的调节、感觉的传入、学习和记忆等活动均有着密切的关系。

五、大脑皮层对躯体运动的调节

哺乳类动物,特别是人类的躯体运动受大脑皮层的控制;与躯体运动有密切关系的大脑皮层区域,称为**皮层运动区**(cortical motor area)。

(一)主要运动区及辅助运动区

皮层运动区包括中央前回、运动前区、运动辅助区和后部顶叶皮层等区域。主要是指中央前回和运动前区,相当于 Brodmann 分区的4区与6区,是控制躯体运动的最重要区域,前者主要与肢体远端运动有关,后者主要与肢体近端运动相关。主要运动区接受本体感觉投射,能够感受躯体各部空间位置、姿势及运动状态,并且根据各种状态调整全身的活动。主要运动区具有下列功能特征:① 具有交叉支配的性质,即一侧皮层主要支配对侧躯体的运动,但头面部肌肉的运动,如咀嚼、喉及脸上部运动是双侧支配。② 具有精细的功能定位,即皮层的特定区域支配躯体某一特定部位的肌肉。其定位安排与感觉区类似,呈倒置分布,即下肢代表区在皮层顶部,上肢代表区在中间部,头面部肌肉代表区在底部。但是头面部内部的安排仍为正立位。③ 皮层功能代表区的面积大小与运动精细、复杂程度有关,即运动越精细、复杂,皮层相应运动区面积越大。如大拇指所占皮层面积几乎是大腿所占面积的10倍(图11-25)。

皮层辅助运动区位于大脑皮层的内侧面(两半球纵裂内侧壁)、运动区之前。一般为双侧性支配,刺激该区可引起肢体运动与发声。此外,第一、第二感觉区等都与运动有关。在中央前回与脑岛之间,即第二感觉区的位置,用较强的电刺激能引起双侧的运动反应,其运动代表区的分布与第二感觉区一致。

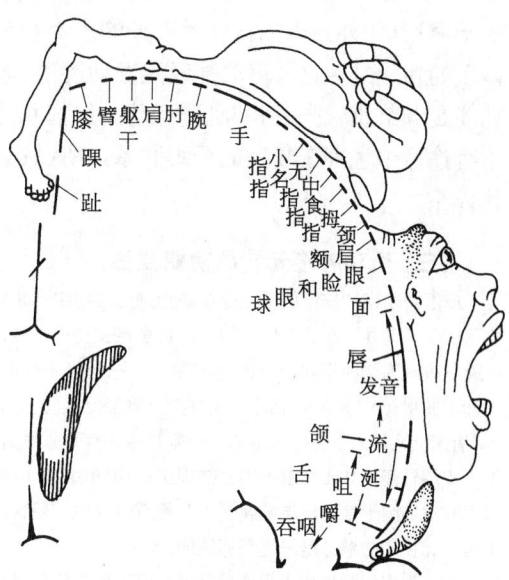

图 11-25 大脑皮层的运动区

在大脑皮层运动区也见有类似于感觉区的纵向柱状排列,从而组成运动皮层的基本功能单位,称**运动柱**(motor column),一个运动柱可控制同一关节几块肌肉的活动,而一块肌肉又可接受几个运动柱的控制。

(二) 运动神经元传出通路

大脑皮层运动区发出的对躯体运动进行调节的主要传导系统有皮层脊髓束与皮层脑干束。皮层脊髓束是由皮层发出后经过内囊、脑干一直下行至脊髓前角的传导束;皮层脑干束是经皮层、内囊后到达脑干内各脑神经运动神经元的传导束。皮层脊髓束纤维约有100万根,根据其在脊髓内下行过程中的走行,又分为皮层脊髓侧束和皮层脊髓前束。前者在下行过程中75%~80%的纤维于延髓锥体处交叉到对侧,沿着脊髓外侧索下行,并贯穿脊髓的全长。后者在下行过程中纤维只在脊髓同侧前索下行,大部分纤维只下行到胸部并逐节段经白质前联合交叉,终止于对侧前角运动神经元。

人类的皮层脊髓侧束在种系发生上较新,纤维大多直接与前角和中间带外侧运动神经元形成单突触联系,主要控制四肢远端肌群,与精细运动发动、肌紧张性调节关系密切。而皮层脊髓前束在发生较古老,多经过中间神经元接替后与前角和中间带内侧部分运动神经元形成突触联系,主要功能是控制躯干与四肢近端肌群,特别是屈肌的活动,与姿势的维持、粗大运动关系密切。皮层脊髓束与皮层脑干束在下行过程中发出的侧支以及源于运动皮层的纤维,经脑干某些核团后构成网状脊髓束、顶盖脊髓束以及前庭脊髓束下行与脊髓前角运动神经元形成突触,参与躯体近端肌肉的运动、维持姿势的平衡调节等活动;而红核脊髓束的下行纤维与脊髓前角运动神经元形成突触后,主要参与四肢远端肌肉的精细运动的调节。

大脑皮层下行运动传导通路传统上分为锥体系和锥体外系。锥体系包括皮层脊髓束和皮层脑干束；锥体外系则指锥体系以外的所有控制脊髓运动神经元的下行运动传导通路。并认为锥体系的功能是通过α运动神经元发动运动，通过γ运动神经元调节肌梭的敏感性，而锥体外系的功能是调节肌紧张，协调肌群运动。目前认为，锥体系和锥体外系在皮层的起源上相互重叠，在下行途径中也存在复杂的纤维联系。所以运动传导通路的功能实际上难以区分是锥体系还是锥体外系。

（三）运动神经元传导功能损伤

皮层脊髓束和皮层脑干束是在动物进化过程中不断发展和完善起来的。灵长类和人类以外动物的皮层脊髓束和皮层脑干束对运动并不起决定性作用。但是在灵长类和人类，该传导束损伤时会导致明显的运动缺欠。运动传导路损伤时，临床通常表现为两种不同的随意运动功能丧失，即痉挛性麻痹和柔软性麻痹。前者又称为硬瘫，常见于脑内高位中枢损伤，如内囊出血引起的中风等，临床上又称为上神经元损伤；后者又称为软瘫，常见于脊髓或脑神经元损伤性病变，如脊髓灰质炎等，临床上又称为下神经元损伤。硬瘫时常伴有牵张反射亢进；软瘫则伴有牵张反射减退或消失。研究表明，硬瘫的发生常见于皮层脊髓束和皮层脑干束合并损伤时；而单纯损伤其中某一条传导束时大多仅表现为软瘫。究其原因，可能与皮层脊髓束和皮层脑干束在皮层的起源上互相重叠，以及两者在脑内下行途径中不断发生联系有关。由此看来临床上所分的上、下神经元损伤的概念是缺乏严谨性的。

在人类皮层脊髓侧束损伤后常伴有**巴宾斯基征**(Babinski sign)阳性，即以钝物划足跖外侧时出现拇趾背屈和其他四趾外展呈扇形散开状。由于这一原始性反射通常在高位中枢控制下被抑制而不出现。因此，当大脑皮层损伤，或在成人深睡及麻醉状态下均可能出现巴宾斯基征阳性体征。此外，婴儿皮层脊髓束由于发育不完全，该体征也可以引出。在临床上常用该体征检查皮层脊髓束功能。

第六节　神经系统对内脏活动的调节

内脏活动的调节由于不受意识的控制，故称为**自主神经系统**(autonomic nervous system)，也称内脏神经系统。自主神经系统分为中枢和外周两部分，中枢部分包括从脊髓到大脑的有关神经结构，外周部分包括传入神经和传出神经，但习惯上自主神经仅指其传出神经，并将其分为**交感神经**(sympathetic nerve)和**副交感神经**(parasympathetic nerve)两部分。研究表明，分布于消化道管壁神经丛内的神经元，具有自主的反射功能，它们构成一种相对独立的肠神经系统，成为自主神经系统的第三大支系。故而将自主神经系统分为交感、副交感与肠神经系统三个部分。

一、自主神经系统的结构特征与功能特点

（一）自主神经系统的结构特征

自主神经的一个重要特征是，从中枢发出后至效应器之前都要在自主神经节内更换一次神经元。由脑和脊髓发出到神经节的纤维称为**节前纤维**(preganglionic fiber)，属于有髓鞘的 B 类纤维；由自主神经节内发出的纤维称**节后纤维**(postganglionic fiber)，属无髓鞘的 C 类纤维。

交感神经的节前纤维起源于胸、腰段脊髓（$T_1 \sim L_3$）灰质侧角细胞，其节后纤维分布极为广泛，几乎所有内脏器官、血管、汗腺等都受其支配（图 11-26）。但肾上腺髓质则直接接受节前纤维的支配，因而，肾上腺髓质相当于一个交感神经节。交感神经的节前纤维较短而节后纤维相对较长，一根节前纤维和许多节后纤维发生突触联系。因此，交感神经兴奋时所影响的范围相对比

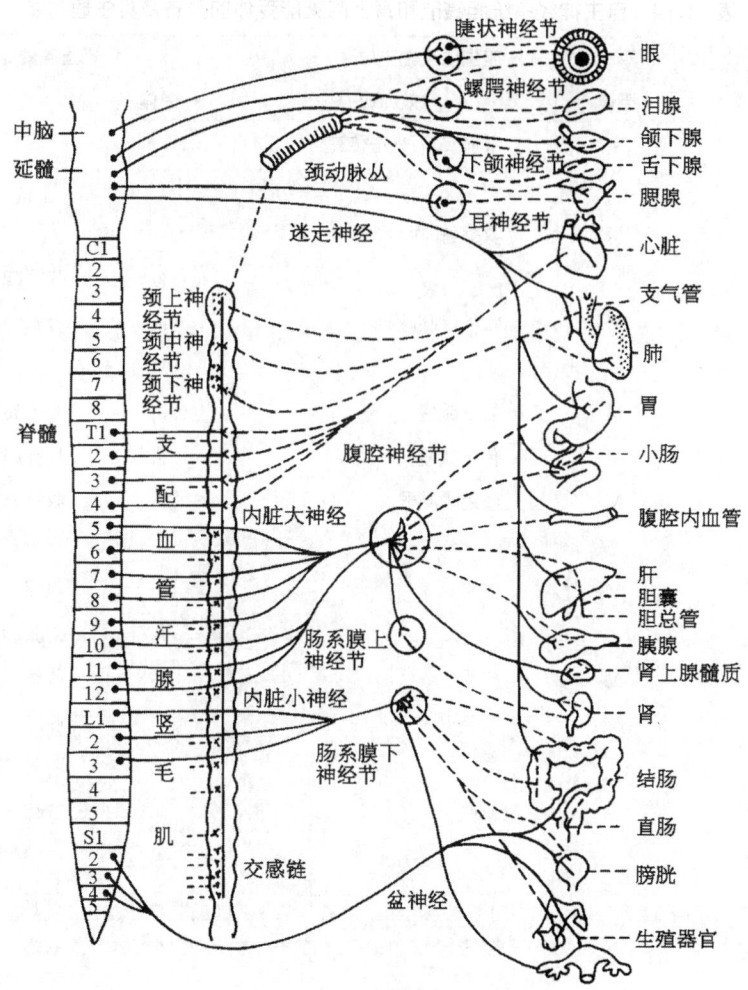

图 11-26 自主神经分布
细线：交感神经；粗线：副交感神经；实线：节前纤维；虚线：节后纤维

较广泛。

副交感神经发源于脑干的第Ⅲ、Ⅶ、Ⅸ、Ⅹ对脑神经核和骶段脊髓（$S_2 \sim S_4$）灰质相当于侧角的部位。与交感神经比较副交感神经的分布局限，诸如皮肤和肌肉的血管、汗腺、竖毛肌、肾上腺髓质和肾等器官没有副交感神经分布；副交感纤维约有 75% 在迷走神经内下行，支配胸腔和腹腔内的内脏器官。发源于骶段脊髓的副交感神经主要分布于盆腔内的一些器官和血管。副交感神经的节前纤维较长而节后纤维较短，一根节前纤维只与几根节后纤维形成突触。所以副交感神经兴奋时，影响范围较为局限。

（二）自主神经系统的功能特点

自主神经系统的功能在于调节心肌、平滑肌和腺体的活动，以维持内环境的相对稳定，并支持躯体行为方面的活动。

1. **自主神经系统的功能** 自主神经系统对各器官的调节功能在前面各章节已经论及，在此将其归纳如下（表 11-4）。

表 11-4 自主神经系统胆碱能和肾上腺素能受体的分布及其生理功能

效应器	胆碱能系统		肾上腺素能系统	
	受体	效应	受体	效应
自主神经节	N_1	节前-节后兴奋传递		
眼				
虹膜环行肌	M	收缩(缩瞳)		
虹膜辐射状肌			α_1	收缩(扩瞳)
睫状体肌	M	收缩(视近物)	β_2	舒张(视远物)
心				
窦房结	M	心率减慢	β_1	心率加快
房室传导系统	M	传导减慢	β_1	传导加快
心肌	M	收缩力减弱	β_1	收缩力增强
血管				
冠状血管	M	舒张	α_1	收缩
			β_2	舒张(为主)
皮肤黏膜血管	M	舒张	α_1	收缩
骨骼肌血管	M	舒张(1)	α_1	收缩
			β_2	舒张(为主)
脑血管	M	舒张	α_1	收缩
腹腔内脏血管			α_1	收缩(为主)
			β_2	舒张
唾液腺血管	M	舒张	α_1	收缩
支气管				
平滑肌	M	收缩	β_2	舒张
腺体	M	促进分泌	α_1	抑制分泌
			β_2	促进分泌
胃肠				
胃平滑肌	M	收缩	β_2	舒张
小肠平滑肌	M	收缩	α_2	舒张(2)
			β_2	舒张
括约肌	M	舒张	α_1	收缩
腺体	M	促进分泌	α_2	抑制分泌
胆囊和胆道	M	收缩	β_2	舒张
膀胱				
逼尿肌	M	收缩	β_2	舒张
三角区和括约肌	M	舒张	α_1	收缩

续 表

效应器	胆碱能系统		肾上腺素能系统	
	受体	效应	受体	效应
输尿管平滑肌	M	收缩(?)	α_1	收缩
子宫平滑肌	M	可变[3]	α_1	收缩(有孕)
			β_2	舒张(无孕)
皮肤				
汗腺	M	促进温热性发汗[1]	α_1	促进精神性发汗
竖毛肌			α_1	收缩
唾液腺	M	分泌大量稀薄唾液	α_1	分泌少量黏稠唾液
代谢				
糖酵解			β_2	加强
脂肪分解			β_3	加强

注：(1) 为交感节后胆碱能纤维支配；(2) 可能是胆碱能纤维的突触前受体调制 ACh 的释放所致；(3) 因月经周期、循环血中雌激素、孕激素水平、妊娠以及其他因素而发生变动。

2. 自主神经系统的功能特点

(1) 双重支配：除少数器官外，体内大多数组织器官都同时接受交感和副交感神经的双重支配，而且两者对内脏活动的调节作用多数是相互拮抗的。例如，对于心脏，交感神经具有促进作用，而迷走神经则相反；迷走神经对消化道功能以促进为主，而交感神经却主要起抑制效应。但是在某些效应器上，交感和副交感神经也表现为协同作用。例如，支配唾液腺的交感和副交感神经对唾液分泌均有促进作用，仅在唾液性质方面有所差异，前者使分泌的唾液黏稠，而后者稀薄。

(2) 紧张性作用：自主性神经对效应器官的支配一般表现为持久的紧张性作用，即在安静状态下自主性神经中枢仍不断地向效应器发放低频率神经冲动的现象。例如交感神经的紧张性活动，正常时几乎使全身血管收缩到接近最大直径的一半，当交感紧张性活动增强时可使血管进一步收缩；相反，若交感紧张性降低时，血管则扩张；与交感神经相似，副交感神经也有紧张性活动，其中尤以迷走神经的活动最为明显，形成所谓迷走紧张性。例如，切断心迷走神经后，心率则加快，说明正常情况下迷走神经对心脏产生抑制性效应。

(3) 效应器所处功能状态对自主神经作用的影响：自主神经的外周性作用与效应器本身所处的功能状态有关。例如，刺激交感神经可使动物无孕子宫的运动受到抑制，而对有孕子宫却可加强其运动；又如副交感神经兴奋一般是加强小肠运动，但如果小肠肌原来处于收缩状态，则刺激副交感神经可使之舒张。

(4) 对整体生理功能调节的意义：交感神经系统的活动通常多以整个系统参加各种反应。当机体遇到各种紧急情况时能够动员全身潜在的功能以适应环境急剧的变化。如在剧烈运动、失血、紧张、窒息、恐惧、寒冷等状态下，交感神经系统的活动明显增强，同时肾上腺髓质分泌也增加，表现为一系列的交感-肾上腺髓质系统活动亢进的现象。例如心率增快，心缩力增强，动脉血压升高等；同时，骨骼肌血管舒张，皮肤与腹腔内脏血管收缩，使血液重新分配。此外，还可出现瞳孔扩大、支气管扩张、胃肠道活动抑制、肝糖原分解加速、血糖浓度升高等反应。其主要作用是发动体内许多器官的潜在功能，以提高机体适应环境急变的能力。

相比之下副交感神经系统活动的范围比较局限,往往在安静时活动较强。它的活动常伴有胰岛素的分泌,故称之为迷走-胰岛素系统。该系统的主要作用是保护机体、促进消化、积聚能量以及加强排泄和生殖等方面的功能。因此从某种意义上讲,副交感神经的活动是促进合成以及能量储存,而交感神经的活动是分解、耗能的过程。

二、内脏活动的中枢调节

(一) 脊髓对内脏活动的调节

脊髓是交感神经和部分副交感神经的初级中枢,通过脊髓能完成血管张力反射、发汗反射、排尿、排便反射以及勃起反射等初级水平调节,其特点是调节能力差,不能很好地适应正常生理功能的需要。例如,脊髓高位横断的患者基本的排尿、排便反射虽能进行,但往往不能排空,更不能有意识控制。由此可见,在整体内,脊髓的自主性神经功能是在上位脑高级中枢调节下完成的。

(二) 低位脑干对内脏活动的调节

低位脑干是很多内脏活动的基本中枢部位。在延髓网状结构中存在许多与心血管、呼吸和消化系统等内脏活动有关的神经元,其下行纤维调节着脊髓的自主神经功能。脑桥有角膜反射中枢、呼吸调整中枢,中脑存在瞳孔对光反射中枢等。研究表明,延髓内还存在整合心血管活动的关键部位。因此,许多基本生命活动的反射性调节多在延髓内基本完成,一旦延髓受损,可立即致死,故延髓有"生命中枢"之称。

(三) 下丘脑对内脏活动的调节

下丘脑大致可分为前区、内侧区、外侧区与后区四个区域。前区包括视前核、视上核、视交叉上核、室旁核和下丘脑前核等;内侧区又称结节区,包括腹内侧核、背内侧核、结节核和灰白结节,还有弓状核与结节乳头核;外侧区包括有分散的下丘脑外侧核;后区主要有下丘脑后核和乳头体核群。下丘脑与其他中枢部位之间有着密切的联系,还可通过垂体门脉系统与下丘脑垂体束调节垂体的活动。

下丘脑是皮层下最高级的内脏活动调节中枢,又是调节内分泌的高级中枢。所以将其看作为内脏自主性、躯体性和内分泌性功能活动的重要整合中枢,调节着体温、营养摄取、水平衡、内分泌、情绪反应、生物节律等重要生理过程。

1. **摄食行为的调节** 食欲及摄食行为主要是由下丘脑调节。用埋藏电极法刺激清醒动物下丘脑外侧区,可引发动物食欲亢进;而刺激下丘脑腹内侧核,则动物拒食。故认为,下丘脑外侧区为**摄食中枢**(feeding center),腹内侧核区为**饱中枢**(satiety center)。前者发动摄食活动,后者则决定停止摄食活动。两中枢间存在着交互抑制的关系。摄食中枢和饱中枢对摄食活动的调节机制尚不清楚。目前认为血糖水平与该中枢对糖的利用率是影响摄食中枢和饱中枢活动的主要因素。

2. **对水平衡的调节** 水平衡包括机体对水的摄入与排出两个方面,机体因为渴感而饮水,由肾脏的活动而排水。临床上可见下丘脑损伤患者出现烦渴、多饮、多尿的症状,说明下丘脑对水的摄入与排出均有重要调节作用。下丘脑存在的渗透压感受器,既调节血管升压素的分泌,以控制肾脏排水;同时又控制渴感和饮水行为,以调节水的摄入。下丘脑控制摄水的区域和控制血管升压素分泌的核团两者在功能上的协调,是调节水平衡的基础。

3. **调节内脏的活动** 研究表明,下丘脑存在着重要的心血管整合中枢,它可通过脑干心血管中枢间接影响心血管活动。如下丘脑前区视前区参与压力感受性反射,是该反射的整合中枢;下丘脑的内侧区分别参与心血管的压力与化学感受性反射；下丘脑背内核还接受容量感受器的传入信息，通过调节血管升压素的合成与释放来调节血量与血压。

4. **控制生物节律** 机体的各种生命活动现象常按一定时间顺序发生变化，称为**生物节律**（biorhythm）。生物节律根据周期可以分为日间、月间、年间节律以及更长时间周期的节律，其中尤以昼夜节律最为突出。例如体温和促肾上腺皮层激素分泌等在一日内均有一个波动周期。就日间节律而言，体内不同的细胞均有各自的昼夜节律，但在有机体内却表现出统一的昼夜节律，这表明体内有一个总的控制昼夜节律的中心，它能使各种不同相位的昼夜节律统一起来，趋于同步化。研究发现，下丘脑视交叉上核可能是机体昼夜节律活动的重要中枢结构和控制中心。它通过与视觉感受装置发生联系感受外界环境昼夜光照信号的变化，使机体的昼夜节律与外环境的昼夜节律同步起来。如果人为地改变日照与黑暗的时间，可以使其昼夜节律的时间位相发生相应的移位。

5. **调节情绪变化和行为** 情绪是一种心理活动，如喜、怒、哀、乐、忧、恐等，情绪除了主观体验外，常伴随着一系列的自主性、躯体运动和内分泌等功能变化，称为情绪反应。动物实验表明，若在间脑以上水平切除大脑，仅保留下丘脑以下结构的动物，给予轻微刺激即可引起"假怒"，表现为甩尾、竖毛、扩瞳、张牙舞爪、呼吸加快和血压升高等现象。下丘脑近中线两旁的腹内侧区存在着防御反应区，电刺激清醒动物的防御反应区可出现防御性行为，而电刺激下丘脑外侧区可引致动物出现攻击行为，电刺激下丘脑背侧区则出现逃避行为。慢性刺激防御反应区可引起血压持续升高，因此有人认为该区的持久兴奋与原发性高血压发生有关。这些事实均可说明下丘脑参与情绪行为活动的调节。此外，下丘脑还参与了体温以及垂体分泌功能的调节。

（四）大脑皮层对内脏活动的调节

人类的大脑皮层可分为新皮层、旧皮层和古皮层。新皮层是指大脑半球外侧面结构，具有分化程度高、进化较新的特点；旧皮层和古皮层则是指大脑内侧面结构。其中围绕着脑干最内侧的海马、穹窿等环形结构为古皮层，较外圈的环形结构包括扣带回、海马回等为旧皮层。古皮层和旧皮层又称为边缘叶，由于它在结构和功能上与大脑皮层的岛叶、颞极、眶回等，以及皮层下杏仁核、隔区、下丘脑、丘脑前核等密切相关，故将边缘叶连同上述结构称为**边缘系统**（limbic system）。此外，中脑的中央灰质、被盖等也与边缘系统有着密切的纤维联系，因此将该部分结构也归入边缘系统之中（图 11-27）。

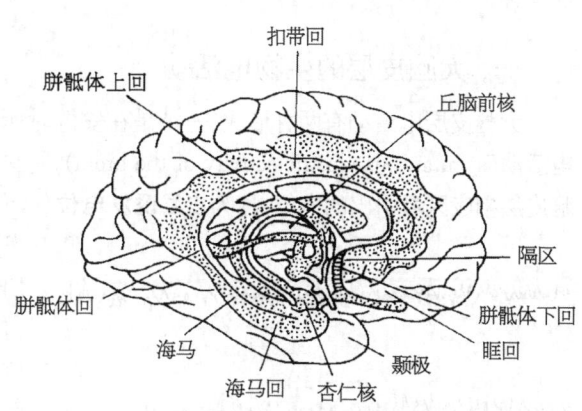

图 11-27 大脑内侧面示边缘系统各部分定位

1. **新皮层** 电刺激动物的新皮层，除了引起躯体运动反应外，常伴随着内脏活动的变化。例如，刺激皮层 4 区内侧面，能引起直肠与膀胱运动的变化；刺激 4 区外侧面，可产生呼吸与血管运动的变化；刺激 4 区底部，会出现消化道运动和唾液分泌的变化。电刺激人类大脑皮层也能见到类似结果。如果切除动物新皮层，除有感觉运动丧失外，很多自主性功能如血压、排尿、体温等调节均发生异常。这些现象表明，新皮层与内脏活动密切相关，而且有区域分布特征。新皮层是自主性功能活动的高级整合部位。

2. **边缘系统** 边缘系统对内脏活动有广泛的影响,故有"内脏脑"之称。刺激边缘系统的不同部位,可引起复杂的内脏活动反应。例如,电刺激扣带回前部,可引起呼吸、心跳变慢或加快、血压上升或下降、瞳孔扩大或缩小等变化;刺激杏仁核可出现心率加快或减慢、血压上升或下降、胃蠕动加强等;刺激隔区引起呼吸暂停或加强、血压升高或降低等。实验结果可见边缘系统的功能与低位初级中枢不同,刺激初级中枢可以获得比较明确一致的反应,而刺激边缘系统的结果就变化很大。这可能是因为初级中枢的功能比较局限,活动比较单纯。而边缘系统则是许多初级中枢活动的调节者,它能通过促进或抑制各初级中枢的活动,来调制机体的复杂生理活动。

边缘系统对机体的本能性的行为与情绪反应也有明显的影响。它可能参与调控与个体生存和种族延续有关的功能,如进食、饮水与性行为等。杏仁核的活动与情绪反应关系最为密切。近年来研究发现,由杏仁核→下丘脑→隔区→额前叶腹内侧部形成一个脑回路,对情绪反应具有重要影响,这个回路上任何一个结构的损伤都会导致情绪异常。

第七节　脑的高级功能

大脑皮层是人类各种生理功能活动的最高级调节中枢。它除了具有感觉和对躯体、内脏活动的调节功能外,还有更为复杂的整合功能,如觉醒与睡眠、学习与记忆以及语言与思维等。当大脑皮层进行功能活动时,均伴有着生物电的变化,这些电的变化是目前研究皮层功能活动的重要客观指标之一。

一、大脑皮层的生物电活动

大脑皮层电活动有两种形式,一种是在安静时所记录到的具有持续节律性的电位,称为**自发脑电活动**(spontaneous electric activity of the brain),另一种是刺激特定感受器或感觉传入系统时,在大脑皮层相应区域引出的电位,称为**皮层诱发电位**(evoked cortical potential)。在头皮表面记录到的自发脑电活动,称为**脑电图**(electroencephalogram, EEG)或脑电波。在大脑皮层表面能记录到同样的自发脑电活动,称为**皮层电图**(electrocorticogram, ECoG)。皮层电图的振幅要比脑电图高约 10 倍,而节律、波形和相位则基本相同。

(一) 自发脑电活动与产生机制

1. **正常脑电图波形** 人类的脑电图根据其频率和振幅的不同,可分为 α、β、θ、δ 四种基本波形(图 11-28),通常频率较慢的波其波幅常较高,而频率较快的波其波幅较低,各种波在皮层各部位均可记录到,但有区域的特异性。在不同条件下脑电图的波形也有明显差异。

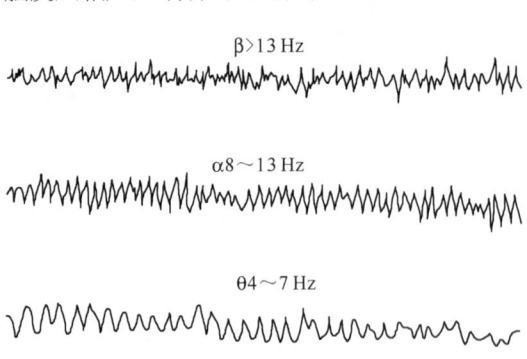
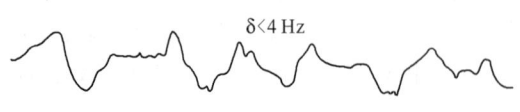

图 11-28　脑电图基本波形

(1) α波：频率为 8～13 Hz，振幅为 20～100 μV。健康人在清醒、闭目、安静时出现，以枕叶最明显。α波波幅常出现自小而大，自大而小的周期性变化，形成所谓的α节律的梭形波群。当受试者睁开眼睛或接受其他刺激时，α波立即消失转为快波。这一现象称为α阻断(α-block)。如果受试者再安静闭目，α波又重新出现。因此一般认为，α波是大脑皮层在安静状态时电活动的主要波形。

(2) β波：频率为 14～30 Hz，振幅为 5～20 μV。在睁眼视物、思考问题或接受其他刺激时出现，在额叶区与顶叶区较显著。一般认为，β波是新皮层处于紧张状态时的主要脑电活动的波形。

(3) θ波：频率为 4～7 Hz，振幅为 20～150 μV。该波在枕叶和顶叶较明显，健康成人在困倦时出现。幼儿时期，脑电频率较成人慢，常可见到θ波，到 10 岁开始出现α波。

(4) δ波：频率为 0.5～3 Hz，振幅为 20～200 μV。健康成人在清醒时几乎没有δ波，只有在睡眠时才出现。此外，在深度麻醉、智力发育不成熟的人，也可出现δ波。在婴儿时期，脑电频率较幼儿更慢，常可见到δ波。一般认为δ波或θ波可能是大脑皮层处于抑制状态时脑电活动的主要波形。

脑电图的波形随大脑皮层活动状态的不同而变化，当大脑皮层许多神经元的电活动趋于步调一致时，就出现高幅慢波（如α波），此现象称为同步化；相反，当皮层神经元的电活动不一致时，则出现低幅快波（如β波），称为去同步化。一般认为，脑电活动由同步化转变为去同步化时，表示皮层的兴奋活动增强；相反，由去同步化转变为同步化时，则表示皮层抑制过程的加强。

临床上癫患者常出现异常的高频高幅的脑电波，或者在高频高幅波后紧跟随出现一个慢综合波；颅内占位性病变患者，即使在清醒状态下，也可引出δ波或θ波等。因此脑电图对上述疾病诊断具有一定的临床价值。

2. 脑电波形成的机制 一般认为，脑电波主要是由突触后电位总和所形成。一方面，皮层锥体细胞在结构上排列整齐，其顶部树突相互平行并垂直于皮层表面，所以电活动容易同步总和形成较强的电场而改变皮层电位变化；另一方面，脑电波节律的形成有赖于皮层下结构尤其是丘脑的活动。

正常情况下，由丘脑上传的非特异投射的节律性兴奋抵达大脑皮层，可引起皮层细胞自发脑电活动。在丘脑与皮层之间存在着环路联系，该丘脑皮层环路可能是脑电同步活动的结构基础。实验表明，脑电的α节律来自丘脑非特异性投射系统的一些神经核，这些神经核的同步节律性活动参与了自发脑电形成的同步机制，能够促进皮层电活动的同步化。而β节律是由于脑干网状结构上行激动系统的冲动，扰乱了安静状态时丘脑非特异投射系统与皮层之间的同步活动，出现去同步化的结果。δ与θ波反映脑干网状结构上行激动系统的活动降低，大脑皮层处于抑制状态，致使脑电活动进一步同步化。

(二) 皮层诱发电位

皮层诱发电位是在刺激感觉传入系统时在大脑皮层相应区域引出电位变化，广义上讲，凡是外加一种特定的刺激所引起的皮层电位变化，均可称为皮层诱发电位。皮层诱发电位波形主要是由主反应和后发放两部分构成（图 11-29），主反应一般表现为先正后负的电位变化，后发放则是在主反应之后出现的一系列正向性电位波动。其中主反应可能是皮层接受特异性传入冲动后，大锥体细胞电活动的总和反应；后发放则可能由于皮层与丘脑感觉接替间环路重复激活结果。皮层诱发电位与脑电图比较有以下不同：① 有一定的潜伏期。潜伏期的长短取决于刺激点与记录点的距离、神经冲动传导速度以及中间经过的突触数目等因素。② 具有局限性的空间分布,这些分布与特异性感觉投射系统在皮层特定代表区相吻合。③ 不同种类或性质的刺激引起的皮层诱发电位呈现出不同的反应形式,并且可以重复出现。

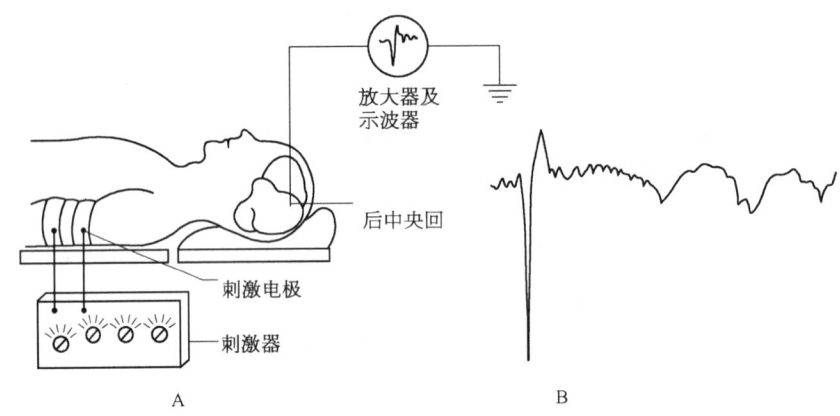

图 11-29 皮层诱发电位的记录及波形
A. 描记方法示意图;B. 向下为正,向上为负

诱发电位是在自发脑电的背景上产生的,其波形夹杂在自发脑电波之中,很难分辨。因此,目前采用计算机平均叠加技术处理,使诱发电位的记录纯化清晰,用此方法显示出的皮层诱发电位称为平均诱发电位。它为研究人类的感觉功能、行为和心理活动、诊断神经系统的某些疾病提供了一种无创伤定位性的电生理学检查方法。目前临床常用的诱发电位有躯体感觉诱发电位、脑干诱发电位和视网膜诱发电位等。

二、觉醒和睡眠

觉醒(wakefulness)与睡眠(sleep)是人和动物正常的生理活动,随昼夜节律而发生周期性转换。机体在觉醒状态时,能以适当的行动来应答环境的各种变化,从事各种体力与脑力活动;进入睡眠状态后,机体对于环境的刺激反应明显下降,代谢率减低,聚集能量,促进精神和体力的恢复,并且睡眠后得以保持良好的觉醒状态。如果觉醒和睡眠的周期性转换发生障碍,或者睡眠发生异常,则中枢神经系统的功能和内脏活动功能则将出现紊乱。健康成人一般每日需睡眠 7~9 h,儿童需要睡眠的时间较成人长,新生儿需要 18~20 h,而老年人需要的睡眠时间则较短。

(一) 觉醒状态的维持

如前所述,脑干网状结构上行激动系统的活动对大脑皮层具有唤醒的作用。因此认为,觉醒状态主要依赖脑干网状结构上行激动系统的活动,通过非特异性投射系统到达大脑皮层而激发和维持。巴比妥类药物可以阻断上行激动系统的作用,因此具有催眠的作用。此外,前脑也与觉醒状态有关,它不需要脑干的存在就能够将动物激醒。觉醒状态包括脑电觉醒与行为觉醒两种状态。脑电觉醒指脑电波形由同步化慢波转变为去同步化快波,而行为上不一定出现觉醒状态时的表现;而行为觉醒是指觉醒时的各种行为表现。这两种觉醒状态的维持是由不同的中枢递质所介导的。目前认为,脑电觉醒的维持可能与网状结构上行激动系统的 ACh 递质系统功能以及蓝斑上部去甲肾上腺素递质系统的功能有关。前者在脑电觉醒中起短暂的时相性作用,调制 NE 递质系统的脑电觉醒功能;而后者则起持续的紧张性作用。行为觉醒的维持,可能是中脑多巴胺递质系统的功能。

(二) 睡眠的时相

在人类睡眠过程中,根据其脑电图的变化特点和生理功能表现,将睡眠分为慢波睡眠与快波睡眠两个时相。

1. 慢波睡眠(slow wave sleep, SWS) 又称同步化睡眠。此期间脑电图特征呈现为同步化慢波。根据脑电波变化可分 4 个期,即入睡期(Ⅰ期)、浅睡期(Ⅱ期)、中度睡眠期(Ⅲ期)和深度睡眠期(Ⅳ期)。脑电波的变化特点是 α 波逐渐减少,而 θ、δ 波大量出现,在深度睡眠期 δ 波数量超过 50%。同时人的意识暂时丧失,各种躯体感觉功能减退,骨骼肌反射活动和肌紧张减弱;并伴有一些血压下降、心率减慢、瞳孔缩小、体温下降、呼吸减慢、胃液分泌增多等自主神经功能的改变。此外,进入慢波睡眠后生长激素的分泌较觉醒状态明显增多,因此,慢波睡眠对促进生长、消除疲劳、促进体力恢复有重要意义。

2. 快波睡眠(fast wave sleep, FWS) 也称去同步化睡眠或异相睡眠。在此期间,脑电波呈现出高频低幅、β 波不规则出现,与觉醒时脑电波很难区别。但实际上,各种感觉功能进一步减退,以致唤醒阈提高、骨骼肌反射活动和肌紧张进一步减弱等。此外,在异相睡眠期间还可出现快速的眼球转动,所以又称为**快速眼动睡眠**(rapid eye movement sleep, REM)。快速眼动睡眠常伴有部分躯体抽动、心率加快、血压上升、呼吸加快等不规则变化,这可能是促使心绞痛、脑出血、哮喘等疾病突然发作的原因。做梦也是此间睡眠的特征之一。

慢波睡眠与快波睡眠都是人体生理必需的,并且是两个相互转化的过程。成年人睡眠开始首先进入慢波睡眠,持续 90~120 min 便转入快波睡眠,持续 20~30 min 后又转入慢波睡眠。在一夜睡眠中可以如此反复 4~5 次。在正常情况下,慢波睡眠与快波睡眠均可直接转入觉醒状态,但觉醒状态不能直接进入快波睡眠,而只能转入慢波睡眠。从行为上来看快波睡眠比慢波睡眠更深入。长时间的觉醒状态称为睡眠剥夺,睡眠剥夺后往往出现睡眠补偿现象,即睡眠时间延长。特别是异相睡眠补偿尤为重要,因为在异相睡眠过程中脑的血流及耗氧量增加,脑组织的蛋白质合成率增高,但生长激素分泌则减少。因此认为,快波睡眠与幼儿神经系统的发育、成熟以及对成人建立新的突触联系、促进学习记忆、恢复精力等方面有重要意义。

(三) 睡眠发生机制

目前虽然对睡眠产生的机制仍不清楚,但是已被实验证实,睡眠是一个主动抑制过程。实验观察到,睡眠在中枢内具有特定的神经结构和神经递质。脑干尾端的网状处存在着与睡眠相关的部位,由此发出的上行冲动与脑干网状结构上行激动系统相对抗,诱导皮层转向睡眠过程,称为**上行抑制系统**(ascending inhibitory system)。进一步的研究表明,脑干的睡眠诱导区主要位于脑桥中央水平与延髓尾侧之间的若干脑区,包括中缝核、孤束核、蓝斑以及网状结构背内侧的一些神经元。下丘脑后部、丘脑髓板内核区域等与睡眠关系也比较密切。但是诱导慢波睡眠与快波睡眠的发生可能不是同一个部位。

睡眠的产生与中枢内某些递质有密切关系。实验表明,慢波睡眠主要与脑干 5-HT 递质系统活动有关;快波睡眠主要与脑干内去甲肾上腺素、5-HT 以及 ACh 递质系统的功能有关。此外,近年来在体内还发现若干肽类的内源性睡眠因子也与睡眠的发生有关。

三、学习与记忆

学习和记忆是两个相互联系的神经活动过程。学习(learning)是指人和动物依赖于经验来改变自身行为以适应环境的神经活动过程;记忆(memory)则是指习得行为的储存与读出,即经验在大脑中的再现过程。

(一) 学习和记忆的形式

1. 学习的形式　学习的形式分为**联合型学习**(associative learning)和**非联合型学习**(nonassociative learning)两种类型,前者是有关或无关的两个事件在时间上很靠近并重复发生,最后在脑内逐渐形成了联系;后者则不需要在刺激和反应之间形成任何明确的联系。学习和记忆均以中枢神经活动为基础,与条件反射的建立有着密切的关系。

(1) 反射的类型与条件反射的建立:根据反射形成过程将其分为非条件反射和条件反射。非条件反射是与生俱来、反射弧固定、数目有限而永不消退为其特点的低级性神经活动。其意义在于种族繁衍、本能性生存活动的需要;条件反射是个体在后天生活中、建立在非条件反射基础上的一种高级性神经活动,其反射弧不固定、数量无限,但是随着机体需要可建立也可消退。其意义是为了进一步扩展对环境变化的适应能力,提高机体活动的精确性和预见性。由于刺激的形式不同所获得的条件反射类型有异。常见的条件反射有经典条件反射、操作式条件反射等。

经典的条件反射建立,最常用的是铃声对唾液分泌的刺激实验。进餐引起狗的唾液分泌,是非条件反射,而铃声则不引起唾液分泌,故称铃声为无关刺激。若在铃声之后马上给予食物,并结合多次后,狗每当听到铃声就会分泌唾液,此时铃声已变成了进食的信号,由无关刺激变成了**条件刺激**(conditioned stimulus),由这种条件刺激与非条件刺激在时间上的结合,则形成了经典的条件反射,并将这一过程称为**强化**(reinforcement)。在经典的条件反射形成过程中,一种刺激成为预示另一种刺激即将出现的信号,即是一种联合型学习的过程。

操作式条件反射(operant conditioning reflex)的建立比较复杂,是在给予动物刺激后,要求其完成一定的躯体运动。动物必须通过自己完成一定的动作或操作,才能获得某种条件反射得以强化,如训练动物走迷宫,表演各种动作等。这类条件反射是一种很复杂的行为,更能代表动物日常生活的习得性行为。

(2) 条件反射的泛化、分化和消退:当一种条件反射建立后,若给予近似的条件刺激,也可获得同样的条件反射,称为条件反射的泛化。它是由于条件刺激引起大脑皮层兴奋向周围扩散所致。如果这种近似刺激得不到非条件刺激的强化,该近似刺激就不再引起条件反射,这种现象称为条件反射的分化。如上述实验,条件反射建立后,如果反复只给予铃声刺激而不再与食物相结合,条件反射则减弱或完全消失,称为条件反射消退。条件反射的分化和消退并不是原来建立的条件反射的丧失,而是大脑皮层的兴奋过程被抑制过程所取代,致使原来的阳性条件反射转变为阴性条件反射。

(3) 两种信号系统:高度发达的大脑皮层除了可以利用具体的刺激信号形成各种条件反射外,而且还可以利用概括具体刺激信号的抽象语词来建立条件反射。为此,将对机体刺激信号分为第一信号、第二信号系统。第一信号是指具体信号,如食物的性状、灯光与铃声等都是以本身的理化性质来发挥刺激作用的信号。对第一信号刺激建立条件反射的大脑皮层功能系统,称为**第一信号系统**(first signal system)。第二信号是指抽象信号,即语言、文字等具有代表某种含义而发挥刺激作用的信号。对第二信号刺激所形成条件反射的大脑皮层功能系统,称为**第二信号系统**(second signal system)。人类同时具有这两类系统,而动物仅有第一信号系统,这是人类区别于动物的主要所在。人类由于有第二信号系统活动,就能借助于语言与文字对一切事物进行抽象概括,表达思维活动,形成概念并进行推理,不断扩大、提高人类的认识能力。

2. **记忆的形式与过程** 外界环境通过感觉器官进入大脑的信息约有1%能够被比较长时间地储存记忆,其他都被遗忘。记忆的形式通常根据储存和回放的形式分为陈述性和非陈述性记忆;根据记忆保留的时间长短可分为**短时记忆**(short term memory)和**长时记忆**(long term memory)。陈述性记忆与觉知或意识相关,其信息可滞留于脑内特定的部位;后者则与觉知或意识无关,没有脑内滞留现象。该两种记忆形式可以互相转化。例如,学游泳过程中需对当时情景有陈述性记忆,但是学成后则变为一种反射性动作,由陈述性记忆转变为非陈述性记忆。短时记忆又分为感觉性记忆、第一级记忆;长时记忆分为第二级记忆和第三级记忆。感觉性记忆是感觉系统获得信息后首先在大脑感觉区储存的阶段,储存时间不超过1s。如果未经处理则很快消失;若经过分析处理,将那些性质粗糙,先后到达且不连续的信息整合成新的连续印象,即可转入第一级记忆。信息在第一级记忆中储存的时间也只有几秒钟,大多仅有即时应用的意义。如果反复学习运用,信息可在第一级记忆中循环,延长了信息在第一级记忆中停留的时间,从而转入第二级记忆之中,记忆持续时间可达数分钟乃至数年不等。第二级记忆是一个持久而庞大的储存系统,并有记忆的痕迹。第三级记忆是一种牢固的记忆,常可保持终生。如自己的姓名和每天都在进行的手艺操作等,由于长年累月应用,多不容易遗忘,这类记忆则转入第三级记忆中(图11-30)。

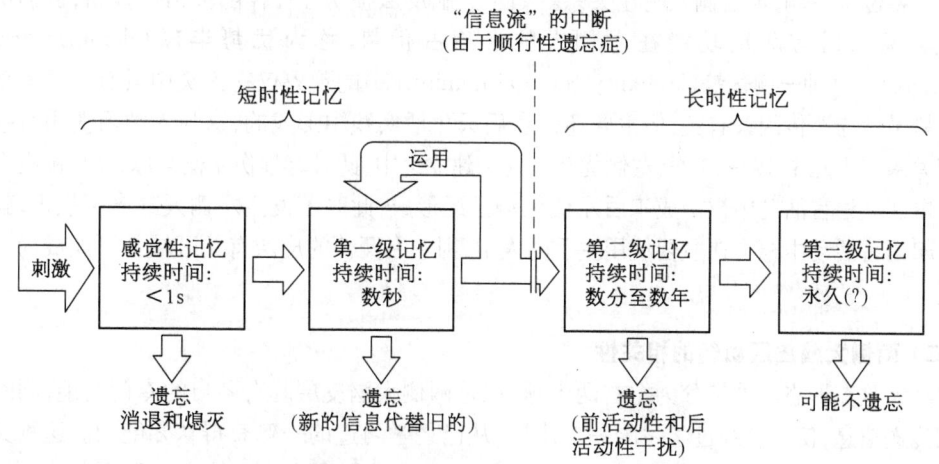

图11-30 感觉性记忆至第三级记忆过程中信息的储存

(二) 学习和记忆的机制

研究表明,学习和记忆不但有其功能定位,而且与神经突触部位的生理、生化乃至组织学改变关系非常密切。

学习和记忆的功能定位主要有**海马回路**(hippocampal circuit),即海马→穹窿→下丘脑乳头体→丘脑前核→扣带回→海马所构成的回路,大脑皮层联络区、丘脑、杏仁核以及皮层感觉和运动区以外的新皮层区域等。这些部位如有损伤均不同程度地影响学习和记忆功能。近年来的资料还表明,短期记忆可能有前额皮层参与,中期记忆可能有海马及其相关间脑结构参与,而大脑联络区可能是长期记忆的功能区。还有很多中枢神经区域也涉及了人类的学习和记忆活动。

在学习和记忆的神经生理学机制中,突触的可塑性是近年来最受关注和认同。发现在记忆力比较强的大鼠海马的长时程增强反应明显,而记忆能力低下的大鼠反应较差。另外,神经系统中广泛的环路联系使神经元产生的后作用,也是记忆的形式之一。如海马环路受到损坏时,第一级记忆转入第二级记忆能力的丧失。

学习和记忆的功能与神经生物化学关系也非常密切。实验表明,长时记忆有赖于脑内蛋白质的合成;从短时记忆开始到长时记忆的建立过程中,蛋白质的合成与基因的激活极其活跃。在人类的逆行性遗忘症中,可能是由于脑内蛋白质代谢障碍所致。中枢递质和神经肽也参与了学习记忆活动过程。研究表明,记忆突触属于胆碱能性突触,其功能主要与短期记忆有关,促进第一级记忆保持以及向第二级记忆转移;而去甲肾上腺素能促进环境信息传入和信息的储存,所以具有增强学习记忆保持过程。神经肽类中的促肾上腺皮层激素、血管升压素可增强短时记忆的保持,临床上用其治疗遗忘症收到比较的满意效果,而催产素、脑啡肽与β内啡肽则损害记忆的保持,使记忆能力减退。

从神经解剖学角度看,持久性记忆可能与新的突触联系的建立有关。实验表明,生活在复杂环境中的大鼠,其大脑皮层发达,突触联系多;而生活在简单环境里大鼠皮层比较薄。

四、大脑皮层功能的一侧优势和语言中枢

(一) 大脑皮层功能的一侧优势

两侧大脑的功能并不是均等的,大多是以一侧皮层占优势。习惯用右手的成年人,其语言活动功能主要位于左侧,与右侧无明显关系。如左大脑皮层损伤往往伴随失语症,而右侧损伤则很少出现。说明语言活动功能在左侧大脑半球占优势,称为**优势半球**(dominant cerebral hemisphere)。这种**一侧优势**(laterality cerebral dominance)的现象仅在人类中具有。语言功能的左侧优势虽然与遗传因素有关,但主要还是在后天生活实践中形成的,这与人类习惯用右手劳动有密切关系。小儿至10~12岁,左侧优势正处于建立之中,此时若损伤左侧半球,尚可能在右侧大脑皮层再建立语言活动中枢。成年后左侧优势已经形成,此时若发生左侧大脑皮层损害,就很难再建立起语言活动中枢。在主要使用左手的人中,则左右两侧的皮层有关区域都可能成为语言活动中枢。

(二) 两侧大脑皮层功能的相关性

人类大脑在形态学虽然分为左右两半球,但是两侧大脑皮层既有各自的专门功能,同时又能够互相传送信息,使没有经过学习的一侧皮层,从已经学习过的一侧获得认知能力。这种关联主要靠两侧半球之间的连合纤维来实现,联合纤维主要将两侧皮层相对应的部位联系起来。胼胝体是最大的连合纤维,进化越高的动物其胼胝体越发达。联合纤维在完成双侧半球的运动、一般感觉和视觉的协调活动中具有重要作用。在哺乳动物实验中,事先切断猫视交叉的交叉部纤维,使一侧视网膜传入冲动仅向同侧皮层投射,然后将该动物的左眼蒙蔽,用右眼学习对图案的鉴别能力,待其学会后将右眼蒙蔽,测定左眼对图案的鉴别能力,可见到左眼也具有这种鉴别能力。如果事先将其动物的胼胝体切断,则这种鉴别能力消失。人类也是如此,当一侧手学会某种技巧后,另一侧即使没有训练,但是在一定程度上也可以完成该种技巧动作。在临床上,为了防止顽固性癫痫发作由半球的一侧向对侧扩散,常将其胼胝体连合纤维切断。

(三) 大脑皮层的语言中枢

人类大脑皮层的一定区域受到损伤时,可导致特有的语言功能障碍。由此可见,大脑皮层存在着语言中枢。语言中枢分布在皮层的不同区域(图11-31),各司其职。临床发现,损伤位于中央前回底部前方的44区处的语言运动区(说话中枢)时,会引起**运动失语症**(moter aphasia)。患者

能书写和看懂文字,听懂别人说的话,其发音器官也正常,但自己却不会说话,不能用语言进行口头表达。如损伤颞上回后部的语言听觉区(听话中枢),会产生**感觉失语症**(sensory aphasia)。这类患者能讲话、书写、看懂文字,也能听见别人的发音,但听不懂说话的含义,常答非所问。若角回部位的语言视觉区(阅读中枢)受损,会导致**失读症**(alexia)。患者的视觉正常,其他的语言功能也健全,但无法看懂文字的含义。损伤额中回后部的语言视觉区(书写中枢),会出现**失写症**(agraphia)。患者能听懂别人说话、看懂文字、自己也会说话、手部肌肉也能活动,但丧失了写字与绘画的能力。

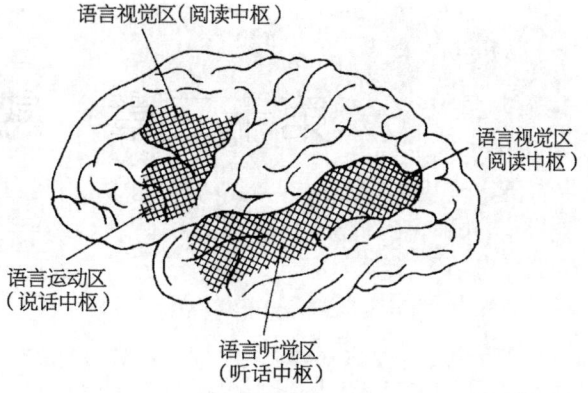

图 11-31 大脑皮层与语言功能有关的主要区域

如上所述,大脑皮层语言功能具有一定的区域性,但各区的活动紧密相关,语言功能的完整有赖于广大皮层区域的共同活动。因此,当大脑皮层的语言中枢受损时,常出现某几种失语症合并存在,严重时可出现上述四种语言功能同时障碍。例如,角回损伤时,除导致失读症外,还可伴有失写症。

(单德红　刘永平)

第十二章 感觉器官

> **导学**
> 1. 掌握：眼的折光系统及其调节,视网膜的感光功能；声音的传导途径。
> 2. 熟悉：感受器的一般生理特性；视网膜的感光功能；几种视觉现象；声音传导途径；耳蜗微音器电位。
> 3. 了解：凡列入教学内容,除掌握、熟悉的,其余均为了解。

人类生存在动态变化的自然环境中,内、外环境的各种变化信息,通过各种感受器或感觉器官的活动转化为电信号,并以神经冲动的形式经过一定的神经传导路传到大脑皮层的特定部位,经大脑皮层的各种感觉中枢对传来的神经冲动加以分析、处理,最后产生相应的感觉。

感觉(sensation)是客观事物的个别属性在人脑中引起的主观反应。任何一种感觉的产生都是由感受器或感觉器官、神经传导通路和感觉中枢三部分共同活动完成的。需要指出的是,并不是所有从感受器发出的信息都在主观上产生特定的感觉。有些感受器只向中枢神经系统提供内、外环境中某些因素变化的信息,引起调节性反应,但在主观上并不产生特定的感觉,如颈动脉窦和主动脉弓的压力感受器等。

第一节 概　　述

一、感受器、感觉器官的定义与分类

感受器(receptor)指分布于体表或组织内部的专门感受机体内、外环境变化的结构或装置。感受器的结构、功能多样,分类方法也有多种。按所接受的刺激信息不同可分为机械感受器、化学感受器、电磁感受器等；按分布部位不同可分为内感受器、外感受器。内感受器位于体内,感受机体内部的环境变化,可进一步分为平衡感受器、本体感受器和内脏感受器；外感受器分布于头部或体表,感受外界环境变化,可再分为距离感受器(如视觉、听觉等)和接触感受器(如触觉、压觉、味觉等)。

最简单的感受器是外周感觉神经末梢,如与痛觉感受有关的游离神经末梢；还有一些感受器

是由高度分化的感受细胞,如视网膜中的视锥、视杆细胞、耳蜗的毛细胞等,连同它们的附属结构,如眼的折光系统、耳的集音与传音装置等,构成复杂的**感觉器官**(sense organs)。通常把分布于人类和高等动物头部的视觉、听觉、嗅觉、味觉等感觉器官,称为**特殊感觉器官**(special sense organs)。

二、感受器的一般生理特性

1. **感受器的适宜刺激** 每一种感受器都只对一种特定能量形式的刺激最敏感。这种形式的刺激就称为该感受器的**适宜刺激**(adequate stimulus)。如耳蜗毛细胞的适宜刺激是一定频率的声波;视网膜感光细胞的适宜刺激是一定波长的光波等。适宜刺激必须有一定的刺激强度才能引起感觉。引起某种感觉所需要的最小刺激强度称为**感觉阈**(sensory threshold)。感受器并不只是对适宜刺激有反应,对于一些非适宜刺激也起反应,只是所需的刺激强度常常要比适宜刺激大得多。

2. **感受器的换能作用** 各种感受器在功能上的另一个共同特点是能把作用于它们的各种形式的刺激能量转换为传入纤维上的动作电位。这种能量转换过程称为**感受器的换能作用**(transduction)。在换能过程中,感受器并不是直接把刺激能量转换为动作电位,而是先在感受器细胞或感觉神经末梢引起相应的跨膜电变化,前者称为**感受器电位**(receptor potential),后者称为**启动电位**或**发生器电位**(generator potential)。再以电紧张的形式沿所在的胞膜作短距离扩布,最终在相应的传入神经纤维上产生动作电位,完成感受器的换能作用。

3. **感受器的编码作用** 感受器把刺激转换成传入纤维上的动作电位的同时,也把刺激所包含的环境变化信息转换到了动作电位的序列中,这一过程称为感受器的编码(coding)作用。

编码的详细机制迄今尚不清楚,许多实验和临床经验都证明,不同性质感觉的引起,不但决定于刺激的性质和被刺激的感受器,还取决于传入冲动所到达的大脑皮层的特定中枢部位。现在已知,刺激强度的编码是通过单一神经纤维上冲动频率的高低和参与信息传输的神经纤维数目的多少来实现的。

4. **感受器的适应现象** 当刺激强度持续不变地作用于同一感受器时,其感觉神经纤维上产生的动作电位频率将随着刺激作用时间的延长而逐渐下降。这种现象称为感受器的适应(adaptation)。

在人体主观感受方面,也常常体验到类似"入芝兰之室,久而不闻其香"的感觉适应现象。感觉适应的机制较为复杂,其中部分与感受器的适应有关。通常根据感受器的适应开始出现时间和适应程度不同,可把它们分为快适应和慢适应两类感受器。快适应感受器——皮肤触觉感受器等,适应较快,在受刺激时,只在刺激作用后的短时间内有传入神经冲动发放,以后虽然刺激继续存在,但其传入神经冲动的频率迅速降低,甚至消失;慢适应感受器——颈动脉窦、主动脉弓压力感受器和肌梭等,适应较慢,一般在刺激开始后不久传入冲动频率稍有下降,以后一直维持在这一水平,直到刺激被撤除为止。适应不是疲劳,因为对某种刺激产生适应后,再增加刺激的强度,又可以引起传入冲动的增加。

第二节 视觉器官

视觉(Vision)是由眼、视神经和视觉中枢的共同活动完成的。外界物体的大小、形状、颜色等

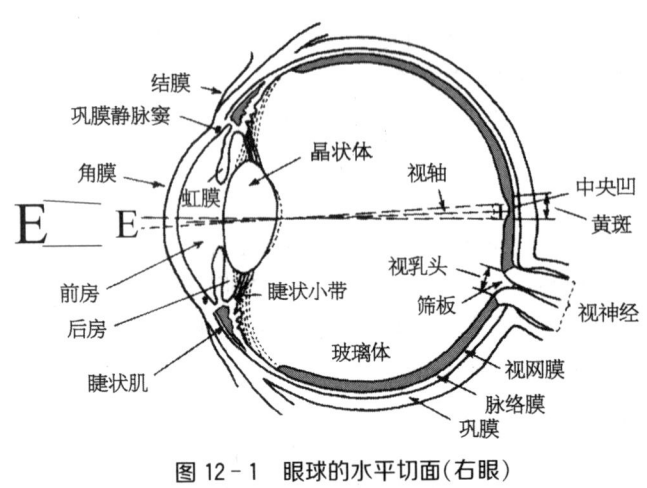

图12-1 眼球的水平切面（右眼）

都是通过视觉系统，才在脑中引起主观视觉的。人脑从外界获得的信息中，约95%来自视觉系统。

视觉的外周感觉器官是眼（图12-1）。生理学上，通常根据眼球各部分的功能不同，把眼分成**折光**（dioptric）和**感光**（photographic）两大功能系统。前者是由角膜、房水、晶状体和玻璃体组成；后者是由含有感光细胞的视网膜组成。人眼的适宜刺激是波长为370～740 nm的电磁波。来自外界物体的光线，透过眼的折光系统，成像在视网膜上。光线所包含的视觉信息，被视网膜上的感光细胞转换成电信号，再以动作电位的形式沿视神经传入视觉中枢，产生视觉。

一、眼的折光功能

（一）眼的折光系统及其光学特性

眼的折光系统是由四个折光率和曲率半径都不相同的折光体，即角膜、房水、晶状体和玻璃体组成。光线经空气入眼后，必须先经过角膜、房水、晶状体和玻璃体四种折光率不同的介质和四个曲率半径不同的球形界面（角膜的前后表面和晶状体的前后表面）。这些折光体在眼内形成一个"多个折光体的复合透镜组"，其节点、主焦点的位置与简单凸透镜的大不相同，要用一般几何光学的原理画出光线在眼内的行进途径和成像情况时，显得非常复杂。根据光学原理，主焦点的位置是平行光线经过折射后聚焦成一点的位置。每一个物体的表面，都可以认为是由无数的发光点或反光点组成。而由每一点发出的光线都是辐散的，只有当这些点和相应的折射面（如角膜）之间的距离趋于无限大时，到达该折射面的光线才能接近于平行，经折射后才能在主焦点所在的面上聚成一点。同理，整个物体才能在这个面上形成物像。在眼内，这个能使平行光线经过折射后聚焦成像的面就是视网膜。

按几何光学原理计算的结果表明，正常人眼处于安静状态（不需要进行任何调节的状态）时，来自6 m以外物体的光线都可以认为是近乎平行的，可以在视网膜上形成物像。但人眼并不能无条件能看清6 m以外任意距离的物体。如人眼可以看到月球表面较大的阴影，但不能看清其表面较小的物体或其特征。因为这些物体在眼内所形成的物像已小于眼的分辨能力，或光线强度已减弱到不足以兴奋视网膜上的感光细胞，因此不能被感知。

（二）简化眼

为了能简便分析眼的成像原理及计算物体在视网膜上成像的大小，根据眼的实际光学特性，设计了与正常眼折光效果相同，且更为简单的等效光学系统或模型，称为**简化眼**（reduced eye）。简化眼是一个假想的人工模型，其光学参数和其他特征与正常眼等值。该模型设想眼球为一单球面折光体，前后径为20 mm，折光率为1.333，外界光线只在由空气进入球形界面时折射一次，该球面的曲率半径为5 mm，节点在球形界面后5 mm的位置，后主焦点正好在此折光体的后极，这个模型和正常安静时的人眼一样，正好能使平行光线聚焦在视网膜上（图12-2）。

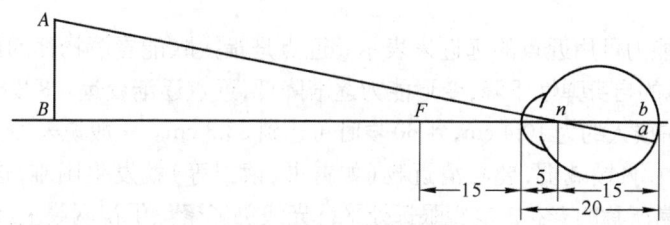

图 12-2 简化眼模型

n 为节点，AnB 和 anb 是两个相似的三角形；如果物距为已知，就可由物体的大小算出物像大小，也可算出两个三角形的顶角（即视角）的大小

利用简化眼可以方便地计算出不同远近的物体在视网膜上成像的大小。如图 12-2 所示，AnB 和 anb 是具有对顶角的两个三角形，因而有：

$$\frac{AB(物体大小)}{Bn(物体至节点距离)} = \frac{ab(物像大小)}{nb(节点至视网膜距离)}$$

式中，nb 固定不变，为 15 mm，那么，根据物体的大小和它与眼睛的距离，就可以算出物像的大小。利用简化眼可以算出正常人眼能看清的物体在视网膜上成像的大小。正常人眼在光照良好的情况下，如果在视网膜上的像小于 5 μm，一般不能产生清晰的视觉。这表明正常人眼对物像的分辨能力有极限。这个极限只能用人所能看清的最小视网膜物像的大小来表示，而不能用所能看清的物体的大小来表示。因为视网膜上物像的大小不仅与物体的大小有关，也与物体和眼之间的距离有关。人眼所能看清的最小视网膜物像的大小，大至相当于视网膜中央凹处一个视锥细胞的平均直径。

（三）眼折光功能的调节

根据光学原理，当眼看远物（6 m 以外）时，从物体某一点发出的进入眼内的所有光线，都可以认为是平行光线，对正常眼来说，正好能使物体成像于视网膜上，在主观上形成一个清晰的视觉物像；当眼看近物（6 m 以内）时，则从物体某一点发出进入眼内的不再是平行光线，这些光线通过眼的折光系统后，不能在视网膜上形成清晰的物像，只能在主观上形成一个模糊的视觉物像。但事实是，正常人眼在看近物时也非常清楚，是因为眼在看近物时已经对其折光系统等进行了调节，这一过程被称为**眼的调节**（visual accommodation）。眼的调节是通过反射活动完成的，主要通过改变晶状体折光力、瞳孔大小和眼球会聚来实现，且以改变晶状体折光力为主。

1. 晶状体的调节 晶状体是一个透明、富有弹性的半固体组织，形似双凸透镜。晶状体由晶状体囊和晶状体纤维组成，晶状体囊附着在悬韧带上，晶状体纤维通过睫状小带附着于睫状体上。当眼看远物时，睫状肌松弛，睫状小带被拉紧，使晶状体被牵拉而呈扁平；当视近物时，可反射性地引起睫状肌收缩，睫状体向前内移动，导致连于晶状体囊的悬韧带松弛，晶状体由于其自身的弹性而变凸，以其前表面的中央部分向前凸出最为显著（图 12-3）。通过对晶状体的调节，改变了眼的折光能力，使物像移动，最终在视网膜上形成清晰的

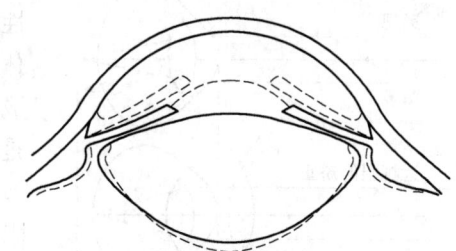

图 12-3 眼调节前后睫状体位置和晶状体形状的改变

物像。

晶状体的调节能力可用近点的远近来表示。近点是指人眼能看清物体的最近距离。随着人年龄的增长,晶状体的自身弹性下降,变形能力逐渐降低,近点逐渐变远。8岁儿童的近点平均约为 8.6 cm,20 岁左右成人约为 10.4 cm,到 60 岁时可达到 83.3 cm。一般说来,人到 40~45 岁后,晶状体的最大调节能力明显减弱,要看清近物(如看书、读报等)就发生困难,这种现象称为**老视**(presbyopia),即通常所称的老花。老视眼远处平行光线仍能聚焦于视网膜上,但近处的光线却聚焦在视网膜的后方。因此,视近物时,须戴上适当折光度的凸透镜才能看清。

2. **瞳孔的调节** 瞳孔为虹膜中间的开孔。正常人眼瞳孔的直径可变动于 1.5~8.0 mm 之间。当视近物时,可反射性地引起双侧瞳孔缩小,称为**瞳孔调节反射**(pupillary accommodation reflex)或**瞳孔近反射**(near reflex of the pupil)。瞳孔近反射的生理意义是减少进入眼内的光线量并减少折光系统的球面像差和色像差,使视网膜上形成更清晰的像。虹膜内有两种平滑肌:① 环形的瞳孔括约肌,收缩时可使瞳孔缩小;② 辐形的瞳孔散大肌,收缩时可使瞳孔散大。当强光照射时,瞳孔缩小;反之,瞳孔散大,用以调节进入眼内的光量。这种随照射光线的强弱而出现瞳孔大小的改变,称为**瞳孔对光反射**(pupillary light reflex)。瞳孔对光反射的感受器是视网膜,经视神经传入,中枢在中脑的顶盖前区和两侧动眼神经缩瞳核。当中脑受损害时,瞳孔对光反射失灵,或出现两侧瞳孔在同一时间不等大。临床上可通过检查这一反射来了解中脑的功能状况。

3. **眼球会聚** 当双眼视近物时,发生两眼的眼球内收及视轴同时向鼻侧聚拢的现象,称为**眼球会聚**(convergence)。眼球会聚是由两眼内直肌反射性地收缩所致,也称为**辐辏反射**(convergence reflex)。其生理意义是使双眼看近物时,物像能落在两眼视网膜的相称点上,从而产生单一清晰的视觉而避免复视。

(四) 眼折光功能异常及其校正

正常人眼无须对其折光系统进行调节,就可使平行光线聚焦在视网膜上,因而可以看清远处的物体;经过调节的眼,只要物体离眼的距离不小于近点,也能在视网膜上形成清晰的物像而被看清,称为**正视眼**(emmetropia)。如眼的折光能力异常,或眼球的形态异常,使平行光线不能在视网膜上形成清晰的物像,则称为**非正视眼**(ametropia)。非正视眼包括近视、远视和散光眼(图 12-4)。

1. **近视**(myopia) 其发生多数因眼球前后径过长(轴性近视)或折光系统的折光力过强(屈光性近视),使远处物体发出的平行光线聚焦成像在视网膜之前,而在视网膜上形成模糊的物像,故看远物不清;当看近物时,由于近物入眼的是辐散光线,则眼不需要进行调节或只需进行较小程度的调节,就可使光线聚焦在视网膜上,故可看清近物。因此,近视眼的近点比正视眼近。纠正近视需配戴适当度数的凹透镜,也可通过准分子激光手术,改变角膜的屈光度或晶状体置换术,降低晶状体折光力等,使远物入眼的平行光线经适当分

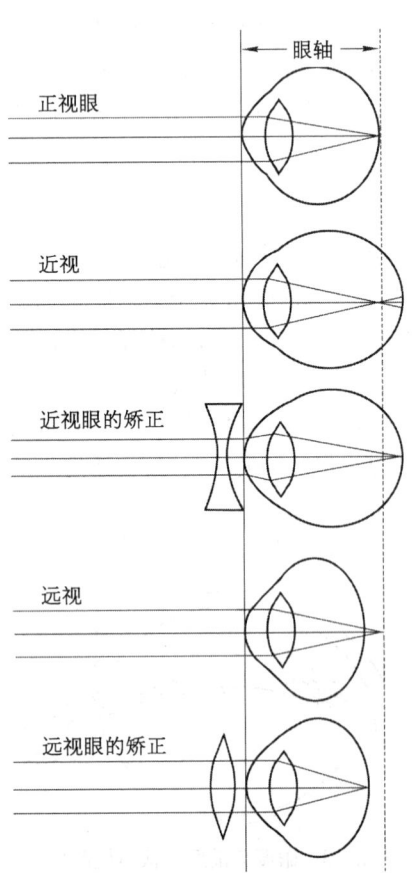

图 12-4 眼的折光异常及其矫正

散后,再经眼的折光系统折光成像于视网膜上,就能看清所视物体。

2. **远视**(hyperopia) 其发生多数由眼球的前后径过短(轴性远视)或折光系统的折光能力过弱(屈光性远视),使来自远处物体的平行光线聚焦在视网膜后方,在视网膜上不能形成清晰的物像,故远视眼视远物不清;当视近物时,由于近物入眼的是辐散光线,故聚焦在视网膜后方,也看不清近物。临床上,中高度远视,远近物体都看不清;轻度远视,由于在晶状体的调节限度内,仍可使物像成像于视网膜上,故远近物体都能看清,但其近点较正视眼远。由于远视眼不论是看近物还是看远物都需要进行调节,故易发生疲劳,尤其是在做近距离作业或长时间阅读时,可因调节疲劳而引发头疼。纠正远视需配戴适当度数的凸透镜,使物体入眼的光线经凸透镜适当聚合后,再经眼的折光系统方能折光成像于视网膜上,才能看清所视物体。远视也可做准分子激光手术等屈光手术来矫正。5 岁以前的儿童,由于眼球前后径发育滞后,多呈远视,一般至 6 岁后自然成为正视;到青春期,眼球前后径发育迅速,加之读书用眼过度,非常易于发展为近视。

3. **散光**(astigmatism) 正视眼的折光系统,其各个折光面都是正球面。散光是指眼的角膜或晶状体表面不呈正球面,即其表面不同方位的曲率半径不相等,因此各点的光线不能同时聚焦于视网膜上,而是形成焦线,造成在视网膜上物像不清晰或产生物像变形。散光常发生于角膜表面,少数发生在晶状体表面。纠正散光可用圆柱形透镜,在曲率半径过大的方向上增加折光能力,最终使视网膜上形成清晰的物像。

二、视网膜的感光功能

来自外界物体的光线,通过眼的折光系统在视网膜上形成清晰的物像。物像是一种物理范畴的像。它与外界物体通过照相机中的透镜组在底片上成像并无原则上的区别。但视觉系统最终在主观意识上形成的"像",则是属于意识或心理范畴的主观映像,是由视网膜的神经信息最终在视觉中枢内形成。眼要看到物体,产生视觉,必须通过视网膜的感光作用,经过光电换能机制,将光能转换为视神经上的动作电位,最后传入视皮层才能完成。

(一) 视网膜的结构特点

视网膜(retina)是一层透明的神经组织膜,厚为 0.1～0.5 mm,可简化为四层,由外向内依次为:色素细胞层、感光细胞层、双极细胞层和神经节细胞层(图 12-5)。入射光线作用于视网膜时,各层不同细胞的反应是不同的。色素细胞层含有黑色素颗粒和维生素 A,对感光细胞起营养和保护作用。感光细胞分**视杆细胞**(rod cell)和**视锥细胞**(cone cell)两种,它们含有特殊的感光色素。视杆细胞和视锥细胞在形态上都可分为四部分:外段、内段、胞体和终足(图 12-6)。其中,外段是视色素集中的部位,在感光换能过程中起重要作用。视杆细胞和视锥细胞在形态上的区别是:视杆细胞外段呈长杆状,视锥细胞外段呈圆锥状。两种感光细胞通过终足和双极细胞发生突触联系,双极细胞再和神经节细胞发生突触联系。视网膜中除纵向的细胞间联系外,还存在着横向联系,如在感光细胞层和双极细胞层之间有水平细胞,在双极细胞层和神经节细胞层之间有无长突细胞。这些细胞的突起在两层细胞间横向延伸,在水平方向传递信号;有些无长突细胞还可以直接向节细胞传递信号。近几年来发现,视网膜内还存在一种网间细胞,其胞体位于内网状层与外网状层之间,其作用是从内网状层向外网状层逆向传递抑制性信号,通过外网状层的水平细胞来控制视觉信号向外侧扩散,与视觉成像对比度的控制有关。视网膜由黄斑向鼻侧约 3 mm 处有一直径约 1.5 mm、境界清楚的淡红色圆盘状结构,称为视乳头。它是视网膜上视神经纤维汇集穿出眼球的部位,该处无感光细胞,不能感受光线刺激,不能产生视觉,称为**生理盲点**(blind spot)。

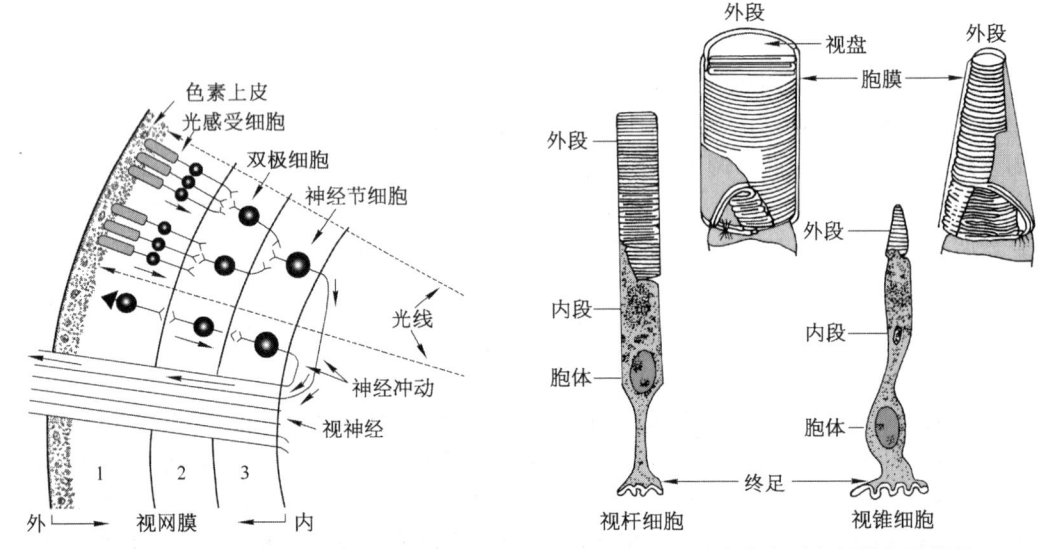

图 12-5 视网膜的基本结构和不同细胞层对光照的反应　　图 12-6 视杆细胞与视锥细胞结构

(二) 视网膜的两种感光换能系统

在人和多数哺乳类动物的视网膜中存在着两种感光换能系统:① 由视杆细胞和与其相联系的双极细胞和神经节细胞等构成的视杆系统或称晚光觉或**暗视觉**(scotopic vision)系统。该系统对光的敏感度高,专司暗光觉,但对物体细微结构的分辨能力差,视物无色觉而只能区分明暗;② 由视锥细胞和与其有关的传递细胞等组成的视锥系统或称昼光觉或**明视觉**(photopic vision)系统。该系统对光的敏感度低,专司昼光觉,但视物时可以辨别颜色,且对物体细微结构具有高度的分辨能力。比较解剖学证实,鸡视网膜中只有视锥细胞,猫头鹰视网膜中只有视杆细胞,所以鸡昼出夜宿,猫头鹰夜出昼宿。

1. **视杆细胞的感光换能机制**　感光细胞接受光刺激后,能把光刺激转变成视神经冲动,这种换能作用的物质基础就是视色素。视杆细胞中所含的视色素是**视紫红质**(rhodopsin)。视紫红质是一种结合蛋白质,由 1 分子视蛋白和 1 分子 11-顺型视黄醛的生色基团组成。视紫红质对光非常敏感,在光线作用下,视紫红质可分解为全反型视黄醛和视蛋白。这种光化学反应是可逆的,是一个多阶段的反应。在光照射下,视紫红质迅速分解,视蛋白和视黄醛分离,这时的视黄醛为全反型,视黄醛分子构型的改变将导致视蛋白分子构型的改变,经过复杂信息传递系统的活动,诱发视杆细胞出现感受器电位。据估计,一个光量子的能量就能使一个视紫红质分子开始分解。视紫红质在光照下分解,在暗处又重新合成。全反型视黄醛在异构酶催化下转变成 11-顺型视黄醛,这是一个耗能的酶促反应。11-顺型视黄醛形成后很快与视蛋白结合成为视紫红质。此过程不耗能(图 12-7)。

人眼在暗处视物时,视紫红质既有分解,也有合成,这是暗视觉的基础。在暗处,其合成超过分解,视杆细胞中的视紫红质浓度较高,使视网膜对弱光的敏感度也增高。在亮处,视紫红质分解,浓度较低,眼对弱光的敏感度降低。在视紫红质的分解和合成过程中,有一部分视黄醛被消耗。视黄醛由维生素 A 衍生而来,即维生素 A 是生成视黄醛的主要原料。故被消耗的视黄醛可由血液中的维生素 A 作原料来补充。当维生素 A 缺乏时,将导致视紫红质合成障碍,影响暗视觉,发生**夜盲症**(nyctalopia)。用细胞内微电极技术研究发现,感光细胞外段是光电转换的关键部位。当视杆细胞受光照时,可使外段膜的 Na^+ 通道相对关闭,Na^+ 内流减少,引起的感受器电位,再以电紧张的形式扩布到终足部分,再将信号传递给双极细胞,最后在神经节细胞上产生动作电位,实现光电换能作用。

2. 视锥系统换能机制和颜色视觉　视锥细胞功能的重要特点是具有辨别颜色的能力。视锥细胞外段具有特殊的视色素。实验证明,视网膜上有三种不同的视锥细胞,分别含有对红、绿、蓝三种光敏感的感光色素。正常人眼在 400～750 nm 能分辨出至少 150 种颜色。当某一波长的光线作用于视网膜时,以一定的

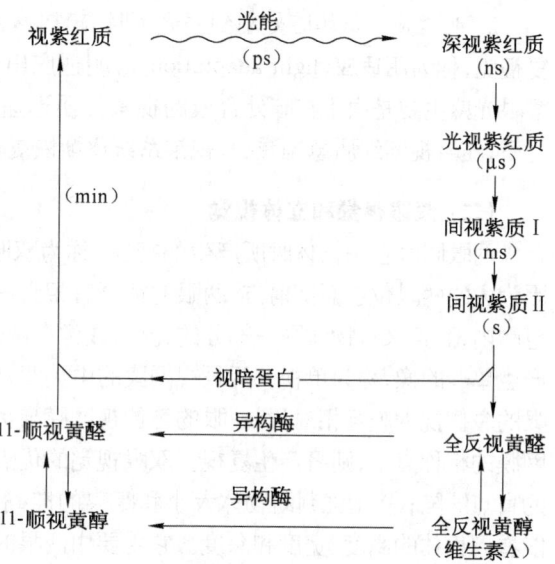

图 12-7　视杆细胞中视紫红质、视黄醛和视黄醇循环的光化学反应

比例使三种不同的视锥细胞产生不同程度的兴奋,信息经处理后转化为不同组合的神经冲动,传到大脑皮层就产生不同的色觉。如红、绿、蓝三种视锥细胞兴奋程度的比例为 4∶1∶0 时,产生红色色觉;比例为 2∶8∶1 时,产生绿色色觉等。个别人眼受遗传因素影响,缺乏相应的视锥细胞,对红、绿、蓝三种颜色中的一种或两种或三种缺乏辨别能力,称为色盲。色盲可分为全色盲(不能分辨颜色)和红绿色盲(缺乏感受红光和绿光的视锥细胞)。某些人对三种颜色反应能力降低,称为色弱。

三、几种视觉现象

(一)暗适应与明适应

1. **暗适应**　人从亮处进入黑暗的环境,最初任何物体都看不清楚,经过一段时间后,才能逐渐看清暗处的物体,称为**暗适应**(dark adaptation)。暗适应的产生机制与视网膜上视色素在暗处的合成有关。强光下,视锥细胞和视杆细胞内的视色素都被分解,但剩余的量不同。视杆细胞内的视色素剩余量较少,已达不到产生兴奋的程度;在暗处视紫红质的合成量增多,暗视觉才能逐渐恢复。而视锥细胞内的视色素分解与合成处于动态平衡之中,以维持明视觉。因此,进入黑暗环境中的暗适应过程分两个阶段:第一阶段是视锥细胞的快暗适应过程,7～8 min 即可完成;第二阶段是视杆细胞的慢暗适应过程,需 20～30 min 才能完成。随着视紫红质浓度逐渐增高,视网膜对光的敏感性也进一步升高,才能在暗处看清物体(图 12-8)。

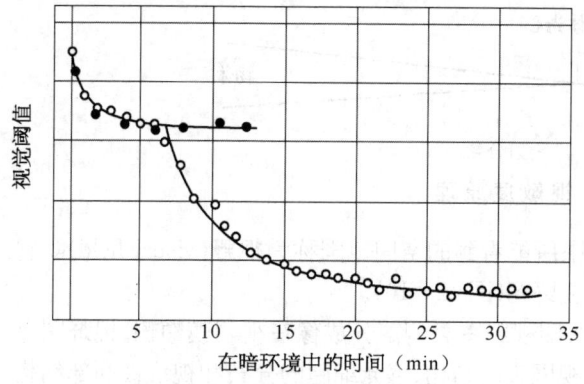

图 12-8　暗适应曲线
●:视锥细胞的暗适应;○:视杆细胞的暗适应

2. 明适应 从黑暗处刚到强光下时,起初感到一片耀眼光亮,不能看清物体,稍待片刻后才恢复视觉,称为**明适应**(light adaptation)。明适应出现较快,约需 1 min 即可完成。初到强光下时的耀眼光感主要是由于在暗处合成的视紫红质迅速分解的结果。在对光敏感的视紫红质迅速分解之后,随着视紫红质急剧减少,视锥系统逐渐恢复昼光觉作用。

(二) 双眼视觉和立体视觉

两眼同时看一物体时所产生的视觉,称为双眼视觉。两眼视物时只产生一个视觉物像,这是因为人的两眼位于面部前方,两眼的视野有相当一部分重叠。当物体成像在两眼视野互相重叠的范围内,而且来自物体同一部分的光线,成像在两眼视网膜的相称点上,这样在主观视觉印象上就产生单一的像,称为单视。两眼视网膜的中央凹是相称点,中央凹之外,一眼的颞侧视网膜和另一眼的鼻侧视网膜互相对称,一眼的鼻侧视网膜与另一眼的颞侧视网膜互相对称。若物像不落在视网膜的相称点上,则将产生复视。双眼视觉的优点:① 扩大单眼视觉的视野;② 弥补单眼视野中的盲点缺陷;③ 增强判断物体大小和距离的准确性;④ 形成立体视觉。立体视觉指两眼视物时,能看到物体的高度、宽度和深度。它主要由两眼的视差造成同一物体在两眼视网膜上形成的像并不完全相同,右眼从右方看到物体的右侧面较多,左眼从左方看到物体的左侧面较多,经过中枢神经系统的综合,就能得到一个立体形象。立体视觉是由于两眼的视差所造成的。

(三) 临床检测的几个常用概念

1. 视力 又称**视敏度**(visual acuity),指眼对物体细小结构的分辨能力,一般以眼能分辨两点间的最小距离为衡量标准。眼前一定距离的两个光点发出的光线投射入眼后交叉通过节点时所成的夹角称为视角。在距离一定、光照良好的条件下,视角越大,表示两光点间距离越大,在视网膜上形成的物像也越大。在眼前方 5 m 远处视力表上,第 10 行 E 字开口间距离为 1.5 mm。来自该 E 字开口两点的光线在眼内形成的视角为 1 分,在视网膜上形成两点物像之间的距离为 4~5 μm,恰好相当于一个视锥细胞的直径。这样两条光线分别刺激两个视锥细胞,而且中间至少间隔一个未被刺激的视锥细胞(图 12-9)。在检查人的视力时,把人眼能分辨清该 E 字开口方向的视力,定为正常视力,以 1.0 表示。若同样距离,只能分辨清视角为 2 分角的 E 字的开口方向,其视力定为 1/2=0.5,即用眼能够分辨出两个光点的最小视角的倒数来表示视力。人眼在视网膜的中央凹处,视锥细胞直径可小于 2 μm,因此该处的视力可超过 1.0 达到 1.5 或更高。

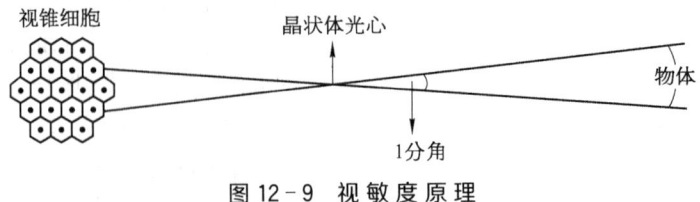

图 12-9 视敏度原理

2. 视野 单眼固定注视正前方一点时,该眼所能看到的空间范围称为**视野**(visual field)。它可用视野计加以测定,并用图纸记录下来,称为视野图(图 12-10)。

视野与视网膜上各点的对应位置是相反的,即视野图鼻侧部分成像在视网膜颞侧,视野图上侧部分成像在视网膜下侧。视野的大小取决于视网膜的结构、感光细胞的分布和视线被面部结构的阻挡程度。正常视野图中,颞侧视野大于鼻侧视野,下侧视野大于上侧视野。颜色视野以白色最大,其次是蓝、红、绿色,以绿色视野为最小。视野图表示眼所看到的面积,它能反映视网膜的普遍感光功能。因此临床上通过视野的检查来诊断疾病。它常是了解视网膜疾病、视觉传导通路及视皮层病变的重要方法之一。

3. **视网膜电图** 视网膜受到光刺激时由视杆细胞和视锥细胞产生的电信号,在视网膜内经过复杂的细胞网络传递,最后以动作电位的形式,通过视神经将视觉信息传入视皮层的过程,从角膜记录到的视网膜总和电反应。将一记录电极置于角膜表面,另一参考电极放在额部皮肤,当给视网膜以广泛光刺激时,可以在灵敏的电测量仪上记录到视网膜在光照时产生的综合电位变化,称为**视网膜电图**(electroretinogram)。它可反映视网膜的功能。视网膜电图的成分主要有 a、b、c、d 4 个波,其中最主要的一个是双向波,由负相 a 波及正相 b 波组成(图 12-11)。a 波:起源于光感受器内段,称晚感受器电位,是感光细胞感受器电位总和形成的一个负相波。b 波:起源于 Müller 细胞及双极细胞,主要与双极细胞和神经节细胞活动有关,是紧接 a 波之后的一个正相波。c 波:起源于视网膜色素上皮细胞层,可能与光持续照射时色素上皮细胞膜电位

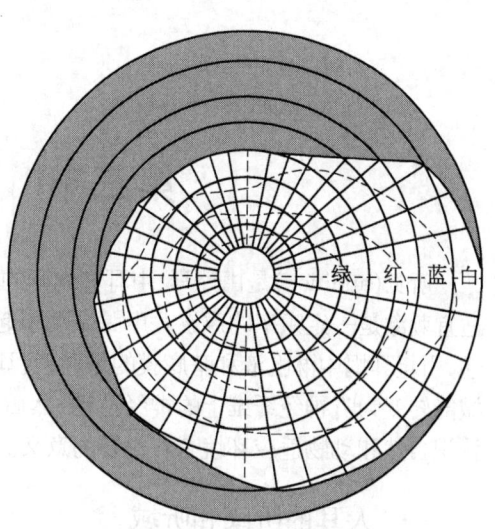

图 12-10 人右眼视野图的暗适应

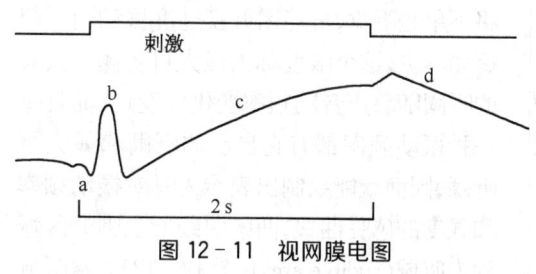

图 12-11 视网膜电图

变化有关。平缓而持续时间长,是一个潜伏期极长、在 b 波之后缓慢上升的正相波。d 波:起源于双极细胞,重叠于 c 波之上,被认为是视网膜电图的撤光反应,目前尚未用作评价视网膜功能的指标。视网膜电图在临床上有一定应用价值,可用于跟踪眼病的进展和预后,尤其 b 波是视网膜电图中最敏感和最易发生变异的成分,临床上可作为反映视网膜对光敏感性的指标。

4. **房水循环和眼内压** 房水为充盈于眼前房和后房中的无色透明液体,是眼折光系统的一个组成部分,其成分类似去蛋白血浆。但 HCO_3^- 和 Na^+ 的含量超过血浆,所以房水的渗透压比血浆高。房水对角膜和晶状体有营养作用,是维持眼内压的重要因素。房水由睫状体脉络膜丛处的毛细血管被动滤过生成,也有睫状体的色素上皮的主动分泌过程参与。生成的房水由后房经瞳孔进入前房,大部分由巩膜角膜结合处的前房角进入巩膜的静脉窦,汇入睫状前静脉;小部分由前膜进入虹膜静脉;极少量由后房经晶状体背面、玻璃体管入视神经旁静脉淋巴管。房水不断生成,不断回流入静脉,两者保持动态平衡,沟通于后房、前房之间,形成房水循环,对维持眼内压的稳定起重要作用。我国成人正常眼内压为 17~24 mmHg,平均 20 mmHg。眼内压相对稳定对保持眼球,特别是角膜的正常形状和眼的正常折光能力有重要意义。如刺破角膜,房水丢失,眼内压下降,可引起眼球和角膜变形,从而影响眼的折光功能。若房水循环障碍,导致眼内压过高而可引起角膜、晶状体以及虹膜等结构的营养代谢障碍,严重时造成角膜混浊、视力丧失,称为青光眼。

第三节 听觉器官

听觉(audition)是由外耳、中耳和内耳的耳蜗以及听神经和听觉中枢的共同活动完成。人耳的适宜刺激是一定频率的声波。声源振动引起空气产生的疏密波,通过外耳道、鼓膜和听骨链的传递,引起耳蜗中淋巴液和基底膜的振动,使耳蜗螺旋器中的毛细胞受刺激而产生兴奋,将声波的机械能转变为听神经纤维上的神经冲动,然后传送到大脑皮层的听觉中枢,产生听觉。听觉对人类认识自然和动物适应环境有着重要的意义。

一、人耳的听阈和听域

耳的适宜刺激是空气振动的疏密波,但振动的频率必须在一定范围内,并且达到一定强度,才能产生听觉。通常人耳能感受的振动频率范围为 20~20 000 Hz,强度范围为 0.000 2~1 000 dyn/cm^2。对于每一种频率的声波,都有一个刚能引起听觉的最小强度,称为听阈(auditory threshold)。当强度在听阈以上继续增加时,听觉的感受也相应增强,但当强度增加到某一限度时,引起的将不单是听觉,可能因鼓膜过度振动而引起疼痛感觉,这个限度称为最大可听阈。人耳的听阈随着声音的频率变化而变化,而且每一种振动频率都有它自己的听阈和最大可听阈,因而就能绘制出表示人耳对振动频率和强度的感受曲线,两条曲线所包围的区域称为**听域**(audible area)(图 12-12)。从听域图上可以看出,人日常说话的频率和强度恰好在听域图的中间。临床上一般是把 20 岁左右健康人听力的听阈平均值作为 0 dB(分贝),测定受测试者听力损失的分贝数,并把听力损失 30 dB 以上者,诊断为耳聋。

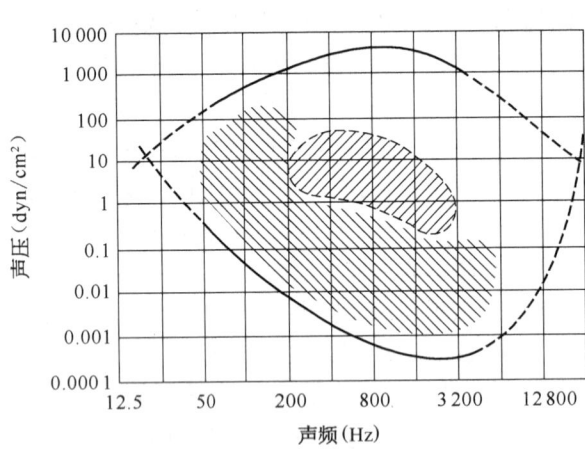

图 12-12 人的正常听域图
中心斜线区:通常语言区;下方斜线区:次要语言区
(1 dyn=10^{-5}N)

二、外耳和中耳的传音功能

(一) 外耳的功能

外耳包括耳郭和外耳道。耳郭的形状有利于接受外界的声波,有"集音"作用,并有助于声源方向的判断。外耳道是声波的传导通路,全长 20~25 mm。其一端开口于耳郭,另一端终止于鼓膜。根据物理学原理,计算得其最佳共振频率约为 3 500 Hz 左右,该频率的声波由外耳道口传到鼓膜附近时,其强度可以增加约 10 倍。

(二) 中耳的功能

中耳由鼓膜、听小骨、鼓室和咽鼓管等结构组成。中耳的主要功能是将声波振动的能量高效能地传递给内耳淋巴液,其中鼓膜和听骨链在声音传递过程中起着重要的作用。

1. **鼓膜** 呈椭圆形,面积 50~90 mm², 厚度约 0.1 mm, 形状如同一个浅漏斗, 其顶点朝向中耳,内侧与锤骨柄相连。鼓膜同电话机受话器的振动膜相似,是一个压力感受装置,具有较小的失真度和较好的频率响应性。当频率在 2 400 Hz 以下的声波作用于鼓膜时,鼓膜可以复制外加振动的频率,其振动可与声波振动同始同终,没有余振。

2. **听骨链**(chain of ossicle) 由锤骨、砧骨和镫骨依次连接而成。锤骨的柄附着于鼓膜,镫骨的脚板与卵圆窗膜相接,砧骨居中,将锤骨和镫骨连接起来,使三块听小骨形成固定角度的杠杆。锤骨柄为长臂,砧骨长突为短臂。杠杆的支点刚好在听骨链的重心上,因而在能量传递过程中惰性最小,效率最高。鼓膜振动时,如锤骨柄内移,则砧骨的长突和镫骨柄也作相同方向的内移,如图 12-13 中的点线所示。

3. **中耳的增压效应** 声波由鼓膜经听骨链到达卵圆窗时,其振动的压强增大,而振幅稍减小,这就是中耳的增压作用。其原因是:① 鼓膜的实际振动面积约为 55 mm², 而卵圆窗膜的面积只有 3.2 mm², 两者之比为 17.2∶1。如传递的总压力不变,则作用于卵圆窗膜上的压强为鼓膜上压强的 17.2 倍。

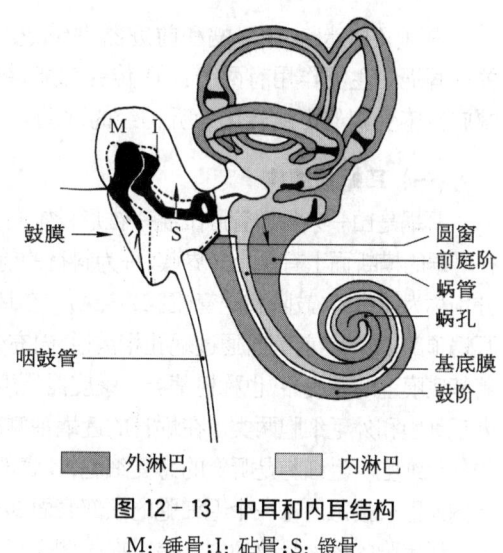

图 12-13 中耳和内耳结构
M: 锤骨;I: 砧骨;S: 镫骨

② 听骨链杠杆的长臂与短臂之比为 1.3∶1,这样,作用在短臂一侧的压力将增大为原来的 1.3 倍。通过以上两方面的作用,在整个传递过程中,中耳的增压效应为 17.2×1.3 倍,即 22.4 倍。

4. **鼓膜张肌和镫骨肌的保护作用** 中耳内的鼓膜张肌和镫骨肌也与中耳的传音功能有关。当声强过大时(70 dB 以上),可反射性地引起这两块肌的收缩,结果使鼓膜紧张,各听小骨之间的连接更为紧密,导致中耳传递振动的幅度减小,阻力加大。这种作用一方面可降低中耳的传音功能,另一方面可阻止较强的振动传到耳蜗,从而对感音装置具有某种保护作用。但由于这种反射有一定的潜伏期,所以对突发性爆炸声的保护作用不大。

5. **咽鼓管的压力平衡作用** 咽鼓管是连接鼓室和鼻咽部之间的通道,其鼻咽部的开口常处于闭合状态,在吞咽、打哈欠时开放。咽鼓管开放的主要功能是调节鼓室和大气压之间的压力平衡,进而能维持鼓膜的正常位置、形状和振动性能,在维持正常听力方面有重要意义。咽鼓管因炎症阻塞后,鼓室内空气被吸收,可造成鼓膜内陷并影响听力。

(三) 声波传入内耳的途径

声波传入内耳的途径有气传导与骨传导两种。在正常情况下,以气传导为主。

1. **气传导** 声波经外耳道引起鼓膜振动,再经听骨链和卵圆窗膜进入耳蜗,这一条声音传导的途径称为**气传导**(air conduction)。气传导是声波传导的主要途径。此外,鼓膜的振动也可引起鼓室内空气的振动,再经圆窗膜的振动传入耳蜗。这一传导途径也属于气传导,但在正常听觉过程中并不重要,只有当听骨链运动障碍时才发挥一定的传音作用,但这时的听力较正常时明显降低。

2. **骨传导** 声波可直接引起颅骨的振动,再引起位于颞骨骨质中耳蜗内淋巴的振动,这种传导途径称为**骨传导**(bone conduction)。骨传导的敏感性低得多,因此在正常听觉的引起中起的作用甚微。只是当鼓膜或中耳病变引起传音性耳聋时,气传导明显受损,而骨传导却不受影响,甚至相对增强;而当耳蜗病变引起感音性耳聋时,气传导和骨传导均受损。因此,临床上可通过检查患者气传导和骨传导受损情况来判断听觉异常的产生部位和原因。

三、内耳(耳蜗)的功能

内耳又称迷路,由耳蜗和前庭器官组成。耳蜗为声音的感受器官,前庭器官则与平衡感觉有关。耳蜗的主要作用有两个:① 传音功能,将卵圆窗所受的声能传送到毛细胞。② 感音功能,将螺旋器感受到的声能转化为听神经的冲动。

(一) 耳蜗的结构

耳蜗是由一条骨质管腔围绕一锥形骨轴向上盘旋转 23/4~21/2 周而成,因形似蜗牛壳而得名。在耳蜗的横断面上有两个分界膜,一为斜行的前庭膜,另一为横行的基底膜,此两膜将管腔分为三个腔,分别称为前庭阶、鼓阶和蜗管(图12-14)。在耳蜗底部,前庭阶由卵圆窗膜封闭,鼓阶由圆窗膜封闭;在耳蜗顶部,鼓阶与前庭阶通过蜗孔相沟通,内充外淋巴。蜗管是一个充满内淋巴的盲管,其内淋巴浸浴着基底膜上的螺旋器,也称柯蒂器。螺旋器是声音感受器,由毛细胞及支持细胞等组成。毛细胞又分为内毛细胞和外毛细胞两类。在蜗管的近蜗轴侧有一行纵向排列的内毛细胞,靠外侧有3~5行纵向排列的外毛细胞。毛细胞是听觉的感受细胞,其底部与外淋巴相接触,并有丰富的听神经纤维末梢;其顶部与内淋巴相接触。每一个毛细胞的顶部表面都有上百条排列整齐的听毛,外毛细胞中较长的一些纤毛埋植于盖膜的胶冻状物质中。盖膜在内侧连耳蜗轴,外侧则游离在内淋巴中(图12-15)。

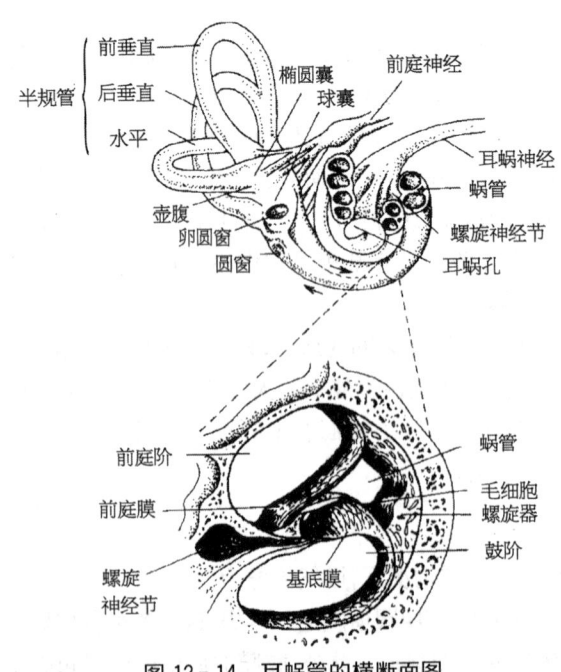

图12-14 耳蜗管的横断面图

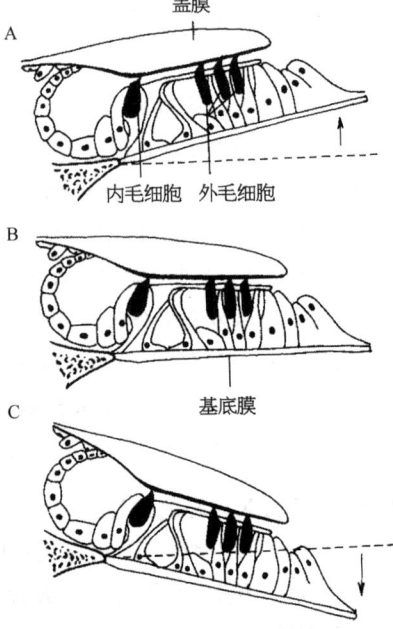

图12-15 基底膜和盖膜震动时毛细胞顶部听毛受力情况

A. 基底膜在震动中上移时,因与盖膜之间的切向运动,听毛弯向蜗管外侧;B. 静止时的情况;C. 基底膜在震动中下移时,听毛弯向蜗管内侧

(二) 耳蜗的感音换能作用

1. 基底膜的振动和行波理论 声波振动通过鼓膜、听骨链传到耳蜗,使耳蜗淋巴液和膜性结构振动。振动波转变为盖膜与基底膜之间的剪切运动,产生剪切力,并使与盖膜接触的毛细胞的纤毛发生弯曲或倾斜,引起毛细胞产生感受器电位,并进一步激发听神经纤维产生动作电位,传入中枢,引起听觉。如声波引起卵圆窗膜内移,前庭阶压力增大,基底膜下移,鼓阶内压力增大,使圆窗膜外移;相反,当卵圆窗膜外移时,又作反方向的移动,如此反复,形成振动。在正常气传导的过程中,圆窗膜起着缓冲耳蜗内压力变化的作用。

实验表明,基底膜的振动从其底部开始,以**行波**(travelling wave)方式沿基底膜从耳蜗基底部向耳蜗顶部的方向传播。振动的振幅,随着振动由卵圆窗向前推进而逐渐增大,传播速度则逐渐减慢,行到一定距离时,振幅达到最大,而后又迅速减小乃至消失(图12-16)。耳蜗不同部位的谐振(共振)频率不同,声音频率越低,行波传播的距离越远,最大振幅出现的部位越靠近基底膜顶部;相反,声波频率越高,行波传播愈近,最大振幅出现的部位越靠近卵圆窗处。由于每一种频率的声波引起的基底膜振动都有一个特定的行波传播范围和最大振幅区,因此与该基底膜振动区域有关的毛细胞和听神经纤维就

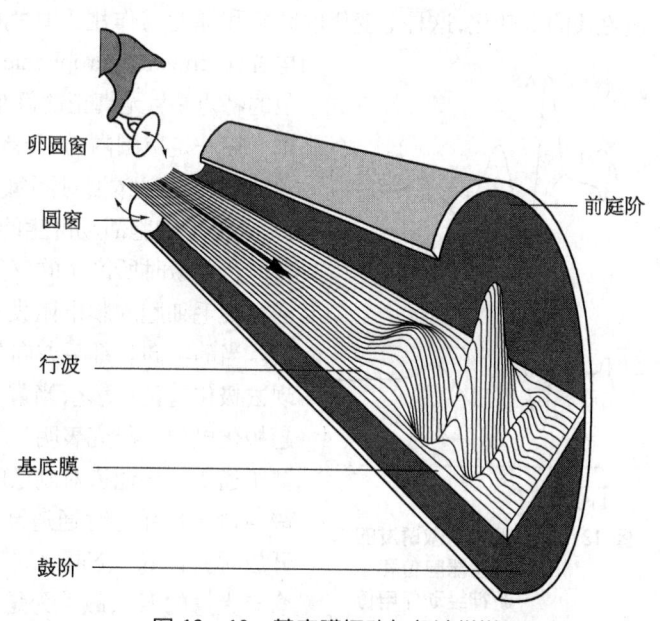

图 12-16 基底膜振动与行波学说

会受到最大的刺激,于是,来自基底膜不同区域的听神经纤维的冲动传到听觉中枢的不同部位,就可引起不同音调的感觉,这就是耳蜗对声音频率初步分析的基本原理。由此可以理解,临床上观察到耳蜗底部受损时主要影响对高频声波的听力,而耳蜗顶部受损时主要影响对低频声波的听力。如图12-15所示,外毛细胞顶端的听毛有些埋植于盖膜的胶状物中,有的则与盖膜的下面相接触;由于基底膜与盖膜的附着点不在同一个轴上,故当行波引起基底膜振动时,盖膜与基底膜便各自沿着不同的轴而上、下移动,于是两膜之间便发生交错的移行运动,使听毛受到一个剪切力的作用而弯曲,引起毛细胞兴奋,并将机械能转变为生物电变化。

2. 耳蜗的生物电现象 如上所述,耳蜗将机械能转变为电信号,由此引起耳蜗内一系列过渡性的电变化,最后引起听神经纤维的动作电位,完成耳蜗的换能作用。

(1) 耳蜗内电位:在耳蜗未受刺激时,如果以鼓阶外淋巴为参考零电位,那么便可测出蜗管内淋巴中的电位为+80 mV 左右,称为**耳蜗内电位**(endocochlear potential)。在静息情况下,毛细胞膜内电位为$-70 \sim -80$ mV,由于毛细胞顶端的浸浴液为内淋巴,因此该处毛细胞膜内外的电位差可达 160 mV 左右。而毛细胞周围的浸浴液为外淋巴,该处膜内外的电位差只有 80 mV 左右。这是毛细胞电位与一般细胞电位不同之处。内淋巴中正电位的产生和维持与蜗管外侧壁的血管纹结构的细胞活动密切相关。另外,外淋巴与内淋巴离子成分不同,前庭阶与鼓阶外淋巴的 Na^+ 多于 K^+,而蜗管中的 Na^+ 低于 K^+。实验证明,血管纹细胞膜含有丰富的活性很高的 $Na^+ - K^+$ ATP

酶,通过分解 ATP 获能,并将血浆中的 K^+ 泵入内淋巴,将内淋巴中 Na^+ 泵入血浆,由于被转运 K^+ 的量超过 Na^+ 的量,因此内淋巴中有大量的 K^+ 蓄积,从而保持较高的正电位。目前认为,内淋巴中较高的 K^+ 浓度与维持毛细胞对机械性刺激的敏感性有关;另外,耳蜗内电位对缺氧或哇巴因(Na^+-K^+-ATP 酶抑制剂)非常敏感,缺氧可使 ATP 的生成减少及 Na^+ 泵的活动受阻,因而使内淋巴的正电位不能维持,可导致听力障碍。临床上呋塞米等利尿剂引起的一过性耳聋现象,就是因其抑制 Na^+ 泵而引起的不良反应。

(2) 耳蜗微音器电位:当耳蜗受到声音刺激时,在耳蜗及其附近结构还可记录到一种具有交流性质的电变化,这种电变化的频率和幅度与作用于耳蜗的声波振动完全一致,称为**耳蜗微音器电位**(cochlear microphonic potential, CM)(图 12-17)。微音器电位的特点是:无真正的阈值;潜伏期极短,小于 0.1 ms;没有不应期。在一定范围内,微音器电位的振幅随声压的增大而增大,并且对缺氧和深麻醉相对不敏感。微音器电位不是听神经的动作电位,而是毛细胞活动产生的一种复合电位变化,即多个毛细胞在接受声音刺激时所产生的感受器电位的复合表现。毛细胞的静毛弯曲可使毛细胞的膜电阻发生变化,因而引起毛细胞出现感受器电位。当静毛向长纤毛方向弯曲时,毛细胞表面电阻减小,毛细胞出现去极化电位;反之,当静毛向相反的方向弯曲时,则毛细胞出现超极化电位。研究表明:在毛细胞顶部细胞膜附近,存在机械门控离子通道。该通道对刺激的反应非常迅速,无潜伏期,故可以认为静毛弯向长纤毛时通道开放,静毛弯向短纤毛时通道关闭。通道开放时允许 K^+、Na^+、Ca^{2+} 等各种离子通透。然而,由于内淋巴中含有大量的 K^+,故认为是 K^+ 内流而产生去极化,这就使微音器电位的位相和幅度能够同声波振动的相一致。

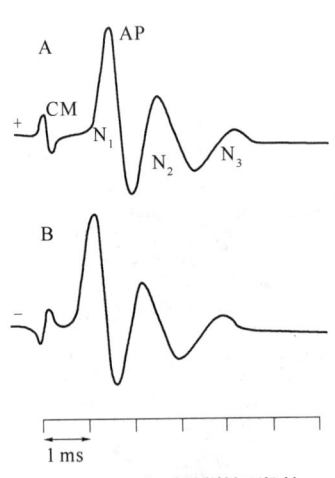

图 12-17 短声刺激诱发的微音器电位和听神经动作电位

CM:微音器电位;AP:耳蜗神经动作电位(包括 N_1、N_2、N_3 三个负电位)。A 与 B 表示当声音位相改变时,微音器电位倒转,但 AP 的位相不变

(3) 听神经动作电位:听神经动作电位是耳蜗对声音刺激所产生的一系列反应中最后出现的电变化,是耳蜗对声音刺激进行换能和编码的总结果。根据引导方法不同,可以记录听神经复合动作电位或单一听神经纤维动作电位。图 12-17 中的 N_1、N_2、N_3 是从整根听神经上记录到的复合动作电位,它是听神经中所有纤维活动的综合结果。动作电位的振幅取决于声音的强度、发生兴奋的纤维数目及各纤维放电的同步化程度。

第四节 前庭器官

身体必须保持正常的姿势才能进行各种活动。而要维持正常的姿势,又依赖于前庭器官、视觉器官和本体感受器的协同活动才能完成,其中前庭器官的功能最为重要。前庭器官由内耳中的三个半规管以及球囊和椭圆囊组成,是人体感受自身运动状态和头在空间位置的感受器,在保持身体的平衡中起重要的作用。

一、前庭器官的感受装置与适宜刺激

前庭器官的感受细胞都是毛细胞,它们按一定的形式排列,具有类似的结构和功能。这些毛细胞有两种纤毛,其中有一根最长,位于细胞顶端的一侧边缘处,称为动纤毛;其余的纤毛较短,数量较多,称为静纤毛。每个细胞有静纤毛60~100根,在其排列上逐根变长,呈阶梯状。毛细胞的基底部有感觉神经纤维末梢分布。毛细胞的适宜刺激是与纤毛的生长面平行的机械力的作用。当动纤毛和静纤毛都处于自然状态时,细胞膜的静息电位约−80 mV;同时,与毛细胞相连的神经纤维上有一定频率的持续放电(基础放电)。当在外力作用下,使静纤毛朝向动纤毛的方向弯曲,毛细胞就去极化,达到一定阈值(约−60 mV)时,毛细胞的传入神经纤维发放的冲动频率增加,表现为兴奋效应;相反,当外力使动纤毛朝向静纤毛的方向弯曲时,则毛细胞超极化,同时传入冲动减少,表现为抑制(图12 − 18)。前庭器官中所有毛细胞感受外界刺激所进行的机械电换能机制与耳蜗毛细胞相似。在正常情况下,机体的运动状态和头部在空间位置的改变都能以特定的方式改变毛细胞纤毛弯曲的方向,使相应神经纤维的放电频率发生改变。这些信息传到中枢后,能引起特殊的运动觉和位置觉,并出现各种躯体和内脏功能的反射性变化。

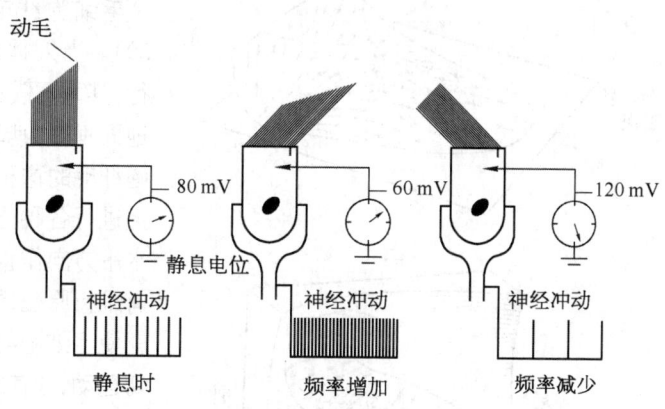

图 12 − 18 前庭器官中毛细胞顶部纤毛受力情况影响毛细胞膜电位和传入神经冲动频率

人体两侧内耳中各有三个相互垂直的半规管,即外侧半规管、前半规管和后半规管。它们分别位于相互垂直的三个平面上。每个半规管约占2/3个圆周,与椭圆囊连接处都有一个膨大的部分,称为壶腹。壶腹内有一块隆起的结构称壶腹嵴,其中有一排面对管腔的毛细胞。毛细胞顶部的纤毛都埋植在胶质性质的圆顶形终帽之中。毛细胞上动纤毛与静纤毛的相对位置是固定的,如在水平半规管内,当内淋巴由管腔向壶腹的方向移动时,正好能使毛细胞的静纤毛向动纤毛方向弯曲,引起该侧壶腹的传入神经向中枢发放大量的神经冲动。

半规管的适宜刺激是旋转变速运动,人的感受阈值约为$2°/s^2$。当人体直立并在水平方向做旋转运动时,水平半规管的感受器受刺激最大。旋转开始时,由于管腔内淋巴的惯性,它的启动将晚于人体和半规管本身的运动。图12 − 19显示,人体向左旋转,开始时左侧水平半规管中的内淋巴压向壶腹的方向,使该侧毛细胞兴奋而产生较多的神经冲动;与此同时,右侧水平半规管中的内淋巴压力作用的方向是由壶腹向半规管,于是由该侧壶腹传向中枢的冲动减少。伴随传向中枢的神经信息的变化,在主观上就产生特定的旋转变速感觉,同时,能反射

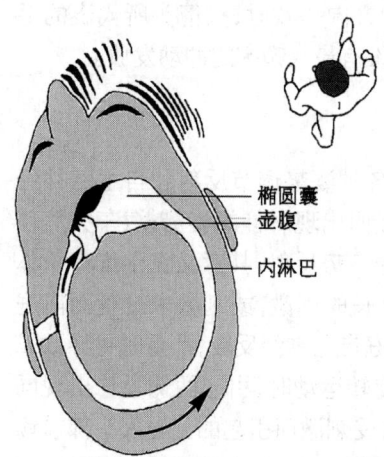

图 12 − 19 头部向左转动时左侧水平半规管内淋巴的流动方向

性地引起某些肌张力改变,以保持身体的平衡。当旋转达到匀速状态时,管腔中的内淋巴与管腔呈同步运动,两侧壶腹中的毛细胞都处于不受力状态,中枢获得的信息与不进行旋转时相同。当旋转停止时,由于内淋巴的惯性,两侧壶腹中毛细胞的受力方向和冲动发放情况正好与旋转开始时相反。人脑正是根据来自两侧水平半规管传入信号的差异来判定旋转的方向和旋转状态的。内耳迷路的其他两对半规管分别接受与它们所处平面方向一致的旋转变速运动的刺激。

椭圆囊和球囊的适宜刺激是直线变速运动。它们的感受细胞是位于其囊斑的毛细胞。毛细胞的纤毛埋植于耳石膜中。耳石膜是一种胶质板,内含耳石。耳石主要由蛋白质和碳酸钙构成,比重大于内淋巴。在这两个囊斑的水平面上,几乎每个毛细胞纤毛的排列方向都不完全相同(图 12-20)。当人体站立不动时,椭圆囊的囊斑与地面平行,其耳石膜在毛细胞纤毛的正上方;球囊的囊斑与地面垂直,其耳石膜悬在毛细胞纤毛的一侧。毛细胞纤毛的这种配置有利于分辨人体在囊斑所处平面上进行各种方向的直线变速运动。例如,当人体在水平方向作直线变速运动时,由于惯性作用,耳石膜有维持原位的趋势,而毛细胞则随人体在变速。这就使毛细胞与耳石膜的相对位置发生改变,发生剪切运动,致使纤毛在剪切力的作用下侧弯。这种椭圆囊囊斑毛细胞纤毛的侧弯曲,就能引起某些特定的传入神经纤维上冲动发放的增加。这种变化了的神经冲动传到中枢后,就会在主观上产生特定的变速感觉,同时反射性地引起肌张力改变,以保持身体的平衡。同理,球囊囊斑上的毛细胞也以相似的机制感受头部在空间的位置,同时也反射性地引起肌张力改变,以调整身体的姿势。箭头所指方向是该处毛细胞顶部动毛所在位置,箭尾是同一细胞的静毛所在位置,当机体所作直线加速运动的方向与某一箭头的方向一致时,该箭头所代表的毛细胞表面静毛向动毛侧的弯曲最明显,与此毛细胞有关的神经纤维有最大频率的冲动发放。

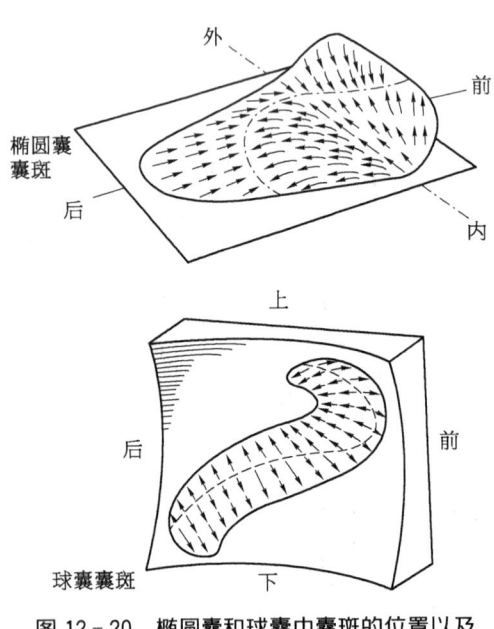

图 12-20 椭圆囊和球囊中囊斑的位置以及毛细胞顶部纤毛的排列方向

二、前庭反应与眼震颤

前庭器官的传入冲动,除引起运动觉和位置觉外,还可引起各种姿势调节反射和自主性神经功能的改变。例如,当汽车突然加速时,会引起颈背肌紧张性增强而出现后仰的姿势;汽车突然停止时则出现相反的情况。这是前庭器官对变速运动反应而引起的姿势反射,其意义在于维持机体一定的姿势和保持身体平衡。另外,如果前庭器官受到过强或过长的刺激,或刺激未过量而前庭功能过敏时,常会引起恶心、呕吐、眩晕、皮肤苍白等现象,称为前庭自主神经反应,严重时可导致晕船、晕车等现象。前庭反应中有一种最特殊的反应,即当躯体做旋转运动时,引起两侧眼球出现同步的往复运动,称为**眼震颤**(nystagmus)。眼震颤主要是由半规管受刺激而引起的。当人头部前倾30°,绕纵轴旋转时,两侧水平半规管受到刺激,引起水平方向的眼震颤;上、后半规管受刺激时引起垂直方向的眼震颤。人类在水平面上的活动较频繁(如转身、回顾等),故以水平方向的眼震颤为例来说明眼震颤的情况。当向左旋转时,由于内淋巴的惯性,使左侧壶腹嵴内的毛细胞受刺激增强,而右侧正好相反(图 12-21A),反射性地引起某些眼外肌兴奋和另一些眼外肌抑制,于是出现两侧眼球向右侧移动,称为眼震颤的慢动相;当眼球移动到两眼裂右侧端时,又快速返回到眼裂正中,称为眼震颤的快动相。以后再出现新的慢动相和快动相,反复不已,这就是眼震颤。当旋转变为匀速转动时,旋转虽在继续,但由于内淋巴与身体的旋转速度相同,故壶腹中的毛细胞回到未旋转时的位置,因此眼震颤停止。当旋转突然停止时,由于内淋巴的惯性而又出现眼震颤,但其慢动相和快动相的方向与旋转开始时正好相反(图 12-21B)。眼震颤慢动相的方向与旋转方向相反,是由于对前庭器官的刺激而引起的;而快动相的运动方向与旋转方向一致,是中枢矫正性运动。临床上常根据眼震颤试验来判断前庭功能是否正常。

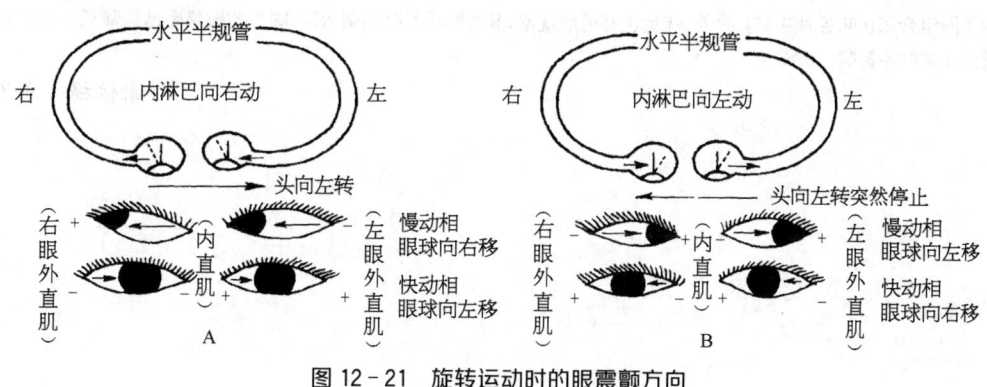

图 12-21　旋转运动时的眼震颤方向

第五节　嗅觉与味觉

一、嗅觉

嗅觉(olfaction)感受器即**嗅细胞**(olfactory cell),位于上鼻道及鼻中隔后上部的嗅上皮中,是惟一的起源于中枢神经系统且能直接接受环境中化学物质刺激的神经元。嗅上皮由嗅细胞、支持细胞、基底细胞和 Bowman 腺组成。嗅细胞呈细长瓶形,顶部有 6~8 条短而细的纤毛,埋于 Bowman 腺所分泌的黏液之中;细胞的底端(中枢端)是由无髓纤维组成的嗅丝,穿过筛骨直接进入嗅球。嗅觉感受器的适宜刺激是空气中有气味的化学物质。一般认为,众多的气味是由七种基本气味(樟脑味、麝香味、花草味、乙醚味、薄荷味、辛辣味、腐腥味)的组合所引起。嗅觉也和其他感觉系统类似,各种气味是由于它们在不同的传导路上引起不同数量的神经冲动的组合,在中枢引起特有的主观嗅觉感受。通过呼吸,这些分子被鼻腔中的黏液吸收,并扩散到嗅纤毛,与纤毛表面膜上的受体蛋白结合,这种结合可通过 G 蛋白引起第二信使类物质(如 cAMP 等)产生,最后导致膜上门控式 Na^+ 通道开放,引起 Na^+ 内流。在嗅细胞的胞体膜上产生去极化型的感受器电位,后者以电紧张方式触发轴突膜产生动作电位,后沿轴突传向嗅球,进而传向更高级的嗅觉中枢,引起嗅觉。

嗅觉有两个特点:① 阈值很低,空气中只要含有极微量的某一种气味物质,即可引起相应的嗅觉。② 有明显的适应现象,当某种气味突然出现时,可引起明显的嗅觉;如果这种气味的物质继续存在,感觉很快减弱,甚至消失。但对某种气味适应后,对其他气味的嗅觉仍然不变。

二、味觉

味觉(gustation)的感受器是味蕾,主要分布在舌背部表面和舌缘,口腔和咽部黏膜的表面也有散在的味蕾存在。每一个味蕾都由 50～100 个味细胞、支持细胞和基底细胞组成。味细胞的顶端有纤毛,称味毛,是味觉感受的关键部位。众多的味道都是由酸、甜、苦、咸四种基本的味觉组合而成。通常不同物质的味道与他们的分子结构形式有关。NaCl 能引起典型的咸味,H^+ 是引起酸感的关键因素,有机酸的味道也与他们带负电的酸根有关;甜觉的引起与葡萄糖的主体结构有关;而奎宁和一些植物的生物碱的结构能引起典型的苦味。另外,即使是同一种味质,由于其浓度不同所产生的味觉也不相同。人舌表面的不同部位对不同味刺激的敏感程度不一样,一般是舌尖部对甜味比较敏感,舌两侧对酸味比较敏感,舌两侧的前部则对咸味比较敏感,软腭和舌根部对苦味比较敏感。味觉的敏感度往往受食物或刺激物本身温度的影响,在 20～30℃之间,味觉的敏感度最高。另外,味觉的辨别能力也受血液化学成分的影响,例如肾上腺皮质功能低下的人,血液中低钠,喜食咸味食物。

研究表明,四种基本味觉的换能或跨膜信号的转换机制并不完全一样。味感受器细胞没有轴突,它产生的感受器电位通过突触传递引起感觉神经末梢产生动作电位,传向味觉中枢,中枢可能通过来自传导四种基本味觉的专用线路上的神经信号的不同组合来认知各种味觉。另外,味觉也有适应现象,某种味质长时间刺激时,味觉的敏感度迅速降低。但此时对其他物质的味觉并不影响。

(谢佐福　高治平)

附录　生理学常用术语汉英对照

2,3-二磷酸甘油酸	2,3-diphosphoglycerate, 2,3-DPG
ATP 酶能分解三磷酸腺苷	adenosine triphosphate, ATP
cAMP 反应元件结合蛋白	cAMP response element binding protein, CREB
CO_2 解离曲线	carbon dioxide dissociation curve
C 细胞	clear cell
G 蛋白耦联受体	G protein-linked receptor
K^+ 的平衡电位	K^+ equilibrium potential, E_K
LH 峰	LH surge
L 管	L tubule
Na^+ 的平衡电位	Na^+ equilibrium potential, E_{Na}
Na^+-葡萄糖同向转运体	Na^+-glucose symporter
P 物质	substance P
P 细胞	pacemaker cell
Rh 血型系统	Rh blood group system
ryanodine 受体	ryanodine receptor, RYR
TSH 受体刺激抗体	TSH-R stimulating antibody
β 内啡肽	β-endorphin
γ 环路	γ-loop

A

阿卡波糖	acarbose
阿片肽	opioid peptide
氨基甲酰血红蛋白	carbaminohemoglobin
暗适应	dark adaptation
暗视觉	scotopic vision

B

巴宾斯基征	Babinski sign
白蛋白	albumin, A
白细胞	leucocyte, white blood cell, WBC
白细胞介素-3	interleukin-3, IL-3
饱中枢	satiety center
爆式促进活性因子	burst promoting activity, BPA
爆式红系集落形成单位	burst forming unit-erythroid, BFU-E

背侧呼吸组	dorsal respiratory group, DRG
被动张力	passive force
被动转运	passive transport
本体感觉	proprioception
本体感觉	proprioception
边缘系统	limbic system
表层温度	shell temperature
表面蛋白	peripheral protein
表面活性物质结合蛋白	surfactant-associated protein, SP
波尔效应	Bohr effect
勃起	erection
勃氏腺	Brunner's gland
搏出量	stroke volume, SV
补呼气量	expiratory reserve volume, ERV
补吸气量	inspiratory reserve volume, IRV
不感蒸发	insensible evaporation
不完全强直收缩	incomplete tetanus

C

残气量	residual volume, RV
长时记忆	long term memory
操作式条件反射	operant conditioning reflex
肠激酶	enterokinase
肠泌酸素	entero-oxyntin
肠脑	gut brain
肠神经系统	enteric nervous system
超常期	supranormal period, SNP
超短反馈	ultra-short-loop feedback
超极化	hyperpolarization
超射	overshoot
潮气量	tidal volume, TV
出胞	exocytosis
初长度	initial length
传导性	conductivity
传入侧支性抑制	afferent collateral inhibition
喘息样呼吸	gasping
垂体门脉系统	hypophysial portal system
雌二醇	estradiol, E_2
雌激素	estrogen
雌酮	estrone
刺激	stimulus
促红细胞生成素	erythropoietin, EPO
促激素	tropic hormones
促离子型受体	ionotropic receptor
促胃液素	gastrin

促胃液素释放肽	gastrin-releasing peptide, GRP
促性腺激素释放激素	gonadotropin-releasing hormone, GnRH
促胰液素	secretin

D

代偿间歇	compensatory pause
袋状往返运动	haustral shuttling
戴尔原则	Dale principle
单纯扩散	simple diffusion
单个单位平滑肌	single-unit smooth muscle
单核细胞	monocyte
单收缩	single twitch
单突触反射	monosynaptic reflex
胆钙化醇	cholecalciferol
胆碱能受体	cholinergic receptor
胆碱能纤维	cholinergic fiber
胆碱酯酶	cholinesterase, ChE
胆盐	bile salt
弹性阻力	elastic resistance
蛋白激酶	protein kinase, PK
等容收缩期	isovolumetric contraction phase
等容舒张期	isovolumetric relaxation phase
等渗溶液	isosmotic solution
等张溶液	isotonic solution
等张收缩	isotonic contraction
等长收缩	isometric contraction
等长调节	homometric regulation
低常期	subnormal period
低渗尿	hypotonic urine
递质共存	neurotransmitter coexistence
第二信号系统	second signal system
第二信使	second messenger
第三级主动转运	tertiary active transport
第一信号系统	first signal system
第一信使	first messenger
碘锐特	diodrast
电紧张电位	electrotonic potential
电突触	electrical synapse
电压门控通道	voltage gated channel
电压钳技术	voltage clamp technique
电阈	electrical threshold
叠连	rouleaux formation
顶体反应	acrosomal reaction
定向突触	directed synapse
动脉脉搏	arterial blood pulse

动作电位	action potential, AP
动作电位时程	action potential duration, APD
窦性心律	sinus rhythm
毒蕈碱	muscarine
短反馈	short-loop feedback
短时记忆	short term memory
对氨基马尿酸	PAH
对侧伸肌反射	crossed extensor reflex
对流散热	thermal convection
多单位平滑肌	multi-unit smooth muscle
多突触反射	polysynaptic reflex

E

儿茶酚胺	catecholamine, CA
耳蜗内电位	endocochlear potential
耳蜗微音器电位	cochlear microphonic potential, CM
二碘酪氨酸残基	diiodotyrosine, DIT
二联管	diad
二磷酸鸟苷	guanosine diphosphate, GDP
二磷酸腺苷	adenosine diphosphate, ADP
二酰甘油	diacylglycerol, DG
二棕榈酰卵磷脂	dipalmitoyl phosphatidyl choline, DPPC

F

发绀	cyanosis
发汗	sweating
发生器电位	generator potential
反馈	feedback
反射	reflex
反射弧	reflex arc
反射中枢	reflex center
反向转运体	antiporter
反应	reaction
翻正反射	righting reflex
房-室延搁	atrio-ventricular delay
非蛋白氮	non-protein nitrogen, NPN
非定向突触	non-directed synapse
非寒战产热	non-shivering thermogenesis
非基因效应	non-genomic effect
非联合型学习	nonassociative learning
非特异投射系统	non-specific projection system
非突触性化学传递	non-synaptic chemical transmission
非正视眼	ametropia
肥胖基因	obese gene

肺换气	pulmonary exchange
肺活量	vital capacity, VC
肺扩散容量	diffusion capacity of lung, D_L
肺内压	intrapulmonary pressure
肺泡表面活性物质	alveolar surfactant
肺泡通气量	alveolar ventilation
肺通气	pulmonary ventilation
肺循环	pulmonary circulation
肺总量	total lung capacity, TLC
分泌期	secretory phase
分娩	parturition
锋电位	spike potential
缝隙连接	gap junction
辐辏反射	convergence reflex
辐散式	divergence
辐射散热	thermal radiation
负反馈	negative feedback
负后电位	nagative after potential
负性变传导作用	negative dromotropic action
负性变力作用	negative inotropic action
负性变时作用	negative chronotropic action
复极化	repolarization
副交感神经	parasympathetic nerve
腹侧呼吸组	ventral respiratory group, VRG
腹式呼吸	abdominal breathing

G

钙结合蛋白	calcium-binding protein, CaBP
钙结合蛋白	calbindin
钙诱导钙释放	calcium induced calcium release, CICR
感光	photographic
感觉器官	sense organs
感觉失语症	sensory aphasia
感觉投射系统	sensory projection system
感觉阈	sensory threshold
感觉运动区	sensorimotor area
感觉柱	sensory column
感受器	receptor
感受器的换能作用	transduction
感受器电位	receptor potential
干细胞	stem cell
高渗尿	hypertonic urine
睾酮	testosterone, T
工作细胞	working cell
功能残气量	functional residual capacity, FRC

孤啡肽	orphanin
骨传导	bone conduction
骨钙素	osteocalcin
管-球反馈	tubulo-glomerular feedback
冠脉循环	coronary circulation
过氧化酶	thyroperoxidase, TPO

H

海马回路	hippocampal circuit
寒战产热	shivering thermogenesis
何尔登效应	Haldane effect
河鲀毒素	tetrodotoxin, TTX
核袋纤维	nuclear bag fiber
核链纤维	nuclear chain fiber
黑伯反射	Hering-Breuer reflex
亨廷顿病	Huntington disease
恒河猴	Rhesus monkey
横桥	cross bridge
横桥周期	cross bridge cycling
红系集落形成单位	colony forming unit-erythroid, CFU-E
红细胞	erythrocyte, red blood cell, RBC
红细胞沉降率	erythrocyte sedimentation rate, ESR
红细胞的渗透脆性	osmotic fragility
红细胞凝集	agglutination
后电位	after potential
后发放	after discharge
后负荷	afterload
呼吸	respiration
呼吸功	work of breathing
呼吸商	respiratory quotient, RQ
呼吸调整中枢	pneumotaxic center
呼吸运动	respiratory movement
呼吸中枢	respiratory center
化学门控通道	chemically gated channel
化学性突触	chemical synapse
化学性消化	chemical digestion
环鸟苷酸	cyclic guanosine monophosphate, cGMP
环腺苷酸	cyclic adenosine monophosphate, cAMP
环式	recurrent circuit
缓激肽	bradykinin
黄体	corpus luteum
黄体期	luteal phase
黄体生成素	luteinizing hormone, LH
回返性抑制	recurrent inhibition
回漏	back-leak

会聚学说	convergence theory
活化区	active zone
获能	capacitation

J

机械门控通道	mechanically gated channel
机械性消化	mechanical digestion
机械阈	mechanical threshold
肌醇三磷酸	inositol triphosphate, IP$_3$
肌动蛋白	actin
肌钙蛋白	troponin
肌钙蛋白 C	troponin C, TnC
肌钙蛋白 I	troponin I, TnI
肌钙蛋白 T	troponin T, TnT
肌管系统	sarcotubular system
肌节	sarcomere
肌紧张	muscle tonus
肌球蛋白	myosin
肌球蛋白轻链	myosin light chain, MLC
肌球蛋白轻链激酶	myosin light chain kinase, MLCK
肌球蛋白轻链磷酸酶	myosin light chain phosphatase, MLCP
肌肉型 N 受体	muscle type nicotine receptor
肌原纤维	myofibril
肌源性机制	myogenic mechanism
肌质网	sarcoplasmic reticulum, SR
基本电节律	basic electrical rhythm, BER
基础代谢	basal metabolism
基础代谢率	basal metabolism rate, BMR
基底神经节	basal ganglia
基因表达学说	gene expression hypothesis
基因重组的人红细胞生成素	rhEPO
激活	activation
中脑导水管周围灰质	periaqueductal grey matter, PAG
激素	hormone
激肽原	kininogen
极化	polarization
集落刺激因子	colony stimulating factor, CSF
集团运动	mass movements
脊休克	spinal shock
继发性主动转运	secondary active transport
甲状腺激素	thyroid hormone, TH
甲状腺球蛋白	thyroglobulin, TG
假饲	sham feeding
降压反射	depressor reflex
间接测热法	indirect calorimetry

减慢充盈期	reduced filling phase
减慢射血期	reduced ejection phase
简化眼	reduced eye
腱反射	tendon reflex
腱器官	tendon organ
交叉配血试验	cross match test
交感神经	sympathetic nerve
交互抑制	reciprocal inhibition
交换体	exchanger
胶体渗透压	colloid osmotic pressure
接头后膜	postjunctional membrane
接头间隙	junctional cleft
接头前膜	prejunctional membrane
节后纤维	postganglionic fiber
节前纤维	preganglionic fiber
解耦联蛋白	uncoupling protein, UCP
解剖无效腔	anatomical dead space
紧张性收缩	tonic contraction
近视	myopia
近髓肾单位	juxtamedullary nephron
晶体渗透压	crystal osmotic pressure
精氨酸血管升压素	arginine vasopressin, AVP
精液	semen
颈紧张反射	tonic neck reflex
静息电位	resting potential, RP
静止性震颤	static tremor
菊粉	inulin
觉醒	wakefulness
局部电流	local current
局部电位	local potential
局部回路神经元	local circuit neurons
局部神经元回路	local neurons circuit
咀嚼	mastication
巨核细胞	megakaryocyte
巨人症	giantism
聚合式	convergence
绝对不应期	absolute refractory period, ARP

K

抗利尿激素	antidiuretic hormone, ADH
抗血管性假血友病因子	von Willebrand factor, vWF
可感蒸发	sensible evaporation
可塑变形性	deformability
可兴奋细胞	excitable cell
克隆	clone

克汀病	cretinism
空间总和	spatial summation
跨膜信号转导	transmembrane signal transduction
快波睡眠	fast wave sleep, FWS
快反应细胞	fast response cell
快速充盈期	rapid filling phase
快速射血期	rapid ejection phase
快速眼动睡眠	rapid eye movement sleep, REM
快痛	fast pain
扩散系数	diffusion coefficient

L

老视	presbyopia
雷尼替丁	Ranitidine
冷敏神经元	cold sensitive neuron
离子泵	ion pump
离子通道	ion channel
离子选择性	ionic selectivity
离子学说	ion theory
李氏腺	crypts of Lieberkuhn
粒-巨噬细胞集落刺激因子	GM-CSF
连接肌质网(或终池)	junctional SR, JSR (terminal cistern)
连接肽	connecting peptide, C肽
联合型学习	associative learning
链锁式	chain circuit
量子式释放	quantal release
裂孔隔膜	filtration slit membrane
淋巴系统	lymphatic system
淋巴细胞	lymphocyte
磷酸二酯酶	phosphodiesterase, PDE
磷酸肌酸	creatine phosphate, CP
磷脂酶 A_2	phospholipase A_2, PLA_2
磷脂酶 C	phospholipase C, PLC
卵巢周期	ovarian cycle
卵泡	ovarian follicle
卵泡刺激素	follicle-stimulating hormone, FSH
卵泡期	follicular phase
氯转移	chloride shift
滤过	filtration
滤过分数	filtration fraction, FF
滤过膜	filtration membrane
滤过平衡	filtration equilibrium
滤泡旁细胞	parafollicular cell

M

脉搏压	pulse pressure
慢波电位	slow wave
慢波睡眠	slow wave sleep, SWS
慢反应细胞	slow response cell
慢痛	slow pain
每搏做功	stroke work
每分功	minute work
每分输出量	minute volume
每分通气量	minute ventilation volume
门控	gating
迷走紧张反射	tonic labyrinthine reflex
糜蛋白酶	chymotrypsin
敏感化	sensitization
明适应	light adaptation
明视觉	photopic vision
膜电位	membrane potential
膜片钳技术	patch clamp technique

N

钠泵	sodium pump
钠钾泵	sodium potassium pump
脑-肠肽	brain-gut peptide
脑电图	electroencephalogram, EEG
脑啡肽	enkephalin
脑循环	cerebral circulation
内环境	internal environment
内吗啡肽	endomorphin
内皮舒张因子	endothelium-derived relaxing factor, EDRF
内皮素	endothelin, ET
内生肌酐	endogenous creatinine
内向整流	inward rectification
内因子	intrinsic factor
内源性凝血途径	intrinsic pathway of blood coagulation
内在神经系统	intrinsic nervous system
能量代谢	energy metabolism
逆流倍增	counter-current multiplication
逆向轴浆运输	retrograde axoplasmic transport
黏液	mucus
黏液碳酸氢盐屏障	mucus-bicarbonate barrier
黏液性水肿	myxedema
黏滞性	viscosity
鸟苷三磷酸	guanosine triphosphate, GTP
鸟苷酸环化酶	guanylate cyclase, GC

鸟苷酸结合蛋白	guanine nucleotide-binding regulatory protein
尿崩症	diabetes insipidus
尿的浓缩	concentration of the urine
尿的稀释	dilution of the urine
尿素再循环	urea recirculation
凝集素	agglutinin
凝血因子	coagulation factor

O

呕吐	vomiting

P

帕金森病	Parkinson disease
排便	defecation
排卵	ovulation
排尿反射	micturition reflex
旁分泌	paracrine
胚泡	blastocyst
配体	ligand
配体门控通道	ligand gated channel
皮层电图	electrocorticogram, ECoG
皮层诱发电位	evoked cortical potential
皮层运动区	cortical motor area
皮质醇	cortisol
皮质肾单位	cortical nephron
贫血	anemia
平静呼吸	eupnea
平均动脉压	mean arterial pressure
平台期	plateau

Q

期前收缩	premature systole
起搏电位	pacemaker potential
气传导	air conduction
气体扩散速率	gas diffusion rate, D
气胸	pneumothorax
牵涉痛	referred pain
牵张反射	stretch reflex
前包钦格复合体	pre-Bötzinger-complex
前负荷	preload
前馈控制	feed-forward control
潜在起搏点	latent pacemaker
强啡肽	dynorphin

强化	reinforcement
强直后增强	posttetanic potentiation
强直收缩	tetanus
球蛋白	globulin, G
球-管平衡	glomerulotubular balance
球旁器	juxtaglomerular apparatus
球旁细胞	juxtaglomerular cell
球外系膜细胞	extraglomerular mesangial cell
屈反射	flexor reflex
躯体刺激素	somatotropin
躯体感觉	somesthesia
趋化性	chemotaxis
趋化因子	chemokine
曲张体	varicosity
去大脑僵直	decerebrate rigidity
去甲肾上腺素	norepinephrine, NE
去皮层僵直	decorticate rigidity
全或无定律	all or none law
醛固酮	aldosterone
醛固酮诱导蛋白	aldosterone-induced protein

R

热敏神经元	warm sensitive neuron
人类白细胞抗原	human leukocyte antigen, HLA
人绒毛膜促性腺激素	human chorionic gonadotropin, hCG
人绒毛膜生长素	human chorionic somatomammotropin, hCS
人体生理学	human physiology
妊娠	pregnancy
日节律	circadian rhythm
容量感受器	volume receptor
容受性舒张	receptive relaxation
蠕动	peristalsis
蠕动冲	peristaltic rush
乳糜微粒	chylomicron
入胞	endocytosis

S

三联管	triad
三磷酸腺苷	adenosine triphosphate, ATP
散光	astigmatism
伤害性感受器	nociceptor
伤害性刺激	noxious stimulus
上行抑制系统	ascending inhibitory system
上皮生长因子	epidermal growth factor

射精	ejaculation
射血分数	ejection fraction, EF
摄食中枢	feeding center
深部温度	core temperature
深呼吸	deep breathing
深吸气量	inspiratory capacity
神经冲动	nerve impulse
神经递质	neurotransmitter
神经分泌	neurocrine
神经-骨骼肌接头	neuromuscular junction
神经胶质细胞	neuroglia
神经内分泌细胞	neuroendocrine cell
神经生长因子	nerve growth factor, NGF
神经肽	neuropeptide
神经肽 Y	neuropeptide Y, NPY
神经调节	nervous regulation
神经调质	neuromodulator
神经纤维	nerve fiber
神经营养因子	neurotrophin, NT
神经元	neuron
神经元型 N 受体	neuronal type nicotinic receptor
肾单位	nephron
肾内自身调节	renal autoregulation
肾上腺素	epinephrine, E
肾上腺素能受体	adrenergic receptor
肾上腺素能纤维	adrenergic fiber
肾素	renin
肾素-血管紧张素-醛固酮系统	renin-angiotensin-aldosterone system, RAAS
肾素-血管紧张素系统	renin-angiotensin-system, RAS
肾糖阈	renal glucose threshold
肾小管	renal tubule
肾小管和集合管的分泌	renal tubule and collecting duct secretion
肾小管与集合管的重吸收	renal tubule and collecting duct reabsorption
肾小球滤过	glomerular filtration
肾小球滤过率	glomerular filtration rate, GFR
肾小体	renal corpuscle
肾血浆流量	renal plasma flow, RPF
肾血浆流量肾血浆流量	renal plasma flow, RPF
渗透	osmosis
渗透性利尿	osmotic diuresis
渗透压	osmotic pressure
渗透压感受器	osmoreceptor
生电钠泵	electrogenic sodium pump
生理盲点	blind spot
生理无效腔	physiological dead space
生理学	physiology
生物电现象	bioelectricity phenomenon

生物节律	biorhythm
生物膜	biological membrane
生长激素介质	somatomedin, SM
生长抑素	somatostatin
生殖	reproduction
失读症	alexia
失活	inactivation
失写症	agraphia
施万细胞	Schwann cell
时间肺活量	timed vital capacity, TVC
时间总和	temporal summation
食糜	chyme
食物的热价	thermal equivalent of food
食物特殊动力效应	specific dynamic effect of food
视杆细胞	rod cell
视敏度	visual acuity
视前区-下丘脑前部	preoptic anterior hypothalamus, PO/AH
视网膜	retina
视网膜电图	electroretinogram
视野	visual field
视锥细胞	cone cell
视紫红质	rhodopsin
适宜刺激	adequate stimulus
适应性	adaptability
嗜碱性粒细胞	basophil
嗜酸性粒细胞	eosinophil
收缩末期容积	end-systolic volume
收缩能力	contractility
收缩期	systole
收缩压	systolic pressure
手足徐动症	athetosis
受精	fertilization
受体	receptor
受体激动剂	agonist
受体拮抗剂	antagonist
受体介导式入胞	receptor mediated endocytosis
瘦素	leptin
舒张末期容积	end-diastolic volume
舒张期	diastole
舒张压	diastolic pressure
输血	blood transfusion
双氢睾酮	dihydrotestosterone, DHT
水孔蛋白	aquaporin, AQP
水利尿	water diuresis
顺向轴浆运输	anterograde axoplasmic transport
顺应性	compliance
四乙铵	tetraethylammonium, TEA

松弛素	relaxin
速激肽	tachykinin
速尿	furosemide
梭内肌纤维	intrafusal fiber
缩胆囊素	cholecystokinin, CCK

T

肽能纤维	peptidergic fiber
碳酸酐酶	carbonic anhydrase, CA
糖蛋白	glycoprotein, GP
糖皮质激素	glucocorticoids, GC
特殊传导系统	specialized conduction system
特殊感觉器官	special sense organs
特异投射系统	specific projection system
特异性抗原	agglutinogen
体腔壁痛	parietal pain
体温	body temperature
体液	body fluid
体液调节	humoral regulation
体液调节	humoral regulation
体重指数	body mass index, BMI
条件刺激	conditioned stimulus,
调定点	set point
调节	regulation
调制作用	modulation
跳跃式传导	saltatory conduction
铁蛋白	ferritin
听骨链	chain of ossicle
听觉	audition
听域	audible area
听阈	auditory threshold
通气/血流比值	ventilation / perfusion ratio, V_A/Q
同向转运	symport
同向转运体	symporter
瞳孔对光反射	pupillary light reflex
瞳孔近反射	near reflex of the pupil
瞳孔调节反射	pupillary accommodation reflex
痛觉	algesia
突触	synapse
突触蛋白	synapsin
突触的可塑性	plasticity
突触后膜	postsynaptic membrane
突触后抑制	postsynaptic inhibition
突触后易化	postsynaptic facilitation
突触间隙	synaptic cleft

突触前膜	presynaptic membrane
突触前受体	presynaptic receptor
突触前抑制	presynaptic inhibition
突触前易化	presynaptic facilitation
突触小泡	synaptic vesicle
突触小体	synaptic knob
褪黑素	melatonin, MT
吞噬	phagocytosis
吞咽	deglutition
吞饮	pinocytosis
脱氢表雄酮	dehydroepiandrosterone
唾液	saliva

W

外来神经系统	extrinsic nervous system
外源性凝血途径	extrinsic pathway of blood coagulation
外周温度感受器	peripheral thermoreceptor
完全强直收缩	complete tetanus
晚光觉或暗视觉系统	scotopic vision
网状结构上行激动系统	ascending reticular activating system, ARAS
微电极	microelectrode
微循环	microcirculation
微终板电位	miniature endplate potential, MEPP
味觉	gustation
胃肠激素	gastrointestinal hormone
胃肠肽	gastrointestinal peptides
胃蛋白酶	pepsin
胃蛋白酶原	pepsinogen
胃黏膜屏障	gastric mucosal barrier
胃排空	gastric emptying
稳态	homeostasis
无尿	anuria
无髓纤维	unmyelinated fiber
舞蹈病	chorea

X

行波	travelling wave
行为性体温调节	behavioral thermoregulation
吸气切断机制	inspiratory off switch mechanism
习惯化	habituation
细胞膜	cell membrane
细胞内阿黑皮素原	proopiomelanocortin, POMC
细胞内液	intracellular fluid
细胞外液	extracellular fluid

下丘脑-垂体功能单位	hypothalamus – hypophysis unit
下丘脑调节肽	hypothalamic regulatory peptide, HRP
下丘脑-腺垂体-卵巢轴	hypothalamus-adenohypophysis-ovaries axis
纤溶酶	plasmin
纤溶酶原激活物	plasminogen activator
纤溶酶原激活物抑制物-1	plasminogen activator inhibitor type-1, PAI-1
纤维蛋白溶解酶原	plasminogen
纤维蛋白原	fibrinogen
腺苷酸环化酶	adenylyl cyclase, AC
相对不应期	relative refractory period, RRP
小脑性共济失调	cerebellar ataxia
协同转运体	cotransporter
心电图	electrocardiogram, ECG
心动周期	cardiac cycle
心房钠尿肽	atrial natriuretic peptide, ANP
心房收缩期	atrium systole
心肌收缩能力	cardiac contractility
心力储备	cardiac reserve
心率	heart rate, HR
心室功能曲线	ventricular function curve
心室收缩期	ventricular systole
心室舒张期	ventricular diastole
心输出量	cardiac output
心血管系统	cardiovascular system
心血管中枢	cardiovascular center
心音	heart sound
心音图	phonocardiogram
心指数	cardiac index
新陈代谢	metabolism
兴奋	excitation
兴奋收缩耦联	excitation-contraction coupling
兴奋性	excitability
兴奋性突触后电位	excitatory postsynaptic potential, EPSP
性高潮	orgasm
性行为	sexual behavior
性激素	gonadal hormone
性交	sexual intercourse
性兴奋	sexual excitation
胸膜腔内压	intrapleural pressure
雄激素	androgen
雄激素结合蛋白	androgen binding protein, ABP
嗅觉	olfaction
嗅细胞	olfactory cell
悬浮稳定性	suspension stability
血管活性肠肽	vasoactive intestinal peptide, VIP
血管紧张素受体	angiotensin receptor, AT
血管紧张素原	angiotensinogen

血管内皮生长因子	vascular endothelial growth factor, VEGF
血管升压素	vasopressin, VP
血管舒张素	kallidin
血红蛋白	hemoglobin, Hb
血浆	plasma
血浆蛋白	plasma protein
血浆清除率	plasma clearance, C
血浆渗透压	plasma osmotic pressure
血量	blood volume
血流动力学	hemodynamics
血脑脊液屏障	blood cerebrospinal fluid barrier
血脑屏障	blood brain barrier
血清	serum
血细胞比容	hematocrit
血小板	platelet
血小板聚集	platelet aggregation
血小板生成素	thrombopoietin, TPO
血小板源生长因子	platelet-derived growth factor, PDGF
血型	blood group
血压	blood pressure, BP
血液	blood
血液凝固	blood coagulation
血液循环	blood circulation
循环系统	circulatory system
循环系统平均充盈压	mean circulatory filling pressure
胸式呼吸	thoracic breathing

Y

烟碱	nicotin
延迟整流	delayed rectification
延迟整流钾电流	delayed rectifier potassium current, I_K
盐皮质激素	mineralocorticoids, MC
盐酸	hydrochloric acid
眼的调节	visual accommodation
眼球会聚	convergence
眼震颤	nystagmus
氧饱和度	oxygen saturation
氧含量	oxygen content
氧合 Hb 为疏松型	relaxed form, R 型
氧解离曲线	oxygen dissociation curve
氧热价	thermal equivalent of oxygen
夜盲症	nyctalopia
液态镶嵌模型	fluid mosaic model
液相入胞	fluid phase endocytosis
一侧优势	laterality cerebral dominance

一碘酪氨酸残基	monoiodotyrosine, MIT
一过性外向电流	transient outward current, I_{to}
一氧化氮	nitrogen monoxide, NO
胰蛋白酶	trypsin
胰岛素抗性	Insulin resistance
胰岛素样生长因子	insulin-like growth factor, IGF
胰岛素增敏激素	Insulin-sensitizing Hormone
胰淀粉酶	pancreatic amylase
胰液	pancreatic juice
胰脂肪酶	pancreatic lipase
移行性复合运动	migrating motility complex, MMC
乙酰胆碱	acetylcholine, ACh
异位起搏点	ectopic pacemaker
异长自身调节	heterometric autoregulation
抑制	inhibition
抑制区	inhibitor area
抑制素	inhibin
抑制性突触后电位	inhibitory postsynaptic potential, IPSP
易化扩散	facilitated diffusion
易化区	facilitatory area
易化学说	facilitation theory
意向性震颤	intention tremor
应激反应	stress reaction
应急反应	emergency reaction
用力肺活量	forced vital capacity, FVC
用力呼气量	forced expiratory volume, FEV
用力呼吸	force breathing
优势半球	dominant cerebral hemisphere
有髓纤维	myelinated fiber
有效不应期	effective refractory period, ERP
有效滤过压	effective filtration pressure
有效滤过压	effective filtration pressure
阈电位	threshold potential
阈强度	threshold intensity
阈下刺激	subthreshold stimulus
阈值	threshold
原发性主动转运	primary active transport
原肌球蛋白	tropomyosin
远距分泌	telecrine
远视	hyperopia
月经	menstruation
月经期	menses
月经周期	menstrual cycle
允许作用	permissive action
孕酮	progesterone
运动单位	motor unit
运动辅助区	supplementary motor area

运动失语症	moter aphasia
运动柱	motor column

Z

载体	carrier
早孕因子	early pregnancy factor EPF
增生期	proliferative phase
长反馈	long-loop feedback
长时程抑制	long-term depression, LTD
长时程增强	long-term potentiation, LTP
长时记忆	long term memory
长吸式呼吸	apneusis
折光	dioptric
着床	implantation
针刺镇痛	acupuncture analgesia
震颤麻痹	paralysis agitans
蒸发	evaporation
整合蛋白	integral protein
整合作用	integration action
正反馈	positive feedback
正后电位	positive after potential
正视眼	emmetropia
正性变传导作用	positive dromotropic action
正性变力作用	positive inotropic action
正性变时作用	positive chronotropic action
肢端肥大症	acromegaly
脂联素	Adiponectin, ADPN
直接测热法	direct calorimetry
质膜	plasma membrane
质子泵	proton pump
致密斑	macula densa
致密体	dense body
致密区	dense area
致痛物质伤害性感受器	nociceptor
中枢温度感受器	central thermoreceptor
中枢吸气活动发生器	central inspiratory activity generator
中枢延搁	central delay
中枢抑制	central inhibition
中枢易化	central facilitation
中心静脉压	central venous pressure
中性粒细胞	neutrophil
终板电位	endplate potential, EPP
终板膜	endplate membrane
重吸收	reabsorption
轴浆运输	axoplasmic transport

昼光觉或明视觉系统	photopic vision
侏儒症	dwarfism
主动张力	active force
主动转运	active transport
主性器官	Primary sex organ
状态反射	attitudinal reflex
姿势反射	postural reflex
自动节律性	autorhythmicity
自发脑电活动	spontaneous electric activity of the brain
自分泌	autocrine
自律细胞	autorhythmic cell
自然杀伤细胞	natural killer cell, NK
自身调节	autoregulation
自主神经系统	autonomic nervous system
自主性体温调节	automatic thermoregulation
总张力	total force
组织换气	tissue exchange
组织液	interstitial
组织因子	tissue factor, TF
组织因子途径抑制物	tissus factor pathway inhibitor, TFPI
最大复极电位	maximum repolarization potential
最大舒张电位	maximum diastolic potential
最大通气量	maximal voluntary ventilation
最后公路	final common path
最适初长度	optimal initial length

参 考 文 献

(1) 朱大年,王庭槐.生理学[M].8版.北京:人民卫生出版社,2013.
(2) 邹仲之.组织学与胚胎学[M].北京:人民卫生出版社,2013.
(3) 牛欣,张志雄.生理学[M].北京:中国中医药出版社,2012.
(4) 郭健.生理学[M].3版.北京:人民卫生出版社,2016.
(5) 张志雄.生理学[M].2版.上海:上海科学技术出版社,2011.
(6) 张志雄,孙红梅.正常人体学[M].北京:人民卫生出版社,2012.